中华传世藏书

【图文珍藏版】

诸子百家

王艳军⊙主编

线装书局

7.用人所长,避其所短

管仲对曰:"鲍叔之为人,好直而不能以国诎;宾胥无之为人也,好善而不能以国诎;宁戚之为人,能事而不能以足息;孙宿之为人,善言而不能以信默。臣闻之,消息盈虚,与百姓诎信,然后能以国宁勿已者,朋其可乎? 朋之为人也,动必量力,举必量技。"

《管子·戒》

管仲卧病在床,桓公去探视时,与其谈起谁可以接任相位一事。管仲回答说,鲍叔为人正直,但不能为国家有所委屈;宾胥无为人好善,但不能为国家有所屈就;宁戚为人能干,但不能适可而止;曹孙宿能言善辩,但不能在取信后及时沉默。据我所知,根据消长盈亏的道理,能与百姓共屈伸,并能使国家长治久安的人,只有隰朋。隰朋为人,有远大眼光而又虚心下问,行动总能估计自己的力量,举事一定考虑能力。可是,管仲又叹息道,上天生下隰朋,本是充当我的"舌",如今我要不行了,舌还能发挥作用吗?

管仲的上述议论,实际上是告诉桓公,身边的四位大夫虽然都是上等人才,但也有所短。在治国用人实践中,桓公应用其所长,避其所短。

俗语说,金无足赤,人无完人。我国宋代著名文学家秦观曾经将天下的人才分为成才、奇才、散才、不才四类,并提出广罗人才、量其所长、因才施用、不求全责备的用人原则。秦观的这些思想,与管仲的"用人所长,避其所短"的智谋,是一脉相承的。

管仲入朝后,得到桓公的特别器重。桓公要拜管仲为相,管仲开始时推辞不接受。

桓公不解地问:"我要拜你为相,以成就我图霸的志向,你为何不受呢?"

管仲说:"我听说一根木材盖不成大厦,一滴水成不了大海,国君如果一定要成就大志,必须要重用五个杰出的人。"

桓公连忙问:"这五杰是谁呢?"

管仲回答说:"精通礼仪,善于外交,我不如隰朋,请立为大司行;开垦荒地,善于积粮,我不如宁戚,请立为大司田;运筹帷幄,决胜千里,率领断案,明察秋毫,不杀无辜,不诬无罪,我不如宾胥无,请立为大司理;敢于犯颜直谏,不图富贵,不怕死亡,我不如东郭牙,请立为大谏之官。国君如果要想治国强兵,这五个人就可以了。如果还想要成就霸业,臣虽然不才,愿意为国效劳。"

桓公点头同意了管仲的建议。

第二天,桓公举行仪式,拜管仲为相国。管仲所推荐的隰朋等5人,也都一一拜了官,各任其事。

此后,桓公与管仲商讨出使诸侯国的使臣时,管仲又向桓公建议道:"卫国的政教,诡薄而好利,我国公子开方的为人,聪慧而敏捷,虽不能持久但喜欢创新,因此可以派他出使卫国;鲁国的政教是喜好'六艺'而遵守礼节,臣子季友的为人恭谨而精纯,博闻而知礼,可以派他出使鲁国;楚国的政教,机巧文饰而且好利,不喜欢立大义,而喜欢立小信,

诸子百家——法家

曹孙这个人博于政教并巧于辞令,不好立大义,但好结小信,君可以派其出使楚国。如果我们使大国诸侯亲附,小国诸侯也就会服从了。"

桓公说:"可以。"于是,派遣公子开方到卫国,派遣季友到鲁国,派遣曹孙到楚国。几年后,各国诸侯都亲附了。

"用人所长,避其所短"谋略。蕴涵着丰富的辩证思想。一般说来,一个人有某些缺点,并不妨碍他在事业上取得成就。如达尔文的数学和神学并不出众,然而他却创立了进化论;陈景润搞教学是他的短处,但却在数学研究方面达到了很高水平。同时,辩证地看,一个人的长处和短处并不是凝固不变的,发扬长处是克服短处的重要方法,优点扩展了,缺点也就受到了限制。而且,长处和短处往往是相伴而生的,我们常见到有些长处比较突出,成就比较大的人,缺点往往也比较明显,常常"不拘小节"。正因为有这种情形,作为领导者,要充分做到人尽其才,才尽其用。特别是对那些胆大艺高、才华非凡,又由于某种原因受人歧视、非议的人,领导者更要力排众议,态度鲜明地给予有力支持。

当然,选人用人强调扬长避短,也不能一概而论。对于那些具有致命短处的人,领导者不仅不应予以宽容,而且必须认真考虑,慎重对待,以防祸患。在这方面,齐桓公是有血的教训的。在管仲病重时,桓公曾就由谁来接任相国一事,征询管仲的意见。桓公先问管仲,将政事委托给鲍叔牙如何?

管仲回答说:"鲍叔牙虽然是君子,但是不可以为政。因为他善恶过于分明。好善当然是可以的,但过于厌恶人的过错,有谁能受得了? 鲍叔牙见到别人的一次过错,就终身不忘,这是他的短处所在。"

桓公又问:"隰朋如何?"

管仲回答说:"隰朋是可以的,他不耻下问,居住在家也不忘公事,可惜他只作为我管仲的'舌',我担心其为政不能长久。"

桓公说:"那么,易牙怎么样?"

管仲回答说:"您就是不问,我也要说到他。易牙、竖刁、开方这三个人,是万万不可以重用的。"

桓公不解地问:"易牙把自己儿子身上的肉烹饪送与寡人尝鲜,这是爱寡人胜于爱子,难道还要怀疑他吗?"

管仲回答说:"人情莫过于爱子,可易牙连自己的儿子都忍心杀害,何况对于国君呢?"

桓公又问:"竖刁为了侍奉寡人,将自己阉割,这是爱寡人胜过爱其自身,这也值得怀疑吗?"

管仲答道:"人情莫过于重身,他对自己尚且那么残忍,何况对于国君呢?"

桓公再问:"开方抛弃千乘太子的享受来侍奉寡人,父母死去,也不奔丧,这是爱寡人胜于爱自己的父母,对他不可怀疑了吧?"

管仲说:"人情莫过于亲父母,开方既然可以忍心不奔父母之丧,那么,对国君将会怎样,也是可想而知的。"

桓公听了管仲的述说，又问："这三个人侍奉我已经很久了，仲父为何不早言呢?"管仲见桓公追问，惨然一笑说："臣早时未言，一则是为了适君之意;一则此三人好像水，臣如同堤防，可不使其泛滥。今天堤防将要坍塌，堤防一去，就有横流之患。所以，我劝君主一定要疏远这三个人。"

桓公听后默然。管仲死后，桓公免去了易牙、竖刁和卫公子开方的职官。

可是，不久，桓公由于吃东西不得最佳的五味，便把易牙召回宫中;后又由于宫中有乱，便先后将竖刁和卫公子开方召回。桓公死后，易牙和开方勾结竖刁，杀死朝中百官，拥立公子无亏为新君，酿成一场宫廷变乱，致使桓公死后67天没有入殓，9个月后才安葬。

8.以其所绩者饲之

地之不辟者，非吾地也;民之不牧者，非吾民也。凡牧民者，以其所积者食之，不可不审也。其积多者其食多，其积寡者其食寡，无积者不食。或有积而不食者，则民离上;有积多而食寡者，则民不力;有积寡而食多者，则民诈;有无积而徒食者，则民偷幸。故离上、不力、多诈、偷幸，举事不成，应敌不用。

《管子·权修》

有土地而不开辟使用，等于不是自己的土地;有民众而不教化治理，等于不是自己的人民。凡是治理民众，都应当按照本人的劳绩给予禄赏，这一点不能不特别注意。劳绩多的人他的禄赏就应多，劳绩少的人他的禄赏就应少，没有劳绩就应该没有禄赏。如果有了功绩而得不到禄赏，人们就会与上面离心;功绩大而禄赏少，人们就会不奋发努力;功绩小而禄赏多，人们就会弄虚作假;没有功绩而坐享禄赏，人们就会寻求侥幸。而凡是与上面离心、工作不努力、弄虚作假、投机侥幸的，办事情是不会成功的，与敌人交战也不可能取胜。

按功付酬，多劳多得，少劳少得，不劳动者不得食，这一原则，与一定的所有制形式相联系，就是一种进步的分配原则。但如果从更加广泛的范围来认识，它就是一种用人原则和管理策略。现代管理心理学中有一个"激励"理论，现代领导科学中有一个"看政绩用干部"的说法，这实际上都可以看作"以其所绩者饲之"智谋的延伸和运用。

量功晋爵，论绩行赏，是历代兵家重视的治军思想。其目的是为了激励将士的斗志，提高军队的战斗力。唐朝李世民论功行赏、奖励众将而不徇私情一事，就曾为众将所诚服。

那是唐朝初年，在论功行赏会上，李世民对众大臣说："我所做的(指论功行赏一事)如有不妥当的地方，希望众位爱卿能提出来。"对于论功行赏，诸位文武大臣是有一些想法的，但此前只是在下面议论纷纷。

过了一会儿，淮安王李神通站出来说："我从关西起兵，率先响应高祖的义举，而房玄龄、杜如晦之辈，只会舞文弄墨，却官居我之上，我是很不服气的。"

李世民听后，应答道："叔父，您虽然首先倡导义兵，那是因为您为了逃避面临的灾难；窦建德攻打山东时，您全军覆没；刘黑闼率军反攻时，您却望风奔逃。而房玄龄、杜如晦运筹于帷幄之中，决胜于千里之外，凭借他们的计谋，我们才能取胜，国家才得以安定。要论功行赏，他们当然在您之上了。您虽然是我的至亲，但我不能因为您是我亲戚，就将您和开国元勋同功论赏。"

众大臣听了李世民的这一番话，大为感动，纷纷向李世民表示："陛下如此无私行赏，对淮安王这样的至亲尚且没有一点偏爱，我们又怎敢有非分之想呢？"

当时，在众大臣中，确实有一些因没有封到满意的官位而怒气冲冲、牢骚满腹的，现在听了李世民大公无私的表白，一个个心服口服了。

李世民接着说："一国之主，就要大公无私。选择有用之才来治理国家，这样才能使天下人臣服，这才是治理国家的根本大计。"

由于李世民行赏得当，使众将心悦诚服，潜心报国，不计较个人得失，唐王朝迅速繁荣起来。

实施"以其所绩者饲之"，除了领导者不徇私情外，还必须把握按"积"予"食"的准确性，做到赏其当赏。假如甲的功劳小，而乙的功劳大，但赏赐了甲，却没赏赐乙；或者给甲的赏赐多，给乙的赏赐反而少，就会造成人们的愤愤不平，从而使有的人不再愿意出力效劳。所以，明代《阵纪》："如果奖励无功者，惩罚无罪者，部下必将背叛你。"

美国好莱坞属下有一个大公司，名叫 20 世纪福克斯影片公司，公司总裁史高勒斯上任后，面对公司名下一所豪华电影院经营状况不佳的局面，决心从人事安排上进行整治。

一天上午 11 点钟，史高勒斯轻装简从，在事先没有打招呼的情况下，来到这家电影院实地考察。他来到工作室，只见一个年轻的小职员坚守岗位，忙着工作。

史高勒斯问小职员："经理在哪儿？"

"还没来。"职员答道。

"副经理呢？"史高勒斯又问。

职员答："也还没来。"

"经理和副经理都不在的时候，影院由谁负责管理呢？"

"我。"小职员颇为自信地回答道。

史高勒斯望着小职员，沉默了一会儿，然后说："好！从现在起你就是这所影院的经理了。"

总裁一锤定音更换影院经理，此事轰动了整个公司，各级头目都受到极大震动。史高勒斯的这种做法，不仅仅是提拔一个人的问题，更重要的是通过这件事，在全公司制造一个震撼人心的效果：使全体职员领略到，不忠于职守，不兢兢业业，工作出不了实绩，就会被毫不留情地免职；相反，恪尽职守，创造出实绩，不管是什么人，都有机会得到应有的奖赏。

诸子百家——法家

9.使法择人量功

是故先王之治国也,使法择人,不自举也;使法量功,不自度也。故能而不可蔽,败而不可饰也;誉者不能进,而诽者不能退也。

《管子·明法》

先王在治理国家时,总是注意用法度录取人才,而不自己主观推荐;注意用法度计量功劳,而不自己主观裁定。正是由于实行"使法择人、量功",所以贤能之才不可能被埋没,败类也不可能伪装隐藏;夸夸其谈的过实赞誉也不能使人录用,恶意诽谤也不可能使人遭罢免。

管仲还认为,凡所谓功劳,就是指安定国君、谋利于万民的行为。破敌军、杀敌将、战而胜、攻而取,使君主没有危殆灭亡之忧,百姓没有涂炭被掳之患,这是军士功劳的表现;奉行君主法度,管好境内政事,使强者不欺凌弱者,人多势众者不残害人少势孤者,百姓万民乐于尽其力来侍奉君主,这是官吏功劳的表现;匡正君主的过错,挽救君主的失误,申明礼义来引导君主,以致君主没有邪僻的行为,也没有被欺蒙的忧患,这是大臣功劳的表现。贤明的君主在治国过程中,分清不同人员的职分而考计功劳,对有功者予以赏赐,乱治者则罚。这样赏罚所加,各得其宜,就可以充分调动各类人才的积极性。

"使法量功"与一般论功行赏谋略的不同之处在于,这一谋略强调了法在论功行赏中的作用。以法量功,以法定赏,不仅使论功行赏制度化,而且可以避免因领导者的主观片面性带来的行赏偏差,从而使论功行赏更加科学、合理。同时,从这一谋略也可以看出管子法治智谋的广泛性和深刻性。

古往今来,一些成功的统御者,都十分重视赏罚的科学化、制度化、法律化。萧衍是西汉名相萧何的第24代孙。他自幼聪明伶俐,见识过人,又刻苦用功,勤学不辍,少年时就以博学多通、善于谋划而闻名。20岁入仕做官,南征北战,屡建奇功。天监元年(502年)四月,萧衍称帝,国号梁,史称梁武帝。他在位48年之久,在当时朝代更替较为频繁的时代是比较罕见的。这其中的经验,应主要归因于他在识才、用才方面的远见卓识,以及一批贤才的辅佐。

萧衍认为,出身贵贱与一个人的才能并没有直接的关系。富贵人家的子弟很多是不学无术、道德败坏的小人,而在中小地主和平常百姓家,却可能藏龙卧虎。因此,他主张求贤必到幽深处,觅才须向寒门家。登基之后,他就着手疏通人才举荐渠道,广泛收罗来自社会下层的人才。天监八年(509年),萧衍曾下诏说:"学以从政……有通晓一种儒家经典、学而不倦的人,经过考试核实后,可以量才录用;即便牛倌羊贩,寒门贱氏,也都可以根据其才干选试当官,负责选举推荐官吏的部门不得加以遗弃和阻拦。"

"使法择人、量功"首先在于以功绩来行赏赐。萧衍选拔人才重实绩不重虚名。他手下有个叫沈约的大臣,曾经在先前的宋、齐朝中为官,熟悉各种典章制度,学识渊博,文史兼长,在朝野都很闻名。萧衍年轻时曾与沈约是好友,两人之间关系密切。起兵反齐大功告成,沈约曾竭力劝说萧衍把握住天赐良机,登基称王。当时主张萧衍称帝的还有一个叫范云的人。萧衍称帝后,对沈约和范云两人非常感激,曾经对范云这样说:"我起兵到现在已经3年了,诸位大臣、战将都有功劳,但是,助我成就帝业的,实在只有你和沈约两个人啊!"也就是说,萧衍把沈约看成是功劳显赫的开国元勋。然而,就是这样一位开国功臣,在取得朝中高位后,只是养尊处优,无所作为。于是,梁武帝便让其担任一个闲职,付给其禄用,将他养起来。沈约一再请求担任有实权的职位,或者是离开京城到外地去管理一方政务,都被武帝婉言拒绝了。

"使法择人、量功"最关键的是法的制定和实行。梁武帝下诏明确规定,皇亲国戚、朝中显贵,如果到边关重镇任职,必须先在京城附近的小郡试用一段时期,如果政绩卓著,百姓拥戴,方可以委派重任。武帝时期,官吏的提升和废黜,大都根据实际政绩来决定。有一个叫张缅的大臣,因为不胜任原先的职务,被降为黄门郎,负责处理一些民事和刑事案件。张缅担任新职后,恪尽职守,依法办事,正直刚强,不谋私利,受到人们的赞誉。武帝知道后,命画工为张缅画了一张像,并将其挂在衙门里,以表彰张缅的成绩,鞭策其他官员。

萧衍识人不重表面印象,更不以貌取人。在他的武将群体中,有一个叫韦叡的,生得赢弱瘦小,甚至不会骑马。萧衍经过多方考察,认为此人具有统兵打仗的非凡才华,因此不顾朝中一些人的反对,选拔韦叡担任军队将领。结果,在与北魏的长期战争中,韦叡乘着木板车,领兵征战,攻城夺地,无往不胜。北魏军队见韦叡而闻风丧胆,称其为"韦虎"。萧衍用人还不计出身。他手下有位叫吕僧珍的大将,出身贫寒,但其作战勇敢、办事勤勉,被萧衍看中,破格将他由一名小吏提升为将军。在梁平定边关、维护疆域的战斗中,吕僧珍出生入死,战功斐然。在为国效力几十年后,吕僧珍请求回故里扫墓。武帝不仅准许了他的请求,而且特意拜他为南兖州刺史。吕僧珍荣归故里后,不忘武帝唯才是举的知遇之恩,不利用自己的显赫地位为亲朋谋私。他有一个远房堂侄,原来在家乡做点小生意,见叔叔衣锦还乡,便扔下生意摊,找他帮忙想弄个一官半职干干。吕僧珍毫不客气地说:"我承蒙国家的重恩,总觉得无以报效。你们都有自己的本分之位,怎么可以妄自希求不应有的事情呢? 你应该赶快回到集市上去干你的本行。"那位堂侄听了吕僧珍的话,只好红着脸悻悻地走了。

"使法择人、量功"还必须注意法的制定和实施应与现实相适应。

梁武帝萧衍选拔任用人才注意"以法度之",但同时他又不死守法规,而是时常打破一些陈规戒律,科学地选人用人。天监四年正月,他下诏规定,按照常规选举人才,年不满30岁,或不通一门经书的人,不能由寒族转为士族。如果才能杰出的,应该破格提拔任用。他在实践中也这样实行。吴郡钱塘有一个叫朱异的人,家境贫寒,但喜欢读书,并且极具灵性,过目成诵。朱异常把家中有限的钱拿去买书,"五经四书"无所不读,对《礼》《易》特别精通,并涉猎文史,长于杂艺、博弈、书算等。朱异21岁时,被破格提拔为扬州议曹从事史。后来,武帝下诏求取贤能,朱异被推荐到武帝那里,萧衍召见了朱异,当面听朱异讲说《孝经》《周易》等,武帝听后非常欣赏,对左右侍从说:"朱异实在与众不同。"不久,就提升朱异为太学博士。朱异后来深得武帝的宠信,成为梁朝的实权人物。

由于梁武帝萧衍用人得法,梁初的20多年里,农业生产得到发展,边防得到巩固,民众安居乐业,国家呈现出一派欣欣向荣的景象。当时北魏的许多州郡官吏曾纷纷投奔梁朝。

10.厄其道而薄其所予

问曰:"多贤可云?"对曰:"鱼鳖之不食饵者,不出其渊;树木之胜霜雪者,不听于天;士能自治者,不从圣人,岂云哉?夷吾之闻之也,不欲,强能不服,智而不牧,若旬虚期于月,律吕出于一,明然,则可以处矣。故厄其道而薄其所予,则士云矣。不择人而予之,谓之好人;不择人而取之,谓之好利。审此两者,以为处行,则云矣。"

《管子·侈靡》

桓公问管仲,怎样才能使众贤亲近我呢?管仲回答说,不吃饵食的鱼鳖不出深水之地,不畏霜雪的树木不怕天时的变化,自己有出路的贤士就不听从君主的,这种局面还谈什么亲近呢?我管仲听过这样的说法,如果一个人无所求,那么,用强力也不能使其服从,用智巧也不能统治。这就好比月亮的盈虚有定期、音乐的韵律有定式一样。懂得了这个道理,问题就好处理了。所以,控制贤士的发展出路并紧缩其赐予,则士人就来亲近了。不加选择地给人以赐予叫作"空仁",不加选择地对人索取叫作"空利"。明白了这两条道理,并以此理处理问题,就可以使人们亲近了。

管仲的用人谋略,一方面强调广招天下贤才,不拘一格选人用人,并且要嘉美敬之;另一方面,在此又提出要控制贤士的发展出路,紧缩其衣食俸禄等。表面看起来,似乎有一些矛盾,其实,这正体现了管仲用人智谋的高明之点。人才管理就是一种"统御",只有当属下满怀希望,有着旺盛的进取心,才可能从令如流,办事有务。

宋太祖赵匡胤用"杯酒释兵权"的策略解除了高级将领的职务后,为了更进一步控制各级官员,使他们更加听从自己的调遣,也对禁军、中央及地方的官僚体制,进行了一番改革。其总体谋略可以用"大权独揽,官职分离"8个字来概括。

对禁军,宋太祖乘着石守信、高怀德、王审琦等禁军统领职务被免除之机,进行深入改组。将原禁军的"侍卫司"一分为二,即分为侍卫亲军马军司和侍卫亲军步军司,与殿前司合称为"三衙"。撤销了殿前都点检、副都点检。任命一批资历较浅的军官为"三衙使",降低了"三衙"官员的地位。同时规定,"三衙"将领各不相隶属,大家直接听命于皇帝。又规定,"三衙"只有领兵打仗的指挥权,军政号令由枢密院颁发,后勤保障则由三司负责。这样就形成了三足鼎立、互相牵制的军事指挥系统,皇帝掌握着军政大权,将领手中只有小权。于是,从五代以来禁军飞扬跋扈的风气被扫除,禁军只有顺从和听命皇帝调遣。

在中央,宋太祖首先降低宰相的地位,使宰相不但不敢和皇帝闹对立,而且必须服服

诸子百家——法家

帖帖,听命于皇上。

赵匡胤登基后的第二天,宰相范质和王溥登殿上奏。由于汉唐以来的规矩,宰相奏事都是坐在殿上,同皇帝面对面地讨论国家大事。可是,这一天,宋太祖坐在宝座上,威严地扫视了群臣后,便对范质、王溥说:"朕的眼睛有些昏花,请你们把奏疏送到前面来吧。"范质和王溥不敢怠慢,赶紧离开座椅,走近太祖的龙案,将奏疏呈上,并站在太祖跟前,随时准备回答皇上提出的疑问。此时,宫廷侍从看着太祖的眼色,立即把两位宰相的坐椅搬了出来。打这以后,宰相再到皇帝面前奏事,都要毕恭毕敬地站着,并成了定制。皇帝高高在上的特权更加突出,相应地宰相的地位大大下降。

不仅如此,公元964年,范质等几位资深宰相退职后,赵匡胤又增设了"参知政事"一职,实际上是增设了一个副宰相,其目的就是防宰相专权。五代时,枢密院掌管朝政,枢密使的权力很大,成了宰相之外的又一宰相。宋太祖认为这样弊病很大,就明确规定,枢密使专管军事,同掌管行政的宰相文武并列,大事分别奏明皇帝。

宋太祖还对御史台和谏院进行了改革。御史台是专管纠察官吏的机构,分三院:台院、殿院、察院,御史中丞是御史台的最高官员。谏院设知院,对朝政得失和大臣百官的过错,都可以提出谏言。宋太祖规定,凡是御史台和谏院的官员,都要由皇帝亲自选定,宰相和大臣们不得干预。从此,御史台和谏院的官员就成了独立于政府、顺从皇帝意向的监督工具。历来以向皇帝进谏为职责的谏官,在这里一下子变成了弹劾宰相、大臣,专门向皇帝负责的、监督官员们的工具。

对于中央和地方行政官吏的任命,宋太祖采取了"差遣"的办法,从中央六部二十四司、寺、监,到地方州县长官,都要由皇帝或中书省差遣。差遣,就是三年一任,或两年一任,不搞终身制。地方上的州县长官,统统由文官担任,不许武将插手。州县长官之外,另设"通判"一职,使他们互相牵制。

宋太祖对军队、中央和地方官僚体制进行的改革,虽然有一定的弊端,但是,这种"大权独揽、官职分离"的用人谋略,对于其进行统一战争和保持赵家王朝的长治久安,发挥了重要作用。唐朝灭亡后,战乱不断,出现了五代十国,其主要原因之一就是君弱臣强。而宋朝前后相加共历时321年,其时间之长,是自秦以来在基本统一中国的王朝中,仅次于汉朝的第二个封建王朝,这恐怕与开国皇帝赵匡胤对官僚体制的改革不无关系。

"厄其道而薄其所予"谋略中的"厄道"和"薄予"既相关联,又有区别。"厄道"是实现"薄予"的一种手段,同时,"厄道"本身也是一种现实的控制目标,通过"厄其道",使部属按照领导者设定的路子发展,这样就可以更好地调用之。在用人问题上,"厄道"也就是控制权力。因此,"厄其道而薄其所予",从一定意义上也就是大权独揽。这一御人智谋,在现代企业管理中也常被运用。

法国的统盛·普连德公司,是一个生产电子产品、家用电器、放射线和医疗方面电子仪器的大型电器企业,该公司属下各分公司遍布全球,年销售额达10亿美元。为了对企业实行有效的管理,公司实行了"大权总揽,小权分散"的策略。总公司把投资和财务这两大关键方面的权力掌握住,其他方面则给分公司以适当的自主权。

诸子百家——法家

公司所属的分公司每年年底都要编制投资预算报告,并呈报总公司审核。总公司在审核中如果发现有不当之处,就让分公司拿回去进行修改。当投资预算被总公司批准后,各分公司都必须照办。

该公司还建立了一项十分有效的管理控制员制度,对下属公司的生产,尤其是财务方面进行监督。这些管理控制员在履行职责时,都得到总公司董事会的全力支持,他们对分公司的费用、存货以及应收款项等特别注意,一旦发现有不正常的迹象,就立即报告总公司,由总公司派专人进行处理。分公司的财务月报表,必须有管理控制员的签字,才能送交董事会。

总公司除了在投资和财务方面牢牢地握住大权,在别的方面却实行了分权。每家分公司都自成一个利润中心,有自己的损益报表;各事业部门的经理对其管辖的领域都享有充分的决策权,并也给其下级一定的权限,充分发挥分权制度的最佳效果。这样,也调动了分公司的积极性,经营获得了极大的成功。

11.严吏制,重监察

是故为人君者,因其业,乘其事,而稽之以度。有善者,赏之以列爵之尊,田地之厚,而民不慕也。有过者,罚之以废亡之辱,僇死之刑,而民不疾也。杀生不违,而民莫遗其亲者。此唯上有明法,而下有常事也。

……

是故有道之君,上有五官以牧其民,则众不敢逾轨而行矣;下有五横以揆其官,则有司不敢离法而使矣。

《管子·君臣上》

做君主的应该根据官吏的职务和职责,来评价官吏所办的事,按照法度来考核他们。对成绩突出的,赏给尊高的爵位,美厚的田产,人们也不会有攀比的心理;对于犯过错的,就用撤职的耻辱和诛死的重刑来处罚,人们也不会有怨恨的情绪。官吏的生与杀都不违背法度,人们也没有因违法犯罪弃别其亲的,这些只有依靠上面的明确法制和下面的尽职尽责才可以做到。管子还认为,懂得治国方略的君主,在上面设立大行、大司田、大司马、大司理、大谏五官,以治理民众,民众就不敢越轨行事;在下面则有"五横"之官,以纠察各级官吏,各级执事的官吏也就不敢违法用权。

这里,无论是根据职务、职责,按照法度考核官吏,还是设"五横"之官纠察官吏,都表达了一个智谋:严格吏制,注重监察。这是古代官吏管理中一条十分重要的经验,是保持官吏勤政廉政的一项重要举措。

桓公拜管仲为相国后,管仲建议派鲍叔主管考察官吏的工作,桓公同意了。

对官吏的考核,管仲提出了三个等级:勉力国事,有功无过的,属于上等;政绩不显著,辖区田野土地基本无荒废,办案严肃而不轻忽的,属于次等;力行国事有功亦有过,治

诸子百家

法家

理辖区有政绩而无能力,田野多荒废,办案骄傲轻忽,属于下等。对官吏的办事效率,也做了规定:凡平民百姓要与本乡交涉办事的,官吏扣压不办,超过 7 天就要处官吏以囚禁;凡是士人有事向上交涉,官吏扣压不办者,超过 5 天就要处囚禁;凡是贵人及其子弟要向上交涉办事,而官吏予以扣压的,超过 3 天就要处囚禁。

管仲还注意对君主的监察。有一次,桓公问管仲:"我想使天下常驻,不失不亡,有办法做到吗?"管仲回答说:"要使齐国的天下常得而不亡,君主就要注意不急于翻新花样,做事情要等条件成熟后再实行。不以个人的好恶损害公正原则,而要了解人民所厌恶的各种问题,以便引以为戒。"

随后,管仲给桓公讲述了古代圣贤君主注意自身监督的一些做法。他说,黄帝建立"明台"的咨询、议事制度,就是为了了解贤士们的意见;尧实行"衢室"的询问制度,就是为了听取下层民众的呼声;舜当初专门制作了号召进谏的旌旗,这样君主就不容易受蒙蔽;禹把"谏鼓"立在朝堂上,时刻准备人们来上告;汤为了征询意见,在街道的中心地区设了一个厅堂,专门了解人们的各种非议;周武王则制定了"灵台"报告制度,使贤能之人都可以进言。上述这些,就是古代圣帝明王能够常有天下而不失、常得天下而不亡的原因。

桓公听了管仲的介绍,忙说:"我也想效法古代圣贤君主,实行这项制度,应取一个什么名字呢?"管仲说:"可以叫作'啧室咨议制度'。百姓提出君主的过失,其意见都纳入'啧室咨议制度'来处理。负责办事的人员都要认真负责地受理,不许有遗忘。"管仲同时建议大谏之官东郭牙主管"啧室"大事。桓公说:"好。"

对人才,不仅要放手使用,而且还必须加强管理,严格要求。尤其是对为官者,更应这样。管子"严吏制,重监察"就是强调用与管相结合的谋略。对于为官者,如果没有严格的要求,严格的管理,严格的纪律和监督机制,就很容易使其迷失方向,或者沾染腐败作风。

金朝第四代皇帝金世宗完颜雍,在位近 30 年,举贤任能,整顿吏治,对贪官污吏依法严惩。他即位不久,就下令要吏部对全国的各级官吏进行考核,并派专员到全国各地去进行查访。凡是因贪污而受处分的官员,永不起用。只要赃证确凿,即使是皇亲国戚,处理起来也绝不手软。他曾公开对朝官们表示:"朕对于赏罚,绝无私情。真正为官清正廉洁、有才能的人,即使朕从来不喜欢他,也必加升擢。如果贪赃枉法,即使是朕的至亲,也不能宽恕。"

金世宗说到做到。他儿子越王永功任北京留守期间,有徇私舞弊行为,世宗告诫执法部门:"永功所犯虽是小过错,但不可不惩。怎能因他是朕的儿子而废弃了国法?"宗室贵族荆王完颜文担任大名府尹时,向女真户多征马匹,还以劣马易良马,还低价强买民间财物。世宗知道后,支持查处工作,使荆王受到降职处分,其王府幕僚也受到处罚。世宗的舅舅李石,也曾因低价购买官物而被降调官职。

世宗严格吏制,整肃贪官污吏,自上而下,取得重大效果。皇亲国戚贪赃枉法要受惩处,其他官吏就更不必说。大定十一年(1171 年),汾阳军节度使牛信昌过生日,接受僚

诸子百家——法家

属的馈献,世宗知道后,革除其官职,还以此事教育朝官们,说:"朝廷行事不正,何以正天下! 今尚书省、枢密院的官员生日节辰接受馈献,谁也不过问,而地方小官则有人参劾,这哪里是正天下之道? 从今以后尚书省、枢密院也加以禁止,违者严惩。"由于世宗重视吏治,所以,群臣守职,上下相安。

"严吏制,重监察"关键在于考察监督机制的建立。现代考察监督机制,一般强调静态考察与动态考察相结合、定性分析与定量分析相结合、上级考核与群众评议相结合、群体考核与个体考核相结合;并且注意运用多种考察方法,努力提高考察监督的科学性和有效性。

六、御下智慧

韩非所说的术、数,是一种君主对臣下的统治手段。韩非子说:"人主之大物,非法则术也。法者,编著之图籍,设之于官府,而布之于百姓者也。术者,藏之于胸中,以偶众端而潜御群臣者也。故法莫如显,而术不欲见。是以明主言法,则境内卑贱莫不闻知也,不独满于堂;……用术,则亲近习爱莫之得闻也,不得满室。"(《难三》)所以说,韩非子的术很大程度上是一种深藏于胸、变幻莫测的心计和手段。韩非子在书中提供了大量的这种阴谋权术。主要有"众端参观""挟知而问""倒言反事""审察利害""因物知物""权借在下""参疑互争""敌国废置""宁自信,勿信人""掩其情,匿其端"等的察奸术、用奸术和止奸术。这些智术,不乏阴险卑污、残忍刁钻,虽然也很能说明韩非子高超的智慧和敏捷的应变能力,但只适用于你死我活的对敌斗争之中。为备读者的不时之需和尽可能保持韩非子智谋的完整性,我们还是用较大的篇幅介绍这些智术。

韩非子在此同时也还设计不少"阳谋""阳计",如用来考核臣下的"刑名术""听言术""观行术""任人术""授官术"等,这些计策不仅大多光明磊落,而且很多都可以为当今的领导者所直接借用。此外,"设度而持之""欲成其事先败事""良药苦口而饮之,忠言逆耳而听之""成大功者必求众人之助""太山不立好恶,江海不择小助""图难于易,为大于细"等智术,则早已是脍炙人口、被人们所普遍认同、广泛使用的智谋了。

1.治吏不治民

人主者,守法责成以立功者也。闻有吏虽乱而有独善之民,不闻有乱民而有独治之吏,故明主治吏不治民。……摇木者一一摄其叶,则劳而不遍;左右拊其本,而叶遍摇矣。……善张网者引其纲,若一一摄万目而后得,则是劳而难;引其纲,而鱼已囊矣。故吏者,民之"本""纲"者也,故圣人治吏不治民。

《韩非子·外储说右下》

君主是什么样的人? 君主是严格遵守法治原则,并以法治原则来督责臣下完成任务、建功立业的人。我只听说在官吏胡作非为的情况下,仍然有洁身自好独自守法的百姓;没听说过在民众胡作非为的条件下,还有独自依法办事的官吏。所以,英明的君主致力于管理好官吏而不去直接管理民众。……摇树的人,如果一一地掀动每片树叶,那就很劳累,也不可能把叶子全部揭遍;如果左右敲打树干,那么所有的树叶都会晃动了。……善于张网捕鱼的人,总是牵引渔网的纲绳,如果一个一个地拨弄网眼去捕鱼,那就不但劳苦而且也难以捕到鱼;牵引网上的纲,鱼就自然被网住了。官吏就是民众的"本"(即树干)、"纲",所以圣明的君主管理官吏而不去管理民众。

政治家的才能就在于善于利用别人的力量,政治家的要务也主要在于利用别人的力量,只能依靠自己力量的人决不会成为政治家——这在今天,已是常识。可贵的是,几千年以前的韩非子竟已深明此理! 更为可贵的是,韩非子还为如何去利用别人的智慧和力量设计了一个为历代所普遍遵循、在今天仍有普遍实用价值的智谋策略,这就是"治吏不治民"。韩非子对于那些深入民间,亲自调解小民矛盾的所谓的"仁义"圣君,不屑一顾,并进行了辛辣的嘲讽。他认为,吏是民之"本",吏是民之"纲",作为君主,其英明程度,不在于他干了多少具体事务,也不在于他个人有多大的智慧和力量,而在于他能否根据法治精神和法律原则,牢牢地控制官吏,并通过官吏这个"中介"来治理天下,以"治变不治民"的智谋来抓纲举目,逐级分治,达到事半功倍、"用力寡而霸业成"的目的。

刘邦在战胜项羽夺得天下之后,有一次问群臣他得天下的原因:"朕起自布衣,当初将寡兵弱。在这一方面,对手项羽的个人勇武和所属部队的强大,都明显地占了绝对优势。但结果,朕却打败了项羽,打下了天下。这是什么缘故? 请大家坦率地回答我。"

高起和王陵回答说:"陛下性情高洁,项羽则相反;陛下取得胜利,能无私地把胜利品分给大家,而项羽则中饱私囊;陛下用人不疑,而项羽却偏爱猜忌……所以陛下取得了天下,而项羽则失去了江山……"

刘邦边听边摇头。最后,他不以为然地说:"你们只知其一,不知其二。若论运筹帷幄之中,决胜千里之外,我不如张良;若论镇定国家安抚百姓,供给军饷粮食不断,我不如萧何;若

项羽

论统帅百万大军,战必胜,攻必取,我不如韩信。三者都是当今杰出之士,我充分发挥了他们的才干,所以才能夺得天下。而项羽恰恰相反,喜欢逞匹夫之勇,不知利用谋臣大将的作用。他只有一个范增,却也不知重用。天下如此之大,他项羽再英勇,就凭他一个人的力量,哪有不丢失江山的道理?"

刘邦的一番话显然是十分深刻的。逞匹夫之勇不行,只有紧紧抓住几个确有才干的将帅谋臣,紧紧依靠他们,才能完成一番大事业。

无独有偶,著名宰相管仲也曾有过与刘邦一模一样的说法。

諸子百家

——法家

有一次，齐桓公就如何发挥大臣的作用问题向管仲请教。管仲回答说："以口若悬河、舌绽莲花、对金钱廉洁、通达人情世故来说，我比不上弦商，请您任命弦商为司法大臣吧；在上下阶梯时神采飞扬、对待贵客谦和有礼方面，我赶不上隰朋，请任命隰朋为外交大臣吧；开垦荒原、建设乡镇、种植粟米方面，我不敢与宁武相比；统御三军、不顾安危、在沙场上拼死杀敌方面，我不能跟公子成父比较；与君王对面，冒死直谏，我赶不上东郭牙；治理国家必须依靠这五个人。但如果你想称霸天下，我可以派上用场……"

管仲与刘邦的说法几乎在句法结构上都一模一样，这是"英雄所见略同"，更是"治吏不治民"这一智谋具有广泛适用性和客观规律性的体现。

"治吏不治民"作为领导干部尤其是高级领导干部的必备之智谋，不仅中国智者深谙其道，外国的杰出人物也驾轻就熟。第二次世界大战时，盟军统帅艾森豪威尔将军指挥数十万部队登陆诺曼底成功后，他的朋友非常敬佩地称赞说："你真了不起，能指挥这么庞大的部队。"艾森豪威尔耸耸肩膀笑道："我并没有指挥一支庞大的部队。事实上，我只不过指挥三个人罢了！"不难设想，艾森豪威尔真要是去指挥数十万部队中的每一个战士，那么他不仅不可能取得登陆的成功，而且极有可能在发起登陆之前，便已累得吐血了。

2.忠信行于君子,诈伪施于战阵

晋文公将与楚人战，召舅犯问之，曰："吾将与楚人战，彼众我寡，为之奈何？"舅犯曰："臣闻之：'繁礼君子，不厌忠信；战阵之间，不厌诈伪。'君其诈之而已矣。"文公辞舅犯，因召雍季而问之，曰："我将与楚人战，彼众我寡，为之奈何？"雍季对曰："焚林而田，偷取多兽，后必无兽；以诈遇民，偷取一时，后必无复。"文公曰："善。"辞雍季，以舅犯之谋与楚人战以败之。归而行爵，先雍季而后舅犯。群臣曰："城濮之事，舅犯谋也。夫用其言而后其身，可乎？"文公曰："此非君所知也。夫舅犯言，一时之权也；雍季言，万世之利也。"仲尼闻之，曰："文公之霸也宜哉！既知一时之权，又知万世之利。"

或曰：雍季之对，不当文公之问。……且文公又不知舅犯之言，舅犯所谓不厌诈伪者，不谓诈其民，请诈其敌也……"文公之霸，不亦宜乎"，仲尼不知善赏也。

《韩非子·难一》

晋文公将与楚国人打仗，召舅犯来咨询这件事，说："我将要和楚国人打仗，他们人多，我们人少，对此该怎么办？"舅犯说："我听说过这样的话：'多礼的君子，对于忠诚老实从来都不会满足；战场上作战的时候，却从来不嫌欺骗诡诈太多。'您对于楚国人就采用欺骗的手段好了。"晋文公辞退了舅犯，又召雍季来咨询这件事，说："我将要和楚国人打仗，他们人多我们人少，对此该怎么办？"雍季回答说："焚烧树林来打猎，苟且获得了较多的野兽，但以后在这里就一定打不到野兽了；用欺诈的手段来对待民众，苟且取得了暂时的利益，但以后肯定不能再用这种办法来获利了。"文公说："好。"辞退了雍季后，文公采用舅犯的计谋与楚国人作战，结果把他们打败了。回来以后奖赏爵禄，先赏雍季而后赏

诸子百家

法家

舅犯。大臣都说："城濮的战事，是靠了舅犯的计谋。采用了他的建议而奖赏时却把他排在后面，合适吗？"文公回答说："这不是你们所能懂得的。舅犯的话，是暂时的权宜之计；雍季的话，则是关系到千秋万代的长远利益啊。"孔子听说这件事后说："文公称霸天下是应该的啊，他既知暂时的权宜之计，又知道千秋万代的长远利益。"

其实，雍季的回答，没有针对文公的询问，而且文公也没有理解舅犯的话，舅犯所说的不嫌多地欺骗诡诈，并不是说要欺骗自己的民众，而是请文公欺骗自己的敌人……孔子还说什么"文公称霸天下，不也是应该的吗？"这实在是不懂得什么是正确的奖赏啊。

上古的"难"字一般读去声，是辩难的意思。韩非子的《难》就是对前人的行事、言论进行辩驳和责难，以此来阐述作者自己的一些政治主张和军事思想。由于篇幅较大，《难》分四篇，每篇又分若干章，每一章都是一篇完整的驳论文，每篇驳论文往往都表达了韩非子与众不同的独特的智谋思想。本段文字摘引自《难》第一章。在这一章中，韩非子以兵不厌诈的军事思想为中心议题，辩证地说明了军事与政治、"一时之权"与"万世之利""诈敌"与"不欺其民"之间的关系。"忠信行于君子，诈伪施于战阵"是韩非子为处理这一关系而设计的智谋，其含义是指，作为一个君主，"忠信"和"诈伪"两种手段都要学会使用，但要注意区分不同对象。要在君子、本国的民众之中使用"忠信"；要在奸臣、敌人之中使用"诈伪"。特别是对于敌人，再多的诈伪也不算为多。在这里，他对于晋文公的做法和孔子的言论作了很有说服力的批驳。

诸子百家——法家

有人说，李世民能够在灭隋建唐中取得无与伦比的辉煌战功，开创"贞观之治"的开明政治局面，一半靠的是太原起兵时的宿臣旧将，另一半靠的是一大批降将。无论是对于哪一类将领，李世民都能施恩结纳，诚信相待。

尉迟恭，字敬德，是隋唐时期最有名的战将之一。他原为宋金刚的部下。公元620年4月，宋金刚被李世民打得落荒而逃，丢下尉迟恭等驻守孤城。李世民便遣使诏谕，尉迟恭和寻相等将领带着守卒投降了唐朝。李世民的心腹大将屈突通等人担心尉迟恭勇武异常，如果降而复叛，危害之大不可估量，劝李世民尽快将其除去。李世民却说："我正为得到猛将而高兴，诸君幸勿多言。"

公元620年7月，李世民带兵进攻王世充，尉迟恭也随军而行。李世民每天晚上都检查将士，有一天突然找不到与尉迟恭一同投降来的寻相将军，其他宋金刚的部下士卒也多半逃跑了。这样一来，唐营里都指着尉迟恭窃窃私语。屈突通、殷开山等人，竟干脆乘其不备把尉迟恭捆了起来，然后跑去对李世民说："尉迟敬德骁勇绝伦，无人能敌，怕他成为后患，必须及早把他杀了。现在我们好不容易把他捆了起来，听候发落。"

李世民大惊失色，说："你们可知道，敬德如果要叛变，他怎么可能落后于寻相将军？怎么可能对你们毫无防备？现在寻相叛而敬德留，足见敬德毫无叛志呀！"说着，赶忙走到尉迟恭面前，亲手为他解开了绳索，并把他引到了自己的卧室，拿出一箱金子相赐，说："大丈夫只以意气相待，请不要为小事介怀。如果将军想要离去，这箱金子可供作为路费，略表我的心意。当然，我是怎么也不会因谗害正，也不会强留下不愿与我交朋友的人的。"尉迟恭听说后，带泪下拜道："大王如此相待，恭非木石，宁不知感？誓为大王效死，厚赠则实不敢受。"

李世民扶起他说："将军果肯屈留，金不妨受。"尉迟敬德继续推辞，李世民便说："先收下，作为以后有功时的赏赐吧。"

第二天，李世民带了500骑兵巡视战场，突然遭到了超过万人的王世充骑兵的包围掩杀。王军带队的大将单雄信，也是隋唐时的名将，惯用长槊，紧紧地缠住李世民不放。李世民正在性命垂危的关头，突然有员猛将飞驰而至，冲开层层包围，把李世民从刀枪丛中救了出来。

此救命大将正是众人皆疑而李世民偏偏十分信任的尉迟敬德。李世民回营后对敬德说："众将疑公必叛，我谓公无他意，相报竟这般快速吗？"再把昨夜那箱金子相赐，尉迟恭这才收下。

打这以后，尉迟恭几乎成了李世民的贴身侍卫，每次征战，都寸步不离。李世民好冒险，总喜欢把最勇猛的将领组成一支突击队，在敌军阵中左冲右突，以挫敌锐气或打乱敌人阵脚，其中总也少不了尉迟恭。尉迟恭也深以能加入这支冒险队伍为荣，感激李世民对他的信任，对李世民更加忠诚，作战更加勇猛。

战争时期李世民对部下以诚相待，取信于民；统一天下，当上皇帝以后，更是诚信有加。贞观元年(627年)，有人给唐太宗李世民上书，要求清除朝中各种佞臣。唐太宗见信后十分重视，把上书之人叫来亲自求教清除佞臣的办法。太宗问："请问谁是佞臣？"那人回答说："我一直在民间，不了解朝中官员，因此无从知道谁是佞臣。"

太宗又问："你既不知道谁是佞臣，那么我怎么去清除呢？"

那人神秘而自信地说："陛下可以假装与群臣商量大事，然后见机佯装发怒的样子，暗中察看各个官员的反应。那些坚持真理，不肯屈服陛下的，乃是忠直之臣；相反，畏惧主怒，而且顺着陛下意志说话，不顾理直理歪的人，便是佞臣。佞臣一经查出，陛下要清除自然也就不难了。"

太宗一听，悚然动容，为照顾那人的面子，才尽量和颜悦色地说："你说的办法虽然很好，但那是诡诈之术。君是源，臣是流。源头浑浊而要求支流清澈，那是不可能的。君主自己用诈术，就无法要求臣下正直诚心。朕现在所需要的是以诚待臣，以至诚治天下。对于前代各帝王用权谲小计对待臣下的做法，深以为耻。所以你所献之策即使有效，朕也不可能采用。"

李世民是个举世公认的智谋大家，他能用诚信待人的"阳"计，也非常善于使用奸诈奇谲的"阴"计。例如，隋炀帝大业十一年(615年)秋季，隋炀帝杨广为欣赏塞外风光，从汾阳出发，顺道北巡，突然遭到了由始毕可汗(突厥皇帝)亲自率领的10余万突厥骑兵的袭击。突厥骑兵凶悍无比，人数又多，频频突击，隋炀帝被困在雁门关内，形势非常严峻。隋炀帝情急无奈，赶紧紧急募兵。但仓促之际哪能募到足够用以突破重围的兵马？

这时，年方16岁的李世民应募从军，并献计说："突厥骤举大兵，围攻天子，是因为他料定隋朝援军一时无法立刻到来。现在，这里的士兵人数不多.而且未经训练，都是无法临阵参战的。根据这种情况，我们只能用虚张声势的办法来对付。其一，在白天应派人在各地挥扬旌旗，从数十里以外一直飘扬到这里来；夜间则猛擂战鼓，尽量使鼓声从四面八方传来，又从这里传向四面八方。如此一做，突厥人必然怀疑我们的救兵滚滚而至，即使不望风逃遁，也绝不会像现在这样猖獗进攻了。其二，速派密使去见从隋朝出嫁到塞外的义成公主，以义成公主的名义，伪称始毕可汗的牙帐危急。这样始毕可汗便无论如何也要退兵了。"

隋炀帝依策而行。始毕可汗白天见隋军旌旗遍野，数十里不绝；夜间只听到战鼓阵阵，喧声四起，果然大为疑惧，再不敢急攻雁门关，反思考着如何退兵了。不久，他又接到义成公主的急件，说是北方有急，牙帐恐失，宜速速还军。始毕可汗见无力前进，后方危急，灰心丧气，败兴疾退。隋炀帝则抖擞精神，遣骑追击，竟俘虏了数千敌骑。

李世民首次参军便使用了既气魄宏大又彻头彻尾的阴谋诡计。在以后的半生戎马生涯中，他的这种阴谋诡计更是层出不穷。

李世民就这样"忠信行于君子，诈伪施于战阵"，文能治国，武能征伐，成为中国帝王中最英明的君主之一。

3.行制如天，用人如鬼

柄者，杀生之制也；势者，胜众之资也。废置无度，则权渎；赏罚下共，则威分。是以明主不怀爱而听，不留说而计。故听言不参，则权分乎奸；智力不用，则君穷乎臣。故明主之行制也天，其用人也鬼。天，则不非；鬼，则不困。

《韩非子·八经》

权柄，是控制臣下生死的一种法定职分；威势，是制伏众人的一种凭借。罢免任用官吏如果没有法度，那么君主的权力就不神圣了；赏罚大权如果和臣下共同掌握，那么君主的威势就分散了。因此，英明的君主不怀着对某人的喜爱去听取意见，不带着过去的好感去谋划事情。君主听取臣下的意见如果不加以检验，那么权力就会分散到奸臣手中；君主对于政事如果不亲自费心操劳，那就会被臣下搞得走投无路。所以英明的君主行使法定的职权时像天一样公正无私，使用官吏时像鬼一样神秘莫测。像天一样公正无私，那就不会遭到非议；像鬼一样神秘莫测，那就不会陷入困境。

韩非子的《八经》，就是八条常规，所论的内容也都是带有纲领性的政治原则。社会是由人组成的，政治的对象就是人，本段所讲的是韩非子思想中用人之术的灵魂。其中所强调的权势的重要作用——"胜众之资"，君主必须独揽，是韩非子势治学说的核心，将在"游刃千钧立威"部分详细展开。这里主要介绍韩非子反对"废置无度"，主张"行制也天"，特别是"用人也鬼"这个纲领性的术治智谋。"废置无度""行制也天"主要是强调要严格依据法律来任用或罢免官吏，这在"严刑峻法统万民"中已有较多的介绍，它是术治的前提条件。"用人也鬼"则是指在任用、罢免官吏（当然也包括对一般人的奖励或惩处）时，为充分发挥官吏的作用但又决不能危害到君主利益的要求下提出来的智谋原则。

诸子百家——法家

"鬼"是一种形象化的说法,意思是君主用人要神秘莫测,使别人难以捉摸。这一智谋思想很能体现韩非子术治思想的特征,对于当今社会来说,如果能在适当的场合巧妙地加以运用,也能起到出奇制胜的良好效果。

战国时期的著名策士苏秦和张仪,一个用"合纵"策略,帮助六国抗拒强秦;一个用"连横"策略,帮助秦国蚕食和吞并六国。两人的所作所为,是名副其实的针锋相对。但是,他们两本是同拜鬼谷子为师的同学。一师所传的两个徒弟,感情很好,并有约在先:谁先有办法,谁就帮助另一个站起来。但后来何以会弄得如此势不两立呢?这里有一段发人深思的故事。当苏秦身佩六国相印,一策使六国安、一怒使诸侯惧的时候,张仪却还穷困潦倒地困在家里。苏秦和张仪都是天下最聪明的人。张仪知道自己的才能足以在历史的舞台上占据一席之地。苏秦更知道张仪的能量还在自己之上,自己要始终保住这个出人头地显赫地位,唯有张仪能帮大忙。但怎样利用张仪的力量呢?苏秦在这个问题上下了大功夫。

苏秦先是派人乔装打扮,来到张仪处,三番五次地劝说张仪去投奔正在六国之首赵国执政的苏秦。张仪满怀希望地赶到赵国,没想到迎接他的竟是闭门羹,苏秦既不见他,又叮嘱手下人不让他离去。张仪顿时处于欲进不得欲退不能的难堪境地。不过,张仪虽然有些窝火,但也还有一线希望在心头,毕竟老同学还没有见上面,或许是手下人不知道自己与苏秦的关系。回到旅店,度日如年,熬了好几天,终于盼来了苏秦的接见。尽管先前的冷漠已使张仪料到此番接见肯定不会怎么隆重和热情,但实际情况比他的预料还要糟糕百倍。苏秦孤傲地坐在堂上,而让张仪像个卑微的下属似的坐在堂下,这一安排,就使张仪心中格外不快。紧接着,苏秦刻薄的话语又传入张仪耳中:凭你的才能本不应该这样,可你却让自己落魄到如此田地。我完全可以说句话就让你得到富贵,只是你实在不值得录用啊!苏秦刚把这番话说完,便转身扬长而去了。

千里迢迢而来,未能如愿以偿倒也罢了,竟还会遭到老同学的如此羞辱,张仪自然怒火中烧。凭自己的伶牙俐齿,他完全可以在唇枪舌剑中也侮辱对方一番,让薄情寡义的老同学无地自容并良心发现。但他没有贪图一时之痛快,也不想忍辱乞富,而是不动声色地忍受这凭空而来的羞辱,暗暗下定决心:一定要出人头地,雪洗此番耻辱,干出个样子,让苏秦瞧瞧!

张仪决定弃赵而去,另就高枝。去哪里呢?为了达到压倒苏秦的目的,张仪不想像没头苍蝇般乱撞,而要找一个比赵国更强大的国家,通过扶持这个国家进一步强大,以便有朝一日困扰赵国,让苏秦跪到自己面前求饶!

哪一个国家合适呢?张仪逐一分析各国情况,他认为唯有强大的秦国是可去之处。你苏秦搞"合纵",我就以破坏"合纵"为自己的终身职业!于是,他毅然跨上了西行强秦的道路。

此时的张仪,还是一个穷酸的书生。老同学那里尚且要怀才不遇,百般受辱,当时已是不可一世的秦国帝王将相能把他放在眼里?这是一个非常现实的问题,而且谁都可以想象得到。但奇怪的是，天下名士张仪偏偏没有想到。什么道理？士可杀不可辱，已经蒙受过奇耻大辱的张仪此时一门心思想要雪耻，哪还能想那么多！

令人惊讶的是，张仪投秦却非常地顺利：他刚刚上路就时来运转，遇见了一位慧眼识真人的好心人。这位好心人不仅家财万贯，而且豪爽大方，精明强干。这位好心人像陪伴朋友一样与张仪同宿同行，又像是忠实的仆人一样，为张仪跑前跑后，把衣食住行安排得有条不紊。到达秦国之后，还是这位好心人慷慨解囊，托人找"关系"寻"门路"，在朝廷内外频繁活动。很快，张仪便来到秦宫，深得当朝秦惠文王的信任和欢心……要知道当时苏秦出道之前，首选的目标也是秦惠文王，然而苏秦当时的遭遇却与张仪正好相反。当时苏秦曾"说秦王书十上而说不行，黑貂之裘弊，黄金百金尽，资用乏绝，……形容枯槁，面目黧黑，状有归色。归至家，妻不下纴，嫂不为炊，父母不与言"。

好的开头是成功的一半，张仪的第一步计划怎么也想不到会如此顺利，更加踌躇满志。张仪不是个负心汉，他要好好感谢那位好心人。好心人却给他揭开了一个天大的谜底：好心人原本是苏秦的家臣，是苏秦特地派来暗中保护张仪的，他的使命便是要尽快帮助张仪在秦国取得地位，并有效实施"连横"计划。

苏秦为什么要这样做？原来，六国在受到强秦的蚕食、入侵危险之际，苏秦以自己的"合纵"计赢得了六国诸侯的普遍重用。但"合纵"之计遏制了强秦之后，苏秦的戏也就唱完了，该下场卸妆了。但苏秦还想继续风光下去。怎么办？必须制造出一个与自己旗鼓相当的对立面。这一重任历史地落到了张仪身上。但这样的计划，如果明明白白地告诉张仪，张仪未必能发起狠来与自己的好同学干仗。于是，苏秦采取了上述神出鬼没的办法。

张仪是何等聪明之人，一点即通。于是，张仪的"连横"之计与苏秦的"合纵"之计巧妙地演唱一台高潮迭起精彩纷呈的双簧戏。苏秦和张仪这两位"领衔主演"者，自然也就成了战国末期中最具呼风唤雨之能力的大人物。

苏秦用人之"鬼"可谓"鬼"到了极点！

有一次，唐玄宗的哥哥宁王外出打猎，在林中搜索猎物时，奇怪地在草丛里发现一只锁得很牢的柜子。宁王命人开锁一看，更是惊奇不已，柜子里竟是一个妙龄少女！询问来历，少女说："前天夜里遇上了明火执仗的强盗，强盗中有两个是和尚，这两个和尚把她抓来锁到柜中，搬到这里后，扔下箱子便走了。"当时宁王正好生擒了一头熊，略一思考，就让人把熊锁进柜子，仍然放在原地，然后带着少女离开了。

过了几日，宁王曾去打猎的那个县里，上报了一桩奇案：有两个和尚，用钱一万包租了县里一家旅店，声称要花一天一夜在店里做法事，不让旁人进店，还抬了一只柜子进店。深夜，店里传出了"吧嗒吧嗒"的扑腾声。一天一夜过去了，和尚没有出来。到第二天中午，店主人只得未经和尚同意就开门进去，不料一头大熊从店里闯了出来，逃走了。到里面一看，两个和尚早已被大熊所杀所吃，只剩两副骨架了。唐玄宗得知此事后，不禁哈哈大笑，特地写信对宁王说："宁王兄真有办法收拾这两个强盗和尚啊！"

宁王的"美女换熊"之法，实际上是韩非子"废置有度，用人如鬼"这一智谋的变化：

诸子百家——法家

这里的"用人"是一要判明这两个和尚该不该处死;二是若该处死则应该用什么样的最经济的办法把他们捕获并处死。按常规,宁王应该收缴赃物柜子,再下令有关官员派人缉拿、审问……宁王"鬼"得很,他没有按常规去做,而是用了"美女换熊"之法。这样,他给罪犯留下可以悔过的选择的余地——不去开箱子,或在林中开箱放走大熊,便可以不受任何惩罚,官府也用不着花费大量的人力物力去搜捕罪犯,反正少女已经被救走;倘若和尚没有悔过之心,必定要在严密的室内开箱施暴,那就是自取死地,淫心不戒,残暴凶恶,罪也当死,而犯罪与处决同时并行,不费官府一丝之力,实在是神妙精绝。

4.生害事,死伤名,则行饮食

忍不制,则下上;小不除,则大诛。而名实当,则径之。生害事,死伤名,则行饮食;不然,而与其雠;此谓除阴奸也。……

《韩非子·八经》

对于残忍的奸臣如果不加制裁,就会使君主成为臣下;小的奸邪如果不除掉,就会导致大的诛罚。如果罪名和罪行相当,就直接运用法律加以制裁;让他活着会破坏君主大事,直接把他杀了又会损害君主的名声,对于这种人,那就使用饮食来毒死他;如果不想这样干,也可以交给他的仇敌杀死,这叫作除掉暗地里的奸臣。

韩非子认为人性自私,君主要保全自己的权位和性命,就要特别注意防止奸臣的篡权和谋害活动。对于奸臣一定要不惜代价、不择手段地加以惩处。残忍的奸臣要惩处,小小的奸诈也要消除。在这里,韩非子着重提出了一种处置"生害事,死伤名",即应当杀又不便明杀的奸臣的两种办法,一是借毒杀之,二是借人杀之。韩非子设计的这种"除阴奸"之术,听起来令人毛骨悚然,但实际上经常使用它的君主,中国有,外国也有,而且是多如牛毛。其中原因,一是因为"阴奸"本身所从事的也是一种阴森可怕的勾当,以此术除之,不过是以毒攻毒罢了;二是因为争权夺利的官场在特定条件下,比流血的战场更加残酷几分,在你死我活的较量之际,当事者不会也不太有可能为追求"光明磊落"而冒丧权辱身之险。

1944年10月15日,柏林的报纸赫然登出了一则讣告。讣告是以隆美尔元帅的家人的名义发出的:隆美尔负重伤后于1944年10月14日突然逝世,享年53岁。与此同时,希特勒向隆美尔的妻子发出了唁电:"请接受我最真挚的吊唁。隆美尔元帅的英名将永远和北非英勇的战役联系在一起。"

一切都显得和谐自然,似乎无懈可击。谁知,这却是希特勒一手策划的一个"除阴奸"的大大的阴谋。

隆美尔是希特勒手下的一名勇将。此人反应敏捷,善于用兵,在进军巴黎一战中叱咤风云,深得希特勒的赏识。由于他作战有功,因而青云直上,成了当时纳粹德国最年轻的陆军元帅,并被任命为非洲装甲军最高司令。因其在北非功勋卓著,被誉为"沙漠之

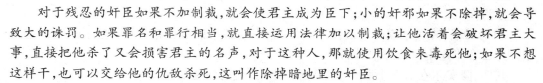

狐"。

1944年7月20日,一个突发事件牵涉到了隆美尔。

这天,一名叫施陶芬贝格的年轻中校在希特勒的大本营安放了一枚定时炸弹,想除掉希特勒。但结果,希特勒没被炸死,施陶芬贝格却被捕入狱了。在审讯中,施陶芬贝格交代此事与隆美尔有关。

这一下使希特勒十分伤脑筋:如果逮捕并审讯隆美尔,自己的体面何存?如果网开一面,不仅仅是气愤难消的问题,其他人会不会群起而效仿隆美尔——居功自傲、危害到自己的安全?隆美尔在希特勒的眼里,正是一个韩非子所说的"生害事,死伤名"的人。怎么办?

希特勒所采取的办法竟正是韩非子所设计的"行饮食"之术。

希特勒派人转告隆美尔说,如果你服毒自杀,希特勒便不会加害于你的家人,你还可以享有国葬殊荣,家庭也不会在政治上受到牵连。

隆美尔考虑再三,感到自己已无路可走,于是戴上军帽,夹着元帅权杖,向家人告别后上了汽车。

20分钟后,隆美尔家的电话铃声响了,家人摘了电话后目瞪口呆,他们被告知,隆美尔元帅已在半途中突然患中风病而去世了!

其实,隆美尔在汽车上服食了希特勒"赐给"他的烈性毒药。

如果把隆美尔抓起来公开审判,那将让全世界都知道一个如此高级的将领向希特勒提出了挑战,让全世界都知道希特勒不得人心的真实情况,这对希特勒当然是十分不利的——隆美尔在公开审判后的"死"必将损害希特勒的"名声";而如果轻易地放过隆美尔,以希特勒的本性而言,是绝不甘心的,而且也会导致其他高级将领群起而效之的局面——隆美尔的"生"必将败坏希特勒的"大事"。于是,希特勒采用了"行饮食"的办法,他让隆美尔在神不知鬼不觉中"病"死了,既除去了心腹隐患,又不留任何后遗症。

"生害事,死伤名,则行饮食"之计,狭义地说是用毒之计,广义上讲,实际上可以指一切暗杀,一切在法庭以外的惩处。这里不再具体举例分析。

5.设度而持之

无度而应之,则辩士繁说;设度而持之,虽知者犹畏失也,不敢妄言。今人主听说,不应之以度而说其辩;不度以功,誉其行而不入关。此人主所以长欺,而说者所以长养也。

《韩非子·外储说左上》

没有一定的标准去对照游说者的言论,那么能言善辩的人就会吹得天花乱坠;如果设置了一定的标准来把握它,那么即使是聪明的人也还会怕有失误而不敢乱说。现在君主听取游说者的游说,不用一定的标准来对照它而喜欢他们能说会道的口才;不用实际的功效去衡量,却只是赞赏他们的行为而不把它们纳入一定的规范去考察。这就是君主长期地被欺骗的原因,以及游说者长期地被供养的缘由。

诸子百家——法家

俗话说："公说公有理，婆说婆有理。"到底谁有道理，光听公说或者婆说是不行的。官场上投机钻营者历来不在少数，春秋战国时期靠花言巧语混饭吃的所谓策士说客更是多如牛毛。当然仅仅是被骗碗饭去吃还无关紧要，韩非子所关注的，是不少君主长期被花言巧语所蒙蔽，以至丧权辱国。为此，他不惜浓墨重彩设计了许多"听言术"。这里所说的"设度而持之"——设定一定的标准来衡量游说者的话，是"听言术"中的一条智谋。

燕王喜爱细致的工艺品，一个卫国人报告说："我可以在尖细的荆棘上雕刻出母猴。"

燕王大喜。赐他很高的俸禄。隔了一段时间，燕王对他说："我想见识见识在荆棘上所雕刻的母猴。"

卫国人回答说："大王如想见识它，就半年内不能近女色、入闺房，且要一直斋戒。这样以后，还须在雨后太阳升起的时候，把这个荆棘放在灰暗的角落，从明亮的地方注视着它，这样大王才可以看到那只母猴。"

后面的条件容易办到，可是半年不近女色这一条，燕王自己觉得是无法做到的，因而连续几天都闷闷不乐。

一位郑国的铁匠到了燕国，听说了这件事，便告诉燕王说："我会做凿子。我知道，雕刻再小的东西，也得用凿子，而雕刻的东西无论如何也得比凿子要大。可是，荆棘那么小，怎么可能让凿子的凿锋，凿进荆棘的尖端呢？我作为一个冶锻工，知道这样的凿子是没有的。那个卫国人明明知道您无法达到他所规定的条件，所以才敢用这种无稽之谈来蒙骗您。大王要知道他所说的是真是假，不妨要求验一验他有没有这样小的刻刀。"燕王说："好。"

燕王招来那个卫国人，说："你在荆棘上雕刻母猴，用的是什么工具？"

"是凿子。"那个卫国人说，"大王，就是普通的凿子。"

"我看不到荆棘上的母猴，倒一定得看看这雕刻母猴的凿子。"

"好的……"卫国人有点紧张，但还是故作镇定地说，"大王，我这就到我的房里去给您取来看。"

那个卫国人离开了王宫，但脚底抹油，溜之乎也了。

燕王居然会相信这种无稽之谈，正如安徒生童话《皇帝的新衣》里的那个国王一样愚蠢。但幸好燕王后来要求"一定得看看那雕刻母猴的凿子"——使用了一种衡量说话真假的标准，才没有像穿"新衣"的那位国王一样被骗个精光。

宋国有个很善于说辩的人，他凭雄辩的口才，居然使齐国稷下那些著名的辩士们接受了他"白马不是马"的论点。可是，当他乘坐白马走关过卡时，收税人看到白马照样按马一类的标准收税，收税人怎么也不肯相信"白马不是马"的屁话。韩非子对这件事评论说："藉之虚辞，则能胜一国；考实按形，不能谩于一人。"意思是说，凭借虚浮的言辞可以蒙过全国的人，可是考察实际情况，按照一定的标准，则一毫无学识的人也骗不过。

为了说明"设度而持之"的重要性，韩非子还讲述了一个现在已家喻户晓的故事——"画鬼易，画犬马难"：客人中有一个给齐王画画的人，齐王问他说："画画，最难画的是什么?"客人说:"狗和马最难画。"齐王又问:"最容易画的是什么?"客人说:"鬼怪最容易画。"那狗和马,是人们都知道的东西,日日夜夜都显现在人们的面前,不可能画得和它完全相似,所以很难。鬼怪神仙,是没有形状的东西,不显现在人们面前,所以画它很容易。也就是说,人人心中都有一把衡量狗马画得好不好的尺子,所以画狗马的人必须仔细认真,不得胡编乱造;相反,谁都拿不出检验鬼怪画得好不好的标准,于是画鬼怪便可以胡编乱造。听取臣下或者别人的言论也是这样,用一定的规范、标准去衡量检验言论的好坏、正确与否,言论者就不敢胡编乱造、坑蒙拐骗,即使碰到了谎言,也不至于轻易上当。

6.欲成其事先败事

宋之富贾有监止子者,与人争买百金之璞玉,因佯失而毁之,负其百金,而理其毁瑕,得千镒焉。事有举之而有败,而贤其毋举之者,负之时也。

《韩非子·说林下》

宋国富商中一个叫监止子的人,有一次和别人抢着买一块售价百金的玉石,因争执不下而故意假装失手把它摔坏了,然后就赔给卖主百金。回家后他修整好那跌坏的斑点,便在这块玉上赚到了千金。事情有时候要做成它却往往先败坏它,但这种败坏却比不做它要好,这赔玉石的事情就是这样。……

韩非子是一个把功利看得很重的思想家,有人甚至干脆把他的思想称为功利主义思想。韩非子以十二分的赞赏口气来记叙富商监止子故意摔坏玉石的做法,就是这种功利主义思想的证据之一。但不管怎么说,韩非子的功利主义思想有时是非常深刻的。在这里,他清醒地认识到,胜败、进退往往是相反相成的。因此他主张,为了一下子进两步,有时却需要先退一步;为了更大的利益,有时却需要先付出一定的代价——"事有举之而有败,而贤其毋举之者"。

武则天年方 14 岁,便已艳名远播,被唐太宗召入宫中,不久封为才人(宫中女官)。又因性情柔媚无比,被唐太宗昵称为"媚娘"。当时宫中观测天象的大臣们纷纷警告太宗,说唐皇朝将遭"宫变"之乱,有人将代李姓为唐朝皇帝,而且种种迹象表明,此人多半姓武。唐太宗为子孙后代着想,把姓武之人逐一检点,作了可靠的安置,但对于武媚娘,由于爱之刻骨,始终不忍加以处置。

唐太宗受方士蒙蔽,大服丹铅,虽一时精神陡长,纵欲尽兴,但过不多久,便身形枯槁,行将就木了。武则天此时风华正茂,一旦太宗离世,便要老死深宫,所以她时时留心择靠新枝的机会。太子李治见武则天貌若天仙,仰羡异常。两人一拍即合,山盟海誓,只等着唐太宗撒手,便可仿效比翼鸳鸯了。

不料太宗之机警决非常人可比,自知将死之时,还想着要确保子孙们的皇帝位置。临死之前,他对着太子李治之面问武媚娘:"朕这次患病,一直医治无效,病情日日加重,眼看是起不来了。你在朕身边已有不少时日,朕实在不忍心撇下你而去。你不妨自己想

诸子百家——法家

一想,朕死之后,你该如何自处呢?"

武媚娘聪明绝伦,哪还听不出太宗弦外之音——自己已身临绝境。要是顺着皇帝老儿的意思,当然最好是同他一起进棺材去!武媚娘的脑子风车般急速地旋转起来:此时只要能保住性命,就不怕没有将来的出头之日。然而要保住性命又谈何容易。怎么办?怎么办?怎么办?……欲成其事先败事,为了将来一切的一切,现在必须丢弃一切的一切!武则天没有更多地考虑时间,扑通一声双膝跪地,说:"妾蒙圣上隆恩,本该以一死来报答。但圣上未必即此一病不愈,所以妾才迟迟不敢就死。妾只愿现在就削发披缁,长斋拜佛,到尼姑庵去日日拜祝圣上长寿,聊以报效圣上的恩宠。"

武则天

唐太宗一听,连声说"好!"并命她即日出宫,"省得朕躬为你劳心了"。原来,唐太宗虽然决心要处死武媚娘,但心里多少有点不忍。现在武媚娘既然甘愿抛却一切,去当尼姑,那么对于子孙皇位而言,活着的武媚娘也就等于死了的武媚娘,不可能有什么危害了。

武媚娘"拜谢"而去。一旁的太子李治却如遭晴空霹雳,动也动不了了。唐太宗却在自言自语:"天下没有尼姑做皇帝的,我死了也可以安心了……"

李治听得莫名其妙,也不去管他,借机溜了出来,直奔媚娘卧室。见媚娘正在检点什物,便对她呜咽道:"卿竟甘心撇下我吗?"媚娘道:"主命难违,只好走了……""了"字未讲完,泪已哗哗而下,语不成声了。太子道:"你何必自己说愿意去当尼姑呢?"武媚娘镇定了一下情绪,把自己的计策告诉了李治:"我要不主动说出去当尼姑,只有死路一条。我想永远和殿下在一起,所以只有先和殿下相分离。留得青山在,不怕没柴烧。只要殿下登基之后,不忘旧情,不沉湎嫔嫱妃妾,那么我总有出头之日,我们总有永不分离的那一天……"

太子李治佩服武媚娘的才智,当即解下一个九龙玉佩,递给媚娘作为信物,并发誓:"我若负卿,有如白日……"

太子登基不久,武媚娘果真再次进宫,之后成为中国历史上声名赫赫的一代女皇。

1923 年,美国福特公司有一台大型发电机不能正常运转了,公司里的几位工程技术人员百般努力都无济于事,眼看要影响到整个的生产计划。福特心里焦急万分,他只得到另一个厂里去请来一位很傲慢但据说对电机很内行的德国籍科学家。

这位科学家名叫斯特曼斯,来到福特公司后,只要了一架梯子和一根粉笔,然后爬上爬下,在电机的各个地方静听空转时的声音。不久,他用粉笔在电机的左边一个小长条地方画了两道杠杠,对福特说:"毛病出在这儿,多了 16 圈线圈,拆掉多余的线圈就

諸子百家——法家

行了。"

技工人员似信非信,但只能照他的话试试运气。不料电机果真奇迹般正常运转了。大家都对斯特曼斯表示感谢。斯特曼斯却傲慢地说不要感谢,只要那么 1 万美元的酬金。"1 万美元!"尽管大家都知道他是科学家,是个很傲慢的人,但谁也想不出他竟会提出如此高的酬金数额,不禁都惊叫起来。斯特曼斯却对那些目瞪口呆的人说:"粉笔画一条线不值 1 美元,但知道该在哪里画线的技术,至少超过 9999 美元!"

按常理,人们可能会猜测,福特一定再也不会去理睬斯特曼斯了。谁也想不到,福特不仅愉快地付了 1 万美元的酬金,而且诚心诚意地向斯特曼斯提出要用高薪聘请他为福特公司的高级职员。

更让人感到富有戏剧性的是,科学家竟毫不为此所动:我所在的公司在我最困难的时候救过我,你那所谓的"高薪"算什么玩意儿?

这时的福特会怎么做? 他毫不犹豫地花巨资把斯特曼斯所在的公司整个地买了下来!

福特花了巨资,失了面子,结果怎么样? 全世界都知道了:以福特之地位和财势,竟敢于"丢面子"忍受斯特曼斯的冷嘲热讽,不惜花巨资买下一个公司! 其爱才之心可知一斑。从此,福特公司荟萃了更多的人才精英,发展的速度更快了。

诸子百家——法家

7.举事有道,计入又计出

人主欲为事,不通其端末,而以明其欲。有为之者,其为不得利,必以害反。知此者,任理去欲。举事有道,计其入多、其出少者,可为也。惑主不然,计其入,不计其出,出虽倍其入,不知其害,则是名得而实亡。如是者,功小而害大矣。凡功者,其入多,其出少,乃可谓功。今大费无罪而少得为功,则人臣出大费而成小功,小功成而主亦有害。

《韩非子·南面》

君主想做一件事,不了解事情开始的原因和结果的好坏,便简单地认为能借这件事来达到自己的某种欲望。这样做事的话,不但难以获得好处,反而一定会受害。懂得这一点,就应顺应客观事理,去掉不切实际的主观欲望。做事情有一定的原则,计算下来那收入多而支出少的事情,是可以做的。糊涂的君主却不是这样,他们只盘算那收入,而不考虑那支出,支出即使是那收入的一倍,他们也不知道那害处,这样的话,名义上虽然是得到了,而实际上却是失去了。像这样的话,那么功效微小而损失就十分大了。大凡功效这东西,对收入多而支出少的,才可以称为功效。现在耗费大了并没有罪过而稍有所得就被认为有功,那么臣下就会支出大量的费用去成就微小的功效,这微小的功效即使成就了,对君主来说也还是个损失。

不惜代价而去做得不偿失的事,有时为了某种特殊的需要也不得不为之。但一般来说,无疑是应该尽量避免的。韩非子取君主面南而立临朝议政之意,写下《南面》一文,论述了君主治国的几项原则。在讲到君主要防止被"人臣出大费而成小功"所迷惑时,韩非子重点提出了"举事有道,计入又计出"的智谋思想。韩非子认为,任何事情都具有支出和收入的两个方面。君主想要办一件事,必须弄清这件事的来龙去脉,尤其要弄清事情的缘由,掂量费用和收获的大小。费用大于收获,得不偿失的臣子,毁罚并加;成果大于支出,事半功倍,那就不能计较眼前之失,而应让臣子大胆实施。韩非子"举事有道,计入又计出"的智谋,本意是为君主衡量臣子办事的功过是非而设置的一种尺度,但实际上,一个人的智慧高下,在很大程度上就是要看他是否能在有限的条件下,获取尽可能多的收获。"举事有道,计入又计出"包含了在一般条件下的基本规律,因而既适合于古代的君主、臣民,也适合于当今社会中的人们。

从前,晋献公派荀息向虞国借路以便攻打虢国,荀息说:"请您把垂棘出产的玉璧和屈邑出产的四匹马送给虞公,向他要求借路,一定可以得到允许。"

献公说:"那垂棘出产的玉璧,是我们先君的宝贝啊;屈邑出产的四匹马,是我的骏马啊。如果虞国接受了我们的礼物而不借给我们路,那将怎么办呢?"

荀息说:"不是这样,他如果不借路给我们,一定不会接受我们的礼物;如果接受了我们的礼物而借路给我们,这就如同我们把玉璧从宫中的府库拿出来放到宫外的府库里去,把骏马从宫中的马槽旁牵出拴到宫外的马槽旁去。您对此又忧虑什么呢?"

献公答应了,就派荀息把屈邑出产的四匹骏马,再加上垂棘出产的玉璧作为礼物献给虞公,来向虞国借路攻打虢国。虞公贪图宝玉和骏马,想答应荀息。

宫之奇劝谏说:"不可以答应,虞国对于虢国,就像牙床骨和颊骨一样,互相依存。古人曾经说过,'嘴唇没有了,牙齿就会感到寒冷。'虢国不被灭亡,靠着虞国;虞国不被灭亡,也靠着虢国,两个国家中的任何一个都无法独立存在啊!如果借路给晋国,那么虢国很快就会被灭亡。而虢国如果早晨灭亡了,虞国必然在晚上也就跟着要灭亡。怎么可以借路给晋国呢?"

虞公不听,还是把路借给了晋国。

荀息攻打虢国,战胜了虢国。返回的时候,乘胜攻打虞国,又战胜了虞国。

荀息拿着玉璧牵着骏马回来禀报。献公高兴地说:"玉璧还是老样子,只是马的年龄稍长了一点。"

虞国君主在"借路"这件事上,不了解事件的起因和必然导致的结果,只从主观欲望——贪图宝玉和骏马来表示自己的态度,更没有衡量宝玉、骏马与邻国虢的生死存亡何重何轻,便草率从事,结果不仅仅是事倍功半的问题,竟然由此做了个亡国君主。相反,宫之奇显然懂得"举事有道,计人又计出"的智谋,只可惜忠言拂耳,昏君不用良策;而晋国的荀息则不仅精通"举事有道,计人又计出"之智,而且已把它当作了一条得心应手的计策手段了。在他的手里,宝玉、骏马是虚假的"支出",而两个国家却是实实在在的"收获"。荀息不愧为智者。在古代,好用此计而连连得手的,还不止荀息一人。

中山国内有个凤繇国,智伯想攻打它却无路可通,就给它铸造了一个大钟,用两辆车并排装载着去送给它。凤繇的君主削平高地填平溪谷来迎接大钟。

赤章蔓枝劝谏说："古诗说：'唯则定国'，意思是说，只有遵循确定的准则才能使国家安定。我们凭什么会从智伯那里得到这东西？智伯的为人，贪婪而且不守信用，一定是想攻打我们而没有路，所以铸造了大钟，用两辆车并排装载着来送您。您于是削平高地填平溪谷来迎接大钟。这样，智伯的军队必定跟随着到来。"

凤繇的君主不听，过了一会儿，赤章蔓枝再次劝谏。凤繇的君主说："大国要跟你交好，而你却拒绝人家，这不吉祥，你不要再说了。"

赤章蔓枝心里暗暗说："当臣子的不忠贞，这是罪过；忠贞而不被信任，脱身远去是可以的。"于是，他砍掉车轴两端就走了。

赤章蔓枝到达卫国七天后，凤繇就灭亡了。

《吕氏春秋》对这件事有这样的评论："欲钟之心胜也。"说是因为凤繇国的君主想得到钟的心情太过分了。实际上，想得到钟的心情并没有错，关键是，"举事有道，计入又计出"，做任何事都应该想一想支出的是多少，得到的是多少。如果凤繇的君主能这样认真地想一想，恐怕他是不可能拿自己的王位和国家去兑换一口大钟的。

8.以利之为心

故人行事施予，以利之为心，则越人易和；以害之为心，则父子离且怨。

《韩非子·外储说左上》

人们办事和给人好处，如果认为利人可以利己，那么就像遥远的越国人那样关系疏远的也容易和好；如果认为辛苦了自己却只对别人才有好处，那么父子之间也会离心离德而互相埋怨。

"以利之为心"，就是一切都要从有利、有好处的角度来考虑和进行工作。韩非子的这一智谋思想包含两层意思：一是"挟夫相为则责望，自为则事行"（怀有那种人人要为别人着想的思想，就会互相责备和埋怨；而怀有那种人人都为自己着想的思想，那么事情就能办成），因此，要发动某人做某事，就应该让他清楚地懂得做这件事对他自己有好处而并不是全为别人；二是古代帝王从本质上说也是看重自己的利益的，但由于各人的理解和语言文字的误差，后人不可能全部都能准确理解。因此，理解和效法古人绝不能教条主义，而一定要"适国事"（即适应已经变化了具体国家的具体情况），用"以利之为心"来取舍。韩非子不可能有"为人民服务"的共产主义思想，不可能来倡导"奉献"精神，而且他所理解的"利"也是十分狭隘的帝王之利。但是，让人们把自己所从事的事情与自己的利益联系起来，则有广泛的适用性和有效性。

文公要讨伐宋国，就先宣传说："我听说宋国的君主荒淫无道，诬蔑德高望重的老人，分配财物不适当，发布了命令却不守信用，我来为人民杀了他。"

越王勾践要去攻打吴国，就先宣传说："我听说吴王夫差建造如皇台，开挖深河，使百姓疲劳困苦，又榨取浪费钱财，因而耗尽了民间的人力物力，我来为人民杀了他。"

蔡侯的女儿做齐桓公的妻子,齐桓公和她乘船游玩,她摇动船身,齐桓公十分害怕,阻止她,她却还不停地摇,齐桓公愤怒地把她休回娘家去了。齐桓公的本意只是想吓唬她一下而已,所以随后又派了使者去把她召回。可是,蔡国却也不买齐桓公的账,认为齐桓公休了蔡姬是对蔡国的藐视,因而早已把她改嫁了。齐桓公十分恼怒,要去讨伐蔡国。管仲规劝说:"夫妻间开玩笑和不礼貌的事,不能用来作为讨伐别国的理由。硬是这样去做,建立功业是没有指望的,请您不要因为这件事多作计较。"齐桓公不肯听从。管仲说:"如果您一定不能打消这个念头,那么楚国的三菁茅已经三年不向周天子进贡了,这是对天子权威的大不敬,您不如起兵先去为周天子讨伐楚国。而蔡国因与您有这一过节必不会派兵响应。这样,在楚国屈服之后,您就可以袭击蔡国了。因为这时您可以堂皇地说:'我为天子讨伐楚国,而蔡国却无动于衷,不积极调兵来响应,所以要消灭它!'这样做,在名义上是正义的,而在实际上是有利的。所以必须有了为天子去讨伐的名义,然后才可以有报仇的实效。"

韩非用以上数例,说明人们本来就是有利才会有行动,因此要让别人从事某事,就必须让别人知道这事对他有好处。讨伐一个国家,为了让这个国家中的人民取消抵抗,就要想方设法寻找出这一次讨伐的理由,最好是能让该国的人们感觉到,唯有这次讨伐,才能得到好处。

赵主父命令工匠使用带钩的梯子去攀登播吾山,在那上面刻上人的脚印,宽三尺,长五尺,并刻上字:"主父曾经到此一游。"

秦昭王命令工匠用带钩的梯子登上华山,拿松树柏树的树心做成一盘棋子,长形的骰子长八尺,其棋子长八寸,并刻上字:"昭王曾经与天神在这里下过棋。"

晋文公返回到晋国的时候,来到黄河边上,命令把竹筮木豆、席子草垫丢掉,叫手脚磨出了老茧、脸色黝黑的人退到后面去。咎犯听说了这消息后便在夜里痛哭起来。文公说:"我出外流亡20年,今天才能返回祖国。咎犯你听到了这个消息不是高兴反而痛哭流涕,你是否不愿意我返回祖国呢?"咎犯说:"竹筮木豆,是吃饭的用具,席子草垫,是睡觉的用具,而您却把它们都丢掉;手脚磨出了老茧、脸色黝黑的,是劳苦有功劳的人,而您却把他们丢在后面。现在我也要加入后面的行列中去,心里经受不住那悲哀,所以哭了。况且我为了达到返回祖国的目的,而为您施行欺骗诡诈的手段已经好多次了,我自己都厌恶自己,更何况是您呢?"说完就连拜了两次向文公告别。文公阻止他说:"谚语说:'为土地神建造祭坛的人,建造时没有礼貌地撩起衣服去放置土地神神像,建成后彬彬有礼地穿着玄端、戴着玄冕去祭祀它。'现在你使用诡诈的手段给我取得了国家,却不给我治理它,就好像不讲礼仪地给我设立了土地神,却不给我祭祀它;这怎么行呢?"于是解下了车子左边的马杀了,在黄河边立了誓约。

这几个例子说明的是古代帝王只为自己考虑,制造骗局,不惜让别人为自己使用诈谋。而后人则不一定全部能明白他们的用意或被他们所蒙蔽。

郑县有个名叫卜子的人让他的妻子做裤子,他妻子问他:"现在这条裤子做成什么样子?"丈夫说:"像我的旧裤子。"他妻子因而把新裤子撕毁,使它像旧裤子。

诸子百家 —— 法家

郑县有一个拾到了车轭的人,却不知道这东西的名称,就问别人说:"这是什么东西?"别人回答说:"这是车轭。"过了一会儿,他又重新拾到一个,又问那个人:"这是什么东西?"那人又回答说:"这是车轭。"这问话的人十分愤怒地说:"刚才说是车轭,现在又说是车轭,这车轭怎么会有这么多呢?这是你在欺骗我啊!"就和他打起来了。

卫国有个掌管射飞禽的小官,鸟一来,他便先用他的头巾向鸟挥动,鸟受惊飞走,他便不射了。

郑县人卜子的妻子到集市去,买了只鳖回家。过颍水的时候,她认为鳖渴了,就把它放了让它喝水,于是就丢了她的鳖。

有个年轻人侍候年纪大的人喝酒,年纪大的人喝一口,他自己也喝一口。另一种说法是:鲁国有个洁身自好的人,看见年纪大的人喝酒时不能干杯,反而将喝下的酒都吐了出来,他也就模仿着把酒呕吐出来。还有一种说法是:宋国有个年轻人也想模仿高雅的风度,看见年纪大的人把杯里的酒一饮而尽,他虽然不能喝酒,却也想干杯。

古书上说:"约束自己。"宋国有个研究这部书的人,就用重叠的带子把自己束起来。有人问他说:"这是为什么?"他回答说:"书上是这么说的,本来就该这样做。"

古书上说:"又雕刻又琢磨,最后还归到它原来的质朴。"魏国有个研究这部书的人,一举一动都说要学习这两句话,所以办事都讲求文饰,还说:"做到这一点真难啊。"结果反而失去了他的朴实。有人问他说:"这是为什么呢?"他回答说:"书上是这么说的,本来就该这样做。"

郑国有一个将要购置鞋的人,先自己量好了他的脚并把这尺码放在他的座位上,等到去集市的时候,却忘了带上它。已经在集市上挑到了鞋子,这才想起:"我忘记拿尺码了"。就回家去取它。等到他再返回集市,集市已经收摊了,于是就没有买到鞋子。有人说:"你为什么不用脚去试试那鞋子呢?"他说:"我宁愿相信那尺码,也不相信自己的脚。"

这一些例子是说明一切都必须以当时当地的功用目的为出发点,切不可教条主义地不顾实际利益搬用书上或者是既定的死定律。

9.良药苦口而饮之,忠言逆耳而听之

明主之道,如有若之应密子也。入主之听言也,美其辩;其观行也,贤其远。故群臣士民之道言者迂弘,其行身也离世。……夫良药苦于口,而智者劝而饮之,知其入而已己疾也。忠言拂于耳,而明主听之,知其可以致功也。……是以言有纤察微难而非务也。

《韩非子·外储说左上》

英明君主的治国原则,就像有若回答宓子贱的那样要有手段。君主听取臣子意见的时候,赞美他们的能说会道;君主观察臣子行动的时候,夸奖他们的好高骛远。所以群臣百官游士民众说起话来都深远廓大,而他们的立身处世也都远离世道人情。……好药吃在嘴里很苦,但聪明的人还是努力把它喝下去,因为知道它被喝进去后可以治愈自己的疾病。忠言听起来不顺耳,但明智的君主还是能听从它,因为知道它可以用来取得功绩。

……因此，言谈有精细、明察、微妙、艰深，但并不是当务之急。

"良药苦口利于病，忠言逆耳利于行"已是一句家喻户晓的俗语。但在几千年前，韩非子不仅非常明确地讲明了这个道理，而且针对这一客观情况，为君主设计了一个智谋，那就是"良药苦口而饮之，忠言逆耳而听之"，就是说，为了治病、为了致功，就要努力喝味道很苦的药，努力接受不顺耳的忠言。

宓子贱治理单父的时候，有若看见他，说："您怎么瘦了？"宓子贱说："国君不知道我没有才能，而让我治理单父，公事繁忙紧迫，心里老为此担忧，所以瘦了。"有若说："从前舜弹奏着五弦琴、吟唱着《南风》的诗歌天下就太平了。现在单父这么狭小，你治理它却这样忧虑，那如果要你治理天下又将会怎么样呢？所以掌握了统治的手段来治理民众，自己即使安闲地坐在朝廷之上，养护得脸上有未出嫁的少女那般红润的气色，对治理民众，也没有什么妨害；如果没有手段来治理民众，自己即使劳累消瘦，还是没有什么好处。"

"良药苦口而饮之，忠言逆耳而听之"是韩非子的术治思想之一，韩非子用这个例子来说明治国要有术，要重视"良药苦口而饮之.忠言逆耳而听之"这一智术的运用。

楚王对田鸠说："墨子是一个名声显赫的学者。他的亲身实践倒还可以，但他的言论虽然发表得很多，却不巧妙动听，这是为什么呢？"田鸠说："从前秦穆公把自己的女儿嫁给晋国公子，叫晋国为他女儿装饰打扮而自己不给她事先打扮，只让穿着彩纹锦缎服装的陪嫁之妾七十人跟随着。到了晋国，晋国人喜欢那陪嫁的妾而看不起秦伯的女儿。这可以叫作善于嫁妾，而不能说是善于嫁女儿。楚国有一个在郑国出卖自己宝珠的人，用木兰做了一个匣子，再用肉桂、花椒等香料熏过，用珍珠宝石加以点缀，用红色的玫瑰玉珠进行装饰，用绿色的翡翠编排在上面。郑国人买了他的匣子而把他的宝珠还给了他。这可以说是善于卖匣子了，但不能说是善于卖宝珠啊。现在社会上的议论，都说一些巧妙动听富有文采的话，君主往往看到了它的文采便忘记了它是否有用。墨子的学说，传播先王的思想，论述圣人的主张，把它们宣传告诉给人们。如果使自己的文辞美妙动听，就怕人们陶醉于它的文采而忘记了它的价值。因为文采损害了效用。这与楚国人卖宝珠、秦穆公嫁女儿就类同了，所以墨子言论多半并不巧妙动听。"

墨子制造木头鸢，三年才造成，飞了一天就坏了。他的学生说："先生的手艺这样巧，以至于能使木头的鸢都飞起来了。"墨子说："我还不及制造车轴的人巧啊。他们用尺把长的木头，不消耗费一天工夫，就能使它用来牵引三十石的负荷，到达很远的地方，载荷大，使用寿命又长达几年。现在我制造木头的鸢，三年才造成，飞了一天就坏了。"惠施听了这件事说："墨子这个人非常讲究实际功效，因为他以制造车轴为巧，而以制造木鸢为笨。"

宋王与齐国作对，因而建造武宫来练习武艺。歌手癸在工地上领唱夯歌，行人都停下来围观，建筑工人都不感到疲倦。宋王听说了，把癸招来给他赏赐。癸回答说："我老师射稽的歌唱得比我还好。"宋王就招来射稽让他歌唱，但行人却不停下来，建筑工人也感到疲劳了,宋王说:"行人不停步,建筑工人感到疲劳,这看来,射稽的歌唱不但没有超过你而且还不及你唱得好,这怎么解释呢?"癸回答说:"大王如果去计量一下筑墙的成绩,那就可以知道,我唱歌的时候工人只筑了四块模板的墙;而射稽唱歌的时候工人筑了八块模板的墙;大王如果去捶打一下那墙的坚实程度,那么我唱歌时筑的墙能捣进去五寸,射稽唱歌时筑的墙只能捣进去两寸。所以我说老师的歌唱得比我好。"

郑国有两个互相争论年龄大小的人。一个人说:"我和尧的年龄一样。"另一个则说:"我和黄帝的哥哥年龄相同。"两人为此争辩而不能决断,只好以最后停嘴的人为胜者算了。

外来的客人中有一个给周君画荚的,三年才画成,周君看它时觉得,与漆过的荚样子相同。周君十分恼火。画荚的人说:"请您建造一堵十块模板大小的墙,在墙上开一个八寸见方的窗口,然后您在太阳刚出来的时候把这荚放到那窗口上对着日光来观看。"周君照他的话去做了,便看见它的图形都成了龙蛇、禽兽、车马,各种东西的形象全都有了。周君十分高兴。这张荚虽然微妙精致,难能可贵,但是它的实用价值与没有画过画、只用漆漆过的荚是相同的。

虞庆造房子的时候,匠人说:"这木料还没有干透,而泥土又潮湿。木料没有干透就会弯曲,泥土潮湿就会沉重,用弯曲的木料来负担沉重的泥土,现在即使造成了,时间长了也一定会倒塌。"虞庆说:"木料干了就会变直,泥土干了就会变轻。现在真能造起来的话,泥土就会一天比一天轻,木料就会一天比一天直,即使时间长了,也肯定不会倒塌的。"匠人无话可说,就按照他的话去造房子了,然而房子造好不久便倒塌了。

范雎说:"弓弩的折断,一定是在它被造成的最后阶段,而不是在它制造的开始阶段。因为工人把弓弩绷紧的时候,总是先把弓弩安放在校正弓弩的模具中按压它 30 天,然后才装上弓弦,可是再过一天就去扣动发射的扳机放箭,这是在制造它的开始阶段有节制地调整它,最后阶段又粗暴地试验它,它哪能不被折断呢? 我范雎不是这样,我把弓弩安放在校正弓弩的模具中按压它一天就装上弓弦,再过 30 天才去扣动扳机放箭,这是在制造它的开始阶段粗暴地矫正它而在制造的最后阶段有节制地试验它。"工人被他说得无言以对,就照他的话去做了,结果弓弩都断了。

韩非子评论说:范雎、虞庆的言论,都是道理十足、使人折服的,但却违背了事物的实际情况。君主对这样的言论喜爱而不加禁止,这就是政事败坏的原因。不去谋求使国家安定强盛的实际功效,却陶醉于巧妙动听文饰华丽的空话,这就是在排斥有道术的人而任用"房子倒塌""使弓弩折断"的人,所以君主对于国家政务的处理,都还没有能达到工匠造房、绷弓的程度。然而有技术的人之所以被范雎、虞庆弄得走投无路,是因为:说空话,那么即使没有实际效用也能靠善辩取胜;干实事,那么即使合乎实际情况,也会因为不善于辩论而被说得无言可对。君主看重没有实际用处的辩辞,而看轻合乎实际的言论,这就是造成国家混乱的原因。现在社会上干范雎、虞庆那一行的接连不断,而君主对他们喜欢个没完,这是在尊重"使房子倒塌""使弓弩折断"之类的人而把懂得法术的人当作盖房绷弓的工匠来对待。工匠不能施展自己的技巧,所以房屋倒塌、弓弩折断;懂得

诸子百家——法家

治理国家的人不能实行自己的治国方略，所以国家陷于混乱而君主岌岌可危。

如何才能避免这种情况？方法很清楚：良药苦口而饮之，忠言逆耳而听之。君主听取言论一定要从实际功效出发，千万不能被一些表面的动听与否所改变。

需要注意的是，韩非的功利观是较为狭隘的，他所谓的"功用"，只是指是否有利于君主的统治以及是否有益于人们的物质生活。所以他不但反对空谈，就是对文学艺术，他也一概贬斥。我们必须把这种片面化和狭隘性从他的智慧中过滤出去。

10.致功名者求众人之助

人主者，天下一力以共载之，故安；众同心以共立之，故尊。……人主之患在莫之应，故曰："一手独拍，虽疾无声。"……圣人德若尧、舜，行若伯夷，而位不载于世，则功不立，名不遂。故古之能致功名者，众人助之以力，近者结之以成，远者誉之以名，尊者载之以势。如此，故太山之功长立于国家，而日月之名久著于天地。

《韩非子·功名》

君主这种人，天下的人齐心合力来共同爱戴拥护他，所以地位才稳固；民众同心同德来共同推举辅佐他，所以地位才尊贵。……君主的祸患在于没有人响应他，所以说："一只手单独拍打，即使迅猛也没有声音。"……圣人即使德行像尧、舜一样高尚，行为像伯夷一样清廉，但如果他的地位不被社会所拥戴，那么他的功业就不能建立，他的名声就不能成就。所以古代能够获得功名的人，总是要依靠众人用实力来帮助，身边的人以真诚来和他结交，远离他的人拿名誉来称颂他，地位尊贵的人用权威来拥护他。像这样，那么泰山似的丰功伟绩就会长期地树立在国家之中，而太阳、月亮般的光辉名声就会永久地昭著于天地之间。

韩非子十分强调君主的权势、威势的势治观点。他强调君权至高无上，臣民得无条件地服从。十分可贵的是，韩非不但强调了"势"的重大作用，而且还冷静地透视了君主势位的成因，认为君主之势来自民众的拥戴，权力的归属还在于民心的拥戴。由此出发，他十分强调君主对臣民的依赖关系，认为"人主之患在莫之应"，如果"位不载于世"，就"功不立，名不遂"。只有"众人助之以力"，才能建立丰功伟绩而英名永存。这就是"致功名者求众人之助"的智谋。韩非子的这种争取民心的术治学说似乎与他的以威慑人的势治学说是矛盾对立的，实际上这正是韩非子具有辩证思想的一种体现。人们往往只知其"威严"的一面，而忽视了这极为重要的争取民心的一面，显然是不全面的。至于"致功名者求众人之助"的智谋，实际上早已成为我国古代政治智谋中的一个重要组成部分，在当今社会中，集合众人的智慧和力量，努力争取民心，也已是每个领导人的共识。

汉高祖刘邦，出身贫寒，当过亭长，识字不多，但他礼贤下士，招来各路人才，以成就自己的大事：谋士张良是贵族，陈平是游士，大将樊哙是屠夫，周勃是吹鼓手，灌婴是布贩，娄敬是车夫，韩信是流民，彭越是强盗，这些人不论出身怎样，地位如何，刘邦都能充分发挥他们的优长，最后才打败项羽，夺得了江山。

他采纳张良的建议，首先夺取关中，进秦都咸阳。进入咸阳后，是谋臣萧何想到并接收了秦朝的中央档案文件和图书资料，从而掌握了全国的军事、政治、经济和地理条件等一系列重要信息。而此时的刘邦所迷恋的是巍峨的宫殿、美丽的宫女和无尽的财宝。正是猛将樊哙向刘邦厉声质问：你是想得天下，还是想当富翁？秦朝就是因为有这些才垮台的！这拂耳忠言使刘邦幡然醒悟，当即下令封禁宫室，回兵灞上，约法三章，不得扰民，尽快恢复社会秩序，从而赢得了政治上的强大优势。刘邦在军事上处于劣势时，他采取"斗智不斗力"的策略。项羽封刘邦为汉中王而不是关中王时，刘邦曾大为恼怒，因最初约定，谁先进关中谁为关中王。刘邦要与项羽决战，是周勃和萧何劝说："要正确估计自己的力量，现在不是决战的时候，忍耐一下接受分封吧。到汉中去争取民众，招纳贤才，利用巴蜀的富饶积蓄物力，再反攻出来不迟。"刘邦接受这条建议，去汉中当王，并烧毁沿途栈道，表示再不出来与项羽作对。刘邦就是这样迷惑了项羽，到羽毛丰满后重攻关中，把项羽打败，迫使他在垓下自杀。

实际的斗争教育了刘邦，他深感谋士和谋略的重要性。过去，他对文人开口就骂，"书呆子""书蛀虫"都是他的口头禅。开国后，他变了。公元前202年，刘邦在洛阳南宫举行的盛大酒会上，谈论手下的贡献时说："运筹帷幄之中，决胜千里之外，吾不如子房；镇国家，抚百姓，给饷馈，不绝粮道，吾不如萧何；连兵百万之众，战必胜，攻必取，吾不如韩信。三者皆人杰，吾能用之，此吾所以取天下也。"

在楚汉相争中，刘邦知人善任，虚心纳谏，善采臣下之论，结果得到了上下一致的同心相助，夺得了天下。

当然，刘邦的"致功名者求众人之助"，纯粹是作为一种计谋来使用的。随着历史的发展，人们精神境界的提高，我们共产党人已把这一智谋发展成了"从群众中来，到群众中去"的路线。"从群众中来"是"求众人之助"，是智谋；"到群众中去"是"致功名"——为人民服务。这里由于任务之重大、艰巨是任何历史上的人物所面临的任务所无可比拟的，因而智谋的性质已发生了质的变化：它既是手段，又是目的，是一种永远不会过时的智谋，也是一种终极关怀、终极理想。

第二次世界大战初期，德国人建造了几十艘潜水艇，准备作为新式武器投入使用，与盟军海上力量一决雌雄。这些潜艇需要几千名水兵来操作，为此，德国海军部门向被战争狂热情绪所感染的德国青年发出号召，希望他们踊跃应征，以打败盟军。当时，许多德国青年把当潜水艇上的水兵看作一种新鲜的、崇高的职业，富有浪漫色彩，因此积极报名参加潜艇部队。

为了干扰和破坏德国的征兵工作，英国海军情报部门针对德国青年天真而脆弱的心理，设计了一种图文并茂的传单散发到德国。传单主要是讲，当潜水员非常危险，而且要缩短寿命等。英国还通过对敌广播，告诉德国人如何假装某种疾病便可以避免被征为潜水员。这些宣传活动对德国青年产生了很大影响，他们逐渐产生了一种恐惧心理，纷纷放弃报名。结果，德军的潜水员招募工作延迟了好几个月。

这里,德国海军在正面使用"致功名者求众人之助"的智谋,而英国海军则在反面使用"致功名者求众人之助",当然这里的"众人"是同一些人——德国青年。

11.太山不立好恶,江海不择小助

古之牧天下者,不使匠石极巧以败太山之体,不使贲、育尽威以伤万民之性。……上不天则下不遍覆,心不地则物不毕载。太山不立好恶,故能成其高;江海不择小助,故能成其富。故大人寄形于天地而万物备,历心于山海而国家富。上无忿怒之毒,下无伏怨之患。

《韩非子·大体》

古代治理天下的人,不让能工巧匠用尽技巧去损坏泰山的整体风貌,不让像孟贲、夏育这样的大力士耍尽威风来伤害民众的本性。……上面如果不是有辽阔的天,就不能覆盖整个世界;心胸如果没有大地那样宽广,就不能包容万物。泰山对土石没有喜欢与厌恶的区别,所以能成为那样高大;江海不区分水流是否细小,所以能成为那样浩瀚。所以伟人把自己寄托于天地之间,便能气魄宏大而万物齐备,使思想游历于高山大海之中,便能涵养深蕴而国家富强。君主不会因为愤怒而残害民众,臣民不会因为怨恨而对君主产生祸患。

韩非子力主以严刑峻法来治理国家,但同时又特别强调"不逆天理,不伤情性"。对于泰山不合木工绳墨规矩、民众不合君主理想要求,这也是泰山和民众的一种本性,所谓金无足赤,人无完人,因此切不可吹毛求疵,强行扭曲,而应该宽大为怀,谅解容忍,尽可能地看到每一个有缺点的人的优点,并让其充分发挥自己的优势,为整体事业增砖添瓦。这就是韩非子"太山不立好恶,江海不择小助"的智谋思想。

1863年7月,当时美国南北战争正处于对北方联邦军十分有利的时期,林肯总统认为只要乘胜追击,便可迅速平定南部同盟的叛乱,结束这场内战。但作为联邦军主力波托马克军团司令的米德却过高地估计了敌人力量。

14日上午,林肯总统看到米德昨晚的来电后似乎感到沮丧。电文措辞小心谨慎,近乎胆怯,说什么要进行侦察以寻找敌人的弱点云云。总统说,他担心米德会按兵不动,贻误战机。果然,波托马克军团在击退南部同盟军罗伯特。李将军的军队后,即使是在占优势的情况下也不敢主动出击,果真错过了扩大战果的机会。

近中午时分,林肯又收到一份电报。电文说,敌人已安然无损地跑掉了。总统十分惋惜。在一时冲动下,林肯写了一封措辞严厉的长信给米德:"我认为你没有估量李军逃脱的严重恶果。罗伯特·李本已成了你可以轻取的猎物,你如跟踪合围,就可将其所全部捕获。如果做到这一点,再加上我们最近取得的其他胜利,战争本可以结束。……你错过了大好时机,我为此极感痛心。请不要认为我这番话是对你的苛求或责难。现在你已知道我对此感到不满。"

诸子百家——法家

但是这封信林肯始终没有交给米德。他事后在信封上批了这样几个字："此信从未签发。"因为林肯意识到，这封信不仅不能取得好的效果，反而会不利于他与部属保持良好的合作关系，他不应对部属求全责备。他以谅解的态度重新评价了米德的所作所为，肯定了他确实做了不少工作。作为领导者，对部属的工作应多鼓励，引导，多看他们的长处和贡献，切不可求全责备。求全责备不仅不利于与部属建立和谐的关系，而且还会妨碍他们施展才干、挫伤他们工作的积极性。后来，林肯提起米德时说："我们难道能仅仅因为他没有再多做一点事而去责备他吗？他已经替国家做了不少工作。"

林肯

林伯渠看待干部不是看他的一时一事，而是看他的全部工作和全部历史。有一次，边区政府总务处有一个科长，负责料理一个病逝同志的后事。入殓时，他把死者的钢笔留下自己用，被人发现，党支部开会批评他。有些同志说这是品质问题，主张开除他的党籍，一时这种意见占了上风。

这时，林伯渠郑重地说："本来，把死者的钢笔留下来给一个同志用，是可以的，但要向组织打个招呼，经组织同意才对。这是个缺点，应该批评帮助。但开除党籍，就重了。因为看一个同志要历史地全面地看。这个同志是长征老干部。他在长征中冲锋陷阵，几次爬城，都被敌人打下来，又爬上去，同敌人搏斗，非常勇敢，现在的工作也勤勤恳恳，是很努力的。"

顿时，会场空气变了，这个同志做了检讨，大家也就再不提开除党籍的事了。

利用工作之便，擅自将不属于自己的小物品留为己用，当然错误。但这个错误与其在长征中冲锋陷阵、出生入死之举相比，毕竟是次要的。以此为据，将其以往的功绩一笔抹杀，并施以开除党籍的处罚，无论在政治上还是在组织原则上都是不妥当的。用人须容人，水至清则无鱼。容人不仅包括容许人才有长中之短，不求全责备；也应包括容许人才有一时一事的失误，不因此就对人才弃置不用。林伯渠深明"太山不立好恶，江海不择小助"之理，使党和犯错误者都避免了不应有的损失。

1949年5月，谭震林率领七兵团进驻杭州后，担任中共浙江省委书记、浙江省人民政府主席、浙江省军事管制委员会主任、浙江省军区政治委员。在怎样管理好浙江这个问题上，谭震林认为仅仅靠党员干部是不够的，还必须把人民群众发动起来，把各方面的力量组织起来，把能调动的积极因素调动起来。他说：许多人以为我们有三头六臂，其实我们也一样土脑土气，没有什么了不起。我们唯有一种武器——劳动人民加上马列主义真理。这种武器比孙悟空的金箍棒还要厉害得多。他先后组织召开了省的党代会、农代会、工代会、青代会、妇代会、城市各界代表会，把各方面的群众组织建立了起来。他在许多会上都讲了话,动员各阶层人士共同担负起建设新浙江的光荣任务。当时各界的代表人物,如马寅初、包达三等都安排了重要职务。起义的国民党将领吴化文,也安排当了省交通厅厅长。他教育党员,要尊重、信任这些非党人士。他说,我们不允许一个共产党员,对一切非党同志有宗派行为。中国有句古话叫作"用人不疑,疑人不用"。既要用人家,就不能疑人家。在他的亲自过问下,还为受到错误处理的162名地下党员进行了甄别,恢复了他们的党组织关系。这样,各方面的力量很快就紧紧团结在省委的周围,为建设新浙江而奋斗。

12.图难于易,为大于细

见小奸于微,故民无大谋;行小诛于细,故民无大乱。此为"图难于其易也,为大者于其所细也"。

《韩非子·难三》

在事情还处于萌芽状态时就能发现微小的奸邪,所以臣民就不会有篡权杀君的大阴谋;在邪恶还处在微小的阶段时就能对它进行小小的惩处,所以臣民不会有翻天覆地的大暴乱。这叫作"解决困难的事要在它容易解决的时候下手,治理大事要在它细小的时候做起"。

韩非子深受《老子》思想的影响。《解老》和《喻老》篇可以说是韩非子阅读《老子》的"读后感"。作为一代大思想家,其可贵之处在于,他能巧妙地化柔弱为刚强、变消极为积极,老子的思想在《韩非子》里是法、术、势体系中的有机组成部分,是韩非子的老子思想。就拿这个"图难于易,为大于细"的智谋思想来说,它本来可以是一种不要好高骛远、要甘于为小为细的消极退隐的心态,但在韩非子这里,则是一种非常主动积极的行动纲领,它主要是指要善于从细小处防止奸臣行奸,要把重大的谋逆叛乱事件有效地扼制在萌芽状态。

但不管怎么说,"图难于易,为大于细"——防微杜渐、从点滴做起毕竟是重要的。它要求我们以敏锐的洞察力(在《韩非子》里主要是指政治洞察力)来把握一切事物,千万不要等到祸患泛滥成灾后才采取措施,因为这样做不但费力,而且损失也大。

古代名医扁鹊,既有高明的医术,也有高明的医德,但在当时并不为所有的人所知悉。有一次,他见到了蔡桓公,看了一会蔡桓公的神态气色,说:"您有病,不过是在皮肤表面,现在还比较容易治好。但要是不赶紧治的话,恐怕要加重。"

蔡桓公说:"我好好的,哪来什么病!"

扁鹊摇了摇头,只好离开了。蔡桓公对其他人说:"医生总喜欢医治没有病的人来显示自己的功绩。"

过了十天,扁鹊又见到了蔡桓公,说:"您的病已经发展到皮肤下肌肉里面了,不治疗将会更加严重。"蔡桓公扭过头去,理也不理,很不高兴。

又过了十天，扁鹊见到蔡桓公时说："您的病已经在肠胃里面了，不赶紧治疗就会更加厉害，来不及了！"蔡桓公十分生气，转身就走。

又过了十天，扁鹊远远地望见了蔡桓公，可是这回先扭头便走的不是蔡桓公，而是扁鹊。蔡桓公这次见扁鹊没有对自己说什么便走了，感到很纳闷，特地派人去问他。

扁鹊说："病在皮肤表面，用药物熏洗，就能消除病患；病在肌肉里边，金针、石针也可达到疗效；病在肠胃，仍然还可以用火煎的药剂，慢慢地消除疾病；如果疾病已经深入骨髓，那就不是医生所能管的事了，而是由掌管生命之神来决定他什么时候去见阎王的事了。现在君主的病已经在骨髓里了，我因此就没有必要请求与君主见面了。"

五天之后，蔡桓公感到身体突然疼痛起来，急忙派人四处寻找扁鹊。扁鹊却早已逃到了秦国。蔡桓公不久便去世了。

良医治病，喜欢疾病在皮肤表面时就攻治，这也是从小处就争取成功的例子。任何祸患都有像病痛出现在皮肤表面开始萌芽的时候，记住"图难于易，为大于细"，对于防止重大事故、重大祸患的发生，显然是很有好处的。

晋国公子重耳逃亡经过郑国，郑国的郑文公对他无礼。大夫叔瞻劝他："这是个贤良的公子，您应以厚礼相待，可以积累恩德。"郑文公不听。叔瞻又劝谏说："不以厚礼相待，就不如杀掉他，不要因此为您留下后患。"郑文公还是不听。后来重耳返回晋国，举兵攻打郑国，把郑国打得大败，夺取了八座城池。事情在安定时容易维持，在还没有显露征兆时容易设法对付。遗憾的是，世上像郑文公这样的人太多了，容易对付的时候不想对付，而等到难以对付的时候又对付不了了。

过去商纣王制作象牙筷子，他的叔父箕子感到恐惧。箕子认为，象牙筷子一定不会与陶土器皿相匹配，而要用犀牛角、玉石制作出杯子来相配。用象牙筷子、玉石杯子，就肯定不会去吃一般植物做成的菜蔬，而要吃牦牛、象、豹胎等精美的食物。专吃这种精美食物的人，就一定不会像穿粗布短衣的人那样在茅草屋下吃饭，一定会穿上锦绣衣服，建造宽广的房舍、高大的楼台。所以箕子担心并不仅仅是象牙筷子而已，他最担心的是这一事件发展的结果。过了五年，商纣王建造了肉林，设置了用来炙烤人的铜烙刑具。由此看来，身败名裂、社稷倾覆的大难，也往往是当事人从细小的失误中发展而来的。"图难于易，为大于细"，不仅仅对于实现雄图大略有用，对于吸取惨重教训也同样是有用的。

美国作家保罗.F.博勒在他的《形形色色的美国总统》一书中，记载了关于麦金莱总统的一件事：一天晚上，麦金莱总统正在苦思冥想，决定不下把一个重要的外交职位授予两个资历相同的人中哪一位更好。他突然回想起多年以前一个暴风雨中的夜晚所发生的事情。当时他上了一辆电车，坐在车尾的一个空座上，到了一站，一位年老的洗衣妇提着一只沉重的竹篮上了车，孤零零地站在过道上。麦金莱现在正考虑的两人之一当时就坐在老妇的前面，但他把报纸转了个方向，挡住了眼，好像没有看到她似的，麦金莱走到过道里，提起洗衣篮，将老妇领到自己的座位上。拿报纸的人不敢抬眼，所以没看到这一幕。"这位候选者永远不会知道，"麦金莱的朋友在叙述这个故事的时候说，"这一小小的自私行为，或者更确切地说，这缺乏慈善的小小缺点，就这样剥夺了他实现一生宏愿的

诸子百家——法家

机会。"

　　一件小小的往事,决定了一个人的前程。看似偶然,却很能发人深思:一个人有没有"图难于易,为大于细"的智谋思想和智谋行为,实际上也是一个人是否具有办难事、办大事的品格的重要标志。寻常小事往往能体现一个人的品格。很难设想,一个对弱小者的困难视而不见,不肯略伸援助之手的人能够在担任公职时为广大民众的利益奉献出自己的一切。麦金莱总统从小事中看人的品性,他的选择是有道理的。

13.君无听左右

　　桓公谓管仲曰:"官少而索者众,寡人忧之。"管仲曰:"君无听左右之谓请,因能而受禄,录功而与官,则莫敢索官。君何患焉?"

《韩非子·外储说左下》

　　齐桓公对管仲说:"官职少而求取的人多,我对此非常担忧。"管仲说:"您不要听从身边亲信的请求,根据才能来授予俸禄,按照功劳来给予官职,那就没有人敢来要官做。您还担忧什么呢?"

　　韩非子在《八奸》中首先论述了奸臣对君主的权力进行巧取豪夺的八种阴谋手段。这八种奸术,就是"同床"——贿赂君主的妻妾来求得自己的私欲;"在旁"——利用君主的左右亲信来说情;"父兄"——利用宗族大臣来附议;"殃养"——用物质享乐来腐蚀君主;"民萌"——用小恩小惠来收买民心;"流行"——豢养能辩之人来制造舆论;"威强"——利用暗杀来制造恐怖气氛;"四方"——投靠外国来威慑国君。接着韩非子为君主提出了对这些形形色色的奸术的防范措施。在这些防范措施当中,"君无听左右"即"君主不要听从身边亲信的请求"是带有根本性的一条。

　　西门豹任邺县的县令,克己奉公、清廉正直,丝毫不谋私利,但对君主身边的侍从却并没有特别的尊重,只是公事公办而已。侍从便互相勾结起来中伤他。过了一周年,他向君主汇报全年的政治经济情况,魏文侯没有说更多的话便没收了他的官印,把他罢免了。西门豹请求说:"我过去不知道治理邺县的方法,现在我知道了,我希望能得到官印,再去治理邺县。如果我不称职,愿意受到腰折的惩罚。"魏文侯不忍心拒绝,又把官印给了他。西门豹于是就加重向百姓搜刮钱财,并急忙去奉承君主身边的侍从。过了一周年,他向君主汇报全年的政治经济情况,魏文侯居然亲自迎接他,并向他作揖致礼。西门豹却说:"前年我为国君治理邺县,结果您夺去了我的官印;现在我为您身边的侍从治理邺县,结果您却向我作揖致礼。我不能治理邺县了。"于是就交还官印,转身离去。魏文侯不肯接收官印,说:"我过去不了解您,现在了解了。希望您努力为我治理邺县。"魏文侯终于没有接收西门豹所交的官印。

　　齐国有个名叫钜的人,爱读书有才能,但没有做官;魏国也有个名叫屠的人,爱读书,但没有做官。由于齐国、魏国的君主不英明,不能自己洞察国内的情况,通过考察人们的

諸子百家——法家

才能来任命官员,而是听从身边亲信的话。这两个人没法凭自己的才能谋取官位,所以就花费了金钱、玉璧去贿赂君主的亲信。

韩非子认为君主要保全自己的利益就必须对臣下的非分之利欲加以限制。因为君臣之间的利益是不一致的,在很多情况下表现为臣利立则君利失。臣子常常会为了自己的私利而蒙蔽君主,给君主报告与真实情况完全相反的信息,把应该惩罚的加以赞誉,而把应该加以奖赏的却说成是应该加以惩罚的。所以,对于官吏的政绩、才能等,不能只听信左右亲信的片面之词,要力求细心地考察。

韩宣子说:"我的马,豆类谷物等饲料已经给得很多了,却很瘦,为什么呢？我对此十分担忧。"周市回答说:"假如马夫把所有的饲料都拿来给马吃,就是不要它肥,也不可能不肥。名义上是给了马很多饲料,实际上马吃到的饲料很少,即使不要它瘦,也是不可能不瘦的啊。主上不去仔细考察它的实际情况,只是坐着为此发愁,马还是不会肥的啊。"

韩非子借助这一事例想要说明的是,如果只听从身边的亲信,那就不能将设置的制度贯彻落实,因为左右亲信常常会化君利为己利。

子圉使孔子见到了宋国的太宰。孔子出来后,子圉进去,请问太宰认为那客人孔子怎么样。太宰说:"我见了孔子后再看您,就觉得您像微小的跳蚤虱子一般。我现在要让他去见国君。"子圉怕孔子被国君看重,就对太宰说:"国君见到孔子后,也将把您看作为跳蚤虱子了。"太宰因而不再让孔子去见国君了。

韩昭侯对申子说:"法度很不容易实行啊。"申子说:"实行法治,就是见到了功劳再给予奖赏,根据才能来授予官职。现在您设立了法度,却又听从身边侍从的请求,这就是法度难以实行的原因。"韩昭侯说:"我从今以后知道如何实行法治了,知道应该怎样来听取意见了。"有一天,申子请求韩昭侯委任他堂兄做官。韩昭侯说:"这不是我从你那儿学来的做法啊。我是听从你的请求而破坏你的治国原则呢,还是采用你的治国原则而不管你的请求?"申子于是诚惶诚恐,连正屋都要避开而请求给予处罚(避开正屋而住在他处是古代表示诚惶诚恐、不敢安居的一种做法)。

这里的事例所讲的意思与韩非子再三强调的"因能而授官"的任人术紧密相关,说明君主任用官吏千万不能听从左右亲信的"贬官"和"求官"之请,必须通过严格的考核制度来选人、用人。"君无听左右"的这一层意思,对现代来说更有现实意义。我们以孙中山的一个故事为例再加以引证:

1911年12月29日孙中山当选临时大总统,他陆续收到广东各方人士推举其兄孙眉出任广东都督的电文100多次。孙眉早年侨居夏威夷群岛,经营商业,有大片的牧场和农场。孙中山与孙眉自幼手足情深。孙眉曾先后两次分财产给孙中山:第一次分产是为了家族之义,兄弟之情;而第二次则是为了祖国之情,革命之义。辛亥革命前的多次起义,所需军饷、经费,没有一次没有孙眉的捐助。1908年至1911年是同盟会和孙中山最困难的年头,孙眉在无款可捐的情况下,毅然投身于第一线战斗,交结秘密会党,准备组织起义。革命胜利后,根据孙眉的贡献和各界的举荐,将孙眉委任为广东都督也无可非议,但是,孙中山却能以大业为重,坚持任官唯贤才,而不唯亲疏的原则,坚持根据各人的

诸子百家——法家

才能来授职，决不轻听亲友、"大臣"的请求。即使对孙眉这样的开国功臣也是如此。他认为，其兄的才能特长在办实业，而不在于出任广东都督。

孙中山在就任总统的不久，电复广东各界，解释不能委任大哥的理由，说："爱之适足以害之。"而这时孙眉却带着一班人来到南京。他看弟弟出任临时大总统已一个月，对他这个开国功臣，尚未"摆正位置"，亲自来探听弟弟的打算了。孙中山劝孙眉说，你是办实业的能人，最好还是发挥这方面的特长，否则就及时息影林泉，以娱晚年。孙中山并告诉大哥说，他自己也准备辞去大总统职务。孙眉知道事已不可转圜，憋着一肚子的气，离开了南京。孙眉虽走，可是举孙眉为广东都督的函电还是雪片一样飞来。1912 年 2 月 21 日孙中山亲自拟制了一个电文，拍发给大哥："寿屏大哥鉴：广东有议举兄为都督，弟以为政治非兄所熟习，兄质直过人，一入政界，将有相欺以方者；未登舞台，则众人所属望，稍有失策，则怨心变随生。为大局计，兄宜专就所长，专任一事，如安置民军，办理实业之类，而不必当此大任。且闻有欲用强力胁迫他人以举兄者，从此造因。必无良果，尤不可不避也。弟文叩个。"

孙眉在翠亨村接到电报后，勃然大怒，把房间里挂着的兄弟俩合影的照片镜框摔得粉碎。孙中山直到辞去临时大总统，始终没有让他的大哥涉足政坛。

14.听无门户则臣不壅塞

观听不参，则诚不闻；听有门户，则臣壅塞。

《韩非子·内储说上·七术》

观察臣下的行动、听取臣下的言论而不加以多方面的验证，那么真实的情况就不可能了解到；听取意见时只有一条门路，那么臣下就会把君主蒙蔽。

韩非子为防止奸臣蒙蔽君主，大声疾呼必须运用"众端参观"之术。把"众端参观"往下细化一下，便是"听无门户则臣不壅塞"之计。"听有门户"是指君主听取情况反映只有一条门路——左右亲信，"听无门户"与其相反，要求多渠道广泛地收集意见。"听有门户，则臣壅塞。"相反，"听无门户则臣不壅塞"。韩非子的智谋都是为古代帝王所设计的，但作为当今领导人，记取"听无门户则臣不壅塞"之计，对于收集真实情况，防止被一些别有用心的人所欺骗和判断失误，也是十分管用的。

叔孙豹做了鲁国的相国，地位尊贵而专权。他有一个非常宠爱的人叫竖牛，也独自执掌叔孙的命令。

叔孙有个儿子叫仲壬，竖牛妒忌而想杀了他，便和仲壬一起到鲁国的君主处游玩。鲁君赏给他一只玉环，仲壬拜谢了鲁君，接受了这只玉环，但不敢佩戴它，而让竖牛去向叔孙请示这件事。竖牛欺骗他说："我已经为你请示过了，让你佩戴它。"仲壬便佩戴了这只玉环。竖牛却又对叔孙说："为什么不带仲壬去拜见国君呢？"叔孙说："小孩子哪里够得上去见国君。"竖牛马上说："仲壬早已多次见过国君了。国君还赏给他玉环，仲壬已经把它佩戴在身上了。"叔孙便招来仲壬一看,果然见他佩戴着玉环,叔孙生气了,便杀了仲壬。

仲壬的哥哥名叫孟丙,竖牛又妒忌而想杀了他。叔孙给孟丙铸造了一口钟。钟造成后,孟丙不敢敲,让竖牛去向叔孙请示这件事。竖牛不给他去请示,欺骗他说:"我已经为你请示过,让你敲它。"孟丙便敲了钟。叔孙听到钟声后说:"孟丙竟敢不来请示而擅自敲钟。"于是愤怒地把他驱逐了。孟丙逃跑到齐国。过了一年,竖牛替孟丙向叔孙谢罪,叔孙便派竖牛把他召回,竖牛又不去召归,过几天后却向叔孙谎报说:"我已经召过他了,孟丙愤怒得很,不肯回来。"叔孙大发雷霆,派人去把孟丙杀了。

两个儿子已经死了,叔孙生了病,竖牛撤去了叔孙的侍从,单独一个人来护理他。竖牛不让别人进去见叔孙,说:"叔孙不想听见别人的声音。"竖牛不给叔孙吃东西而把他饿死了。叔孙死后,竖牛不把丧事公开,而去搬运叔孙金库中的贵重宝物,然后逃到了齐国。

叔孙听取情况,只通过自己所信任的一个人,结果父子三人都被杀害了。

"听有门户"不仅会危害到国君本人,同时也等于是堵塞了大多数人的言路,对于这大多数人来说也是非常痛苦的事。因此,劝谏帝王要"兼听"的历史记载多如牛毛。但使人感到很有余味的一个劝谏故事,可能还得数《韩非子》里所记载的一件事:卫灵公的时候,弥子瑕得到了卫灵公的宠爱,在卫国专权独断。有一个见到了卫灵公的侏儒说:"我的梦应验了。"卫灵公说:"什么梦?"这侏儒回答说:"我梦见了灶,大概是因为要见到您了。"卫灵公生气地说:"我听说将要见到君主的人会梦见太阳,为什么你将要见到我而梦见了灶?"这侏儒回答说:"太阳的光辉普照天下,一样东西是不能够把它挡住的;君主的明察能同时洞悉全国的人,一个人是不能够把他蒙蔽的。所以将要见到君主的人会梦见太阳。至于那灶,一个人在灶门烤火,那么后面的人就没有办法看见火光了。现在或许有一个在烤火而把您的光亮挡住了吧?既然这样,那么我即使梦见了灶,不也是可以的吗?"

听言有无门户,有时并不是简单地看是不是听了多少人说话,关键是要看听了多少人所说的真话。

张仪想利用秦国、韩国和魏国联合的形势去攻打齐国、楚国,而惠施想与齐国、楚国罢兵言和。两个人为这件事争吵起来。群臣百官、君主的侍从都为张仪说话,认为攻打齐国、楚国有利,而没有人替惠施说话。魏王结果便听从了张仪,而且认为惠施的意见是不行的。

攻打齐国、楚国的事情已经确定了,惠施去觐见魏王。魏王主动地说:"您不要再说了。攻打齐国、楚国的事情肯定是有利的,否则怎么会全国的人都认为是这样的呢?"

惠施劝说道:"这件事情不可以不加考察啊。攻打齐国、楚国的事情如果确实有利可图,而全国的人都认为有利,那为什么聪明的人会这么多呢?如果确实不可能得到什么利益,而全国的人都认为有利,那为什么愚蠢的人会这么多呢?大王啊,凡是要谋划的事,总是因为它还有疑惑不定的地方。这疑惑不定的地方,如果真是疑惑不定的话,那么

諸子百家——法家

认为它可行的人应该有一半,而认为它不可行的人也应该是半数。现在全国的人都认为它可行,这种情况说明大王已经失去了一半的人了。而劫持君主的人,本来就是要使君主失去那持反对意见的一半人的人啊。"

惠施尽管在辩论中输给了张仪,但他能从"失败"中,悟出了一个发人深省的道理:众口一词并不能说明已广泛听取了意见。与惠施持相同意见的还有著名宰相晏婴。

晏婴出访鲁国,鲁哀公问他说:"俗话说:'没有三个人来合计就会迷惑。'现在我和全国的人来谋划事情,鲁国却仍然免不了混乱,这是为什么呢?"晏子说:"古代所谓'没有三个人来合计就会迷惑',是指一个人做事容易失策,两个人商量容易合理,三个人的智慧则足够用来形成正确的多数人的意见了。所以说'没有三个人来合计就会迷惑'。现在鲁国的群臣虽然数以千计,但异口同声地都为季氏的私利说话。所以人数不是不多,但所说的话却只是一个人的,哪里得到了三个人呢?"

韩非子还举了一个广为流传的故事:"三人成虎"。"三人成虎"更可以看出众口一词并不等于就是"听无门户"。

魏国的臣子庞恭将与太子一起到邯郸去充当人质,就对魏王说:"现在有一个人说集市上有老虎,大王相信吗?"魏王说:"不相信。"庞恭又说:"有两个人说集市上有老虎,大王相信吗?"魏王说:"不相信。"庞恭又说:"有三个人说集市上有老虎,大王相信吗?"魏王说:"我相信了。"庞恭说:"集市上没有老虎是很明显的,但是三个人说就变成了有老虎。现在邯郸离魏国比集市远得多,而议论我的又超过三个人,希望大王明察他们的话。"但庞恭从邯郸回来后,终于不能够再进见魏王了。

15.明主不羞卑贱

是在焉,从而举之;非在焉,从而罚之。是以贤良遂进而奸邪并退,故一举而能服诸侯。……观其所举,或在山林薮泽岩穴之间,或在圄圄缧绁缠索之中,或在割烹刍牧饭牛之事。然明主不羞其卑贱也,以其能为可以明法,便国利民,从而举之,身安名尊。

《韩非子·说疑》

正确的言行在谁身上,就提拔谁;错误的言行在谁身上,就处罚谁。因此,贤能优秀的人才得到了进用而邪恶的臣子被斥退,所以一行动就能使诸侯顺服。……看看这些帝王(指尧、舜、启、商等)所提拔的人,有的是出在深山老林、多草的湖泽、山上的洞穴之间,有的是出在监狱与绳索绑缚之中,有的是在干屠宰烹调、养羊喂牛的事情。但是英明的君主不嫌弃他们的卑贱,认为他们的才能是可以用来彰明法制利国利民的,于是便提拔他们,因而君主本身平安无事而威望很高。

韩非子认为,任用官吏的标准,关键是要看其是否"明法便国利民",具有正确言行,能够"明法便国利民"的人,即使地位再卑下,出身再低贱,也应大胆任用;反之,身上沾满坏习气,言行乖谬的人,即使地位再高,出身再高贵,也应该严刑处罚,更不可把他放到官位上去。这就是"明主不羞卑贱"的智谋。韩非子能在非常重视门第观念的几千年前,大胆提出这一任人唯贤的智谋思想，充分反映了一个大思想家的思想勇气。在今天，"任人唯贤"的思想应该说已经深入人心，但在任用干部实践中，看门第、看出身的情况远还没有绝迹，革命事业因此而遭到严重损失的事也时有所闻。所以，我们有必要认真地思考和运用这古老但仍然很有现实意义的智谋："明主不羞卑贱"。

在整整四分之一世纪的时间内，拿破仑凭着欧洲大陆这个舞台，以他杰出的军事才能导演出有声有色、威武雄壮的活剧，这种才能包括他"不羞卑贱"、知人善任、不拘一格选择自己的指挥官的才能。他向所有英勇善战的人开放军职。家庭出身和以往的政治经历对于战斗人员的升迁均不起什么作用。

1804 年，拿破仑恢复了元帅制，在他的 26 名元帅中，只有两名是贵族出身，其他都来自平民。每个法兰西士兵都感到在自己的背包里有一根元帅杖，有朝一日，由于自己作战勇敢、战功辉煌而成为拿破仑军队的元帅。1805 年在进行著名的奥斯特里茨会战时，拿破仑军队的高级指挥官都年富力强，42 岁的贝尔纳多特元帅算是年老的，而达武元帅当时只有 35 岁。"不想当元帅的士兵不是好士兵。"拿破仑的话至今仍为人们流传。他是这样说的，也是这样做的，这对提高部队战斗力，对拿破仑的军队横扫欧洲大陆产生了不可估量的作用。拿破仑的时代已成为过去，但拿破仑的用人之道则在今天仍有借鉴意义。任何社会，任何时代都需要有才干的人，一个充满生机的社会总是人才辈出的社会。论资排辈，对人求全责备的做法只能妨碍人尽其才。

我国商朝有两个奴隶出身的宰相，一个是帮助商汤毁灭夏朝、建立商朝并辅佐了商朝三代君主的伊尹；一个是辅佐商王武丁的傅说。而按照商朝当时的法律，奴隶是不能出任国家官员的，但商汤、武丁却能够破格提拔人才，充分发挥他们的聪明和才智，真正做到了"不羞卑贱"。

伊尹原是商汤岳父有莘家的奴隶。

有莘氏家的女儿出嫁时，伊尹作为陪嫁的奴隶，来到了商汤的家里。开始，商汤并没有注意伊尹，只是待他当作一个奴隶来使唤，让他在厨房里干活。

伊尹为了让商汤知道自己是个有才干的人，有时故意把饭菜做得极为可口，有时又故意把饭菜做得难以下咽，想以此来招惹商汤不得不找他问话，自己便可以通过答话来显露才能。

果然，商汤因饭菜味道的大起大落把厨师伊尹找来问话了。商汤问："你做的饭菜，为什么有时非常好吃，有时则难以下咽？"

伊尹当然不肯轻易放弃这难得的机会，他说："做菜是很有讲究的。菜不能太咸，也不能太淡，只有把作料放得恰到好处，菜吃起来才会有好味道。"然后他话锋一转，离开了话题说，"治理国家和做菜是一样的道理，既不能操之过急，也不能松弛懈怠，只有恰到好处，才能把事情办好，才能把国家治理好……"

听了伊尹的这番话，商汤暗暗称奇，觉得这个奴隶是个很有才干的人。于是就解除了伊尹的奴隶身份，擢而用之，又觉得他是个极为难得的将相之才，于是又任命他为宰

諸子百家——法家

相,负责管理朝政大事。伊尹不负商汤的期望,帮助商汤筹划了进攻夏朝的大计,并一举消灭了夏朝,建立了商朝。

商朝中叶的另一个君主武丁,是一位很有作为的君主。他立志学习商汤,但苦于没有伊尹那样的贤臣辅佐。经过反复思索,他想起了过去自己认识的奴隶傅说,认为傅说是一位博学多才又关心政事的人,他可以帮助自己成就大事。

但奴隶不可为官,如何才能使傅说出任官职呢? 武丁左思右想,终于想出了一个计谋。

一天晚上,武丁睡觉后,故意放声大笑起来,手下人忙过来问道:"大王,你做了什么好梦吗?"

"我们商朝有望了! 我梦见先王商汤。他向我推荐了一个大贤人,名叫傅说,先王说他能辅佐我把国家治理得非常非常好……"

左右侍臣听说是先王托梦,当然深信不疑,赶快派人到民间百姓中去寻找名叫傅说的人。

傅说因犯了罪,正由二名监工押着,在傅岩(今山西平陆县北)这个地方做苦工。有个官员发现了他,赶忙请他上车,直奔京城。

武丁见了傅说。十分高兴,故意连连说:"就是他,就是他! 他就是先王在梦中推荐给我的大贤人。"虽然法律规定奴隶不可为官,但古人迷信,而且先王商汤可以说是最高神灵,他的预兆岂可不依不遵? 左右大臣也为找到了先王的恩赐之人而极为高兴。武丁见大家都毫不怀疑,于是就命人给傅说脱掉因衣,换上朝服,当众解除他的奴隶身份,并当即命他为宰相。

傅说用了三年的工夫,辅佐武丁把殷商治理得秩序井然,商朝再次兴盛起来,各地的诸侯也都拥护武丁的统治,称武丁为中兴之王。

应该说,像伊尹、傅说这样的治国安天下的贤才,任何时代都有,但是,并非所有朝代的君主都能像商汤、武丁那样能不拘一格地选拔人才,结果大量的人才被遗忘在草泽,老死在沟壑。

16.后言则立

凡物之有形者易裁也,易割也。何以论之? 有形,则有短长;有短长,则有小大;有小大,则有方圆;有方圆,则有坚脆;有坚脆,则有轻重;有轻重,则有白黑。短长、大小、方圆、坚脆、轻重、白黑之谓理。理定而物易割也。故议于大庭而后言则立,权议之士知之矣。故欲成方圆而随其规矩,则万物莫不有规矩,议言之士,计会规矩也。圣人尽随于万物之规矩,故曰:"不敢为天下先。"

《韩非子·解老》

大凡有形状的事物就容易被裁判和决断。凭什么这样说呢? 因为有了形状,就会有度量上的长与短;有了长与短,就会有面积上的大与小;有了大与小,就会有形体上的方与圆;有了方与圆,就会有质地上的坚固与松脆;有了坚固与松脆,就会有质量上的轻与重;有了轻与重,就会有颜色上的黑与白。长与短、大与小、方与圆、坚固与松脆、轻与重、黑与白等性质的规定性就叫作理。理一旦显露确定之后,事物也就容易决断了。所以,在大庭广众之下计议事情,在后面发言就能站得住脚,善于权谋的说客早就懂得这个道理了。所以想要画成方形和圆形就得用圆规和角尺,做各种各样的事情都像这样,那么各种事情的功效也就形成了。而万事万物没有什么东西没有"规矩"。圣人完全随着各种事物的"规矩"来做事,所以《老子》说:"不敢做天下的先锋。"

这段文字是韩非子对《老子》"不敢为天下先,故能为成事长"的解释和阐发。他认为,人们认识事物有一个过程,事物的大小、长短、方圆、轻重、黑白等,综合构成事物之理,认识事理不可能一蹴而就。而方案的拟制、是非的判定,只有在事理已被认清之后才容易决断。因此,他把"不敢为天下先"的意思解释为:人们只能跟在事物的规律后面办事,而不能在摸清事物规律之前仓促行事。这里,韩非子提出了一个十分明智和有效的"后言则立"的智谋思想:通过先发言的人争议后,事情的性质基本明确,后发言的人便容易做出正确的决断,他的言论就比较容易成立。这一智谋思想既符合唯物论,又非常具有操作性。

公元617年5月,一直在韬光养晦的隋朝太原留守、后来的唐朝开国皇帝李渊,见隋朝政权在数百支起义大军的汪洋大海之中已经摇摇欲坠,突然起兵反隋。在李世民、裴寂等众多的文武努力下,李氏反隋大军过关斩将,势如破竹,向西迅速挺进,希望能抢在各路力量之前,攻占关中要地,据险养威,达到号令全国的目的。攻克隋军军事重镇霍邑之后,军威更是远近震动,所到之处,无人不降,就是关中豪杰,也都纷纷举事,以为呼应,投奔李渊从军的人,每日不下数千。

这时,汾阳(今山西万荣西南)人薛大鼎献计,希望不要直接向西进攻河东城,而应从龙门直渡黄河,抢占永丰大粮仓(今陕西华阴东北的渭河河口),然后"传檄远近",坐取关中。河东县曹任环也建议渡河取粮仓,绕开河东城,曲折进关中。

李渊打算依计而行,众多的大臣武将却很不高兴,坚持要乘胜一举打破河东城,直接西进。

守御河东的是隋朝大将屈突通。屈突通勇武善战,见李军已对河东形成包围之势,即在夜间遣数千精兵袭击李军营寨,李渊抵死力战才将隋军逐回城中。不久,李渊率军向屈突通部发起猛攻,无奈城池坚固,守将勇猛,数攻不克,白白延误了许多宝贵的进军关中的时间。

这时又有不少从关中投奔李渊的人士,建议李渊迅速绕道渡河西取长安。于是李渊招众会议,商定去向。

裴寂等人认为,屈突通拥兵守坚城,如果舍他而去西攻长安,万一一时难以攻占,想要向东撤退,必遭河东阻击,堕入腹背受敌的深渊。因此必须先攻下河东,才能西进。长安本想依靠屈突通为增援部队,河东一失,长安必闻风丧胆,一鼓可破了。

李渊次子李世民即后来的唐太宗,却又有自己的一套想法:兵贵神速,借连胜之威,抚归顺之众,鼓行而西,正好是出人意料的上策。长安人士望风震骇,智不及谋,勇不及断,"取之若振槁叶耳"。相反,如果耽误在河东这座坚城之下,坐耗日月,消弭斗志,众心就会离散。长安则可借机完成守御准备,以逸待劳。如此战法,非败不可! 更何况,关中豪杰蜂起,尚未有归属,我们不去及时招抚,时间一长便会都成敌人。到那时四面皆敌,进而不克,退而无路,追悔便来不及了。

讨论现场,公说公有理,婆说婆有理,热闹非凡,了无结局。李渊却宣布休会,捻须笑道:"我自有主张了。"

第二天,李渊令偏军继续围困河东城,但围而不打,只以牵制河东主力原地守御为目的,自己却率领正军主力部队迅速渡过黄河,直扑长安。

到了河西朝邑后,李渊遣长子李建成和刘文静率数万人屯驻永丰粮仓,坚守潼关以防前来增援长安的东部隋军;遣次子李世民等人经略渭北,收抚起义豪杰,然后从北面逼近长安;自己则从正路浩荡向西,直扑长安。

屈突通见李渊主力部队已经西进,即命郎将克君素为河东通守,自己亲率数万主力赴救长安危机。可是,李渊早有防备,屈突通才出河东,便被早已守候在潼关的李建成等借有利地

李渊

势,阻挡在潼关以东。而原来留在河东的李渊部将吕绍等却借机向河东发起了猛攻。弄得屈突通进退失据,在李渊夺取长安后被迫投降了李渊。

再说被李渊派往渭北经略的李世民,一路收编各方起义军,短期之内竟已号称"胜兵九万"。不久南下屯军于长安故城。而在关中的李渊亲族如女儿李氏、女婿段纶、族弟李神通等也起兵响应,并招纳各支附近起义军,人数多达10万,占领了长安附近众多城镇,对长安形成了从东到南再到西的包围之势。

公元617年10月4日,李渊到达长安城外,屯兵于春明门西北。在此前两天,李建成也已选精兵赶到长安,屯兵长乐宫。10月27日,李军20余万人,云集攻城,很快攻克了长安。

李渊攻克长安,达到了占据关中号令全国的目的,为其最后消灭隋朝及各路起义军、建立唐王朝奠定了良好的基础。他之所以能顺利攻克长安,轻得关中,关键是依靠了河东决策的正确性。而河东决策的正确性又主要依靠了李渊对"后言则立"之计的运用。河东决策的会议上,裴寂等主张先攻河东,李世民则要求疾进关中。李渊在广泛听取各方意见,分析各自的利弊得失之后,依据当时形势,决定留小部兵力监视、阻击河东隋军,主力部队却迅速西进。这一决策博采众长,又弥补了各方所短。起初的一番交手,李渊

已探明屈突通部乃隋军精锐之所在,现又据黄河边上的坚城,继续围攻,则克之无期;舍之而向西,一等长安有急,屈突通必定前往驰援,则腹背受敌的预言定会变成现实。李渊的这一决策顾头又顾尾;既争取了宝贵的时间,又及时招抚了关中起义大军;并且攻下长安后,李渊又能借机迫降屈突通,得一良将,并为东略进取争得了一个极为重要的前进基地。真可谓一着得手,满盘皆活。

"后言则立"的智谋,要点是不仓促行事,应在充分摸清形势、广泛听取别人的见解、认真分析前人的经验教训之后,才稳重地决策和行动。军事上应该这样,政治上应该这样,商业竞争中也应该这样。

松下幸之助把"不发明,只改进"作为公司的战略口号。意思是广泛地选用国内外发明,买进专利,再努力地进行仿制,改良和改进。

迄今为止,松下仍然很少发明新产品,但其产品却广为行销。它建立了23个拥有最新技术的生产研究室,专门分析竞争对手的新产品,发现不足之处,找出如何改进的方法,设法做得更好,使产品质量和性能更臻完善。例如,录像机技术本是索尼公司首先发明的,但松下公司经过市场调查,了解到消费者最喜欢的是能放映更长时间的录像机。于是,松下公司就设计出一种能满足需要的容量大、体积小的更小巧的录像机,不仅性能更可靠,而且价格也较索尼的低15%。结果,松下的"乐声"和RCA两个牌子的录像机压倒了对手,占有了录像机市场的三分之二左右。

松下幸之助认为,"不发明,只改进"较之开发新产品有两大好处:可以躲开由于新产品开发成功后经济寿命短暂而带来的困难;可以躲开因开发新产品失败而导致的困难等。

"不发明,只改进"的战略,在某种意义上说,就是"后言则立"智谋的同义语。

17.众端参观

是故明王不举不参之事,不食非常之食;远听而近视以审内外之失,省同异之言以知朋党之分,偶参伍之验以责陈言之实;执后以应前,按法以治众,众端以参观……

《韩非子·备内》

所以英明的君主不做没有检验过的事情,不吃不寻常的食物;既打听远方的情况,又观察身边的事情来审察朝廷内外的失误;省察附和的与分歧的言论来了解党派的区分,对照经多方比较、检验的结论来督责臣子诚实地陈述意见;拿事后的结果来对照事前的言行,按照法令来治理民众,根据各方面的情况来检验观照……

"众端"是多方面、多角度,"参观"是考核观察。"众端参观",就是指不要轻易相信臣下某种言论的准确性、某种行为是完全替君主考虑而且是切实有效的,君主必须在多方考察之后才形成结论。

齐威王的宰相邹忌,身高8尺,容貌俊美,光彩照人,是齐国的美男子之一。

一天早晨，邹忌梳洗打扮之后，在镜子里看到自己容光焕发的模样，不禁有点儿自我陶醉了。当时齐国的美男子之首要数城北徐公。他想，自己的美貌是否有资格与城北徐公一较高下呢？于是问他的妻子说：

"我与城北徐公比谁更漂亮？"

"当然是您漂亮！徐公怎么能与您相提并论？"妻子的口气非常坚定，话里充满了自豪。

徐公之美举国公认，绝非浪得虚名。邹忌听妻子这么一说，反倒一下子从自我陶醉中清醒过来，不敢轻信自己真能超过徐公了。于是问他的小妾说：

"我和徐公，谁比谁俊美？"

"徐公哪有相公您这么俊美？"小妾有点闪烁其词，但结论与妻子一样，完全是肯定的。

第二天，邹忌家来了个客人。座谈之际，邹忌忽又想起与徐公比美的事来。于是问客人：

"你觉得我漂亮，还是徐公漂亮？"

"徐公没有您漂亮。"客人随便地答应了一句，但其结论仍然是邹忌比徐公漂亮。

又过了一天，正巧徐公路过。邹忌赶忙对徐公的容貌仔细端详了一番，这才深切地感到自己的确不如徐公漂亮。但邹忌仍不死心，退回家里再一次照起了镜子，然而事实不能不使他承认：自己虽然不算丑陋，可要与城北徐公相比，那还相差十万八千里！

晚上，邹忌怎么也睡不着。他想，自己明明远不如徐公漂亮，然而所问之人无不蒙蔽自己，说自己超过徐公，什么道理？反复揣摩思考，他终于明白了：妻子以为我漂亮，是因为偏爱我，所谓情人眼里出西施嘛；小妾说我比徐公漂亮，是因为对我存有畏惧之心，不敢说我不漂亮，担心我会因此而不高兴；客人呢？他是有求于我，希望用这种阿谀奉承的话来使我买他的账……

邹忌虽然彻夜未眠，但一大早起来后，还是急匆匆地跑去朝见齐威王了。他对威王说："我深知自己不如徐公漂亮。但是，由于下臣之妻对我特别偏爱；下臣之妾对我有畏惧之心；我的客人对我有所索求，故而一致说我比徐公还要漂亮——三人不谋而合地都在欺骗我！……当今的齐国，土地辽阔，人口众多。而内宫嫔妃、左右侍臣无不偏爱大王您；朝廷上的群臣百官无不对大王您怀有畏惧心理；全国范围内的所有民众又无不有求于大王您……由此看来，大王您所受到的蒙蔽可以说是严重极了！"

齐威王一听，大称"说得好！"

经过一番讨论研究之后，齐威王为消除被蒙蔽之患，特地下了一道著名的"纳谏令"：

"群臣百姓之中，谁能当面指责我的过失者，给予上等奖赏；能以书面形式讽谏者，给予中等奖赏；能在大庭广众议论朝政过失而使我得知者，也将给予下等的奖赏。"

此令一下，齐威王面前门庭若市，谏者如云。数月之后，进谏者已稀疏见少了；过了一年，群臣百姓虽然都想通过进谏来得到赏赐。但是，怎么也找不到可作为进谏的内容：朝政已经无可挑剔了。

燕、赵、韩、魏各国听到了齐国的这一情况，都纷纷朝服于齐。而邹忌、齐威王这种消除被骗受蒙的方法，也被《战国策》的作者称誉为"战胜于朝廷"——不须用兵便能战胜敌人——的有效治国方略。

仔细想想，邹忌和齐威王能看穿谎言、防止被骗，不就是因为他们切实做到了不轻信别人的意见吗？不就是因为他们能多方思考、反复揣摩，并在广泛征询众人观点的基础上，还力求用实际情形来检验既成结论（如仔细端详徐公容貌、多次照镜子等）吗？……而所有这些，又不正是韩非子所反复强调的"众端参观"之智谋的题中应有之义吗？

值得一提的是，韩非子"法""术""势"智谋思想是以"人性本恶"为逻辑起点的。从"人性本恶"的前提设想出发，韩非子认为君臣之间推心置腹、和善友爱是反常现象，明争暗斗、坑蒙拐骗才是其本来面目。因此，君主要保全君位，就必须对臣下采取不信任的态度，通过多方验证、错综考核的办法，随时揭穿臣下谋取私利的欺诈言行，保证臣下的言行完全符合君主的切身利益和长远要求。为了揭穿臣下欺诈言行，韩非子为君主设计的重要智谋之一，便是"众端参观"。"众端参观"在《韩非子》中又叫"叁伍之道"，这里的"叁"是指要听取多数人的意见；"伍"是指要用事实来衡量。"众端参观"是一个极具统括意义的大谋略，它还可以被划分为"循名责实""以事责功""倒言反事""挟智而问"等（详细内容请参见其他各自条目）一系列的具体智谋。可以说，有多少欺诈蒙蔽的方法，就有多少"众端参观"的方法。因此，这里所举的例子无法使"众端参观"所包含的丰富内容全部得以具体化，而只能说明其中的某些方面。此外，韩非子对君臣关系的判断完全是在战国时期特定的历史背景下提出来的，有其明显的片面性，更不能将其套用到当今的一般人际关系之中。韩非子的"众端参观"的智谋是带着很深的时代烙印的。

18. 一听责下

一听则愚智分，责下则人臣不参。

《韩非子·内储说上七术》

君主一一听取臣下意见，那么愚蠢的和聪明的就能分清；君主督责臣下，那么臣下就不能混淆视听了。

韩非子认为，君主与臣下之间，"一日百战"，臣下时时刻刻都在想蒙蔽君主以图谋私利；君主时时刻刻都得提防臣下的这种欺骗和蒙蔽，防止大权旁落，江山崩塌。那么君主怎样才能区分臣下的聪明和愚蠢、忠诚和奸邪呢？韩非子在这里特地设计了"一听责下"这一智谋。"一听"是指要一一听取臣下的意见，不能光听某一个人的一面之词便马上下结论；"责下"是指要严格地督责臣下，提防臣下滥竽充数，混淆视听。

"滥竽充数"是一个家喻户晓的成语故事，但可能并不是每个人都知道，这是韩非子为了说明"一听责下"的智谋思想而举的一个例子。

韩非子说，齐宣王喜欢听竽声合奏，每次都一定要三百个人一起吹奏才觉得过瘾。

南郭先生请求为宣王吹竽,宣王非常高兴,很喜欢他,由官仓给他的粮食与其他几百个人一样多。宣王死了以后,缗王登上了王位。缗王也喜欢听竽,但与前一任君主不同,他只喜欢听竽声独奏,慢慢欣赏、比较。南郭先生见状,就偷偷地逃跑了。韩非子还记载了当时的另一种说法:韩昭侯说:"吹竽的人众多,我没有办法了解哪个吹得好,哪个吹得不好。"田严回答说:"那就一个一个地听他们吹吧。"滥竽充数现在用来比喻没有真实本事而混在有本事的人群里充数,南郭先生成了人们世代嘲讽的形象。但韩非子讲述这个故事的用意并非要指责南郭先生,而是批评齐宣王用人不加选择,不用"一听责下"之计。南郭先生自称能够吹竽,就真以为他能够吹竽,就马上委以重任,使真会吹竽的人和不会吹竽的人混为一团,因而齐宣王便不可能不愚智不分,受人蒙蔽了。

韩、魏、齐三国的军队已经到了函谷关,秦昭襄王对楼缓说:"三国的军队已经深入了! 我想割让黄河以东的土地来与他们和解,怎么样?"楼缓回答说:"割让黄河以东的土地,这是一个很大的损失;而使国家从祸患中摆脱出来,又是一个伟大的功绩。这种事情的决策是您叔伯、兄长的责任,大王为什么不召公子汜来向他咨询一下呢?"秦昭襄王招来公子汜把这件事告诉他,公子汜回答说:"和解也要后悔,不和解也要后悔。大王现在如果割让黄河以东的土地去和他们讲和,三国的军队回去了,大王一定会说:'三国的军队本来就要撤离了,我只是把这三个城邑白白地送给了他们。'如果不和他们讲和,三国的军队一进入函谷关,那么国都咸阳一定会全部沦丧,大王一定会说:'这是没有献上三个城邑的缘故啊。'所以我说:'大王和解也要后悔,不和解也要后悔。'"秦昭襄王说:"如果我后悔的话,宁愿丢了三个城邑而后悔,也不能让国家遭到危亡后才后悔。我决定和他们讲和了。"

秦昭襄王决定一件事,能够一一听取多方意见。这样,即使事后真的后悔了,也已经是有了充分准备的"后悔",不至于手足无措。

现代管理十分重视集中大家的智慧。集中大家的智慧,又主要体现在制订严密的计划上。在集中群体智慧以拟订优良计划方面,最值得一提的是日本人的"禀议制"。

"禀议制"原是日本政府高级文官做决策的一种方法,其中最重要的精神叫"根回"。"根回"是日本园艺中的一个专有名词,意思是要将一株植物种到土壤里,一定要先将植物根部的土壤挖松,根才能扩散开来。同样的,要命令组织中的一个单位执行一个计划,也要先经过"根回"的步骤,才能将整个计划有条不紊地用实践加以实现。这个"根回"的过程实际上也就是充分发挥群众智慧的过程。但是,日本人还十分强调"专人负责"制。他们认为,无论是计划的拟订还是计划的实施,都必须强调专人负责制。一个大计划可以分成几个子计划,几个子计划可以合并成一个大计划。但每一个大计划或者是子计划,总要由一个专人负责。

在研制计划的时候,负责人可以征询有关人士的意见,也可以召开大小规模不等的会议,但每次开会的时候,一定要针对各人负责的计划,拟出具体的议题,讨论定案后,立即修改计划。如果计划没有专人负责,每次开会也就不会有专门的议题,只是一群人聚在一起,不着边际地"漫谈",那决不能叫作汇合大家智慧的"群体决策",只能是一种消

諸子百家 —— 法家

磨时间的"群体打混","会而不议,议而不决,决而不行"。

可见,"一听责下"之术,是一种很管用的现代常用管理之术。

19.疑诏诡使

数见久待而不任,奸则鹿散。使人问他则不瞽私。

《韩非子·内储说上七术》

君主屡次召见一些人,让他们长时间地待在自己身边而又不委派他们做什么事,但其他的人却认为他们一定受到了君主的秘密指令,那么奸邪之人就会害怕得像鹿受惊那样四散逃奔。派人去做事的时候,先用其他自己已经知道了的事情去责问,那么被派去做事的人就不敢再兜售自己的小聪明来弄虚作假了。

疑诏诡使细分可分为两种情形:

一种是利用心理"惯性"原理而设计的智术。一般的人都会认为,君主或领导召见下属,总是要下批示、提要求或者给予某种权力的。韩非子利用这种思维惯性,只把某些人招来,并长时间地让他们待在自己身边,但并不给予什么指示或权力。这样,与之相关的那些人则必然会惴惴不安,总觉得自己已在君主所召见的人的严密监视之下了,于是只能勤勉工作,绝不敢偷懒或弄虚作假了。

另一种是"使人问他则不瞽私",类似于挟智而问,就是在派某人去办某事时,要用自己预先知道的一点甚至是自己有意制造或通过特别调查得来的某一点来责问那个人。这样,办事的人就会误以为你知道了事情的全部,而只能老老实实地办事、详详细细地汇报。

这一智术还可以做许多变化。可根据不同情况,灵活选用。

有个叫庞敬的县令,他派遣市场管理员去巡视,而招呼管理市场的公大夫回来。站了一会儿,也没有命令他们什么,就派遣他们也去巡视了。市场管理员们以为县令对公大夫另有什么嘱咐,也就对公大夫另眼相看,觉得是县令特意安排来监视他们的,因此就不敢再为非作歹了。

这是比较典型的第一种疑诏诡使。韩非子在讲疑诏诡使时,还举了以下例子。

戴欢是宋国的太宰。他在夜里派遣一个人,对他说:"我听说这几天夜里有人坐着卧车来到李史的家门口,你要为我严密地监视他。"派出去的人当然信以为真,眼睛瞪得大大的,巡视了一夜后回报说:"没有看见卧车,只看见有个捧着方形竹器的人与李史讲话,过了一会儿,李史接过了这竹器。"(戴欢如果不用疑诏诡使的办法,那被派之人恐怕会以睡大觉来度过那一夜,然后汇报说:平安无事,什么也没有发生。)

周君丢了玉簪,叫差役去找它,找了三天也没有能找到。周君又叫别人去找,便在人家的屋里找到了它。周君说:"我的差役竟然这样不卖力办事。让他们找玉簪,找了三天也没有把它找到,我叫别人找它,不一会儿就把它找到了。"于是差役们都很恐惧,认为周君神通圣明。

韩昭侯握着指甲,而假装掉了一只指甲,找它找得很急,他身边的侍从便剪了自己的指甲来献给他。韩昭侯就用这种方法来考察身边侍从的忠诚不忠诚。

这两个例子中,使用疑诏诡使的人,其用来责问部下的预先知道的那"一点"实情,是由自己刻意制造出来的。

宋国的太宰派一个年轻的家臣到市场上去,回来后便问他说:"在市场上看见了些什么?"这家臣回答说:"没有看见什么。"太宰说:"即使是这样,你还是要说说到底看见了什么?"这家臣回答说:"市场南门外有很多的牛车,挤得仅仅可以通行罢了。"太宰告诫这家臣说:"不要大胆地把我对你的问话告诉别人。"于是就招来管理市场的官吏而责备他说:"市场门外为什么有那么多的牛屎?"管理市场的官吏对太宰了解情况的迅速赶到十分奇怪,于是就诚惶诚恐地谨守自己的职责了。

在这里,宋国太宰用来责问的实情,是通过另外派人实地调查得来的。

在现代社会中,使用疑诏诡使的人很多,但往往有了新的变化。

卡恩的立波朗公司在 1989 年已跻身于世界第一流的微电脑技术软件公司之列。但卡恩是个白手起家的暴发户,4 年前,立波朗除了一块牌子、一双手和一个精明的脑袋之外,只有一个空空的钱袋。

卡恩决定要开办邮购业务,可是在计算机杂志上登一页广告至少得花 2000 美元。他缺少的只是钱,而越是钱少的客户,杂志社便越是要讨高价。怎么办?他开始施展他的"疑诏诡使"之术。

他邀请一家一流杂志的广告推销员来到立波朗公司办公室,事先请了一大群朋友,有的扮成他唯命是从的秘书在办公室里进进出出,有的扮成各大杂志社推销员,打电话来求他在"他们"那里登广告;墙壁上挂着不停地跳动的图表,上面只有一流广告杂志的名称,旁边还注有如何摆脱二流杂志社前来求情纠缠时的推辞策略,当然还故意遮住其中的一大部分……

当被邀请的推销员来到时,卡恩拿起电话大声嚷嚷道:"2000 美元?太贵了!……1800?1800 我也不干,我可以拿这笔钱在其他杂志做更好的广告!"推销员进门时,他已挂断了电话,似乎他绝没耐心等待对方的第二次自动降价。

他只是对进来的推销员笑了一笑,便已被秘书请到另一间房子里去接东京来的长途电话。他在大声地"接电话",实际上他的眼睛却一刻也没有离开门缝。

他透过门缝看见那推销员正在费劲地研究那张无中生有的假图表!

他料知那图表已使推销员肃然起敬时,重新回到了自己的办公椅上。推销员怕"大老板"又要因电话或别的事离开这里,便急迫地说:"对于你们这样的公司,我们可以给你优惠。"卡恩非常随便地说这本来是应该优惠的,所以仍然不干。

最后推销员同意完全用赊款的方式为他低价做这次广告,因为他已经非常"清楚":这样的客户太难得了。卡恩也很"通情达理",他说,如果这本杂志真有良好效果,他今后每次都可以优先考虑把广告登在它上面。

推销员抱着美好的希望回去精心准备这个重要的广告了。卡恩几乎不花钱的第一次广告也就这样漂亮地做成功了。

在这里，卡恩只是安排了一些假象，也没有向推销员直接做出"责问"。但推销员自己在疑神疑鬼，把假象当作了实情，并用这种"实情"来考问自己：卡恩有那么多工作人员、有那么多请他做广告的杂志、有那么雄厚的实力……我该怎么办？……于是就有了卡恩最满意的结果。

美国有一种名为阿鲁卡·灰尔的胃肠药，消费者对于药物只求其功效的好坏，但是这种胃肠药在广告上却完全不提什么"药效可靠"之类的话，只是强调"请听听它的声音'咻'"。然后在杯中倒入药物，使它发出"咻"的一声，如此而已。可是这个广告却被消费者接受了。

人们分析这个广告成功的原因时认为："咻"的这个声音和药物的功效其实完全没有什么内在的直接联系，反而使人们对药效产生了很大的兴趣。要想知道这个药是否有效，非得自己去试试才会知道。广告上所能确认的就只是它能发出"咻"的声音而已。对于这点，消费者已用自己的眼睛和耳朵证实了，连带着也认为自己已证实了药的功效。

因为自己证实了药能发出"咻"的声音，便认为自己已经证实了药的全部功效，这正好又是"疑诏诡使"术所达到目的的全过程。广告上运用"疑诏诡使"之术，大抵都是这样的。

案件审理中，也常用此术。

清朝时期的清苑县，有兄弟两人分家而居，弟弟好吃懒做，分到名下的财产很快被挥霍一空。做哥哥的勤俭持家，家境还算宽裕，膝下一子，夫妻恩爱，老少和睦。有一天，弟媳到哥哥家借钱，正遇上哥哥的儿子从田间回来，连声喊饿，儿媳忙盛一碗饭给丈夫，丈夫狼吞虎咽吃了下去，随后便叫腹痛，倒地打滚，不多时口鼻流血而死。儿媳大惊，只知痛哭，不知所措。这时弟弟的老婆却大喊大叫："侄媳妇谋杀亲夫啦！赶快告官吧！"哥嫂见宝贝儿子中毒暴死又听弟媳妇如此喊叫，便告到官府，弟媳妇出面作证指控死人亡妻放毒杀夫。

官府捕来儿媳，严刑拷问，屈打成招，供认"因奸情杀亲夫"，奸夫是其表哥。此表哥拙于言谈，拘到大堂，吓得魂飞魄散，糊里糊涂招认"同谋杀人"。

此时正值知府纳公到境内检查狱讼，发现此桩奸杀案疑点颇多，要求复审，令某知府承办。知府阅卷后，拘来一干人证，分别审讯，得知死者夫妇平素十分和睦，连公婆也供认儿媳为人贤惠，孝敬公婆，供认与其表哥并无私下来往。只有弟弟的老婆一口咬定是自己亲眼所见，侄媳投毒害命。知府问完后说："基本上清楚了，明天再问一次，便可真相大白！"众人莫名其妙。

第二天，知府把有关人等全部传来，一字儿站在堂中央。然后煞有介事地说道："大家听着！昨天夜里，我做了个梦，死者显灵告诉我，毒死他的那个人右手掌的颜色会变青的，请人查明！"知府一边说话，一边全神贯注地扫视众人动静，接着又说，"死者还告诉我，毒死他的那个人的内眼珠要变黄的，要我审眼破案。"说时又仔细打量众人的动静。

突然他把惊木一拍,指着弟媳妇喝道:"杀人者就是你!"那女人慌忙叫喊道:"是那小淫妇毒死他男人,怎么说我是杀人凶手?"知府冷笑道:"是你自己承认的,还想抵赖吗?"那女人及众人都不知所以然。知府接着说道:"我刚才说杀人者手掌会变青的,别人泰然自若,只有你急忙看着自己的手掌,这便是你招供了!我说杀人的眼珠会变黄的,别人都没动静,只有你丈夫赶忙瞪着你的眼珠,这便是你丈夫替你招认了。大胆刁妇,还想抵赖吗!快快招来,免受皮肉之苦。"当即便把弟弟和刁妇分开进行单独审问。刁妇以为丈夫招了,丈夫以为妻子招了,只好都供认不讳了。原来,他们夫妇早有图谋哥嫂家产的野心,曾多次身带砒霜企图放毒,只是没有下手的机会。那天,刁妇正好碰到侄媳做菜,便趁机把毒药搅进饭里,企图毒死哥哥全家。没想到儿子回来后先吃了一碗,首受其害。刁妇顺水推舟,恶人先告状,诈说侄媳妇害夫。

　　知府在一审中,已暗中把嫌疑范围缩小到弟弟夫妇身上。第二天审问就利用案犯做贼心虚的特点,运用疑诏诡使之计,引诱凶犯不打自招。

20.挟智而问

挟智而问,则不智者至;深智一物,众隐皆变。

《韩非子·内储说上七术》

　　拿自己已经知道的事去询问臣下,那么自己不知道的事也就能了解到了;深入地了解一件事情,许多隐微的事情便都可以分辨清楚了。

　　一个人不可能了解世上纷繁众多、变幻莫测的事情。君主一人的精力也有限得很,而企图蒙蔽君主以获取私利的奸臣则多如牛毛,奸诈之情也层出不穷。怎么办?韩非子在这里设计了一个叫"挟智而问"的智谋。"挟"是持、拿、用的意思,挟智而问就是拿自己已经知道的事去询臣下,从而使臣下误以为君主已经知道了事情的全部过程和全部细节,再也不敢玩忽职守、弄虚作假。应该说,这是一条充分利用心理规律来治奸、除奸的督谋,很有可操作性,也很有实用价值。不过,这条智谋也带有很浓的诡诈、吓唬成分,使用对,一是要注意区分对象;二是一定要注意保密性,防止弄巧成拙。

　　韩昭侯派骑士到县城视察。这派出去的人来汇报时,昭侯问他说:"看见了什么?"他回答说:"没有看见什么东西。"昭侯说:"即使这样,你还得说说到底看见了什么?"他说:"南门外面,有头黄色的小牛在大路左边吃禾苗。"韩昭侯对这派出去的人说:"不准你随便把我对你的问话泄露出去。"于是就下达命令说:"当禾苗生长的时候,禁止牛马闯入农民的田里,本来就早有了命令,而小吏们却不把这命令当作一回事,以致有很多牛马闯入农民的田里。赶快把闯入农田的牛马数目举报上来;如果查不出来,就加重你们的罪责。"于是东门、西门、北门三个方向闯入农田的牛马数目被举报上来了。韩昭侯说:"还没有完全举报上来。"小吏们又去仔细查看了一下,便发现了南门外那黄色的小牛。小吏认为韩昭侯能明察秋毫,于是都恐惧地谨守自己的职责而不敢疏于职守了。

诸子百家 —— 法家

周国的君主下达命令去搜寻一根头部弯曲的拐杖，小吏们找了好几天都没能找到。周君私下派人去找它，没有多久就找到了它。于是他就对小吏们说："我知道你们不肯好好办事，一根弯曲的拐杖很容易找到，我叫人去找它，没有多久就找到了它。这难道可以说是你们对我的忠心吗？"小吏们于是都恐惧地谨守自己的职责，认为国君是神通圣明的。

卜皮做了县令，他的御史行为下流而有一个宠爱的小老婆，卜皮便派了一个年轻的家臣假装去爱她，用这种办法来了解御史的隐私。

西门豹做邺县的县令时，假装丢了那车轴头上的铁销，命令小吏去找它而没能找到，派别人去找它，便在老百姓的屋里找到了它。

以上数例，都是韩非子为了说明什么是"挟智而问"，使用"挟智而问"有什么好处时所举的例子。通过这些例子我们已不难把握其含义、作用以及使用方法。但这些例子的一个共同点是，它们都是古代的事，而且诡诈的成分很浓，如果这一计谋中"诈"的成分一旦被戳穿，那么使用者便只能落入弄巧成拙的陷阱一条路了。"挟智而问"作为一条古老的智谋，实际上在现代社会中仍有广泛的使用价值，不过我们不提倡"诡诈"，而且现代社会的特性也要求我们在使用这一智谋时应当挖掘其现代性。那么，"挟智而问"的现代性体现在哪里呢？我们先来看一个现代社会中的"挟智而问"的事例。

台湾的"经营之神"王永庆，要求他所属的台塑中的各生产事业单位，都要有明确的成本概念。他要求属下各单位的主管在做一件事之前，一定要用所谓的"鱼骨图分析术"，依事情的先后顺序，将做事情的每一个步骤，一一标示出来。做某一个步骤，要用什么样的原料，多少钱，向哪一家购买，一项项地标示清楚，最后就很像一幅鱼的骨头。

计划做完之后，再向王氏做汇报。做汇报的时候，王永庆喜欢把冷气放得很低，以便让大家保持大脑清醒。属下向他汇报的时候，他就会不断地使用"挟智而问"的计谋，来考问属下，检验属下，督促属下，从而防止属下偷工减料、玩忽职守，尽可能地把计划制订得科学准确、切实可行。

他曾讲述过这样一个故事：

在讨论南亚做的一种塑胶椅子的时候，报告人把接合管多少钱、椅垫多少钱、下面的尼龙布和贴纸分别是多少钱、工资是多少钱等等都算得一清二楚，整个加起来是五百余元。每个项目的花费，在成本分析上，统统列出来了。一个椅子的资料，光图表就有好几页纸。但是，王永庆还是接二连三地发问。

王永庆问："椅垫里用的PVC泡绵，一公斤五十元钱，品质和其他品牌比较如何？价格呢？有没有竞争的能力？"

对方答不出来。

王永庆说，这样的计划，一点用处也没有。然后继续问："这PVC泡绵是用什么做的？"

对方答道："用废料做的，一公斤四十元。"

王永庆再问："那么，大量做的话，废料来源有没有问题？"

回答："不知道。"

王永庆再问："南亚把裁剪下来的下脚料卖给人,在裁剪后收回来的塑废料,每公斤多少钱?"

对方答道："二十元。"

王永庆："那么,成本是一公斤只能算二十元,不能算四十元。……使塑胶发泡的发泡机,要用怎样的发泡机? 使用什么技术? 多少原料? 多少工资? 消耗能不能控制? 怎样使工资合理化? 生产效率能不能再提高? ……"

对方面对一连串的提问,全蒙了。连声道歉,表示再做调查,重新研究……

"挟智而问"的本义是拿自己已经知道的事去询问。在韩非子所举的例子中,我们可以看出,君主用来作"询问"的依据是"知道"某一点事实,这一点事实往往是整个事实中的很小的一部分,而且常常是临时应急性地派人去调查得来的。我们从王永庆的"挟智而问"可以发现与此有明显不同的地方:一是王有全面的"知识",对于椅子的整个生产过程都了如指掌;二是王的"智"不是临时应急而派人调查得来的,而是自己长期学习研究的结果;第三,古代君主询问的目的旨在监督臣下,故意找漏洞,为自己增加神秘色彩。而王永庆的目的则主要是为了把造椅子的成本减下来,把生意做好。这一些,就是我们在使用"挟智而问"时应该努力增加的现代色彩。

21.倒言反事

倒言反事以尝所疑,则奸情得。

《韩非子·内储说上七术》

说与本意相反的话、做与实情相反的事来试探自己所怀疑的事,那么奸邪的情况就能获知。

故意讲一些不对的话,做一些错误的行动,或用于观察旁人的动态,辨别忠佞;或用以进行伪装,蒙蔽他人;或用以施放烟幕,迷惑对方——这是韩非子所设计的"倒言反事"之术。韩非子本是专门为帝王设计的王者之术,但实际上,此术的使用范围绝不仅仅限于帝王。古今中外的历史中,从帝王到平民,哪一个阶层中都有使用此术的人。

山阳君做魏国的相国,听说魏王猜疑自己,于是就假装诽谤魏王的宠臣来探测国君是否真的猜疑自己。

淖齿听说齐缗王厌恶自己,于是就派人假装成秦国的使者来打听这件事。

齐国有个人准备犯上作乱。但他怕齐王已经知道了这件事,于是就假意驱逐他所亲爱的人,让他们逃到齐王身边去了解齐王是否已经知道他要作乱。

子之做燕国的宰相时,坐在那里假言假语说:"跑出门的是什么? 是匹白马吗?"身边的侍从都说没看见。有一个人跑着追出去观看,回报说:"有的。"子之用这种方法了解到了侍从中不老实的人。

有两个相互争讼的人,子产把他们隔离开来,使他们不能互相通话,然后把他们的话倒过来去告诉另一方,从而了解到了他们的实情。

卫嗣公派人假扮成外来的客商经过关口上的集市,那集市上的管理员刁难他,他便奉承贿赂他们,并拿金子送给了守关的小吏,于是这小吏便放了他。卫嗣公对守关的小吏说:"某某时间,有一个外来的客商经过你这个地方,给了你金子,你便放他过去。"这集市上的管理员于是十分恐惧,以为嗣公能明察秋毫,如实招供了所有违法乱纪的事,并且从此后小心谨慎,再也不敢以权谋私。

这是先秦的例子,秦朝以后使用"倒言反事"之术的人也大有人在。

某年秋天,风流女皇武则天拿出一枝梨花来给宰相大臣们看。按常理,梨树一般在春季开花,秋季结果,而现在是秋季开花。绝大多数大臣为了讨好皇帝,极尽吹捧之能事,都说这是上天为武后治国英明有方而降下的祥瑞。只有一个叫杜景俭的宰相说:"这花开得不是时候,是我们为臣的有过错所致,不是什么好兆头。"武则天听后连声夸奖说:"你才是真正的好宰相啊!"

隋文帝担心手下的官吏贪赃枉法,便秘密地派遣自己的心腹去"贿赂"官员,如果哪个收下了,就马上进行惩处.以此大大地肃清了吏治。

秦二世三年(公元前207年),秦军的主力被项羽消灭,秦军将领章邯等向诸侯联军投降,丞相李斯已经剪除,赵高感到篡秦的时机已到,阴谋杀死秦二世胡亥。但他还不清楚群臣是否完全拥护自己。为了试探群臣的倾向,他弄来一头鹿献给二世,说是"我把这匹好马献给陛下"。二世一看,分明是一头鹿,哪里是什么马。便大笑道:"丞相弄错了!怎么把鹿当成马呢?"赵高仍坚持说是马。二世不信,就问左右的人。左右的人面面相觑,不知赵高打的什么主意,有的人不敢作声,也有几个人据实说是鹿,但更多的人都奉承赵高,谎说是马。秦二世闻言,大吃一惊,以为自己精神错乱,竟分辨不清是鹿是马了。于是就招来太卜,让他为自己占一卦。太卜已经得到了赵高授意,便按照赵高的意思说:"陛下在春秋季节祭祀天地、尊奉宗庙鬼神时,未能严格斋戒禁忌,所以神灵惑乱,以致今天鹿马不分。现在您必须依照至圣大德的做法,严格认真地去行斋戒之礼。"二世听信了太卜的这套鬼话,便躲进上林苑中进行斋戒之礼去了。二世一去,赵高就把那些据实说是鹿的人统统杀掉,从此大臣都不敢和他做对了,不久,赵高就下手杀了二世。

"倒言反事"之术并非帝王之专用品,各层人士都可巧妙地运用此术。"风流将军"蔡锷巧妙逃脱袁世凯的魔掌、组织护国军讨袁所用的就是"倒言反事"之术。

蔡锷是一位进步、爱国的军事家,他对袁世凯窃取辛亥革命的果实十分不满。袁世凯因此对他怀有戒心。为了控制蔡锷,1913年,袁世凯将他调到北京,加以监视。

蔡锷知道袁世凯对自己有戒心,所以在北京期间,一面暗中与反袁力量秘密联系,一面装愚弄拙,巧妙地与袁周旋,以麻痹袁世凯及其党羽。

在袁世凯面前,蔡锷有时故意语无伦次,一问三不知。一天袁世凯的一个党羽拿出一本赞成帝制的"题名录",放在蔡锷面前,对这突如其来的"考验",蔡锷急中生智,挥笔大书"赞成"二字,把自己打扮成帝制的拥护者。还经常与一班帝制派人物厮混,打得火热。

蔡锷为了早日逃脱袁世凯所设置的樊笼,还装作意志消沉,涉足风月场所,结识了名妓小凤仙。小凤仙原是一旗人武官的女儿,父亲死后,她无依无靠,沦落风尘。她粗通文墨,喜缀歌词,更兼有一副侠义心肠。小凤仙慧眼识英雄,对蔡锷另眼相看。交往久了,蔡锷也对小凤仙有所了解,逐渐推心置腹。这期间,蔡锷装得整日花天酒地,乐而忘返,连公务都搁置起来。还扬言要购买别墅,来个"金屋藏娇"。朋友们见到私生活一向极为严肃的蔡锷竟然拜倒在石榴裙下,大惑不解。密探向袁世凯报告,老奸巨猾的袁世凯也似信非信,继续派人了解蔡锷的行踪。

蔡锷

蔡锷的夫人眼看丈夫整日沉湎在小凤仙情海之中,便婉言规劝丈夫保重身体。蔡锷与她一番轻声细语,夫人心领神会。不久,夫妻俩便演出了一出吵架反目的双簧剧。

那一天,夫人借口蔡锷喜新厌旧,大闹起来,蔡锷故意打伤夫人,捣毁家中物品,并扬言要离婚,责令她立即离京南归。蔡夫人披发卧地,呼天抢地,嚷着要回家,闹得不可开交。密探急忙报告袁世凯,这一回袁世凯真的相信,还派亲信前去劝架,蔡锷见状,暗自欢喜,便拿出一笔赡养费,打发夫人带着母亲和孩子离开了北京。

蔡锷这一招"倒言反事"使老奸巨猾的袁世凯蒙在了鼓里,放松了对蔡锷的防范。不久,蔡锷在小凤仙等人的帮助下,逃离北京潜回云南,组织护国军,发动了一场轰轰烈烈的反袁护国斗争。

生意人为了施放烟幕,迷惑对方,也常常会采用"倒言反事"之术。

一次,我国外贸人员同某国裘皮商人谈生意。由于国际市场上供大于求,有些商人的裘皮积压了不少,我国外贸人员也急于推销此货。在休息间,一名外国商人递给我外贸人员一支香烟,搭讪问道:

"今天中国黄鼠狼皮比去年好吧?"

"不错。"

"如果我想买 15 万~20 万张不成问题吧?"

"没问题。"

于是,外国裘皮商人主动递上 5 万张稳盘订单,价格比一般市场价格高出 5%。我外贸人员真是喜出望外,可正当我国外贸人员为推销了裘皮又卖得了一个好价钱而举杯庆幸的时候,那个外商在国际市场上以低于我国的价格大量抛售黄鼠狼皮。原来,他有一大批存货,急于推销这批货物,于是反其道而行之,装作要大量购进我裘皮的样子,并用高价格稳住我们。就在我们等着和他做这笔买卖时,他却乘机大量抛售存货。结果,那巧使"倒言反事"之计者当然抓住了先机避免了重大损失,而上了"倒言反事"之圈套者当然是损失惨重了。

諸子百家——法家

22.审公私之分、利害之地

知臣主之异利者王,以为同者劫,与共事者杀。故明主审公私之分,审利害之地,奸乃无所乘。

《韩非子·八经》

懂得臣下和君主的利益是不同的,才能称王天下;认为君臣的利益是相同的,就要被臣下劫持;和臣下共同执政的,就会被臣下杀害。所以英明的君主能区分公和私的差别,能把握君、臣之间各自的利害所在,奸臣就无机可乘了。

韩非子的整套政治思想都是以"人性自私"为逻辑起点的。所以,他对人的自私自利的一面揭露得特别尖刻,上面所引的内容只是其中的一小部分。他认为君主和臣子各自有各自的利益,君主必须时刻提防臣子为了达到个人利益之私,而损害了君主利益之公。"审公私之分、利害之地"的智谋思想就是在这样的出发点下提出来的。韩非子为实现其君主个人专制制度而设置此智谋,显然有其阶级的局限性和思维的片面性,但不管怎么说,人与人、上级与下级,特别是古代的君主与臣子之间的利益差别是客观存在的,韩非子提醒大家应有"审公私之分、利害之地"的智谋思想,对于防止某些人损人利己,尤其是对于健全法制以钳制私欲的恶性膨胀是很有好处的。

魏国的信陵君是战国时四大著名公子之一。信陵君为人仁慈讲义气。信陵君的姐姐嫁在赵国,是赵惠文王之弟平原君的夫人。平原君也是四公子之一,加上与信陵君有这层郎舅之亲,两人自然是情同手足。

公元前259年,秦国的军队击破赵国驻防长平的守军后,又继续进兵围攻都城邯郸。平原君急忙派人向魏王和信陵君求援。魏王派了将军晋鄙率领10万士兵驰救赵国。

秦昭王知悉此事后,特地派了个能言善辩的外交官跑到魏国对魏王说:"我攻打赵国,早晚就要攻下来的。如果哪个国家敢去援救的话,在占领赵国以后,一定调兵先攻击它!"魏王害怕秦国的威势,当即派人去通知晋鄙,令其马上停止进军,驻守在邺这个地方按兵不动。虽然表面上仍然在说是救赵,实际上却是脚踩两只船,采取了观望的态度。

赵国岌岌可危。平原君在多次派人请求之后,一方面携毛遂等人赶楚求救,另外又特地给信陵君写了一封言辞恳切的信。信中说:"我赵胜之所以高攀和魏国结为婚姻,是因为公子您崇尚道义,是个能着急操心别人困难的人;现在邯郸城早晚就要被迫投降秦国了,而魏国的救兵却一直不来,公子能急人之困的高义在哪里呢?况且公子即使轻视我赵胜,不管我是否投降秦国,难道说不同情您的姐姐吗?……"

信陵君从个人利益及其秉性出发,多次去劝说魏王赶紧进兵,还叫门客辩士们想尽各种理由去劝说。但魏王从国家利益出发,为避免不受强秦的军事打击,始终不听信陵君的建议。

信陵君为此事绞尽脑汁,但无计可施,准备凑合自己的一百多辆车马去拼命。他的老门客侯嬴对他说"这样做等于是把肉扔给饿虎一样,毫无用处!"然后又为他献上一计:原来,魏王的兵符常常放在卧房里,魏王有个宠妃名叫如姬的,常出入国王的卧房,定能偷到它。而信陵君曾有恩于如姬,如姬也朝思暮想要报答信陵君。因此只要信陵君愿意开口,得到那控制魏军进退的兵符还不是举手之劳!

也有人说,信陵君为得到这兵符特地送了一件最名贵的皮大衣给王妃,瞒着魏王,窃取了魏王的发兵印信,迅速赶到邺城,夺了晋鄙将军的军权,即刻进兵攻击秦军,解救赵国之危。

信陵君对赵国有功,对平原君也够义气,但这只是他的私利,这种私利违背了魏王的意志,损害了魏国的"公利"。

《吕氏春秋》中说:"利不可两,忠不可兼。不去小利,则大利不得;不去小忠,则大忠不至。故小利,大利之残也;小忠,大忠之贼也。"意思是说,利不可两得,忠不可兼备。不抛弃小利,大利就不能得到;不抛弃小忠,大忠就不能实现。所以说,小利是大利的祸害,小忠是大忠的祸害。我们如果把小利、小忠看作"私利",把大忠大利看作"公利",那么,《吕氏春秋》所持的观点几乎与韩非子的这一谋略思想是一模一样的。

从前楚共王与晋厉公在鄢陵作战。楚军失败了,共王受了伤。当初,战斗即将开始之际,司马子反渴了,要找水喝。童仆阳谷拿着黍子酿的酒送给他。子反呵斥道:"哼!拿下去!"童仆阳谷回答说:"这不是酒。"子反说:"赶快拿下去!"童仆阳谷又说:"这不是酒。"子反接过来喝了下去。子反为人酷爱喝酒,他觉得酒味甘美,喝起来不能自止,因而又喝醉了。战斗停下来以后,共王想重新交战而商量对策,派人去叫司马子反。司马子反却借口心痛没有去。共王乘车去看他,一进账中,闻到酒味就回去了。说道:"今天战斗,我自己受了伤,所依靠的就是司马了。可是司马又这样,他这是忘记了楚国的社稷,而又不忧虑我们这些人。我不与晋人再战了。"于是收兵离去。回去以后,杀了司马子反,并陈尸示众。童仆阳谷送上酒,并不是要把子反灌醉,他心里认为这是忠于子反,却恰好以此害了他——小忠害了大忠。司马子反图一时痛快,一饮而不可收,"忘记了楚国的社稷",并导致了杀身陈尸之祸——小利害了大利。

"审公私之分、利害之地",看清这种小利与大利、小忠与大忠、私利与公利的区分,对于君主来说,是制定法律的根本出发点,也是防止奸臣篡位的思想认识基础。对于当今的一般人来说,则是正确对待个人利益与集体利益、眼前利益与长远利益的关键问题之一。

23.督其用,课其功

有道之主听言督其用,课其功,功课而赏罚生焉,故无用之辩不留朝。任事者知不足以治职,则放官收。说大而夸则穷端,故奸得而怒。无故而不当为诬,诬而罪。臣言必有报,说必责用也,故朋党之言不上闻。

《韩非子·八经》

掌握了统治术的君主听取臣下的言论时,审察它的用处,考核它的功效,功效一经考核，那么赏罚的依据就由此产生了，所以没有用处的说客不会留在朝廷。担任职务的官吏，如果他的才智不够用来料理职事，就罢免他的官职，收回他的官印。对于说大话而浮夸的人，就追根究底，所以奸邪的人能够被发现而受到愤怒地斥责。没有什么其他的缘故而办事的功效和他事先说的不相符，这就是欺骗；臣下搞欺骗，就要惩处他。对臣下的言论一定进行复核，对臣下的进说一定责求它的效用，所以同党之间互相吹捧的话就不敢对君主说了。

韩非子认为，关键不在于他说了什么，而在于有什么实际的功效。君主听取臣下言论，就是要"督其用，课其功"——审察它的用处、考核它的功效。关于如何听取别人的言论，韩非子曾提出过一个纲领性的智谋，那就是"设度而持之"——把握一定的标准去衡量言论，而这里所说的"功用"，在韩非子看来是标准中的标准。有用则取，无用则扔。这是一种在今天仍然很管用的听取意见的智谋，也是一种仍然很值得提倡的务实精神。

诸子百家——法家

齐国有一个隐士叫田仲，清高不依仗别人，也不愿为别人效劳。宋国人屈谷去见他说："听说先生很有骨气，不依仗别人生活。我非常敬佩，所以我想把我所种的葫芦奉送给您。这种葫芦的种植方法只有我一个人掌握，它非常坚硬，非常厚实。硬得像石头一般，厚得没有一丝空隙。我现在把它献给您。"

田仲一听，忙说："不要。葫芦的可贵之处，就在于它可以用来盛东西。如果厚得没有空隙，就不能剖开来盛东西。而坚硬得如石头一样，就无法把它剖开用来酌酒。我拿了这样的葫芦有什么用呢？"

"对，我将把它扔掉。"屈谷非常爽快地说。

原来，屈谷是借硬葫芦来讽刺田仲：不依仗别人生活，也不愿帮助别人，对国家也毫无用处，这样的人也等于是硬葫芦一类的东西，应该马上扔掉。

齐国的孟尝君是战国时四大著名公子之一。有一次出使楚国，楚国国王送给他一张象牙床，派登徒直护送到齐国。这可是一件辛苦而艰难的任务，登徒直虽不能拒绝命令，却实在不想去，便告诉孟尝君的随从公孙戍说："象牙床价值两万四千两，万一有毫发损坏，就是把老婆孩子卖掉，都赔不起。您如果能想办法使我免去这个苦差事，我有祖先留下的宝剑，送您作为纪念。"

公孙戍一口答应，并当即进见孟尝君。

公孙戍说："很多小国愿意送相印给您，求你兼任他们国家宰相的原因是认为您能体恤贫穷，存亡绝续。大家敬佩的是您的仁义；倾慕的是你的清廉。现在你第一次到楚国便接受象牙床这么贵重的礼物，将来你再去别的国家，叫别的国家送些什么给你呢？"

孟尝君突然醒悟说："你说得很对！我要向楚王把象牙床辞谢掉。"

公孙戍见孟尝君接受了自己的意见，便要回去向登徒直报告好消息。可是，他还没有走到内院的小门，便被孟尝君叫了回来。孟尝君问他说："你走路跟平常很不一样，大步前进，神采昂扬，什么事使你这么兴奋？"

公孙戍见孟尝君看出了自己的破绽，吓出了一身冷汗，只好如实相告，说自己受人所托,若能劝阻孟尝君接受象牙床的馈赠,便可以得到一把古剑作为纪念品。

孟尝君听完公孙戌所说的实情,既没有责备公孙戌受贿,也没有取消自己拒绝馈赠的决定,而是对众人说:"《诗经》中写道:'只管摘芜菁的叶子,只管摘土瓜的叶子,不要管它们的根是什么样子。'芜菁和土瓜是两种菜,根和叶都可以吃,可是根部有时难以下咽,采摘的人,不能因它的根有时是坏的,就连叶子也不要了。以后,无论是谁只要提的意见对我有利,至于动机我可以一概不问。"不久孟尝君还在公告栏中贴出告示声明:"凡能够促使我田文得到美好的名誉,或能够制止我田文犯错误的,即使他的言论是由于接受外人的贿赂,或受别人利用,也没有关系,请马上给我规劝!"

"只管摘叶,无须问根",是根据"有用性"和"功用性"请求大家大胆进言,这可以说是"督其用,课其功"的又一个方面。

24.掩其情,匿其端

入主有二患:任贤,则臣将乘于贤以劫其君;妄举,则事沮不胜。故人主好贤,则群臣饰行以要君欲,则是群臣之情不效;群臣之情不效,则人主无以异臣矣。……人臣之情非必能爱其君也,为重利之故也。今人主不掩其情,不匿其端,而使人臣有缘侵其主,则群臣为子之、田常不难矣。故曰:"去好去恶,群臣见素。"群臣见素,则大君不蔽矣。

《韩非子·二柄》

君主有两种忧患:任用贤能的人,那么臣下将会凭借自己的才干来挟持他的君主;胡乱提拔官吏,那么事情就会败坏得不可收拾。所以君主喜爱贤能的人,那么群臣就粉饰自己的行为来迎合君主的欲望,这样,群臣的真情就不会显露出来了;群臣的真情不显露出来,那么君主也就没有办法来识别他臣子的真假好坏了。……臣子的内心,不一定会爱他的君主,而是因为看重利益才装出忠爱君主的样子。现在君主不掩盖自己的真情,不隐藏自己的念头,而使臣下有所凭借来侵害他们的君主,那么群臣为子之、田常那样的人就很容易了。

韩非子认为,君臣之间并无父子般的感情存在。群臣之所以对君主俯首听命,完全是因为臣子的命运操纵在君主的手中。为了取得君主的欢心以保全自家的性命或取得高官厚禄,察言观色、弄虚作假乃是臣子们迎合君主的惯用手段。为了能让臣子们的言行举止不受君主好恶的影响而完全依法行事,为了能够让君主看清臣子们的真实面目,韩非子设计了"掩其情,匿其端"这一智谋。

春秋时期,越国君主勾践被吴国打败后,一心想报仇雪耻,所以特别希望国内的民众好勇轻身。他有意大力宣扬自己的这个意愿,结果越国百姓都以好勇为荣,一年之中,便有不少人要求把自己的脑袋割下来献给越王。楚国君主楚灵王,钟情于细腰的女人,结果楚国便涌现出一大批为了使自己的腰变得细一点而甘愿忍受饥饿的人。五霸之首齐桓公姜小白,性情嫉妒而嗜好女色,因而他的侍仆竖刁便自己把自己阉割了,专门替桓公去管理内宫事务;齐桓公又嗜好美味食物,于是有个名叫易牙的人,竟把自己的儿子给砍了,蒸煮起来作为特殊的美味献给了齐桓公。燕王哙好"贤",想把王位让贤给大臣之子,之子便装成很贤明的样子,坚决推辞了王位。以上这几位君主中,除越王能因民众好勇轻死而达到了报仇雪耻之目的外,像桓公、哙都不得好死,重要的原因之一,便是因为他们轻易地显露了自己不该显露的性情意愿。竖刁、易牙并不真心忠诚于桓公,他们自我阉割或砍杀亲子,完全是为了迎合桓公的欢心而已,他们的目的是在齐桓公身上得到对自己更有价值的东西。之子并不是真心贤明而要推辞王位,只不过是因为当时条件尚未成熟,还须继续装出样子来蒙蔽燕王而已。等到时机成熟,燕王对他的"贤明"死心塌地相信的时候,之子便不惜冒乱臣贼子之名,犯上作乱了。

韩非子在这里所提出的"掩其情,匿其端",是有其特定含义的。但我们联系到韩非子的整个法、术、势思想体系,"掩其情,匿其端"也可以看成是一种不轻易暴露自己思想意图的智谋。这种通过麻痹对手、迷惑对手来保护自己,最后达到制伏对手、削弱对手的智谋,在古今中外的历史上,尤其是在军事斗争和商业竞争中,其使用的频率更高。但对于帝王来说,巧用此计也往往关系到个人的安危、社稷的存亡。

清朝顺治皇帝死于 1662 年,遗诏指定第三子玄烨继承皇位。玄烨就是清朝著名皇帝康熙,当时他还不足 8 岁。据史书记载:康熙帝"天表奇体,神采焕发,双瞳目悬,志量恢宏,语出至诚,切中事理,志向远大"。按说,他的父辈本来已经给他打下了一个很完整的华夏江山,年轻轻的一个毛头孩子,坐享其成也就是了,他能在如此辽阔的疆土、如此兴盛的运势前做些什么呢?但年轻的玄烨不想坐享其成,他要把到手的江山重新打理一遍,他稚气未脱的眼睛,盯上了一个庞然大物:朝廷中最有权势的辅政大臣——鳌拜。

鳌拜,顺治临死之前遗诏任命的四位辅政大臣之一,曾在顺治帝的灵前宣誓:要"协忠诚,共生死,辅佐政务。"谁知其人口是心非,野心勃勃,最为跋扈。他结权内外,植党营私,排除异己。他一一把其他三位辅政大臣排挤处死后,独揽"辅政大权"。

他欺康熙帝年幼无知,经常在康熙面前呵斥大臣,甚至吼叫着与幼帝争论不休,直到皇帝让步为止。经济上,他徇私舞弊,巧取豪夺,肆无忌惮地贪污受贿;政治上,他以维护旧制度为借口,把顺治时的一些改革做法全部推翻。1667 年,玄烨年满 14 岁,按规定,他可以亲政了。但鳌拜不但没有丝毫收敛,反而变本加厉,经常借故不上朝,一切政事先于私家议定,然后实施;事无大小,未向他报告,不准自行启奏。鳌拜集团势力强大,党羽众多,连宫中也有他的耳目。鳌拜本人也力大无比,武艺高强。这股力量有朝一日动作起来,足以把整个清廷彻底弄它个兜底翻。

对于鳌拜的专横,康熙心里一清二楚,怒火中烧。很明显,鳌拜的存在,已成为皇帝权威的严重威胁。但是,康熙少年老成,心里早有口中不言,喜怒不形于色,表面上装出对鳌拜的所作所为毫不在乎的样子。

康熙还特别下旨加鳌拜为一等公,再加封为太师;加其子纳穆福袭二等公,再加封太子少师,使他们双双位极人臣。1668 年 9 月即康熙七年,有大臣上疏恩谏说:"朝政积习未除,国计隐忧可虑!"并引用名儒程颐"天下治乱系宰相"的话语,点明社稷之患的关键人物就是鳌拜。康熙清楚这是为朝廷着想的大臣们的共同心声,也是自己朝思暮想所得出的最终结论。但是因为消除隐患的时机还未成熟,所以他仍然不露声色,甚至还假意训斥那大臣是"妄行冒奏,以洁虚名",并说要给予处分。还有一次,鳌拜声称有病在家,康熙前去探视。御前侍卫发现鳌拜神色反常,便迅速上前,揭开鳌拜座席,发现一把匕首。鳌拜惊慌失措,康熙却装作满不在乎的样子说:"刀不离身是满人的故俗,不足为怪!"

就是在时机成熟,决定消除隐患的时候,康熙采取的也是不动声色、出其不意的手法。他为对付鳌拜,特地招收了一批强壮灵活、忠实可靠的少年,以"练布库(摔跤)"为名进入宫内。鳌拜以为康熙对自己毫不防备,入宫奏事常看到康熙与这批少年跌打滚爬,只以为是皇帝年轻贪玩,也根本不把它当一回事。而实际上,这是康熙苦心经营的、首先是用来对付鳌拜的"善扑营"。1669 年 5 月 16 日即康熙八年,这位年轻有为的康熙皇帝,在平静的皇宫里,不动一枪一刀,就是用这批少年,绊倒了身高马大的鳌拜,继而消除了势力雄厚的鳌拜势力。

显然,如果康熙一开始便声言要铲除隐患,凭当时双方的力量而言,就不是鹿死谁手的问题,而是鳌拜如何享用顺治的遗产的问题。康熙运用"掩其情,匿其端"的智谋,情形就完全不同了。

25.不以顺心而宠幸

凡奸臣皆欲顺人主之心以取亲幸之势者也。是以主有所善,臣从而誉之;主有所憎,臣因而毁之。凡人之大体,取舍同者则相是也,取舍异者则相非也。今人臣之所誉者,人主之所是也,此之谓同取;人臣所毁者,人主之所非也,此之谓同舍。夫取舍同而相与逆者,未尝闻也。此人臣之所以取信幸之道也。

《韩非子·奸劫弒臣》

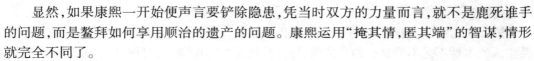

凡是奸臣都想通过依顺君主的心意来取得被君主亲近宠爱的地位。因此,君主所喜爱的,奸臣便跟着赞美;君主所憎恶的,奸臣便跟着诋毁。大凡人的通性,取舍相同、志同道合的人就互相认可,取舍不同、志趣不投者就互相反对。现在奸臣所赞美的,是君主所认可的,这叫作有共同的取向;奸臣所诋毁的,是君主所反对的,这叫有共同的舍弃。对于事物的看法取舍一致而人与人之间又互相对立发生冲突的,还从来没有听说过。这就是奸臣所以被君主信任和宠爱的道理。

顺人主之心,亦即迎合君主的心理,这是奸臣受宠得道的基本手段。对于自己所喜爱的事物,总希望能得到它,自己的思想、主张,总希望别人能拥护,这是人们的一种普遍心理。而身居高位的统治者,处在其特殊的地位,更特别如此,喜欢别人顺从自己,不喜欢别人反对自己,更不喜欢别人指出自己的缺点、错误。奸臣们也就利用主子的这一弱点,处处迎合,投其所好,以获得宠幸的地位,逐步取得重要权力。韩非子在这里揭露了奸臣们之所以得宠的基本的也是重要的手段,郑重地劝说君主要掌握"不以顺心而宠幸"

諸子百家——法家

的智谋,以便随时随地防止、识破臣下顺人主之心以得到宠幸之势的企图。

春秋时期,齐桓公为齐国国君时,手下有易牙、竖刁、常之巫、卫公子启方。易牙为齐桓公主管伙食,为了满足齐桓公口味,不惜杀了自己的儿子煮肉进献。齐桓公忌妒卿大夫爱好女色,竖刁不惜自己身体阉割了去当宦官,依靠这种办法取得了为齐桓公管理后宫的职位。卫公子启方则为了侍奉齐桓公,15年来未回家看望父母亲。但是,齐桓公任用了贤臣管仲,国家治理得很好,使齐国成为"五霸"之首。管仲生了重病,桓公去探望他,说:"仲父您的病很重了,您有什么话教诲我呢?"管仲说:"齐国的鄙野之人有句谚语说:'家居的人不用准备外出时车上装载的东西,行路的人不用准备家居时需埋藏的东西。'我自己病危将死,不能再考虑其他无关的事情了。"桓公说:"希望仲父您不要推辞。"

管仲这才回答说:"希望您疏远易牙、竖刁、常之巫、卫公子启方。"

桓公说:"易牙不惜煮了自己的儿子以满足我的口味,这样的人还可以怀疑吗?"管仲回答说:"人的本性不是不爱自己的儿子啊,他连自己的儿子都狠心煮死了,对您又怎么能热爱呢?"

桓公又说:"竖刁自己阉割了以接近我侍奉我,这样的人还可以怀疑吗?"管仲回答说:"人的本性不是不爱自己的身体啊,他连自己都狠心阉割了,对您又怎么能热爱呢?"

齐桓公又说:"常之巫能明察死生,能驱除鬼降给人的疾病,这样的人还可以怀疑吗?"管仲回答说:"死生是命中注定的,鬼降给人的疾病是由于精神失守引起的。您不听凭天命,守住根本,却倚仗常之巫,他将借此无所不为了。"

齐桓公又说:"卫公子启方侍奉我15年了,他的父亲死了,却不回去哭丧,这样的人还可以怀疑吗?"管仲回答说:"人的本性不是不爱自己的父亲啊,他连自己的父亲都那样狠心对待,对您又怎么能热爱呢?"

桓公说:"好吧。"

管仲死后,桓公按照管仲所讲的去做,把易牙等人全部驱逐了。这些人离开后,桓公觉得吃饭不香,后宫不安定,鬼病四起,朝政混乱。过了3年,桓公说:"仲父也太过分吧!谁说仲父的话都得听从呢?"于是又把易牙等人都召了回来。

召回来的第二年,桓公病了,常之巫从宫内出来说:"君主将在某日去世。"易牙、竖刁、常之巫一起作乱,堵塞了宫门,筑起了高墙,不让人进去,假称这是桓公的命令。有一个妇人翻墙进了宫内,到了桓公那里。桓公跟她说想喝水和吃饭。妇人说:"我没有地方能弄到水和饭。"桓公说:"这是为什么?"妇人回答说:"常之巫从宫内出来说:'君主将在某日去世。'易牙、竖刁、常之巫一起作乱,堵塞了宫门,筑起了高墙,不让人进来,所以没有地方能弄到饭和水。卫公子启方带着40社的土地和人口投降了卫国……"

桓公慨然叹息,流着泪说:"唉!圣人所见到的事情,难道不是很近的吗!如果死者有知,我将有什么脸去见仲父呢?"于是用袖蒙住脸,死在寿宫。

结果,过了3个月不能停枢,过了9个月不能下葬。尸虫爬出门外,尸体上面盖着门扇。

諸子百家——法家

可以这样说，奸臣哪朝哪代都有，奸谋能否得逞则主要地要看君主能否及时发现并揭穿奸谋。顺人主之心以取亲幸之势，这是奸臣惯用的计谋，君主不识其谋，必遭祸患；君主掌握了奸臣的这一计谋，摸透这一计谋的特性、规律，就能牢牢把握防奸、除奸的主动权。管仲显然是深明此理、深谙"不以顺心而宠幸"这一智谋思想的人。他曾辅佐齐桓公成就了春秋第一霸的赫赫功勋，同时也一直把一些奸臣"顺人主之心以取亲幸之势"的计谋排除在朝廷大政之外。可惜齐桓公不懂此理，不明此谋，也不理解管仲的良苦用心，没有自始至终听从管仲的话，使得周围的奸臣能够成功地实施了"顺人主之心"的计谋，取得亲信的地位，犯上作乱，导致齐桓公只能获得这样一个可悲的下场。对于领导者而言，牢牢记取这种教训，警惕周围可能出现的"顺人主之心者"，显然是很有现实意义的。

26.宰相必起于州部，猛将必发于卒伍

夫视锻锡而察青黄，区冶不能以必剑；水击鹄雁，陆断驹马，则臧获不疑钝利。发齿吻形容，伯乐不能以必马；授车就驾，而观其末涂，则臧获不疑驽良。观容服，听辞言，仲尼不能以必士；试之官职，课其功伐，则庸人不疑于愚智。故明主之吏，宰相必起于州部，猛将必发于卒伍。夫有功者必赏，则爵禄厚而愈劝；迁官袭级，则官职大而愈治。夫爵禄大而官职治，王之道也。

《韩非子·显学》

观察冶炼时掺入多少锡以及铸剑时火色是青是黄，来判定剑的利钝，就是善于铸剑的区冶子也不能做到；用剑在水面上击杀天鹅和大雁，在陆地上斩杀大小马匹，那么就是奴仆也分得清利钝。掰开马嘴看牙齿，端详形体容貌，就是善于相马的伯乐，也不能凭此来肯定马的优劣；给马套上车，让马拉着车跑，然后看它到达终点的情况，那么就是奴仆也分得清是劣马还是好马。观察容貌服装，听取言谈词语，就是孔子也不得凭此来确定士人是否贤能；用官职来试验他，考核他的工作成绩，那么就是平常的人也分得清他是愚蠢还是聪明。英明的君主所统治下的官吏，宰相一定是从州部那样的基层衙署中提拔上来的；勇猛的将军一定是从士兵队伍中选拔出来的。有功劳的人一定给予奖赏，那么赏赐的爵位越高、俸禄越多，就越能使受赏的人得到鼓舞；按照官阶等级逐渐提升官职，那么授予的官位越高、职务越大，就越能使任职的人治理好政事。用高爵厚禄大官要职来促使官吏把政事办好，这是称王天下的办法啊。

韩非子认为，统治者不能仅凭言谈容貌录用人，确定其是否贤能，而是要通过给他官职，从工作实绩考察其是否有本事、有才能。真才实学是由工作岗位上干出来的，不是靠耍嘴皮子吹出来的。由基层逐步提拔上来的干部职务越是大，越是能治理好政事，因为他本身的经历已经说明了他的水平。通过一个人的言谈容貌、外表举止封给他高官厚禄，这不是英明君主的做法。韩非子的这一理论，提醒领导者选拔和任用干部，要注重真才实学，而不能以人的外表长相、言谈容貌为依据。

諸子百家 —— 法家

战国时，赵括自幼熟读兵法，谈论军事，自以为天下没人可比。但他父亲赵奢从来没有赞扬过他。他母亲感到很奇怪，便问自己的丈夫，赵奢回答说："战争，是必定要死人的重大事情，而赵括把战争当儿戏，只会空谈。今后赵王不用他为将则已，如若用他为将，赵国的军队准会葬送在他的手里。"赵奢死后，秦国进攻赵国，赵孝成王命赵括代替廉颇做将军。赵括的母亲立即上书，对孝成王说："我当初侍伴赵奢时，赵奢也是将军，人们不但尊敬他，而且亲近他。送他汤饭的有十多人，友好亲近的有百余人，朝廷有所赏赐，他都分赐属下。接受任务后，再不过问家里的私事。而今赵括做了将军，军中部属没人敢抬头看他；所赏金银绸绢都收藏在家里；看到满意的田宅就买。您看他哪一点像他父亲呢？父子俩处事为人都不一样，请大王不要派赵括去带兵。"赵孝成王没有采纳，赵括的母亲无奈说："如果大王一定要这样，那将来他不称职时，您可别株连我。"孝成王自是应允。秦将白起听说赵括为将军，便率兵假装败退，暗中截断赵军的粮道，同时将赵军分割包围，赵括非常恐慌。不过四十日，由于军中缺粮，赵括亲率精锐突围，被秦军射死。赵军四十万被俘，都被秦国坑死。赵孝成王因为有言在先，所以没有加害于赵括的母亲。赵括并没有亲自率兵征战过，没有任何作战的实际经验，赵王也仅仅凭了赵括的空谈，又因赵括的父亲赵奢是善战的将军，就封赵括为将，率兵作战，结果大败于秦军。这就是赵王仅凭言谈、外表而不从工作实绩封官带来的教训。相反，以工作实绩提拔官员，就不会出现这种事情。这可以从唐朝宰相姚崇的故事得到证明。

唐代的宰相，据《新唐书·宰相世系表》记载，共 367 人。史称"唐代贤相，前称房（玄龄）、杜（如晦），后称姚（崇）、宋（憬），他人莫得比焉。"（《通鉴》卷 211）姚崇在唐代宰相中是屈指可数的贤相之一。

姚崇字无之，本名无崇，陕州硖石（今河南三门峡）人。于唐高宗永徽元年（605 年）出生于一个官僚家庭，父亲做过崔州都督。姚崇年长乃好学，后经科举入仕，始任濮州司仓参军，累升至兵部郎中。由于他明于吏道，"奏决若流"，得到武后赏识，于圣历（698—699 年）初年提升为兵部侍郎、同中书门下平章事（宰相）。时年约 50 岁。当时，武后重用酷吏，告密蜂起，闹得满朝文武人人自危，惶惶不可终日。姚崇就直言不讳地对武后说："自垂拱（685—688 年）以后，被告身死破家者，皆是枉酷自诬而死。告者特以为功，天下号为罗织，甚于汉时党锢。"（《旧唐书·姚崇传》）武后虽受到他尖锐的批评，却很钦佩他的耿介正直，赐银千两。不久，因拒绝武后宠幸张易之的私人请托，遭到谗毁，改任司仆卿，充任灵武道大总管。后又改任州刺史。睿宗即位时，再度召为兵部尚书、同中书门下三品。当时，太平公主干扰朝政，诸王也主典禁兵。姚崇同宋憬一起密奏睿宗，请令太平公主迁往东都，罢去诸王兵权，出为地方刺史，以免扰乱朝政。由于太平公主极力反对，姚崇被贬为申州刺史。唐玄宗即位后，于开元元年十月，第三次被召为兵部尚书、同中.书门下三品，位于诸宰相之首。

姚崇辅政以后，大力整肃吏治，做到任人唯贤，量才授职，严格铨叙制度，罢免以前斜封官。开元二年二月，申王李成义未经有关部门批准，私自奏请玄宗，把府中的阎楚硅由录事（从九品）破格提拔为参军（正七品上）。这种私自请托而任官的做法，仍是以前"斜封官"的故技重演。姚崇知道后,立即上奏玄宗说:"臣窃以量才授官,当归有司,若缘亲故之恩,得以官爵为惠,踵习近事,实紊纪纲。"(《通鉴》卷211)由于姚崇的极力反对,据理力争,终于迫使玄宗收回成命。从此,私自请托的歪风为之一扫。

姚崇作为唐时著名贤相,其政绩彰著青史,而他为官的经历很典型地说明了"宰相必起于州部"的道理。姚崇就是由于其从参军至兵部郎中,在几个职务上积累了丰富的工作经验,才能明于吏道,"奏决若流",才能得到武后赏识,也才能在宰相职务上仍能取得一系列的政绩。

27.宁自信,勿信人

人主之患在于信人。信人,则制于人。人臣之于其君,非有骨肉之亲也。缚于势而不得不事也。故为人臣者,窥见其君心也无须臾之休,而人主怠傲处其上,此世所以有劫君弑主也。

《韩非子·备内》

诸子百家——法家

君主的祸患在于信任别人。信任别人,那么就会被别人所控制。臣子对于他们的君主,不是因为有着骨肉之亲才为君主效劳的,而是因为受到权势的约束而不得不为君主效劳。所以做臣子的,窥测君主的心思没有一会儿停止过,而君主却懈怠傲慢地高居在他们的上面,这就是世上会发生劫持国君杀害人主的原因。

韩非子在此揭示作为统治者必须重视的一个原则,即不能相信别人。相信别人,就会被别人所控制。被人控制,就会渐渐失去权力。做臣下的,时刻都在打君主的算盘,夺君主之权,是奸臣们无时无刻不在想着的。不信人,是韩非子为统治者设想的一种谋略,当然,韩非子此处所言似有些偏激,但至少不轻信人,应该是为官者所要记取的。

汉武帝临死前,立8岁的弗陵为皇太子,并嘱托霍光、金日䃅、上官桀三位大臣辅佐执政。武帝死后,弗陵即位,这就是汉昭帝。

在三个辅政大臣当中,金日䃅死得最早。剩下的霍光、上官桀二人意见常常不一致,矛盾很深。霍光在汉武帝时代与匈奴打过很多仗,因功劳大而升为大将军,为国忠心耿耿,一心一意辅佐昭帝。上官桀则不然,他与昭帝的哥哥燕王刘旦的关系很好。刘旦因为没有当上皇帝参与谋反而受到朝廷处分。昭帝继位后,上官桀与刘旦仍然保持私下的来往,并商量好,时机一旦成熟,就推翻昭帝,立刘旦为帝。正因为如此,他们便把霍光当成阴谋篡权的最大障碍,处心积虑地打击他。

一次,霍光外出检阅御林军,事后又把一个校尉调到大将军府里来。上官桀便抓住这件事大做文章。他让自己的亲信模仿燕王刘旦的口气和笔迹给皇帝写了一封信,派心腹经过乔装打扮递进宫里。

14岁的汉昭帝接到这封自称是燕王的来信,打开一看,只见上面写着:"据闻大将军霍光外出检阅御林军,居然坐着和皇上一样的车子,又自作主张,擅自调用校尉,可见他心有异志。我担心他对皇上不利，愿意奉还燕王的玉印，到京城来保卫皇上。"昭帝看了一遍又一遍，放在了一旁。

第二天早朝，霍光听说燕王上书告发他，心里很害怕，躲在偏殿的画室里等待发落。昭帝临朝时，不见霍光，便问："大将军为何未来？"上官桀幸灾乐祸地回答说："大概是因为被燕王告发，不敢入朝。"昭帝派人去请霍光。霍光见到昭帝，赶紧摘下帽子，伏在地上请罪。上官桀见霍光请罪，以为这是一个落井下石的好机会，想再添油加醋地说上几句，把霍光扳倒。昭帝却和颜悦色地对霍光说："大将军请戴上帽子，朕知道有人在陷害你。你没有罪。"这番话对上官桀和与他亲近的那些大臣来说，好比是泼了一盆冷水，而霍光听了又是高兴又是奇怪。他恭恭敬敬地给皇帝磕了头，说："陛下为什么这样说？"昭帝说："大将军检阅御林军的地点离京城不远，调用校尉也是最近的事，一共不到10天工夫。燕王远在千里之外，怎么会这么快就能得到消息？即使知道了，马上派人来上书，也来不及赶到这里。再者，如果大将军真要谋反，也用不着调一个校尉。我看，写这封假信的人才是别有用心。"霍光和其余大臣听了，都很佩服这位少年皇帝的聪明伶俐。

昭帝讲完这番话，严厉下令捉拿制造和进呈假信的人。上官桀虽然作了防范，但是昭帝追问得很紧，怕事情败露，多次出面阻挠，说："区区小事，不必认真追究。"昭帝不仅没有听从，反而对他的忠诚发生了怀疑。后来，昭帝果然发现了上官桀和燕王刘旦的政变阴谋，派霍光把他们一网打尽。上官桀父子及同谋大臣被杀，燕王刘旦等自裁，国家避免了一次内乱。

汉昭帝在位的时间虽然不长，但他却能够明辨忠奸，任用贤良，他当政的那几年，天下很太平，用史书上的话来说是"百姓充实，四夷宾服"。

汉昭帝之所以能识破假信，就是因为不轻信人，能够通过自己的分析、判断，识破假信，戳穿阴谋分子耍的诡计，并进而制裁了佞臣，保护了忠良。一个年仅14岁的少年，能够做到这样，确实很了不起。

28.察权借在下

权势不可以借人。上失其一，臣以为百。故臣得借，则力多；力多，则内外为用，则人主壅。

《韩非子·内储说下六微》

君主的权势不可以转借给别人。君主失去一分权势，臣下就会把它变成百倍的权势去利用。所以臣下能够借用君主的权势，那么力量就强大了；力量强大，那么朝廷内外就会被他所利用；朝廷内外被他所利用，那么君主就会被蒙蔽。

"权势"问题是韩非子特别强调的政治思想中的基本观点。韩非子曾把《老子》名言"鱼不可脱于渊"做这样的解释：君主好比是容纳权势的深水潭；权势则好比是君臣都要竭力追求的鱼。鱼如果离开了深潭，就不可能再把它抓到了；君主如果把自己的权势借给了臣子使用，那就不可能再把它收回了。老子因为难以直截了当地说"权势不可以离

诸子百家——法家

开自己的手中"，才把提醒君主注意明察"权借在下"的含义用鱼来做比喻的。老子思想是韩非子政治思想的哲学来源。韩非子在这里借用老子的语言来证明自己的观点，充分说明韩非子对于明察"权借在下"这一思想的重视。

靖郭君田婴当齐国相国的时候，与老相识做了一次长时间的交谈，这老相识就富裕起来了；赠给了侍从一些毛巾，侍从就贵重起来了。长时间的谈话、赠送毛巾，是很小的资助，而臣下尚且可以靠它来致富，更何况是给官吏以权势呢？

晋厉公的时候，六卿地位高而权势大。胥僮、长鱼矫劝谏说："大臣地位高而权力大，和君主相抗衡而争夺政事的决策处理权，和外国搞交易而建立私党，对下扰乱国家法制，对上依靠私党来劫持君主，像这样而国家不危险的，还从来没有过啊。"晋厉公于是杀掉了三卿。胥僮、长鱼矫又劝谏说："共同犯罪的人只杀掉一部分而不全部根除，这是使留下的人怀恨在心而又给他们提供了复仇的机会。"晋厉公说："我一天就灭了三卿，不忍心斩尽杀绝啊。"长鱼矫回答说："您不忍心杀他们，他们将忍心残害您。"晋厉公不听从长鱼矫的劝告。过了三个月，其他几个卿作乱，便杀了晋厉公而瓜分了他的领土。

州侯做楚国的令尹，地位高贵而专制独断。楚王怀疑他有野心，便问身边的侍从，侍从们都回答说"没有"，好像是从一张嘴里说出来的那样。以上三例都是韩非子自己为了说明"权借在下"的隐患而举的实例。第一例说明君主或大官略借小权（甚至并不是权而是别的什么）给下臣，下臣便可以借机大图私利。第二例说明下臣一旦拥有某种超越官职的大权而不赶紧夺回或消除，则后果不堪设想。第三例主要说明大臣一旦拥有了君主之权，那么全国的人便会被大臣所控制而与君主相对抗。

权借在下，韩非子认为主要原因在于君主所"借"，实际上，无论是古代还是现代，臣下拥有非分之权势，大多是由于臣主动地去"借"、去"窃"、去"骗"，甚至是去"抢"来的。权势本身是比较虚无、空灵的东西，因此真权势与假权势常常是很难区分的，这样臣下所借、所窃、所骗、所抢来的权势，有时不过是一种假权势而已，但这种假权势对于臣下来说同样具有与狐假虎威的异曲同工之妙用。臣子拥有这种权势，可以对上行乱，有时也可以是为了对下行恶。但不管是何种情况，作为君主或者领导，都必须密切注意、严格防止大权或者是假权势的旁落。这里我们用现实例子来说明这一问题。

1984年，裴文忠找关系、托人情、送材料、送礼品，终于打通重要关节，以企业家的身份，欺骗太原市政府一位主要领导接见了他。《太原日报》则在头版显著位置以"某某市长鼓励农民企业家裴文忠来投资开发"为题做了报道。裴文忠花钱买了大量这一天的《太原日报》。

很快，裴文忠就利用"市长接见"这张王牌，先后骗取一系列头衔：吕梁钢铁公司董事长兼总经理、长治铁厂董事长、山西省专业户协会常务理事、神州经济开发公司太原办事处经济联络处副处长等等。他不论与谁接洽，都先拿出那张《太原日报》，请对方先看看那则报道。这一招果然很灵，许多人本来看不上他，但一看报纸认为是市长专门请来的人，不会出差错，就痛快地签订合同，预付了定金。

诸子百家

法家

他还窜到汾阳县，一顿自我吹嘘，搞得县委县政府的几位主要领导也肃然起敬，觉得此人受过太原市长的接见，有那么多的显要头衔，一定来头不小。于是，设宴认真款待这位贵宾。当裴文忠提出自己正在做一笔大生意，希望汾阳县委在资金方面给予支持时，县委书记当场拍板："各方面要积极支持配合，把这件事办好！"裴文忠就这样先后在太原市、汾阳县等地骗得2519万余元巨款，成了1949年到1989年间中国最大的诈骗案。

1960年3月18日下午5时50分，一位穿戴讲究神态庄重的干部，彬彬有礼地走进中国人民银行总行收发室，递交了一封急信，信封是用棕色牛皮纸制成的，落款的红色铅字是："中华人民共和国国务院"，上用毛笔书写着："速送（限下午五点四十分前送到）中国人民银行行长亲启。"信的内容是：

总理：

主席办公室来电话告称：今晚九时，西藏活佛举行讲经会，有中外记者参加，拍纪录影片，主席嘱拨一些款子，作修缮寺庙用，这样可以表明我们对少数民族和宗教自由的政策。

根据以上情况，批发给十五万～二十万元，可否，请批示！

1960年3月18日

左侧是周总理批示："请人民银行立即拨给二十万元"及总理签名。下面注有："为避免资本主义国家造谣，（1）要市场流通货币；（2）要拾圆票，包装好看一点，七时务必送到民族饭店赵全一（西藏工委宗教事务部）。"

当晚7时，银行工作人员按照当时人行副行长石直"请会计发行局立即把款送去"的批示，把装满两麻袋的现钞共二十万元人民币，如数交给了"赵全一同志"。

事过6天后，银行负责同志向总理办公室请示这笔款项如何下账，问谁都不知道这回事，西藏工委根本就没有向总理打过报告要修缮寺庙款项，更没听说过活佛要来讲经一事，这才知道上了骗子的大当。

这起通天诈骗案，顿时震惊了公安部。经过公安人员的日夜奋战，在案发后第16天，即4月1日，化名"赵全一"的大诈骗犯王绰终于落入法网，他原是国家对外贸易部出口局计划处干部。他编造毛主席的口谕，模仿周恩来的字体伪作批示，行骗到中国人民银行总行，骗取巨额现金，可谓是当时全国的一号骗子手。

以上两例，"臣下"所窃取的都是假权势，但危害都是很大的。因此，作为领导者，对于哪一种"权借在下"的情况，都必须明察，都必须加以防范和根除。

29.察利异外借

君臣之利异，故人臣莫忠。故臣利立而主利灭。是以奸臣者，召敌兵以内除，举外事以眩主；苟成其私利，不顾国患。

《韩非子·内储说下六微》

君臣之间的利益不同，所以臣下没有谁会忠于君主。所以臣下得到了利益，那么君主就会失去利益。因此奸邪的臣子,招引敌国的军队来除掉国内的私仇,从事外交事务来惑乱君主;如果能够成就他的私利,就不顾国家的祸患。

奸臣利用敌国或本集团以外的力量来对付君主,这是韩非子运用人性自利的社会观观察了历史上一些臣子的活动后所做出的理论总结。"君臣之利异,故人臣莫忠",奸臣"苟成其私利,不顾国患"等,是他对君臣关系的基本看法。所以,君主必须明察"利异外借"之隐患的智谋思想,也是韩非子政治思想中的重要内容。历史上,做汉奸的有之,现实中,捞回扣而损害集体利益的有之。因此明察利异外借的情况,在今天仍然是领导者必须掌握的智谋思想之一。

卫国有一对在做祈祷的夫妻,那妻子求愿说:"使我平安无事,得到一百束布。"她的丈夫说:"为什么要得这么少?"妻子回答说:"超过了这个数量,您将会用它去买小老婆。"韩非子举这个例子,是用家庭关系来说明君臣关系。在一家人中,在夫妻之间,尚且存在着利害相反、利异外借的情况,更何况是没有父子之情、夫妻之爱的君主与臣子关系呢。妻子希望丈夫钟情于她一人,丈夫则往往有其他非分之念;丈夫希望大发横财以便为所欲为,妻子却担心丈夫要娶小老婆而宁可排斥家庭富裕。

楚王想让几个公子到四周邻国去做官,戴歇说:"不行。"楚王说:"让我的公子到四周邻国去做官,四周邻国一定器重他们。"戴歇说:"您儿子出国做官而受到器重,就一定会给器重他们的国家作袒护,那么这是在教您儿子到外国与他们互相勾结搞交易,这对本国是不利的啊。"在韩非子看来,戴歇具有明察利异外借的智谋思想,他的劝谏是明智的;而楚王的想法则很容易导致利异外借的发生。这个例子还说明,作为君主,对朝中的任何臣子哪怕是身为臣子的儿子们,也必须防止在他们中间出现利异外借的情况。

鲁国的孟孙、叔孙、季孙三家互相联合起来一齐来胁迫鲁昭公,于是便夺取了他的国家而控制了他的政权。当初鲁国孟孙、叔孙、季孙三家逼迫鲁昭公的时候,鲁昭公攻打季孙氏,而孟孙氏、叔孙氏在家族中互相商量说:"去援救季孙氏吗?"叔孙氏的车夫说:"我,只是个家臣,哪里知道国家的事呢?总的说来,有季孙氏与没有季孙氏哪一样对我们更有利?"大家说:"没有季孙就一定会没有叔孙。"这车夫就说:"这样的话,那就去援救他吧。"于是他们冲开了包围圈,从西北角打了进去。孟孙见叔孙的战旗冲进去了,就也去援救季孙。孟孙、叔孙、季孙三家的军队汇到一起,昭公没能取胜。孟孙、叔孙和季孙三家一起把昭公驱逐出境,昭公结果死在晋国的乾侯。这个例子说明利异外借最终必然要导致的结果:臣子损害君主的根本利益,甚至诛杀君主夺取政权。

公叔伯婴做了韩国的相国而又和齐国友好,而公仲朋在韩宣惠王那里也很受器重,公叔伯婴怕韩宣惠王让公仲朋做相国,于是使齐国与韩国约定,一起去攻打魏国。公叔伯婴便乘机把齐国的军队引入韩国的国都郑,用来要挟他的君主,用来巩固自己的地位,而表面上则是在忠实地履行两国的约定。这是比较典型的为了自己个人利益而不惜动用外国力量来对付自己国家的利异外借的情况。下面一个例子与此相类似。

翟璜,是魏文侯的臣子却和韩国亲善。于是他就招来韩国的军队叫他们攻打魏国,接着他又请示替魏王去和韩国讲和,用这种办法来加重自己的地位。

越王勾践攻打吴王夫差,吴王谢罪讨饶而宣布投降,越王准备答应他。范蠡、大夫文种说:"不可以答应他。从前上天把越国奉送给吴国,吴王不接受,现在上天报复夫差,这也是上天降给他的灾祸啊。现在上天把吴国送给越国,我们应当行再拜礼来接受吴国,不可以答应吴王的投降啊。"吴国太宰送给越国大夫文种一封信,写道:"狡猾的兔子捕光了,那么好的猎狗就要被煮来吃;敌对的国家被消灭了,那么出谋划策的臣子也就要被杀害了。文大夫为什么不放掉吴国来使它成为越国的祸患呢?"大夫文种读信后,长长地叹了口气说:"把我这谋臣杀死在越国,与吴国被越国消灭,同样是命运的安排啊。"韩非子在这里要说明的是,聪明的臣子们都已非常清楚:强大的敌对国家的存在,对于本国的整体利益来说是一种威胁,但对于臣子来说未尝不是一种好事。既然如此,君主怎么能对这种利异外借的情况不闻不问呢?

大成午从赵国到韩国来对申不害说:"请您用韩国的力量来加强我在赵国的势力,让我用赵国的力量来加强您在韩国的势力。这样,您就像有了两个韩国,我就像有了两个赵国。"

司马喜,是中山君的臣子,却和赵国亲善,所以常常把中山国的计谋秘密地告诉给赵王。

吕仓,是魏王的臣子,却和秦国、楚国亲善。他暗中委婉地劝导秦国和楚国,叫他们来攻打魏国,接着便请示去讲和来加重自己的地位。

宋石是魏国的大将;卫君,是楚国的大将。魏、楚两国交战,二人都担任了指挥这次战争的将领。宋石给卫君送去一封信,写道:"两支军队相对,双方战旗相望,希望一次仗也不要打,如果打起来,双方一定不能同时并存。这不过是两个国家的君主的事情,我和您没有什么私仇,如果您认为我的意见好,那就互相回避吧。"

白圭做魏国的相国,暴谴做韩国的相国。白圭对暴谴说:"您用韩国的力量帮助我在魏国掌权,我就用魏国的力量来支持您在韩国掌权。这样,我就能长期地在魏国执政,您就能长期地在韩国执政。"

这几个事例说明,臣子们明白利异外借的情况后,各国的臣子之间还会连成一片,勾结在一起形成强大的危害君主、危害国家利益的力量。

韩非子在利异外借一条下面列举了大量的事例,一方面说明"利异外借"的情况相当普遍;另一方面也说明"利异外借"的隐患对于君主来说危害极大,韩非子十分重视对于这一情况的明察和根除。

30.察托于似类

似类之事,人主之所以失诛,而大臣之所以成私也。

《韩非子·内储说下六微》

似类的事情,是君主处罚失当的原因,也是大臣们用来成就私欲的凭借。

奸臣为了谋取私利故意把水搅浑,然后浑水摸鱼。所以韩非子特别要求君主要明察

诸子百家——法家

那些似是而非的假象，不要让臣下依靠"似类"之事来欺骗君主的阴谋得逞。

　　齐国有个中大夫，名字叫作夷射。有一天晚上，他在齐王那里陪同喝酒。醉得很厉害后才出来，靠在门廊上休息。一个曾经被处以砍脚之刑的守门人走了过来，请求说："您难道不想赏给我一点吃剩下来的酒吗？"夷射带着冲天的酒气说："呸！快给我滚开！蛤蟆想吃天鹅肉，受过刑的贱人，怎么竟敢向老子讨酒喝！"那守门人愤愤地退了下去。过了一阵子，夷射离开了。守门人便在廊门前的屋檐下泼了些水，好像是撒了泡尿的样子。第二天，齐王一出门便看到有人竟然胆大包天，在大门口"撒了尿"，愤怒地责问说："谁在这里尿了尿？！"守门人装作很惊讶的样子，回答说："怎么会有如此胆大妄为的狂徒？不过我没有看见谁在这里撒尿，只是在昨天晚上看见中大夫夷射曾经在这里站过，他醉得很厉害，在这里待了很久。"齐王于是认定是中大夫夷射不顾王家的体面，在这大门口撒了尿，因而不问三七二十一，便把夷射给杀了。

　　在魏王的臣子中，有两个人和济阳君关系处得很不好。济阳君怀恨在心，想借魏王之力来报复他们。于是，他便弄虚作假，命人假托魏王之命令来策划攻击自己。魏王自己并没有下令要攻击济阳君，所以看到济阳君被人假借王命来攻击，便认定是济阳君的仇人搞的鬼把戏。魏王就派人去问济阳君说："你和谁有仇恨？"济阳君回答说："我不敢和谁有仇恨。虽然这样，也曾经和两个人关系不好，但这两人也不至于狠毒到竟然盗用大王的命令来报复我吧？"魏王又去询问身边的人："济阳君是不是与那两个人意见不合？"身边的人都说："的确如此，这已是公开的秘密。"魏王于是狠狠地处罚了这两个人。

　　季辛与爰骞互相怨恨，互不买账，大家也都清楚他们之间的关系。司马喜原本与这两个人的关系都很好，最近却因一件很偶然的事，与季辛闹僵了。司马喜便利用季辛与爰骞的互相怨恨的关系来乱中添乱——暗中派人杀掉了爰骞。爰骞被暗杀，杀手自然应该与爰骞的仇人有关。中山国的君主便派人调查，把每一个与爰骞有仇恨的人都认真调查了一番。最后认定，爰骞与季辛的仇恨最深，于是认为指使杀害爰骞的就是季辛。中山国的君主根本就没有去怀疑司马喜，便把季辛给杀了。

　　楚怀王所宠爱的小老婆中有个叫郑袖。楚王新近刚搞到一个美女，郑袖便指点她说："大王非常喜欢别人进去相见时掩着嘴，你进见大王，一定要掩着嘴。"这个美女信以为真，进见楚王时，便掩住了嘴。楚王询问这缘故，郑袖说："这个女人本来就说过厌恶大王的口臭。"等到楚王和郑袖、美女三个人一起就座的时候，郑袖便事先告诫侍从说："大王如果有什么吩咐，你一定得马上听从大王的话。"美女走上前，和楚王十分靠近，多次掩住自己的嘴。楚王勃然大怒，说："把她的鼻子割掉！"侍从便拿过刀来把美女的鼻子割掉了。另一种说法是：魏王送给楚怀王一个美女，楚怀王十分喜欢她。夫人郑袖知道楚王喜爱她，所以也喜爱她，而且比楚王爱得更厉害。衣裳服饰玩物珍宝，都根据她所喜欢的来为她置办。楚王说："夫人知道我爱新娘子，她便爱新娘爱得比我都厉害，这是孝子用来供养父母亲、忠臣用来侍奉君主的德行啊。"夫人知道楚王不认为自己是嫉妒了，便对新娘说："大王非常喜欢您，但厌恶您的鼻子，您进见大王的时候，如果能常常捂住鼻子，

諸子百家——法家

那么大王就会长期地宠爱您了。"于是新娘就听从了她,每次进见楚王,常常捂住鼻子。楚王对郑袖说:"新娘进见我的时候常常捂住鼻子,这是为什么?"郑袖故意迟疑地回答说:"我不知道这原因。"楚王竭力追问她,郑袖才回答说:"不久前新娘曾经说讨厌闻到大王的气味。"楚王愤怒地说:"把她的鼻子割了!"夫人事先曾告诫过侍从说:"大王如果有什么吩咐,一定得服从命令。"所以侍从便拿过刀来把美女的鼻子割掉了。

费无极是楚国令尹子常的亲信。郤宛新近侍奉令尹,令尹很喜欢他。费无极便对令尹说:"您很喜欢郤宛,为什么不到他家里置办一次酒宴呢?"令尹说:"好。"便叫费无极到郤宛的家里去置办酒席。费无极教郤宛说:"令尹十分傲慢,又喜欢兵器,您必须小心恭敬,赶快把兵器陈列在厅堂下面及大门前的空地上。"郤宛信以为真,便照费无极的关照去做了。开宴之际,令尹来到了郤宛的家门口。看到到处陈列的兵器,不禁大吃一惊,说:"这是为什么呢?"费无极故作万分紧张的样子,说:"您很危险,赶快离开这里!还不知道会发生什么事呢?"令尹大怒,当即回府点兵,杀奔郤宅,不论郤宛怎样解释,他还是把郤宛给杀了。费无极于是又在令尹子常那里取得了专宠的地位。

犀首与张寿结了仇,陈需新近来到魏国,与犀首的关系不好,便派人暗杀了张寿。魏惠王以为指使杀张寿的是犀首,于是就去谴责犀首。

中山国有个地位低贱的公子,他的马很瘦,车很破,侍从中有人和他的私人关系不好,便替他向国王请求说:"这公子很穷,他的马很瘦,大王为什么不给他增加一些马的草料呢?"国王没答应。侍从便暗中叫人在夜里放火焚烧了存放草料的马棚。国王认为指使纵火的是这地位低贱的公子,于是就责罚了他。

魏国有一个年老的儒生和济阳君关系不好。济阳君的门客中有一个和这老先生有私仇的,便去痛打这老先生并把他打死了,借此来讨好济阳君,说:"我是因为他和您关系不好,所以替您杀了他。"济阳君便不加审察而奖赏了这个人。另一种说法是:济阳君手下有几个年轻的家臣,其中有一个济阳君不很赏识而又想得到济阳君宠爱的。当时齐国派了一个年老的儒生到马梨山采掘草药,济阳君的这个年轻的家臣想拿他来立功,就进见济阳君,说:"齐国派一个年老的儒生到马梨山采掘草药,名义上是采掘草药,实际上是来侦察您的封国,所以该杀了他。但如果是您杀了他,那将会拿您济阳君到齐国去抵偿罪责。请让我去刺杀他吧。"济阳君说:"行。"这家臣第二天便在城北发现了这儒生并把他刺死了,于是济阳君转而渐渐地亲近这个家臣了。

越王授有四个儿子。越王的弟弟名叫豫,他想把越王的四个儿子全都杀掉,让自己成为越王的继承人。豫先毁谤其中三子,让越王把他们杀掉了。国人很不满,纷纷指责越王。豫又毁谤剩下的一子,想让越王杀掉他,越王没有听从。越王的儿子害怕自己必被杀,于是借着国人的愿望把豫驱逐出国,并包围了越王。越王叹息说:"我不听从豫的话,所以才遭到这样的灾祸。"越王的最后一子是因为害怕被豫所害才不得已"造反"的,而越王则惑于"造反"之似类而忠奸倒置。

田驷欺骗了邹君,邹君将要派人去杀死他。田驷恐惧了,把这事告诉了惠子。惠子拜见了邹君,说:"现在如果有个人来见您,却闭上他的一只眼睛,不屑一顾,您会怎样

诸子百家——法家

呢?"邹君说:"我一定宰了他。"惠子说:"瞎子,两只眼睛都闭着不看您,您为什么不杀掉?"邹君说:"因为他不能不闭着眼睛。"惠子说:"田驷在东面欺骗齐君,在南边欺骗楚王。田驷在骗人方面,就和瞎子闭着眼睛一样已成了本性,您为什么要怨恨他呢?"邹君于是就不杀田驷了。似类之物迷惑人的功能何等强大:瞎子闭眼与田驷骗人有类似之处,但本质则是完全不同的。

31.察利害有反

事起而有所利,其尸主之;有所害,必反察之。是以明主之论也,国害则省其利者,臣害则察其反者。

《韩非子·内储说下六微》

事情发生了,如果有什么好处,一定是那得到好处的人主谋干了这件事;如果有什么害处,一定要从反面去考察它。因此英明的君主进行判断的时候,如果国家受害,就要仔细察看在其中捞到好处的人;如果臣子受害,就要仔细审察与他的利害关系相反的人。

"利害有反",也是韩非子人性自利的社会观在政治理论上的投影,他在这里着重论述的"国害则省其利者,臣害则察其反者"的政治手段,实际上也是明察前两条即"利异外借"和"托于似类"等情况的有效智术。

魏王的一个臣子名叫陈需的,他与楚国君主的关系十分亲密。陈需为了能在魏国进一步扩充自己的地位和势力,便商量着让楚王派兵来攻打魏国。楚国果然为了"友谊"而发兵前来攻打魏国了。魏王十分紧张,陈需则故意做出大敌当前、挺身而出的一派英雄气概,主动请求替魏国去和楚国进行"谈判、调解"。楚王见魏国前来"谈判"的使臣就是老相好陈需,三言两语之后,便决定退兵,扬长而去了。在魏王眼里,陈需是救国救君的大英雄,于是他提拔陈需做了魏国的相国。魏王没有明察"利害有反"的隐情,不懂得使用"国害则省其利者,臣害则察其反者"的手段,结果陈需的阴谋得逞了。

韩昭侯当政的某一年,黍子种子的价格突然猛涨,一度昂贵得出奇。韩昭侯觉得这里面一定有人做了手脚。是谁呢?韩昭侯命人速去检查粮仓。检查结果,果然发现管粮仓的官吏盗窃了大量的黍子种子。

昭奚恤治理楚国的时候,粮仓、草料库和地窖无缘无故地被火烧了。昭奚恤认为这一定是有人故意纵火的结果。但是,那纵火的人会是谁呢?昭奚恤按照"国害则省其利者,臣害则察其反者"的思路认定,这极有可能与贩卖粮食、草料的人有关。于是命令官吏逮捕了所有贩卖茅草的人进行严格审问。结果,在他们中间找到了纵火的人,原来他为了抬高价格才这样以身试法的。

韩昭侯的厨师端上了饭菜。韩昭侯却在肉汁中发现夹杂着生肝片。韩昭侯气愤异常,但他并没有直接去责骂掌管膳食的厨师,而是招来厨师的助手,并责骂他说:"你为什么要把生肝放在我的肉羹里?"这个厨师的助手一见面便叩头求饶,承认自己犯了死罪,说："我私下想除去掌管膳食的官吏啊。因为只有除去了他,我才有晋升的机会和可能。"另一种说法是:韩昭侯到他的澡堂里去洗澡,发现热水中居然有许多小石子。韩昭侯很气愤,但还是非常冷静地询问说:"掌管我洗澡之事的官吏如果被免职了,一般该由谁来接替他掌管这件事呢?"他的侍从如实做了回答。韩昭侯说:"去把他召进来说话。"那人惊恐万状地来到了韩昭侯面前。韩昭侯并没有多问,便马上责问他说:"你为什么把小石子放在这热水中?"那人赶紧跪下叩头求饶,如实招供了实情。他说:"如果主管您洗澡的官吏被免职了,那么我就能替代他。因此我把小石子放到了这热水中,以为这样你会把他免职而提拔任用我了。"

晋文公的时候,掌管膳食的官吏端上烤肉,但却有头发缠绕在烤肉上。晋文公盛怒之下当即召来了厨师,大声责问他说:"你想让我咽不下去吗? 为什么用头发缠绕烤肉?"厨师并不十分害怕,但还是磕了头又拜了两次,请罪说:"我有死罪三条:拿来磨刀石磨刀,那刀锋利得就像削铁如泥的干将宝剑一样,切肉的时候,肉被切断了,而头发却没切断,这是我的第一条罪行;拿来木棒,穿肉片而没有看见头发,这是我的第二条罪行;手拿肉串放在火势炽烈的炉子上,炭火烧得通红,但肉烤熟了而头发居然没有被烧掉,这是我的第三条罪行……大王您堂下的侍从中能没有暗中忌恨我的人吗?"晋文公一听,悟出了厨师是在说"利害有反"的道理,便说:"说得好。"命人召来了他堂下的侍从们责问,情况果然如那厨师所说的那样,于是就解除了对厨师的误解而处罚了那捣鬼的侍从。另一种说法是:晋平公有一次请客喝酒,一个年轻的家臣端上了一盘烤肉,但却有头发缠绕在烤肉上,晋平公气得咬牙切齿,立即催人去杀掉厨师,不准违反命令。厨师呼天抢地喊着老天爷说:"哎呀! 我有三条罪,但就这样被处死了,却连自己也不明白为什么啊!"晋平公听得奇怪,命手下人且慢一步执行死刑,对那个厨师说:"这是怎么个说法?"厨师回答说:"我那把刀的锋利,就是让风把骨头吹上去,骨头也会应声而断,但头发竟然会没有被它切断,这是我的第一条死罪;用火力最强的桑树烧成木炭来烧烤这块肉,这块肉被烤得精肉发红、肥肉发白,而头发却竟然没有被烧成灰烬,这是我的第二条死罪;待肉烤熟之后,我又重叠起眼睫毛,眯着眼睛把它仔细地看了又看,依旧没有看见头发缠绕在烤肉上,这是我的第三条死罪。我心里猜想,您堂下的侍从中恐怕有暗中憎恨我的吧! 现在杀我不也太早了吗?"晋平公一听,当即命人释放了厨师,而把所有的侍从抓起来进行严格讯问。

韩非子在这里所举的事例中,有正有反,但都是为了提醒君主一个道理:一定要注意"利害有反"这种情况,国家一旦受到危害,就应该善于想一想哪些人可能会在这国家受害时得利;某人有了危害,就马上应联想到这人受害时,谁会得到好处。这样做的结果,既可以防患于未然,也可以使一些难以解开的疑团变得清晰可见,避免冤假错案的发生。这一智谋思想,在利益冲突比较厉害的时候极为有效,但在和平时期,在经济商业竞争日趋激烈的今天,有时也仍然十分有效。

诸子百家——法家

32.察参疑内争

参疑之势,乱之所由生也,故明主慎之。

《韩非子·内储说下六微》

各个臣下势力之间互相匹敌的局面,是祸乱得以产生的根源,所以英明的君主对这种局面应最为当心。

"参疑"是并列、匹敌,指势力相当,两个或几个臣子拥有势均力敌的权力的情况。韩非子强调用法律规定严格的等级制度,这一方面可以保证君主的极权,同时也可以防止两个臣子或几个臣子之间因权力相等而互不买账,甚至为了争夺某一利益而互相拼杀,并祸及君主和国家。因此韩非子在这里特别提醒君主必须注意明察、防止和根除朝廷中有权力相同的臣子存在。明察几个下级权力相等、互不买账甚至发生内讧、内耗的情况,也是适用于现代的一种领导艺术。

在一个清风送爽的夜晚,本来就不太大的晋宫里因会聚了君臣百官,而显得人声鼎沸,喜气洋洋。晋献公一手搂着一个绝世佳人,春风满面,向参加今晚盛大宴会的大臣们一一劝酒。但见觥筹交错,意兴遄飞,欢呼雀跃。在场的官员,一个个泡在琼浆玉液之中,欢乐荣宠到了极点。

晋献公

晋献公来到大夫史苏的席前,高举起酒杯,一反刚才那种兴高采烈的嗓音,讥讽地说:"请,敬你这杯薄酒。这样的良辰吉日,不能没有酒,就罚你不吃菜吧。你看,所有人的面前都有菜肴,唯独先生你的面前没有。原因很简单,当初出兵伐骊,让先生卜卦,先生的结论是'胜而不吉'。既然胜了,有何不吉?结果不仅征服了骊戎,而且得了这样两位爱妃。"说着,夸耀地向左右两位美人频频瞟去媚眼,又向满座的官员扫视一圈,两位美人也很有礼貌地向众人微微一笑,"这难道也叫不吉利吗?"晋献公一仰脖子又干下一杯,然后继续讥刺史苏大夫,"鉴于先生占卜不灵,断事不准,所以今日有酒而无菜,望先生见谅。"

晋献公这种别出心裁的惩罚,早已使史大夫无地自容。而晋献公这一席意带揶揄的话,就像带刺的鞭子抽打着他的痛处。史苏无奈地举起酒杯,一饮而尽,然后磕头谢罪,说:"臣不敢隐瞒卦兆,不能洞察事理,罚不吃菜,感恩匪浅,但愿我说的全是无稽之谈,那才是国家之福。不过戎兵者,有男兵也有女兵。有人用男兵取胜,也有人用女兵取胜,愿大王既能用男兵,更能用女兵。……"

晋献公没有听懂史苏的弦外之音,被一些什么男兵女兵、男胜女胜之类的新词弄得糊里糊涂,只以为是史苏过于难为情了,才说了这些痴痴癫癫的话。觉得很有趣,因而更加高兴起来,命左右为史苏上菜。

筵席散后,史苏向他的同僚解释说:"晋以数万男兵败骊戎,骊戎仅以两个年轻的女兵必将败晋! 大家等着瞧吧。"

骊戎是紧靠晋国东边的少数民族小国,晋献公为了向东面扩展,于公元前666年出兵灭亡了骊戎。骊君在亡国之后献出了自己的两位爱女。晋献公得了两位美人,其得意的程度超过了得到骊戎的全部土地,不听大臣们的再三劝阻,急急忙忙地就立骊姬为夫人,立骊姬的妹妹为妃。上面我们看到的那个盛大热闹的场面,就是晋献公为了册立这两位骊戎来的姑娘而举行的册封宴会。

史苏是个聪明人。别看晋献公现在得意扬扬,但在不久便出现了中国历史上著名的"骊姬乱晋"事件。正直贤惠的晋献公的亲生长子申生被迫自杀,次子、三子漂泊逃难,历尽艰辛,自己最宠爱的骊姬所生的两个儿子也年轻轻地便死于非命,整个晋国曾一度闹得一塌糊涂。直到公元前636年,晋献公的第二个儿子重耳在秦穆公的帮助下,武装进入晋国,又一次从兄弟手中夺过政权,晋国才重新恢复平静,开始采取富国强兵策略,重新在诸侯各国中脱颖而出,走向霸主之位。

以往人们评论晋国的这段历史,一般都与史苏一样,把晋国的这段挫折教训归结为"女人""女兵",这实际上有可商榷的地方。为了说明"参疑内争"的危害,韩非子也曾以这段历史作为例子。他说:"晋献公的时候,骊姬尊贵,和君主的正妻地位相等,而又想用自己的儿子奚齐来取代太子申生,因此便在晋献公面前陷害申生而迫使他自杀,于是就把奚齐立为太子。"韩非子把晋国之乱的原因归结为君主没有明察、防止和根除"参疑内争"的隐患,是晋献公使骊姬拥有了与君主夫人同等的权力所造成的。这样的分析是否更带有智慧的成分呢?

为了说明君主必须明察"参疑内争"的隐微情况,韩非子还举了很多例子:

郑君已经立了太子,而有个他所宠爱的美女想要把自己的儿子当作继承王位的人,郑君的夫人害怕了,便用毒药暗害郑君并真的把他毒死了。

卫国的州吁在卫国权势很大,和国君不相上下,群臣百姓都害怕他的权势。后来州吁果然杀了他的君主而夺取了卫国的政权。

公子朝,是周国的太子,他的弟弟公子根在国君周威公那里非常得宠。周威公死后,公子根就在东周发动叛乱,把周国分裂成为西周、东周两个国家。

楚成王将长子商臣立为太子,不久又想改立小儿子职。商臣便发动叛乱,攻打并杀死了楚成王。另一种说法是:楚成王将商臣立为太子,不久又想改立公子职。商臣听说了这件事,但还没有搞清楚,于是就对他的师傅潘崇说:"怎样来查清楚这件事呢?"潘崇说:"你可以宴请成王的妹妹江氏而不要尊敬她。"太子听从了潘崇的话而这样做了。江氏说:"呸! 你这奴才! 国君要废掉你而立公子职,这是活该。"商臣说:"这事情是确实的了。"潘崇说："你能够当臣子去侍奉公子职吗？"商臣说："不能。"潘崇又问："你能够做公子职所封的诸侯吗？"商臣说："不能。"潘崇又问："你能够干一番大事业吗？"商臣说："能。"于是就发动了守卫皇宫的军队来攻打楚成王。成王请求吃了熊掌再死，没有被准许，就被迫自杀了。

韩哀侯时，相国韩廆与受到国君器重的严遂互相钩心斗角得很厉害。严遂就派人在朝廷上刺杀相国，相国跑到君主那里抱住了君主，刺客就刺死了相国，同时刺死了哀侯。

田常做了齐国的相国，阚止受到简公的器重，两个人互相怨恨而且都想杀害对方。田常因此施行私人的恩惠来收买齐国的民心，接着就杀死了简公而夺取了齐国的政权。

戴欢做宋国的太宰，皇喜受到君主的器重，两个人争权夺利而互相倾轧。皇喜就杀了宋君而夺取了宋国的政权。

狐突说："国君宠爱宫内的姬妾，那么太子就危险了；宠爱外朝的嬖臣，那么相国就危险了。"

郑君问郑昭说："太子怎么样了？"郑昭回答说："太子还没有出生呢。"郑君说："太子已经立好了，你却说'还没有出生'，这是为什么呢？"郑昭回答说："太子虽然立好了，但是您爱好女色没有个完，如果您所宠爱的姬妾有了儿子，您一定会喜爱他，喜爱他就一定想要把他立为继位人，所以我说'太子还没有出生'啊。"

33.察敌国废置

> 敌之所务，在淫察而就靡，人主不察，则敌废置矣。

《韩非子·内储说下六微》

敌人所致力的，是惑乱国君的视听而使国君铸成错误，国君如果不明察这一点，那么敌人就可以使国君按他们的意图来任免大臣了。

韩非子在这里强调由于敌我之间利害关系不同，所以总是力图谋害对方的贤能之臣而资助对方的无能之臣。这也就是第六种需要明察、防范和根除的隐患即"敌国废置"的情况。

春秋时期，齐景公在夹谷曾受过孔子的一番奚落，本已耿耿于怀，适巧自己的贤相晏婴又死了，后继无人，而鲁国此时倒重用了孔子。鲁国因为有了孔子的悉心努力，不久便社会大治，在路上人们都不拾别人丢了的东西。齐景公为此不但心里有说不出的难过，而且也有些惊慌起来，便对大夫黎且说："鲁国重用孔老二，对我国的威胁极大，将来它的霸业发展起来，我国必首蒙其害，这该如何是好啊？"

黎且对景公说："如果大王您愿意试一试'敌国废置'的手段，那么要去掉孔丘就像吹掉一根毫毛一样容易；您为什么不用优厚的俸禄和高贵的职位去招聘孔丘，或者您为什么不给鲁哀公送一些歌妓去放纵惑乱他的意念呢？君岂不闻'饱暖思淫欲，贫穷起盗心'？今日鲁国天下太平了，鲁哀公必是个好色之徒，对于我国的美女，他必会老实不客气地照单全收。他初次迷上了歌妓们的歌舞,自然日夜都在脂粉堆里打滚,对政事一定会懈怠的。那么孔丘一定要劝谏他;劝谏后哀公不听,那么孔丘一定会轻易地和鲁国断绝关系。孔丘一旦被气走,陛下不就可以高枕无忧了吗?"

齐景公觉得这个办法妙极了,连声说:"好。"当即令黎且去挑选 16 个美女,教以歌舞,授以媚术,准备向鲁国投掷 16 颗重磅肉弹。

训练成熟后,又把几十匹好马,特加修饰,金勒雕鞍,装扮得似彩似锦,连同那些美女一起送到鲁国去,说是去给鲁哀公献寿的。

鲁哀公的另一位丞相季斯,首先听到了这个"好消息",心里便痒不可支,即刻换了便服,坐车到南门去看,见齐国美女果然非同寻常,还正好在那里表演舞蹈呢。你看她们娇声遏云,舞袖生风。一进一退,一笑一颦无不勾魄摄魂。季斯不禁目瞪口呆,手软脚麻,意乱神迷。

因为迷于妇色,季斯竟忘记了入朝议事这档子事。鲁哀公几番宣召,他才懒洋洋地入宫进见。哀公把齐国书信给他看,他即刻说:"这是齐王的好意,不可辞,不可辞,一定要照单全收才对!"

哀公本好此道,见季斯如此说法,便更加理直气壮,当即就问"美女何在?"于是,季斯为向导,一君一臣便换了便服出了南门。

这秘密行动已给齐使知道了,便教那堆肉弹,下足媚劲,着力排演。于是摆臂摇胸,如临风之芍药;巧笑媚视,像陨星之余晕;歌声乍起,疑是群莺出谷;裙带纷飞,不辨肉色花香。君臣两位,已乐得神荡魂飘,齿酸涎落,甚至手舞足蹈起来了。

"陛下,再去看看那些良马吧?"季斯在君主面前似乎还算能克制一点。

"不用看了,这班美女已够瞧了,不必再问良马!"

当晚回宫,便叫季斯回信多谢齐王,重赏齐使,把那两批厚礼收入宫去。还额外开恩,分了几枚肉弹给季斯享用。

于是"芙蓉帐暖度春宵","从此君王不早朝"了。

孔子得闻此事,凄然长叹起来。子路在旁边说:"鲁君已陷入迷魂阵了,把国事置于脑后。老师!咱们走吧?"

孔子忙说:"别忙!郊祭的时候已到,这是国家大事,如君王还没忘记的话,国家犹有可为,否则的话,再卷包袱未迟!"

到了郊祭期间,鲁哀公倒也循例去参祭一番,却一点诚心也没有,草草祭完,连胙肉都顾不得分给臣下,便又回宫享乐去了。孔子便对子路说:"快去通知各位同学,卷好包袱,明早就走。"

孔子离开鲁国而到楚国去了。齐景公与黎且相视而大笑起来。

为了说明"敌国废置"的情况,韩非子还举了几个例子。

周文王为了推翻商纣王的政权,便特意资助商纣王的奸臣费仲,目的就是要让费仲能在商纣王身旁进行更方便、更有效的活动,使他能够用谗言来迷惑商纣王,从而来扰乱商纣王的思想,削弱商朝政权。

诸子百家——法家

楚王派人到秦国,秦王很有礼貌地款待了使者。秦王说:"敌国有贤能的人,是我国的忧患。现在楚王的使者很贤能,我对此很担心。"群臣进谏说:"以大王的贤能圣明与我国资财的丰富,如果惦念楚王手下的贤能之人,大王为什么不深深地和他结成知交而暗中控制他呢?楚国以为他被外国利用,就一定会杀掉他。"秦王依计而行,果然达到了目的。

楚怀王对干象说:"我想用楚国的力量扶助甘茂而使他在秦国做个相国,可以吗?"干象回答说:"不可以。"楚王说:"为什么呢?"干象说:"甘茂年轻的时候曾侍奉史举先生。史举,是上蔡的看门人,从大的方面来说他不侍奉国君,从小的方面来说他不为家庭效劳。他因为苛刻而闻名天下,但甘茂侍奉他,却能够和他和顺相处。秦惠文王这样精明,张仪这样明察,甘茂侍奉他们,得到了很多官职而没有遭罪。这样看来,甘茂是很贤能的。"楚王说:"要使别人在敌国做上相国,而结果让一个贤能的人做上了相国,这为什么不可以呢?"干象说:"前些时候大王派邵滑这样无能的人到越国,使越国混乱不堪,五年而亡,而楚国却治理得很好啊。往日您知道在越国使用这种让无能的人在敌国做官的计策,现在却忘了把这种计策用到秦国去,不也忘记得太快了吗?"楚王说:"那么你说这件事怎么办呢?"干象回答说:"不如使共立做秦国的相国。"楚王说:"共立可以做秦国的相国,为什么呢?"干象回答说:"共立年轻的时候就被秦王所宠爱,年长后又做了高贵的卿,身上披着秦王的衣服,口中含着香草,手里握着玉环。用这种人在朝廷上处理政事,将有利于扰乱秦国了。"

吴国攻打楚国,伍子胥派人到楚国传话说:"如果子期被任用,我们将攻打楚国;如果子常被任用,我们将离开楚国。"楚国人听见了这些话,就用子常为将军而不用子期,吴国人攻击楚军,就战胜了楚军。

叔向谗毁苌弘的时候,伪造了一封假信说:"苌弘对叔向说:'您替我告诉晋君,当时和他约好的事,现在时机已经成熟了,为什么不赶快带着兵来呢?'"接着假装把这封信掉在周君的朝廷上而急忙离去。周君认为苌弘在出卖周国,于是就惩处苌弘而把他杀了。

郑桓公将要偷袭邻国,先打听清楚邻国的英雄豪杰、贤能的臣子,明察多智果断勇敢的人士,把他们的姓名全都记录下来,并选择邻国的良田写在他们的名字下面表示贿赂了他们,还捏造了一些官爵的名称写在他们的名字下面表示收买了他们。接着再为此而在邻国外城门之外建造了盟会时所用的土坛广场,并把这名单埋在地下,然后用鸡和猪的鲜血洒在它上面,好像是订立了盟约的样子。邻君以为这伙人已与郑国串通而要在内部作乱,因而把这些贤能的臣子全部杀掉了。于是郑桓公袭击邻国,便夺取了它。

明察"敌国废置"之隐患的智谋,其实还不仅仅是一种政治智谋,在经济、商业等各个领域中都有其用武之地。我们在这里举一个现代商战中的例子。

ABC、NBC和CBS是美国三大电视台。莫斯科奥运会开幕前,三大电视台的高级行政人员被邀请到了苏联。在单独会面的情况下,他们才知道苏联对奥运会转播权的要价高达2.1亿美元而且是现金。按平常逻辑是无法开出这种要价的。

制造了如此情况后,苏联人鼓励三家电视台彼此竞价。本来他们都是美国人,但现在却已成了"罗马斗士",被苏联人放进了竞技场内。美国人绝不是傻瓜,ABC 体育新闻的主管一针见血地说:"苏联人把我们当作三只关在瓶子里的蟋蟀一样,战争结束之后,两只战败而死,战胜者亦因饥渴而亡。"

虽然不是傻瓜,但情势如此,已身不由己了。在备受宠幸的莫斯科和疲惫的曼哈顿之间,激烈的争夺战在苏联人的掌握下激烈展开。各家的标价出来了:NBC 为 7000 万美元;CBS 为 7100 万美元;ABC 为 7300 万美元。

大家都认为 ABC 获得了转播权。不料 CBS 电视台雇用了专家路瑟·巴克,赶往莫斯科表示愿提高标金以争取转播权。莫斯科大肆宣扬他们是怎样热烈欢迎这位专家到来的情景。

大家又都认为,CBS 才是真正的获胜者。苏联人却又突然宣布奥运会的转播权已属一家名叫塞曲(SATRA)的美国贸易公司。塞曲公司位于纽约市,它并非我们想象中的中间商,而是直接接受苏联操纵的一个组织。

然后,苏联人借塞曲公司为桥梁,又诱使巴克居间穿针引线,把已纷纷败归的各家电视台又一次当作罗马斗士摆到了竞技场中,逼迫他们拼出最后一丝力量。

最后巴克把机会提供给了 NBC。在甜言蜜语的诱惑下,NBC 晕头转向地往返于莫斯科与曼哈顿之间,在跑道的尽头气喘吁吁、手腿发软地接受了转播权这个"优胜奖杯"。NBC 需付的转播金是 8700 万美元的现金,此外再加上付给塞曲公司、巴克及另外所有的交际费、应酬费共 1000 万美元有余。

NBC 终于击败了其他各家电视台,站到了胜利者的位置上。

但是,明眼人清楚,真正的胜利者乃是巧妙地运用了"敌国废置"之计的卖主——苏联人。苏联人对于他们的最初要价——2.1 亿美元现金从未认真考虑过,他们本来只希望得到一张 6000 万到 7000 万美元的支票!无中生有地在"敌国"中制造"大臣"之间的内乱混战,轻轻巧巧地从濒于死亡的敌手身上摸取钱袋。苏联人使用"敌国废置",真绝!美国人虽早已看出了苏联人的企图,但是缺少韩非子强调的"明察'敌国废置'"的智谋思想,于是输惨了。

七、外交智慧

1.尊天子以收买人心

葵丘之会,天子使大夫宰孔致胙于桓公曰:"余一人有事于文武,使宰孔致胙。"且有后命曰:"以尔自卑劳,实谓尔伯舅毋下拜。"

桓公召管仲而谋,管仲对曰:"为君不君,为臣不臣,乱之本也。"……桓公惧,出见客曰:"天威不违颜咫尺,小白承天子之命而毋下拜,恐颠蹶于下,以为天子羞。"遂下拜。登受赏服、大路、龙旗九游,渠门赤旗。天子致命于桓公而不受,天下诸侯称顺焉。

《管子·下匡》

公元前651年,齐桓公与其他诸侯会盟于葵丘,以发展相互之间的友好关系。周襄王派遣宰孔作代表,向桓公赏赐祭祀文王和武王的祭肉、象征对诸侯征讨之权的朱红色弓箭、车辂等。宰孔对齐桓公说,天子在文王、武王的庙里举行祭典,派我代表他将祭肉等物赐给伯舅。当齐桓公准备下阶拜谢时,宰孔又说,天子还命说,因为伯舅已上七十高龄,又有功于王室,加赐一等,就不要下拜了。桓公听了宰孔传达的诏命,打算不下拜。这时,管仲说,不能这样做,为臣的不行臣礼,这是祸乱天下的表现。于是,桓公下堂拜谢并领受了赐物。诸侯们都称颂齐桓公顺于礼的行为,纷纷归附于齐国。

尊王,是管仲一贯倡导的外交准则。在管仲刚被委任为相国时,他对内大胆推行各项改革,对外则高举起尊王的旗帜,实施图霸不用兵力的战略;当齐桓公被天子赐为侯伯后,他审时度势,及时调整对外策略,将尊王图霸调整为尊王攘夷,然而,"尊王"的旗帜始终没有丢。这里,虽然有名分、礼数的因素,但更主要的,恐怕还在于这面旗帜具有正名分、赢人心的重大威慑力和号召力。

拉大旗作虎皮,以壮声势,以夺人心,这是古往今来常被人们运用的一种谋略。

晋文公二年(公元前635年)春,周王室发生内乱。周襄王被异母弟弟王子带勾结狄人赶下了台,逃到郑国避难。这时的周王室虽然已经衰微,但名义上仍然保持着"天下宗主"的地位,各国诸侯还得从道义上尊崇他。因此,在这种局面下,谁得到了"尊王"的大旗,谁就可以取得诸侯的信从。

晋国得到周王朝告急的消息后,文公立即召集文武大臣商讨应变之策。大臣赵衰说:"我们晋国要图霸,没有比举起尊周的旗帜更有利的。周晋同姓,如今天子有难,晋国如果不率先出面帮助天子解决危机,保送天子回王都,以后秦人这样做了,那我们就被动了,也无力号令天下人了。现在我们救助、保护天子,正是在积累图霸的资本。"晋文公觉得赵衰说得有理,便采纳了他们的建议,立即发兵征伐叛乱者,护送天子归朝。

与此同时,秦穆公也率领秦军来到了黄河边上.准备护送周天子回朝。晋文公得知后,马上派人去见穆公,对其说,晋国已经发兵护送天子了,请秦国回师吧。秦穆公见自己慢了一步,在国力上也难以与晋国较量,便撤了军。此时,晋文公用右翼部队包围了王子带藏身的温国,在温邑抓住了王子带,并将其杀死在隰城。晋军的左翼部队则前往郑国迎接天子,护送周襄王回王都。

这次行动,使晋文公在诸侯中的威望大增。同时,也使晋国得到了不少实惠,周襄王赐给晋国阳樊、温、原、攒矛的田地,从此,晋国的疆域扩展到太行山之南。

"尊天子以收买人心"在本质上仍然是一种"借"的谋略。借助"天子"的力量,去行自己之事。当然,借的目的和企图,有时会大相径庭。在中国历史上,一些贤臣名将为了造福社会,为民众做些好事,常常不得不假借皇权的名义;而一些奸佞贼臣,为了自己的高官厚禄,也常常假借皇权结党营私,消灭异己,陷害忠良;更有一些英雄豪杰,借"替天行道",铲除暴虐,开辟新宇。

西汉高祖二年(公元前205年),汉王刘邦自关中东伐项羽。当队伍行至洛阳时,新城三老董庶献计给刘邦,说:"我常听人道,'顺德者昌,逆德者亡','兵出无名,事故不成','明其为贼,敌可乃服'。如今项羽无道,放逐暗杀义帝,实际上是天下的乱臣贼子。主公倘若令三军将士都穿上白衣素服,以哀悼义帝的名义,告知各路诸侯,然后东进,四海之内将没有谁不仰慕你的仁德。这是主公立朝称帝、一统天下的举措。"刘邦听后,觉得很有道理。于是,他亲自为义帝发丧,袒衣而哭,哀悼三日,并派出使者通报诸侯说:"天下诸侯共同拥立义帝,敬如君主,而项羽逐杀义帝于江南,实在大逆不道。如今我亲自为义帝发丧,士兵均白衣素服。我愿尽发关中之士、三河之兵,顺江汉而下,与诸侯一起讨伐杀义帝之贼。"由于刘邦打着替天下讨贼、为义帝复仇的旗号,名正言顺,拥护者日增。

2.等列诸侯,待时图霸

先王不约束,不结纽。约束则解,结纽则绝。故亲不在约束、结纽。先王不货交、不列地,以为天下。天下不可改也,而可以鞭箠使也。时也,义也,出为之也。余目不明,余耳不聪,是以能继天子之容。官职亦然。时者得天,义者得人。既时且义,故能得天与人。

《管子·枢言》

先代明君在处理国家之间关系时,既不拉拢成党,也不纽结成派。拉拢成党总有一天要解体,纽结成派总有一天要破裂。所以,国家之间的亲善不在于约党、结派。先代明君也不用贿买邦交和割让土地的办法,来团结天下各国。天下各国的既成关系是不可轻易改变的,只可用威望统一驾驭。合乎天时的事,合乎正义的事,都要做好。除此之外,虽然有多余的视力也不看,有多余的耳力也不听,这样才能保持天子圣智的威仪。官吏的职责也同样如此。因为,合乎天时就可得到自然优势,合乎正义则可得到人的拥护,既占天时,又合正义,从而能把天与人的力量都掌握起来。

管仲在这里借说先王的外交思想,来表达他自己的外交智谋。管仲主张先积蓄力量,等待时机成熟后,再兴图霸之战。因此,在对外关系上,他强调等列诸侯,保持均势,以占天时、合正义。他在拜相后,曾多次劝阻桓公不要轻易兴兵征伐,就是这一外交谋略的反映。

在管子的这一外交谋略中,"等列诸侯"只是手段,为什么要对诸侯平衡相待,不厚此薄彼呢?因为,自己的羽翼还没有丰满。在这种情况下,如果外交的倾向性过于明显,锋芒毕露,就会导致树敌过多,影响称霸天下的战略目的。因此,可以这样说,在自己的力量还不够强大时,采取均势外交,是最高明的策略选择。

克莱门斯·梅特涅曾是奥地利帝国的外交大臣和首相。在19世纪欧洲风云变幻、气象万千的多事之秋,梅特涅活跃于欧洲外交舞台之上,风流一时。他任职长达40年,凭着自己敏锐的判断力和出类拔萃的外交技巧手腕,巧妙地周旋于大国之间,纵横捭阖,

诸子百家 —— 法家

实施着"均势外交"的谋略,在最大限度上维护了奥地利的安全利益。

　　1809年,梅特涅担任奥地利外交大臣之时,拿破仑刚刚粉碎了第五次反法联盟的进击。作为第五次反法联盟主要成员国的奥地利帝国,沦为战败国,被迫与法国签订了《维也纳和约》。根据"和约",奥地利不仅割让了大片领土,丧失了350万人口,而且还赔款达8500万法郎,奥地利面临着灭国的危险。

　　就在这危难之际,梅特涅开始施展其"均势外交"策略,一方面,他采取奥地利的传统外交方式,以皇室联姻的办法来调和与法国的关系。梅特涅充当"月老",撮合了奥地利公主玛丽亚·路易丝与拿破仑的姻缘。通过联姻缓解了奥地利因战败而造成的危机局势。

　　另一方面,梅特涅又暗中向东方大国沙俄联系,表示友好诚意,力图借助沙俄的力量来求得欧洲的实力均衡,以减轻法国对奥地利的压力。梅特涅发现,法、俄两国虽然一度签订过友好条约,并共同结盟反对英国,但沙俄对拿破仑的欧洲"大陆封锁"政策却很不满意,因为这一政策严重影响了沙俄向英国出售农产品。于是,沙俄没有接受法国的限令,同英国恢复了贸易往来,法、俄关系也出现了裂痕。此外,拿破仑在与奥地利公主玛丽亚·路易丝联姻之前,曾向俄国公主安娜女大公求过婚,遭到俄国皇后拒绝,拿破仑对此事一直耿耿于怀。梅特涅熟知法、俄之间的微妙关系,因此,他抓住一切机会,采取两面三刀手法,进一步加剧法、俄之间的钩心斗角,以使奥地利从中获得好处。

　　推行"等列诸侯"的均势外交,除了善于利用各国之间的矛盾外,还要会借用一些力量,来实现既定的方针。在利用俄国削弱法国的目标实现后,梅特涅又试图建立、维持新的国际力量"均衡"态势。1812年春天,拿破仑率领60万大军远征沙俄失败,法国国力被大大削弱。此时,英、俄拉拢奥地利加入第六次反法联盟,打算彻底击败法国。然而,梅特涅则认为,不应该再削弱法国的力量,因为法国的力量如果再被削弱,将会破坏欧洲大陆的实力均衡,并为俄国建立霸权开辟道路。当然,梅特涅也清楚地意识到,法国的实力应限制在可制衡俄国又对奥地利不构成直接威胁的范围内。为了实现这一目的,同时又不得罪英国和沙俄,梅特涅一方面宣称奥地利保持中立,另一方面又与反法联盟各国达成一项幕后交易:由他充当反法联盟与法国之间的调停人,争取达成妥协;如果调停失败,奥地利就加入反法联盟,参加对法作战。这种策略,使奥地利进退都有广阔的余地。

　　1813年6月22日,梅特涅亲自来到法国巴黎马科利尼宫,提出了宽厚的条件,向拿破仑进行游说,要其与反法联盟达成妥协。但是,过于自信的拿破仑不肯接受这并不过分的条件,调停归于失败。在形势的逼迫下,奥地利加入了以英、俄为首的第六次反法联盟。即使如此,梅特涅仍坚持其"均势"策略,不打算削弱法国。因此,在其间的一系列军事行动中,奥地利并没有做出重大贡献。然而,梅特涅却凭借他高超的外交手腕,总揽了反法联盟各国部队的外交管理权,并还为奥地利将军取得了一个反法联军司令的头衔。

　　法国失败以后,欧洲形势发生了重大变化。俄国和普鲁士的力量开始膨胀起来,分别对波兰和萨克逊提出了领土要求,从而对奥地利产生了直接的威胁。然而,梅特涅看到,此时英国对俄国兼并波兰的行动十分关注,法国也指控俄国、普鲁士对波兰和萨克逊

诸子百家 —— 法家

的野心。于是,他抓住这一动向,拉拢英、法于1815年订立了三国秘密同盟。由于英、法、奥三国一致反对,俄国和普鲁士的野心不得不收敛起来。梅特涅这次成功地借用了英、法的力量,使奥地利在与周边国家的对峙中,求得了实力均衡。

1815年,梅特涅还施展均势外交攻势,使俄、普、奥在巴黎建立起了"神圣同盟",作为维护欧洲秩序的"宪兵"。但是,在联盟内部,由于俄国势力强大,普、奥只作为小伙伴的角色参与其间,这是梅特涅所不甘心的。于是,他又西赴英伦,拉拢英国也加入"神圣同盟"中,拼凑了俄、英、普、奥四国联盟。事后不久,法国也应邀加入了同盟。欧洲的实力在这种组合下被均衡、稳固下来。这样,当时国力并不十分强大的奥地利,在梅特涅的均势外交攻势下,竟成为欧洲国际社会的外交中心,国际地位得到很大提高,开始跻身于欧洲强国之列。

梅特涅作为一个成功的外交家,其中心原则是"均衡"外交。他清醒地认识到各主要大国之间的矛盾所在,并成功地利用这些矛盾,使大国之间互相牵制,使任何一国都无法成为主宰一切的霸权国家,同时也使奥地利的地位凸显出来。为了实现"均衡外交"的谋略,梅特涅虽然也采用了许多诡谲的手段,但是,其谋略的实施,最关键的还是正确地判断形势,把握各国力量的消长,抑制强国力量的发展、膨胀,从而使自己从中渔利。

等列诸侯的均势外交,也是一些不太强大的国家跻身世界大国之林的有效策略。印度尼西亚是东南亚地区最大的国家,加上独特的地理位置,一直是世界上一些大国外交的重心之一。20世纪80年代以来,印度尼西亚政府开始实施"大国均衡外交"战略,重新活跃在国际外交舞台,成为亚太地区乃至世界的一支重要的政治力量。

印度尼西亚政府一贯奉行"独立和积极"的外交政策,其要点包括:对外政策强调国家安全和民族利益;以不结盟运动为依托,积极开展"大国外交",利用不结盟运动主席国的地位争取其他发展中国家的合作与支持;积极倡导联合国的改革,主张增加发展中国家在联合国安理会的席位,并努力争取成为安理会常任理事国;主张加强东盟内部合作,倡导以东盟外长扩大会议为核心的亚太安全合作机制。

80年代中后期以来,世界形势发生了重大变化。随着苏联及东欧国家的剧变,各国已从冷战阴影下走出来,这种变化在东南亚地区也得到了充分表现。在这种形势下,印度尼西亚政府也开始调整外交策略,真正实行"大国均衡外交"。

1989年,苏哈托总统曾率团访问了苏联及东欧国家,就双边经贸合作等许多问题进行了会谈;1990年8月,印度尼西亚又和我国恢复了外交关系。与此同时,印尼还积极加强与东南亚国家之间的关系,努力改善与印度支那国家的关系,密切对日本的关系,继续发展与欧美国家的关系,尤其是进一步改善了与其他第三世界国家的关系,并成功地当选为不结盟运动主席国,从而使印度尼西亚以新的姿态,重新活跃在国际政治舞台上。

3.恩威并举

所爱之国,而独利之;所恶之国,而独害之,则令行禁止。是以圣王贵之。胜一而服

諸子百家——法家

百则天下畏之矣,立少而观多则天下怀之矣,罚有罪、赏有功则天下从之矣。

《管子·七法》

对于喜爱、友好的国家,要给予特殊的扶持;对于厌恶、敌对的国家,则给予特殊的惩罚,这样就可能做到有令即行、有禁即止。因此,英明的君主总是重视这种做法。战胜一国而使百国威服,那么天下也就都会畏惧你;扶植少数而影响多数,那么天下就会都怀德于你;惩罚有罪的、赏赐有功的,那么天下人也就会都服从了。

"恩威并举"一般都是作为统御之道、御民之道,管仲却将其运用到外交方面,作为图霸之道,足见管子谋略的丰富多彩。《管子》中还有这样的描写:由于齐国对诸侯们用爱护来钓取,用财利来吸引,用信义来结交,用武力来威慑,于是,小国的诸侯都不敢违背齐国的意愿,只有归附齐桓公。

在外交活动中,恩,主要是指诚信、德惠;威,主要是指武力、强权。恩威并举就是德惠与武力同时运用,促使对方臣服。明朝郑和曾用这一谋略折服锡兰国(今称斯里兰卡)。

明成祖时,郑和第三次出使访问印度洋上的佛教国家。他不仅率有庞大的舰队,而且随船还带有许多珠宝和中国的土特产品。船队抵达锡兰后,郑和及其随员等登岸,专程参拜了大佛寺,布施了许多金银和丝织品等物,以表示对该国的友好。并且还立了一座刻有三种文字的纪念碑,同时派专员晋谒了国王。

然而,锡兰国王亚烈苦奈儿不但没有诚意,而且还想算计郑和。他假意邀请郑和入城,想乘机扣留郑和并勒索财物,同时,他还倾全国之军队,妄图劫掠郑和的船队。郑和识破了锡兰王的诡计,决定以武力制伏之。郑和一面乘王城空虚,以 2000 精兵袭击王城,一面在锡兰军的路上设下埋伏,中途截击敌军。两面夹击,很快杀得锡兰军片甲不留,锡兰王也当了俘虏。于是,国王表示死心塌地臣服明朝。

"恩威并举"作为外交谋略,"恩"是以"威"作为后盾的,没有强大的武力作后盾,仅仅靠德惠,有时候是很难征服别国的。尤其是对于那些摇摆不定的国家,更是如此。美国第 27 届总统塔夫脱,就是运用这一谋略的高手。塔夫脱当上了总统后,在对外政策上,一改前任罗斯福总统的"大棒政策",推行"金元外交"。用他自己在 1912 年 12 月 3 日最后一次国情咨文中的话说:"现政府的外交一直是以金元代替枪弹为其特征的。"

塔夫脱的"金元外交"的主要应用地区是拉丁美洲,其目的是利用经济手段对拉美国家进行控制,进一步杜绝欧洲国家对拉美事务的干涉和渗透。实际上,塔夫脱的"金元外交"是以武力作后盾的,当经济手段失效之后,他就毫不犹豫地动用军队,以武力制伏对手。尼加拉瓜等国的遭遇就是典型的例子。

塔夫脱对付尼加拉瓜的手法,是金元外交和大棒政策交替使用的典型。当时,尼加拉瓜处于何塞·塞拉雅的专制统治之下,塞拉雅力图控制洪都拉斯、萨尔瓦多,成为这一地区的主人。同时,他奉行亲英政策,拒绝服从美国的指挥棒,并且排斥美国的经济势

诸子百家——法家

力。这些，引起了美国政府的强烈不满。

1909 年秋，尼加拉瓜爆发了反对塞拉雅的革命。美国对起义者在经济上给予大力支持，白宫发言人公开谴责塞拉雅政府"是尼加拉瓜历史上的污点"，称起义者代表着"尼加拉瓜大多数人民的理想愿望"。白宫还利用塞拉雅政府杀害了两名参加起义的美国人这一事件，于 1909 年 12 月 1 日同塞拉雅政府断绝了外交关系。在塔夫脱的大力支持下，尼加拉瓜的起义者节节胜利，1909 年年底，塞拉雅只好辞职，由属于匹兹堡资本家的美国——尼加拉瓜特许公司前秘书阿多尔福·迪亚斯接任。

新政府建立后，塔夫脱以拒绝承认相威胁，胁迫迪亚斯及其政府接受美国银行家的巨额贷款，并要求尼加拉瓜以关税作为抵押，同时允许美国在尼加拉瓜建立银行和修筑铁路。1911 年 6 月，美国和尼加拉瓜签订了"友好条约"，条约中规定，除美国人控制尼的关税外，美驻尼的经济顾问有权决定尼加拉瓜政府的对外借款。不久，美国还利用向尼加拉瓜提供贷款的便利，迫使尼同意给予美国在其境内建造运河的特权和租借丰塞卡湾及大小科恩岛为期 99 年的权利。

"恩威并举"谋略往往对比较弱小一些的对象实施时，最能获得收效。因为，这些国家一般都很难独来独往，总是要寻找一个依附的靠山。于是，运用打拉结合的策略，很容易使其就范。

塔夫脱不仅对尼加拉瓜实行"金元加大棒"的外交政策，而且还在加勒比海海岸地区各国，都推行这一外交策略。在洪都拉斯，美国乘英国向洪都拉斯逼债之机，加紧渗透，于 1911 年 1 月 10 日与洪都拉斯签订了"友好条约"。这个条约同美国与尼加拉瓜的条约是同一版本，美国也是企图以经济援助换取对洪都拉斯的关税控制权。后来，由于美国垄断资本内部争夺对洪都拉斯关税的控制权和经济投资权，洪都拉斯总统乘机取消了由美国控制关税的计划，塔夫脱在洪都拉斯的金元外交才未能付诸实施。

塔夫脱的金元外交策略，还在哥斯达黎加、危地马拉、海地等国频繁推行，力图以美国资本取代欧洲国家在这几个国家中的地位。1910 年，在白宫的安排下，美国纽约的资本家在以税收为保证的条件下，向哥斯达黎加提供了 200 万美元的贷款；1912 年，美国还出兵多米尼加，次年初，在塔夫脱政府的支持下，纽约金融资本家同多米尼加政府签订了一项贷款协定，多米尼加的关税又成为贷款的担保物。

塔夫脱对美国的"后院"墨西哥也十分重视，在他上台后，美国在墨西哥的投资已超过 10 亿美元，并且逐年增长。当时，墨西哥的 40% 的资产由美国掌握，美国拥有墨西哥已发现油田的 85%，墨西哥 58% 的石油开采工业掌握在美国人手中。1909 年，美国从墨西哥取得石油 333 万桶，到 1910 年，即塔夫脱执政的第二年，一下子猛增到 1405 万桶。垄断资本家们将在墨西哥开采的石油运到美国加工，制成汽油、煤油和其他产品，然后以高于美国国内市场的价格售给墨西哥。1911 年至 1913 年间，墨西哥爆发了农民起义，反对亲美的现政府。塔夫脱一方面下令 2 万名美国士兵开赴美墨边境，准备干涉墨西哥事务；另一方面，又继续在经济方面给现政府以支持。到 1913 年 2 月，在他任期届满之时，他仍然为美国在墨西哥的利益而绞尽脑汁。

诸子百家——法家

在金元外交和大棒政策的共同推动下，美国垄断资本从中大发横财。以1899年成立的美国联合果品公司为例，此公司在中美洲占据着广大的地盘，并利用当地廉价的原料和劳动力，谋取了高额的利润。该公司1900年只有1'700万美元的资产，到1913年猛增到8200万美元，在13年的时间中竟然增长了5倍。

4. 挟天子以令诸侯

春，齐侯以诸侯之师侵蔡，蔡溃，遂伐楚。楚子使与师言曰："君处北海，寡人处南海，唯是风马牛不相及也。不虞君之涉吾地也，何故？"管仲对曰："昔召康公命我先君太公曰：'吾侯九伯，女实征之，以夹辅周室。'赐我先君履：东至于海，西至于河，南至于穆陵，北至于无棣。尔贡包茅不入，王祭不共，无以缩酒，寡人是征；昭王南征而不复，寡人是问。"对曰："贡之不入，寡君之罪也，敢不共给？昭王之不复，君其问诸水滨。"师进，次于陉。

《左传》

鲁僖公四年的春季，齐桓公率领诸侯的军队进攻蔡国，把蔡国打败了，接着就去攻伐楚国。楚成王派遣使者到齐军那里诘问齐桓公，说：您处在北方，我们处在南方，即使是放逸牛马互相追逐也跑不到彼此的疆界。想不到您却派兵侵入我们国土，这是什么缘故？管仲回答说，从前召康公曾经命令我们先君太公说："五等诸侯，九州首领，你都可以征讨他们，以便共同辅佐周王室。"召康公还代表周武王赐封我们先君行使权力、实施征讨的范围，即东到海边，西到黄河，南到穆陵，北到无棣。你们应当进贡的菁茅没有交纳，周王室的祭祀供给不上，无菁茅滤酒敬神，这是我们君主要质问的；还有，周昭王南巡时溺于汉水而没能回朝，这又是我们君主要质问的。楚国使臣听了管仲的答复，说，贡品没有交纳，这是我们国君的过错，我们哪里敢不供给呢？至于周昭王巡行没有回去，您还是去询问汉北之滨的人吧！于是，诸侯联军继续进兵，驻扎在陉地。

齐桓公此次军事行动，其本意并非替天行道。但是，为了使对楚国的讨伐师出有名，使随征的各诸侯国尽心卖力，于是打出了"天子"的旗号。既然此次军事行动是为了维护周王室的尊严，那么，各诸侯国也就不应也不敢怠慢。既然齐桓公是出于维护天子的利益的公心，那么，楚国也就不应也不敢说齐国有扩张的野心。管仲的"挟天子以令诸侯"智谋与"尊天子以收买人心"智谋交替使用，在其外交实践活动中，真可谓互为补充，相得益彰。

人们一般认为，"挟天子以令诸侯"谋略，源出自《后汉书·袁绍传》。其实，这是一种误解。此谋略早在春秋初年就已被运用，郑庄公一面"射王中肩"，一面也借王室之威，小霸诸侯。只不过，在东汉末年围绕争抢汉献帝而上演的那场"挟天子以令诸侯"，更具有历史的典型性。

王允用美人计除掉董卓之后，他自己不久也被人杀害。于是，董卓的旧部属李催、郭

諸子百家 —— 法家

1415

汜、樊稠三人共同执掌了朝中大权。

然而，未等时局安定下来，李傕、郭汜、樊稠三人又钩心斗角、厮杀起来。李傕先以樊稠私通马腾、韩遂的"谋反"罪名，将樊稠杀害。郭汜担心李傕如法炮制加害于己，便先下手为强，带兵攻打李傕。孰料李傕早有防备，先派兵进宫，将汉献帝扣在手中，随后，将皇宫付之一炬。郭汜见皇帝被李傕掳去，担心自己手中没有"王牌"，将来行事不方便，于是将三公九卿等朝廷文武大臣一应押了起来。由于郭、李二人互不相让，便在长安城中展开了一场恶战。此战虽然几乎毁了整个长安城，但二人仍未分出胜负。

董卓

正当二人谁也难以吃掉谁的时候，镇守关东的镇东将军张济，从弘农回到长安。张济找到郭汜和李傕，劝二人不要再战，以免两败俱伤。同时建议，皇帝由他护送出关到弘农避乱，大臣们则解除羁押。李傕、郭汜接受了张济的建议，一个放了皇帝，一个放了众大臣，双方同时罢兵。

几天后，15岁的汉献帝带着一帮皇亲国戚和忠于汉室的老臣，登上了去弘农的征程。在兵荒马乱的纷扰下，献帝一行人走走停停，经过半年跋涉，才到达了弘农。可是，还没等安顿好，李傕、郭汜便反悔了，两人合兵来追赶皇帝，想再次将献帝控制于自己的手中。

献帝听到这一消息，一片惊恐。立即丢下财宝、宫女，仓皇向旧都洛阳逃跑。一路上颠沛流离，坐牛车、住草棚、吃野菜，辗转半年到达洛阳。此时的洛阳城，经过董卓焚烧和几番战乱，几十万人口只剩下几百家，宫殿全部被毁，献帝只好借居在中常侍赵忠家中。

通常认为，"挟天子以令诸侯"是一种狐假虎威策略，然而，严格说来，也不尽然。因为，有时候行此谋略的人，并不是没有"虎威"，只是一时不得势罢了。《韩非子·功名》曾一针见血地指出："夫有才而无势，虽贤不能制不肖。""桀为天子，能制天下，非贤也，势重也；尧为匹夫，不能正三家，非不肖也，位卑也。千钧得船则浮，锱铢失船则沉，非千金轻锱铢重也。有势与无势也。"即使是贤者，位卑无势，也是难以成功的。因此，要成就大事，号令诸侯，就必须"挟天子"以借势。曹操的成功就是如此。

当汉献帝回到洛阳时，曹操正在许昌一带发展势力。曹操手下的谋士荀彧得知献帝再居洛阳的消息后，心想，献帝避乱初定洛阳，正需要人扶持。尽管如今天子已难行令于天下，但是，这块牌子仍然有着极其特殊的作用，尤其是对于曹操这样想成就大事而眼下势力又不够雄厚的人，在群雄割据的局面下，如果拥有了天子这张王牌，别人一定会另眼相看。于是，荀彧极力劝曹操西进洛阳，保护圣驾。他对曹操说："春秋时期，晋文公迎奉周襄王，终于当上了霸主；秦朝末年，汉高祖为义帝发丧佩孝，争得天下人心。近年来董

诸子百家——法家

卓作乱,皇上蒙难,是将军你首先起义兵,只是因为关东诸军彼此兼并战乱,你才没有能够远上关中去辅佐朝廷,但天下人还是知道你效忠皇上的心,现在皇上已经到达洛阳,忠义之士思念汉朝,黎民百姓也怀念过去的日子,将军若是此时能去保驾,下可顺从民众的愿望,上可宾服四方的豪杰。至于皇上周围的那几个武将,只不过是盗贼之流,不值得顾虑。相反,如果将军失去了这次机会,让别人抢先把皇帝接去了,那将悔之晚矣!"曹操觉得荀彧的话十分在理,便采纳了其建议,迅速带领本部人马前往洛阳"护驾"。

曹操来到洛阳,拜见了献帝。献帝十分高兴,大加封赏。在洛阳住了一段日子后,曹操发现,旧都洛阳城内官场盘根错节,关系网复杂,极不利于自己施展拳脚。为了彻底剪除这些关系网的根节,曹操决定将皇都迁到许昌去。尽管献帝到洛阳时间不长,惊魂未定,不想到处挪动,但慑于曹操的武力,不得不从。

挟天子幸许昌的成功,使曹操喜出望外。他在许昌大兴土木,盖起宫殿,请献帝入居;又修建宗庙,便于天子祭祀先皇。曹操摆出匡扶汉室之势,使献帝感激不尽,遂封其为大将军,地位在"三公"之上。

天子已经掌握在自己手中,又获得了大权,曹操便想试试"天子"这张王牌的威力。当时各地割据的军阀中,袁绍的力量最为强大,曹操原来也是袁绍的属下。如今,曹操想看看袁绍对他的所作所为服不服,同时也想试探一下袁绍对朝廷的态度如何。于是,他让献帝下了一道诏书,责备袁绍地大兵多,却不思朝廷,一心只树立私党,扩充自己势力,其用意何在?袁绍接到诏书后,十分惶恐,立即上书申辩,并立誓表示愿意效忠朝廷,辅佐汉室。

曹操小试牛刀,便获得了极好的效应。这使他深深感到,挟天子以令诸侯比自己东拼西杀省力多了。从此,曹操玩弄挟天子以令诸侯的把戏越来越频繁,给他带来的好处也越来越多。

5.至善不战

数战则士罢,数胜则君骄,夫以骄君使罢民,则国安得无危?故至善不战,其次一之。

《管子·兵法》

频繁的征战就会使士兵疲惫,多次打胜仗则会使君主产生骄傲情绪,倘若以骄傲的君主指挥疲惫的士兵作战,国家怎么能不危险呢?所以,用兵最好是不战而胜,其次就是一战而定之。

中国兵家历来认为,在用兵作战上,百战百胜不是最高明的,只有不战而使敌军降服的军事行动才是高明中最高明的。管子提出"至善不战",可以说是把握住了用兵的精髓。"不战而胜"不是说完全不要武力,而是恰到好处地以武力作为坚强的后盾,以达到威慑对方并使敌手屈服的目的。

齐桓公得知楚国新即位的成王任贤图治,担心楚成王来争夺中原的霸主,于是,想起兵征伐楚国。

管仲劝谏道："楚国地大兵强,难以用兵力使其威服。再说,君主刚刚赢得了诸侯的信任,现在应该扩大威德,见机而动。"

桓公问管仲："自从我们的先君灭掉纪国、占领了纪国的土地以后,纪国的附庸鄣国到现在仍未顺服我们,我想起兵灭掉鄣国,你看怎么样?"

管仲回答说："鄣国虽然小,但与咱们齐是同姓,如果起兵灭掉它,别人会说我们不义。国君不如命令王子成父率领一支大队人马,打着巡视纪城的旗号,向鄣国示威,表示讨伐的意向。鄣国见此情形,必然惧怕,就会自动前来归降。这样,我们就既无灭亲族本家的名声,又有占领鄣国地盘的实绩。"

桓公依管仲之计而行,鄣国君主果然畏惧齐国,亲自到齐都来归降。桓公感叹地说："仲父的计谋,真是百不失一呀!"

"不战而屈敌"谋略在现代战争中也广为运用。90年代发生的海湾战争,美国就曾试图运用此谋略制伏伊拉克。

1990年8月2日,伊拉克入侵科威特,海湾陷入危机之中。在这种情况下,美国政府为了维护其在海湾地区的战略利益,提出了一个新的海湾政策。这个新的海湾政策,用9月4日美国务卿在美国众议院外交事务委员会作证时的话来表示,就是:"美国应该领导一个全球性的政治联盟,从政治、经济和军事上孤立伊拉克。只有这样才能使伊拉克为其入侵科威特的行动付出昂贵的代价。"也就是说,面对海湾危机,美国将运用政治压力、经济制裁、军事封锁和外交孤立等多种手段,迫使伊拉克从科威特撤军。

为了达到"不战而屈敌"的战略目的,美国在伊拉克入侵科威特之后,立即在军事上做出反应:美海军"独立"号航空母舰编队在伊拉克入侵科威特10小时后,立即驶向海湾;8月6日,美军两个战斗机中队进驻沙特阿拉伯;8月8日,美国开始向海湾地区部署应急部队,实施代号为"沙漠盾牌"的战术计划,第一批部署的部队是第101空中突击师、第82空降师、第24机械化师和第3装甲骑兵团等地面部队约10万人,还有包括5艘航空母舰编队的各型舰只100余艘,以及最新型的F-117隐形战斗轰炸机在内的各种作战飞机1000余架。

要实现"不战而屈敌"的目的,必须以强大的军事实力为后盾。11月8日,美国总统布什又宣布从世界各地抽调部队,增强海湾地区的军事力量。从各地抽调的部队包括驻德国的第7军司令部、第1装甲师、第3装甲师、第2装甲师第1旅、第2装甲骑兵团,驻美国本土的第1机械化师、第2海军陆战旅远征军、第5海军陆战旅远征军,以及7支航空母舰编队,总兵力达到54万人。这时,以美国为首的多国部队总兵力达70多万人、坦克4300辆、火炮2300门、飞机2000架、舰艇400艘。

尽管对伊拉克联合采取的军事集结、全面制裁,没能迫使伊拉克从科威特撤军,致使1991年1月17日凌晨2时40分,以美国为首的多国部队向伊拉克发动了代号为"沙漠风暴"的大规模军事行动,然而"沙漠风暴"行动之前美国采取的"不战而屈敌"的谋略,仍然是值得称道的。

诸子百家——法家

"不战而屈敌"谋略,也可运用于国家管理中。公元前594年,晋国遭遇灾荒,盗贼四起,弄得民众怨声载道,国家不得安宁。大臣荀林父听说有一个叫郤雍的人,善于在人群之中识别谁是盗贼。于是,荀林父便任用郤雍来抓盗贼。

一天,郤雍在街上突然指着一个人说:"此人是盗贼。"跟随他的官差将那人抓起来一审问,果然不错。荀林父觉得自己选用的人才很准,心中暗暗高兴。一次,在闲聊时,荀林父问郤雍识别盗贼用的是什么方法,郤雍说:"我观察那个人看见市井之物有贪婪的神色,看见市井上的人有愧悔的神情,听说我到来后又有恐惧的神态,因此,我断定他是盗贼。"荀林父听后很是佩服。

可是,虽然郤雍每天抓获几十个盗贼,国中失盗的现象并没有减少,反而有加剧之势。有一天,大夫羊舌职来到荀林父官邸,对林父说:"元帅任用郤雍抓贼,盗贼不但没有抓完,恐怕郤雍本人还会有生命之忧啊!"荀林父对羊舌职的议论不以为然。可是,没过几天,郤雍果然在郊外被几个盗贼合力杀害了。荀林父也因此忧愤而死。

晋景公听到人们说羊舌职有先见之明,便召见了他,向他咨询治理盗贼的策略。羊舌职说:"以臣之愚见,用智御智,就像用石头压草,草虽然暂时给压住了,但过一段时间还会从缝隙中生长出来;而以暴禁暴,则又如同用石头打击石头,这样一来,两块石头都会破碎。因此,治理盗贼虽然需要官方之威严,但更根本的方法应该是引导人们知道耻辱,不再去做鼠偷狗窃的事情。进一步说,如果君王能在全国推行选贤授能政策,使百姓中有才能的人处于上位,引导人们积极进取,那么,那些误入歧途的人必然会改邪归正。"

景公听了羊舌职的一席话,觉得很有道理,便又问:"据你看来,现在晋国谁最有才干?"羊舌职回答说:"要论才干,现在没有人能超过士会。士会的为人,言而有信、行而合义、温和而不谄媚、廉洁而不矫饰、正直而不固执、威严而不刚猛,君主一定得任用他。"

这个时候,正好士会参加征讨赤狄的战斗归来。于是,晋景公以士会灭狄有功向周定王报去奏章,周定王赐士会为上卿。接着,晋景公又任命士会顶替荀林父之职,担任中军元帅,并加任太傅,将范地分封给他。

士会上任后,一面强化法纪,同时废除了缉盗条例,加强对国民的教化,社会秩序很快得到稳定,国势也渐渐强盛起来。看到晋国蒸蒸日上之势,晋景公便效法先君文公推行霸业,开始了与楚国的争雄斗争。

6.近则用实,远则施号

近则用实,远则施号,力不可量,强不可度,气不可极,德不可测,一之原也。

《管子·兵法》

对近前的敌手采用实力征服,对远方的对手则施用号令震慑,兵力难以计量,强盛难以测度,士气不可枯竭,心智不可把握,然而这些都是一战而定胜局的源泉。

"近则用实,远则施号"谋略要求的是,在对远、近国家的交往上,要有所区别对待。《三十六计·远交近攻》云:"形禁势格,利从近取,害以远隔,'上火下泽'。"其意思就是,

诸子百家 —— 法家

受到地理条件的限制时,先攻取就近的敌人是有利的,越过近敌去攻取远隔的敌人是有害的。就像《易经·睽》卦说的:火苗向上冒,池水向下流。同是敌人,对策可以不同。"近则用实,远则施号",也就是一种"远交近攻"谋略。

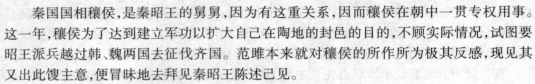

"远交近攻"智谋思想虽然管子已做了表述,但是,这一谋略提炼后的表达,最早见诸我国古代文献《战国策·秦策》,是范雎向秦王献的一条外交权略。

范雎是我国战国时期的一位足智多谋的政治家。起初,他在魏国中大夫须贾身边当随从,后来,遭到须贾的诬告,被打断了肋骨和牙齿,死里逃生来到了秦国,便更名改姓叫张禄。初到秦国,秦昭王还不了解范雎的才干,因此把他安排在平民区里住了一年多。

秦国国相穰侯,是秦昭王的舅舅,因为有这重关系,因而穰侯在朝中一贯专权用事。这一年,穰侯为了达到建立军功以扩大自己在陶地的封邑的目的,不顾实际情况,试图要昭王派兵越过韩、魏两国去征伐齐国。范雎本来就对穰侯的所作所为极其反感,现见其又出此馊主意,便冒昧地去拜见秦昭王陈述己见。

范雎对昭王说:"穰侯试图越过韩、魏而去攻打齐国的纲、寿二地,这是很不明智的做法。此次行动,我们如果出兵太少,就不足以打败齐国,出兵太多,则又会削弱秦国本土的防卫。如果我们只出少量的兵而借助韩、魏二国的兵力去攻伐,那也是不道义的行为,韩、魏二国先前和我们友好的关系也会因此而破裂。君主想,我们越过人家的国土去打仗,这行得通吗?过去齐国公南攻楚国,虽攻下了楚国许多城邑,结果连尺寸土地都未得到,而他自己反被东方的其他诸侯乘机打垮了。因此,依愚民之见,大王不如远交而近攻,这样,得寸土便是大王的寸土,得尺土也属于大王所有。"

秦昭王采纳了范雎的意见,放弃了攻伐齐国的计划,并且委任范雎为客卿。同时着手制定"近攻"战略。秦军先打魏国,攻下了魏国的好几座城邑,迫使魏国成为秦国的附庸。不久,秦昭王又正式拜范雎为相国,并下令秦军向距秦不远的赵国发动了进攻,在长平大败赵军,坑杀赵军士卒 40 多万人,使赵国从此一蹶不振。范雎的远交近攻谋略,为秦国向东扩张铺平了道路。

"近则用实,远则施号",实际上是依据地理条件来决定外交政策。19 世纪初叶英国著名的政治活动家、外交家乔治·坎宁,就运用"远交近攻"的外交策略,既缓和了一些国际矛盾,也稳固了英国资产阶级的统治。

1822 年 8 月,乔治·坎宁重新出任外交大臣职务,随即对政府的对外政策进行了一系列革新,实施了闻名一时的"远交近攻"外交方略。

坎宁的"远交"是广泛的,而他的"近攻",主要是针对神圣同盟。坎宁上任后,就决定抛弃英国近 10 年来的外交路线,拒绝支持神圣同盟。他认为,自维也纳会议以来,世界形势发生了很大变化,革命的直接威胁已经消失,更现实的危险是欧洲各反动君主国将长期联合霸占欧洲,并置资产阶级英国于孤立地位。基于对局势的这种分析,坎宁提出,英国不应过分追求同神圣同盟的协调一致,而应依靠自身的优势力量,同欧洲大陆拉开距离,站在欧洲大陆体系之外,维持一种新的均势。

为此,坎宁决心打破神圣同盟的一统局面,恢复英国在欧洲事务中的领导作用,保证英国在欧洲的优势地位,以满足工业资产阶级新的海外扩张要求。坎宁清醒地意识到,要维持这种均势,重显英国的地位,必须防止某一大国无限扩张力量,尤其是要防止法国这一近邻的东山再起。如果欧洲的均势因法国征服西班牙而遭到破坏的话,英国就应在美洲多做一些文章,使美洲成为纠正这次失调的砝码。按照坎宁的说法,英国可以容忍法国征服西班牙,但绝不能容忍法国触动西班牙在美洲的属地。

1820年,西班牙爆发了新的资产阶级革命,神圣同盟决定干涉。坎宁反对与神圣同盟合作。他曾以外相的身份宣称,英国不参加任何要求英国对列强干涉西班牙的行动给予直接或间接援助的决定或决议。他还通过英国驻巴黎大使查尔斯·斯图亚特劝阻法国不要干涉西班牙。

在拉丁美洲独立问题上,坎宁采取了果敢行动,同神圣同盟展开了直接交锋。当时,拉美国家掀起了反对宗主国殖民统治的独立运动,海地、墨西哥、委内瑞拉等国家先后宣布独立。1823年,神圣同盟决定由法国派兵前去镇压,坎宁坚决反对,并声明,只承认拉美国家已经实现了的现实,即承认他们的独立,反对任何武装干涉或把这些殖民地转入法国之手的企图。

坎宁还积极开展同美国的交往,向美国发出呼吁,希望英美联合发表声明,制止神圣同盟的行动。1823年8月16日,坎宁接见美国公使理查德·拉什,建议英美两国在拉美问题上实行合作;20日,坎宁又书面照会拉什,提出由英美共同保证不占有拉美的任何部分,并也不允许原属西班牙的殖民地的任何部分转让给其他国家;25日,坎宁再次函告拉什,敦促美国尽快同英国发布共同宣言。同时,坎宁还派出舰艇在大西洋上巡弋,任何从欧洲开往美洲的船只,没有得到英国的同意,将不得通过。

根据坎宁的建议,1825年1月,英国承认了阿根廷、哥伦比亚、墨西哥等国家的独立,并同这些国家建立了外交、贸易关系。与此同时,英国也承认了葡萄牙殖民地巴西的独立。坎宁的外交策略,给神圣同盟的声誉以沉重的打击,恢复了英国在欧洲的威望。坎宁个人的威信也大大提高,赢得了政府和议会两党的积极支持。

7.释实而攻虚

夫先王之伐也,举之必义,用之必暴,相形而知可,量力而知攻,考得而知时。是故先王之伐也,必先战而后攻,先攻而后取地。故善攻者,料众以攻众,料食以攻食,料备以攻备。以众攻众,众存不攻;以食攻食,食存不攻;以备攻备,备存不攻。释实而攻虚,释坚而攻膬,释难而攻易。

《管子·霸言》

先代君王的征伐,举兵总是合于正义,用兵总是迅猛神速,权衡形势而断定可不可以举兵,衡量实力而决定是否进攻,考虑得失而决定行动的时机。正因为如此,先王的征伐,总是先宣战而后再发起攻势,先进攻而后再谋取土地。所以,善于进攻的人,总是要算计我军的人数以攻伐敌军人数,算计我军粮草以攻伐敌军粮草,算计我军装备以攻伐敌军装备。如果以人对人,敌军人多则不可进攻;如果以粮草对粮草,敌军库存丰富则不可进攻;如果以装备对装备,敌军装备充分则不可进攻。应该避开敌人的实力而进攻空虚的地方,避开坚固之处而攻击其脆弱的地方,避开难攻之处而选择容易突破的地方。

"释实而攻虚,释坚而攻臁,释难而攻易",概括起来说,就是避开对手强大的方面,攻击对手薄弱的方面,即"避实击虚"。一个国家或军队的虚实是客观存在的,决策者要占据主动,取得胜利,就必须认真分析对手的强项和弱点,做出准确判断,抓住时机,运用计谋,避开敌手的强项,扩大敌手的弱点,并加以充分利用而取胜。这是用兵之规律,攻伐之要义。

"释实而攻虚"是一条重要的战法。《孙子·虚实篇》云:"夫兵形象水,水之形,避高而趋下;兵之形,避实而击虚。"也就是说,用兵的规律就像流水,流水的规律是避开高处而流向低处;用兵作战的规律则是避开敌人坚实之处而攻击敌人虚弱的地方。古往今来,无数军事家用此谋略夺取战争的胜利。

宋神宗熙宁年间,西南地区的边族木征发动叛乱,朝廷派遣大臣王韶领兵前去平息。王韶采取分化瓦解的办法,使叛乱很快被平息,木征被招降,并向王韶表示愿意归顺朝廷。于是,王韶留下部分人马把守要塞,亲自率领大军凯旋。

可是,好景不长。王韶回到京都不久,西南边境便又传来警报。原来木征反叛之心不死,他见朝廷大军撤走,就又四处活动,诱使董毡的部将青宜结、鬼章等人再次发动叛乱。

叛军这次起势凶猛,在很短的时间,就相继占领了洮、岩、叠三州,并向河州发起进攻。河州知州景思立率军迎敌,却中了叛军诱敌深入之计,在白城吃了败仗,景思立也在战斗中丧生。

宋神宗接到告急奏章后,命王韶为平叛招讨使,率领大军,再次前往西南地区平叛。

王韶受命后,领军日夜兼程。当部队行至兴平时,接到前线传来的消息,叛军已经包围了河州城。王韶得知这一情报后,即命部队星夜赶路,来到熙州。随后,他下令挑选2万精兵强将,向定羌城进发。

众将对王韶的这一决策迷惑不解,便问道:"河州告急,本应该急速前往救援,主帅为何不往河州,而选精兵去攻打定羌城呢?"

王韶笑了笑说:"木征的老巢在定羌城,现在他在围攻河州,其老巢必然空虚,我们乘虚而攻之,他必定要回兵救护,这样一来,河州的围困局势也就自然解除了。"

于是,王韶率着大队人马朝定羌城进发。一路上,破西番,克临宁,最后直取定羌城。入城后,王韶命偏将带领一支人马绕道南山,去截断木征的退路。

果然不出所料,木征见老巢危急,便领军撤离河州,退守白城。河州之围不攻自解。

在白城,王韶又领兵乘木征不备突袭其营,烧毁帐篷近百顶,斩首7千余人。木征见无路可逃,只得率部将到王韶营中投降。王韶接受了木征的请降,命人将其押解到京都听候天子发落。平叛胜利结束。

在军事斗争中运用避实击虚谋略，其基本的依据就是：战争中军事力量的使用在方向上是不平衡的，有的方向需要投入大量的兵力兵器，使其有较强的战斗力；有的方向则可能使用的兵力相对要弱一些。这样，以一定的力量，作用于敌手的不同部位，就会产生出不同的效果。选择敌手力量较弱的地方突破，就可能如秋风扫落叶一样，迅速取得战斗的胜利。朱元璋打败陈友谅，夺取安庆，就显示了这一谋略的独特效用。

陈友谅攻占朱元璋的属地安庆后，刘基建议朱元璋率兵亲征。然而，由于陈友谅手下的张定边骁勇善战，朱元璋与其激战一天未能攻下。刘基在分析了当时的形势后，认为陈友谅率兵增援安庆，其老巢江州空虚。于是，他又建议朱元璋避实击虚，放弃攻打安庆，去捣陈友谅的巢穴。朱元璋听了刘基的计谋，连夜拔军直扑江州。待陈友谅醒悟过来，江州已失守。朱元璋乘胜回击，一路上诸郡望风披靡，纷纷投诚，陈友谅也带着家眷逃奔武昌。安庆很快就收复了。

"释实而攻虚"作为交战智谋，在商战竞争中也可以运用。商场如战场。中国近代著名的企业家范旭东先生就曾用这一谋略，战胜了英国卜内门公司。

20世纪初，中国碱市场一直为英国卜内门公司的"洋碱"所垄断。第一次世界大战爆发，西方国家纷纷转入战争，在战争的主题下，卜内门公司输入我国的碱总量大幅度下降，从战前的31500吨下降到1916年的21吨。一直从事盐业生产的范旭东抓住这一机会，于1918年办起了中国第一个制碱企业——永利制碱公司。

第一次世界大战结束后，英国卜内门公司急忙重返中国市场，可是，不想遇到了永利制碱公司这个竞争对手。经过一番谋划，卜内门公司调来一大批纯碱，以原价40%的低价在中国市场上倾销，企图不惜血本将永利公司挤垮。

永利同卜内门相比，实力悬殊。但是，范旭东也不想坐以待毙。怎么办？要硬拼，是绝对难以取胜的。范旭东先生冷静地分析了卜内门公司的状况：当时日本是卜内门公司在远东的最大市场，而欧战刚刚结束，卜内门的元气并未完全恢复，现在为了对付永利公司，他们把大量的碱运到中国，这样，销往日本的碱必然紧张，永利公司可以乘此空隙，打入日本市场，在日本同卜内门公司做了一番较量。

实施"释实而攻虚"的谋略的一个基本前提，就是要准确地判断敌手的虚弱之处。然后，抓住弱处展开进攻。范旭东看到卜内门公司的虚处后，迅速赶赴日本，与日本大财团三井株式会社协商，委托三井在日本以低于卜内门公司的价格代销永利公司的"红三角牌"纯碱，三井公司觉得不要自己的资金，又有利可图，便很快与永利达成了协议。

不久，质量与卜内门相同，价格却低许多的"红三角牌"纯碱，很快在日本形成市场碱价下跌的冲击波。这一突变，使得英国卜内门公司措手不及。为了保住日本这个大市场，卜内门公司不得不随之降低自己产品的价格。然而，卜内门公司在日本市场上纯碱的销售量远远大于中国市场，这一降价，使其大伤元气。而永利公司纯碱在日本的销售量不过卜内门销量的10%，所以，虽然降价销售，损失并不大。

卜内门公司经过权衡利弊，觉得保住日本市场比独霸中国市场重要得多，便主动向

诸子百家——法家

永利公司挂出了免战牌。永利公司乘胜进攻，一举夺回了国内市场。

8.实而虚之

善者之为兵也，使敌若据虚，若搏景。无设无形焉，无不可以成也；无形无为焉，无不可以化也。此之谓道矣。若亡而存，若后而先，威不足以命之。

《管子·兵法》

善于用兵的人在指挥作战时，总是使敌人像据守在虚空的地方、像在追逐搏斗影子一样，使队伍保持没有方位和没有形体的样子，就没有不能成功的；使队伍好像没有形体、无所作为的样子，就没有不能变化的态势。这些就叫作用兵之"道"。按照"道"来做，那么，队伍就好像没有而实际存在，队伍的行动好像在后面而实际则在前面，这样的队伍，用"威武"也不足以形容其力量。

实而虚之，实际上是一种疑兵之策。即运用各种巧妙的伪装，迷惑敌手，使对方产生错觉，以掩盖自己的真实意图。当敌手因摸不清我方实力和真实意图而犹豫不决时，突然发起进攻，使对方措手不及，从而取得出人意料的胜利。

公元前342年，魏国联合赵国攻打韩国，韩国寡不敌众，急忙向齐国求救。齐国大将田忌率领军队直接向魏国的都城大梁进发。魏将庞涓听到这个消息后，立即从韩国撤兵回救，这时，齐军已经进入了魏国。齐国军师孙膑对田忌说，魏国军队一向骄傲轻敌，庞涓此时也急于求战，一定会轻兵冒进，我军可以利用魏军的弱点，采用诱敌深入的办法，在半路上设置埋伏，给魏军以致命打击。田忌采纳了这一建议。

于是，当庞涓指挥魏军迎击齐军时，齐军佯装不敌，节节撤退。在撤退的路上，孙膑还设下了"减灶"的骗局。撤退的第1天，齐军遗弃的灶台是10万个，第2天减为5万个，第3天只有3万个，魏军见后，认为进入魏境的齐军兵力一天天在减少。

一连追了3天后，庞涓从齐军灶台减少的现象中，断定齐军士卒逃亡严重，战斗力不攻自垮。便骄傲地说，我一向知道齐军胆怯，不敢战斗，他们刚入我境才3天，逃跑的士兵就超过了半数，真是不堪一击。为了全歼齐军，庞涓丢下主力，只带领一支精锐部队，兼程追击。

孙膑根据魏军的行动，判断其当天日落之后将进军至马陵。马陵这地方地势险要，道路狭窄复杂，是打埋伏的好地方。孙膑提出在此伏击魏军。他吩咐士兵将一棵大树的树皮剥下来，然后用笔在白木上写上"庞涓死于此树之下"几个大字；他还调遣1万名神箭手埋伏在道路两旁，并约定，当夜里看到火光一闪时，便一齐向道上放箭。

庞涓果然按预计的时间追到马陵，并渐渐进入了齐军的埋伏地区。当他来到那棵剥了皮的大树前，因天黑看不清楚上面的字，便命人点上火把照明。谁知，火光一闪，齐军万箭齐发，魏军来不及防备，顿时乱作一团，被箭射中和互相踩踏者无数。庞涓也自知智穷力竭，败局已定，便愤愧自杀。魏国从此一蹶不振。孙膑则以其谋略高超而扬名后世。

诸子百家——法家

《草庐经略·卷六·虚实》云："虚实在我,贵我能误敌。或虚而示之以实;或实而示之以虚。"在战争中,用兵的虚实,必须根据敌手的情况而定,有时用真实向敌人显示虚假,有时则用虚假向敌人显示真实。虚实相间的最高原则,就是使敌人发生错觉,导致行动上的失误;虚实相间的最高艺术,就是使自己始终把握战场上的主动权。因此,无论是"实而虚之",还是"虚而实之",都离不开上述宗旨。

第二次世界大战中,美英联军也曾用"实而虚之"的谋略,成功地实现诺曼底登陆,开辟了第二战场。

诺曼底登陆战役是1943年1月美英最高级军事会议上决定的。当时苏联红军已开始转入反攻,在斯大林格勒取得了决定性的胜利。日军在太平洋战场的陆战和海战中都受到了挫败。德军在北非的隆美尔军团也受到了严重打击,丧失了进攻的能力。因此,整个战局对美英在西线开辟的第二战场极为有利。

对于联军渡海作战的可能性,德军是有预测的。德军总参谋部认为,英伦海峡最狭窄的地方是加莱地区,此地航程近、航行时间短,而且有可用的港口。相比之下,诺曼底沿岸地区不但岸滩大,航程远,而且没有可直接使用的港口。基于这种分析,德军总参谋部一直认为加莱地区对美英联军进行登陆最便利,由此地突破的可能性最大。于是,德军把西线的主力军第15集团军的23个师,包括14个海防师、4个攻击步兵师、5个装甲兵师布置在加莱地区;而诺曼底地区的兵力则少得多,在漫长的海防线上,只有第7集团军的3个海防师、2个攻击步兵师、1个装甲兵师,另外,还有2个独立的步兵团和1个独立伞兵团,在该地区的地面部队总人数不足9万人。

然而,美英联军使用在诺曼底的兵力共有1个集团军群、3个集团军11个军30个师,此外,还有直接作战的各类飞机12837架、舰艇5000余艘。在兵力的对比上,美英联军占据绝对优势。即使如此,美英联军还采取了若干伪装措施,实以虚之,欺骗德军。

为了隐蔽真实的行动企图,在英国东南部的港口集结了大批假登陆艇,在多佛尔设立了一个假的最高司令部,在苏克斯和肯特地区开设了多条假公路、假铁路和铁路支线,让德军的空中侦察认为这些都是在为加莱方向登陆做准备。为了保密,最高司令部确定登陆日期之前,所有的舰艇人员一律"封闭"在他们各自的舰艇上,陆军部队则都被围在有铁丝网的地域内,并且派了2000名反情报人员严密监视,以防泄密。

在整个战役准备过程中,美英空军向加莱地区投下的炸弹比向诺曼底投的炸弹多两倍,使德军以为美英联军在清扫登陆障碍。在实施登陆的前两天,美英动用重型轰炸机群,对加莱地区德军的海岸炮兵阵地、防御支撑点及其他的防御设施,实行了猛烈的轰炸,这使德军更加确信美英联军是在加莱地区实施登陆。

此外,美英联军对德军的海岸雷达也进行了迷惑,使其对联军的海上活动无一发现。就是在6月6日起登陆的凌晨2时30分,美英联军的特混舰队已经推进到换乘海域,并开始换乘和战术展开,德军的海岸雷达也未能发现,海岸防御部队因此也未能及时抵抗。

由于德军总参谋部情报机关受到美英联军战役伪装的迷惑,在登陆地区和登陆时间的判断上产生了严重的错误,结果使大部分可能使用的兵力和兵器都浪费在加莱地区,而真正的登陆地区却得不到应有的和有效的支援。于是,造成了德军惨败的结局。

9.用兵之势在明于机数

是以欲正天下,财不盖天下,不能正天下;财盖天下,而工不盖天下,不能正天下;工盖天下,而器不盖天下,不能正天下;器盖天下,而士不盖天下,不能正天下;士盖天下,而教不盖天下,不能正天下;教盖天下,而习不盖天下,不能正天下;习盖天下,而不遍知天下,不能正天下;遍知天下,而不明于机数,不能正天下。故明于机数者,用兵之势也。大者时也,小者计也。

《管子·七法》

管子认为,用兵之前必须做好八个方面的工作,即积聚财富、考究军事技艺、制造兵器、选择战士、加强管教、强化训练、调查各国情况、明察战机和策略。然而,要匡正天下,虽然财力不压倒天下不可能匡正天下,但是,财力压倒天下而军事技艺不能压倒天下,也不可能匡正天下;军事技艺压倒天下而兵器不能压倒天下,也不可能匡正天下;兵器压倒天下而战士素质不能压倒天下,也不可能匡正天下;战士素质压倒天下而管理教育不能压倒天下,也不可能匡正天下;管理教育压倒天下而军事训练不能压倒天下,也不可能匡正天下;军事训练压倒天下而没有普遍了解天下的情况,也不可能匡正天下;普遍掌握了天下的情况而不能明察战机和策略,也还是不能匡正天下。因此,明察战机和把握策略,是用兵的关键。首要的是掌握作战时机,其次是作战计划。

管仲十分强调策略用兵,曾提出,君主要图霸,光能治理民众而不懂得用兵的策略,仍然是不行的。在这里,管子又把"明于机数"作为策略用兵的关键。"明于机数"就是观察情况的发展变化,把握战机,根据不同的时机,灵活地处理事情。实际上,这一智谋,在政治、外交乃至经济活动、个人生活中,都可运用。

公元前205年,西庇阿当选为罗马执政者。此时,迦太基的汉尼拔正驻兵在意大利的南部,与罗马军队对峙。为了迫使汉尼拔撤离意大利本土,西庇阿便率领军队秘密渡过地中海,与盟军一起在迦太基国北部登陆,歼灭了汉尼拔的一支军队,紧接着又围攻迦太基国的首府迦太基城和乌提卡城,使汉尼拔不得不回救本土。

公元前202年,汉尼拔率军回到了迦太基。由于其一路扩充兵力,军事实力得到增强。于是,汉尼拔迫不及待地对位于迦太基城南的西庇阿军队发起进攻,并摆开对西庇阿军队南北夹击的攻势。

西庇阿分析了当时的局势,觉得汉尼拔来势凶猛,自己的盟军又暂时撤回本国去了,因此,在军事实力上远远不及汉尼拔的情势下,西庇阿决定解除对迦太基城和乌提卡城的围困,率领军队向迦太基国的腹地运动,一方面摆脱两面受夹击的危险局面,另一方面,以诱敌深入。

当西庇阿率领军队进行到札马地区时,出现了十分有利于己的战场条件,而且,此时盟国的军队也及时赶来了。形势的变化,使西庇阿决定在札马地区与汉尼拔一决雌雄。

两军在札马地区摆开阵势。汉尼拔的阵势是将重兵分列两头,其队伍分为三线,以80头战象打头阵,随后紧跟着一字摆开的步兵,精锐部队布置在最后一线;同时在两侧辅以骑兵。汉尼拔的作战意图是:用战象突破西庇阿军队的正面部队,以减少第一线进攻部队的阻力和伤亡,提高第二线部队的士气,再依靠三线的精锐部队和两翼骑兵的包抄,夺取战役的最后胜利。

西庇阿观察了解到汉尼拔的布阵情况后,随机应变,摆出了一个相应的阵势。他将部队也列为三线,但把三线上的各连重叠排列,在阵中留出一条条通道,并在通道中配置少量的轻骑兵,引诱汉尼拔的战象从通道穿过,同时又便于及时后撤,以消解汉尼拔一线的冲击力,保持整个阵容的稳固。西庇阿也将盟军强悍的骑兵配置在左右两翼,以便对汉尼拔的军队实施反包围。西庇阿还命令第一线的步兵都带上号角,当与汉尼拔第一线队伍接近时,以号角对付其打头阵的战象。

双方交战时,先是骑兵有一些零星接触。接着,汉尼拔为了先发制人,争取主动,便出动战象进行了冲击,以图打乱西庇阿的阵脚。可是,当战象冲到对方阵前时,西庇阿命令士兵吹响号角,战象被这突如其来的号角声吓蒙了,于是,有的驻足不前,有的则吓得转身向自己阵中冲去,只有一少部分战象冲向西庇阿的军阵,却又都顺着预先设置的通道奔向阵外。

由于汉尼拔第一招未发生效果,自己的阵脚反而被掉转头的战象冲乱,士气受到极大挫折。西庇阿看准时机,指挥两翼骑兵合围上去,击溃了汉尼拔的骑兵,冲乱了其步兵。正当汉尼拔的军队一片混乱之时,西庇阿又迅速调动第二线和第三线的兵力,向汉尼拔军队发起了正面攻击,汉尼拔军大败,他本人在骑兵的护卫下落荒而逃,其余将士不是阵亡就是被俘。西庇阿夺取了札马战役的胜利,同时,也因灵活用兵而威名大震。

"用兵之势在明于机数"智谋,还包括针对战场千变万化的情况,敢于灵活掌握,抓住时机,主动出击制胜。

解放战争时期,1948年12月,东北野战军秘密入关。第4纵队司令员吴克华率领部队进驻北平以北的怀来县康庄一带,负责切断平张路,阻击南口的敌人西援和阻敌第16军东逃。从俘虏的供词中得知,傅作义已经指示驻守在新保安的部队随时撤回北平;同时,我4纵队侦察员还发现敌第104军也有撤逃北平的迹象。然而,在敌人撤退的路上,只有一支地方游击队,无力阻止敌军的撤逃。吴克华司令员接到侦察报告时,敌军第104军已开始行动,向北平逃跑。

在这种情况下,如果向上级请示,将会贻误战机。并且,让敌104军逃到北平,还会给解放北平增加困难。于是,吴克华果断地决定主动出击,打一场上级没有下达作战命令的仗。他命令一个师留在原地继续执行既定的任务,抽出两个师负责追歼敌军。在作战方案上,吴克华司令员通过对敌军战斗力、撤逃路线和必经道路等方面的调查研究,决定让一个师跟踪追击。另一个师抄近道拦截104军的去路。敌军本来就是仓皇逃跑,如今又遇解放军追击,更加慌乱。当敌军到达解放军的阻击地区时,4纵队的两个师前后夹

諸子百家——法家

击。将敌军军机关以及两个师全部歼灭。

10.经乎不知，发乎不意

经乎不知，发乎不意。经乎不知，故莫之能御也；发乎不意，故莫之能应也。故全胜而无害。因便而教，准利而行。教无常，行无常。两者备施，动乃有功。

《管子·兵法》

途经某地要使敌人不知晓，发兵行动要出乎敌人意料。途经某地敌人不知晓，从而敌人也就不能防御；发兵行动出乎敌人意料，从而敌人也就无法应付。这样，就能全咎而不会有损失。要根据是否方便来训练部队，按照是否有利来确定行动，训练不拘常规，行动也不拘常规，这二者兼而施之，一行动就必定产生功效。

出其不意，攻其不备，向来是兵家的重要谋略。德国著名军事家毛奇曾说过这样的话：敌人如果给我提供三种选择，我总是选择第四种。这也就是说要出敌意料。要达到出其不意的目的，通过军事的、政治的伪装，以隐蔽自己的作战意图是至关重要的。巧妙的伪装，可以使对方判断错误，丧失有组织有准备的抵抗能力，从而使我方达到出奇制胜的目的。

拿破仑指挥战争有一个要诀，即化一般人认为的险为不险，化一般人认为不可能的事为可能，在别人认为极端困难的地方找出稳妥可行的办法。

拿破仑曾于 1800 年指挥部队偷越阿尔卑斯山的大圣伯德纳山口。这个山口的通道是一条在悬崖陡壁上的羊肠小路，人一失足就会落下深谷粉身碎骨，还时常有发生雪崩的危险。古代迦太基的名将汉尼拔曾带领部队从这里通过，用了 15 天的时间，其中有 3 天停止前进，这 3 天，部队是在冰天雪地里度过的。结果，迦太基军队由于寒冷和饥饿而丧失了战斗力。从这以后，一般人认为，要指挥一

拿破仑

支大军从这里通过，是完全不可能的。然而，拿破仑却带着他的军队从这里通过了，并且是在有炮兵参加编队的情况下，只用了 7 天时间就通过了这个山口。在这次行动中，拿破仑充分运用了他天才的想象力，充分发挥了参谋人员的组织能力，其部队也充分发扬了忍受艰苦和克服困难的精神。拿破仑的军队通过大圣伯德纳山口，出人意料地突然出现在奥军的面前，使奥军措手不及，被打得晕头转向，最终惨败。

"经乎不知，发乎不意"，从兵法上说，就是利用"势"出奇制胜。《孙子兵法》云："激水之疾，至于漂石者，势也；鸷鸟之疾，至于毁折者，节也。是故善战者，其势险，其节短。势如彍弩，节如发机。"孙子在这里用激水和鸷鸟做比喻，论述了战场上"势"与"节"的重

要性。激流顷刻而下，以至于能使石头漂移，这是倾泻的水势造成的；凶猛的鸟高飞猛扑，以至于能捕杀、摧折比它们大的动物，这所运用的是短促迅猛的攻击节奏。所以，善于作战的人，他所造成的态势是险峻的，所进攻的节奏是短促迅猛的。攻击的力量就如同张满的弓弩，攻击的节奏就如同击发的弩机。合理聚集军事力量，正确运用态势和冲击力，可以取得事半功倍的成效。第二次世界大战期间，日本军队偷袭美军驻守的珍珠港，也是一次"经乎不知，发乎不意"的典型事例。

珍珠港位于太平洋中部的夏威夷群岛的瓦胡岛上，美军太平洋舰队司令部设在该港。1942 年 12 月 7 日清晨，日军飞机分两批从 6 艘航空母舰上起飞，猛烈轰击泊于港内的美国军舰和停在机场上的美军飞机，一支日军潜艇部队配合这次攻击，致使美国太平洋舰队的作战能力全部丧失。

日军为了偷袭珍珠港，做了充分的准备。他们为了摸清偷袭时的航线，派出海军军官铃木扮演成轮船职员，混入"大洋丸"号商船，频繁地出入珍珠港，对航线上的风浪情况、港口的设防以及美国海军基地和空军机场的具体情况，都侦察得一清二楚。

日本还施展外交手段，麻痹美国政府官员和军方人员。偷袭行动前 20 天，日本的"和平特使"来栖三郎和野村频繁地与美国国务卿和罗斯福总统举行会谈，甚至在空袭行动已经开始实施时，来栖三郎和野村还走进美国国务院进行着最后一次的"谈判"。日本利用"和平谈判"掩盖了其偷袭珍珠港的作战行动，并且将美国欺骗到最后一分钟。

由于日军的伪装欺骗，使珍珠港的美军对其偷袭行动没有任何思想准备。临战前夕，日军潜艇对珍珠港进行抵进观察，美军舰艇也发现了日潜艇的行踪。但是，美军驻港指挥机关却不相信，认为"可能是看错了"，从而也就没有采取必要的护卫措施。日军机群临空前，美军雷达兵也发现 132 浬处有大机群朝珍珠港飞来，并马上报告了值班中尉，可值班中尉不但不信，还把雷达兵嘲笑了一番，并叫雷达兵"少为这件事操心"。

12 月 7 日，是星期天。美军在周末通宵达旦地狂欢后，早晨都在睡懒觉。瓦湖岛一片恬静。7 时 15 分，日军第一批轰炸机群俯冲轰炸美军飞机场的飞机。在一片爆炸声中，浓烟四起，只用了 5 分钟的时间，美军机场便陷入瘫痪。随后，日军大批的鱼雷机群飞临港湾，集中轰炸美军太平洋舰队。随着日军轰炸机群穿梭地轰炸，停泊在港内的太平洋舰队的旗舰、巡洋舰、驱逐舰都一一被炸毁炸沉。

日军此次偷袭行动，击毁美军飞机 188 架，死伤官兵 4500 余人，美太平洋舰队几乎全军覆没。

"经乎不知，发乎不意"谋略的运用，还必须善于隐蔽自己，使敌人摸不准我方的真实行动。英军取得突袭贝卜岛的胜利，就在于英军很好地隐蔽了行动意图。

贝卜岛位于马尔维纳斯群岛的最北端，是马尔维纳斯湾的入口处，战略地位十分重要。阿根廷在该岛上建立了军事基地，设立了 6 座雷达站，1 个飞机场和 1 座大型军火库。1982 年英国和阿根廷争夺马尔维纳斯群岛，阿根廷军队在空、海战连连失利的形势

诸子百家 —— 法家

下,将兵力投入抗登陆的战役准备中。阿军得到情况,称英军可能在马岛东端的斯坦利港登陆。于是,将抗登陆的重点放在了斯坦利港,而放松了对贝卜岛的防范。

然而,英军实际选择的登陆点是圣·卡罗斯港。为了实现在圣·卡罗斯港的顺利登陆,英军决定先拔掉贝卜岛上的阿军基地,扫清登陆道路上的障碍。

5月15日晚,英军一艘驱逐舰悄悄地驶进贝卜岛海岸2公里的海域,以便在发起攻击时向岸上提供火力支援,同时为突击队提供雷达防卫屏障。之后,英军又出动了3架直升机,偷偷地将50名突击队员送到预定集结地。阿军对英军的上述行动毫无察觉。50名英军突击队员着陆后,分成6个小组,借助夜视仪,在黑暗中绕道乱石和沼泽地,顺利地到达了指定位置;炮兵观察组迅速进入制高点,装上自动夜视激光距离探测器,探测机场的方位;无线电员将机场的准确坐标报告给停泊在海边的驱逐舰;舰指挥室立即编制火炮控制程序,指挥雷达监视敌机,接着,开始炮击机场。

到此时,阿根廷军队才从梦中惊醒过来,面对英军的突然袭击,都显得不知所措。仓促组织力量反击,却又不知道英军的位置和方向,反击显得毫无目标。而英军则越战越勇,很快歼灭了守岛的阿军,炸毁了军火仓库,摧毁了岛上的全部军事设施。战斗结束后,英军3架直升机载着全部突击队员迅速撤离。阿军则由于丢失了西马尔维纳斯群岛的战略要地,从而使整个战场陷入了被动局面。

11.谋攻莫过巧离间

谋功者五:一曰,视其所爱,以分其威,一人两心,其内必衰也。臣不用,其国可危。二曰,视其阴所憎,厚其货赂,得情可深。身内情外,其国可知。三曰,听其淫乐,以广其心。遗以竽瑟美人,以塞其内;遗以谄臣文马,以蔽其外。外内蔽塞,可以成败。四曰,必深亲之,如与之同生。阴内辩士,使图其计;内勇士,使高其气。内人他国,使倍其约、绝其使、拂其意,是必互斗。两国相敌,必承其弊。五曰,深察其谋,谨其忠臣,瞬其所使,令内不信,使有离意。离意不能合,必内自贼。忠臣已死,故政可夺。此五者谋功之道也。

《管子·禁藏》

谋取攻伐敌国的手段有五种:第一是查明敌国君主的爱臣,设法削弱他的权力,使之怀有二心,这样,他与君主的亲密程度必然衰退,大臣不为君主效力,其国家也就岌岌可危了。第二是探明敌国君主暗中憎恶的大臣,加重贿赂的财物,这样就可以了解宫廷内部的情况,身居在国内而情报通着国外,该国的情况就能了如指掌了。第三是了解敌国君主的兴致癖好,以荒废其意志,送给他乐队和美女,以蒙蔽其内心,送给他溜须拍马的侍臣和美丽的马匹,以蒙蔽其外行,内心和外行都被塞蔽,就可促成其国家败亡。第四是尽量同敌国表示亲密,装出形同兄弟的样子,暗中派去智辩游说人物,煽动其图谋别国,送去勇力之士,使其骄傲自大,同时又派人到别国去。唆使别国与其背约、断交、反目,由此引发战争,两国相战,就必然有可能利用的破败之处。第五是深入了解敌国君主的谋略,敬事其忠臣,分化其属下,使他们内部互相不信任,离心离德,互相离心而不能团结一致,一定互相残杀,这样,忠臣死掉了,就可以夺取其政位了。上述五个方面就是谋取攻伐敌国的办法。

管仲这里提出的谋攻敌国的五种手段,都是从敌国内部打主意,以此来搞垮敌手。因此,这些手段可概括为一个谋略——离间计。明《投笔肤谈·谍间》曰:"因隙间亲,因佞间忠,因利间争,因疑间废,诳其语言,乱其行止,离其腹心,散其交与,间谍之妙也。"俗话说,堡垒最容易从内部攻破。因此,在与对手较量中,采用离间策略,往往可能收到事半功倍的成效。

北宋年间,宋将种世衡与西夏王赵元昊对阵。西夏王手下有两员心腹大将,即野利王和天都王,两人武艺高强,且足智多谋。种世衡对此二人很是惧怯,决定用离间计先除掉他们二人,然后再进攻西夏军。

派谁为间谍打入西夏军内部呢?一个偶然的机会,种世衡发现紫山寺里有个名叫法嵩的和尚,秉性正直,坚强朴实,便打算培养和使用他。种世衡劝法嵩和尚从戎,不久,法嵩在作战中屡建战功。于是,种世衡又不失时机地提拔他,并在衣食住行等方面加倍关怀他,这使法嵩十分感激。

为了考验法嵩的意志,种世衡安排了一出苦肉计。一天,种世衡将法嵩找来,大声指责道:"我对你如同对待亲生儿子,可你却在私下里与敌军勾结,该当何罪你知道吗?"便立即命士兵将法嵩押入监牢。在多次的刑问中,法嵩不仅拒不认罪,而且还对种世衡无半句怨言,反而说:"我法嵩是一个大丈夫,不会做对不起种公的事,种公如果听信奸人的话,即便把我杀了,也不过一死了之,我绝不会负种公的栽培之恩。"经过考察,种世衡觉得法嵩可以担当大任。于是,便将他请到自己家中,告诉他实情,说:"你根本就没有罪过,是我考验你。因为我要派你去做一件事情,中间你可能会受比这更大的苦,不知你能不能坚守秘密,不辱使命?"法嵩听了种世衡的解释,深受感动,发誓不辜负他的期望。种世衡随即向法嵩交代了任务:让其带着丰厚的礼物,设法见到西夏野利王,并通过野利王打入西夏军内部。临行时,种世衡脱下自己身上的锦袍送给法嵩,让他在路上穿着御寒。

法嵩来到西夏王占据的地域,寻找野利王的营地。由于他行动特别,引起了西夏军的注意。西夏军将法嵩扣押了起来,在搜查中,从种世衡送给法嵩的那件锦袍领子中,搜出了一封密信。这封密信是种世衡写给野利王的,字里行间流露出他们之间的亲密关系。法嵩不知道袍领里藏着密信,但在严刑拷打下,始终没有说出实情。西夏王赵元昊对种世衡给野利王的信信以为真,并由此怀疑野利王有反叛动机,不久就派人将野利王杀害了。

种世衡得知野利王被杀的消息,心中异常兴奋。于是,他又开始实施除灭天都王的计划。他在西夏边境上设立祭坛,以悼念野利王。种世衡还将祭文写在木板上,祭文中除了悼念野利王的话语,还夹杂着这样一些内容:两员大将相结,有意归顺本朝,在事情快要成功之时,却突遭变故,留下遗恨,实在可哀。种世衡还故意将抄有祭文的木板和纸钱一起燃烧。当西夏军兵冲来时,种世衡又假装抱头鼠窜,将祭物故意留下。由于木板不易烧毁,西夏兵将写着祭文的木板捡回去,交给赵元昊。天都王也被怀疑,不久即被治

諸子百家——法家

罪。西夏王两员得力干将被除,元气大伤,种世衡乘势出击,获得了胜利。

离间计实施得巧不巧妙,关键在于能否抓住敌人阵营内部的矛盾与裂痕。《李卫公兵法》中说:"历观古人之用间,有间其君者,有间其亲者,有间其能者,有间其助者,有间其邻好者,有间其左右者,有间其纵横者。"然而,无论哪种离间,都只有较好地利用敌营内部的弱点和矛盾,才能获得成功。

第二次世界大战时期,德国法西斯头子希特勒,曾施离间计,致使斯大林错杀了图哈切夫斯基等8名苏联高级将领,其谋略的成功,就在于希特勒利用了苏联国内的肃反运动。

图哈切夫斯基是苏联的著名元帅,其军事才能和指挥作战的能力,希特勒是十分清楚的。特别是图哈切夫斯基写的《当今德国的军事计划》一文,曾经引起希特勒集团的极度惶恐不安。希特勒费尽心机想要除掉图哈切夫斯基。

当时,苏联国内正在进行大规模的肃反运动,由于扩大化,一些无辜者也被不明不白地处死了。希特勒觉得这一情况有机可乘。说来也巧,正好有一天他接到纳粹特务送来的一份情报,称苏联元帅图哈切夫斯基有可能发动政变。希特勒反复研究了这份情报,感到证据不足,打算摒弃这份情报;转而他又想,不如乘此机会,除掉图哈切夫斯基,也扫除一个将来进攻苏联的大障碍。

于是,希特勒开始导演离间的阴谋。他让情报头子海德里希秘密组织编造图哈切夫斯基反苏的"证据";接着又设法把编造的这些情报暗示给苏联谍报人员。不久,图哈切夫斯基等8名能征善战的高级将领被逮捕。在军事法庭上,图哈切夫斯基等人被突如其来的审讯以及大量的所谓"证据"搞得晕头转向,难以辩说清楚,整个审讯仅用了几十分钟,便判了死刑。当天,图哈切夫斯基等8人全部被枪决。希特勒的离间阴谋,真可谓触目惊心。

第六章　杂家

第一节　杂家史话

一、先秦杂家概述

自从《汉书·艺文志》始列"杂家"类著作于诸子"九流十家"之中,经历多次王朝更迭、学术思想研究的不断演进,先秦杂家思想的研究得到不断的推进。《汉书·艺文志》将司马谈《史记·论六家之要旨》的"六家说"拓展为"九流十家",罗列其著作并予杂家以清晰的界定,宋代和清代对于杂家部分著作的考证辨伪,近现代以来运用马克思主义史学的理论方法,从思想史、学术史、社会史及其相结合的多种角度对先秦诸子和杂家著作的研究,都是学术研究方面历史性的进步。但历史也给杂家研究蒙上了层层迷雾,这主要是指儒家正统史学观念对历代学者的影响,使他们在研究中对杂家往往有先入之见或偏见。什么是先秦杂家?"杂家"的意义及内涵是什么? 都有必要从历史的分析中进行探讨。

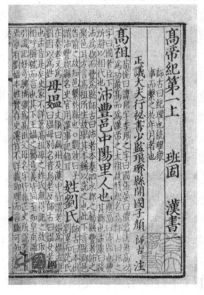

《汉书》书影

历朝历代的文献中对于杂家的著作都有所收录,但不同的时期对于杂家著作的分类有很大的差别。著作的分类可以反映出著录者对于这类作品或这个学派作品界定的标准和依据。从目录学的角度,对先秦杂家著作在不同历史时期的归类有所不同。

《汉书·艺文志》著录杂家著作二十种,四百零三篇,先秦时期的杂家著作有七种,孔甲《盘盂》二十六篇,《大禹》三十七篇,《伍子胥》八篇,《子晚子》三十五篇,《由余》三篇,

《尉缭》二十九篇,《尸子》二十篇,《吕氏春秋》二十六篇。其余十四种为汉代著作,最著名的就是《淮南子》。

　　《隋书·经籍志》著录杂家著作九十七部二千七百二十卷,先秦时期的杂家著作有三部:即《尉缭》五卷梁并录六卷,《尸子》二十卷、目一卷梁十九卷,《吕氏春秋》二十六卷。其他则包括汉代《论衡》《昌言》《淮南子》等,以及《抱朴子外篇》《金楼子》,类书《科录》《呈寿堂御览》,佛家《感应传》《众僧传》《高僧传》等。这样看来,子部杂家类其实包括了四种性质的著作。其一是先秦杂家类,其二是汉代诸子中的杂家著作,其三是类书之属,其四是佛、道之属。

　　《旧唐书》和《新唐书》分别著录杂家著作七十一部凡九百九十二卷和六十四家七十五部凡一千一百三卷。新、旧《唐书》所著录的杂家著作从目录上来看大同小异,在数量上《新唐书》增加了《旧唐书》之后的一些新著作,两部唐书中对先秦和两汉的杂家著作的收录几乎一样,先秦杂家三部即《尉缭》《尸子》《吕氏春秋》,汉代比较著名的如《淮南子》《论衡》《抱朴子外篇》《昌言》《刘子》《金楼子》等《旧唐书》均有著录,《新唐书》中仅少了《昌言》和《金楼子》。先秦两汉比较著名的杂家著作一如《汉书·艺文志》和《隋书·经籍志》,没有多大改变。

　　《宋史·艺文志》第四部将子书分为十七类,杂家著作列第八类,先秦和两汉杂家著作大部分因袭前代,只是将汉、隋、唐均认为应将先秦杂家的著作《尸子》列入儒家之中,《尉缭》五卷则列入兵书类之中。杂家类共计是一百六十八部凡一千五百二十三卷、篇。

　　《明史·艺文志》第三部将子书分为十二类,杂家位列第二,所著录杂家著作皆为明代当时之作,明之前杂家著作未涉及。至于《元史》则根本未列《艺文志》为书的内容。因此,对于宋、元、明时期杂家书目的考察,我们可以借用学术性更强的《通志》《文献通考》《汉书艺文志考证》等书作为参照。宋郑樵的《通志》中先秦两汉的杂家著作有《尸子》《吕氏春秋》《淮南子》《抱朴子外篇》《金楼子》等。杂家类著录中类书性质的书大幅增加,如《博览》(十三卷)、《杂书钞》(四十四卷)、《子钞》(三十卷)、《子林》(三十卷)等等。元代马端临《文献通考》之《经籍考·子·杂》中,首先考证了自汉到宋四朝史书艺文志中关于杂家书目数量的增减变化,但在其后的考证中,对于先秦杂家仅考证了《范子计然》十五卷、《吕氏春秋》二十卷两部,汉代的则比较多,诸如《淮南子》《子华子》《论衡》《昌言》《抱朴子外篇》《刘子》《金楼子》等。

　　清代的《四库全书》对于我们研究杂家的著作有很大的帮助,《全书》中的史部《崇文总目》《千倾堂书目》《文渊阁书目》,都能提供杂家目录学研究的一些线索。《崇文总目》中列杂家著作三十九部四百二十二卷,先秦及两汉杂家的主要著作有《吕氏春秋》三十六卷、《淮南子》《昌言》《论衡》《抱朴子外篇》《金楼子》《子钞》《刘子》等,同时后代政论性的丛书收录较多。清初黄虞稷的《千倾堂书目》,其书"所录皆明一代之书,经部分十一门"。黄虞稷在杂家类卷首题录:"前代艺文志列名、法诸家,后代沿之。然寥寥无几,各数而已。今削之,总名之曰'杂'。"从他所编的数目中可以看出,黄虞稷所著录之杂家皆为明代时人所著,诸子中的名、法等家皆称作杂家略去不录,其杂家归类法只是为了编书

诸子百家——杂家

的方便,并未考虑思想性质的不同,但他编列书目的方法却为四库全书所袭用。《景印文渊阁四库全书目》中分杂家类著作为六类:杂学之属、杂考之属、杂说之属、杂品之属、杂纂之属、杂编之属,书中将名、墨、法、纵横家列于杂家之中。其中的"杂学之属"略相当于前朝艺文志中之杂家,先秦时期著录九本,《鬻子》《墨子》《子华子》《尹文子》《慎子》《鹖冠子》《公孙龙子》《鬼谷子》《吕氏春秋》;两汉时期列为杂学的主要有《淮南子》《刘子》《金楼子》,以前诸朝皆列为杂家的《论衡》《风俗通义》被著录在杂说之属。可见,《四库全书》作为清代的官修目录学巨著,儒学正统的观念非常强烈,企图将不属于儒家的其他诸子百家之学统归为"杂家"或"杂学",掩盖了杂家之学的性质,也进一步混淆了杂家与诸子百家之间的区别,不能反映学术史发展的真实状况。

通过对杂家研究的历史溯源,我们可以发现,历史上学人对于杂家的认识混乱,常常把杂家之"杂"理解为"驳杂",这是历史上对杂家之学研究不足的主要原因。从班固《汉书》到清代的《四库全书》真正对杂家的"杂"做过界定的。只有《汉书·艺文志》和《隋书·经籍志》。实际上《汉书·艺文志》和《隋书·经籍志》对于杂家的界定,影响了中国各个历史时期对于杂家的认识。杂家是特定历史时期的产物,也是新的思想学术形态诞生的母体。杂家诞生于新旧学术形态转换的过渡时期,战国是以诸子学作为其主要的学术文化形态的,汉代则是以经学为其学术文化形态的,诸子学向经学的转化是在战国秦汉之际学术大融合的过程中完成的,先秦杂家产生于这个过渡时期并成为文化思想学术大融合的主要担当者之一。从先秦杂家和汉代学术思想的关系中,我们可以说先秦杂家充当了"母体"的角色,先秦杂家是先秦诸子学向汉代经学转换过程中文化思想学术的主要载体。先秦杂家不仅孕育了《淮南子》《春秋繁露》,而且汉代的经学、道教都不同程度地吸取了先秦杂家的思想。因此,从学术史的角度,我们可以说汉代的思想学术,在某种程度上,是在先秦杂家的基础上形成的,而非先秦诸子的学术之上。

二、先秦杂家产生的时代背景

在中国历史上,战国时期是一个战乱频仍、风云激荡的时代,也是中国社会历史上一个重要的转折过渡时期。从公元前 475 年到公元前 221 年秦一统六国,短短 254 年的时间,却发生了许多对后世有深远影响的历史事件。

战国时期最显著的特征就是"战",主要是诸侯国间的兼并战争。这种战争始于春秋时期。到了战国时期,列国间的兼并与攻伐更加频繁,战争的规模越来越大,伤亡的人数也越来越多。战争最直接的后果是诸侯国的数目越来越少,战国前期(公元前 475—公元前 386 年)就逐渐产生出七个最强大的诸侯国,史称"战国七雄",此外还有一些不多的小诸侯国存在,像越、鲁、营、部、祀、滕、薛、郑、卫、曾、蔡、宋等和周边一些少数民族国家,多通过结盟而成为大国的附庸。战国中期是七国兼并战争的发展阶段。

这一时期七国之中,先是魏国,进而是齐国和秦国相继强大起来,赵国也有短暂的中兴,兼并战争主要也是由这几个国家来推动的。魏国是战国七雄中最早实行变法的国家,因而其国力也最先强大起来。魏国的强大得力于魏文侯任用李悝进行的变法和在位期间一系列对外战争的胜利。公元前413年及其后几年,魏国攻占了秦国的河西地区(今陕西韩城、大荔、澄城、合阳)和郑(今陕西华县)。公元前406年魏灭中山国。公元前405年,魏、韩、赵联军打败齐国,并攻入齐长城。后魏、韩、赵打败楚国。公元前391年,魏与韩、赵联合伐楚,夺取大梁、榆关,疆域扩大到黄河以南。魏国到了魏惠王时期,国力达到最强盛。魏国屡次对赵、韩用兵,图谋统一"三晋"建立霸权,恢复春秋时期晋国全盛时的地位。但由于齐国和秦国的相继壮大,并从东西两线上牵制魏国,使魏国的图谋没有得逞,尤其是公元前342年魏攻韩,次年齐救韩,并在马陵(今山东范县西南)打败魏军,从而使魏国一蹶不振。马陵之战的同年,魏国又被齐、秦、赵联军所败,次年又被秦国大败。

齐国的强大始于与魏惠王同时期的齐威王的改革,齐威王任用邹忌进行改革并迅速强大起来。到齐宣王时期,国力最为强盛。齐国向外扩张的兼并战争主要有:齐宣王以燕国"燕王哈禅让"之乱攻入燕国,齐国联合韩、魏攻楚,大败楚军,以及公元前286年齐攻灭宋国。秦国在战国中期的崛起晚于魏国,和齐国大约同时。齐威王任用邹忌在齐国进行改革的同时,秦孝公(公元前361—公元前337年)也在秦国任用商鞅进行变法。经过变法,秦国也迅速强大起来并积极地向外进行扩张。赵国在战国中期有短暂的中兴,是因为赵武灵王于公元前307年实行的"胡服骑射"的军事改革,之后赵国于公元前295年攻灭中山国并折服强秦,成为齐国之外的东方强国。

战国晚期,是秦兼并六国一统天下的时期。首先,秦国通过公元前284年联合燕、楚、三晋大军攻齐的战争和公元前260年的长平之战,分别削弱了齐国和赵国,齐国几乎灭亡,而赵国至此由强转弱。从长平之战的次年(公元前259年)到公元前221年秦灭齐国,秦国仅用38年的时间便消灭六国实现天下的统一。

从战国时期三个历史发展阶段来看,虽然战争依然是国与国之间斗争的主要形式,但是战争的目的已经由春秋时期打着"尊王攘夷、兴灭继绝"旗号建立霸权,逐步转变为战国时期消灭他国统一中国"往中国而抚四夷"的兼并战争,"天下一统"已经成为时代的主题。建立统一的全国性政权不仅是战国时期社会经济发展的历史需要,也是长期遭受战争灾难的民众的强烈愿望和迫切要求。要实现上述目标,战争依然是最直接的手段。战争是残酷的,战争对社会生产、生活的破坏也是巨大的。仅以战国晚期秦国的攻伐兼并战争为例,据《史记·秦本纪》记载秦国战斗胜利后斩敌首的数目就超过百万之众。战争惨烈之时人们"易子而食,拆骸而炊""臼灶生蛙,人马相食"。但是战争对于新的社会政治、经济、文化的出现起了催生的作用。

(一)诸侯国变法图强

战争对于当时政治的影响主要是促使各诸侯国变革图强。战国时期,七个主要国家都先后进行了政治改革,以期巩固政权、增强国力、争雄天下。魏文侯(公元前445—公元前396年)任用李悝进行变革,楚悼王(公元前401—公元前381年)任用吴起在楚国进行

诸子百家——杂家

变法,秦孝公(公元前361—公元前338年)任用商鞅在秦国进行改革,齐威王(公元前356—公元前320年)任用邹忌在齐国进行改革,韩昭侯(公元前362—公元前333年)任用申不害为相进行政治变革,赵烈侯(公元前408—公元前387年)任用公仲连为相国主持赵国的政治改革和赵武灵王(公元前325—公元前298年)"胡服骑射"的军事改革,以及燕昭侯(公元前311—公元前279年)任用乐毅等所进行的改革图治。在这些改革中,以秦孝公(公元前361—公元前338年)时期的商鞅改革最为彻底。

战国时期的政治变革各国之间有一些共同之处,主要涉及以下方面。

其一,废除世卿世禄制及贵族的特权,建立"选贤任能"的官僚制度。魏国的李悝认为治理国家重在"食有劳而禄有功,使有能而赏必行、罚必当",根据功劳和才能选拔任用官吏。对于那些"其父有功而禄,其子无功而食之"的世袭贵族,李悝称其为"淫民",他主张"夺淫民之禄,以来四方之士"。用任人唯贤的官僚制度代替任人唯亲的世卿世禄制。吴起则认为,楚国贫弱的原因是"大臣太重,封君太众",这些贵族"上逼主而下虐民"。力主废除贵族世卿世禄的特权,并将旧贵族从都市迁到荒僻之地屯垦实边。商鞅在秦国也实行相似的改革措施。商鞅对秦国原有的爵标沛目度进行了改革,重新规定了等爵制,以此"明尊卑爵秩等级,各以差次名田宅,臣妾衣服以家次"并规定,军功是获得爵禄、政治权利的主要途径,国君的宗族(世袭贵族)没有军功不能列入公族的簿籍,不能享受贵族的特权,从而对世卿世禄制进行改革。此项改革措施,破坏了奴隶制下的宗法社会结构,加快了向封建制迈进的步伐,无形之中解除了社会前进中制度方面的束缚;"尚贤,崇有功"制度的确立,也使战国时对人才的培养、流动、使用得到了高度重视,间接地推动了文化和教育事业的发展。

诸子百家 —— 杂家

其二,改革土地田亩和赋税制度、发展社会生产。战国时期对于土地田亩和赋税制度的改革,多属于对春秋时期改革的补充和完善。为了奖励耕战,有大功者可以赐予良田数顷或邑税千户或万户,这说明土地的私有制已经得到了法律上的肯定,而且以邑税作为封赏也具有了封建制的形态。为了发展社会生产,魏国李悝实行了"尽地力之教"。商鞅则对土地和赋税制度进行了深入的改革。《史记·商君列传》说:"商鞅为田开阡陌封疆,而赋税平。"《战国策·秦策三》说:商君"决裂阡陌,教民耕战。"《汉书·食货志》说:"及秦孝公用商君,坏井田,开阡陌,急耕战之赏,虽非古道,犹以务本之故,倾邻国而雄诸侯。"在赋税方面,商鞅改革了按田亩征税的旧制。公元前348年,秦国实行"初为赋","舍地而税人",即按户口征收户赋和口赋。秦国的法律规定,男子成年要向政府登记,分家另立户口,并缴纳赋税。商鞅曾下令:"民有二男以上不分异者,倍其赋。"实行土地田亩和赋税制度改革,对于发展一家一户的小农经济,增加国家收入,有很大的作用。秦国变法规定"戮力本业,耕织致粟帛多者,复其身;事末利及怠而贫者,举以为收孥",重农抑商,以鼓励耕织,发展生产。

其三、颁布法律,革新法制。战国时期诸侯国的改革,称为变法,基本都是以颁布法律的形式,将各项改革措施法制化,对政治、经济、军事等各项制度进行革新。李悝在魏国变法制定有《法经》(或称《李子》),并在经济上推行"平籴法":"籴甚贵,伤民;甚贱,伤农。民伤则离散，农伤则国贫。故甚贵与甚贱，其伤一也。善为国者，使民毋伤而农益劝。"以稳定国家的经济秩序。吴起在楚国变法，整顿吏法，"损不急之枝官，以奉选练之士"达到革新政治的目的。齐威王时任用邹忌进行政治变革，提倡广开言路，对吏治进行整顿。齐威王时期，齐稷下学宫学者如云，齐统治者对这些学者"皆赐列第，为上大夫，不治而议论"。齐威王还下令"群臣吏民能面刺寡人之过者，受上赏；上书谏寡人者，受中赏；能谤讥于市朝，闻寡人之耳者，受下赏"。这些措施的实行，对于齐国的政治的开明、经济发展、国力的强盛，发挥了很大作用。商鞅在秦国通过公元前359年和公元前350年两次变革，对秦的法律制度进行了彻底的改造。商鞅把李悝的《法经》在秦国颁布实施，并改"法"为"律"。在什伍户籍编制的基础上，建立相互告发和同罪连坐的制度，加强对社会的控制，并且下令焚烧诗书，以申明法令。《韩非子·和氏》说："商君教秦孝公以连什伍，设告坐之过，燔诗书而明法令，塞私门之请而遂公家之劳，禁游宦之民而显耕战之士。"就是对商鞅变法的描述。

（二）由"争霸""相王"到"称帝"

主要由兼并战争所推动的政治变革，使战国时期部分国家迅速强大起来，并使社会历史走向统一的趋势进一步得到加强。时代的主题由"争霸""相王"发展到"称帝"。通过政治改革速强大起来的魏、齐、秦等国，不断地发动对外的兼并战争，使各自国家的国土面积越来越大，人口越来越多。天下一统的历史机遇也已开始出现。先是魏国，在魏惠王国力最强盛的时期他曾谋划统一三晋，恢复春秋时期晋国的霸业，后来由于策略的失误，马陵之战（公元前341年）致魏国从此衰败，只能和齐国妥协，以"齐魏相王"来安慰失落的野心。魏惠王、齐威王称王之后，秦国的惠文君和韩威侯相继称王，接着是魏国的公孙衍起魏、韩、赵、燕、中山等"五国相王"。中山国是小国，齐国不承认它称王，废掉其王号，但未能实现。在魏国衰落的同时，齐、秦两国都强盛起来，成为"战国七雄"中能称得上是大国和强国的国家，争霸天下、统一中国的历史重任似乎非齐即秦。公元前288年齐威王和秦昭王为了共同伐赵，采取"连横"策略，相约共同称帝，齐为"东帝"，秦为"西帝"。

虽然其后由于战略的需要，齐、秦相继又去帝号，但已反映出诸侯国们都欲统一中国称帝天下的野心和趋势，但是后来的燕齐相争（公元前315年齐破燕，公元前284年燕攻陷齐国复仇），燕、秦、楚、三晋组成的联军几乎使齐国灭亡。从而历史的天平开始由齐向秦倾斜，统一天下的历史机遇只有秦国能够把握了。其他一些国家由于改革不彻底或中途夭折虽有过短暂的中兴强盛期，但很快就衰落下去。例如，吴起在楚国的变革，由于楚悼王死去，致使变法因旧贵族群攻作乱而中途夭折；赵国公仲连在赵烈侯时期的改革，只涉及教化选官制度、财政方面，而国家的土地田亩、吏治等根本制度方面没有触及，改革很不彻底。而赵武灵王"胡服骑射"的改革，也只是涉及军事方面。因而国力或军力只有短暂的强盛，可以说国家并没有真正的强盛起来；燕国的改革始于燕王绘，燕王任用子之进行改革并禅位于子之的事件，简直就是一场历史的闹剧，后来燕昭王"卑身厚币以招贤者"任用乐毅、苏秦等人励精图治,有过一时军事上的辉煌;至于韩国任用申不害的变法,正如韩非所说:"申不害虽十使昭侯用术,而奸臣犹有所橘其辞矣。故托万乘之劲韩,七十年而不至于霸王者,虽用术于上,法不勤饰于官之患也。"致使韩国变法的效果很差,在战国七雄中韩国一直处于弱小的地位。从战国整个历史演变过程来看,天下一统的历史趋势逐渐清晰,战国初期除了战国七雄之外,所余诸侯小国不过十余家,到了战国晚期这些小国均被大国所吞并,"七雄"之中也只有魏、齐、秦能叱咤战国风云,此消彼长之下,最后只有秦国一国独强,秦消灭六国一统天下指日可待。

(三)学术思想的融合

天下一统的社会历史发展趋势,推动了人才的流动和地域文化的融合。一般而言,国力强盛的国家其文化相应地也很繁荣。战国时期,"七雄"中的强国魏、齐、秦、楚,分别形成了几大文化中心,即以魏为代表的三晋中原文化区,齐鲁为代表的北方文化区,以楚为代表(包括吴、越)的南方文化区。以魏国为代表的三晋中原文化区,包括韩、赵以及秦在内,是战国法家文化的大本营,侯外庐也曾说:"法家主要源于三晋。"魏国是战国时期最早实行变法的国家,魏文侯时期国力强盛,首开战国时期招贤养士之风,魏文侯礼贤下士、不拘一格地招揽人才,先后任用魏成子、翟璜、李悝为相,乐羊为将,吴起为西河守,对子夏、田子方、段干木等儒学人士也很礼遇,使魏国思想文化盛极一时。魏文侯任用李悝实行变法,李悝著《法经》作为变法之理论指导,为其后法家人物所效仿并尊其为法家鼻祖。齐国从桓公时期始建稷下学宫招揽各家学者和天下贤士,到威、宣二王时期国富力强,尤其是齐宣王"喜文学游说之士,自如邹衍、淳于髡、田骈、接予、慎到、环渊之徒七十六人,皆次列第为上大夫,不治而议论,是以稷下学士复盛,且数百千人"。使稷下学宫成为当时最负盛名的学术和文化中心。楚国是战国初年领土最大的国家,由于吴起在楚国改革中途夭折,楚国在战国时期一直没有真正地强盛起来。以楚国为中心包括吴、越(战国时吴已不存在,习惯称谓,作地理上的名词)形成了南方文化区,许多学者认为战国道家思想起源并兴盛于此。一般认为儒学产生于北方,盛行于鲁国等,道家文化产生于南方,兴盛于楚国等,儒家和道家作品合编于一简,也反映出战国后期地域文化的交流与融合的趋势。值得一提的是,战国晚期的秦国在吕不韦"招致士"和李斯《谏逐客书》的推动下,文化政策颇为开放,天下才俊之士"纷然西入秦",很快发展成为一个文化大国,而此时的魏国已是昔日的黄花,秦国取代魏国成为三晋中原地区的文化中心。这三大文化区各具特色,分别代表了中国传统文化在战国时期不同的发展方向和领域。随着战国兼并战争的发展,以及天下一统的趋势的出现,列国争雄"士无共主"所引起的人才流动更加频繁,由知识分子大规模流动形成的地域之间文化的交流与融合也日趋紧密。战争是最直接的交流手段,被占领和兼并地区的文化与占领者文化的交流,在无意识之间也成为推动战国晚期文化融合的一种形式。

天下一统的历史趋势对于学术思想和文化发展的影响是直接的。天下一统社会历史的发展需要有胸怀天下、视野开阔、能治天下而不是能治一国的人才。战国晚期,诸子

诸子百家——杂家

百家后学围绕时代的主题——"在中国而抚四夷"也即天下一统问题,积极展开学术的探讨和反思。通过战国中期诸子百家的争鸣与辩驳,学派之间彼此都看到了各自的长处和短处。到了战国晚期,这种认识的不断加深促使各学派对本派进行自我总结和批判,并主动地吸取对立学派或其他学派的长处弥补本学派理论的不足,从而学术界出现了由斗争走向融合的趋势,并迅速演变为一种思潮。这种学术思潮的主要动机就是"舍短取长,以通万方之略"。战国晚期诸子百家的泛"杂家"化已经是学术融合思潮的主要表现,先秦杂家正是受这种融合思潮"杂家"化的影响而被催生出来的。

第二节 杂家名言

大匠不斫,大勇不斗

大匠不斫,大庖不豆,大勇不斗,大兵不寇[1]。(《吕氏春秋·贵公》)

【注释】

[1]斫:用刀斧砍。

【译文】

大工匠不会干刀劈斧砍那样的事,大厨师不会干剥毛豆那样的事,大勇士不会去与人打架斗殴,大部队不会像贼寇那样去做偷偷摸摸或强盗抢劫那样的事。

【感悟】

大的有大用,小的有小用;小的不能大用,大的不可小用。

流水不腐,户枢不蠹

流水不腐,户枢不蠹,动也[1]。(《吕氏春秋·尽数》)

【注释】

[1]户枢:门轴。蝼:蝼蛄,一种农作物地下害虫。

【译文】

流动的活水不会腐臭.转动的门轴不会生蝼蛄,因为运动啊。

运动伴随着健康。生命在于运动。

天下无粹白之狐，而有粹白之裘

天下无粹白之狐，而有粹白之裘，取之众白也①。(《吕氏春秋·用众》)

【注释】

①粹：纯粹。

【译文】

天下没有纯白的狐狸，却有纯白的狐毛大衣，是提取了众多狐狸的白毛啊。

【感悟】

善于"用众"，是一种哲学智慧，也是一种政治思想。积极地、有意识地促使"量变"向理想的"质变"转化。

不去小利则大利不得

利不可两，忠不可兼①。不去小利则大利不得，不去小忠则大忠不至。故小利，大利之残也；小忠，大忠之贼也。圣人去小取大②。(《吕氏春秋·权勋》)

【注释】

①利：利益。两：大与小、眼前与长远两者兼而有之。

【译文】

大利益与小利益，两者不可得兼；大忠诚与小忠诚，两者不可得兼。不舍去眼前的、一时的小利益，长远的大利益就会丧失了；不舍去眼前的、一时的小忠诚，长久的大忠诚就不会来。因此小利益、小忠诚是大利益、大忠诚的祸害。高瞻远瞩的圣人能够权变得失、舍小取大。

【感悟】

当两者不可得兼的时候，要进行"权变"，要变通地统筹考虑；"害之中取小，利之中取大"。(《墨子》)

诸子百家 —— 杂家

以近知远，以今知古

有道之士，贵以近知远，以今知古，以益所见，知所不见[1]。(《吕氏春秋·察今》)

【注释】

[1]益：当为"其"。

【译文】

古时的有道之士，注重由近处的推知远处的，由今天推知古代的，由他所看到的推知他所看不到的。

【感悟】

世界上的万事万物都是有关联的、有"因"的。通过观察，可以预测、预知一些未知的东西。

老聃贵柔

老聃贵柔，孔子贵仁，墨翟贵廉(兼)，关尹贵清，子列子贵虚，陈骈贵齐，阳生贵己，孙膑贵势，王廖贵先，儿良贵后[1]。(《吕氏春秋·不二》)

【注释】

[1]贵：以什么为贵。老聃：老子。墨翟：墨家创始人墨子。陈骈：当为道家人物。阳生：杨朱，道家人物。势：地位、权势，为法家思想；兵家则为"形势"。

【译文】

老子以柔弱为贵，孔子以仁爱为贵，墨子以兼爱为贵，关尹以清静为贵，列子以虚无为贵，陈骈以齐一为贵(近于庄子万物一齐的思想)，杨朱以自己为贵，孙膑以形势为贵，王廖以处先为贵，儿良以处后为贵。

【感悟】

以上对先秦道家、儒家、墨家、兵家等几家学说中心思想的概括，还是较为确切的。只是遗漏了在当时同样较有影响的法家、阴阳家、名家等。

夫道者，无私就也，无私去也

夫道者，无私就也，无私去也[1]。(《淮南子·览冥训》)

諸子百家——杂家

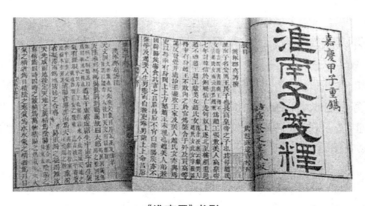

《淮南子》书影

【注释】

①就：就近。

【译文】

道是公正的，不会由于主观偏好而接近谁，也不会由于主观偏好而远离谁。

【感悟】

道是大公无私、一视同仁的。那么为什么世事还会有成败、得失呢？那是行为人是否因时顺势而行道的不同结果。

小有所志，大有所忘

夫目察秋毫之末，耳不闻雷霆之声。耳调玉石之声，目不见太山之高①。何则？小有所志，大有所忘②。(《淮南子·俶真训》)

【注释】

①太山：泰山。②志：注意。

【译文】

眼睛细察毫毛毛尖的时候，耳朵没听到雷霆的巨响。耳朵细辨玉石之音的时候，目中不见泰山的巨大。因为只专注于小的，结果把大的忘了。

【感悟】

专心致志于微小的，就可能把庞大的忽略了。

富贵而不知道，适足以为患，不如贫贱

富贵而不知道，适足以为患，不如贫贱。贫贱之致物也难，虽欲过之奚由[1]？出则以车，入则以辇，务以自佚，命之曰"招蹶之机"。肥肉厚酒，务以自强，命之曰"烂肠之食"。靡曼皓齿，郑、卫之音，务以自乐，命之曰"伐性之斧"。三患者，富贵之所致也。故古之人有不肯富贵者矣，由重生故也[2]。（《吕氏春秋·本生》）

【注释】

①道：养生之道，或人生哲学。富贵：原文为"贵富"。②辇：古代由人拉的车，后指皇帝、皇后坐的车。佚：逸。蹶：动物往后踢。郑、卫之音：流行于郑国、卫国的民乐民歌，被儒家孔子视为淫靡之列。

【译文】

富贵而不懂得养生之道，那将成为祸患，还不如贫贱呢。贫贱的人难得有什么财物，虽然想奢侈，可是哪能呢？出入有车，自以为安逸；实则是自找了一个伤害自己的器具；大肉美酒，自以为健身，实则是伤害身体的烂肠之物；靡靡之音，自以为娱心，实则是砍伐人性的斧头。这三种祸害，是富贵导致的结果。因此古代的人有不愿意富贵的，是出于珍爱、尊重生命的目的。

【感悟】

吃的好了，运动得少了，健康却没有了。血压高了、血脂高了、血糖高了。"三高"成了富贵病。为什么？因为他们"富贵而不知道"。

全生为上，亏生次之，死次之，迫生为下

子华子曰："全生为上，亏生次之，死次之，迫生为下。"[1]（《吕氏春秋·贵生》）

【注释】

①子华子：可能是道家杨朱学派人物，有重生的思想。全生：是指人的眼、耳、鼻、口、身、意六觉之观、听、嗅、品、适、达等六种欲望都得到了满足的生命。亏生是指人的六觉之欲部分得到满足。迫生指人的六觉之欲不但未得到任何满足，反而还受压迫，因而生不如死。

【译文】

对于生命，六觉之欲为所欲为的全生是最上等的，有所亏空的亏生在其次，死亡又次

之.生不如死的迫生是最下等的。

【感悟】

就像日月,人生有圆满、也有亏缺。但有辱尊严的迫生,是苟且的偷生,生不如死。

身者所为也,天下者所以为也

身者所为也,天下者所以为也,审所以为而轻重得矣[1]。(《吕氏春秋·审为》)

【注释】

[1]身:身体,指生命。轻重:何者为轻、何者为重。

【译文】

生命是我们行为的目的,天下财富等身外之物是为我们的生命服务的,是行为的手段,审查行为的手段就懂得谁轻谁重了。

【感悟】

世上还有什么东西比生命更神奇、珍贵吗?要看重生命、尊重生命、敬畏生命:我们自己的生命、他人的生命、他物的生命。

积恶成罪,积羽沉舟

君子不谓小善不足为也而舍之,小善积而为大善[1]。不谓小不善为无伤也而为之,小不善积而为大不善,是故(积恶成罪)、积羽沉舟[2]。(《淮南子·缪称训》)

【注释】

[1]善:好事,善事。[2]为无伤也:做了也没有什么损害。

【译文】

君子不会因为小的好事不值得做而放弃不做,小的好事积累多了就成了大的好事。君子也不会因为做了小的坏事没有什么损害而去做,小的坏事积累多了就成了大的坏事。因此积恶成罪、积羽沉舟——羽毛虽轻,不当地堆积多了也会把船压沉。

【感悟】

积善成德,德有余庆;积恶成罪,罪有应得。
那么,您日日所积、一生所积的是什么呢?

诸子百家——杂家

先避患而后就利

兕虎在于后,随侯之珠在于前,弗及掇也;先避患而后就利①。(《淮南子·说林训》)

【注释】

①兕:雌性的犀牛。随侯之珠:比喻贵重的珠宝。掇:拾取。

【译文】

如果犀牛、老虎正在身后追撵,虽然看见眼前地上有一串贵重的珠宝,也不会有人弯腰去捡。要先避开眼前的祸患,然后再去谋求利益。

【感悟】

道理很浅显,可是为什么生活中还有那么多的人舍身取利、见利忘命呢?
因为他们的眼里只有利,就像牛的眼里只有草。

逐鹿者不顾兔

逐鹿者不顾兔,决千金之货者不争铢两之价①。(《淮南子·说林训》)

【注释】

①铢两:一两的二十四分之一为一铢,形容微小。

【译文】

正在追逐野鹿的人,不会因突然出现的一只野兔而分神;做千金货物生意的人,不会为一铢一两的价钱而争执不下。

【感悟】

大有所求,小有所忘;大有所得,小有所失。
心存高远,人不近视。大商人不会有小商贩的心。

千里之堤,溃于蚁穴

千里之堤,以蝼蚁之穴漏。百寻之屋,以突隙之烟焚①。(《淮南子·人间训》)

【注释】

①以:因为。蝼蚁:蝼蛄、蚂蚁。寻:古时八尺为一寻。

千里长堤,溃于蚁穴;百丈高楼,毁于一烟。

【感悟】

小蚁穴毁了大江堤,小烟火烧了大建筑。我们生活中的灾难不都是这样发生的吗?这要求我们平时要有科学的灾害预警机制和灾害干预措施。

焚林而猎,愈多得兽,后必无兽

焚林而猎,愈多得兽,后必无兽。以诈伪遇人,虽愈利,后无复[①]。(《淮南子·人间训》)

【注释】

①遇:对待,相处。

【译文】

通过焚烧森林的方法狩猎,能一时得到更多的猎物,但后来却没有了。以欺诈虚伪的态度待人,能一时得到较多的利益,但后来就不会有了。

【感悟】

竭泽而渔,是聪明人的愚行。

物者,所以养性也,非所以性养也

夫水之性清,土者捐之,故不得清。人之性寿,物者捐之,故不得寿。物也者,所以养性也,非所以性养也。今世之人,惑者多以性养物,则不知轻重也[①]。(《吕氏春秋·本生》)

【注释】

①捐:搅浑,扰乱,原文为"抇"。

【译文】

水的本性是清澈的,土在其中把它搅浑了,因此就不清澈了;人的本性是长寿的,物在其中把它扰乱了,因此就不长寿了。外物是用来保养性命的,而不是用性命来为它服务的。当今的一些被物欲所迷惑的人,多以性命去追逐外物,那就是不懂得谁本谁末、谁轻谁重。

【感悟】

物欲是美丽的,但生命更美丽。

利于性则取之,害于性则舍之

圣人之于声色滋味也,利于性则取之,害于性则舍之,此全性之道也①。(《吕氏春秋·本生》)

【注释】

①声色滋味:音乐、美女、饮食等。性:性情,生命。

【译文】

得道的圣人对于音乐、美女、饮食等身外之物,是对性情、生命有益的就要,对性情、生命有害的就不要,这就是保养性情、保全生命的方法。

【感悟】

利害取舍以是否有利于"全性"为标准,抓住了道家养生的根本。

这诚如 1992 年邓小平在南方视察时,以三个"有利于"抓住了特区是姓"资"还是姓"社"的判断标准——是否有利于发展社会主义社会的生产力、是否有利于增强社会主义国家的综合国力、是否有利于提高人民的生活水平。

圣人制万物,以全其天

万人操弓共射一招,招无不中。万物彰彰,以害一生,生无不伤;以便一生。生无不长。故圣人之制万物也,以全其无也①。(《吕氏春秋·本生》)

【注释】

①招:靶子的中心。彰彰:显得很多。原文为"章章"。天:自然天性。

【译文】

万人操弓同射一个靶子,靶子没有不被打中的。万物芸芸,都来伤害一个生命,生命没有不被伤害的;万物芸芸,都来便利一个生命,生命没有不健康成长的。因此得道的圣人节制万物,有所用有所不用,就是为了保全他的自然天性和生命。

诸子百家——杂家

【感悟】

万物芸芸,不可逐物迷性,甚至伤生害性。

金钱、权力、美女、香车、锦衣、美食,样样诱人。面对滚滚红尘、横流物欲,不要忘了回家的路。

精神家园是我们放牧灵魂的地方。

早啬,则精不竭

早啬,则精不竭①。(《吕氏春秋·情欲》)

【注释】

①啬:爱惜,节制。

【译文】

提前有所节欲,精神就不会过早地衰竭。

【感悟】

万恶淫为首。淫的本意就是过度、透支。

"早啬"不仅是养生的原则,还应该成为我们生产和生活的原则。

凡养生,莫若知本去害

大甘、大酸、大苦、大辛、大咸,五者充形则生害矣。大喜、大怒、大忧、大恐、大哀,五者接神则生害矣。大寒、大热、大燥、大湿、大风、大霖、大雾,七者动精则生害矣。故凡养生,莫若知本,知本则疾无由至矣①。(《吕氏春秋·尽数》)

【注释】

①大:太,过。辛:辣。知本:懂得养生的根本在于自然、适宜;因此要关闭"利欲之门",与天地相通互感。

【译文】

太甜、太酸、太苦、太辣、太咸,这五样充塞我们的身体就会有害、生病;大喜、大怒、过分忧虑、过分恐惧、过分哀伤,这五样感染了我们的精神就会有害、生病;太寒冷、太闷热、太干燥、太潮湿、大风、暴雨、大雾,这七样侵犯了我们的精气就会有害、生病。因此所谓的养生,其要义就是明白养生的根本在于自然、适宜;知本去害,明白了养生的根本、做到

諸子百家 —— 杂 家

了自然适宜,疾病就无从产生了。

【感悟】

阴阳失调,邪气生焉。身得邪气生病,心得邪气生恶。
因此阴阳调和,顺性、自然、适中,是养生保精的法宝。

天地合和,生之大经也

天地合和,生之大经也①。(《吕氏春秋·有始》)

【注释】

①大经:大道,途径。

【译文】

天阳地阴,阴阳交合,是一切生命的途径。

【感悟】

有人说,中华文化很大程度上就是阴阳文化,有形无形之中,无不赋有阴阳的痕迹。
这话未免偏颇。但中国古代文化,确实注重生殖和生命的意义。

治天下,必先公,公则天下平也

治天下也,必先公,公则天下平矣①。(《吕氏春秋·贵公》)

【注释】

①公:公正。

【译文】

治理天下,首先要公正,公正则天下就太平了。

【感悟】

我国的社会治安为什么不是很好,有些地方甚至在日益恶化? 有人说,因为贫富两
极分化严重。其实贫富分化并不是根源,根源在于相当一部分富人富得不当。富得不当
的这部分富人才是社会最大的不稳定因素。
"民不患贫而患不公啊"!

諸子百家

——

杂家

天下非一人之天下,天下之天下也

天下非一人之天下,天下之天下也。阴阳之和,不长一类;甘露时雨。不私一物;万民之王,不阿一人①。(《吕氏春秋·贵公》)

【注释】

①阴阳之和:阴气阳气调和,化育万物。阿:偏袒。

【译文】

天下不是君主帝王一个人的天下,而是全天下人的天下。阴阳调和,不偏长哪一类;甘露时雨,不偏爱哪一物;万民之主,不偏袒哪一个。

【感悟】

天下为公。

外举不避仇,内举不避子

祁黄羊外举不避仇,内举不避子,可谓公矣①。(《吕氏春秋·去私》)

【注释】

①祁黄羊:春秋晋国平公时的一位大夫,分别向平公推荐了他的仇人解狐和他的儿子祁午。外举、内举:推荐外人,推荐亲人。

【译文】

祁黄羊外举不避仇、内举不避子,可以说是公正无私了。

【感悟】

天地自然,大公无私。

兵不贵胜,而贵不可胜

兵不贵胜,而贵不可胜。不可胜在己,可胜在彼①。(《吕氏春秋·决胜》)

【注释】

①贵:以什么为贵,可贵。

諸子百家 —— 杂家

【译文】

军队不以可以战胜为贵,而以不可以战胜为贵。不可以战胜的决定权在自己,可以战胜的决定权在对方。

【感悟】

"凡兵之胜,敌之失也。"
的确,大凡战争中一方的胜利,多半是由另一方的失利、失败而取得的。

行德爱民则民亲其上

行德爱民则民亲其上。(《吕氏春秋·爱士》)

【译文】

人君推行仁政、关爱人民,那么人民就亲爱人君。

【感悟】

这是儒家的政治思想。它肯定了上下属在情感上的双向性,显然受了道家平等思想的影响。

凡举事,必先审民心

凡举事,必先审民心,然后可举①。(《吕氏春秋·顺民》)

【注释】

①举事:办一件事、做一件事。

【译文】

为人君的,凡是有所举措,一定要先审察一下百姓的意向,听听百姓的心声,然后再实施。

【感悟】

"听证会"是文明、法制社会的一项民主制度。它是通达舆情、民意的一个重要管道。

因循而任下,责成而不劳

人主之术,处无为之事而行不言之教,清静而不动,一度而不摇,因循而任下,责成而

不劳①。(《淮南子·主术训》)

【注释】

①一度:统一法度。

【译文】

国君治国的办法是,以自然无为的态度处事,以无须言说的行为推行教化,清静而不妄为,统一法度不动摇,顺应自然而信任臣下,从而大功告成而未劳身心。

【感悟】

君无为而臣有为,因循而任下。
这是古代的君臣之道,也是现代的管理之术。

王主富民,霸主富武

王主富民,霸主富武①。(《淮南子·人间训》)

【注释】

①王:王道,行仁义、施仁政。霸:霸道,尚武力、推法治。

【译文】

以王道得天下的君主,想的是让人民富有;以霸道得天下的君主,想的是发展武器。

【感悟】

当今的世界,要求我们既要富民又要富武,但首先是富民,尤其要藏富于民。

凡乐,天地之和,阴阳之调也

凡乐,天地之和,阴阳之调也。(《吕氏春秋·大乐》)

【译文】

大凡乐音,都是天地和谐、阴阳协调的产物。

【感悟】

音乐是现实的反映。"感于心则荡乎音,音成于外而化乎内,是故闻其声而知其风.察其风而知其志,观其志而知其德。"(《吕氏春秋·音初》)因此音乐是一面镜子,能照见一个人的灵魂。

侈乐，以巨为美

凡古圣王之所为贵乐者，为其乐也^①。夏桀、殷纣作为侈乐，大鼓、钟、磬、管、箫之音，以巨为美，以众为观，俶诡殊瑰，耳所未尝闻，目所未尝见，务以相过，不用度量^②……侈则侈矣，自有道者观之，则失乐之情。失乐之情，其乐不乐。乐不乐者，其民必怨，其生必伤。（《吕氏春秋·侈乐》）

【注释】

①乐：前者指音乐，后者指快乐。②侈：奢侈。俶，倜；诡，奇异；瑰，珍奇。

【译文】

大凡古代的圣王制作高雅的音乐是为了能够快乐。夏桀王、商纣王制作奢侈的淫乐，如大鼓之声、巨钟之声、磬声、管声、箫声，以大为美，以多为好，追求奇音异声，都是不曾听过、不曾见过、不合法则的音乐。那种种的淫乐，在得道者看来，就丧失了音乐的真情。丧失了音乐的真情，那种音乐就不能算真正的音乐即正乐了。欣赏非正乐的音乐、淫乐，百姓就会有怨言，甚至会伤害到自己的身心。

【感悟】

以大为美，雄壮、浑厚，这无可厚非。但不可奢侈、浪费，事事求大。

在城市建设中，我国的许多地方政府领导以大发展为名，搞大都市、大广场、大建筑、大工程等，以"大"为美，以"大"为功，背离了客观事实和科学、和谐的发展观，伤害了人民群众的利益，是非常有害的。

心必和平然后乐

心必和平然后乐。（《吕氏春秋·适音》）

【译文】

心境和谐、心情平静了，才能有真正的快乐。

【感悟】

乐由心生。

你心里快乐，世界就快乐了。

諸子百家

——

杂家

美不能有所贱，恶不能有所贵

美之所在，虽污辱世不能贱；恶之所在，虽高隆世不能贵。（《淮南子·说山训》）

【译文】

美好的东西，虽然一度遭污辱了，世人也不会降低它的身价；丑恶的东西，虽然一时显赫了，世人也不会抬高它的身价。

【感悟】

君子落难，还是君子；小人得志，还是小人。

所谓乐者，人得其得者也

所谓乐者，人得其得者也。（《淮南子·原道训》）

【译文】

所谓快乐，就是人们得到了自己想要的东西。

【感悟】

幸福是一种感觉，是各种需求尤其是精神需求的满足感。

然而，由于欲望的膨胀和易得以及身心的疲惫，现代人的幸福感迟钝了、短浅了，甚至缺失了。幸福变得遥远而陌生了。

真的是穷人反而比富人容易幸福吗？贫时反而比富时容易幸福吗？

画西施之面，美而不可悦

画西施之面，美而不可悦。（《淮南子·说山训》）

【译文】

画的西施像，美丽而不可爱。

【感悟】

美是有生命的。有形，更要有神。

因此，再一般的少女，也还是少女；再不一般的老太太，也还是老太太。

諸子百家 —— 杂家

美人不同面,皆悦于目

佳人不同体,美人不同面,而皆悦于目。(《淮南子·说林训》)

【译文】

佳人的身体不同,美人的脸面不同,然而都招人喜爱。

【感悟】

美具有多样性和各自独特的个性。

第三节　杂家故事

吕不韦

吕不韦。战国末年著名商人、政治家、思想家,卫国濮阳人。他以"奇货可居"闻名于世,曾辅佐秦始皇登上王位,任秦相。

吕不韦是杂家的代表人物。杂家是战国末期的综合学派。因"兼儒墨、合名法","于百家之道无不贯综"(《汉书·艺文志》及颜师古注)而得名。秦相吕不韦聚集三千门客编写的《吕氏春秋》,是一部典型的杂家著作集。

"奇货可居"

在两千五百年前的春秋战国时代,商人在社会上没有什么地位,士大夫阶层颇看不起商人这个身份,甚至鄙视和抵触商人。可是,我们今天故事的主角吕不韦偏偏就是一个商人,尽管后来官居宰相,仍然无法摆脱卑贱的商人出身的这个标签。

吕不韦的生年不详,卒于公元前 235 年。

吕不韦

秉承父业经商。吕不韦虽是商人出身,却绝不是一般的商人。至于他究竟从事什么样的生意,古书中说法不一,有说他是珠宝商,有说他是马贩子,有说他是开麻布作坊的,也有说他是盐贩子,还有说他是军火商,打铁卖兵器。总之,他是个国际富商,大企业家,经常穿梭于卫国、赵国、秦国之间。已退休的秦相范雎这样描述他见到的商人吕不韦:"身穿一领白中带黄的本色麻布长袍,脚下一双寻常布履,长发整齐地扎成一束搭在背后,头顶没有任何冠带,通身没有一件佩玉,身材不高不矮不胖不瘦,肤色不黑不白,颔下没有胡须,脸上没有痣记,一身素净清雅通体周正平和,分明是没有一处扎人眼目,却教人看得一眼便再也不能忘记。"

吕不韦的故事,有很多个版本。对这个人物的评价,也是褒贬不一。有人说,他不过是一个投机商人,靠投机赢得政治上的新生命,从而飞黄腾达。有人甚至认为,他不过是一个利用女人谋取政治地位的人。也有人说他是一位政治家,郭沫若就持这种观点:"吕不韦在中国历史上应该是一位有数的大政治家(见郭沫若《十批判书》中的'吕不韦与秦王政的批判')";还有人说,他是智慧家、权谋家。顾晓鸣主编的《中国智慧大观》一书中,就列出了吕不韦的九十九种智慧,认为吕不韦是一个具有丰富智慧的政治家。

无论如何,吕不韦先是经商,后才通过努力在朝廷政事上抛头露面、崭露头角。最后还不甘寂寞,招揽了数千门客、舍人,做天下文章,将诸子百家思想融于一体,汇成《吕氏春秋》。从这个意义上说,吕不韦无疑是个成功人士。

吕不韦的发迹,是从"奇货可居"的故事开始的。

吕不韦眼中的"奇货"不是"货",而是"人"。什么人呢?当然不是一般人,是秦国太子安国君的儿子子楚,他要帮助子楚成为太子,然后顺理成章地成为秦国的国君。连国君都是他的棋子,不要说受歧视的商人身份从此不在,他要什么便有什么。

如此有战略眼光的设想,一般商人别说做了,连想都不敢想。他不仅想了,做了,还成功地实现了。这就是吕不韦的过人之处。

他是怎么做到的呢?吕不韦从事国际贸易,赚到大钱、成为家累千斤的阳翟大贾之后,便想在政治上受到尊重,赢得应有的政治地位。

吕不韦不是一般的商人,他要干大买卖,这一点比父亲有远见多了。既然有此念想,就要付诸实施。从哪下手呢?到哪找"奇货"呢?他当时家就安在赵国的国都邯郸。听说,秦国的王子被送来赵国当人质。什么叫人质?说白了那就是国王的弃子。天底下哪有父亲忍心看着受宠的儿子在异国他乡生活呢?只有一种情况下,才忍心这样做:那就是把最不喜欢的儿子,扔到国外当人质,一方面缓和两国关系;另一方面,缓和父子关系,眼不见为净。

吕不韦一打听,原来,秦昭王四十年,秦国的太子死后,秦昭王把第二子安国君立为太子。安国君接二连三生出了二十多个儿子。安国君独宠一个小妾,干脆扶正了,史书上称这个受宠的女人为华阳夫人。老天爷真的很公平,华阳夫人如此受宠,却偏偏没有生出儿子来,太后的梦算是完了。有个叫夏姬的小妾,一点也不受宠,却偏偏生了个儿子,名叫子楚。安国君不喜欢夏姬,连带着也讨厌这个儿子子楚。于是子楚就被送到赵国做人质,那时候,秦国和赵国经常打仗,秦国一直想灭掉赵国,两国的局势一紧张,赵王就拿子楚出气,威胁要杀他。子楚虽贵为王子,却活得战战兢兢。

正在赵国国都做生意的吕不韦,听闻这件事,意识到他一直寻找的"奇货"出现了。

諸子百家——杂家

1457

他必须抓住这个机会。经过一番破釜沉舟般的谋划后,他带着黄金去拜见子楚。

倒霉的太子毕竟还是太子,一位社会地位不高的商人求见,他还是要端端架子的。吕不韦说:"吾能大子之门!"意思是说,我能广大您的门第。子楚不无讽刺地说:"且自大君之门!"意思是说,阁下还是先光大自己的门第再说吧。吕不韦说:"子不知也,吾门待子门而大。"意思我的门第要等您的门第光大之后,才能光大。

子楚听说眼前的这位商人能改变自己的命运,这才邀请他坐下深谈。

吕不韦说,"安国君最宠爱华阳夫人,您的母亲得不到宠爱,你又不是长子。能够让您成为太子的,只有华阳夫人能办到。华阳夫人没有儿子,您不如做他的儿子,将来太子之位就非您莫属了。"子楚问,"那我现在该怎么办?"

吕不韦说,"您现在要做的就是广交朋友,扩大影响,赢得好口碑。我虽然不富裕,但愿意拿出千金来,一半给您用来结交朋友,另一半我去打点安国君和华阳夫人,让他们立你为太子。"

子楚闻言是喜出望外,连忙许诺:"必如君策,请得分秦国与君共之。"(《资治通鉴》)。用今天的话来说,意思是:子楚感谢地说,如果计划成功,我愿意和您一起治理秦国,同享富贵。一场双赢的交易计划就这样达成一致。

吕不韦听了这话,自然高兴,于是回家拿钱,被父亲看到,就问他,"商家无闲钱。如此巨金,你要派何用场?"

吕不韦谓父曰:"耕田之利几倍?"曰:"十倍。""珠玉之赢几倍?"曰:"百倍。""立国家之主赢几倍?"曰:"无数。"曰:"今力田疾作,不得暖衣余食;今建国立君,泽可以遗世。愿往事之。"(据《战国策》)

吕不韦的父亲听说儿子要做一桩"谋国"的大买卖。默然良久说,"如此谋国,其利万世不竭!"不过,老父亲大概半信半疑,就接着问:"业已选准利市?"吕不韦自信地说,"奇货可居,唯待上路。"

吕不韦一见子楚就觉得"奇货可居",并从此走上了政治这条路。他以家累千金作为本钱,冒险干起了政治投机倒把的买卖。

权倾朝野,如意算盘达成了

吕不韦带着金银珠宝,到秦国开展政治公关活动。他先拜访了华阳公主的姐姐,从她身上打开缺口。到府上,以子楚的名义送上厚礼,然后试探着对华阳公主的姐姐说,"夫人难道就没有为您和妹妹两个人的长远利益做打算吗?"华阳公主的姐姐十分不解地说,"此话怎讲?"

吕不韦异常谨慎地压低声音说,"夫人,我听人说,用美色来侍奉别人的,一旦色衰免不了失宠。要我说呀,侍奉太子仅仅靠美色是不行的,岁月不饶人,一旦人老珠黄,太子有了新宠怎么办? 您的妹妹华阳公主目前虽然受宠,可没有生下儿子,将来如何维持自己的地位呢? 不如早做打算,趁现在受宠,认下一个儿子做义子,扶为太子。这样,太子百年之后,义子继位,也不会失势了。"

华阳公主的姐姐一听这话,觉得言之有理,忙问,"您看谁可以认作义子呢?"吕不韦

诸子百家——杂家

说，"子楚聪明又乖巧，不妨考虑他。"

于是，华阳公主的姐姐去见妹妹，将从吕不韦那里听来的道理讲给她听，然后说："妹妹，为自己打算，还是认个义子吧。你看，公子子楚排行不是最大，按祖规是不能被立为太子的，他的生母又被冷落，所以他才会主动依附于你，况且，他在外界名声很不错，又有贤能，你若能帮他立上太子，定能免去失宠之虑，安享尊荣。"

华阳公主听从姐姐的建议，同意认子楚为义子，并说服了丈夫安国君，将远在邯郸的子楚立为太子。

上面这段话，在《史记·吕不韦传》中有详细的记载。

远在赵国当人质的子楚得知这一消息之后，欣喜不已。趁着两个人的关系急剧升温，吕不韦又把自己最宠爱的年轻夫人小邯郸送给子楚。当时的赵国，在六国之中实力最为强大，它的都城邯郸，自然也比秦都城繁华得多，各地的富商纷纷云集邯郸。小邯郸是邯郸人，是赵国的"富二代"，能歌善舞、善解人意，对吕不韦言听计从。这个小邯郸在被送给子楚之前已经怀孕，吕不韦和小邯郸密谋，隐瞒了怀孕的事实。子楚得此美人，又得到了太子之位，人生的命运从此逆转，和吕不韦的关系进一步密切。小邯郸聪明伶俐，很受子楚宠爱。据说整整怀胎十二个月后.小邯郸才生下一儿子，取名政，就是后来的秦始皇。

嬴政并没有生在秦国，而是于公元前259年的正月，出生在赵国的都城邯郸，所以他姓赵，叫赵政。这个在"外国"出生并长大的孩子，他自打一生下来，就知道父亲子楚是秦国交换到赵国的人质，母亲是赵国的"富二代"。父亲是被祖父抛弃的人质，虽有王室血统，可赵政从小就和锦衣玉食没多大关系，他的童年凄凉得没有暖色调。更让他不解和气愤的是，自己的曾祖父秦昭王根本不管他们一家人在赵国是死是活，丝毫感受不到亲情，明知自己和父母的性命都控制在赵国国王的手里，他还隔三差五地派兵攻打赵国。秦赵打仗，赵政的日子能好过吗？

《史记》上记载：秦昭王五十年，子楚正在家里开怀痛饮，忽然得知秦国派兵攻打赵国，赵国都邯郸危在旦夕。赵王将愤怒全发泄到子楚身上，一怒之下，要派人杀掉子楚。吕不韦怎么能看着自己囤积的"奇货"出问题呢？他让子楚一次性贿赂赵国的守城官吏黄金六百斤，然后仓皇地逃回秦国。匆忙之下，没来得及带自己的家眷。赵王要杀子楚的妻子和儿子。子楚的夫人是赵国著名的"富二代"，有关系，朝里有人，听消息后躲了起来。可怜的小邯郸带着政在赵国艰难地活下来。直到安国君当上秦王、华阳公主成为王后，太子子楚的妻子和儿子才回到了秦国。

若干年后，子楚终于熬出头来。秦昭王去世，赵政的祖父安国君继位三天，中毒而死。安国君死后，赵政的父亲子楚继位当上了秦王，就是历史上的秦庄襄王。子楚的义母华阳王后成为华阳太后，生母夏姬被尊为夏太后。那一年，赵政九岁。

吕不韦的大笔投资进入了收益期。苦心经营多年的吕不韦终于如愿以偿，成了丞相，而且，"封文信侯，食邑洛阳十万户"。庄襄王子楚当政三年，朝中的大事基本还是吕不韦拿主意，庄襄王一是念旧情，二是吕不韦的确实有能让秦国强大的主意。

三年后，庄襄王去世，嬴政登上王位。那年，他才十二岁，还是个孩子，国家大事尚不能亲政,秦王政尊吕不韦为相国,嬴政一口一个"仲父"地叫。从小在苦水里长大的孩子,表现出惊人的早熟,国家大事他一般都和吕不韦、李斯、蒙骜等人商量,表面上不动声色,内心却在观察、等待。他相信时间能改变一切。

这个时候,朝廷大小事通常都要吕不韦拿主意,吕不韦实际上成了把持秦国朝政的人。秦王政的生母、后来的太后过去曾经是吕不韦的女人,在子楚死后经常和吕不韦私通。甚至,连秦王政。都曾经是他俩政治阴谋中的一个棋子。

吕不韦实现了自己的政治抱负,当了十年的相国,使秦国变得兵强马壮,国力大大增强,为统一奠定了基础。这个时候的吕不韦,再也不是当年的那个商人,而成了手握秦国大权的关键人物,家中仅仅家僮就有万人,门下养的食客就达三千人。他组织门客们一起编写《吕氏春秋》。该书包罗万象,融会百家,共有八览、六论、十二纪,二十多万字。书刻好后,吕不韦派人悬千金的赏金于咸阳城门上,公开宣布"有能增损一字者予千金"。《史记·太史公自序》中有一句说:"不韦迁蜀,世传吕览。"诸位看,司马迁将《吕氏春秋》与《易经》《诗经》并列,可见《吕氏春秋》这部著作的地位有多高了。著名学者王力在1984年6月为吉林文史版《吕氏春秋译注》所做的《序》中称:"《吕氏春秋》一书,可以说是集儒墨名法的大成。"

功高震主,无奈自杀

乱世出英雄,也有奸雄。吕不韦既不是商鞅那样的改革家,也不是白起这样的常胜将军,他不过是个商人,但是,吕不韦不是一般的商人,而是一位政治投机商,一位大野心家、谋略家、风险投资家,他竟然大胆到参与谋划帝王上任的事。权钱交易在吕不韦那里被用到了极致。他用五百斤黄金做公关,买通了秦国最受宠的华阳夫人,买来了子楚太子的位置;他用六百斤黄金贿赂赵国边境上的守卫官,买来了子楚的一条命。

吕不韦竟然成功了。他的心血没有白费。看着自己的亲生儿子秦王政一天天长大,他的内心惶恐极了。一方面,嬴政终要亲政,他必然要夺回属于自己的权力;另一方面,他绝不能暴露目标,绝不能让嬴政知道自己是他的生父。那个时候又没有 DNA 鉴定,只要他不说,太后不说,这个秘密嬴政应该不会知道。

吕不韦和太后赵姬又恢复了早期的私通关系。

但是,无论他头脑多么地冷静和理智,都不能保证百分之百地战胜自己的欲望——他和太后赵姬除了有男女私情.还是一对政治同盟军。他非常害怕自己与太后即嬴政的母亲有染的事暴露,一旦被秦王政发觉,后果不堪设想。该怎么办呢? 思来想去,吕不韦又下了一着险棋。他将自己的门客嫪毐冒充宦官,悄悄地献给太后。太后果然中计,经常偷偷地和嫪毐通奸,如鱼得水。太后后来怀孕,生下两个儿子。就是说,太后偷情,为秦王政(即后来的秦始皇)生下两个弟弟。

嫪毐这个家伙,仗着太后的保护伞,飞扬跋扈,以至于当时朝中想当官都得贿赂他才能如愿。秦国的权力,就掌握在嬴政、吕不韦和嫪毐这三个人的手中。

后来.太后和嫪毐之间的奸情东窗事发,嬴政颜面扫地,下令严查。通过审问嫪毐,知道了真相的嬴政在愤怒之下,灭了嫪毐的三族,并将嫪毐与太后私生的两个儿子杀了,然后将太后软禁。

　　嬴政要趁机夺回属于自己的权力,自然要借机继续追查,要杀掉吕不韦的气焰。嫪毐能和太后通奸,吕不韦是中间人,秦始皇问他安的什么心?为什么要这么做?公元前238年,吕不韦被罢相,遣发到河南封地。

　　吕不韦为相十年,名气很大,即使被贬河南,仍然不断有诸侯来拜访,以至于门庭若市。这样下去自然让嬴政不放心。也有人说,秦王嬴政担心自己身世秘密成为丑闻,因为当时连赵国人都传言他是吕不韦的亲生儿子。

　　嬴政发了一道诏书,语气中已经相当不客气:"君何功于秦?秦封君河南,食十万户。君何亲与秦?号称仲父。其与家属徙处蜀!"意思是说,你吕不韦有什么本事?不是靠着秦王家的施舍,你能有今天?贬你到河南,是优待了,你还摆架子。马上给我举家移民到山高路远的蜀地去,看看还有没有使者拜访你。

　　吕不韦知道自己已经犯了"功高震主"的大忌,离满门抄斩不远了。如果自己自杀了,说不定还能保住家人的性命。无奈之下,喝下毒酒,自杀了。他当初大约也没有想到,自己竟然也成为这个政治游戏中的一颗棋子。

　　嬴政从此开始了他统一天下的梦想之旅。公元前221年,嬴政如愿以偿,成为统一天下的秦始皇。

第四节　杂家典籍

　　《汉书·艺文志·诸子略》载:杂家著作有《盘盂》二十六篇,《大禹》三十七篇,《五子胥》八篇,《子晚子》三十五篇,《由余》三篇,《尉缭》二十九篇,《尸子》二十篇,《吕氏春秋》二十六篇,《淮南内》二十一篇,《淮南外》三十三篇等等。其中以《吕氏春秋》《淮南王》(但也有人认为《淮南王》一书以道家为主,兼才众家。应属道家著作才是,《淮南王》在古代也曾被划人道藏)为代表著作。杂家著作现在只留下《吕氏春秋》《淮南子》《尸子》(原书已佚,今仅有后人辑本)三书。这里我们只介绍《尸子》与《吕氏春秋》两部主要著作。

一、尸佼与《尸子》

　　尸子,名佼。《史记·孟子荀卿列传》载:"楚有尸子、长卢。"集解刘向别录曰:"楚有尸子,疑谓其在蜀。今按《尸子》书,晋人也,名佼,秦相卫鞅客也。卫鞅商君谋事划计,立法理民,未尝不与佼规之也。商君被刑,佼恐并诛,乃亡逃入蜀。自为造此二十篇书,凡六万余言。卒,因葬蜀。"

　　《汉书·艺文志》杂家著录《尸子》二十卷,班固注曰:"名佼,鲁人,秦相商君师之。鞅死,佼逃入蜀。"《隋书·经籍志》杂家著录《尸子》二十卷,并注曰:"秦相卫鞅上客尸佼撰。"以上是史书文献中关于尸子生平的记载。尸子，姓尸名佼，在这一点上所有记载都是一致的。尸子曾经做过商鞅的门客，《艺文志》说师事过他，《经籍志》说他是卫鞅的"上客"，大概尸子并非商鞅真正的老师，他只是商鞅的一个门客，不过却是门客中的上等嘉宾，商鞅很敬重他，像老师一样对待他。他为商鞅出谋划策，并协助商鞅实行变法治国理民，算是商鞅的一个高级智囊。秦孝公死后，惠文王继位，商鞅被处以车裂之刑，尸子害怕被株连，于是就逃亡到蜀地（今四川成都一带），过起了隐居的生活，生活闲暇之余著书二十篇，也就是《尸子》一书，死后就葬于蜀地。这基本上可以算是尸佼的个人简历吧。但其中还存在两个问题，其一是他的出生地。《史记》说楚国有两个贤人尸子和长卢，集解刘向别录怀疑司马迁所说"楚"，应该就是"蜀"，由于古蜀国在春秋战国时期史料很少，我们也无法通过考证长卢这个人来了解尸子迁蜀之后的情况。刘向《别录》认为尸子是"晋人"即三晋地区韩、魏、赵某国人，《汉书·艺文志》认为是鲁国人。钱穆认为，尸佼很有可能是魏国人。三晋法家文化传统很强，尤以魏国为盛。尸佼能与法家人物商鞅志同道合，勉强也可作为一个小证据。

关于《尸子》一书，《汉书·艺文志》杂家类著录为二十卷，而《隋书·经籍志》杂家《尸子》篇注云："其九篇亡，魏黄初中续。"可知魏晋时已非全本。我们现在所见到的本子，皆为后世的辑佚本。

关于《尸子》一书的思想，《春秋》两次引用其语："正名以治，为法家师，如吴起之流矣。"刘向在《荀子叙录》中说："尸子非先王之法，不循孔氏之术。"但《后汉书·宦者吕强传》章怀太子注云："尸子书二十篇，十九篇陈道德仁义之纪，一篇言九州险阻水泉所起。"这说明《尸子》一书的思想很博杂，有法家的思想在其中，同时又继承了儒家的思想并对其进行了改造。今天我们所能看到的《尸子》，分为上下卷，上卷十三篇，下卷为辑佚的逸文和若干存疑文字。许多篇章都残缺不全，我们对其内容进行了梳理后发现，《尸子》全书对于儒家思想吸收最多，其次是法家、道家、墨家和名辩思想。《尸子》全书有一条主线就是"治道"，而其"治道"是将儒家"治己则人治"与法家"刑罚者民之鞭策"相结合，并将道家"事少而功立""执一之道。去智与巧"思想与墨家治天下有术的"四术"糅合在一起。史书(除《宋史》外)典籍都将其作为先秦杂家是颇有道理的。因此，我们可以说《尸子》是受儒家思想影响的先秦杂家，或从儒家中走出的先秦杂家。

二、吕不韦和《吕氏春秋》

《报任安书》中赫然语："不韦迁蜀，世传《吕览》。"实际上吕不韦于嬴政责令其迁蜀之前已编成了《吕氏春秋》。《报任安书》中语自有司马迁的感情因素和写作需要，更蕴涵着司马迁与吕氏相同的悲剧元素，也引出了我们对一代大家吕不韦镜窥之必要。因《史记》中有"（吕不韦）往来贩贱卖贵，家累千金"语，且鉴于《史记》"史家之绝唱，无韵之离骚"的崇高地位，使吕氏商人形象历经后人演绎而遮蔽了其政治上的光辉。关于吕氏"奇货可居""进嫪毐""献有身之姬"诸事，当时最具权威的"时政新闻记录著作"《战国策》未有记载，诸说便失去了作为史料的印证价值。笔者认为，无论文治还是武功，吕不韦都堪称中国历史上首屈一指的政治家。

1.吕不韦其人

吕不韦(？—公元前235年),姜姓,吕氏,名不韦,杂家思想的代表人物。战国末年著名商人、政治家、思想家,后为秦国丞相,卫国濮阳(今河南濮阳)人。吕不韦是阳翟(今河南省禹州市)的大商人,故里在城南大吕街,他往来各地,以低价买进,高价卖出,所以积累起千金的家产。他以"奇货可居"闻名于世,曾辅佐秦庄襄王登上王位,任秦国相邦,并组织门客编写了著名的《吕氏春秋》,即《吕览》。

吕不韦长期以来受到了众多的负面评价,形象被严重扭曲,直到近现代,随着学者们研究的深入,附在吕不韦身上的积垢才逐渐被清除。吕不韦以商人的身份进行政治投机,一跃成为秦相国,他成功的政治投机一方面是个人能力的体现,同时也是当时社会发展的必然规律给他带来了机遇,而吕不韦以自己卓越的才识和能力成功地抓住了这一历史机遇。执政后的吕不韦以其卓越的政治才能继续推动秦的统一大业,并且以敏锐的政治眼光,组织门客编纂了融合诸子百家学说的《吕氏春秋》,为统一之后的秦帝国提供一整套的治国方略。

吕不韦经商的谋略。关于吕不韦早年的情况,《史记》卷八十五《吕不韦列传》载:"吕不韦者,阳翟大贾也。往来贩贱卖贵,家累千金。"吕不韦经商的精明之处在于时时处处观察商机。当他在赵国邯郸经商时,遇见了正在赵国做人质的秦国公子子楚,虽然子楚当时处境窘迫,但吕不韦透过诸多错综复杂的社会关系,看到了子楚身上蕴藏的巨大价值,断定"此奇货可居"。继而投入重金运作,最终使安国君和华阳夫人立子楚为嫡嗣。安国君死后,子楚即位,是为庄襄王。为了报答吕不韦,庄襄王乃"以吕不韦为丞相,封为文信侯,食河南雒阳十万户"(《吕不韦列传》)。庄襄王即位三年,薨,"太子政立为王,尊吕不韦为相国,号称'仲父'"(《吕不韦列传》)。

有人对此认为是投机政治所致,其准确的说法应是:吕不韦是一位做成了一笔大买卖的最成功的商人。在这笔买卖的交易过程中,吕不韦充分显示了他通达古今、预测未来的深邃智慧和凭借外力、知化善变的商人机巧。他立足现在,瞩目未来,小处着手,大处着眼。《战国策》记载了吕不韦在邯郸见到秦公子子楚后,同他父亲的一段对话:吕不韦"贾于邯郸,见秦质子异人(子楚),归而谓父曰:'耕田之利几倍?'曰:'十倍。''珠玉之赢几倍?'曰:'百倍。''立国家之主赢几倍?'曰:'无数。'曰:'今力田疾作,不得暖衣余食,今建国立君,泽可以遗世,愿往事之。'"这一段对话透漏出吕不韦不凡的眼光和谋略。于中城先生认为,如果说这样做仅仅是商人的贪婪和狡黠,那恐怕有失公允。因为贪利是商人的本性,获取利润是商人的愿望,但并非所有商人都有吕不韦这样的智慧和眼光。李一凡先生认为可以毫不夸张地说:"战国商人吕不韦是历史上所有商人中最出色的商人。商人的本领就是交易和投资,有政治头脑和战略眼光的吕不韦是最善于进行长线投资和最大宗买卖。他的买卖非常成功,令人叫绝。"

吕不韦从政的功过。吕不韦先后任丞相、相国13年(公元前250—公元前237年),在其当政期间,据《史记》《战国策》等记载,他至少办了四件有利于秦国稳定、强大的争情。

諸子百家——杂家

减少了战争中的大屠杀。秦在商鞅变法时立有"计首授爵""尚首功"的政策,这对提高秦军的战斗力,起到了巨大的促进作用。但它造成了秦军在战争中杀戮过重,乃至大屠杀的严重后果。据不完全统计,从商鞅变法到秦昭王五十一年(公元前354—公元前256年),在这近100年中,先后有大屠杀18次,共杀死1617000人(小杀戮不计),秦昭王时达到顶峰,先后屠杀14次,共杀1263000人。大屠杀引起了山东六国的惊恐和拼命抵抗,使秦统一战争遇到了极大的障碍。吕不韦当政期间,改弦更张,实行"王者之治",提倡"义兵"。吕不韦所讲的"义兵",据《吕氏春秋·怀宠》载:'入于敌之境,则民所知庇矣,黔首知不死矣。至于国邑之交,不虐五谷,……不焚室屋,不取六畜。得民房奉而题归之,以彰好恶;信与民期,以夺敌资。"这样"义兵至,则邻国之民,归之若流水,诛国之民,望之若父母……兵不接刃,而民服若化"。正是由于吕不韦提倡"义兵",在他当政的13年间,很少有大屠杀的记载。以后尉缭子继续执行该项政策,使秦国得以统一六国。

招纳贤士,收罗人才。古今中外所有国家在制定兴国方略时,都有一个收罗人才、重用人才的问题。战国时期形成的养士之风,就是收罗人才、争取人才的体现。吕不韦在当政期间认为以秦国之强,而不养士是耻辱;于是"亦招致士,厚遇之至食客三千人"。吕不韦招致食客三千人,不仅仅是为了编写一部《吕氏春秋》。司马迁在《史记·秦始皇本纪》中道破其真实的目的:"文信侯招致宾客游士,欲以并天下。"

兴修水利,重视农业生产。关中是秦国的根据地,巴蜀地区是秦后方,但关中地多咸卤,粮食产量不高,都江堰修建之前,也是地瘠民贫,遇到连年的灾荒,人民生活困难之急是解决粮食问题。郑国渠、都江堰就是在这种情况下修建的大型水利工程。自都江堰修成后,关中、四川才成为秦国仓,为秦始皇统一天下奠定了雄厚的基础。吕不韦不仅关心水利事业,而且关心农业生产的科学化,在《吕氏春秋》中《上农》《任地》《辨土》《审时》四篇文章专门讲农业生产化问题,对农业经营管理、土质的好坏,都进行了阐述和论证。

以杂家代替法家为政治指导思想。秦自商鞅变法后,一直以法家为政治思想。法家的法治及耕战政策虽然对巩固政权和富国起到了积极作用,但统治阶级的残暴寡恩、严刑酷法、对外大屠杀等弊政已经暴露。吕不韦编著《吕氏春秋》以一个新的思想体系来代替法家思想。《吕氏春秋》融合了儒、墨、道、法、兵、农各家学说,故被称为杂家。但杂家不是各家学说的"拼盘"和"杂凑",而是在新的思想意图指导下吸收各家之长而建立的思想体系。这是吕不韦有计划、有目的吸取各家学派有益的治国方略及其学术特长,让其宾客集体完成的治国治世的指导书,其中的政治主张及各种科学文化知识,是先进的和切合实用的。

吕不韦之过。关于吕不韦之过,史书没有提及多少。侯先生认为,吕不韦的过,主要是他不德无才地登上政治舞台,扰乱了秦稳定形势,并给秦始皇独揽政权、打击消灭吕不韦势力找到了绝好的机会。

吕不韦失败的原因。在经商上谋得深、谋得远的吕不韦,最终却落下个"饮鸩而死"的悲剧下场。吕不韦悲剧产生的原因,笔者认为,吕不韦混淆了政治与经商的区别,即经商上可以不断积累财富,永无止境;但政治上却要知进知退,不可久居权力的顶峰。吕不韦显然没有意识到这一点。当叛乱之事牵连到吕不韦时,秦王嬴政因为吕不韦功劳大,

诸子百家——杂家

不忍致法,而是免去了他的相国职务。但这时的吕不韦仅仅是失去了权力,经济上损失似乎不大,他还是文信侯,食雒阳十万户,仍是巨富,完全可以在雒阳颐养天年。但罢相后的吕不韦没有低调做人,淡出历史舞台,而是威势不减当年,最终引起了秦王嬴政的猜忌,被迫自尽。关于吕不韦罢相后的情况,《史记·吕不韦列传》载:"岁余,诸侯宾客使者相望于道,请文信侯。秦王恐其为变,乃赐文信侯书曰:'君何功于秦?秦封君河南,食十万户。君何亲于秦?号称仲父。其与家属徙处蜀!'吕不韦自度稍侵,恐诛,乃饮鸩而死。"历史上与吕不韦可资比较的人物,笔者认为范蠡是合适的人物之一。但二者的不同之处在于,范蠡为政在先,然后以为政的经验经商,最后获得成功。而吕不韦则是经商在先,然后以经商的经验为政,最后落了个自尽的下场。

2.《吕氏春秋》概说

战国伊始,诸子蜂起,形成百家争鸣之势。然诸子互相攻讦,虽各有创意,亦自有偏执。怎样把儒的醇厚、墨的谨严、道的超逸、法的冷峻、名的致密、阴阳的流传等各家精华吸纳融合以达到"天下同归而殊途,一致而百虑"的统一而为未来的帝国服务,唯有吕氏做了一次大胆的尝试,"其愿力固宏,其成绩亦可观",《吕氏春秋》便是"总晚周诸子之精英,荟先秦百家之眇义"的实践成果。

《吕氏春秋》一书并非吕不韦所作,而是吕不韦在秦为相之时所召集的众多门客集体创作的结晶。关于《吕氏春秋》的成书年代,《序意》篇这样写道:"维秦八年,岁在君滩",后世研究《吕氏春秋》的学者多根据此句来考订论证。但是由于学者们对其考订理解的不同,故也成为聚讼纷纭的问题。对于《吕氏春秋》具体成书年代的考证,学界有以下几种说法:

其一是"八年"说,即秦始皇八年成书。持这一说的主要有宋吕祖谦、清周中孚、郭沫若和赵年苏等人。他们均认为《序意》篇所说的"八年",即是说秦始皇即位八年《吕氏春秋》告成。

其二是"六年"说,宋人王应麟《汉书·艺文志考证》,清人孙星衍《问字堂集·太阴考》、陈奇猷等均主此说。王应麟说:"岁在君滩"乃指申年,不合八年(乃壬戌)之说,八年说乃算历者之差。"清人孙星衍说:"秦庄襄王灭周后二年癸丑岁至始皇六年,共八年,适得庚申岁,申为君滩,吕不韦指渭是年。"断定是秦始皇六年。陈奇猷和王、孙二人不同之点在于,他虽赞同王、孙二人关于秦八年是指秦始皇六年的说法,但他认为《吕氏春秋》的《十二纪》成于秦始皇六年,《八览》和《六论》成于"不韦迁蜀"之后。

其三是"吕氏死后"说,明代的顾亭林和徐复观力主此说。明顾亭林《日知录》说吕书成于秦初,并三晋时吕不韦已死。徐复观说《吕氏春秋·安死》篇载:"以耳目所闻见,齐、荆、燕尝亡矣,宋、中山已亡矣,赵、韩皆亡矣,其皆故国矣。"指出此篇应是秦政二十六年以后所写,并由此推断《吕氏春秋》的初稿写于秦政八年,而其成书定本应该在秦始皇统一天下之后。其四是"七年"说。姚文田《邃雅堂集》、钱穆《吕不韦著书考》、田凤台等都从此说。钱穆认为:"吕书确有成于迁蜀之后,并有成于不韦之身后者。"田凤台认为《序意》所说"八年"是指庄襄王而言,吕书成书应在始皇七年。

除此之外尚有"迁蜀说""四年"说等。笔者从"维秦八年"即是秦始皇八年的说法。

首先,《吕氏春秋》并非吕不韦亲著,是吕不韦集合相府门客中的才俊之士在相对较

诸子百家——杂家

短的时间内通过分工协作完成的。

其次，《吕氏春秋》中的《序意》篇应是全书的序，并非如陈奇猷等学者所说仅是《十二纪》第一部分的序。过去《吕氏春秋》曾被称为《吕览》，按照古人习惯，多以篇之前两字称呼篇名和以书之首篇名字称呼书名的习惯，《吕氏春秋》的《吕览》在最初之时很有可能是排在书之前，而非像今之传世本将《十二纪》放在最前。因此《吕氏春秋》才会被简称《吕览》。《十二纪》应该是排在最后，按古人著书之习惯，书的《序》多是放在书之最后，故《序意》排在《十二纪》之后完全符合古人之习惯。汉代以后的学者出于强调其书中阴阳五行学说的需要，才将《十二纪》编排在书前。

其三，《吕氏春秋》成书之时，也就是《序意》篇的作者写序的时候，再粗心的作者也不会将作书的年代在行文中写错的。何况是吕不韦如此重视的一部书，又是集体所创作，那么多双眼睛都盯着，这种错误出现的可能性几乎没有。对于以王应麟和孙星衍等为代表的"六年"说的坚持者，学者赵年苏的考证颇见功力。他说孙星衍的考订有误，孙星衍说的始皇六年庚申岁是由"四分历"推算得出，而"四分历"最早推行于汉代。用四分历岁次向上推数，自秦二世三年至秦始皇八年，与当时实际所用岁次已相差一年，加之汉高祖元年岁次应该是"癸巳"，但为超用"甲午"所隐蔽故而成为虚次。由于四分历溯算时相差二年，因而误定秦王六年为申岁。也就是说，秦始皇八年才是申岁。赵年苏据此论断《吕氏春秋·序意》篇所载见之秦代纪年岁次，明确无误。通过以上分析，作者以为《吕氏春秋》成书在于"维秦八年"即秦始皇八年的记载根本没错，其书为一次完工，完工之后即布于咸阳市门而悬千金其上。至于有的学者认为《吕氏春秋》非一时一次编成而是分部完工的说法，并依据《史记》"不韦迁蜀，世传吕览"的记载说《吕氏春秋》部分篇章成于吕不韦罢相迁蜀之后，实不可信。试想，一位倒势了的相国不可能再豢养众多门客著书立说，何况书中许多论点和秦始皇王朝的政策多不相合甚至是对立，吕不韦在台上时兴许有门客仗着相府的庇护敢于自由放言，吕不韦倒台后是不会有了，即使吕不韦有这个胆，他大多是没有这个思想文采和心境了。

《吕氏春秋》是先秦杂家代表性的经典著作，《汉书·艺文志》将其列在杂家，《隋书·经籍志》及后代的史书典籍均沿袭之。但是自从东汉高诱为其作注并撰序一篇评述《吕》书之后，试图找出它主要的学派倾向，进而欲把它归入其他学派的后世学者不乏其人。首先就有学者根据高诱为吕书作注所写的序，推衍出《吕氏春秋》为道家著作。高诱的《序》中如是说："然此书所尚，以道德为标的，以无为为纲纪，以忠义为品式，以公方为检格，与孟轲、孙卿、淮南、杨雄相表里也，是以著在《录》《略》。"句中的《录》指的是刘向的《别录》，《略》是指刘歆的《七略》，刘歆的《七略》是据其父刘向的《别录》作成。而《汉书·艺文志》又是根据刘歆的《七略》编撰而成。高诱的意思是《吕书》很杂。而汉代也一直是将《吕氏春秋》属之于杂家类的，从刘向的《别录》，刘歆的《七略》到《汉书·艺文志》都将吕书列为杂家。许多学者根据高诱的《序》的前两句"然此书所尚，以道德为标的，以无为为纲纪"认为《吕氏春秋》是道家著作。然而他们却忽略后两句《吕氏春秋》是"与孟轲、孙卿、淮南、扬雄相表里也，是以著在《录》《略》"。高诱提到孟轲可能是指《吕氏春秋》思想有来源于孟子之处，孙卿、淮南、扬雄则是有显著融合百家特色的思想家，高诱说他们"相表里"主要是为了说明《吕氏春秋》"杂合"百家的特色。持此观点的学者有任继愈、熊铁基、牟钟鉴等人，任继愈说："《吕氏春秋》用老庄哲学构造自己的理论原则，用阴阳、儒、墨、法名家的思想，构造自己的历史、政治、道德、军事、教育等方面的观点。"并认为它是"秦汉时期道家思潮的开始"。熊铁基认为，《汉书·艺文志》把《吕氏春秋》和《淮南子》两部书著录在"杂家"之类是很不恰当的，而应该归入秦汉之际的"新道家"，即有别于先秦老、庄"道家"的新道家。他还指出，《吕氏春秋》不是所谓"杂家"之始，而是"新道家"最早之代表作。熊铁基所说的"新道家"，其实就是黄老道家。黄老道家并不肇始于《吕氏春秋》，在吕书之前尚有许多黄老的代表性著作，如《文子》和《黄老帛书》等，因此所谓的"新道家"并不是汉初突然就出现的，《吕氏春秋》也并不能作为"新道家"最早的代表作。此外牟钟鉴先生也认为，《吕氏春秋》和《淮南子》是秦汉之际的道家著作。他认为两书的基本思想倾向一致，都崇奉老庄哲学，并以其为主干，融合、贯穿各家学说，构建成一种综合性的理论。这种理论的综合性，恰巧就是秦汉道家的特点。牟钟鉴先生显然是只看到秦汉之际学术思想的融合，而没有注意到从战国晚期就已存在着学术思想融合的思潮，以及此思潮下的一些先秦思想家及其作品。其次，对于《吕氏春秋》还有"儒家说""阴阳家说""墨家说""儒道兼畸说"等等不一而足。元代的陈皓说《吕氏春秋》有浓重的儒家色彩，《四库全书总目提要》更是认为吕书"大抵以儒家为主，而参以道家、墨家，故多引六籍之文与墨子、曾子言"。现代的学者也有主张此说，如张智彦、金春峰、修建军等人。持阴阳家说者乃是《吕氏春秋校释》的著者陈奇猷，他说："《吕氏春秋》虽说是杂家，集各家各派之说而成，但细读其书，很自然地会注意到，阴阳家的学说是书的重点，这从书中阴阳说所据的地位与篇章的多寡可以证明。"卢文弨持墨家之说，他认为吕书"大约宗墨氏之学，而缘饰以儒术，其重己、贵生、节丧、安死、尊师、下贤，皆墨道。"持"儒道兼畸说"的主要是郭沫若、杜国痒、张双棣等人。郭沫若认为该书主要是对于儒家、道家采取尽量摄取的态度，而对墨家、法家则加以批判。杜国痒则认为吕书"与其说是偏爱儒家，毋宁说是兼畸儒道"。张双棣则说，《吕氏春秋》的政治思想是以儒家思想为主导，以被改造了的道家思想为基础，兼采各家对它有用的成分融合而形成的吕氏独特的政治思想。笔者以为，历代的学者之所以企图从《吕氏春秋》中找出其他家派的倾向，甚而将吕书划归其他学派，主要原因有两个，一个是内因，即吕书自身的原因，《吕氏春秋》把兼摄诸子融合百家作为其思想体系构建的理论方法，但书中各家各派的思想融合不足，很容易区分出书中思想成分来自何处，这使得后世学者很轻易就能根据其论点的需要在书中找到所谓的吕书属于何种思想倾向的证据。也即是说吕书以自己的话论述与诸子相同思想观念的地方摄取的痕迹太明显，对于诸子思想消化不足，以致给后世留下纷争的口实。另一个外因，即如前文所述，历代都有一些学者根本不承认先秦杂家的存在，或者心中存在的对"杂"和"杂家"的偏见使他们仅仅将杂家作为类似于类书性质的"杂碎""杂撰"之学，不愿去深入研究，从而妨碍了他们对于杂家和先秦杂家的客观判断。孟天运说吕书的思想倾向之争"分歧这样明显，本身就说明了一个问题，即《吕氏春秋》中并没有明显地倾向哪一派，没有明显地以哪家为主导的问题"。笔者完全赞同此分析。《吕氏春秋》在兼摄融合百家之学时对于诸子百家是平等看待的，它本就不打算以哪家思想为主去汲取其他诸家。

　　《吕氏春秋》作为先秦杂家的代表作,其产生及形成是和当时战国的社会历史背景及秦国的政治文化现实分不开的。战国末期,秦国一统天下的形势已非常明朗,作为秦相国的吕不韦积极地为即将出现的封建统一大帝国做各方面的准备工作,其中也包括思想理论方面的设计。元人陈澔说:"吕不韦相秦十余年,此时已有必得天下之势,故大集群儒,……将欲为一代兴王之典礼也。"杨宽在《吕不韦和〈吕氏春秋〉新评》中说:"吕书综贯各派之长形成一套封建统治理论是符合历史发展趋势的。在大一统局面出现前后,地主阶级为寻找封建大一统的思想武器,有过探索的过程,之中吕书是有先行的历史贡献,应在思想史上给这名杂家应有的地位。"陈、杨两位对吕书的历史背景和著作目的已说得很明白了。孙人和在《〈吕氏春秋〉集释序》中通过分析吕书的思想更进一步地说:"尝谓《吕氏春秋》一书,……盖以秦势强大,行将一统,故不韦延集宾客,各据所闻,撰《月令》、释《圜道》,证人事,载天地、阴阳、四时、日月、星辰、五行、礼仪之属,名曰《春秋》,欲以定天下,施政教,故以《序意》殿其后焉。"以上所引几位学者的精辟论述,不仅将吕书写作的时代背景分析得很清楚,而且指出吕书的写作目的是为社会大一统的政治服务的。这和《汉书·艺文志》说杂家"知国体之有此,见王治之无不贯"是完全符合的。《吕氏春秋·序意》说:"凡《十二纪》者,所以纪治乱存亡也,所以知寿夭吉凶也。上揆之天,下验之地,中审之人,若此则是非可不可无所遁矣。"有学者认为"其'十二纪',实际是为新天子的统治所设计的一个年度施政计划;'八览'、'六论'则是总结过去的经验,为新的天子行政提供了一种指导思想和批判是非善恶的价值体系。"因此,可以说《吕氏春秋》的写作目的和书中所体现的思想主旨也是一致的,即杂家的"王治",《吕氏春秋》的"王治"思想正是围绕当时天下的封建统一而展开的。《吕氏春秋》兼摄诸子融合百家是围绕着"王治"这一思想主旨和最高目标构建其思想体系的。在这一过程中,《吕氏春秋》有自己独特的理论方法,《用众》篇自述其方法说得很清楚:"物固莫不有长,莫不有短,人亦然。故善学者,假人之长以补其短。故假人者遂有天下……天下无粹白之狐,而有粹白之裘,取之众白也。夫取于众,此三皇五帝之所以立大功名也。"句中的"白"指的是各家关于"王治"的理论。吕不韦就是想通过集合众家众派思想所长,在思想学术上做成一件"粹白之裘"为大一统的帝国所用。这是一种打破各学派门户之见,去粗取精,平等对待,集合众长的理论方法。如果从理论方法的运用上来说,高诱评吕书"大出诸子之右",是一点也不为过的,经笔者粗略统计,《吕氏春秋》中儒家思想主要在《劝学》《大乐》《侈乐》《适音》《古乐》《音律》《音初》《制乐》诸篇中;道家思想主要见于《贵生》《重己》《情欲》《尽数》《审分》诸篇;墨家思想主要在《当染》《审时》《高义》《上德》《去宥》诸篇;《月令》(包括《十二纪》中各组文章首篇)保存了阴阳家的思想;兵家的思想主要在《振乱》《禁塞》《怀宠》《论威》《简选》《决胜》《爱士》等篇中;农家的思想则见于《上农》《任地》《辨土》等篇。从《吕氏春秋》一书的篇章思想成分的组成来看,各家思想所占分量大致相近。笔者以为这不是一种刻意所为,只能说明著作者真的是兼采诸家而不以任何一家为主。这种打破学派门户而又不带任何偏见融合百家的理论方法,诸子之中确实没有任何一家能及得上。这正是杂家区别于诸子各家独特的理论方法。《吕氏春秋》也有自己独特的思想理论体系。《吕氏春秋·序意》说："上揆之天,下验之地,中审之人。"即要贯通天道、世道、人事三个层面。吕书的结构也是这样来安排的,《十二纪》是配天时的,《六论》是配地利的,《八览》在天、地之间是配人事的。"天、地、人"相配合的思想可能与《易传》有关。《系辞上》说："天数五、地数五、五位相得而各有合。""天数五"指的是一、三、五、七、九这五个奇数,其中数为"五",因此《十二纪》中每"纪"安排五篇文章;"地数五"指的是二、四、六、八、十等五个偶数,其中数为"六",故而《六论》与地相合,每"论"安排六篇文章;《八览》与人事相配来源于八卦之数,每"览"安排八篇文章。《系辞上》有:"圣人立象以尽意,设卦以尽情伪。"《系辞下》说:"八卦成列,象在其中矣。"两句话合起来理解意思是八卦之中蕴含了圣人之意和人事的情伪,"八览"就是要览圣人之意和人事之情伪。"天、地、人"相合是贯穿《吕氏春秋》思想的一条主线,也是其理论框架的支柱。而吕书《月令》(《十二纪》中各组文章的首篇)的阴阳、五行思想,则在天、地、人各层面予以展开,构成吕书理论大厦的砖、瓦、墙和屋顶。"《吕氏春秋》是以天、地、人和阴阳、五行两种模式构建起来的。""这座大厦既有天、地、人三者的和谐统一,又有阴阳、五行的互相联系和互相制约。这是一种前所未有的宇宙观。"笔者以为这是一种前所未有的思想体系,吕不韦及其《吕氏春秋》发诸子所未发,在这方面也可以说是大出诸子之右。由此,我们可以看出《吕氏春秋》的思想理论体系的建构也区别于诸子各家,体现出杂家兼容的特色。从以上分析中,我们可以得出结论,《吕氏春秋》的思想主旨是"王治";其理论方法是兼摄诸子融合百家,平等地对待各家,不主任何一家;其思想理论体系的构建也体现出兼容的特色。因此,《吕氏春秋》只能是先秦杂家的著作,绝不会是诸子中的任何一家。

第五节　杂家智慧

一、"法天地"与"无为而治"的治道思想

　　《吕氏春秋》的政治思想将"法天地"作为治国安民的起点。《圜道》说:"天道圜,地道方,圣王法之,所以立上下。"也即治道要遵循天地之理。治国主要是君和臣等贵族统治阶级的事务,治国之道也是由他们来制定和实行,因而吕氏说:"主执圜,臣处方,方圜不易,其国乃昌。"就治道而言,主圜臣方相互配合,国家就会被治理好。法天地其实也就是法自然,这种思想源于道家,战国后期许多学派受道家影响都将其作为政治理论的哲学依据。本章第一节中笔者论述《吕氏春秋》的天道观时已有述及。《大乐》篇说:"万物所出,造于太一,化于阴阳。"又《知分》篇说:"凡人物者,阴阳之化也。"句中的"阴阳"指的就是天地,人和万物都是天地所化生,故而人及人事(政治)都应该效法自然天地。那么何谓"圜道"呢?

　　"日夜一周,圜道也。月躔二十八宿,轸与角属,圜道也。精行四时,一上一下各与

遇,圜道也。物动则萌,萌而生,生而长,长而大,大而成,成乃衰,衰乃杀,杀乃藏,圜道也。……人之窍九,一有所居则八虚,八虚甚久则身毙。故唯而听,唯止;听而视,听止。以言说一,一不欲留,留运为败,圜道也。一也齐至贵,莫知其原,莫知其端,莫知其始,莫知其终,而万物以为宗。圣王法之,以令其性,以定其正,以出号令。令出于主口,官职受而行之,日夜不休,宣通下究,瀸于民心,遂于四方,还周复归,至于主所,圜道也。"

作者先从大自然昼夜的交替,日月星辰的运行,精气的流衍,物类的生成衰杀等去论证天道的运转不休。再从人九窍等生理机能之不能偏一留滞,来论证人生理活动之周循流转,进而归结出君王御臣用民"还周复归"的君主治道。何谓"地道方"呢?

"人之有形体四枝,其能使之也,为其感而必知也,感而不知,则形体四枝不使矣。人臣亦然,号令不感,则不得而使矣。有之而不使,不若无有。主也者,使非有者也,舜、禹、汤、武皆然。先王之立官事也,必使之方,方则分定。分定则下不相隐。……今五音之无不应也,其分审也。宫徵商羽角,各处其处,音皆调均,不可以相违,此所以不受也。贤主之立官,有似于此。百官各处其职,治其事以待主,主无不安矣;以此治国,国无不利矣;以此备患,患无由至矣。"

"地道方"主要是讲君王统驭群臣要像心使九窍一样,君王治国在很大程度上实际上是治臣,作者将本应归之为治术的君臣论上升到治道的高度来认识。这种观点,《管子》书中也有,《心术上》篇把君制臣比作心使九窍,但二者尚有所分别的。这是《吕氏春秋》治道的一个方面,即从"天圜地方"的治道发散出部分治国之术,后文中笔者将加以论述。

另一个方面《吕氏春秋》的治道也提倡"无为而治"。汉代高诱曾说:"此书指《吕氏春秋》所尚,以道德为标的,以无为为纲纪。"《吕氏春秋·序意》篇自述其旨也说:"上揆之天,下验之地,中审之人,若此则是非可不可无所遁矣。天曰顺,顺维生;地曰固,固维宁;人曰信,信维听。三者咸当,无为而行。"可见无为的思想在《吕氏春秋》中占有显著的地位,它直接贯穿了对天、地、人的认识所构成的思想体系中,并以"无为而行"来指导社会政治和人事。但《吕氏春秋》的无为思想和道家的"无为"亦是不一样的。它一方面说"无为之道曰胜天",另一方面它又说"治天下及国,莫若以德,莫若以义"。"古之君民者,仁义以治之,爱利以安之,忠信以导之,务除其灾,思致其福。"可见,《吕氏春秋》的无为和道家的无为是有很大区别的,道家的无为主张"绝仁弃义""绝巧去利";吕书的无为则是将"无为"与"仁、义、德"等结合起来的,《吕氏春秋》的无为思想也可以用一个"杂"字来概括,吸取了各派的有关主张,从吕书无为的治道出发,展开"无为"的君臣之术和不扰民的无为统治之术。

二、君王治术

1.理想"天子"

首先,《吕氏春秋》为即将统一的封建大帝国设计了一位理想的"天子"。认为"天子"是时代的需要,它说:"今周室既灭,而天子已绝。乱莫大于无天子。无天子则强者胜弱,众者暴寡,以兵相残,不得休息。今之世当之矣。"即天下混乱的主要原因是没有天子,没有共主,当此之时,秦已灭东周正在进行最后的兼并统一战争,代周而为天子者非秦莫属,故有此说。天下不仅需要一个天子,而且需要的是一位好的异于周代的天子——封建大一统的理想天子。《吕氏春秋》对天子进行了重新界定,它说:"始生之者,天也;养成之者,人也。能养天之所生而勿撄之谓天子。天子之动也,以全天为故者也。"即未来的天子要能做到"养天之所生"和"全天为故"(顺天从事之意)。这其中包含着"无为"的精神。从对"天子"这个新的定义出发,《吕氏春秋》为新的"天子"确定了两个方面的要求。第一是要重生。《贵公》篇说:"天下,重物也,而不以害其生,又况于他物乎? 惟不以天下害其生者,可以托天下。"意思是说只有在自己身上能实行不以外物害其生,不以天下害己生的人,他也才能够养天之所生,全天之故,也才有资格做天下的天子。因此它说:"圣人深虑天下,莫贵于生。"这也是战国晚期诸子尤其是杂家的一种显著的思维。将"治身"与"治天下"统一起来。治身与治天下是如何联系起来的呢? 它说:"夫耳目鼻口,生之役也。耳虽欲声,目虽欲色,鼻虽欲芬香,口虽欲滋味,害于生则止。在四官者不欲,利于生者则弗为。因此观之,耳目鼻口,不得擅行,必由所制。譬之若官职,不得擅为,必有所制。此贵生之术也。"

这只不过是做了一种比附,即善于控制耳目鼻口等器官使之有利于"生"的人,也就是善于"治其身"的人,同样可以控制使用好百官、治理好天下。理想的天子所应具备的第二个方面的标准是,要能够"贵公"。《贵公》篇云:"昔先圣王之治天下也,必先公,公则天下平矣。"《吕氏春秋》也多次提到"君道"要"利而勿利"。即"务在利民,而勿以自利而已",卿利民就是公,能坚持利民为公,天下就会治理好。"贵公"和"重生"这两个方面并不矛盾,他们是一致的。《贵公》篇对此有所阐述:"治物者,不于物于人;治人者,不事于君;治君者,不于君于天子;治天子者,不于天子于欲;治欲者,不于欲于性。性者万物之本也,不可长,不可短,因其固然而然,此天地之数也。"这段话将治身与治天下结合起来,在治身先于治政、治天下的理论前提下,作者在论述治身时将重生、贵己与贵公、去私融汇进去,认为只要天子顺应天地之性,治理好自己的"欲",不要纵欲(就是去私欲、重生、贵己)就能利己、利天下(这是贵公),天子治理好己身,就可以治理好臣民、人事,就能治理好天下。《贵公》篇说:"天下非一人之天下也,天下之天下也。"也是从这个意思上去阐发的,即是要天子、君王利于天下,不要私天下,纵私欲伤身害民,并非真是要废除封建集权专制实行共有天下的民主;"天下非一人之天下"是警醒天子、君主不要自私(纵私欲、家天下等),"天下之天下"是要君主、天子利天下而非完全自利。从《贵公》篇整体来看,也是这个意思,并不是某些学者所理解的是反对封建集权专制,而是在天子集权专制下的治术罢了,即高压下的怀柔。

2.君臣论

《吕氏春秋》有着系统的君臣之论。在君臣关系方面,《吕氏春秋》也提倡"君道无为而臣道有为"的主张。《君守》篇说:"君也者,以无当为当,无得为得者也。当与得不在于君,而在于臣。"君主的无为是为了臣子的有为,君主不任事是为了让臣下去任事。君主的无为和臣下的有为是建立在"正名审分"的基础之上的。《审分》览说:"凡人主必审分,然后治可以至,奸伪邪辟之涂可以息。"《处分》篇说:"凡为治必先定分,君臣父子夫

諸子百家——雜家

妇。……六者当位,则下不逾节而上苟为矣,少不悍辟而长不简慢矣。""本不审,虽尧舜不能以治……其本也者,定分之谓也。""审分"与"正名"是相辅相成的。《吕氏春秋》也提倡"正名"的思想,"至治之务为在于正名,名正,则人主不忧劳矣"。将"正名审分"用于政治上,就成为君主驾驭君臣的"马辔",《审分》篇说:"王良之所以使马者,约审之以控其辔,而四马莫敢不尽力。有道之主,其所以使群臣者亦有辔,其辔何如? 正名审分,是治之辔已。……人主不可以不审名分也。"君臣的名分定了之后,君和臣的职责也就分清楚了,君的工作就是操辔以御臣,臣的工作就是尽力于具体的事务。这样的话君主才可"以无当为当"。臣下也才可以"有为"于事。如果君主用一己的私智去"为"去任事,就会妨碍使用众人的智慧。君主只需要掌握"静""因"之道御臣用臣就行了,这就引出了吕书的帝王权谋之术。

　　"因者,君术也;为者,臣道也。为则扰矣,因则静矣。……故有道之主,因而不为,责而不诏,去想去意,静虚以待,不伐之言,不夺之事,督名审实,官使自司,以不知为道,以奈何为实。"

　　这主要是说君主要"静""因"无为,不要代替臣下做具体的事,即"不(伐)[代]之言,不夺之事",君主只需要正名定分"督名审实"按照臣下的名分职责审查考核他们的政绩就行了。因此,君主就不得不用权谋之术了,《吕氏春秋》说:"明君者,非遍见万物也,明于人主之所执也。有术之主者,非一自行之也,知百官之要也。知百官之要,故事省而国治也。明于人主之所执,故权专而奸止。"所谓的明君执术指的就是虚静无为之术。《吕氏春秋》和《韩非子》都讲虚静无为之术,但二者是有区别的。刘元彦认为二者之间存在着三大区别:其一,吕书所说的虚静无为,只是让君主不要代替臣下做具体的事,《韩非子》则说:"术者,藏之于胸中,以偶众端而潜御群臣者也。""术"是驾驭臣下的,不表露出来的权术。其二,《吕氏春秋》主张"凡君也者,处平静任德化以听其要","虚静"同"德化"是联系在一起的;"能执无为,故能使众为也","无为"的目的是让臣下把各自的事情干好。在《韩非子》,则是"虚静无为,以简见疵","明君无为于上,群臣君竦惧乎",君主用"虚静"的权术窥察臣下的毛病;君主"无为"于事而"为"监视控制之能事,使群臣在恐惧中过日子。其三,《吕氏春秋》的君道无为,包括着"任贤"的内容,强调任用贤人的重要。它说:"古之善为君者,劳于论人,而佚于官事。"寻找贤人是君主必须做的。"身定、国安、天下治,必贤人"。《韩非子》与此相反,它反对任用贤人,担心贤人不利于君。他说:"任贤,则臣将乘于贤以劫其君。"以上这些不同,刘元彦认为源于他们对君臣之间的关系有着根本不同的看法,韩非子认为君臣之间是完全的敌对关系,《韩非子·扬权》篇说:"黄帝曰:'上下一日百战。'下匿其私,用试其上;上操度量,以割其下。"而《吕氏春秋》不这样看,《应同》篇把君臣之间的关系分为四种,"同气"列为最高理想,依次为"同义""同力""同居""同名"。《韩非子》的君臣之间"一日百战"的情况,大约属于最下的"同居""同名"。笔者以为,《吕氏春秋》和《韩非子》这三点不同,前两点有值得商榷之处,其一,《吕氏春秋》所谈的君术也有驾驭臣下的意思,例如《知度》篇所说的"执百官之要""督名审实"就是驾驭群臣之术,二者的不同之处在于,韩非是用"藏之于胸中"的阴谋权术,而《吕氏春秋》所用方法则是更为公开一些的阳谋权术,这是对法家君王术的修

諸子百家
——
杂
家

正。其二,《韩非子》御臣术"以简见疵""群臣竦惧乎下"的目的也是为了臣下尽职尽责把自己的事情干好。二者的不同之处仅在于《吕氏春秋》将"德化"融入君王治术之中,在御臣之术中加入了柔性的东西。

3.君民关系论

对民众持什么看法和态度,这是政治思想中的一个重要问题。《吕氏春秋》对此也进行了详细的论述。

首先,《吕氏春秋》提出了"顺民心""从民欲"的思想。《顺民》篇说:"先王先顺民心,故功名成。夫以德得民心以立大功名者,上世多有之矣。失民心而立功名者,未之曾有也。"以古喻今,目的是说明顺民心才能够使"大功名"得成。当此之时的"大功名"应是暗指秦即将完成的统一天下的大业。只有顺民心。才能用其民,才能立大功名于世。《用民》篇对此做了进一步的论述:"汤武非徒能用其民也,又能用非己之民。能用非己之民,国虽小,卒虽少,功名犹可立。古者多由布衣定一世矣,皆能用非其有也。"顺民心的具体内容是什么呢? 就是"从民欲""爱利民"。《吕氏春秋》认为,人的生理需求和追逐物质利益是人们共同的情欲。《情欲》篇说:"耳之欲五声,目之欲五色,口之欲五味,情也。此三者,贵贱、愚智、贤不肖欲之若一。虽神农、黄帝,其与桀、纣同。"即是说人都有欲望,这是人之常情,也是人共同的本性。这种欲望就是欲"利",为了"利"人们可以不顾生死。《离谓》篇说:"凡事人,以为利也;死不利,故不死。"为了获得民心而用民,只有顺从民众欲利的天性。这个道理君主一定要明白,尤其是想统一天下的未来天子更是不可不察。因此,《功名》篇才说:"民无常处,见利之聚,无之去。欲为天子,民之所走,不可不察。"《为欲》篇又说:"人之欲虽多,而上无以令之,人虽得其欲,人犹不可用也。令人得欲之道,不可不审矣。善为上者,能令人得欲无穷,故人之可得用亦无穷也。""民欲不达,此国之郁也。国郁处久,则百恶并起,而万灾丛至矣。"如果使民众欲"利"之心长期得不到满足,国家就会"百恶并起""万灾丛生"。既然达民之欲是如此重要,《吕氏春秋》才直接将其作为治民的纲纪来看待。"用民有纪有纲,一引其纪,万目皆起,一引其纲,万目皆张。为民纪纲者何也? 欲也恶也。何欲何恶? 欲荣利,恶辱害。辱害所以为罚充也;荣利所以为赏实也。赏罚皆有充实,则民无不用矣。"以"荣利"和"辱害"对民众的欲望进行引导,从而达到制民用民的目的。

其次,对于君主来说,治民以"顺民心""从民欲"尚是不够的,还得有一颗爱利民之心,以德治民。《精通》篇说:"圣人南面而立,以爱利民为心。"《适威》篇说:"古之君民者,仁义以治之,爱利以安之,忠信以导之,务除其灾,思致其福。故民之于上也,若玺之于涂也。"《爱士》篇亦云:"行德爱人,则民亲其上,民亲其上,则皆乐为其君死矣。"君主能爱利民,民就会亲附君主为君主所用,甚至为君主而死。光有"爱利民"也是不完备的,治民尚需辅之以"威民",即以刑罚驱策民众。《用民》篇说:"亡国之主,多以多威使其民矣。故威不可无有,而不足专恃。譬之若盐之于味,凡盐之用,有所托也,不适则败托而不可食。威亦然,必有所托,然后可行。恶乎托? 托于爱利,爱利之心谕,威乃可行。"也就是说君主以刑罚威民需要以"爱利民"为基础,否则"威愈多,民愈不用"。由此看来,《吕氏春秋》治民思想的"爱利"民和"威"民是紧密结合、相辅相成的,其中蕴含了丰富的

诸子百家——杂家

1473

辩证思想。

其三,治民用民要把握好度,君主不可奢欲过度超过民众的负担能力。《侈乐》篇说:"故乐愈侈,而民愈郁,国愈乱,主愈卑。"如果用民过度,国家就会衰败,《似顺》篇以陈国的败亡为例对加以论证:"夫陈,小国也,而蓄积多,赋敛重也,则民怨上矣。城郭高,沟洫深,则民力罢矣。兴兵伐之,陈可取也。"而且,超过民众的负担能力过度使用民众,必然引起人民的反抗,如果统治集团因此治罪而不加以缓和,结果很可能形成"以罪召罪,上下之相仇也,由是起矣"的恶性政治循环。故而《义赏》篇警告道:"竭泽而渔,岂不获得?而明年无鱼。"就是说用民如同养鱼食鱼一样,过度用民会像"竭泽而渔"一样导致无民可用。其治民思想富含理性的思维。

三、政策、制度思想

1.中央集权的君主专制制度思想

吕不韦及《吕氏春秋》的作者们,在秦即将统一天下的前夜,本着为行将建立的封建统一的帝国设计理想政治蓝图的目的,他们集合诸子百家政治思想之长,提出了一套系统的中央集权君主专制制度。

其一,分封制。《吕氏春秋》主张实行封建的分封制。它说:"王者之封建也,弥近弥大,弥远弥小。海上有十里之诸侯。以大使小,以重使轻,以众使寡,此王者之所以家以完也。"这是实行分封制的方案。至于实行分封制的目的,《吕氏春秋》说:"权轻重,审大小,多建封,所以便其势也。王也者,势也。王也者,势无敌也。势有敌则王者废矣。……故先王立法,立天子不使诸侯疑焉,立诸侯不使大夫疑焉,立适子不使庶孽疑焉。疑生争,争生乱。"

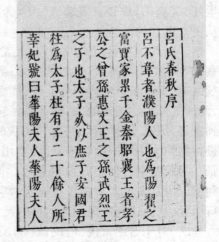

《吕氏春秋》书影

行分封是为了安定天下,防止因疑而生争、因争而生乱。我们知道,秦国从商鞅变法之时起就全国普遍实行郡县制,商鞅变法时"集小乡邑聚为县,置令、压,凡三十一县",之后由于兼并战争的扩张,国土面积增大,县的数目也不断增多,逐步又在县之上设置郡,郡县制就成为秦主要的政治制度之一。分封制和郡县制相比较,郡县制更有利于加强中央集权,在当时,也更有利于秦始皇统一天下的事业。吕不韦在天下依然是诸侯割据的现状下,提出与秦国现行体制对立的分封制,这和秦国统一天下的大目标是相矛盾的。吕不韦的分封制也许是权宜计。因为,"西汉初年确实实行过封建的分封制。刘邦当时不这样做就不可能统一天下。历史就这样走着迂回曲折的道路"。

其二,官僚制。中央集权的君主专制政权,为了加强对官吏的管理,实行的是异于贵族世袭制的官僚制度。官僚制度下，所有的官员都是君主的奴仆，君主可以随时任免，官吏对君主负责，君主"督名责实"对官吏进行考核，并以赏罚驾驭群臣，君通过群臣来控制天下。

其三，社会政治的等级制。《吕氏春秋》的等级制理论是以"十际"关系论述而展开的。《一行》篇中强调要严厉区分"君臣父子兄弟朋友夫妻"的"十际"。"十际"既是人伦关系，也是社会等级关系。认为"十际"的这种关系不能乱，否则的话就会"与麋鹿虎狼无以异"。《吕氏春秋》拼凑了儒、法、名各家的等级制理论，精心设计了一幅封建社会统治结构的蓝图。

2."尚贤"与"上农"的政策思想

《吕氏春秋》主张招纳各国士人为秦国的封建统一事业服务。《求人》篇云："身定，国安，天下治，必贤人。……得贤人，国无不安，名无不荣；失贤人，国无不危，名无不辱。先王之索贤人，无不以也，极卑极贱，极远极劳。"

得到贤人，国家就会安定，天下就会大治；失去贤人，国家就会危亡。因此，为了能求得贤人，必须要像先王那样，只要是贤才，无论其出身是多么卑贱，居住地是多么遥远，也一定要将其求寻到。当时的秦国已具备统一天下的条件，吕不韦颁布招贤令并广纳门客，各国士人纷纷入秦。《吕氏春秋》的成书就是一显著明证，《吕》书为吕不韦的门客集体创作，体现出众多学派学者的思想。其"尚贤"的主张也不主一家之说。"人主之欲大立功名者，不可不务求此人也。贤主劳于求人，而佚于治事。""夫士亦有千里，高节死义，此士之千里也。能使士待千里者，甚惟贤也。"吕不韦及《吕氏春秋》的尚贤主张和政策在秦国得到了一定程度的实行。因而李斯有言："士不产于秦，而愿忠者者众。"司马迁亦云：吕不韦"使诸侯之士斐然争入事秦"，在一定程度上反映出当时的秦国文化繁荣、人才兴旺的现象。《吕氏春秋》亦主张实行"上农"政策。《吕氏春秋》中有农家言四篇，集中论述了它的"上农"政策思想。它说："古先圣王之所以导其民者，先务于农。民农非徒为地利也，贵其志也。民农则朴，朴则易用，易用则边境安，主位尊。民农则重，重则少私义，少私义则公法立，力专一。"以农为本的主要意义是"贵其志""易用"，为了更有利于于统治人民的需要，其中也部分地隐含了愚民和弱民的意思。

四、政治理想和理想政治

《吕氏春秋》的政治思想，是以"义兵"统一天下，建立封建的太平盛世；《吕》书的理想政治则是效法天地的古之"清世"，即"盖闻古之清世，是法天地"的盛世。

1."义兵"统一天下的政治理想

《吕氏春秋》提出"义兵"说，用以批判偃兵说，为秦统一天下的兼并战争张目。《吕氏春秋》已经认识到，在当时的历史条件下要想统一天下不用战争的手段是不可能实现的，但是战争是残酷的，为了不让秦国背上暴虐的名声而失去民心，故而《吕氏春秋》提出"义兵"说，标榜秦统一天下的战争是正义的战争。

《召类》篇指出，反对一切战争不但不能带来治，反而会招致乱，"三王以上，固皆用兵也,乱则用,治则止。治而功之,不祥莫大焉。乱而弗讨,害民莫长焉。此治乱之化也,文武之所由起也"。因此,《荡兵》说:"圣王有义兵,而无有偃兵。"何谓义兵,《怀宠》说:"今兵之来也,将以诛不当为君者也,以除民之仇而顺天之道也。"《论威》也说:"敌慑民生,此义兵之所以隆也。"

其中含有反叛暴君暴政、重民生的思想,实质是说只有秦当为天下之君,其他诸侯国皆不当为君,因而秦可以名正言顺地去诛伐。对于以攻守论是非的观点,《禁塞》也进行了批判:"故取攻伐者不可,非攻伐不可;取救守不可,取惟义兵为可。兵苟义,攻伐亦可,救守亦可;兵不义,攻伐不可,救守不可。"《吕氏春秋》倡导以"义兵"统一天下,设置天子,建立封建统一的大帝国。

"义兵至,则邻国之民归之若流水,诛国之民望之若父母。""周室既灭,而天子已绝。乱莫大于无天子。""国必有君,所以一之也。天下必有天子,所以一之也。""义兵是达到天下统一的必由之路,只有义兵才能结束纷争局面。新天子将随着义兵的步伐出现在历史舞台上。"这就是《吕氏春秋》的政治理想。

2.《吕氏春秋》的理想政治

其理想政治是通过对理想社会的描述反映出来的。《吕氏春秋》的理想社会效法天地自然之道的"古之清世",这明显是受了道家"人法地,地法天,天法道,道法自然"思想的影响。顺此思路,《吕氏春秋》描绘了理想社会的政治情况:"至治之世,其民不好空言虚辞,不好淫学流说。贤不肖各反其质,行其情,不雕其素,蒙厚纯朴,以事其上。若此则工拙愚智勇惧可得以故易官,易官则各当其任矣。"

这种理想政治,一是保留有先秦道家拙朴的基本特质,另一方面结合了法家的刑名思想。《吕氏春秋》与道家的理想社会也是有区别的,表面看起来和《老子》"小国寡民"的理想社会很相似,实际上二者有根本的不同。《吕氏春秋》的理想社会和政治是在"义兵"统一天下的基础上,实现这种"至治之世"的政治,其无为中蕴涵着积极的有为并最终趋向于有为;而道家"小国寡民"的理想社会是无为的,最终是趋向于无为。因此,《吕氏春秋》对理想社会的设计更加符合于战国晚期社会一统的历史发展趋势。

《吕氏春秋》是战国末年诸子学术走向合流和总结的产物,既是先秦思想、学术、文化的集大成者,又是中国思想、学术、文化史上的一部巨著。《吕氏春秋》集之前先秦诸子百家之长而成,在批判、吸收、融合、发展诸子百家思想的基础上形成了自己的一套系统的思想体系,为统一之后的秦帝国提供了一整套的治国方略。

自从西汉司马迁《史记·太史公自序》和东汉班固《汉书·艺文志》确立了以"家"为主来研究先秦诸子思想之后,随后的先秦诸子研究,大多是以家来划分先秦诸子的派别的,具体的有儒家、墨家、道家、法家、阴阳家、名家、兵家、农家、纵横家等诸多派别。

先秦诸子学术是春秋战国时期社会历史剧变的产物,在那个动荡的时代,社会各方面都在发生着翻天覆地的变化。原来一统的周王朝已是摇摇欲坠,而新的统一的社会形态还没有产生。在这样的社会大背景下,先秦诸子各家针对时代的剧变,纷纷提出了不同的治理主张,孔子等主张回到以前一统的周王朝;老子、庄子则主张退得更远,甚至要回到原始群的时代,以拯救当时的乱世;商鞅、韩非等主张社会是不断变化发展的,要建立新的大一统国家以结束当时的乱世。诸子各家之间为了证明自己学说的唯一正确性，对其他的学说不遗余力地予以抨击。各诸侯国之间的不断争战，弱肉强食，弱小的国家不断被强大的国家攻破，到了战国初期，主要的国家就只剩下了韩、赵、魏、楚、燕、齐、秦七国，他们之间维持了相当长时间的均势局面，彼此之间不断合纵、连横，变换着自己的阵营，争战不休。进入战国末期，经济、政治、法律等社会各方面的发展都急需实现新的统一，要求建立一个新的大一统国家以结束当时的乱世；另外，这一时期各国之间的争战也都是为了实现全国的大统一，随着兼并战争的持续进行，各国之间的均势局面被打破，开始出现了秦一国独占优势的局面。

在这样的局势下，原来诸子之间各据己长、排斥他家的形势已不能适应时代的要求，思想文化领域的发展进入了一个崭新的时期。各家学术经过之前的充分争鸣后，开始进入了互相融合和交流期，都在不同程度上吸收了其他各家的思想，出现了以一家为主兼容他家的思想家，如荀子、韩非，也出现了综合各家学术自成一派的综合家，如《吕氏春秋》，学术综合使战国末期的学术繁荣更上一层楼。

吕不韦在历史上是个备受争议的人物。实际上吕不韦为秦相后，在内政、外交、军事、思想诸方面都做出了卓越的成绩，进一步推动了秦国的统一大业。吕不韦为了教诲即将亲政的秦王嬴政，也为即将统一的秦帝国提供一套具体的治国方略，为了向东方各国声明秦统一天下的必然趋势，也为了巩固自己的权势，适应大一统形势的需要，组织门客集体编纂《吕氏春秋》。

《吕氏春秋》是融合诸子百家学说而自成一派的综合家，以如何统一天下和治理天下的政治举措作为自己的思想主旨，为即将统一的秦帝国提出了一整套的治国施政纲领。《吕氏春秋》对先秦时代的诸子学术作了批判性的学术总结。首先是对"无为"思想作了初步的总结和提升。"无为"思想是老子、庄子、申不害、慎到、韩非等共同提倡的思想主张，《吕氏春秋》批判地继承了之前诸子的"无为"思想主张，结合当时的社会现实，提出了自己的一套"无为"思想主张。其次是对德治为主法治为辅思想的发展。孔子、孟子等主张德治，认为统治者要立德，实行德政以争取民心；商鞅、慎到、韩非等主张法治，主张统治者要严刑厚赏以保证民众绝对地服从统治。《吕氏春秋》一方面从当时的社会现实出发，同时又融合、吸纳了孔子、《黄帝四经》的德主刑辅的主张，批判了商鞅、慎到、韩非等单纯以法治国的主张，改造了荀子的"隆礼重法"主张，提出了德治为主法治为辅的治国方略。

《吕氏春秋》在总结历史经验的基础上，发展、提升了墨子的"兼相爱、交相利"思想和荀子的重民思想，转变了秦国自商鞅变法以来形成的"弱民""贫民""辱民"观念，阐明了民众对君主、对国家的重要性，注重对民众进行教化。但是，为了维护统治者的利益，《吕氏春秋》也吸纳了老子、孔子，特别是《商君书》的观点，保留了一定的愚民政策主张。然后是大力提倡任贤使能。《吕氏春秋》采纳了孔子、墨子、孟子、荀子重视贤能的主张，认为君主是否用贤关系到国家的治乱安危，贤能之臣是君主实现王霸之业的凭借。《吕氏春秋》进一步采纳了孟子的礼待贤士之道，还提出君主对贤能之臣要予以高官厚禄，使他们充分发挥自己的才能。《吕氏春秋》在《庄子·列御寇》篇观人"九征"之法的基础上，提出了内用"六戚四隐"、外用"八观六验"的选拔人才的标准。另外对社会历史观做了新的阐发。《吕氏春秋》的社会历史观具有两面性，一方面继承发展了商鞅、韩非的进步史观，认为社会历史是不断变化发展的，另一方面，《吕氏春秋》认为在君道确立之后，社会历史就会沿着不断改朝换代的历史循环过程往前发展，发挥了邹衍的"五德终始说"。此外，《吕氏春秋》面对战国末期的乱世，承继荀子，提出了义兵主张。《吕氏春秋》反对宋钘、尹文的偃兵主张，也反对墨家的非攻、救守主张。《吕氏春秋》的义兵主张，有一定的理想化成分，但毕竟是对秦国传统的纯用武力政策的修正。

　　吕不韦所处的战国末期，社会各领域的统一趋势愈发明显；秦国的国势日益强盛，已经具备了统一六国的基础，学术文化中心开始了从齐国向秦国转变的历史进程，秦国取代齐国成为战国末年的学术文化中心。在这样的历史大背景下，诸子各家学派都开始融合其他学派的主张以形成新的思想体系为时代的发展服务，吕不韦组织门下学者各展所长，编纂了熔诸子百家学说于一炉的《吕氏春秋》，使诸子百家的合流趋势达到了一个新的高峰。《吕氏春秋》是战国末期先秦诸子学术走向合流和总结的产物，是对先秦诸子百家学术思想的批判、吸收、融合和发展，是先秦诸子学术思想发展的一个重要里程碑。《吕氏春秋》融合吸收了诸子各家的思想，形成了一套新的大一统思想体系。《吕氏春秋》是一部百科全书式的巨著，是先秦文化的总结，几乎囊括了当时社会的各个层面，并且保存了些已经亡佚的先秦文献资料。《吕氏春秋》既是先秦思想文化的集大成者，又有开创之功，开启了秦汉思想文化发展的新方向，在中国思想文化发展史上有重要的意义和影响。除此之外，《吕氏春秋》还开创了一种全新的学术著作方式——融合各家学说自成一体的综合家之学，也开启了后世集体著书的先声，对后世带来了多方面的深远影响。

诸子百家

——

杂家

第七章　兵家

第一节　兵家史话

一、先秦兵家

军事形势的变化及兵家群体的出现

先秦的军事形势,春秋中期以前是一个阶段,春秋后期和战国又是一个阶段。在前一阶段,战争规模一般不大,决战时间一般较短,作战形式一般比较单一。夏以前的传说时代,氏族间、部落间经常发生小规模的战斗,地域性部落联盟间的抗争规模稍大些,但作战形式一般比较单一,双方以木、石、骨制的兵器进行搏斗,战败者即向胜利者贡纳方物。夏朝是部落联盟式的早期国家,夏王与联盟各部落首领经常联合起来征服周围的部落,但作战规模仍不大。到商汤攻夏桀,也不过凭借敢死之士 6000 人,以战车攻击取胜。商的前期也具有部落联盟色彩。到武丁时期,农牧业都有较大发展,国家机器逐步健全,军队中出现师的建制单位,对外用兵每次集兵常在 3000 人以上。武丁的夫人妇好攻羌方,用兵达 1.3 万人。西周武王灭商,史称使用兵车 300 乘,虎贲 3000 人,甲士 4.5 万人,但决战只用了一个早晨。西周主要运用车战,作战时双方列好车阵,车上甲士鞭马驰车,挥戈一击,胜败往往由此而定。战车在平原地带奔驰,或追逐败逃之敌,或仓皇逃离战场,这是西周作战时的常见画面。春秋前期,各诸侯国争霸中原,纷纷扩军,并在政治、经济制度上进行改革,以扩充实力。作战方式仍沿袭西周旧例,战场限于一隅,多为封疆接壤之地,战法仍以一击定胜负为主。著名的长勺(在今山东,具体地点不详)之战,齐军击鼓三通,鲁军方一鼓作气,击败气竭意沮的齐军。胜负一鼓而定,春秋前期的作战基本如此。春秋中期,情况发生了变化。晋国发展经济,整修内政,军事力量空前强大,成为中原霸主。南方的楚国为争霸中原,长期与晋对峙。西方的秦国和东方的齐国也多次与晋较量。战争规模逐渐扩大,战线逐渐拉长,决战时间也出现延长之势,尤其步兵在作战中的灵活性开始引起军事家们的注意,车战阵形也开始由密变疏。春秋末期,战争的目的往往已不是争霸索贡,灭国扩土已成为越来越明确的战略目标。战争规模明显扩大,一

諸子百家——兵家

次作战往往动用数万兵力。战场已不限于平原地带，吴、楚间的山泽江河也烽烟频起。不仅步兵与车兵协同作战，水战、海战也开始出现。纵深发展、各个击破的阶段性战法，逐步取代列阵决斗的古典式战法，军事形势进入了新的阶段。

　　春秋后期开始，许多诸侯国发生了深刻的变化。强卿专政，是各大国基本的政治特点。卿大夫转变为新兴的地主阶级，与旧贵族展开激烈的较量。工商业和城市经济在这种较量中得到发展，从而又推动了农业生产力的进步。到战国时代，社会经济向前发展，使各大国占有更多土地和人口的欲望大增，于是纷纷进行全方位的改革，以求进一步充实国力，吞并更多的中小国家。例如：在中央确立国君的权威，在地方发展郡县制度，摧毁世袭的采邑，扩大国家的编户，实行全国统一的土地及赋税制度，建立国家统一的常备军，等等。各大国由于已具有雄厚的政治、经济和军事实力，通过战争以统一天下的目标越来越鲜明，于是战争产生了一些新的特点：第一，规模空前扩大。就人数而言，一次作战动辄用兵和歼敌在 10 万以上；就时间而言，因作战往往以攻城夺地为目标，采取长围久困的打法，为时多在数月乃至数年以上；就空间而言，战线往往由城上城下延伸到远郊旷野、山泽林薮。第二，多兵种配合作战。以步兵为主，车兵、骑兵次之，老弱妇女辅之，共同作战，有时还以水师攻坚。第三，战法多样，战术多变。除正面进攻外，还经常采用截击、伏击等灵活机动战术。第四，战争明显具备战役特征。一次作战往往包括野战攻防和城邑攻防相结合、退却与进攻相结合、侧翼作战与正面作战相结合等若干密不可分的环节。第五，兵器有长足进步，增强了攻击力和杀伤力。这些战争特点，为造就优秀的军事家群体提供了重要条件。

　　总而言之，春秋后期开始的军事形势的大变化，向各大国提出了延揽优秀军事人才的迫切要求，战争特点为造就优秀军事人才提供了条件；而随着世袭贵族特权的动摇而崛起的士族阶层，又迎合了这种需要。士人们精研兵法战例，剖析列国形势，形成各自的军事理论体系。先秦兵家群体由是而崛起。他们或朝为布衣，夕为卿相，得以一展雄才大略；或投身军伍，屡建奇功，终于得到国君重用。在这个"争地以战，杀人盈野；争城以战，杀人盈城"的时代，任何一个兵家都不可能局限于纸上谈兵，必须在血与火中去辨别良窳。孙武、吴起、孙膑、尉缭、乐毅、白起等就是其中的佼佼者，他们不仅在历史上留下了赫赫战功，也留下了中国悠久文明象征之一的《孙子》《吴子》《孙膑兵法》《尉缭子》等传世兵书。

中国兵学思想的奠基人武圣孙武

生平与著作

　　孙武是先秦最杰出的兵家，古代兵学的奠基人，他的《孙子》一书被世界公认为现存最早的"兵学圣典"，他也因此被誉为"武圣"。

　　孙武又称孙子，春秋末吴国将军，约活动于公元前 6 世纪末至前 5 世纪初。字长卿，齐国乐安（今山东惠民县。另有广饶、博兴等说）人，齐国田氏家族后裔。据说他的祖父田书伐莒（今山东莒县）有功，齐景公赐姓孙氏。孙武的父亲曾在齐国为卿。后因田、鲍四族谋乱，孙武出奔吴国。经吴国大臣伍员推荐，得见吴王阖闾。阖闾知孙武能用兵，又见其所著兵法13篇，遂重用其为将军。传说孙武先在吴宫演练宫女，吴王二姬恃宠违令，被他依军令处斩，初显其治军之才。公元前506年，孙武与行人伍子胥、太宰伯嚭辅佐阖闾西向伐楚，在柏举（今湖北麻城东北，一说湖北汉川北）大破楚军，乘胜追击破敌，攻入楚都郢城（今湖北江陵西北）。这就是著名的柏举之战。此战"西破强楚"，"北威齐晋"，史称孙武"与有力焉"。以后，孙武事迹不详。

《孙子》，中国古代最著名的兵书，列为《武经七书》之首。又称《孙子兵法》《吴孙子兵法》，是世界公认的现存最古老的军事理论著作。全书共13篇，分别为计、作战、谋攻、形、势、虚实、军争、九变、行军、地形、九地、火攻和用间，计5900余字。《孙子》总结了前代的战争经验，充分吸取前代兵书如《军政》等的精华，结合当时军事实践，从战略和战术角度分别揭示带规律性的军事原则，形成了系统的军事理论体系。《孙子》自问世后，一向为人们所重视。银雀山汉墓出土的竹简本虽为残简，说明当时已很流行。宋代官方颁行《武经七书》为武学必读教材，将《孙子》列为首位，足见其推崇重视。从汉末曹操注《孙子》起，至今关于《孙子》的各类注本已有成百近千。今存世《孙子》，不仅有数十种汉文本，还有西夏文、蒙古文等少数民族文本，另有近20种外文译本。

充满朴素辩证法光彩的军事思想

《孙子》是孙武军事思想的结晶，内容十分丰富。

孙武强调"修道保法""安国全军"的备战观。他指出战争关系到军民的生死、国家的存亡，不能不认真考察研究。战争不能仓促进行，必须有周密的准备，因为"怒可复喜，愠可复悦，亡国不可以复存，死者不可以复生"。国君要慎重对待战争，将帅要随时提高警惕，才有可能使国家安定，军队保全。"安国定国"的重要条件是"修道而保法"。"修道"，指修明政治，争取民心，使"上下同欲"；"保法"，指确保法度不乱。这里的"法"，不限于指刑令军规，还包括要求掌握好土地、物产、兵员及军力的度，己方条件不足不能贸然举兵，敌方法度已乱正是我取胜之时。

孙武主张"不战而屈人之兵"和速战进攻的战略原则。他认为，百战百胜不是绝顶高明，不经交战就使敌人畏服才是绝顶高明。他称不战而胜为"全"，战而胜之为"破"，制定战略目标以"全"为上，"破"次之。所以，上策是挫败敌人的全盘计划，其次是瓦解敌人的外交，再次是重创敌军，攻打敌人的城池只是不得已的办法。不得已而用兵，要先"知彼知己"，进行严密的策划；然后发动突然袭击，"攻其无备，出其不意"，迅速进攻取胜。这就叫"兵贵胜，不贵久"。孙武的战略原则，是根据他所处的时代的经济条件和军事形势确定的。到战国，战略上速战速决的方针已不很适宜，但其"不战而屈人之兵"的战略思想，却以其丰富的内涵影响着后人。

孙武注意灵活的战术指导原则。首先，强调战术指导要趋利避害，转害为利，消除和隐藏自己的弱点，捕捉敌人的弱点，以争取主动。所以他说："不尽知用兵之害者，则不能尽知用兵之利也。"其次，提出变寡为众的战术指导原则。在敌众我寡的形势下，用假象迷惑敌人，造成敌人的错觉，分散其兵力，我方兵力集中于一点，敌方兵力分布于十处，我

諸子百家——兵家

方就能在全局上敌众我寡的形势下,造成具体作战上我众敌寡的优势。其三,孙武一贯注重"奇""正"之变,并以此为战术指导的总原则。两军对阵,以正兵与敌人正面交战为"正",出奇兵从侧翼攻敌不备为"奇"。他认为,这种奇正相生的原则可应用于各种战术。比如进攻战攻守兼用,我欲走近路,可先走远路以诱敌因贪近路而入我圈套等。孙武的战术指导原则,是对西周"堂堂之阵"的呆板战法的有力否定。

孙武提倡兵将同心的治军原则。他希望民众(尤其是士兵)与国君意愿一致,为君主死,为君主生,都无二心。将帅是实现此目标的关键,将帅须对士兵恩威兼施,即"令之以文,齐之以武"。这"文",就是怀柔和厚赏,使士卒亲附;这"武",就是强迫和严刑,使士卒畏服。将帅要处理好"文"与"武"相辅相成的关系,必须兼备智、信、仁、勇、严五条德才标准。这样,将帅对士兵就能爱而能令,厚而能使,乱而能治。

孙武的军事思想充满朴素的辩证法的光彩。他的从现象探求本质、寻找规律的认识方法,他的关于奇与正、利与害、迂和直、乱和治、弱和强、寡和众、攻和守等相互转化的观点,至今仍有启发意义。当然,他的思想中也有愚民愚兵等杂质,但毕竟瑕不掩瑜。

吴起的富国强兵和用兵治军思想

生平和《吴子》的性质

吴起(? ~公元前381年)是战国初期著名的军事家和政治家。卫国左氏(邑名,今山东定陶西)人,曾以孔子的弟子曾子和子夏为师,好研习兵法。初为鲁将,因遭人诽谤,为鲁君所疑,投奔魏文侯。魏大臣李克向魏文侯推荐吴起用兵之才,遂被任命为将。吴起善于抚恤士卒,很受士卒拥戴,且行事清廉公正,被魏文侯委以重任,统兵驻守西河(今陕西、山西间的黄河),以拒秦、韩。吴起在魏,与诸侯数十战,向四面开拓大片土地。后因魏相离间,为魏武侯所疑,遂奔楚。楚悼王早就听说吴起贤能,用为令尹,主持变法,以求富国强兵。楚国很快强盛起来,向南平定百越,向北并陈、蔡,击退韩、赵、魏之军,向西攻击秦国。楚悼王死后,楚的宗室大臣因吴起的变法严重损害了他们的利益,便趁机起兵杀害了吴起。

吴起生活在社会急剧变革的时代,各大国都在寻找富国强兵的途径。吴起厉行变法,站在时代的前列,顺应了历史的潮流。他之后,各大国相机而行,普遍变法图强。

吴起的军事思想集中体现于《吴子》一书。该书是中国古代著名兵书,《武经七书》之一,在战国末年已流传。《汉书·艺文志》称"吴起48篇",《隋书·经籍志》载为1卷。今有《续古逸丛书》影宋本及明、清刊本,存图国、料敌、治兵、论将、应变和励士6篇。《吴子》继承和发展了《孙子兵法》的有关思想,在历史上曾与《孙子》齐名,并称"孙吴兵法"。北宋颁行《武经七书》,《吴子》名列《孙子》之后。清代以来,曾有人疑《吴子》为伪作,今学者一般认为不伪。

富国强兵和用兵治军的思想

吴起的军事思想最突出的一点,就是强调富国强兵。要整军治武,必得以国家富强

诸子百家——兵家

为基础。国家要富强,必须"先教百姓而亲万民"。国家的富强,不仅表现在财力的增加,更表现于政治的修明。"修德则兴,废德则衰",国家安危,"在德不在险"。富国是强兵的基础,强兵是富国的保证。"安国之道,先戒为宝",积极备战,可避远祸。

吴起的战争观内容比较丰富。首先,他将战争区分为正义与非正义两种。他认为,战争主要由五种因素诱发:一是争名,二是争利,三是由于国家间的积怨,四是本国或敌国发生内乱,五是本国或敌国发生饥荒。战争的名义也有五种:禁暴救乱叫"义兵",恃众以伐叫"强兵",因怒兴师叫"刚兵",弃礼贪利叫"暴兵",国乱民疲举事动众叫"逆兵"。"义兵"是正义的,其他都是非正义的。其次,他强调进行战争要以"和"为前提。他指出,国家内部不和,不可以出军;军队内部不和,不可以布阵作战;阵线内部不和,不可以发动攻势;战场上作战意见纷纭,不可以克敌制胜。凡事先"和",才能行动,"和"是进行战争的重要前提。他主张对战争要采取慎重的态度,反对穷兵黩武。

吴起重视军队的建设。他认为兵不在多,贵在于治。治的标准是:平时一切行动中规合矩,战时威严勇猛富有生气,进攻时势不可挡,退却时敌不可追,前进后退有节度,左右移动合指挥,虽然大军被切断仍能各自为阵,虽然大部队分散各小部队仍行列不乱。这样的军队上下同安共危,天下莫当。要达到这样的标准,一要提高将领的素质。一军之将,要文武刚柔兼备,办事有条理、有防备、有决断、有警惕、有要领。要培养善于把握战机的能力,树立令行禁止的威信。统帅还要具备识别下级将领德才的能力。二要提高士卒的素质。要以"教戒为先",使士卒先具备荣辱羞耻之心。要采取互教互学的练兵方式,"一人学战,教成十人;十人学战,教成百人……万人学战,教成三军"。训练包括利用地形、理解战法、熟悉战阵、娴于兵器等内容,并注重量材使用。三要赏罚明信,将帅与士卒同甘苦,共安危。四要简募良材,建设先锋突击队。吴起首创考选士卒之法,选拔力大胆勇、速度快捷者组成"武卒",使之成为名闻天下的精锐之旅。

吴起强调根据敌情制定战略战术。他针对当时邦无定交、士无定主的时代特点,强调在制定战略时要以齐、秦等六国为假想之敌,分析各国民情、经济、政治及军队情况,分别确立对付他们的战略,敌情条件不同,应对方法应该各异。要在不同的军事形势和自然气候条件下,决定利弊和取舍。他指出,两军对阵,要仔细观察敌方旌旗人马状态,由外察内,把握其兵情军心。当发现敌人兵力尚未聚齐、军心尚未稳定、进退尚未定夺时,就要迅速打击敌人,"以半击倍,百战不殆"。他认为,有4种战机切不可错过:一是"气机",即曹刿所说的"彼竭我盈"、一鼓作气之机;二是"地机",即处于有利于我的地理环境之机;三是"事机",即敌人内部不和之机;四是"力机",即我方武器装备、士兵素质优于敌方之机。抓住战机,要"急击勿疑"。

吴起继承了孙武的军事思想,并有一定发展,对以后尉缭等有较深刻的影响。

孙膑对孙武兵学思想的继承和发展

孙膑的事迹和《孙膑兵法》的出土

孙膑是战国中期著名军事家,孙武的后裔,活动于公元前4世纪下半叶。齐国阿(今山东阳谷东北）、鄄（今山东鄄城北）一带人。早年与庞涓同学兵法，才能在庞涓之上。庞涓被魏惠王用为将军后，因忌妒孙膑才能，将其骗到魏国，施以膑刑（割去膝盖骨），故称孙膑。后孙膑随齐国使者逃回齐地，先为齐将田忌门客，因用计助田忌赛马获胜，田忌向齐威王推荐其才。齐威王向孙膑问兵法，十分器重他的军事才能，命为军师。

公元前353年，魏攻赵都邯郸，赵求救于齐。齐以田忌为将，孙膑为军师，率兵8万救赵。孙膑提出乘魏军精锐攻赵，魏都大梁（今河南开封）兵力空虚，以轻车锐卒进攻大梁，魏军必回师救大梁，赵围自解。齐军在派出精锐进袭大梁的同时，将主力隐藏在后。魏将庞涓果然中计，撤邯郸之围，兼程回师。孙膑令齐军主力在魏军回师必经的桂陵（今河南长垣西北）道上截击魏军，重创之，生擒庞涓。这就是著名的"围魏救赵"战法。

公元前343年，魏派庞涓率军攻韩。次年，田忌与孙膑率10万大军救韩。孙膑仍用"围魏救赵"的方法，诱魏军回师，然后班师回齐。魏以10万大军追击齐军，孙膑采用逐日减灶的方法，使庞涓误认为齐军士兵逃亡严重，以骄纵其心。庞涓再次中计，弃其步军，率其轻车锐骑昼夜兼程追赶。孙膑利用马陵（今河南范县西南）道路狭窄、两旁多险隘的地形，埋下伏兵。魏军夜至马陵，疲惫不堪。齐军万弩齐发，魏军大败，庞涓愤愧自杀。齐军乘胜全歼魏军，虏魏太子申。孙膑的名声从此传遍天下，他的兵法广为世人传习。

《孙膑兵法》是中国古代著名兵书，古称《齐孙子》，是孙膑军事思想的结晶。可是，其书自汉以后失传，仅在个别古籍中保存了极少量的佚文。1972年，山东临沂银雀山一号汉墓竹简出土，近2000枚竹简中包括《孙膑兵法》364简，1.1万余字，分上、下两编，各15篇。沉没了两千年的兵书重现于世。竹简《孙膑兵法》，可能一部分为孙膑自著，大部分是其弟子所述。它的出土，为我们研究孙膑军事思想和先秦兵学提供了宝贵的资料。

对孙武兵学思想的继承和发展

孙膑论述了取得战争胜利的重要条件。他认为，取得战争胜利至少要有七个条件：一是选卒，二是国家富强，三是赏罚分明，四是得众，五是对敌用间，六是度量敌情和防范危险，七是利用敌人的弱点。具备这些重要条件，战争就能取胜。其中"得众"是"胜之胜者"，"富国"是"强兵之急者"。孙膑还极重视人的因素，认为"间于天地之间，莫贵于人"。如果不能得天时、地利、人和，纵然暂时取胜最终也要遭殃。

孙膑指导作战特别重视灵活机动的原则。他阐述阵法，力主"因地之利，用八阵之宜"。八阵是将全军分为八部，主将居中，八部连环绕于四周，作战时根据地势和敌方状况变幻八部的分合进退。这种灵活多变的阵法，为以后的诸葛亮、李靖等所继承和发展。他部署用兵，力主因敌情和地形而布局，"易则多其车，险则多其骑，厄则多其弩"。马陵之战，就是"厄则多其弩"的范例。

孙膑主张治军要讲究方法。他认为，治军首先要鼓舞士气，所以经常使用"延气""利气""厉气""激气"等词，来强调主将要用多种形式激励士气。他特别重视卒、将、国君之间的协调一致，曾用矢、弩、射者来比拟卒、将、国君间的关系。他说，矢能否中的，在于弩的强弱偏正；弩的强弱偏正，在于射者的心力。其比喻生动新鲜。他还主张"杀士"，即减少员额,建设精干的部队。并主张通过选贤取良和多种形式的教育训练,来提高作战能力。

孙膑的军事思想有不少与孙武相通之处。例如:强调一战而胜,本于孙武"役不再籍"的主张;主张居高临下制敌,显然继承孙武"凡军喜高而恶下"的思想,等等。孙膑根据战国中期战争的新特点,往往把这些问题阐述得更为具体,运用得更加灵活。

竹简《孙膑兵法》出版后,受到中外学术界的普遍重视。遗憾的是,竹简本《孙膑兵法》各篇均有程度不一的残缺,使我们不能更全面地了解和继承这份遗产,这不能说不是一桩千古憾事。

尉缭对先秦兵学思想的总结和发展

尉缭其人与《尉缭子》一书

尉缭是战国后期著名的军事家,活动于公元前 4 世纪末~前 3 世纪中叶。史书中提到魏惠王曾与尉缭答对。秦王政十年(公元前 237 年),尉缭入秦,被用为国尉。由于从魏惠王晚年到秦王政十年,中间历 70 多年,故有的学者认为魏惠王时的尉缭和入秦的尉缭是两个人;有的则认为尉缭只有一个,他不足 20 岁即向魏惠王提出富国强兵的主张,到 90 多岁高龄时又向秦王献计,破坏六国诸侯的合纵策略。依照后一种说法,尉缭入秦不久即因年高而逝,所以他任国尉后没有留下任何事迹,但他为秦王政制定的破坏诸侯合纵的策略,促进了秦统一事业的发展。

传世兵书《尉缭子》是中国古代著名兵书,《武经七书》之一。此书集中反映了尉缭的军事思想。《尉缭子》最初不是一部系统的专著,而是由尉缭及其弟子根据尉缭的言论行事,在不同时期写成的几十篇作品的合编。其中有的取自各家学派军事学说,杂家色彩较浓;有的类似军令辑录。《汉书·艺文志》把这些篇章分别列入杂家和兵家,今本 24 篇兼有杂家的内容和兵家的篇卷。由于《尉缭子》包含丰富的先秦哲学思想、军事思想和军事制度内容,历来为人们所注意,到北宋时即和《孙子》《吴子》《司马法》《六韬》《黄石公三略》《李卫公问对》一起列为《武经七书》。近数百年来,不少学者怀疑《尉缭子》为伪书。1972 年,山东临沂银雀山一号汉墓出土的竹简中有的内容与《尉缭子》相同,使伪书之说不攻自破。《尉缭子》是研究尉缭军事思想的要籍。

尉缭兵学思想的高度和局限

尉缭的军事思想十分丰富,包括战争观、战略、战术及治军等许多方面。

尉缭的战争观继承了吴起的思想,他发挥了吴起禁暴救乱为"义兵"的观点,明确地将战争区分为"挟义而战"和"争私结怨"两大类,主张战争目的应为"伐暴乱而定仁义",对于"无过之城"和"无罪之人"不应该去攻杀。他主张在战争过程中,每占领一地,要迅速恢复当地的安定局面,使"农不离其田业,贾不离其肆宅,士大夫不离其官府"。对于战争中"杀人之父兄,利人之货财,臣妾人之子女"的行径,他表示厌恶和反对。

尉缭在孙武、孙膑军事思想的基础上,深化了战略制胜的思想。他认为从战略上看,战争的取胜有"道胜""威胜""力胜"3类。"道胜"是在充分分析敌情的前提下,设法促使敌人士气低落、军心涣散,虽然军队形式完整却已丧失作战能力,这是对孙武"不战而屈人之兵"的战略原则的发展。"威胜"是依靠法制健全、赏罚分明、器用便利来坚定大家战斗的决心,这与孙膑"延气""激气"的思想有异曲同工之妙。"力胜"即依靠破敌夺土作战取胜。值得注意的是,尉缭讲"道胜""威胜""力胜",并不把它们分割为上、中、下策,而是视三者为因时因势而施的策略,三者是相辅相成的。显然,尉缭根据战国时代战争的形势,改造了孙武的战略原则。尉缭继承《孙子》等兵法强调"形"与"势"的统一的传统,创造性地提出了战前、临战、战时"形"与"势"相统一的阶段性战略原则。"形"经常指军事力量,"势"经常指军事力量的发挥。他主张,在战前造成委积充足、赏禄厚重、士选兵强、器用便捷等"形",以实现"静能守其所有,动能成其所欲"的"势";临战时要造成攻守皆宜之"形",以实现战必胜、攻必拔、守必救的"势";在作战过程中要贯彻指挥专一、先发制人、避实击虚、兵贵神速等原则,以使战斗力由静态的"形"转化为动态的"势"。

尉缭强调灵活用兵的战术指导原则。关于"奇"与"正",孙武主张"以正合,以奇胜";尉缭主张"正兵贵先,奇兵贵后,或先或后,制敌者也",更强调"奇正多变"的灵活性。关于"动"与"静",尉缭主张"动静如身",要求部队具备灵活机动和突发性的攻击能力。关于守城,他注重守军和援军的积极配合,活动运转,互相策应,如守军要适时出击、援军要给敌人以援救不力的假象等。总之,他强调将帅在战场上要随时保持清醒的头脑,权衡战局,灵活用兵。

尉缭的治军理论非常丰富。首先,他强调以法治军,主张"明制度于前,重威刑于后"。他认为,"凡兵,制必先定","制先定则士不乱,士不乱则刑乃明"。《尉缭子》中保存的《重刑令》《伍制令》《分塞令》《束伍令》《经卒令》《勒卒令》《将令》《踵军令》《兵教》《兵令》等,当是尉缭和其弟子制订的治军之令。其次,他提出,制度既定,还得靠素质良好的将领去执行。尉缭十分推崇吴起,提倡将领要像吴起一样与士卒同甘共苦,同时又严格按军令行事。他以狂妄自大、信息不灵、眼光短浅为将领的三大弊病,主张坚决克服。他认为,将领要不断磨砺提高自己,做到计虑周密、令行如山、善应变化、防微杜渐、行事果断、以礼待人等。其三,他强调有了素质良好的将领,还须有素质良好的士兵。尉缭一方面强调部队平时积极训练,注重实战效果,一方面提出裁减兵员、训练精兵的主张。他的裁减兵员的主张,是对孙膑"杀士"思想的发挥,也是对吴起以后重视选练士卒的风气的总结。

尉缭的军事思想充分吸收了孙武、吴起、孙膑等前辈兵家思想的精华,达到了新的高度,进入了新的境界。然而,他的"使民内畏重刑"等愚民政策,又不可避免地带有时代和阶级的局限性,但这并不妨碍他成为先秦最杰出的兵家之一。

白起的军事艺术

白起指挥的著名作战

白起(？～公元前 257 年)是战国后期著名军事家,征战一生"常胜将军"。又叫公孙起,郿(今陕西眉县东)人。他因善用兵,在秦昭襄王时期屡建奇功,先后担任左庶长、左更、国尉、大良造等,长期为秦国受命统军作战的将军,并因军功受封武安君。他因长平(今山西高平西北)之战秦军死者过半,反对秦王再次攻赵,并两次称病拒绝出任将军,被免为士伍。秦昭襄王五十年(公元前 257 年),被秦王赐剑自杀,结束其悲壮的一生。他死后,秦国不少乡邑设祠祭祀他。

白起在近 40 年的军旅生涯中,身经百战,指挥过多次重要的作战,在中国军事史上留下光辉的一页。他指挥的伊阙(今河南洛阳龙门)之战、攻鄢(今湖北宜城东南)郢(今湖北江陵西北)之战、长平之战是战国时期著名的战例。

伊阙之战,是秦军与韩、魏联军对伊阙的争夺战。公元前 294 年,白起在攻取韩国两城后,率军攻韩的伊阙,韩则联合魏军以拒秦。由于秦军兵力不及韩、魏联军的一半,白起先采用静观其势的战术。韩、魏双方也为保存实力而相观望,于是秦与韩、魏联军形成相持之局。次年,白起在充分掌握敌情的前提下,抓住韩、魏两军不愿当先出击的弱点,巧设疑阵以偏师牵制住兵力较强的韩军,而以优势兵力迅猛攻击兵力较弱的魏军。魏军猝不及防,顷刻瓦解,其将犀武被杀。魏军一溃,韩军顿时处于秦军两面夹击的境地,军心顿时大乱,不战已溃。秦军乘胜追击,歼敌 24 万,生擒韩、魏联军主将公孙喜,攻取韩之五城。这次作战的主要特点是奇正相生,以变少为多、变弱为强而制胜。

白起攻鄢、郢之战,发生在公元前 279～前 278 年间,是具有战役意义的秦军重创楚军的作战。白起率军数万,利用楚国内政混乱、民心涣散之机,孤军深入楚地,破楚邓(今湖北襄樊北)、西陵(今湖北宜昌西)和别都鄢等战略要地,然后挥师攻破楚都郢,再向东进取竟陵(今潜江西北),向南打到洞庭湖边。秦在新占土地上置南郡,楚只好迁都陈(今河南淮阳)。这次作战的主要特点是速战速决,以迅速破城瓦解楚军兵心,不追求大规模杀伤敌人,却重创楚军主力。鄢、郢之战是中国古代战争史上深入敌国作战的著名战例。

长平之战是秦军与赵军的大决战。公元前 261 年,秦军在攻破赵数城后,与赵军相持于长平。次年,秦用反间计,先使楚、魏、韩三国与赵疏远,又使赵以缺少实战经验的赵括取代老将廉颇为赵主将,同时秘密令白起到长平任秦军主将。白起利用赵括急于求胜的心理,先以小股兵力挑战佯败,诱赵大军出营追击。然后以奇兵 2.5 万从两侧迅速绕到赵军后方,截断其归路;以骑兵 5000 名飞驰至赵军营垒,阻止赵营守兵出援。白起造成对赵军的包围后,采取战略上长围久困、战术上不断以轻兵袭击赵军的战法,使其既不能突围,又不能安然防守,处于进退维谷的被动境地。与此同时,秦征发 15 岁以上的男子,赶赴长平堵截赵之援军,断其粮道。赵军被围近 50 日,粮草断绝,人相啮食,几番突围都被秦军射回,主将赵括中矢身亡。赵军因无主将,士卒 40 余万集体出降,史传被白起尽数坑杀于长平谷口(今高平西)。这次作战,展现了白起高超的作战指挥才能,在战略战

諸子百家——兵家

术的运用上灵活机动,对奇正相生战法的把握上炉火纯青。

战略思想与用兵思想

白起一生戎马倥偬,没有给后人留下兵学论著,但他指挥作战的生涯却为后人昭示了卓越的军事艺术。第一,白起注重审视全局,决定战争策略。白起之死,是因他的策略未被秦王采纳。他通过对当时战局的正确分析,反对秦攻赵之邯郸,但秦王不听他的劝谏,轻率发兵进攻邯郸,结果秦军被信陵君大破于邯郸城下。第二,白起用兵,善于从心理上打击敌人。如白起攻破楚郢都后,不是穷追向西逃窜的楚顷襄王,而是回师西向,再战而焚烧了楚国先王宗庙陵墓所在地夷陵(今湖北宜昌东南),给楚国君臣、人民心灵上以沉重打击,作用远胜多歼楚之败兵。第三,白起作战善于各个破敌。他一般不与敌人作正面硬拼,不打消耗战,而是采取分敌为二,各个击破,或先击弱者再合兵击强者等战术。第四,白起用兵以迅猛凶狠著称。由于用兵迅猛,往往能收出敌不意之效;由于用兵凶狠,往往使敌望而生畏,不战自溃。

白起的军事艺术和辉煌战绩,在先秦是空前的,对后人也有深刻的影响。唐宋时期出现了《白起神妙行兵法》《白起阵书》等托名白起编撰的兵书,反映了后人对这位先秦战将的景仰。

二、秦汉兵家

战争特点及其对兵家的影响

秦统一中国后,建立了中国第一个统一的专制主义封建王朝。经历了战国末的长期激烈战争,中国遍地疮痍,急需休养生息。但是秦始皇扫平六国后,未能迅速调整滥征民力的政策,沿袭战时惯制,大规模征用民丁筑长城、修宫室、治驰道,大规模谪民为兵,北向以 30 万大军攻匈奴,南向以 100 万士兵夺岭南。人民没有因为国家的统一而减轻劳役和兵役负担,大量荒芜的土地得不到耕种,国民经济发展缓慢。秦二世时,统治阶级内部发生动乱,形成社会危机。

公元前 209 年,陈胜、吴广鼓动戍卒起事于大泽乡(今安徽宿州东南),揭开了反秦战争的序幕。以后关东六国故地各种反秦武装蜂起。他们在反抗暴秦的同时又互相猜疑乃至互相攻杀,因此而先后覆灭。最后剩下项羽和刘邦两支军队,终于推翻了秦王朝的统治。

反秦战争刚一结束,项羽和刘邦为争夺天下又进行了著名的楚汉战争。双方相持 4 年。刘邦因注意延揽英才,得萧何、张良、陈平等辅佐,又倚重韩信等大将统军作战,先后以汉中、关中为后方,军事力量由弱到强,最后由防御战转为进攻战,消灭了项羽的军队,重新统一中国,建立西汉王朝。

刘邦建立西汉王朝后,分封同姓子弟诸侯,导致地方割据势力膨胀,引发了景帝时的吴楚七国之乱。名将周亚夫平定七国之乱后,汉廷不断采取措施削弱诸侯王国的力量,

诸子百家
——兵家

陈胜吴广起义

加强中央集权。同时,注意休养生息,恢复和发展生产,国民经济稳步上升。汉武帝时,因国力雄厚,改变以前对匈奴的"和亲"政策,组织军事力量多次进击匈奴,前后历时43年,迫使匈奴远遁漠北。以后,汉昭、宣、元帝时期,军事上一直对周边部族保持优势,经济也得到持续发展。汉成帝以后,权臣贵族对土地的兼并带来日益严重的经济危机,朝政腐败及外戚专权带来日益严重的政治危机,最后外戚王莽以新取代汉。王莽上台,进行了一系列脱离实际的改革,遭到失败后又代之以暴政,从而引发了反对新朝的战争。反对新朝的武装中,以绿林军和赤眉军最强大,但他们推翻新王朝的果实却被刘秀篡夺,其军队也被刘秀消灭。刘秀成为东汉的开国皇帝。

东汉初,除少数几次战争外,休养生息50年,国民经济恢复了元气。汉明、章、和帝时期,多次大败匈奴,使匈奴从此不再能威胁中原。东汉中后期屡屡对西边的羌人作战,前后延续60年,虽然最终把羌人镇压下去,但社会经济也因此而严重衰退。东汉后期天灾频仍,朝廷内外戚与宦官的斗争、清流与浊流人士的斗争,又加剧了社会的矛盾。灵帝时期,太平道首领张角领导黄巾军向东汉王朝发动猛烈进攻。黄巾起义最终在汉廷大军和地方豪强武装的联合进攻下失败,东汉从此进入地方军阀割据混战的境地,中央王朝名存实亡。

秦汉王朝进行的战争,主要表现为对周边部族和内部反抗王朝统治的武装的作战。战争的规模一般都比较大,往往用兵数十万,兵分多路联合作战,战线绵延数十里乃至数百里。骑兵在作战中的地位越来越重要。战争多战役、多阶段的特点越来越突出。用兵韬略越来越丰富。这些特点,使得当时人对兵学发生特别浓厚的兴趣,学习和整理兵书成为普遍的风气。在出土的汉简中,兵书占有相当大的比例。张良、韩信、任宏等对兵书的整理,亦说明这种风气的盛行。丰富的战争经验和长期的研读兵书,造就了一批优秀的兵家,在兵家史上留下生动的一章。

兵形势家项羽

极富传奇色彩的一生

项羽(公元前233~前202年)是秦汉之际反秦起义军首领,军事统帅。名籍,字羽,下相(今江苏宿迁西南)人。楚国名将项燕之孙。少时从叔父项梁学兵法,粗知其意,却不能学到底。23岁时,见秦始皇巡游威仪,脱口而说:"彼可取而代也!"次年,杀会稽(治今江苏吴县)郡守,助项梁起兵响应陈胜。陈胜死后,项梁找到楚怀王名叫心的孙子,仍立其为楚怀王,以号召楚故地人民。项梁战死后,项羽归楚怀王节制。怀王以宋义为上将军,项羽为次将,与秦军相持。宋义不思与秦决战,只顾饮酒作乐,不管士卒饥寒交迫。项羽怒而杀宋义,自统大军,渡过漳河,破釜沉舟,大败秦军于巨鹿(今河北平乡西南)。又在漳南(今河北临漳附近)再败秦军,逼秦将章邯举军投降。后怀疑秦降卒心中不服,坑杀其20余万。入关后,杀秦降王子婴,烧宫室,收秦宫货宝、妇女。秦亡后,项羽自号西楚霸王,都彭城(今江苏徐州),封诸侯18个,令他们分据各地,其中刘邦为汉王。次年派人杀楚怀王。不久,因放松了对刘邦的防范,被汉军攻下彭城。项羽以轻兵袭击汉军,获得大胜,追杀汉败卒10余万,险些生擒刘邦。此后,一克荥阳(今河南荥阳东北),两夺成皋(今荥阳西),保持着对汉军作战的优势。由于不重视建立巩固的后方,又不善抚恤将士,缺乏全面筹谋,喜凭一己之勇作战,不久失去对汉军作战的主动权。到公元前203年,因粮尽而与汉议和,以鸿沟(从荥阳以北向东流至今开封附近,折向南流,至今淮阳东南入颍水)为界,西属汉,东属楚。议和以后,项羽率兵东归;汉军却乘势追击,但因韩信、彭越未来会合,在固陵(今河南淮阳西北)大败于楚军。这时刘邦采用张良的建议,答应给韩信、彭越以大片封地,两人遂率军与刘邦会合于垓下(今安徽灵璧东南,一说今河南鹿邑东)。项羽被围,夜闻四面皆楚歌,突围南走。公元前202年,项羽退至乌江(今安徽和县东北),被汉军追击,因无颜见江东父老,不愿渡江避难,下马步战,杀汉军数百人,身受伤10余处,自刎而死,结束了其极富传奇色彩的短暂的一生。

项羽征战八年,时间不算长,但作战不已,有丰富的战争经验和高超的作战艺术。他自称:"身经九十余战,所当者破,未尝败。"的确,他在具体的作战中很少失败,甚至被刘邦追击到固陵时还能反噬一口,大破汉军。然而就整个楚汉战争而言,他却是最大的失败者。据《汉书·艺文志》,他写有兵法1篇,惜早已亡佚。

从项羽的作战艺术看兵形势家的特点

巨鹿之战和彭城之战,是项羽指挥的著名战例,其作战艺术在这两次作战中得以充分展现。

巨鹿之战发生在公元前207~前206年。赵地的反秦武装被秦军围困在巨鹿一带。项羽斩宋义后,见援赵诸军都不敢与秦军作战,遂遣英布、蒲将军领兵2万,渡河救巨鹿,初战胜利。项羽乘势领本部5万兵渡河,把战船全部沉毁,炊具全部打破,庐舍全部烧掉,每人只带3天的干粮,以示全军不获大胜,一人也不打算生还。楚军呼声动天,无不以一当十,屡败秦军,最后俘获20万秦军的主将王离,杀其副将苏角。巨鹿之围得解,原来持观望态度的援赵诸军都服属项羽。项羽率本部与诸军从南北两边夹击章邯统领的秦军,在三户津(今河北磁县西南)、汙水(漳河支流,今已涸绝)连破秦军,逼迫章邯率军请降。这一战,项羽运用置之死地而后生的原则,充分鼓动楚军将士杀敌的豪情,实现对秦军主力的全歼,为推翻秦王朝立下第一奇功。

彭城之战发生在公元前 205 年。这年三月,汉王刘邦联合项羽分封的诸侯,合兵 56 万,东向伐楚。这时项羽正率主力在齐地与田横作战,汉军乘机攻占楚都彭城。项羽闻知汉军伐楚,留诸将继续在齐地作战,自己带领 3 万精兵,南向从鲁(今山东曲阜)经鱼陵(今山东鱼台东南)奔赴彭城。楚军进抵彭城时,先向西以迅雷不及掩耳之势收复萧县,切断汉军西归之路。凌晨东向猛攻汉军,直至彭城,激战到中午,大破汉军。汉军先向北败溃,被楚军逼入彭城东北的谷水、泗水,死 10 余万人。汉军余部向南退入山中,被楚军追击到灵璧东边的睢水上,又被射杀、淹死 10 余万人。楚军形成数道包围圈,把刘邦团团围住,意图生擒。幸遇大风骤起,沙石飞扬,刘邦总算趁乱率数十骑乘机逃遁。这一战,项羽率兵远程奔袭近千里,先取萧县断敌归路,再选择凌晨发起进攻,战法巧妙,战机选择得极好。而汉军进入彭城后,每日宴饮,做梦也想不到楚军会来得如此快速。项羽以 3 万精兵攻敌数十万,夺回失地,歼敌 20 余万,创造了中国战争史上以少胜多的奇迹。

项羽精于作战艺术,《汉书·艺文志》把他归入兵形势家。兵形势家的特点是:"雷动风举,后发而先至。离合背向,变化无常,以轻疾制敌者也。"用以概括项羽的作战艺术,相当准确。但项羽在战争策略和阶段性战略的制定方面显得目光短浅,又不注意用将策略和发展后方,导致其最终由优势变劣势,由主动变被动,以致兵败身亡。

兵权谋家韩信

生平与被害缘由

韩信(? ~公元前 196 年)是秦末汉初著名军事家。淮阴(今江苏淮阴西南)人。少时家贫,寄食于人。曾乞食于漂母,受辱于屠儿。始从项梁,不久为项羽郎中,屡屡向项羽献计,不用。后归汉,为治粟都尉,得萧何激赏,却不受刘邦重用,乃不辞而别。萧何追回韩信,竭力向刘邦推荐其才,被拜为大将。韩信始拜将,即向刘邦分析项羽与刘邦的短长,协助刘邦制定了还定三秦以定天下的方略。以后,韩信指挥了著名的破魏之战、破赵之战、潍水(今山东潍河)之战,为汉军由劣势变优势、由被动变主动建树了头功。公元前 202 年,韩信参加了垓下(今安徽灵璧东南)之战的指挥。楚军方破,刘邦即夺其兵权,把他由齐王改封为楚王,都下邳(今江苏邳州市南)。公元前 201 年,有人上书诬告其谋反,因无实据,贬为淮阴侯。他知道刘邦畏惧他的军事才能,从此称病不朝。公元前 196 年,被人告发与陈稀通谋欲反,吕后与萧何诈其入宫,斩之。韩信之死,主要在于他功高震主。另外,他自潍水之战后,自请为齐王,垓下之战时,又在得到刘邦封地的许愿后才发兵,刘邦对他早有疑忌之心。他有非凡的军事天才,政治斗争的水平却不高明。

从韩信用兵看兵权谋家的特点

韩信善于将兵,与他喜读兵书、谙熟兵法有密切关系。他曾为刘邦申明军法,著兵法 3 篇,又曾与张良一起整理前代兵家著述。他是文武兼备的军事天才,不仅善于作战指导,还精于战略策划和部署。所以,《汉书·艺文志》把他归入兵权谋家。

首先,韩信对刘、项双方形势做出精辟分析,为刘邦制定了正确的战略。他指出,虽然表面上项羽的军事力量强于刘邦，但他不能选贤任将，不能从战略角度选择都城，不能严格军纪，亦不除秦苛法，因此不能得人心；而刘邦入关以后的一系列措施深得人心，因此应举兵东征项羽。以后楚汉战争的发展过程，生动地印证了韩信的分析。

其次，韩信善布疑兵以制胜。破魏之战，反汉附楚的魏王豹率主力扼守蒲坂（今山西永济西），阻击汉军渡河。韩信利用豹认定汉军必从临晋（今陕西大荔东）渡河的心理，陈列船只摆出欲从临晋强渡的架势，暗领兵至上游百余里处的夏阳（今陕西韩城南），以木罂缻（用木绑缚陶瓮以渡河）装载士兵过河，东向突袭魏后方重镇安邑（今山西夏县西北），连破魏军，俘魏王豹，尽收魏地。魏军的覆灭，解除了汉军侧翼的重要威胁，并为北定代、赵创造了有利条件。

其三，韩信善于以不合常规的战法出奇制胜。破赵之战，赵王歇与代王陈馀聚兵20万，准备在井陉口（今河北获鹿西土门）一带与韩信的数万兵决战。韩信在半夜选2000轻骑，每人手持一面赤旗，从小路赶往抱犊山（今获鹿西北）隐蔽；又派兵万人先行至绵蔓水背水列阵。背水按作战常规为绝地，赵军于是尽笑韩信不懂兵法。韩信建大将旗鼓，一路擂鼓而出井陉口，赵军出垒攻击汉军。韩信佯败，赵军空垒而出追逐汉军。韩信所领人马与背水列阵的万名士兵合力以拒赵军。埋伏在抱犊山的轻骑乘机驰入赵军壁垒，竖起2000面赤旗。赵军见不能击败韩信，回头欲引师归营，看见壁垒中尽是汉军旗帜，顿时溃乱。汉军乘势两面夹击，大破赵军，斩陈馀，俘赵王歇。此战灵活运用《孙子》"陷之死地然后生"的战法，成为中国古代战争史上灵活用兵、以少胜多的著名战例，体现了兵权谋家"以正守国，以奇用兵"的基本特点。

周亚夫的治军思想和战略战术思想

周亚夫（？～公元前143年）是西汉前期名将。周勃子，封条侯，官至太尉、丞相。公元前158年，将兵屯于细柳（今陕西咸阳西南渭河北岸），防备匈奴。汉文帝亲自劳军，到各军驻地皆是直驰入营，将领们齐出迎送。到细柳军营时，只见军士齐披甲戴胄，兵器锐利，戒备森严。文帝的前驱卫队到营门，却被告知不准进入。前驱称天子将至，军门都尉回答："军中只听从将军的号令。"直到文帝亲至营门，遣使持节降诏，周亚夫才传令打开垒门。文帝进营后，按照军规乘车途行，亚夫以军礼见君。文帝对周亚夫称赞不已，不久拜他为中尉，临终告诫太子说："如有急难，可由周亚夫统兵作战。"景帝三年（公元前154年），吴王刘濞、楚王刘戊与赵、胶东、胶西、淄川、济南诸王，以杀晁错清君侧为名，举兵叛乱，史称"吴楚七国之乱"。景帝以亚夫为太尉，领大军平叛。平叛中，周亚夫坚持既定战略，置景帝诏令于不顾，终于迅速平定这场大叛乱。四年后，亚夫升任丞相。但因为废太子事与景帝意见相左，反对封皇后兄为侯又使景帝不快，为相三年后告病免相。四年后，被诬告谋反下狱，绝食而死。

周亚夫生活的文、景时期，与民休息，战事较少。他安不忘危，严格治军，所领军队纪律严明，随时保持高度警惕性。他亲自指挥的平定吴楚七国之乱的战争，反映出他高超的军事艺术和优秀的军事统帅的素质。

周亚夫为平七王之乱制定了正确的战略。他受命伊始，向景帝面陈方略：吴、楚长期厚养死士,其兵剽勇轻疾,不宜一开始便与其争锋。当舍弃梁国部分土地以牵制他们,设法断其粮道,相机破敌。景帝认可其战略后,他坚持部署不变。吴兵攻梁甚急,梁王一再向亚夫求救,又上书景帝,使其下诏令亚夫救梁,亚夫不奉诏,坚壁不出。他派轻骑兵断绝吴、楚兵粮道。吴、楚缺粮,多次向亚夫挑战,亚夫始终不应战。直到吴、楚兵因饥饿而退兵,亚夫始派出精兵追击,大破吴、楚军。

在作战中,周亚夫能正确判断敌军意图,做出相应的战术指导。吴楚军攻亚夫壁垒时向东南角调兵,周亚夫识破敌人声东击西之计,命令加强西北面的防备,果然吴、楚精兵奔西北面而来,因亚夫军防备严密而不能入垒。

在执行战略计划的过程中,周亚夫善于听取下属意见,修改具体战法。周亚夫率军初出时,赵涉建议:吴王必定会在周亚夫既定的线路上设伏,不如改道而行,虽然多走一两天,却能出敌不意。亚夫采纳了这个建议,后来果然在原定线路上发现吴王伏兵。这些事例说明,周亚夫具有良好的统帅素质。

卫青以轻疾制敌的兵形势家特色

卫青(? ~公元前 106 年)是西汉武帝时杰出的将领。字仲卿,河东平阳(今山西临汾西南)人。少时牧羊,备受酸辛。到长大成人,为平阳侯府骑士。后因同母异父姐卫子夫得武帝宠幸,入建章宫当差,不久升为宫监、侍中。卫子夫为武帝夫人,卫青亦迁太中大夫。元光六年(公元前 129 年),拜车骑将军,与李广等 3 将军各率万骑分路出击匈奴。李广等两路惨败,另一路无功而归。独卫青兵至龙城(今内蒙古东、西乌珠穆沁旗境),斩获匈奴兵数百人,被赐爵关内侯。元朔元年(公元前 128 年),率 3 万骑出雁门(今山西右玉南),斩获匈奴数千。次年,与将军李息等领兵围歼匈奴白羊王、楼烦王两部,取得河套南部(今内蒙古鄂尔多斯市一带)地区,置朔方郡(治地在今杭锦旗北),以功受封长平侯。五年春,领 3 万骑出朔方,夜袭匈奴右贤王部,俘获匈奴男女 1.5 万余人,升任大将军,总领诸将。次年,两度率兵出定襄(今内蒙古和林格尔西北),攻击匈奴单于主力,两次共斩获约 2 万人。元狩四年(公元前 119 年),领 5 万骑兵再出定襄,奔袭漠北,与匈奴单于本部精兵交锋,大败单于军,追击 200 余里,歼匈奴近 2 万人,烧匈奴积粟而归。战后,与霍去病同被授为大司马。卫青 7 次率兵出塞打击匈奴,戎马倥偬 11 年。他不仅善于指挥作战,而且爱惜将士,为人谦恭,是不可多得的良将。

卫青用兵,针对匈奴惯于沙漠生活的特点,以精骑奔袭击敌,出其不意,给予重创,颇具兵形势家的特色。元朔五年(公元前 124 年),卫青率军出塞 600~700 里击匈奴,匈奴右贤王认为汉兵不可能迅速到来,大饮方醉,卫青率领的轻骑已乘夜包围了右贤王廷。与出其不意的战法相应,卫青善于选择进攻路线,忽西忽东,令匈奴难以防备。元朔二年击匈奴,卫青率军出云中(今呼和浩特西南),先西至高阙(今内蒙古临河西北),切断匈奴右贤王与驻牧河套南部的楼烦王与白羊王的联系,再南向打击楼、白两部。汉武帝时,匈奴被迫远避漠北荒原,卫青与霍去病功劳最大。

霍去病独具特色的用兵思想

霍去病(公元前140~前117年),是西汉武帝时杰出的将领。与卫青同籍,是卫青的外甥。18岁为侍中。不久因善骑射为卫青部将。元朔六年(公元前123年),随卫青出定襄,以票姚校尉率800轻骑奋勇当先,远离大军数百里追杀匈奴,斩获2000多人,因功封冠军侯。元狩二年(公元前121年)春,以骠骑将军率领万骑出陇西郡(治狄道,今甘肃临洮),转战6日,过焉支山(在今甘肃省永昌西、山丹东南)千余里,斩获近9000人。夏,又领精骑出塞,在祁连山(指今南山)一带斩获匈奴3万余人,俘匈奴五王。去病从此越来越受恩宠,地位与大将军卫青相当。此后,匈奴浑邪王因惧单于将加害于己,打算降汉,但其部下多不欲降。去病驰入浑邪王军中,斩杀打算逃亡者8000人,促使浑邪王率数万人归汉。元狩四年春,领5万骑出代郡(治代县,今河北蔚县东北),其中多敢于奋力拼杀、深入敌境的勇士。去病率兵过大漠,奔袭2000余里,斩获匈奴7万余人。此战予匈奴左部以重创,是打击匈奴、安定北边的空前胜利。战后,与卫青并为大司马,主持全国军政,权势重于卫青。死时不足30岁,武帝为他立冢取象祁连山,谥景桓侯。

霍去病征战数年,五击匈奴,每战必胜。他为人寡言,战时总是冲锋在前。武帝曾想教他学吴起、孙武的兵法,他说:"我只想了解作战方略如何,不至于去学古人的兵法。"尽管如此,他指挥作战很有章法,具有鲜明的个性色彩。其主要特点是:精于远程轻骑奔袭。元狩二年(公元前121年)夏,他率数万精骑出鸡鹿塞(今内蒙古杭锦后旗西),穿过今乌兰布和、巴吉丹林两大沙漠,由居延(今内蒙古额济纳旗东南)南下,从背后向祁连山下的匈奴发起猛攻。元狩四年(公元前119年)春横绝大漠时,为出敌不意,不带辎重,令骑兵少带干粮,马快蹄轻,取食于敌,所以能迅捷歼敌,封狼居胥山而归。匈奴骑兵机动性强,来去飘忽;霍去病以远程轻骑奔袭的战法,争得打击匈奴生力军的主动权。

霍去病领兵出塞的次数不如卫青多,但他斩获匈奴的人数远比卫青多,给匈奴的创伤比卫青重,所以受武帝恩宠也渐比卫青深。但去病少年得志,不体恤士卒。在塞外,士卒无粮可食,他还在做类似今天踢足球的鞠戏。尽管如此,他那"匈奴不灭,无以家为"的豪言,至今仍可令人想见其青年战将的风姿。

马援对兵权谋思想的运用

马援(公元前14~公元49年)是东汉初期杰出的将领。字文渊,扶风茂陵(今陕西兴平东北)人。祖先为战国时赵国名将赵奢,奢因功封马服君,子孙便以马为姓。马援少时曾学《齐诗》,但无意据守章句。王莽时,为新成大尹。后投隗嚣,为绥德将军。建武五年(公元29年)投光武帝刘秀,上书求屯田上林苑中。八年,在刘秀面前堆米以示山川地形(类似沙盘),指画军事形势,部署众军出入往来道路,坚定了刘秀西征隗嚣的决心。次年,拜太中大夫。十一年,拜陇西太守,领步骑3000人,在临洮(今甘肃岷县)击破先零羌,斩数百人,获牲畜万余头,收降羌人8000余名。接着乘胜掩袭羌人,再斩千余人。又修缮金城郡破羌(今青海乐都东)以西城郭,劝耕牧,招塞外氐羌。十三年,率兵4000余人追击骚扰边地的塞外诸羌,在氐道(今甘肃武山东南)大败羌人,收降万余人。十六年,回京为虎贲中郎将,常与光武帝论兵,所谋未尝不用。十七年,拜伏波将军,率军南征交趾郡(约今越南北部),缘海而进,随山开道千余里,数战数捷,因功封新息侯。所过之处,为郡县治城郭,穿渠灌溉,方便越人。二十年秋回京,自请北击匈奴、乌桓,并说:"男儿要当死于边野,以马革裹尸还葬耳,何能卧床上在儿女子手中邪!"遂出屯襄国(今河北邢台)。次年,率3000骑兵巡行北边。二十四年,以62岁高龄自请进击五溪蛮。次年至临乡(今湖南桃源东),破蛮兵,斩获2000余人。三月至壶头(今湖南沅陵东北),遇酷暑,士卒多染疫而死,马援亦病卒于军中。

马援用兵,注意分析敌我双方形势,寻找有利于己的战机。与敌对战,不追求快意掩杀,而是善于出奇兵以击敌不意。建武十一年(公元35年)与诸羌接连三战,先击溃羌人前锋;再潜行间道,掩赴敌营,使敌军心溃坏;又分遣轻骑绕袭敌后,乘夜放火,使敌大乱。战法多变,奇正相生。

马援一生征战的主要对象是汉朝周边的部族。他不以屠戮为目的,注意安定边裔,争取民心,筑城修渠,发展生产。他在西北边郡6年,带来郡中的安定和经济发展。南征交趾,也为当地郡县制的推行和农业生产的发展做出了一定贡献。

概括马援的军事思想,主要表现在用兵上强调知彼知己、出敌不意。在作战指挥中,他成功地运用了以孙武为代表的兵权谋家的兵学主张。

从项羽到马援,我们可以看出秦汉兵家有一个基本特点,那就是注重实践。战争是展现他们军事思想、军事艺术成就的舞台。

三、魏晋南北朝兵家

战争与文化背景

魏晋南北朝是战争和军事对峙漫长、统一和安定相对短暂的时代。

汉末建安时期,以曹操、孙权、刘备为首的相对峙的政治、经济、军事实力集团逐步形成。公元220~280年,是魏、吴、蜀三国鼎立的时代。公元281~290年,西晋出现相对统一的局面。从291年"八王之乱"始,到589年隋灭陈,战乱此起彼伏,南北长期对峙,北方又历经十六国的纷争和东西魏分立、北齐与北周对峙的形势。各朝各代在军事对峙的背景下,都间或因双方息兵而出现过并不算长的安定局面;但招兵买马、整军备战一直在进行,军事摩擦亦很少间断。

在魏晋南北朝这一历史阶段内,发生过许多著名的战役和作战。赤壁之战、夷陵之战、灭蜀之战、淝水之战、潼关之战等,都是历史上著名的战例。丰富的战争实践,造就了一批杰出的军事家。

各民族在冲突中互相影响,彼此融合,这是魏晋南北朝时期一个突出特点。各民族由于文化、地理等条件的不同,有着特色迥异的军事观念和作战方式。这些观念和方式因各民族的冲突和交往而相互碰撞,彼此吸收,使这一时期的军事思想和作战方式更加丰富。这一时期的著名兵家,也不以汉人为限,少数民族的兵家将星相继乘时而起。

魏晋南北朝时期虽然战事频仍,社会经济仍有一定发展。魏的屯田促进了黄河流域社会经济的发展。吴的开发江东,蜀的平定南中,都促使这些地区加快迈向文明的步伐。十六国与东晋、南朝与北朝的长期对峙,虽使较发达的中原经济遭受一定破坏,却也使较落后的长江流域得到开发。经济的发展变化,对当时的战争特点有相当影响,尤其是南北经济特征的差异性,对南北不同的作战指导思想影响甚大。如北方畜牧经济发达,骑兵优良,作战多重远程奔袭、快速决胜;南方造船业发达,作战注重发挥水战之长。这些特点,带来了南北军事家的不同风貌。

魏晋南北朝是思想较为活跃的时代。两汉经学和神学的禁锢被打破,儒、道、释三家思想为士人们兼收并容,玄学清谈和佛教讲经问难的风气两相交会,士人的思辨能力普遍提高。在这样的氛围下,注重军事理论研究蔚然成风。活跃的学术思潮和灵活的清谈问难等形式,启发兵家各辟研究军事理论之蹊径。曹操注《孙子》,杜预注《左传》,是对传统兵书和古代战例的深入性研究;诸葛亮的《隆中对》,崔浩的一系列谋划,都凝聚着丰富的兵学素养。

魏晋南北朝频仍的战争,使当时极少有以纸上谈兵而扬名的兵家。优秀的军事理论家,往往同时就是杰出的统帅或著名的将领。一些发于卒伍的良将,也在长期的战火硝烟中培养出高超的军事艺术。曹操、诸葛亮、陆逊、杜预、檀道济、崔浩、宇文泰等,是这一时期的佼佼者。他们都展现了各自卓越的军事才干和军事家的个性特点。

曹操的兵学思想及运用

生平与兵学著作

曹操(155~220年)是汉魏之际杰出的政治家、军事家和文学家。字孟德,小名阿瞒,沛国谯(今安徽亳州市)人。本姓夏侯,因其父嵩为宦官曹腾养子,故从曹姓。曹操自幼机警,任侠放荡。东汉熹平三年(174年),曹操以孝廉推举为郎,始入仕途,历任洛阳北部尉、顿丘令等。灵帝光和七年(184年),拜骑都尉,参加镇压黄巾军。迁济南相,后辞官归乡里。中平五年(188年),为典军校尉。六年,因董卓之乱散家财以募兵。次年参加讨伐董卓,推袁绍为盟主。因讨董诸军不图进取,曹操孤军西进,兵败而归。遂多方募兵,以求独立发展。献帝初平二年(191年),破黑山军白绕部。次年,收黄巾军降兵30余万,男女100余万口,选其精锐组成"青州兵"。从此立足兖州,几经反复,不断发展。建安元年(196年),迫汉献帝迁都许昌,自任司空,行车骑将军事,挟天子以令诸侯。这年,始兴屯田,足食强兵。建安五年(200年),在官渡(今河南中牟县境)一带大破袁绍军,为统一北方奠定了基础。九年,攻取袁氏基地邺城(今河北临漳西南)。十二年,远征乌桓腹地,直至柳城(今辽宁朝阳西南),统一了北方。次年,率大军南征,大败刘备军于长坂(今湖北当阳境)。这年,为丞相。冬,在长江赤壁(今湖北蒲圻西北,一说今嘉鱼东北)一带将战船相连,与孙权、刘备联军隔江对峙。孙刘联军采用火攻,曹军大败。十六年,击败马超、韩遂等,夺取关中。十八年,受封魏公,加九锡。二十一年,晋爵为魏王。二十四年,因夏侯渊兵败身死,亲临汉中,拔曹军出困境,集中兵力于荆州。次年正月,病卒于

诸子百家
——
兵
家

洛阳。

曹操文武兼备，一生征战不已，稍有闲暇，好读书赋诗。他喜读兵书，并结合战争实践作潜心研究。他曾抄集诸家兵法，名曰《接要》；注《孙子》13 篇，名曰《孙子略解》，开整理注释《孙子》的风气；又自作兵书 10 万余言，作为诸将征伐的指南；还写下不少重要的军事文书，虽然多数今已不存，但仍是其军事思想和军事艺术的结晶之一。

强兵足食，以法治军

在战争的基本策略上，曹操非常重视强兵足食。他认为，强兵足食是安定国家的大计，秦国重农所以兼并了六国，汉武帝大兴屯田所以安定了西域。遵照这个原则，曹操在中原大兴屯田，有效地解决了兵食和流民的生计问题，为统一北方奠定坚实的基础。在具体指挥作战时，曹操极重军粮囤积问题。汉献帝兴平二年（195 年），曹操在收复兖州（今河南东北、山东西南部）大部后，派兵四出抢收麦子，使军粮充裕，终于在这年秋天平定了兖州全境。在著名的官渡之战中，曹操先派徐晃在故市（今河南郑州境）截烧袁绍军数千辆粮车，又亲率人马连夜潜行，赶至袁军粮草屯聚地乌巢（今河南封丘西），围屯放火，大破乌巢守军。两烧袁军粮草，使袁军军心动摇，为大败袁绍先奏凯歌。

在建军治军的原则上，曹操注重尽量起用各类人才，坚持以法治军。他主张唯才是举，不必对人才过于苛求。他认为"山不厌高，水不厌深"，要成就大事业需要网罗各方面的人才。在他的身边，许多谋士良将或由敌对阵营投奔而来，或选拔于行伍战阵之间，或起用于罪臣俘囚。总之，曹操用人，不拘一格。曹操治军，"揽申、商之法术"，坚持以法治军。他反对军中依儒家之礼行事，主张一切严守军令。他制订了许多军令，令将士遵行；同时自己以身作则，为将士垂范。著名的"割发代首"的故事即是一例。他的《置屯田令》《军令》《严败军令》《步战令》《船战令》《论吏士行能令》《封功臣令》等，充分体现了他"在军中持法"的治军思想。为保证法令的实施，他重视军中司法制度的明确和司法官吏的选用，主张以"明达法理"者任军中典狱，对于军中司法官吏依法行事、不徇私情的做法往往给予支持和鼓励。

在用兵作战方面，曹操强调"以诡诈为道"，巧用奇兵，应机变化而制胜。建安三年（198 年），曹操围张绣于穰（今河南邓州），刘表遣军援张绣，对曹军形成东西夹击之势。曹操撤围东退，诱张绣来追。曹操又伪装溃逃的假象，再诱张绣、刘表两军倾力追赶，然后突出奇兵，大破敌军。建安十二年（207 年），曹操远征乌桓，在海滨受阻，于是诈称以后再进军，使乌桓疏于防备。曹军伪装回师，却利用小道间行 500 余里，深入乌桓腹地，一举击溃乌桓军。欲进诈退，欲取诈舍，以制造战机克敌，这是曹操惯用的战法。

曹操是汉魏间不可多得的理论与实践相结合的兵家，指挥过多次著名战役、战斗，用兵有道，战绩突出。他死后，谥武王。子曹丕代汉称帝后，追尊其为武皇帝，史称魏武帝。古代帝王武功昭著者谥"桓"或"武"，曹操是当之无愧的。后世小说、戏曲多以曹操为丑角，那只是文学上的曹操罢了。

诸葛亮的治军强兵和战略思想

生平事迹及《将苑》一书的性质

诸葛亮(181~234年)是三国时期杰出的政治家、军事家。字孔明,徐州琅邪郡阳都(今山东沂南南)人。早年定居隆中(今湖北襄阳西),躬耕垄亩,研读史鉴兵书,常自比管仲、乐毅。献帝建安十二年(207年),依附荆州牧刘表的刘备图谋发展,三顾茅庐,向诸葛亮求教。诸葛亮为刘备诚意所动,提出著名的隆中对策,成为刘备发展创业的基本策略。从此,诸葛亮出山,辅佐刘备创建蜀汉政权。次年秋,刘备军在长坂(今湖北当阳境)大败于曹军。在此生死存亡关头,诸葛亮赶赴柴桑(今江西九江西南),向存心观望曹刘双方成败的孙权晓以利害,促使孙权与刘备联合抗曹。赤壁大败曹军后,诸葛亮辅佐刘备夺取长沙等三郡,调其赋税,充实军资。十六年,刘备以助刘璋击张鲁为名,率兵入益州(约今四川及陕西南部),诸葛亮与关羽留守荆州(约今湖北、湖南)。十八年,诸葛亮率张飞、赵云等统军西上,一路攻取郡县,与刘备共围成都。攻克成都后,诸葛亮为军师将军,署左将军府事。刘备外出征战,诸葛亮则镇守成都,足食强兵。蜀章武元年(221年),刘备称帝,诸葛亮为丞相,录尚书事,总理蜀汉军政事务。章武三年(223年),刘备病卒,临终托付诸葛亮,辅佐后主刘禅。从此蜀汉军政大小事务,取决于诸葛亮。建兴三年(225年),统军平息南中(今云南、贵州及四川西南部)地区诸部族的动乱,使蜀汉后方得到巩固。五年,亲统10万大军向北进驻汉中,准备伐魏。次年,出兵祁山(今甘肃东南部渭水、西汉水间山地),得魏天水等三郡。后因前锋马谡失战役要地街亭(今甘肃天水东南,一说今张家川北),错过战机,退回汉中。同年冬,进军关中西部,围攻陈仓(今宝鸡东),因粮尽而退兵。七年,西北向夺取武都、阴平二郡。次年,向西和抚羌人,得羌人贡纳谷物牲畜等以扩充军资。九年,复出祁山,以"木牛"运粮,击败魏军,退军时又射杀魏将张郃。十二年,再次大规模北伐,占据五丈原(今陕西岐山南),与司马懿统率的20万大军对峙于渭水南。两军相持百余日后,诸葛亮病卒于军中。

诸葛亮是蜀汉最重要的军事策划者和军事指挥者。他注重军事理论的学习研究,又有丰富的部署和指挥军事行动的经验。西晋初,史学家陈寿曾编定诸葛亮故事,辑《诸葛亮集》24篇,今多已亡佚。又有旧题诸葛亮撰的《将苑》一书,可能是后人根据诸葛亮治军用兵的言论附益而成。

治军强兵,联吴抗曹

诸葛亮的军事思想,突出地表现在建军、治军和足粮强兵两方面。其战略思想也有高超之处。

诸葛亮的治军思想有三大特点。第一是以法从严治军。他主张用严刑来纠正过去军中威刑不肃的积弊,强调军中七禁:轻军,如集结时闻鼓不行;慢军,如接受军令不迅速下传;盗军,如偏私所亲近的人;欺军,如改变姓名以隐瞒真实身份;背军,如战场上闻战鼓而不前进;乱军,如行军时呼唤喧哗;误军,如随意翻越营砦。凡犯其中一禁者,处以斩刑。第二是重视部队的训练和革新武器。除对战士进行严格的军事技能训练外,还作八阵图以演练阵法,进行战术训练。他注重军械和武器的革新,提高武器性能,改革军队装备,增强军队的作战实力。如创制一发十矢连弩,制作"木牛"和"流马",提高钢刀的杀伤力,大大改善了部队的装备。第三是重视对将领的选拔任用和考察。他要求将领注意培养捕捉战机的能力,要善于因事应敌,因势制胜,因情行事。做将领要严守与士兵同甘共苦的原则,以情带兵。比如,军井尚未打上水来,将领不说渴;军食尚未做熟,将领不说饿。

诸葛亮的足食强兵的思想,贯穿其一生行事。隆中对策,他建议刘备据荆州、益州创基业,就是鉴于那里"沃野千里,天府之土",有利于足食强兵。初到成都,他根据当时经济形势,主张大力发展织锦业,以委积军资。北伐时期,他一面通过和抚羌人扩大赋税收入,一面在汉中及与敌对峙地区开展屯田,建立粮仓,积极筹粮,准备与魏军进行持久战。

诸葛亮的战略思想高超之处,主要表现在他联合孙吴以抗曹、先建立根据地再进军中原的主张中。他的全盘部署是:先据有荆州、益州两地,和抚周边部族,结好孙吴,修明政治,蓄积力量;然后寻找时机,一路大军由荆州北上,一路大军由益州北上,两路合击魏军,占有中原。但诸葛亮后来不得已放弃了荆州地区,由益州北上伐曹又屡屡受挫,进攻魏军往往在易守难攻之地,致使整个战略主张和部署落空。

诸葛亮足智多谋,一生行事谨慎,很得后人称许。后人视他为智慧的化身,遂演化出许多他神机妙算的故事。历史上的诸葛亮自然没有艺术世界中的诸葛亮那么辉煌,甚至当时人认为他"应变将略,非其所长"。但他的军事思想毕竟有许多闪光的成分。

陆逊以智取胜的思想

生平与战绩

陆逊(183~245年)是三国时期孙吴最杰出的将领。字伯言,本名议,吴郡吴县(今江苏苏州)人。其家世为江东大族。父母早亡,随从祖庐江太守陆康。203年从孙权,始为东西曹令史,出任海昌屯田都尉,并领县事。因灾年开仓赈济贫民,得县民拥戴。募兵平山越,部曲发展到2000余人,旋拜定威校尉。孙权以他为侄女婿,屡次向他咨询稳定江东之策,并以他为帐下右都督。他讨伐丹阳(治今安徽宣城)等郡,迅速破敌,一举安定丹阳等东三郡,选拔山越中强壮者为兵,得精卒数万人,屯兵芜湖。219年,孙吴名将吕蒙由陆口(今湖北嘉鱼陆溪口)称病回建业(今南京),陆逊识破其为以骄兵之计对付蜀将关羽,吕蒙因此推荐陆逊代他驻守陆口,拜偏将军、右都督。到陆口后,他一方面致书关羽,表示谦恭,使关羽对他毫不防备;一方面又把军前形势密报孙权,与吕蒙奇袭江陵,一举夺取荆州,擒杀蜀名将关羽。遂因功领宜都太守,拜抚边将军,封华亭侯。又遣将攻取房陵(今湖北房县)、南乡(今河南淅川南)、秭归、巫(今四川巫山)等地,升右护军、镇西将军。221年,刘备大举攻吴。陆逊为大都督,领兵拒蜀军。两军相持半年,陆逊始终不与蜀军交战。次年六月,陆逊部署大反攻,火烧蜀军连营,趁势重创蜀军。后加拜辅国将军,领荆州牧。228年,魏大司马曹休举兵攻吴,陆逊领兵三路与魏军接战,大破魏军,追至石亭(今安徽潜山东北),歼万余人。次年,拜上大将军、右都护。这年,孙权东巡建业,以陆逊镇武昌,辅太子。236年,与诸葛瑾攻魏襄阳,因信使被魏军擒获,军机泄露,便因势佯攻襄阳,暗遣将攻敌安陆等城,乘魏军捉摸不透己军意向之机,从容回师。次年,平定鄱阳(今江西波阳)等三郡内乱。244年,任丞相。次年因屡屡上疏直谏,卷进立嗣之争,遭孙权遣使责斥,愤恚而卒。

巧析势态,以智取胜

陆逊没有给后人留下专门的兵学论著,但长于谋略,善于用兵,一生征战,极少败北,其军事艺术多有可称道之处。他辅佐孙权,忧国忘身,屡屡上疏分析军事态势,陈述作战方略,主张以智取胜。今存他的部分书疏,是了解其军事思想的重要历史资料。

注重心理分析,因敌制胜,是陆逊军事艺术中最具特色之处。夺取荆州之战中,他掌握了关羽"意骄志逸,但务北进"的心理,通过书信使关羽对他不加防范,调留守江陵的蜀军北上攻魏,遂乘机助吕蒙袭江陵。大败蜀军的夷陵(今湖北宜昌境)之战中,他利用刘备急于为关羽报仇、夺回荆州的心理,从秭归一带退至夷陵一带,诱蜀军进入几百里峡谷山地,使其营地分散;又不与蜀军交战,使其日渐疲惫,以寻机反攻。佯攻襄阳之战,本来魏军掌握了吴军用兵计划,吴军陷于被动境地,他利用魏自恃明了敌情的心理,改变进攻计划,变被动为主动,使敌人由知情变为捉摸不透己方用意,实现全兵而退的谋略。

善于对形势进行综合分析,做出明智的战术决断,也是陆逊军事艺术的一个特色。夷陵之战前段,孙桓所部被蜀军张南部围困于夷道(今湖北宜都),孙桓向陆逊求救。陆逊分析当时态势认为:孙桓平素很得人心,夷道城牢粮足,可以坚守一段时间。若分兵救援孙桓,整个作战计划就可能被打破;若不发救兵,待计划实施时,夷道之围自然可解。因此,尽管诸将请求发兵,陆逊坚持不予。事实证明陆逊的分析与决断完全正确。

在战略思想上,陆逊主张"畜力而后动",反对虚耗民力滥行征战。就财力而言,他强调强由民力,财由民出,从来没有民富国弱、民穷国强的,要努力发展农桑衣食这些民之本业,不宜连年兴兵。就兵力而言,他主张兵精堪用,反对滥征民兵。他的意见有的为孙权所用,有的却不被采纳,但他尽忠直谏,始终如一。

杜预因势制宜的思想

生平与著作

杜预(222～285年)是西晋著名军事家、学者。字元凯,京兆杜陵(今陕西西安市长安区东北)人。祖、父在魏为官。他是魏大将军司马昭的妹夫,魏正元二年(255年)起家尚书郎,在职4年,转参相府军事。景元四年(263年),魏分路大举攻蜀,任镇西长史,随镇西将军钟会进兵汉中。司马炎伐魏为晋帝,杜预与车骑将军贾充等修订律令,并作注解。晋泰始六年(270年),鲜卑秃发树机能部寇扰陇右,杜预任安西军司,旋转官秦州刺史,领东羌校尉、轻车将军。安石将军石鉴命杜预出兵迎击鲜卑兵,杜预分析当时双方情势,力主明春再行进讨;但石鉴强行统兵进击,果然兵败。次年,匈奴右贤王刘猛攻扰并州

（治今太原西南），杜预应诏计议对策，提出利国救边之策 50 余条，都被朝廷采纳。咸宁二年（276 年），征南大将军羊祜上书请伐吴，多数朝臣反对，唯杜预与中书令张华赞成。四年，羊祜病重，仍入朝面陈伐吴之计，并举荐杜预接任其职。年底，杜预任镇南大将军，镇襄阳。到任伊始，即以精兵袭吴西陵（今湖北宜昌东南），大破吴名将西陵督张政部。次年，两次上表请求伐吴。十一月，晋发兵 20 万，分 6 路伐吴，杜预所部自襄阳出江陵。六年正月，杜预陈兵江陵，围城不攻，派出樊显、尹林、周奇等将循江西上，连克沿江城邑；又派管定、周旨等率奇兵 800 连夜渡江，多张旗帜，起火山间，忽出忽入，以瓦解吴军心。这一系列部署，有力地配合了王濬所领大军的东进。又派伏兵随吴败军进入吴军大营，生擒吴西线统帅孙歆。军中流传歌谣称赞他"以计代战一当万"。随即一举攻克江陵及吴沅、湘以南，直至交、广等州郡。吴军望风归降。灭吴后，杜预还镇襄阳，安定地方，声名远著。太康五年闰十二月（285 年），征为司隶校尉，加位特进，病卒于赴京途中。追赠征南大将军，故后人称他"杜征南"。

杜预是博学多才的大学者，当时人称他为"杜武库"，言其无所不通。他不仅在军事上颇有建树，还参与定律令、设考课、修历法、兴水利、通航运等，显示出多方面的才识。他在平吴之后，潜心经籍，专研《左传》，撰有《春秋左氏经传集解》《春秋释例》《盟会图》《春秋长历》等，蔚然成一家之学。他的这些著作虽属经学范畴，但仍闪现出军事艺术的火花。

因势制宜，文武兼治

在军事决策上，杜预主张因势乘时，当机立断。他认为，分析敌我情势时，要以利害相较，如果利有十之八九，就应采取果断行动，不能患得患失，坐失良机。他把这种思路运用到分析己方与孙吴的情况上，力主迅速发兵灭吴，以免吴国迁都、修缮城池，那时再兴兵灭吴就很难取得成功了。他的精辟分析，使司马炎最后下了发兵的决心。

在战术指导上，杜预能防止躁进，根据全局需要灵活用兵。灭吴之战，他不为抢头功而急于攻占江陵，而是拉长战线，配合王濬所部东进。当王濬大败孙歆后，他又能巧妙派出伏兵擒孙歆，扩大王濬的战果。

在平居之日，他强调天下虽安，忘战必危，主张积极练兵备战。灭吴之后，他镇襄阳，勤于讲武，训练士卒，还修立学校，培养人才。他还在要害之地错置屯营，相互维系，以防兵起。又大力发展水利和航运，保证粮食军资充分委积和军需转运便利。

杜预对外能率军攻伐，对内能治理地方，文能卓然成大家，武能胜任大事建树奇功，是不可多得的理论与实践相结合的兵家。

檀道济的因敌施计与重视心战

檀道济（？~436 年）是南朝宋著名将领。高平金乡（今山东嘉祥南）人。东晋元兴三年（404 年），建武将军刘裕起兵讨伐篡晋称楚帝的桓玄，道济参其军事，屡建战功，历官辅国参军、扬武将军、安远护军、宁朔将军、冠军将军等。义熙十二年（416 年），刘裕灭后秦之战中，檀道济与龙骧将军王镇恶为前锋，一路攻克后秦徐州（治今河南商丘南）、许

諸子百家——兵家

昌、成皋（今河南荥阳西北）。道济率本部人马进逼洛阳，迫后秦平南将军姚洸出降。又与王镇恶并力攻取潼关。灭后秦后，任征虏将军。晋元熙二年（420年），刘裕代晋建宋，道济任护军，加散骑常侍。后出为镇北将军、南兖州刺史。宋景平二年（424年），参与废杀少帝及庐陵王，迎立文帝，进号征北将军，加散骑常侍。元嘉三年（426年），与中领军到彦之讨伐荆州刺史谢晦，到彦之先行兵败，道济率本部兵始到，谢晦军不战自溃。因功迁征南大将军、江州刺史。八年，檀道济率军北伐，在寿张（今山东东平西南）大破北魏安平公乙旃眷部，在高梁亭（约今山东东阿境）斩北魏济州刺史悉颇库结。

檀道济

前后20多天，与北魏兵交战30次，多获胜利。兵至历城（今山东济南），因北魏兵盛，己方粮草被焚，全师而退。进位司空，还镇寻阳（今江西九江）。元嘉十二年（435年），宋文帝病势沉重，彭城王刘义康担心道济威名甚重，麾下部将身经百战，诸子又有才气，难以控制，遂召道济入朝。次年，文帝病又发作，刘义康乃下诏将道济及其诸子处死，道济的部分亲信将领亦受株连。道济被收捕时，脱下头巾投掷在地，愤怒斥责道："乃复坏汝万里之长城！"后人以"长城"喻军队，即本于此。

檀道济征战统军30余年，身经百战，身先士卒，常打胜仗，远近闻名。后秦与北魏军队对他有畏惧之心。北魏得知道济身死，南下攻宋，尽夺其河南之地。

檀道济久经战阵，作战艺术渐臻成熟。

处变不惊，因敌施计，是檀道济作战艺术的突出特点。灭后秦之战中，檀道济在攻克洛阳后，与王镇恶兵分两路：檀道济与沈林子北渡河攻蒲阪（今山西永济西南），王镇恶西攻潼关。不料蒲阪城坚兵多，一时难以攻克。檀道济改变原作战方案，率所部南下，与王镇恶合兵攻潼关，不久便拿下了潼关。灵活用兵，变分散之兵力为集中之兵力，所以能克敌制胜。元嘉八年北伐，转战数十日后到历城，遭北魏军前后夹击，粮草被焚，军中缺粮，被迫回师。北魏军见势加紧追击，形势对宋军十分不利。檀道济临危不乱，安排在夜间唱筹（古代竹制的记数用具）量沙，以仅有之米覆盖在沙上，造成粮食充足的假象，使北魏军中计，不敢进逼。檀道济兵少，北魏军调动骑兵，准备围歼宋军。道济命士卒披甲列队，自己身着白袍乘舆从容而出。北魏军见状，疑有伏兵，向后退却。道济率所部安然南归。这一仗，充分显示了檀道济的大将风度。

重视心战，以较少的代价争取更大的战绩，这是檀道济作战艺术的又一特点。416年，刘裕灭后秦之战中，东晋军攻克洛阳后俘获4000多人，不少人主张把俘虏杀掉以壮军威。檀道济说："讨伐罪大恶极者，抚慰一般老百姓，今天正好体现这宗旨。"他把俘虏全部释放遣送。这一做法感动了氐羌等部族民众，不少人率众投归东晋军，减少了东晋军进军潼关、直指长安的阻力。古代兵家最推崇不战而屈人之兵的战法，檀道济的做法，深得古代兵学之精义。

檀道济是南朝宋的开国元勋之一。宋建国后,他外伐北魏,内讨谢晦,为国家的安定立下大功。但却因功高震主而遇难,未死于沙场而死于君王手中,可歌可泣,令人痛惜!

崔浩的战略战术思想

生平及死因

崔浩(? ~450年)是北魏前期最著名的军事家、政治家。字伯渊,清河(今河北清河东南)人。聪颖好学,博览经史,精研百家之言,深为北魏三代帝王所器重。道武帝时为著作郎。明元帝时为博士祭酒,屡屡献策,后多应验。泰常元年(416年),东晋刘裕伐后秦,明元帝不用崔浩之计,发兵与晋军战,被刘裕将朱超石击败。七年,刘裕病故,明元帝欲趁机攻取洛阳等河南之地,崔浩认为时机不成熟。明元帝坚持南伐,崔浩又提出先略地、后攻城的建议,也不被采纳。明元帝拜崔浩为相州刺史,加左光禄大夫,随军为谋主。到次年闰四月,北魏军虽夺得南朝宋河南诸重镇,但由于宋军抵抗顽强,北魏人员伤亡也相当惨重。此次战争结束后,崔浩因感慨多端,撰文20余篇,论述从上古到秦汉的历史变化及历代弊端,意欲魏帝有所借鉴。太武帝始光中,为太常卿。始光三年(426年),夏主赫连勃勃卒,太武帝欲趁机攻夏,群臣以为不妥。崔浩借天象以言机不可失,应速攻夏。太武帝亲率轻骑袭夏都,大胜而归。次年再攻夏,忽遇风雨扬沙,有人提议撤军,崔浩力主利用气候条件以击敌,魏帝从之,又获大胜。神麚二年(429年),与诸文人撰写记载北魏历史的《国书》。这年,太武帝欲攻击柔然,群臣齐加反对,唯崔浩支持太武帝,并提出作战方略。太武帝采用崔浩之策,亲出攻伐。柔然纥升盖可汗向西逃遁,各部落降北魏者30余万落。柔然势力从此日益削弱。崔浩因此深得太武帝赏识,加侍中、特进、抚军大将军、左光禄大夫。太武帝规定:凡军国大事,诸尚书不能决断,都要先向崔浩咨询,然后再施行。四年,任司徒,改定律令,大整流品,明辨姓族,得罪于众。太延五年(439年),崔浩舌战群臣,辞旨严厉,促成太武帝率兵攻灭北凉,从而结束了十六国纷争的时代。以后崔浩续修《国书》,并铭石刊于道路。太平真君十一年(450年),太武帝诛崔浩,罪名是修史直书北魏先世事实,为"暴扬国恶"。关于崔浩之死因,学术界有多种见解,各有独到之处。有一点是比较明显的:崔浩身为汉人,得任要职,其文化背景与行事皆与鲜卑贵族不同,得罪的鲜卑皇亲贵族较多,这些被得罪的人对他的死是有必然责任的。

崔浩是北魏前期最杰出的战略家和谋略家,在参与策划和实施统一中国北方的战争中起了十分重要的作用。

决策用兵,高瞻远瞩

崔浩战略思想最突出的一点,就是主张先逐步消灭北方割据诸政权,反对在北方统一以前贸然进攻南朝。有的学者认为崔浩身为汉人,不愿南朝遭受兵火,所以一再劝阻魏帝对南朝用兵。不管崔浩本心是否如此,他的思想主张是从天时、地利、人事3方面综

诸子百家——兵家

合考察出发,根据当时军事形势及发展趋势而确立的,是正确的战略决策。从政权结构看,南朝相对紧密、稳定;北方诸政权及敌对势力则往往分合无常,政权结构松散,易于击破。从人事上看,北方诸政权权力斗争频繁,中央的权力斗争往往引起下面部族首领的向背变化;而南朝的君臣关系则协和、稳定得多。从军事态势上看,如先击南朝,北方敌对势力易乘虚而入,两面受敌,难以取胜。从力量对比上看,南朝是统一的整体,"兵临其境,必相率拒战,功不可必";北方诸敌对势力则是分散的,易于各个击破。事实证明,崔浩的战略主张切实可行。

因势施为,灵活应变,是崔浩的战术指导原则。始光四年(427年),北魏军攻夏都统万(今陕西靖边东北白城子),夏主赫连昌率军鼓噪出战,展开阵势分为两翼。恰逢风雨从东南方向而来,飞沙遮天,北魏军逆风为阵。宦官赵倪认为天气不利于战,劝魏太武帝撤兵。崔浩指出:赫连昌不断前行,与其后军已断离,北魏军正好趁此天气派出一支军队,潜行到夏军背后,突然攻其不备。他说:"风道在人,岂有常也!"太武帝很欣赏他的战策,依计行事,大败赫连昌军。这一仗,本来风向对北魏军不利,但崔浩根据"风道在人"的思想巧布奇兵,造成己方由向风作战变为两面夹击敌人,使敌方由背风作战变为突然向风应战。

高瞻远瞩,追求长远效应,是崔浩作战部署的重要特点。泰常七年(422年),明元帝不听崔浩劝阻,乘刘裕新丧,发兵攻南朝宋。出征前,主将奚斤提出先攻宋河南诸城。崔浩认为,南方人长于守城,大兴军旅攻其小城,如果久攻不下,必然挫损军势。于是,他提出新的作战部署,即分派诸军攻掠其地,以淮水为限,分别设置官吏,收敛租税谷物。这样,使宋滑台(今河南滑县东)等城处在魏军北面,断绝其南来救援之路,河南之地的宋占诸城就可很快收回。崔浩的这个部署堪称良策,有四个优胜之处:一是可避免牺牲大量士兵;二是可通过掠取淮北之地切断滑台等城宋军对南边的倚恃;三是形成两面夹击宋军的态势;四是可以淮北之地的租谷补充军需,形成长期作战的态势,对滑台等城的宋军则形成直接威慑之力。

宇文泰融合胡汉传统的军事思想

生平与战绩

宇文泰(507～556年)是北魏名将,西魏军统帅,军事家。字黑獭,代郡武川(今内蒙古武川西南)人。宇文氏本为匈奴族,因世为鲜卑东部大人,遂视为鲜卑人。泰少有大度,轻财好施,专门结交贤士大夫。初先后随鲜于修礼、葛荣、尔朱荣征战,后以别将从贺拔岳。北魏永安三年(530年),从贺拔岳入关,平万俟(复姓)丑奴,行原州事。普泰二年(532年),助贺拔岳夺得长安,为贺拔岳左丞,领兵府司马。永熙三年(534年),贺拔岳被秦州刺史侯莫陈悦谋害,诸将推宇文泰继岳为帅。宇文泰帅轻骑西攻侯莫陈悦,大破其军,斩侯莫陈悦。以功任北魏侍中、骠骑大将军、关西大都督。这年,高欢立元善见为帝,是为东魏。宇文泰毒杀北魏孝武帝,立元宝炬为帝,是为西魏。西魏大统元年(535年),为都督中外诸军事、大行台,定新制24条。三年,高欢兵分三路进逼关中,宇文泰击败东魏骁将窦泰。又攻东魏,取恒农(今河南三门峡市)。继在沙苑(今陕西大荔南)大破东魏军,斩获8万人。又乘势东进,攻入洛阳,河南诸郡多降西魏。次年,统军援洛阳,初败于邙山,次日复振,大破东魏军。九年,广募关、陇豪右,以增军旅。十六年,高洋废东魏孝静帝,自立,国号齐,是为北齐文宣帝。宇文泰出兵攻齐,无功而还。这年,确立了府兵制度。废帝三年(554年),改造官爵制度。同年,出兵攻破南朝梁江陵,俘杀梁元帝。恭帝二年(555年),免梁俘为奴婢者数千口。次年,仿《周礼》建置六官,为太师、大冢宰。同年十月病卒。

决策建军,融合胡汉

宇文泰久经战阵,既有冲锋陷阵的经历,又长期运筹帷幄,决策战争,部署作战,造就了较高的军事艺术。他主持西魏军政后,十分重视军队的建设和发展,形成丰富的建军治军思想。

在战略上,宇文泰能在对形势作综合分析的基础上,制订利于军事力量发展的方针。北魏末,高欢势力最盛,宇文泰欲佐贺拔岳发展实力,与高欢抗衡,确立了如下战略:以长安为根基,利用河西地区户口殷实,移军近陇,扼其要害,以威德征服其民,收其士卒战马,充实自己的军队。这样向西可安定氐人、羌人,向北可绥靖沙漠塞外。按照既定方针,其军事力量得以发展。东、西魏分立之际,西魏兵力不如东魏。由于不断以关、陇豪右扩充军旅,西魏兵力渐强于东魏。以后北周能灭北齐,很大程度上也得益于此早期战略。

在战术上,宇文泰善于以弱击强,集中兵力击敌一路,使他路敌军不战自退。潼关之战,东魏高欢趁关中饥荒,兵分三路讨西魏。宇文泰分析敌情后认为:高欢所领一路在黄河架桥示渡,目的在牵制我军,以使窦泰所领一路乘虚由潼关西入。窦泰乃高欢骁将,部下多锐卒,屡胜而骄。出其不意奇袭其军,必然取胜。战胜了窦泰,高欢则不战自退。诸将认为高欢军近,窦泰军远,不应舍近袭远。宇文泰回长安向直事郎中宇文深咨询,深的见解正与其相合。宇文泰于是声称要退保陇右,同时又率军东向潜出小关(今陕西潼关东)。窦泰军措手不及,尚未成列,已被宇文泰纵兵击破。高欢与高敖曹所率两路东魏军闻讯,分别撤回。

在军队建设上,宇文泰注意兵源的扩大和军队组织体制的改良。为扩大兵源,他招募豪右以增军旅,并通过这些豪右利用宗亲、乡里关系招募更多的农民。又使地方的乡兵逐步纳入中央统领的军队系统。他根据民户的户等、丁口、财力条件,籍部分中等户以上的编户民丁为兵。军队组织体制的改良,主要表现于府兵制的创设。府兵制在形式上采用鲜卑旧有的八部之制,把以禁旅为主的部分军队分隶于24个开府,分统于6个柱国大将军。这种制度注重将领与兵士间的结合,目的在于改善士兵地位,提高其作战能力。府兵制对以后北周、隋及初唐的兵制有较大影响。

宇文泰是少数民族中涌现出的军事统帅。他的军事思想与作战艺术,熔汉族传统军事思想与北方少数民族军事传统于一炉,具有鲜明的特色。

四、隋唐五代兵家

文化背景与战争类型

公元 581 年,北周相国杨坚受禅建隋。960 年,赵匡胤发动兵变,推翻后周。这中间,经历了隋、唐及后梁、后唐、后晋、后汉诸朝代。史称这一历史时期为隋唐五代。

隋立国后,改传统的州、郡、县三级制为州、县两级制。发展国防力量,南向平陈,统一中国。北边以刺史兼辖数州军事,防御突厥。隋前期注意经济的发展,并进行大规模人口普查,使人口与仓储都有较大增长。隋又发展内地与边疆(包括台湾)的商贸等联系,向西方的商路不断延伸。后期则进行了开凿大运河的伟大工程。隋炀帝杨广贪图开边耀武,因高丽王不肯来朝,三次派出大军进攻高丽,耗费了大量的人力和物力,加重了人民的负担,使农民起义的星火迅速形成燎原之势,加速了隋帝国的灭亡。

唐初君臣注意吸取隋朝迅速灭亡的历史教训,改进并发展隋朝的各种制度,尤其在拔擢人才方面有突出的表现。从高祖李渊、太宗李世民到玄宗晚年的百余年间,国内经济由于政治的稳定不断发展,出现了贞观、开元等盛世。唐前期与东突厥曾有过连年战争,后来双方讲和互市。唐又灭西突厥,实现在天山南北的统治;又通好吐蕃、南诏,与日本等国家发展友好关系。文化方面呈现兼收并蓄的特点,诗歌创作发展到顶峰,多种宗教竞相发展。755 年,安禄山发动叛乱。虽然叛乱在 8 年后结束,唐朝统一繁盛的局面却一去不复返。以后,藩镇割据势力尾大不掉,宦官权势不断膨胀,与吐蕃关系恶化战事不断,成为严重影响社会经济发展的政治痼疾。唐晚期,朝廷中宦官专权,朝臣结党,地方上藩镇内部争斗不已,接着是农民起义纷起,王朝统治摇摇欲坠。一些藩镇因镇压农民军而拥有更多的地盘,滋生出更大的野心,或举兵向阙,或抢夺皇帝,以图控制全国。最后,朱温废唐哀帝而建立后梁政权,历史进入五代十国时期。

五代十国是战争不已的动乱的时代。朱温称帝时,还有李克用及其他几个藩镇存在,他们各控制部分区域,长期争夺地盘与人口。以后的后唐、后晋、后汉时期也是如此。后周时期局势稍有转变,周世宗柴荣着手恢复中原农业经济,整顿军队,并收复了契丹占据的许多要地。与北方相比,南方的几个小国战事少些,纵有战事,规模一般也不大,因此南方的社会经济和文化有一定发展。

隋唐五代的战争主要有四大类型:一是朝廷军队与地方割据势力间或各割据势力之间的战争;二是朝廷军队与农民军及其他反政府武装的战争;三是与周边部族如突厥、吐蕃等的战争;四是与邻国主要是与高丽的战争。战争的类型与形式纷繁多样,是这一时期最突出的特色。战争规模巨大,为期甚长,地缘性强,多民族参与,是这一时期战争的重要特点。如隋炀帝征高丽,一次用兵数逾百万;唐平安史之乱的战争,历经 8 年之久;战争主要集中在北方;除汉族外,突厥、吐蕃、契丹、奚、南诏、高丽、靺鞨、百济、铁勒等数十个部族卷进了战争。唐军将士中亦多异族成员,各族在战争中加快了融合的进程。

隋唐五代的著名兵家,都是久经战阵的统帅、良将或谋臣。他们的兵法往往经过战争实践的洗礼,军事思想大都内容丰富,成为宝贵的军事文化遗产。同时,无论是军事思想或作战指挥艺术,他们又特色各异,显现出多样性特征。杨坚、李世民、李靖、郭子仪、郭崇韬、柴荣是其中富有代表性的人物。

杨坚的战略与国防思想

杨坚(541~604年)是隋朝的开国皇帝,即隋文帝,著名政治家、军事统帅。弘农郡华阴(今陕西华阴东南)人。其父为北周柱国大将军、隋国公杨忠。杨坚14岁为功曹,15岁为散骑常侍,16岁为骠骑大将军,后为大将军,袭父爵为隋国公。北周建德五年(576年),率水军3万,击破齐军。次年,随周武帝灭齐,进位柱国大将军。静帝宇文阐年幼即位,他任左大丞相,总揽军政大权。随即革除暴政,任用贤能,崇尚节俭,颇得民心。相州总管尉迟迥、青州总管尉迟勤、郧州总管司马消难、益州总管王谦起兵反杨坚,杨坚遣将讨平。581年,杨坚受周禅,建立隋朝,改元开皇。他改革官制,减轻赋役,统一钱币,颁布新律。开皇三年(583年),发兵出塞攻突厥,大破沙钵略可汗。继而利用突厥可汗间的矛盾,促使突厥内乱,分裂为东西两部,消除了北面的威胁。四年,命宇文恺开广通渠,从大兴城(今陕西西安旧城北)东引渭水,东到潼关300余里,以便漕运。五年,命州、县设义仓,积谷备荒。六年,在朔方以东沿边险要之处增筑数十城。八年,大举攻陈,次年灭陈。至此结束了270余年南北分裂局面,重新统一中国。十年,遣将平定江南士族豪强的叛乱,使南北统一趋于稳定。杨坚改革西魏、北周以来的府兵制,令军户编入农户,垦田籍账,与民相同。十八年,遣将统兵30万攻高丽,因粮运不继,又遇疫疾大风,兵士多死,被迫撤还。仁寿四年(604年),卒于仁寿宫。据说为太子杨广所害。

杨坚青年时为北周将领,参加过攻灭北齐的战役;中年以后为北周和隋的最高军事统帅,制定战略,决策军机大事,具有丰富的实战经验和较高的军事领导艺术。

在战略上,他能冷静分析军事形势,采纳群臣意见,调整战略步骤,使战略方针臻于完美。隋初立国,为迅速统一南北,以贺若弼为吴州总管,镇广陵(今江苏扬州),韩擒虎为庐州总管,镇庐江(今安徽庐江西南),潜作灭陈的准备。开皇二年,突厥五可汗率40万众入长城,西北六郡牲畜被抢掠一空。杨坚综合群臣的意见,认识到必须先打击突厥,使其不敢南下攻扰,方可举大兵灭陈。于是利用陈宣帝之死,以"礼不伐丧"为名撤回攻陈之军,并多次遣使入陈,与陈朝修好。这样,战略部署由先灭陈朝转变为"南和北战",先击北后攻南。在打击突厥的战略制定上,他采纳奉车都尉长孙晟的主张,利用突厥内部诸可汗间的矛盾,实施远交近攻、分化其力量的策略。当时突厥诸可汗分居四方,杨坚遣使结好西边的达头可汗和东边的处罗侯等部,同时加紧备战。开皇三年,下令反击突厥。由于战略决策正确,对突厥的反击战打得成功,使此后10余年间突厥不敢南下牧马,从而赢得了进行灭陈准备的时间。灭陈之战,隋军准备充分,无后顾之忧,所以进展较快,进军部署基本能顺利实施。

在战争的准备上,他能重视综合国力的提高,兼顾多方面力量的蓄积。为增加国家编户壮丁,采取大索貌阅和输籍定样等措施,两次查出60多万壮丁,确定乡村户等,扩大国家赋税收入,增加兵源和劳役对象。他还注重发展农业生产,储积粮食,广建粮仓。到杨坚末年,储积的粮食可供食用数年。官制和刑律的改进,也有利于军事力量的征调和运用。

杨坚是有杰出才能的军事家,但他不悦诗书,素无学术,军事修养未能充分酿成。晚年未经周密部署,即遣大军攻高丽,造成重大损失。论其在兵家史上的地位,应有一席之地,但未能跻身于曹操、李世民、成吉思汗、努尔哈赤等杰出的军事统帅之列。

李世民尚权贵速、安不忘危的兵学思想

生平与战功

李世民(599~649年)是唐朝第二代皇帝,即唐太宗,杰出的军事家、政治家。出生于武功(今陕西武功西北)。少时应募从军。其父太原留守李渊早有叛隋之心。隋大业十三年(617年),义军纷起,李世民积极谋划,消除李渊顾虑,起兵反隋,向突厥称臣,引兵西进,渡河入长安。次年,李渊建立唐朝,李世民任尚书令、右武侯大将军,封秦王。以后,在唐统一全国的历程中,秦王李世民起到非常重要的作用。武德元年(618年),率兵击溃薛仁杲10余万军,逼其投降,夺取了陇西。二年,加左武侯大将军,率兵东渡黄河,与刘武周部将宋金刚对峙。次年,大败宋金刚,收复太原。四年,大败河北窦建德,迫降割据洛阳的王世充。五年,大破窦建德旧将刘黑闼,击败叛将徐圆朗,迫降江淮义军首领杜伏威。于是河南、河北尽归唐有。李世民被封为天策上将,后领左、右十二卫大将军。七年,东突厥颉利、突利二可汗率众南侵,他用反间计使二可汗相互猜疑,不战而退。八年,任中书令。九年六月,发动"玄武门之变",杀其兄太子建成、弟齐王元吉,被立为皇太子。八月,李渊传位于世民,称太上皇。不久突厥两可汗又率兵至渭水,世民亲出,责其背盟,迫其结盟而退。贞观二年(628年),乘突厥内乱,攻灭依附突厥的梁师都,笼络薛延陀部。四年,大破突厥,俘获颉利。以后,遣将击吐谷浑,和亲吐蕃,灭高昌、焉耆、龟兹等西域小国。贞观二十年(646年)命李世勣统军平薛延陀汗国,使铁勒诸部均请内附。此前一年,亲征高丽,因久攻安市(今辽宁海城南营城子)不下,又值天寒粮少,不胜而回。二十三年五月病逝。

战略与国防思想

李世民少从军旅,足智多谋。在起兵反隋及唐统一全国的战争中,历经锤炼,成就雄才大略。他即位后,选贤任能,兼听纳谏,开创"贞观之治"。军旅闲暇,他注意阅读兵书,以史为鉴,成为理论与实践相结合的杰出兵家。他的军事思想的光辉,至今仍闪耀于《新唐书》《旧唐书》《资治通鉴》《册府元龟》及《唐太宗李卫公问对》等典籍之中。

首先,唐太宗李世民能够从战争全局出发,抓住关键环节制订战略方针。武德元年对陇右薛举、薛仁杲父子的战役中,第一次会战因急于求战而大败,李世民总结教训,确立了双方对峙后坚壁不战的方针。不论薛仁杲军怎样挑战,麾下将领如何请战,他坚持不战,在高庶(今陕西长武北)与薛军对峙了60余天,直到薛仁杲军粮尽,军心动摇,然后才奇兵与正兵交用破敌。武德二年至三年消灭刘武周割据势力的战役中,仍采取坚壁不

諸子百家 —— 兵家

战以待战机的战略,在柏壁与宋金刚相持约 5 个月,终于利用敌人北撤之机,连战破敌。两次战役抓住的关键是:敌军锐气正盛,当避其锋,挫其锐。敌人倾其精锐来会战,军中积蓄却不足,利在速战,不能持久。因此,在战术上,他双管齐下,保证战略目标的实现:一是招民复业,收集粮食,充实己方军食;二是分兵断敌粮道,使敌人粮草不继。这些都显示出李世民的大智大勇,也说明他善于分析敌我双方的优点和弱点,利用己方的优点和敌方的弱点。

注重发挥优势兵力,攻坚克锐,是李世民作战运筹的主要特色。他在战略上一贯奉行坚壁防守以应强敌的方针,但并不意味着不打迅速决战的攻坚战。在战略防守阶段,他的优势兵力也保持着灵动迅猛的特点。唐军的优势兵力是骑兵,作战时,或袭扰敌人阵后,或由侧面迂回,或由正面直突,都保持着速度快、威力猛的特点。在战争的相持阶段,他善于调动精骑去切断敌人的粮道;在主力决战的当头,他精于运用精骑给敌以迅雷不及掩耳的冲击;在敌人溃退时,他往往利用精骑的高速度来追击穷寇,力求重创或全歼败逃之敌。他认为:"兵法尚权,权在于速。"这个指导思想在精骑的运用上可谓臻于化境。

在国防上,李世民强调以国家安定为目标。国防建设和战略决策要围绕着使国家富强、百姓安定来施行。"安不忘危,治不忘乱",这是唐太宗治国治军的重要指导思想。安定的关键是争取民众的支持拥戴,因为"民为邦本,本固邦安"。执政者尽力为国,使百姓安居乐业,这是国家最重要的"甲兵武备"。根据这个思想,他广纳群策,薄赋役,轻刑罚,内修政治,外安诸族,开创"贞观之治"的繁盛局面。他对突厥远交近攻,对吐蕃采取和亲政策,以武力平定高昌等国,都是围绕国家安定这一目标进行的。但他晚年亲征高丽的行动,却有违既定的方针,反映了其后期思想的变化。

李世民实行任人唯才的政策,比较能听取群臣的意见,因而其身边聚集了一批敢直言进谏的良臣,军中不乏能征善战、治军有方的良将。他曾说:用人只问能否胜任,不能对新人故旧采取不同的择用标准。他认为:能安天下者,只在得到贤才。唐初名将李靖曾是李渊的仇人,李勣曾是瓦岗军将领,尉迟恭是宋金刚部将,如此之人甚多,都被李世民善加抚慰,委以重任,以后屡建军功。

李世民是中国古代最杰出的帝王之一,他的军事思想相当丰富,为唐王朝的统一大业和安定繁荣起了指导性作用,在兵家史上留下辉煌的一页。

李靖的兵学思想

生平与兵学著作

李靖(571~649 年)是唐朝军事家。字药师,京兆三原(今陕西三原东北)人。少通史书,颇有大志,常与其舅隋名将韩擒虎讨论兵法,深得其舅赞赏。隋时曾任殿内直长、驾部员外郎、马邑郡丞,很得名将杨素赏识。李渊起兵攻占长安后,因与其有隙,将斩之,他大呼:"公起兵为天下除暴乱,欲就大事,以私怨杀谊(义)士乎?"李世民也请求释放他,遂获释。后从征王世充,以功授开府。唐武德三年(620 年),赵郡王李孝恭征侵扰夔州

（今四川奉节东北）的冉肇则，出战失利。李靖率 800 名士兵，破其险要，设伏斩冉肇则，俘获 5000 多人，得到李渊信任。次年，为助李孝恭平定割据江陵的萧铣，献平铣十策，因拜行军总管，兼孝恭行军长史。九月，李孝恭从靖之策，大败敌军，逼降萧铣。李靖入城，号令严明，宽大敌将校之家，大得人心。后晋升为上柱国大将军，任岭南道抚慰大使，招抚了岭南 96 州，户 60 余万。六年，辅公祏据丹阳（今江苏南京）反唐，李靖协助李孝恭统七总管兵东讨。次年，先破辅公祏部将冯惠亮之策，自率精卒水陆并进，与敌苦战，杀伤万余人。乘势率轻兵直奔丹阳，大破敌军，生擒公祏。李渊盛赞其将略，认为古代名将韩信、白起、卫青、霍去病犹不及李靖。八年，突厥侵扰太原，李靖任行军总管，统江淮兵万人屯于太谷（在今山西）。当时诸将多败，唯独李靖不损兵卒而归。次年，击退东突厥颉利可汗军。太宗即位后，历任刑部尚书、检校中书令、兵部尚书。贞观四年（630 年），大破颉利可汗于阴山，斩首万余级，俘男女 10 余万口，拜尚书右仆射。后任畿内道大使，以足疾上表辞官。太宗称其为一代圭臬，并授特进。贞观八年（634 年），因吐谷浑入侵，李靖被任命为西海道行军大总管，统五总管兵西击吐谷浑。次年，用侯君集之策，大战数十次，杀获甚多。吐谷浑可汗伏允自杀，其子大宁王慕容顺率部归唐。李靖回师后，自知功高身危，闭门谢客。后封卫国公。辞官后，太宗仍常征询他对军国大事的意见。二十三年，病卒于家中。临终，太宗亲幸其第，流涕而为之忧伤。同年，太宗亦病卒。

李靖少年习兵法，颇有心得，中年以后统兵作战，凡战皆胜，军事理论基础深厚，战争实践经验丰富，二者相得益彰，使其军事思想内容丰富，军事艺术境界极高。他少年通史书，以史为鉴，又成为其军事思想深厚的一个因素。他晚年辞官谢客后，常应太宗征询，与之讨论军国大事和兵法，使其军事思想得到很好的总结。他曾著《六军镜》《韬钤秘术》《总要》等兵书，可惜都亡佚了，只有《卫公李靖兵法》的部分内容散见于《通典》《太平御览》等类书、政书中。新旧《唐书》及《资治通鉴》等，也有反映其军事思想及作战艺术的记录。《武经七书》之一、传世兵书《唐太宗李卫公问对》，虽非其亲撰，但很可能是后人对他言论的辑录，其中也许有后人附益的部分，但其基本内容反映的是李靖的军事思想。

尚速贵料敌，奇正变无穷

兵机以速为神，是李靖作战指导思想之一。作战须抓住战机，而其关键是用兵神速。进击萧铣之战，唐军将下三峡时，正值秋水涨，萧铣认为唐军必不敢冒险而下，不加防备。唐军诸将也请暂停东下，以待水退。李靖指出：现在正是极好进机，应乘水涨之势，瞬间抵敌城下，攻其无备，必获大胜。李孝恭用其策，迅速取胜。击灭东突厥之战中，李靖先大破颉利可汗之军；颉利为保存实力，遣使入朝谢罪，请求内附。唐太宗亦遣使前往突厥牙帐安抚。李靖与李勣会师合谋，认为颉利虽败，其兵尚众，若不击灭之，后患无穷；今唐使至其牙帐，必懈而不备，正是迅速击之的好时机。李靖选精骑 1 万，带上 20 天的干粮，乘夜奔袭。最后终于大获全胜，亡东突厥。

用兵必先料敌，这是李靖制订战略战术的基本原则。他继承孙武"知己知彼"的思想，强调将帅决策，必须"料其彼我之形，定乎得失之计"。所谓"知己知彼"，包括明察为

諸子百家——兵家

将的才能,掌握敌方之强弱,明断地理形势,审察时机变幻,做到先握胜算而后战。

李靖作战指导思想中最精彩的部分,是对于"奇正"的阐述和发挥。孙武的"奇正"思想,历来为兵家所重,李靖对之做出超乎前人的发展。他把"奇正"的内涵分为两方面,一方面指兵力的使用,即奇兵和正兵;一方面指战术的灵动变化,如方阵中队形的变化。值得注意的是,他不满足于孙武"以正合,以奇胜"的要则,提出:"善用兵者,无不正,无不奇,使敌莫测,故正亦胜,奇亦胜。"他强调临时制变、奇正相生,指出平时区分奇正只是为了训练而采取的方法,而临战时的奇正变化则是没有穷尽的。他认为奇正之分,不能拘泥于先后和正侧,关键要懂得奇正相变是循环无穷的。

李靖在治军练兵等方面,也有精彩的论述。他统军作战是常胜将军,谈兵析理多过人之处,总的特点是讲究灵活性和辩证分析。他的军事思想内容丰富,代表了中国中古时代的兵学成就,是兵家史上引人注目的一页。

郭子仪的平乱方略

郭子仪(697~781年)是唐朝著名军事家。华州郑县(今陕西华县)人。天宝十四载(755年),安史之乱发生,他任朔方节度使,率军攻击叛军,攻拔叛军占据的静边军(今山西右玉)、马邑(今山西朔州)。十五载,与河北节度使李光弼会合,大败史思明、蔡希德,河北10余郡杀叛军守将归之。七月,率兵5万至灵武(今宁夏灵武西南),护卫新即位的太子李亨(即唐肃宗)。授兵部尚书、同中书门下平章事。十一月,讨平进逼灵武的叛军。至德二载(757年),击破叛将崔乾祐,平河东郡(治今山西永济西南)。为天下兵马副元帅,率兵进到长安附近,与叛将李归仁等三次交锋,大破叛军,斩杀6万人,收复长安。又随元帅广平王李俶乘胜东进,收复洛阳。以功加司徒,封代国公,受命经营河北。乾元元年(758年),任中书令,与李光弼等八节度使攻安庆绪,在获嘉(今属河南)大破安庆绪部将安太清部,在卫州(今河南卫辉)俘斩安庆绪之弟安庆和。次年,引军退守河阳(今河南孟州市南),任东畿、山东、河东诸道元帅,不久受观军容使鱼朝恩排挤,被解除兵权。宝应元年(762年),因河东、绛州(今山西新绛)等处兵变迭起,代宗封子仪为汾阳郡王知朔方、河中、北庭、潞泽节度行营,兼兴平、定国等军副元帅,以镇抚诸军。子仪至绛州斩首谋为乱者40人,河东诸镇因此稍安。不久由河东入朝,又遭宦官程元振谗毁,再度被解职。次年,吐蕃攻陷陇右诸城,威胁长安,朝廷以子仪为关内副元帅,未及集兵,吐蕃已入长安。子仪到商州(今陕西商县),收兵得数千人,巧用疑兵之计,使吐蕃兵退出长安,收复京都。广德二年(764年),原朔方节度使仆固怀恩引回纥、吐蕃军10万进逼关中,子仪出镇奉天(今陕西乾县)。回纥、吐蕃兵见子仪坚壁以待,知有防备而退。次年,回纥、吐蕃转围泾阳(今属陕西),逢仆固怀恩暴死,不睦而分营。子仪相机亲赴回纥大营,说服其主帅,与回纥结盟,大破吐蕃兵。大历二年(767年),讨叛唐的华州节度使周智光,华州牙将杀智光而降。大历八年(773年)以后,多次击退来犯之吐蕃。十四年,德宗即位,尊子仪为尚父,加太尉兼中书令,罢所领副元帅等职。建中二年(781年)卒。

郭子仪武举出身,投身军伍数十年,在唐玄宗、肃宗、代宗、德宗四朝为将,多立战功,是唐军平息安史之乱、抵御吐蕃入侵的主要功臣。

审时度势确定战略方针,使郭子仪的军事艺术达到较高的水平。他晚年,根据西北边少数民族的兵力及与唐的关系,认为吐蕃、党项、吐谷浑为唐边境的主要威胁,对回纥则应尽量缓和,争取结盟关系的长久。与此相应,他提出的战略对策是:从内地各道调集精兵,屯守朔方各重镇,坚持长期备战。他确定的这个治边战略,对于保证边境的长期安定具有重要的意义。

在作战指导上,郭子仪较注重根据敌我力量对比,确定具体战法的原则。天宝十五载(756年),与李光弼合兵10余万连败史思明后,屯于恒阳(今河北曲阳)。当时唐军与叛军兵力相当,若强行决战,必有大的伤亡。子仪决定深沟高垒以待敌,敌来则守,敌去则追,夜晚以精兵袭击敌营。这样使急于决战的史思明部及其援军蔡希德部完全陷于被动,史思明部被弄得十分疲惫。子仪抓住战机,出兵恒阳东嘉山,大败叛军。收复长安之战,吐蕃率党项、吐谷浑、氐、羌等兵达20万,子仪仅收集得散卒守兵4000人,不可能与敌正面作战。他命令将士白天扬旗播鼓,夜晚多燃苣火,使吐蕃不知唐军虚实,引兵退出长安。

郭子仪在唐王朝危亡之际,内击叛军,外抗强敌,为维持唐朝的统治和国家的安定做出了重要的贡献。当他80高龄之时,仍忧心边陲,入朝谏事,尤其令人钦佩。

郭崇韬知己知彼的战局分析

郭崇韬(? ~926年)是五代后唐军事家、谋臣。字安时,代州雁门(今山西代县)人。为人明敏,善于应对。初为唐朝昭义节度使李克修典理事务,廉正而有才干。后归晋王李克用,用为典谒、教练使。李存勖继王位后,为中门使。时逢契丹入寇,诸将听说契丹兵众,提出退兵。李存勖犹豫不决,崇韬力排众议,说服李存勖挥军击破契丹前锋。龙德三年,李存勖称帝,崇韬受命为兵部尚书、枢密使。于博州(今山东聊城东北)东马家口筑新城,诱后梁来攻,力战梁军。后与李存勖合兵击敌,解杨刘(今山东东阿东北杨刘镇)之围。又献策破梁,李存勖用其计,先破中都县(今山东汶上),俘斩后梁名将王彦章;旋奇袭汴州(今河南开封),一举灭后梁。崇韬以功授侍中,兼领镇冀州节度使,封赵郡公。后唐同光三年(925年),大举伐前蜀,皇子李继岌为帅,崇韬为招讨使副之,总管军政。文武兼施,书檄先行,大军后进,所至不战而降,仅70天灭蜀。他以天下为己任,遇事无所回避,上疏陈天下利害25事。因劝李继岌勿用宦官,为宦官所恨,在李存勖、刘皇后前诽谤诬陷崇韬。刘皇后遂于同光四年(926年)正月,令李继岌杀崇韬于成都。崇韬子5人,亦先后被杀。崇韬死后,汉人夷将,都以为冤。

郭崇韬身处战乱之世,尽忠后唐,屡献奇谋,灭梁平蜀,谋议佐命之功居第一。其军事艺术,有可称道之处。

知己知彼,因敌制胜,是郭崇韬的作战指导思想。公元922年,契丹军攻定州(今属河北),李存勖率军往援,闻契丹大军将至,军心浮动。崇韬分析道:契丹帝阿保机只是为掠取财货而来,无心决战,只要他的前锋稍受挫折,必定撤兵。后来战况的发展完全如其所料。次年,梁将王彦章等猛攻杨刘,崇韬掌握了敌将急于攻城的心理,渡河在马家口筑新城,诱王彦章引兵来攻,以缓解敌军对杨刘的攻势。最后与李存勖合兵退梁军,解杨刘之围。

综合分析形势,确立正确的战略,是郭崇韬军事思想的可贵之处。灭后梁之役前夕,诸将听说后梁召诸镇兵大举来攻,主张以河为界,与梁和约罢兵。崇韬向李存勖分析梁、唐双方情势,指出:双方争战10余年,现已是急取成功、与民休息的最后阶段,倘弃郓州(今山东东平西北)之地而指河为界,民心失望,谁来守之?现军粮资饷耗亡大半,所据诸州秋粮不丰,如按兵持久,粮饷不支,何以维持?现后梁大军志在收复失地,汴州空虚,应留兵守杨刘,通过扼守沿河要点牵制梁军主力。李存勖亲统大军,兼程而行,直指汴州,汴城无兵,望风自溃。如果夺得梁都,梁将自然倒戈,半月之间,天下必定。李存勖非常赞赏其谋划,率大军渡河,完成了灭后梁之役。实践证明,崇韬的战略谋划兼顾了民心向背、粮饷军备、敌人军力部署等方面情势,抓住了安危存亡的关键时机,使后唐一举转变战局,变战略被动为战略主动。灭前蜀之后,崇韬部署:先招降凤州节度使王承捷,取其丰足的军储,使师无匮乏,军声大振;一路传谕告示,使不少蜀将望风归降。这在战略决断上,遵循了足食强兵、不战而胜的原则,所以能迅速取胜。

郭崇韬很少亲自冲锋陷阵,而是靠其过人的智慧对战争形势和战场变化进行精辟的分析,做出战略决策和作战指导。他的理论从战场分析而来,又用于作战指导,具有理论与实践相结合的特点。

柴荣的战略与治军思想

柴荣(921~959年)是五代后周第二代皇帝,即周世宗。五代末期后周军事统帅。邢州龙冈(今河北邢台)人。后周太祖郭威为其姑父。荣幼从姑母生长在郭威家,因收为子,改姓郭,即位后回复本姓。少即器貌英奇,善骑射,略通书史与黄老之学,性格沉重少言。后汉初,郭威为枢密使;荣为左监门卫大将军,后为天雄牙内都指挥使。郭威称帝后,封荣为镇宁军节度使。广顺三年(953年),荣任开封府尹,被封晋王。次年正月,为检校太尉兼侍中,总管内外兵马事。当月,郭威病逝,荣即皇帝位。二月,北汉主刘崇趁其新立,联合契丹攻周。三月,他不顾大臣劝阻,率军亲征,战于高平(今属山西)。大将樊爱能、何徽临阵逃跑;柴荣亲自督

柴荣

战,加上宿卫将赵匡胤等力战,终于大破北汉兵,契丹亦退,稳定了政局,始为臣僚信服。自高平回师后,总结经验教训,整顿军队,改良军制。显德二年(955年),确定统一天下的战略步骤。次年率军亲征南唐,围其重镇寿州(今安徽寿县)。五月回开封建造楼船,组建水军。四年,再次亲征,水陆并用,攻克寿州。十月,3次亲征南唐,尽得淮南14州60县。六年(959年),率军北出征辽,欲收复石敬瑭割让给契丹的幽蓟十六州。先克瓦桥(今河北雄县)、益津(今霸州)、淤口(今霸州东信安镇)三关,既而收复瀛(今河北河间)、

莫(今任丘)、易(今易县)等州。正欲进取幽州(今北京),忽病重,只好班师南归。六月,病卒于东京(今开封)。

周世宗柴荣锐意统一中国,惜英年早逝,大业未成。他死后半年,赵匡胤在其基础上建立宋朝。又历时25年,宋基本结束唐末五代以来的分裂局面。柴荣的文治武功,是北宋统一的奠基石。

决策果断,应变及时,是柴荣指挥作战的重要特色。柴荣新立,北汉主刘崇联契丹南攻,企图灭后周。针对刘崇轻其年轻新立,柴荣率军亲抵前线,这种果断决策对将士无疑有较大激励作用。所以当两军前锋初遇,北汉军就因轻敌而失利。刘崇在高平南之巴公原分兵列为三阵,欲与后周军决战。当时后周后军尚未赶到,如等其赶来,前锋已被击破。柴荣果断决定:亦分兵为左、右、中三军,与北汉兵对阵相峙。同时派出一支人马,北上直奔江猪岭(今山西长子西南),切断北汉军退路。双方初接战,右路樊爱能、何徽惧北汉兵势盛逃遁,步卒千余人投降。在此危急关头,柴荣及时应变,引亲兵冒矢石督战,全军合力,虽兵少于北汉,却对北汉军形成夹击之势,最后取胜。如柴荣在危急关头稍有迟疑,战局顷刻就会向相反方向转变。

审时度势,因敌情而调整战略部署,是柴荣亲征南唐的宝贵经验。第一次攻南唐,开始所向皆捷,后南唐全面反攻,又遭连日大雨,后周军无水战装备和能力,遂迅速调整部署,放弃已夺得的滁、扬等州,合兵围困寿州。柴荣返回东京,下令建造楼船数百艘,加上先已夺得的南唐的约百艘战船,组建水军,训练水战。柴荣二次攻唐,充分利用新建的水军,与原有的步骑兵密切配合,先重创援救寿州的唐军,再取得寿州。这次胜利,充分说明柴荣对原战略部署的两大调整是及时而正确的。这次胜利为不久三攻南唐、尽得淮南14州地开辟了道路。

整顿中央军队,改革军制,提高军队战斗力,是柴荣所以能南伏南唐、北迫契丹的重要前提。高平之战后,柴荣及时总结由于樊爱能等逃跑使周军险些战败的教训,着手整顿中央军队。首先,严饬军纪,厉行赏罚,处死樊爱能等败逃的将裨,重赏有功的将领。第二,从方镇兵中挑选强壮勇健者编入中央禁军,严格训练制度,将禁军中年老体弱者放免还乡。第三,建设殿前军,作为禁军中核心,专门选拔武艺超群的军士组成。这些措施,使后周中央军队战斗力迅速提高,说明柴荣具有较强的治军能力。初攻南唐后,能迅速训练出一支强大的水军,也证明了柴荣的治军能力。

在五代诸帝中,柴荣是最优秀的一位,军事才能也相当突出,在兵家史上应有一席之地。

上述6位兵家,兵学思想与军事艺术各具特色,李靖为其中佼佼者,略具综贯各家之长的特点。

五、宋朝兵家

文化背景与兵学发展的关系

宋朝分为北宋、南宋两个时期,960~1127 年为北宋,1127~1279 年为南宋。

北宋初,在政治上努力加强皇权的封建专制,地方上武官担任的高级职务渐由文官担任,地方上的财政划归中央专设的机构,地方上的精兵编入禁军的系统。朝廷的权力实行分割与相互制约,如枢密院掌军事,统兵却归禁军三衙;又有御史台对百官实施监察。这些措施,使得宋朝的内部战争有一个突出特点:因地方势力膨胀而引发的战争几近绝迹,内部战争主要表现为农民和少数民族的起事。

北宋初确立的政治制度,成为官僚机构日益庞大并日益腐化的温床。为防止贫苦农民的起事,北宋初又确立了募兵养兵的基本国策,军队数量越来越庞大,国库的亏空也越来越严重,对农民的剥削随之而加重,农民的起事也就更加频繁。

北宋初形成的皇权的过分强化和以文制武的局面,成为宋朝对外来军事威胁一贯表现软弱的一个原因。979 年的高梁河(今北京城西北)之战和 986 年的岐沟关(今河北涿州市西南)之战,北宋大败于辽,对辽便基本采取了守势。北宋中期与西夏的战争,宋军往往进退失据,疲于应付。北宋末年与金的战争,宋一直处于被动挨打的境地,以致最后乞和不成,被金军攻破东京,掳走徽、钦二帝,北宋灭亡。南宋时期,对金作战采取消极防御战略,虽然屡屡击退金军的进攻,却不能乘胜北进,始终不能收复中原失地。南宋后期,宋军与蒙古军联合灭金,结果却是为蒙古扫清了南攻的障碍。南宋又不能及时调整战略,仍沿袭对金的防御策略,使战争的主动权始终操于蒙古军之手。宋军被动挨打,最终被蒙古人建立的元朝所灭。

宋朝军事上的积弱和对外战争的长期处于劣势,不可能造就大批杰出的军事家,狄青、岳飞那样的名将不可多见。

另一方面,宋朝军事现状却引起了很多学者的关注。北宋王朝何以积弱积贫以致亡国?南宋王朝为何不能扭转战争的局面?诸多问题,促使一些有志之士潜心研究兵法,研究历史以比照现实,或发奋写成兵书,或上书献策,力图从兵学角度找到问题的答案。一些官员在战争实践中悉心总结经验教训,撰为专著,以警世人。同时,宋代学派林立,学派间的论争风行一时,这种风气也影响到谈兵论武的领域,带来宋代兵学论著风格多样、议论风发的特点。宋代的兵学论著中,固然不乏新颖深刻的识见,但纸上谈兵、不切实际或迂阔拘泥者亦不少。这种风气的盛行,与统治者的提倡不无关系,尤其是北宋神宗继仁宗之后重新开设武学,钦定《孙子》《吴子》《六韬》《司马法》《黄石公三略》《尉缭子》和《唐太宗李卫公问对》为《武经七书》,更引起人们对兵学尤其是古兵法的热情。许洞的《虎钤经》、何去非的《何博士备论》是宋代兵书中较有名的。

宋朝军事上虽积弱积贫,社会生产力却波浪式地向前发展,科学技术有显著的成就,火药制作的武器逐渐增多,管形射击火器出现。这种进步迅速反映到军事上,影响到兵学论著方面。南宋初陈规的《守城录》，充分反映了这种变化。

许洞兵学思想的系统性

许洞是北宋前期兵家，兵书《虎钤经》的作者。约生活于 10 世纪的后 30 年至 11 世纪的前 20 年间，字渊夫，一字洞天，吴郡（今江苏吴县）人，真宗咸平三年（1000 年）进士，曾任雄武军推官、均州参军、乌江县主簿等职。他历 4 年于景德元年（1004 年）撰成《虎钤经》，次年进献朝廷。

《虎钤经》共 20 卷，210 篇。该书分类编排《孙子》和唐李筌的《太白阴经》，发挥二书的观点。前 10 卷主要论述为将用兵问题，结合历代战例和整军治武问题，对《孙子》的一些主要思想阐述较细，发挥较多；后 10 卷主要讨论天时、占星、云气等问题，天人感应等荒诞迷信之说颇多。全书的价值主要在前 10 卷；不过后 10 卷有的内容涉及天象气候与战争的关系，有的论述人马医疗问题，有一定价值，尤其是汇集了与军事有关的历法、计时及识别方位等知识，不少是以前兵书没有的内容。

《虎钤经》反映出许洞已形成较为系统的军事思想。

在战争观上，许洞主张"先谋为本"，即周密谋划战争的全过程，准备好实施战争计划的必要条件。他综合《孙子》等古代兵家的论述，系统地提出了各类军事行动的必要准备：策划兴师作战，先要部署好民众的安定问题；打算进攻敌人，先要部署好己方粮道的畅通问题；准备摆开阵势，先要盘算好占据有利地形；准备克敌制胜，先要研究怎样保证内部团结；准备坚守拒敌，先要部署好军资的委积；准备强化军队的战斗力，先要保证赏罚分明的制度；准备夺取远方之地，先要部署好近处的防卫。抓住这些根本，其他次要问题就可迎刃而解。在此基础上，许洞提出了"三和""三有余"和"三必行"的原则。"三和"指和于国才能兴兵，和于军才能出阵，和于阵才能出战。"三有余"指力有余，食有余，义有余。"三必行"就是"必行其谋"，"必行其赏"，"必行其罚"。许洞以此来解释《孙子》"胜兵先胜"的理论，丰富和发展了孙武的战争观。

在作战指导上，许洞细致地阐述了作战过程各阶段的基本原则：既战之后，要善于抓住战机，夺敌所恃，夺敌之气；战斗中间，要因势制宜，如佯动诱敌，以击其虚，或击敌懈怠，攻敌不意；初获胜利时，要乘胜扩大战果。作战过程中，或胜或败，本常有之事，要做到"胜不可专，败不可不专"，初获胜利要想到可能出现的失败，遭受挫折要寻找反败为胜的契机。这些基本原则的核心思想是"出奇应变"。为将者必须"知变"，知吉凶、险易、利害等战场态势的相互转化，才能"以虚含变"，灵活地运用各种战术原则。

值得强调的是，许洞把"知变"的态度运用到借鉴古兵法上。他主张学习古兵法，但不能只懂得用古兵法的常势去作战。因为这样呆板地运用兵法，对方也会用相应的兵法来应战，甚至针对所用之势而采取击破之法。只有"反古之法"，逆而用之，才可能出乎敌人所料，克敌制胜。许洞"逆用古法"的理论，在当时的兵坛上独树一帜，对以后何去非等兵家有较大影响。

许洞的《虎钤经》内容相当丰富，除前述重要内容外，还有关于船战、步战、守城、攻城、结营、略地等多方面的论述，反映出作者渊博的兵学知识和独到的军事见地。虽然其中亦有不容推敲的肤浅之谈，但究竟不是一般的书生之见，很少不着边际的泛论空谈。《虎钤经》大量汇集兵法、阵法等知识，并对之加以阐述发挥的体例，对以后《武经总要》《百战奇法》《武编》《登坛必究》《武备志》等兵书有不同程度的影响。

狄青的作战方略与治军思想

狄青（1008～1057 年）是北宋著名将领。字汉臣，汾州西河（今山西汾阳）人。擅长骑射。初隶骑御马直，选为散直，侍卫宋仁宗。宝元元年（1038 年），李元昊称大夏皇帝，宋择卫士赴边以御西夏，青应诏为延州（今陕西延安）指使。在延州等处 4 年，经大小 25 战，骁勇善战，中箭多次，屡建战功，深为戍边名臣韩琦、范仲淹器重，以功升为秦州刺史、泾原路副都总管。庆历四年（1044 年），宋夏议和，元昊称臣，青徙为真定路副都总管，后迁马军副都指挥使。当时狄青脸上为卒伍时的刺字犹存，仁宗曾敕其敷药除字，他却请求加以保留，以自己的奋斗经历激励军士。皇祐四年（1052 年），广源州（约今越南高平地区）蛮族首领侬智高反叛，攻占广南（今广西、广东）九州，斩、俘宋将多人。宋廷两度遣将攻讨，师久无功。狄青乃上表请行，率军进抵宾州（今广西宾阳北）。后在归仁铺（今南宁东北）大败侬军，又追至邕州（今南宁），歼敌万余人，招抚遣散被胁迫者 7000 余人。升为枢密副使，班师回京。次年升枢密使。至和三年（1056 年），因军士常盛赞之，引起流言，罢枢密使，出判陈州。次年二月病卒。

狄青起于卒伍，身经数十战，外击西夏，内定广南，战功卓著，名动夷夏。宋神宗时追思其功勋为人，命取其画像入禁中，亲自为他写下祭文。

狄青作战勇谋兼备，遇范仲淹后又熟读秦汉以来将帅兵法，使其军事艺术渐臻佳境。

计事深思熟虑，用兵先定远略，是狄青作为一个成熟的将领的标志之一。侬智高反叛后，先以余靖为安抚使征讨。交趾国（即越南）声言愿出兵助讨侬智高。余靖认为可信，在邕州等地准备可供万人用的粮食以待其兵。仁宗下诏以缗钱 3 万赐给交趾作军费，并应允讨平侬智高后厚赏交趾兵。狄青到南方后，果断传檄余靖，命其不得派使者去交趾借兵，同时上奏仁宗陈述己见。他认为：交趾声援将派步骑赴援，并不可靠。况且向外国借兵以平内乱，对自己是不利的。向外国借兵，他们贪得钱财必然不顾信义，因此而作乱，我凭什么去抗击他们？这一见解说服了仁宗。后来狄青迅速讨平了侬智高。这件事说明狄青在计虑讨敌方略时，不仅只考虑如何取胜，还考虑用何种方略取胜才可不留后患。

对敌作战，善用诈巧，是狄青战术指导的一个特点。与西夏军作战时，他曾巧施疑兵之计，以锣声为号，令将士忽停忽退，使西夏军既不明宋军实力，又不辨宋军行止。当敌正疑惧之时，他忽然挥军攻击，西夏军大溃。攻侬智高时，他传令军中休息 10 日。侬智高的侦探把这情况回报，侬以为宋军不会马上来攻。第 2 天，狄青迅速整齐骑兵，以一昼夜越过昆仑关（今广西宾阳西南），直出归仁铺列阵，先以前锋与侬军激战，后又指挥左右翼骑兵夹击敌人。侬军毫无防备，大败溃逃。

军纪严明，善待将士，是狄青治军带兵的基本特点。古来为将者，或执法如山，或体恤将士，二者兼备者并不很多。狄青一贯如此。他受命讨侬智高之初，传令诸将不得擅出与敌作战，等候他的统一调遣。广西钤辖陈曙乘他尚未到前线，擅自发 8000 名步兵攻敌，大败于昆仑关。狄青说："号令不能整齐，所以军队打败仗。"依军法斩陈曙及临阵败逃的将佐30人。在执法如山的同时，他颇能体恤将士。行军作战，他与军士同饥寒劳苦；打胜仗后，他常把功劳推给其将佐。讨侬智高时全由他谋划，战事已完，记功报捷等一般余事全部交给安抚使孙沔去办，他全不放在心上，因此将佐们深服其为人。

何去非的《何博士备论》

何去非是北宋中期兵家，兵书《何博士备论》的作者。生卒年不详。字正通，浦城（今属福建）人。神宗元丰五年（1082年），以其"对策"词理优瞻、长于论兵入仕，始为右班殿直、武学教授，后历任武学博士、徐州州学教授、富阳知县、沧州通判、司农司丞、庐州通判等官。曾参加《武经七书》的校订。元祐五年（1090年），翰林学士苏轼两次奏荐《何博士备论》于朝廷，并誉其"出人意表，有补于世"，从此是书行于世。

何去非有感于北宋王朝军事上积弱之势，适应宋神宗、王安石变法图强的需要，悉心研究史书兵法，以古喻今，评论战国至五代战争胜负和重要军事人物统军用兵得失，发愤著为《何博士备论》。是书原为28篇，今存26篇，包括《六国论》《秦论》《楚汉论》《汉武帝论》《汉光武论》《吴论》《陆机论》等。全书近3万字，论及战争、战略、战术、建军治军、选将用人等诸多方面，多有独到之处。

何去非认为，战争的指导思想关系战争的成败。正确的指导思想，必须在战略决策时考虑根本"利害"。以秦末战争为例，陈胜首先起义后，天下响应，他们把存亡胜败寄托于拼死一战，所以兵锋十分猛烈。这时，秦王朝的战略决策应是放弃已背叛的山东，严守函谷关，即使政治上仍然黑暗，关中还可维持一段时间。但秦沿用吞并六国时的战略，放弃崤函天险，孤军渡过漳水、洛水，左突右攻，对付四面八方合围而来的义军，最后导致失败。虽然秦亡是必然之势，但灭亡得如此迅速，就是因为战争的指导思想严重错误。汉兴以后，关于秦王朝迅速灭亡的原因的讨论一直比较热烈，大都着眼于政治的腐败。何去非此论，着眼于军事上的战略决策，很有新意，分析也入情入理。

何去非强调，确定战略上的攻守之势要以对形势的综合分析为基础。他指出，"善为兵者，必知夫攻守之所宜"，当攻而守，当守而攻，是战略决策上的错误，是自取失败的做法。怎样确定"攻守之所宜"，就取决于对形势的分析了。所谓形势，一是民心向背，即"逆顺之情"；二是自身的局面，即其军队是"兼敌之师"还是"救败之师"，从战略角度考虑，"兼敌之师利于转战，救败之师利于固守"；三是敌方的大势，是师老意怠，还是其锋正锐，对前者应采取进攻战略，对后者应采用防守战略。

何去非强调，治军须有严格的纪律，军纪松懈，也是致败之由。对于君主而言，要善行"将将"之道，知人善任，所用非其人，等于"以其将予敌"。对于将领而言，要善行"为将"之道，要能"自将其身"，胜不飘然，败不躁动。在此基础上，坚持以法治军，不可稍废，因为"理军而废纪律者败"。他认为西汉名将李广所以兵败，根本原因就是治军纪律不严。其论不拘成说，独有见地。

何去非发挥许洞"知变"而"逆用古法"的理论，进一步强调战术指导上的"出奇应变"原则。他主张运用古兵法，要"不以法为守，而以法为用"，推崇韩信、曹操的多谋善断。

诸子百家——兵家

《何博士备论》是中国古代第一部军事人物评论集,在当时颇有影响,后世不少兵家也很注意其中的论述。

陈规的守城思想

生平与《守城录》

陈规(1072~1141年)是南宋绍兴年间名臣,著名火器专家、军事家。字元则,密州安丘(今属山东)人。早年熟读兵书,精研法律制度,学习工程技艺。中年中明法科,50余岁始为安陆令。北宋靖康末,盗匪祝进攻德安府(今湖北安陆),知府弃城逃走,父老推陈规摄守事,连战败敌。南宋建炎元年(1127年),因功出任德安知府,大破攻城的李孝义等部。后授德安府、复州、汉阳军镇抚使。绍兴二年(1132年),李横率部进围德安,陈规率军民御敌,被石炮伤足,神色不变。粮尽之时,出家财劳军。城将被攻破,他研制出长竹竿火枪,以60人持火枪自西门冲出射敌,焚烧敌军攻城天桥,又以火牛助阵,使敌人拔寨而去。这是世界上最早出现的管形射击火器,也是最早用射击性火器射敌制胜的战例。第二年,升显谟阁直学士,改知池州兼沿江安抚使。建议罢镇抚使,用偏裨以分诸将之势,被高宗采纳。绍兴九年(1139年),宋金议和,改知顺昌府,积极备战,修城墙,招抚流民,加强民兵组织管理。十年,金人破坏和议,挥师南下。东京副留守刘锜率八字军赴汴(今开封),闻讯不得行,陈规即劝刘锜留驻顺昌(今安徽阜阳),相互勉励,共同以死守城。两人积极布防,当金军来到时,攻守结合,挫败金兵。金都元帅完颜宗弼因前锋屡败,亲率主力10余万来攻。陈规助刘锜大破金军,宗弼被迫撤围回师。陈规因功升枢密院直学士,后移知庐州兼淮西安抚使。十一年,病卒。临终之时,还对职事做出安排。

陈规一生精研军事,讲求实用,有丰富的治军守城的实战经验,并根据战斗需要创制了长竹竿火枪,文武兼备,精通军事工程与火器制造,堪称兵家史上的奇才。他的军事思想,均见于《守城录》。陈规是理论与实践相结合的兵家,根据实战经验和兵学素养,撰写了《攻守方略》《〈靖康朝野佥言〉后序》《守城机要》等兵学论著。陈规死后约40年,德安府学教授汤璹,追访陈规生前守城逸事,撰《建炎德安守御录》,具体记述陈规在德安守城作战的过程,并于绍熙四年(1193年)向朝廷奏呈其书。大约在宋宁宗以后,原本各自独立的《〈靖康朝野佥言〉后序》《守城机要》《建炎德安守御录》被合成一书,这就是今天所能见到的《守城录》。

理论与实践相结合的守城思想

陈规军事思想中最精彩的部分,是其守城思想。

关于守城作战的基本原则,陈规有相当深刻的论述。首先,要充分发掘城内的潜力,不可消极等待救援或轻易放弃守城,这就是人们所说的上策莫如自治。其次,守城者要在敌人到来之前,精加思索,预先准备好多种应变之术,做到敌人采用某一种攻城方法,我有数策以拒之。第三,守城不能一味防守,要守中有攻。强弱之势自古无定,要敢于以弱抗强,忽守忽攻,争取主动,转弱为强。

关于城防设施的改革措施，陈规有相当具体的设计。城防设施的重点，是对付敌人的攻城器械。战国晚期的《墨子》城守诸篇，在这方面有丰富的论述。但陈规所处的时代不同了，攻城器械已有长足进步，城防设施也应有相应的改进。陈规认为，在攻城器械中，最具威力的莫过于用机械发射的石炮。对付它的办法，当是以炮对炮。但城上地面不宽，不能安放大的炮架，而且城上有何动作，城外的敌人极易发现，就会先用炮来轰击城上。应在城墙内侧墙角安炮，城上伪装木人，使敌人无法发现城中炮的位置。各炮在城头上设一观察员，随时纠正城中火炮的弹着点。这样，城中炮手虽然看不见目标，却能命中敌人。城中地幅宽长，可多设大炮，对攻城之敌形成炮石如雨般的攻势，这就反守为攻了。为对付攻到城下的敌人，陈规提出修筑重城重壕的方案。敌人如攻进老城，新城新壕又可形成障碍；并且我在城上居高临下以击敌，敌人进退困难，身处兵家所说的"死地"。敌人看见这样的城防设施，必不敢入，甚至不攻而自退。陈规指出，当敌人围城时，不宜把城门堵死，只留二三道门供人出入；反而应多开城门，只要发现攻城之敌有漏洞，就可派兵出击敌人。我方城门甚多，敌人在外设防之地也就多，昼夜备战，无法休息，自然不能长期攻围。

除守城思想外，陈规关于屯田备战的思想也值得注意。他在守德安时，曾就屯田事宜上奏条陈，主张把射手和民兵集结起来，分给田地令其耕种。在军士屯田的地带，一律选险要之处设立堡寨，敌人来犯则聚于堡中御之，无事时就抓紧耕种。射手平时分出一半以屯田。他还提出了鼓励民户屯田的具体措施。

陈规把理论与实践结合起来，丰富了中国古代的守城艺术。他成功地研制出长竹竿火枪，在世界科技史上写下光辉的一页。

岳飞的抗金方略与治军思想

生平及其兵学论著

岳飞（1103～1142年）是南宋著名将领。字鹏举，相州汤阴（今属河南）人。出身农家。少时勤奋好学，喜读兵书战策。力气极大，能挽300斤的强弓。向周同学射，能左右开弓。北宋宣和四年（1122年），应募从军，曾立军功。靖康元年（1126年），投康王赵构元帅府，抗金作战勇敢，斩将败敌，升秉义郎，隶东京留守宗泽，多立战功。高宗赵构在南京（今河南商丘南）即位，他上书反对宋室南迁，被革职。旋投河北招抚使张所，用为中军统领。随都统制王彦北渡黄河，转战太行山一带，抗击金军，曾败金军，擒金将，枪挑金黑风大王。建炎三年（1129年），随军南渡，任江淮宣抚使司右军统制。参加阻击金完颜宗弼军渡江，诸将皆溃，独其力战。后退屯蒋山（今南京紫金山），招集散兵，自成一军，转战抗金。四年，移屯宜兴（今属江苏），屡与金兵战。完颜宗弼军渡江北归，他率部截而击之，收复建康（今南京），升通、泰镇抚使。绍兴元年（1131年），隶江淮招讨使张俊，在江南大破李成等武装集团，招降张用，升神武右军副统制。二年，破曹成武装集团。三年，破彭友等农民军。四年，屡破金与伪齐军，收复唐州（今河南唐河）等失地。五年，破杨么农民军，升神武后军都统制。六年，进兵伪齐境，取长永（今河南洛宁西南）、卢氏（今属河南）。七年，升湖北、京西路宣抚使，屡请北伐，反对和议，皆遭拒绝。十年，金破坏和议，大举南侵，岳飞率军迎战完颜宗弼军，大破金军，收复河南大片失地。他遣梁兴渡河，联络河北义军，准备挥师渡河。高宗赵构与秦桧却向金乞和，诏令撤兵。刘锜、张俊、刘光世、杨沂中退回江南，岳飞也奉诏还武昌，所复之地尽失。十一年，岳飞等大将被召回临安（今浙江杭州），一律被解除兵权，岳飞改住枢密副使。这年十月，被秦桧及其党羽诬陷下狱。十二月，秦桧密令杀害岳飞。名将韩世忠责问秦桧，秦桧谓其罪名为"莫须有"。金将闻岳飞死，举杯相贺。孝宗时平反冤狱，追谥武穆。宁宗时，追封鄂王。

岳飞从军统兵20年，与金军多次交锋，屡屡破敌。他收复襄阳等6郡，连破完颜宗弼的精骑，把金军赶到黄河北岸，令金军闻风丧胆。金军叹称："撼山易，撼岳家军难！"史家称他"文武全器，仁智并施"，一代罕见。他一生戎马倥偬，但不忘抽暇研究兵法。据说他曾手校托名诸葛亮撰的《兵函玉镜》，又曾撰《易筋经义图说》。清人黄邦宁辑其文为《岳忠武王文集》，为研究其军事思想提供了方便。

抗金方略多，治军有宽严

岳飞制定战略方针考虑周密。绍兴十年迎战完颜宗弼大军，他审时度势，确立以下方略：兵分奇正，以部分兵力迂回侧击东京一带的金军，自己统领主力从正面攻敌，直向中原；联结北方义军袭击金军后方。这就是他以襄阳（今属湖北襄樊）为基地、联结河朔进图中原的战略。这个战略进退有据，并注意调动被金军隔开的河北抗金武装力量，部署全面有节。

岳飞善于运用灵活机动的战术，以小击大，以少击众。收复襄阳等6郡之战中，金与其所扶持的伪齐集兵号称30万，妄图夺回襄阳。面对强敌，岳飞派兵诱敌来攻，自己率军自侧翼迂回敌后，形成对敌的夹击之势，击退敌人，为大破敌军打开战局。郾城（今属河南）之战中，完颜宗弼以其精锐、重甲骑兵"铁浮图"排成一字阵，从正面攻向岳家军；又以号称"拐子马"的精骑迂回两翼，形成对岳家军的包抄之势。岳飞面对强敌果断做出安排，以骑兵稳住阵势，待"铁浮图"行至阵前，突令步兵持麻扎刀、提刀、大斧入阵，专砍敌马脚，使敌骑阵大乱；同时派出马军忽前忽左，突袭金"拐子马"，击破其两翼包抄之势。

岳家军英勇善战，岳飞善于治军是重要原因。他平时对将士严格要求，训练从实战出发，决不走过场。部队驻屯或行军中休整，他命令将士冲坡跳壕沟，一律身被重甲训练。对于将领，他要求具备"仁、智、信、勇、严"，缺一不可。行军驻扎，要求纪律严明。士兵有拿百姓一缕麻、一捆草，立即斩首示众。岳家军夜宿于道路上，百姓如开门请进家歇息，没有人敢私自入内。其军队的口号是："冻死不拆屋，饿死不掳掠。"从严治军的同时，他很注重抚慰将士。士卒有病，他曾亲自为之调药；诸将远戍，派其妻慰劳诸将家属；将校战死，他抚育他们留下的子女，还让自己的儿子娶死难将校的女儿为妻；凡朝廷有犒赏，分发给将士，自己不拿分毫。

岳飞精忠报国，坚持抗金，虽含冤而死，英名却永存天地之间。他的军事思想是宝贵的兵学财富，他治军强兵的宝贵经验对后世兵家有重要影响。

六、辽金元兵家

政权特征和战争特点

辽、金、元都是由北方少数民族贵族建立的政权,都不同程度地经历了由部落经济生活向封建经济生活发展转变的过程。

辽是以契丹族为主的政权,最初由八个部落组成契丹部落联盟。907年,耶律阿保机当选为可汗,废除可汗的部落共选制。916年,他建立契丹国,实行皇位世袭制。他开始在北方草原上修筑城郭,以被掳的汉人从事农业和手工业生产。随着军事上的扩张,他设北面官统治契丹和汉人以外的其他少数民族,设南面官统治汉人。契丹还扶持石敬瑭建立后晋政权。947年,阿保机的儿子耶律德光改国号为辽。北宋时期,辽是其北方的主要威胁,曾两次大败宋军。双方也曾一度议和,发展了边贸。1122年,乘辽国内乱不已,宋、金联合抗辽攻辽。1125年,辽亡。后辽皇族耶律大石在中亚建立的西辽政权又延续了90余年。

金是以女真族为主的政权。女真人活动在松花江一带。1114年,女真首领完颜阿骨打因不堪辽的统治,以2500人誓师反辽。次年,阿骨打称帝,国号大金。金趁辽内部各族纷起反辽之机,夺取辽的战略要地黄龙府(今吉林农安)等,兵力迅速发展。灭辽后,金立即分兵两路南下攻宋,只用一年零两个月的时间即灭北宋。南宋前期,金始终对宋采取攻势。南宋中期以后,由于蒙古崛起,金两面受敌,加上红袄军起事,军事力量日衰,终于在1234年被宋、蒙联军灭亡。

元是由蒙古族贵族建立的政权。蒙古原是生活在额尔古纳河上游的一个部落,后来迁徙到斡难河一带,经过长期的部落兼并,不断强大起来。1206年,铁木真被宗亲公推为全蒙古的大汗,号成吉思汗,在漠北建立大蒙古国。从此开始了蒙古与西夏、女真和南宋间的生死搏斗。蒙古骑兵虽强,但人口不多,于是进兵西北,征服并招纳了许多部族,大大增强了军事力量。在西面,蒙古于1218年灭西辽,后以5年时间横扫亚欧大陆,前锋直到东欧和伊朗北部,又席卷波兰、匈牙利等地,占领西南亚,建立了钦察汗国、察合台汗国、窝阔台汗国、伊儿汗国。四大汗国初为蒙古藩国,后独立,在14~15世纪间先后覆灭。对南方,蒙古不断攻西夏和金。1227年,成吉思汗率大军灭夏,自己也病死于行营。1234年灭金后,蒙古对南宋展开了长期的战略进攻。1271年,忽必烈改国号为大元。1276年,元灭南宋。元朝统一中国,结束了500多年的民族纷争和血战,创造了相对安定的生产环境。元朝发展中外交通,加强对外经济、文化交流,在一定程度上发展了物质文明和精神文明。但元朝将人民分为蒙古、色目、汉人、南人四等,加剧了社会的矛盾。元末,以红巾军为主力的农民军纷纷揭竿而起。1368年,元王朝被农民军的狂潮吞没。

1038~1227年,中国西北地区有个大夏政权,史称西夏。夏常侵扰北宋,后屡与金、蒙古发生军事冲突,终亡于蒙古。因为本书没有介绍西夏的兵家,所以也不介绍其基本情况。

辽、金、元时期(统一前和末期)战争频繁酷烈。辽对北宋的战争长达 25 年,金对宋的战争断断续续进行了百余年,蒙古(元)攻灭南宋的战争长达 46 年,辽金间、金蒙间又常有战争。这些战争主要集中在两大战场:中原战场和江淮战场。辽、金、元的作战方式都受其传统的部落战争的习惯影响,最初作战目标往往不在攻城夺地,而主要是以骑兵奔袭,掳掠人口和牲畜等财物。以后,攻城夺地的目标越来越明显,战争的规模不断扩大,作战方式愈加丰富。在长期的血与火的洗礼中,一批杰出的军事家应运而生。他们惯于鞍马生涯,娴于治军用兵,叱咤风云,屡建战功。

辽、金、元的杰出军事家,基本都是实践型的兵家。他们自幼从戎,百战沙场,看重实践中得来的战争经验,强调在攻防作战中摸索军事艺术,从而形成自己的独具特色的军事思想体系。他们出身于北方少数民族,把北方游牧部族的军事传统与中原或其他地域的军事传统加以结合,展示出色彩鲜明的新的军事艺术。耶律休哥、完颜阿骨打、成吉思汗、忽必烈是他们中间的突出代表。

耶律休哥的审敌制宜和设疑制胜

耶律休哥(? ~998 年)是辽朝著名将领。字逊宁,契丹贵族。少有器度,从北府宰相萧干讨乌古、室韦二部。辽穆宗应历末,任惕隐,掌宗族事务。景宗乾亨元年(979 年),宋攻辽南京(今北京),他率五院军前往救援,在高梁河(今北京城西北)与宋大军相遇,与南院大王耶律斜轸军分左右两翼,大败宋军。他身受三处伤,以轻车追逐宋军至涿州(今河北涿州市)。这年冬,以本部兵随都统韩匡嗣攻宋满城(今河北满城北)。宋军诈降,匡嗣不听休哥之劝,遭宋军袭击,其军溃败。休哥整兵进击宋军,击退宋军。因功总领南面戍兵,为北院大王。二年,随辽景宗征宋,在瓦桥关(今河北雄县)前斩宋将张师,又率精骑大败宋援军,获于越(授予有大功德者的贵官,位居北、南院大王之上)尊号。圣宗统和元年(983 年),为南京留守,总南面军务,立更番休兵之法,劝课农桑,修武备,边境大治。四年,宋军分三路攻辽,东路曹彬军 10 万逼近南京,被其击退。曹彬再度来攻,在萧太后军的应援下,他又大破宋军,因功封宋国王。这年冬,与萧太后在君子馆(今河北河间西北)全歼宋刘廷让军,斩杀数万。七年,率兵深入宋境,在唐州徐河(今河北满城北)被宋将尹继伦袭败,负伤而归。十六年,病故。

耶律休哥是辽朝最优秀的将领,不仅作战勇猛异常,而且谋略过人,治军用兵颇为艺术。

他善于观察战场上敌方迹象,对敌人的下一步行动做出正确判断。攻宋满城之战,宋军请降,辽主将韩匡嗣对此深信不疑。休哥劝匡嗣说:"宋军严整而有锐气,一定不会就此投降,请降不过是诱我之计罢了。应该严整军队以待击之。"匡嗣不听,果然中计,被宋军击败。休哥率本部兵在高处观敌动向,见匡嗣军败逃,迅速整顿军队进击宋军,取得胜利。瓦桥关之战,休哥根据宋军动向判断其将由东面突围,遂引军向北方向移动。瓦桥关守将张师率军向东突围,休哥挥军截击,斩张师,逼宋军退回城中。耶律休哥观察判断能力之强,由此可见。

他善于设疑兵之计,出奇兵以制胜。岐沟关(今河北涿州西南)之战中,当宋军东路曹彬部夺取涿州后,休哥鉴于援兵未到,寡不敌众,不正面出战与宋军争锋。他采取疑兵疲敌之计,夜晚以轻骑出入两军间,消灭小股宋军以威胁宋军主力;白天则组织军中精锐制造声势,使宋军难辨虚实,疲于防备辽军奇袭;又在树林草莽间巧设伏兵,断绝宋军粮道,使曹彬部因粮运不继退至白沟(今河北容城东北)。当曹彬部在宋太宗的督令下重新攻来时,休哥暗遣轻兵摸近宋军,趁宋军派兵打草备炊时,击其小股人马,打一阵就退,若即若离,巧妙地牵制住宋军。等到萧太后率军来援,即对宋军形成钳击之势,最后重创宋军。这一战,本来宋军取攻势,兵力强,但因中休哥疑兵之计,反被休哥占尽主动。

他善于治军用兵,深得将士拥戴。每当作战取胜,他常将战功让给诸将。身经百战,不枉杀一名将佐。军纪严明,当休兵时期,严令军士不得越入宋境,不得抢掠宋民财物。这样的将领,在辽军中是不多见的。

完颜阿骨打的建军思想和用兵方略

完颜阿骨打(1068~1123年)即金太祖,金朝的创建者,著名军事家。女真族完颜部人,汉名旻。少年时代即力大善射,能在300余步外射中目标。23岁参加征战。后被辽任为详稳,辅佐其叔、兄等统一女真诸部。注重以恩信争取部民之心。辽天庆三年(1113年),其兄乌雅束死,继任都勃极烈,统领女真部落联盟。次年,辽命其袭任节度使,着手修城筑堡,修理兵器,暗中准备反辽。四年九月,在涞流河集兵2500人,誓师反辽。首战攻克辽宁江州(今吉林扶余东石城子),继而大破辽都统萧嗣先于鸭子河(今松花江一段),北出河店(今黑龙江肇源西),兵力发展到万余人。后分兵占领宾州(今吉林农安东北广元店)、祥州(今农安东北万金塔)、咸州(今辽宁开原北老城镇)等地。定制以300户为谋克,10谋克为猛安。五年,称皇帝(即金太祖),改汉名为旻,国号金,年号收国,都会宁(今黑龙江阿城南)。同年,率军破辽黄龙府(今农安)。辽天祚帝率兵攻金,号称70万,中途因内乱回师。阿骨打以2万精骑追击,在护步答冈大败辽军。收国二年(1116年),辽裨将高永昌据辽东京(今辽宁辽阳)自立,阿骨打遣将破之,俘杀高永昌,尽取辽东郡县。天辅元年(1117年),连破辽军,攻取显、乾(均今辽宁北镇)和懿、徽、成(均在今阜新以北一带)及川(今北票西南)、壕(今彰武)诸州。次年,遣使与辽议和,求辽册封。四年,与宋使赵良嗣商议夹击辽。旋与辽绝,破辽上京临潢府(今内蒙古巴林左旗东南)。与宋约定,许破辽后还宋燕京东路州镇。五年,辽都统耶律余覩因遭大臣萧奉先谗毁降金,由此尽知辽国内虚实。这年岁末,命完颜杲为内外诸军都统,渡过辽河,大举攻辽。六年,先后攻陷辽中京(今内蒙古宁城西大明城)、西京(今山西大同)、南京(今北京)。七年,病卒。其弟继立,两年后灭辽,次年又灭北宋。

金太祖完颜阿骨打誓师反辽,不足9年已使灭辽破宋形成定局,成为以少胜多、以弱胜强的杰出代表。在金辽战争中,他作为最高军事决策者,审时度势,采取正确的战略战术,表现出卓越的军事才能。

他具有卓越的治理部落联盟和国家的能力,使其部落综合实力由弱变强,为战略方针的顺利推行奠定坚实的基础。佐其兄管理部落联盟时,他即注意争取民心,减轻刑罚,减缓对部民的课征。建国以后,初定辽东,废除辽法,减省租税。当时叛辽投金的部族很

诸子百家——兵家

多,即由于辽之政治明显不如金。破燕京后,取其金帛人民,又让宋于岁币之外另加燕京代税钱 100 万缗,方给予宋燕京和六州之地。于是财力大增,为以后迅速夺取河北之地奠定了经济基础。

在战略上,他确立了政治瓦解与军事打击相结合的方针。他南联北宋,对辽形成夹击之势。对待辽俘,采取安抚收编策略,使己方兵力大增,而辽方兵心涣散。这种分化瓦解敌方、强化己方实力的方略,施展得体,效果十分明显。在对辽进行军事打击上,他一贯实行运用精骑、主动进攻的战法,形成战略上的快速进攻方针。

在战术指导上,他注意利用战机,充分挖掘金军强悍敢拼的潜力,出奇制胜。初战辽渤海军,他利用敌轻其初起尚弱的心理,引兵佯退,诱渤海军来攻,然后猛杀回马枪,射杀辽骁将耶律谢十。辽军一时大乱,前锋败逃,自相践踏。鸭子河之战中,他率军黎明时渡河,在出河店与辽军相遇。这时的兵力对比是:辽军 7000 人,而金军只有不足 2000 人。他乘大风骤起,尘埃蔽天,挥军猛击辽军,大获全胜。黄龙府之战中,辽军 20 余万进驻达鲁古城(今吉林扶余西北土城子),金军兵力远不如辽,但他登高望辽兵阵势散乱,状如连云灌木,迅速判断:辽兵心存二心内怀怯惧,虽多不足惧! 于是在高阜阵列,先以右军猛攻辽左军;见辽左军退却,就令右军迂回至辽军阵后夹击辽军,但遭辽右军顽强抵抗。他果断决策,令中军一部出设疑兵,诱辽军来攻,减弱辽军阵后的抵抗力量;攻辽的右军加强攻势,并转攻辽右军。辽右军两面受敌,顿时溃败。

他善于以弱击强,攻敌中坚,败敌一点,使敌大溃。护步答冈之战中,他乘辽天祚帝因内乱率兵西归之机,以精骑 2 万追击辽号称 70 万的大军。他指出:敌众我寡,我方兵力不可再分散。我看辽军中军最坚锐,辽主一定在其中。我们全力攻其中军,击而败之,可获全胜。于是先以右翼精骑猛攻辽中军,很快又以左翼合攻。敌中军虽众,两面受击,无心恋战,顿时溃败。他又命金军横向奔突于辽溃败之军中,使其首尾不相连属,辽军伤亡惨重。这一战,堪称战史上以小击大取得成功的典型战例之一。

完颜阿骨打能征善战,史称其"算无遗策,兵无留行",谋略计虑周密,用兵尽其才力,是不可多得的少数民族的军事家,是实践型的兵家中的佼佼者之一。

成吉思汗军事思想的丰富性和掠夺性

生平与业绩

成吉思汗(1162~1227 年)即元太祖,蒙古国的创建者,杰出的政治家、军事家。生于斡难河(今鄂嫩河)畔蒙古乞颜·孛儿只斤氏贵族家庭,名铁木真。成吉思汗是他建立大蒙古国后的尊称,意为"强大的皇帝"。其祖先世为乞颜部首领,六世祖海都渐兼并四旁部族。到其父也速该时,进一步吞诸部落,势愈盛大。

铁木真降生那天,其父也速该正好在部落攻战中俘获塔塔儿部首领铁木真,遂以其名为儿子命名,以纪念这一次胜利。铁木真 9 岁时,父亲也速该被塔塔儿部人毒死,其部众相继离散,铁木真与其寡母月伦被遗弃在营盘。月伦带着儿子们转徙流离,过着艰苦的渔牧生活。战乱环境使他养成坚毅、倔强的性格。铁木真及其弟兄们稍大后,遭泰赤乌部袭击，铁木真被抓住，后机智逃脱。以后，铁木真依附强大的克烈部首领，渐渐集聚其父旧部，逐步崛起。又与札答阑部首领札木合结为安答（义兄弟），遂借克烈、札答阑二部兵力，击败蔑里乞部。金大定末年，他移营怯绿连河（今克鲁伦河）上游，独立建置斡耳朵（宫帐），与一些部族结盟，被推为可汗。不久，札木合与其反目成仇，联合泰赤乌等 13 队 3 万人，企图消灭铁木真部。铁木真召集部众 3 万人，编为 13 队，以待来敌。后因作战失利，退至斡难河上游的哲列捏山谷。札木合用大锅烹煮战俘，引起许多部族长的愤慨，相继引部众而去。铁木真趁势吸纳他们，壮大了自己的力量。金承安元年（1196 年），他配合金军攻击塔塔儿部，受到金朝的封赏，被授为部族官察兀忽鲁。又与

成吉思汗

克烈部首领王汗共败合答斤等 11 部联军。泰和元年（1201 年），大破札木合及其盟友。二年，击败乃蛮部。三年，王汗忌其强大，与札答阑部联手攻之。此战，铁木真大败，退至合泐合河（今哈拉哈河）中游，仅收集得部众数千骑。他令部众稍加休整，乘王汗大胜后懈怠无备，夜袭其大营。王汗败逃途中被乃蛮人捕杀，克烈部遂亡。四年，他在进攻乃蛮部前，建立护卫军——"怯薛"军。后以两年时间，统一蒙古各部。

金泰和六年（1206 年），他建立大蒙古国，被尊为成吉思汗。他称汗后，将怯薛军扩充至万骑，令他们保卫汗廷和分管汗廷的各种事务。他亲自统领这支精锐部队，称其为大中军。成吉思汗三年（1208 年），他率军攻西夏，相持 5 月余，然后退兵。四年，又亲征西夏，连战连捷，遂围西夏都城中兴府（今宁夏银川），迫西夏国王纳女求和，扫除了攻金的牵制力量。六年，分蒙古军为两路，自己亲率东路，大举攻金；一路袭堡攻城，进抵金中都（今北京）城下。攻城失利，遂回师，一路掳掠人口、财物和牲畜。七年，率主力攻金西京（今山西大同），曾设伏歼金援兵，后因中箭而撤兵。八年，率主力再攻金中都。九年，回师攻中都，逼金帝求和。不久，金迁都南京（今河南开封），成吉思汗乘其人心浮动之机，遣将再围中都。次年，逼守军开城投降。中都一得，蒙古军遂大肆攻掠河北、山东等地。他注重吸收中原的先进技术，改进兵器，增强了蒙古军的攻坚和远征能力。成吉思汗十四年（1219 年），亲统近 20 万大军，远征西域的花剌子模国。次年，占其新都撒马尔罕。旋又攻克忒耳迷（今乌兹别克捷尔梅兹）等城。十六年，逼花剌子模国王札阑丁渡过申河（印度河），逃入印度。十九年，班师回漠北。二十一年春，率兵 10 万亲征西夏，一路攻城夺地，深入西夏腹地，歼其主力。二十二年，留部分兵力攻围夏都中兴府，亲率主力进入金境，先后攻克夏州（今内蒙古乌审旗南）、临洮（今属甘肃）等州府。七月，病卒于今甘肃清水县行营。他临终遗嘱，要其继承者利用金、宋世仇，借道宋境，联宋灭金。几乎与此同时，蒙古军灭西夏。金天兴三年（1234 年），蒙古军与宋军联合灭金。

诸子百家——兵家

成吉思汗少年历尽艰难,后领导部落兼并战争,统一蒙古诸部,攻夏伐金,进军西域,戎马生涯 40 余年,经历过重大惨败,更建树了煌煌的战功。他指挥的蒙古军队作战次数之多,战线之长,征服对象之广,在历史上是罕见的。他能创造震撼世界的业绩,固然有多种因素,但卓越的军事领导艺术和指挥才能,在长期军事生涯中形成的独具特色的军事思想,无疑是其创造伟业的基本条件之一。他发布过大量训言、宣谕和律令,其中包含着丰富的军事思想,可惜只有一部分保存于传世文献中。

战略分阶段,治军兴铁骑

成吉思汗的早期战略和后期战略有着明显的不同。早期,他的战略目标是发展自己的力量,在蒙古高原的部落战争中成为最后的胜利者。为实现这一目标,他以灵活应变、争取支持、分化瓦解敌对势力为基本方略。建立宫帐之前,他委曲求全,依附于强大的部族,采用认义父、结安答等形式,实现自己力量的初步聚积。立宫帐后,他坚持利用敌对势力内部矛盾,分化瓦解其力量,吸纳与敌对势力不和的部族。为争取民心,他采取了两个重要策略:一是强调师出有名。有时以复仇为由出兵,有时以对方毁约为名兴师。这样,在声势上迎合蒙古部民的是非观念,争取政治上的主动权。二是发扬蒙古部落的军事民主制传统。在发动军事行动前,充分听取诸部首领的意见。建立大蒙古国后,又形成召开忽里台(大聚会)商决军国大计的制度。后期,成吉思汗的战略目标是攻灭西夏和金。向西域发展势力。为实现这一战略目标,他以先击弱后攻强为基本方略。先三攻西夏,逼其请降;然后攻金,令西夏随征。临终之时,他又根据金的地理形势,得出其难以迅速击破的结论,因而提出联宋灭金的战略构想。他的构想是:利用宋、金世仇,假道于宋,绕过金在西北的重要防线,直捣其腹心。金军情紧急,必然调西北重兵东向赴援,其兵奔波千里,必然疲惫,我方可迅速破之。这一构想后来为其继承人付诸实施。在西征战略上,他先征服称雄于中亚、波斯(今伊朗)的花剌子模国,然后顺势征眼花剌子模以西诸国。这一构想,他实施了一部分,后由其子孙完成。

成吉思汗在作战指导上显示出高超的领导艺术。首先,他善于利用自己的优势兵力,以骑兵击敌要害,或远程奔袭,或近战奔突,对敌人造成难以遏止之势。其次,他善于避实击虚,迂回制敌。在他第三次攻金时,金军在兵力和防御设施上都充分强化,使居庸关显得格外坚固。成吉思汗临时决定,以少数兵力在居庸关北口牵制金军,另以一部走小道袭居庸关南口,南北夹击以取关。他自率主力,迂回南下,奇袭紫荆关(今河北易县西北),取关之后又北上攻金中都。第三,他在兵败之后能迅速振起,击敌不意,扭转败局。在合兰真(今内蒙古锡林郭勒盟北)与王汗的大战中,他严重失利,退至合渤合河时仅有数千骑。他败不气馁,不久就通过夜袭王汗大营扭转了局面。

成吉思汗在治理军队和提高军队战斗力上,也表现出卓越的才能。他夜袭王汗大营后,总结合兰真之战惨败的教训,得到两点重要启发:第一,必须有一支特殊的精悍的卫队,以应付任何突发的险恶局面;第二,必须对各部首领加强控制,以解决诸部用力不齐等问题。不久,他建立了"怯薛"(护卫)军,怯薛来自各部首领、头目的子弟及平民中身体强壮、弓马娴熟者。建国以后,又扩充怯薛为万人。怯薛成为最具战斗力的常备军,同

諸子百家——兵家

时又作为"质子",从而实现成吉思汗对蒙古各级官长的有力控制。他还建立军政合一的统治机构,以"千户制"编组民众,实行兵牧结合,并以其为基本军事单位,使兵役调发、军队管理及征集作战在手段上有了长足进步。他注意将战争中招降和掳掠的异族丁壮编入蒙古军中,以补充兵员,适应战争规模不断扩大的需要。他还注意吸收别国别族的先进技术,用来改进军队装备,提高战斗力。他采纳"攻城以炮石为先"的建议,组建炮手军。他注重冬初举行大猎,通过田猎演兵,并要求将士以"不感到远征之苦,不知饥渴"为训练目标之一。

成吉思汗的军事思想内容丰富,但其中掠夺残忍的成分也很浓重。他曾说:"人生最大之乐,即在胜敌逐敌,夺其所有,见其最亲之人以泪洗面,乘其马,纳其妻女。"这些是其军事思想中夹杂着的糟粕,不可忽视。但这些并不影响他在世界军事史上的重要地位。他应该是实践型的兵家中最杰出的人物之一。

忽必烈军事思想的时代特征

生平与统一大业

忽必烈(1215~1294年)即元世祖,元朝的创建者,著名政治家、军事家。成吉思汗之孙。其父拖雷为成吉思汗第四子,成吉思汗病逝后曾监国近两年。忽必烈初为藩王,广交藩府旧臣及四方文学之士,向他们学习治国治军之道,"思大有为于天下"(《元史·世祖纪一》)。蒙哥汗元年(1251年),总治漠南汉地军国庶事,改革弊政,整顿军纪,屯田积粮,加强兵备,成绩卓著。二年,提出远征大理国迂回攻宋的方略,被蒙哥汗采纳,遂统兵南下。三年,兵分三路前进,渡大渡河,跋行山地2000余里,以革囊及筏渡金沙江,年底破大理(今属云南)。四年,自领部分军队北归,留兀良合台平定云南诸地。北归后,于京兆分地置宣抚司。五年,兴学,用理学家许衡为提学。六年,在滦水北筑城市宫室,经三年而成。七年,为蒙哥汗左右所谗,罢开府归期。八年,蒙哥汗分路大举攻宋,忽必烈领军攻鄂州(今湖北武昌),趋临安(今浙江杭州)。九年,大军渡淮,至黄陂(今属湖北),得蒙哥汗死于四川的消息,仍渡江进围鄂州。闰十一月,得幼弟阿里不哥争汗位消息,决策退兵,诈称将直攻临安,逼南宋议和,然后北归。次年三月,于开平(今内蒙古正蓝旗东闪电河北岸)即蒙古大汗位,建年号中统。以中书省总政务,后以枢密院执兵柄,以御史台司黜陟。阿里不哥在和林(今蒙古人民共和国哈尔和林)称汗。中统二年(1261年),亲征阿里不哥,大破之。三年,江淮大都督李璮反叛,以史天泽等破之。借此事件,罢大藩子弟专兵民权之制,实行军民分治。四年,升开平府为上都。下诏断绝对漠北的物资供给。至元元年(1264年),阿里不哥势穷,到上都投降。北方之患既除,忽必烈遂专心对付南方,立诸路行中书省,定都燕京,改称中都(今北京,后改称大都)。五年,改变主攻四川的方略,命大军进围襄阳、樊城(今湖北襄樊)。七年,派刘整在襄樊前线造战舰,练水军。八年(1271年),改国号为大元,是为元朝。十年,先破樊城,继用巨型发石炮攻克襄阳。十一年,下诏攻宋,以丞相伯颜为帅,领兵20万,兵分三路,水陆并进,连陷数城。同时以朝鲜为基地,派蒙古及高丽联军2.5万人、船900只攻日本,登陆后方与日军接战,因夜中台风来袭而撤退,结果半数以上士兵淹没海中。十二年,元军先占建康(今南京),继向临安进逼,一路攻城夺地。十三年,元军至皋亭山(在今杭州东北),宋廷奉表投降。十六年初,元军在厓山(今广东新会)全歼宋军余部,统一全国。他下令禁汉人持兵器。十八年,分兵两路渡海攻日本,兵力达 14 万。因日本已有防备,元军作战未曾得利,又遭台风袭击,毁船无数,将领乘巨舰逃归,被遗弃的士兵则被剿杀或发配为奴。十九年,发兵远攻占城(今越南南部)。二十一年,发兵攻安南(今越南北部),次年因疫疾而撤退,遭安南兵追击,损失惨重。以后再攻安南,虽曾攻入安南都城,逼安南王入海,但回师时遭追击,重演初攻安南的故事。二十四年,东北宗王乃颜反,忽必烈亲征,在辽河附近会战,赖汉军作战用力,擒杀乃颜。二十六年,早已反叛的海都(窝阔台之孙)带兵攻占和林,忽必烈以 70 余岁高龄亲往征之,海都闻风西走。以后忽必烈又屡遣军击败海都。二十九年,派兵攻爪哇(今属印度尼西亚),次年损兵折将而归。三十一年正月,病卒于大都。

忽必烈成功地完成了统一中国的大业,在领导统一中国的战争中,充分展示出其军事领导才能。他有关战争的言论和治军备战的措施,体现了他对战争和治军备战的理性认识,表现出与成吉思汗相对不同的历史特色。忽必烈的军事思想在中国战争史上有较大影响。

战略有新旧,治军兼蒙汉

在战略思想上,忽必烈表现出相对立的两面性。在统一中国的战略上,他基本保持着清醒的头脑,注意审时度势调整战略部署,使战略方针保持着稳健而推进有力的特点。蒙哥汗时期,他提出攻宋的新战略:避开宋军主要防线,南下攻占大理国,把战果扩大到西南地区,利用西南的人力物力,迂回攻宋,形成南北夹击宋军之势。这个战略被蒙哥汗采纳后,他亲自统军实施,顺利造成对宋迂回包抄之势。以后,他领军攻鄂州,留驻西南的兀良合台自广西北上,实施南北夹击宋军的计划。这时,阿里不哥争位消息传来,形势发生急剧变化。如果继续执行既定方略,阿里不哥势必在后方得到汗位。他果断调整战略,逼宋与其议和,变阶段性战略为南守北攻。所谓攻,首先是政治上的攻势,他抢先在开平即大汗位,然后诏谕天下,称随后在和林称汗的阿里不哥为反叛者;接着是军事上的攻势,主要军力用于击败阿里不哥和海都等。在阿里不哥归降、海都北遁之后,国力臻于强盛,他又调整战略,变南守为南攻。他采纳宋降将刘整的建议,以先攻襄樊、浮汉入江、直趋临安为南攻战略的基本思路,制定了周密、稳健的攻宋方略,最终统一全国。

在对外扩张的战略上,忽必烈却犯了根本性的错误。从至元十一年到二十九年,他两次派大军远征日本,两次征安南,一次征爪哇,结果都是损兵折将,遭到失败。忽必烈的战略目标,是欲令这些国家臣服于元,重振成吉思汗、拔都、旭烈兀三次西征的雄风。但正如有的学者指出的那样:"在现代社会出现之前,很难有一个陆上强国也可以同时成为一个海上霸王。其动员既如是的耗费,而人民也要被强迫在他们生活领域不能习惯的方向进展,所以很难持久。"(黄仁宇《赫逊河畔谈中国历史》208 页)因此,忽必烈对日本等采取的进攻战略完全是不切实际的。他在统一中国和对外扩张上的战略态度上判若两人,前者冷静而稳健,后者冲动而浮躁。这种矛盾交织于其一身,使他既有军事家高瞻远瞩的胸怀，又有秉承于父祖的马背上的英雄的粗犷。

在治理军队、加强军队战斗力上，忽必烈也表现出卓越的才能。他既注意发挥蒙古军队的特长，如注重运用蒙古精骑作战等，也十分注意吸收中原传统中治军强兵的制度，用之改革蒙古旧制。第一，他即位之后，改变蒙古军分为两翼、由万户长而下一统到底的制度，改变由都元帅节制探马赤军和汉军的制度，设枢密院掌管全国军政，加强了中央集权。第二，他花费30多年时间，不断改造军队组织体系，逐步确立了中央宿卫军和地方镇戍军两大系统。第三，为了防止汉军将领拥兵自重，他改变汉军由私家掌握的状况，或令汉军将领易军为将，或令汉军将领改任民官。对蒙古军的军官世袭制也进行了改革，核心是职位仍可世袭，但军队因调动分合而不再始终为某一家族所掌。第四，他为适应战争形势的变化，提倡使用铁火炮等新式武器，发展进攻型的、独立的水军和炮军，实施多兵种协同作战。他还注意用南宋降将训练军队，学习南宋在军训方面的长处；第五，他在全国范围内推广军屯制度，以促进生产的恢复和发展，推动对边疆地区的开发，保证军队资粮的供应。

忽必烈的军事思想，既包括以成吉思汗为特征的蒙古英雄思想，又包括受中原文化影响的封建文化思想，这是他所处的时代和其特殊地位所造成的。他算不上兵家中最杰出的一流人物，却是独具特色的人物。通过他我们可以看到，在军事冲突的同时，两种文化也在冲突与碰撞中发展和交融。

七、明朝兵家

明朝的军事形势和兵学论著的兴盛

元朝末年，烽火遍地，诸军纷起，其中朱元璋领导的大军先后大破陈友谅、张士诚的军事集团，由南向北长驱中原，于公元1368年灭元建明。在完成全国统一后，朱元璋招诱流民垦荒屯田，推行军屯制度，兴修水利和发展工商业；又在职官、刑律、科举等方面改革制度，强化中央专制体系。明成祖朱棣时加强了与边疆民族的联系，又多次派郑和下西洋，增加与外部世界的接触。资本主义在明初萌芽，手工工场、城市商业贸易和市民阶层有较大发展。但是，中国长期封建社会中自给自足的经济结构、明廷的封建专制集权等诸多因素都顽固地阻碍着资本主义萌芽的成长。明英宗朱祁镇以后，政局常不稳定，来自外部的军事威胁和来自内部的财政危机及由此引起的动乱，一直困扰着明廷。以后时而宦官猖獗，时而皇帝无道，各种矛盾纷纭交织，使得政治上十分混乱，财政上十分紧张，农民军为求生存而纷起，东北的女真人趁机发展壮大。1644年，李自成领导的农民军攻破北京城，明思宗自缢，宣告了明王朝的灭亡。

明朝在军事上，对内主要是与农民军和藩王的战争，对外主要是抵御异族和倭寇的入侵。明自开国初起，农民的起事就很少间断，唐赛儿、邓茂七、叶宗留、刘通、刘六、刘七等的起事规模都比较大，明末张献忠、李自成的农民军更是声势浩大。西南土司和苗民与官军的军事对抗也有相当规模。藩王的造反，初则有燕王对惠帝的政权争夺战，后又有宁王宸濠之乱。对外战争，先是蒙古瓦剌部南下，大败明军；继而有鞑靼时来侵扰；倭

诸子百家——兵家

寇的侵扰则自明初已始,到嘉靖时期至极,带来东南沿海的残破。明末对后金(清)的作战,由于背后有农民军的猛烈冲击,亦连连失败。

频繁的战争,战争规模的日益扩大,火器发展带来的战争形式的变化等,尤其是战争性质的多样复杂,使明代成为中国古代兵家林立、兵学论著盛多的时代。明代兵书空前的多,据不完全统计有 400 多部,其中不乏见解新颖之作。

明代兵书之盛,不仅由于战争的推动,思想文化的变化也是原因之一。明代强化思想的统治,宣传程朱学派的理学,影响所及,形成文人重议论的风气。风气之下,固然有空疏之论,亦时有借鉴历史经验而得到新鲜认识。明代中期,王守仁起而提倡“致良知”和“知行合一”论,可贵的是他本人也在这方面做出了努力。明代后期的不少兵学论著,在思想上都或多或少受着王守仁的影响。明代较重武学,逐步将武学的教育形式推广到全国;又开设武学制科,各方面士人均可投报官司,应试会举。武举的制度化,对士人研习兵法的风气或多或少有所推动。明代,天主教开始在中国开展传教事业,传教士带来的地理学等方面的近代科学知识,在明后期的兵书中也有一定反映。

明代众多兵家中,不乏理论与实践相结合者,王守仁、戚继光是其中杰出的代表,何良臣、宋祖舜等也在理论与实践的结合上有所建树。即使像朱元璋那样的开国皇帝,在开基创业、统一全国的战争实践中也提出了较为系统的军事理论,与逊于文采的成吉思汗等有所不同。这些兵家的涌现,使明朝的兵家具有了重要的地位,在兵学史上呈放异彩。

朱元璋的攻守方略和治军思想

生平与战绩

朱元璋(1328~1398 年)是明朝开国皇帝,元末农民起义军首领,军事家,政治家。字国瑞,濠州钟离(今安徽凤阳东北)人。生于贫苦农民家庭,17 岁时父兄相继死去,遂入寺为僧。元至正十二年(1352 年),至濠州参加郭子兴的反元农民起义军,英勇善战,被郭招为婿。次年,募兵得 700 余人,被郭子兴任命为镇抚。十四年,升任总管,克滁州,部众扩大至 3 万。十五年,郭子兴死后,朱元璋统领其军。农民军首领刘福通等立韩林儿为帝,号小明王。韩林儿任命朱元璋为副元帅。他率军渡江屡屡取胜,升任都元帅。旋置太平兴国翼元帅府,自称大元帅。十六年,亲统大军击败元军,占江南重镇集庆(今南京),改集庆路为应天府,以此为立业之基。这年七月,被诸路农民军首领推为吴国公,设江南行中书省,任平章。旋派兵破张士诚兵,攻江南元军。十七年,分兵四向发展,南取元宁国路、徽州(今安徽歙县),北夺张士诚等所据泰兴、扬州,东克张士诚所据长兴、常州、江阴等地,西取青阳及元池州。以后逐年扩大战果。二十三年,击杀陈友谅,灭其军数十万。次年,称吴王。亲至武昌督战,迫降陈友谅之子。二十五年,将陈友谅旧地攻取殆尽,转而东向攻击张士诚。二十七年,称吴元年,破苏州,俘张士诚。次年,在应天称帝,国号明,年号洪武,是为太祖高皇帝。同年八月,灭元。明王朝建立后,以长达 22 年的时间多次征讨北遁的元军,消灭割据四川的明升,讨平据守云南的元梁王,征服西南诸部,逐步统一了全国。灭北元后,定天下都司卫所,颁《大明律》《大诰》,强化封建中央专制。洪武三十一年(1398年),病逝。

攻守方略集众智,建军治军重专权

朱元璋出身贫苦,乘元末农民军纷起之风云,起于卒伍,募兵自强,征战10余年,灭元立国;又以22年时间翦灭群雄,统一全国。他既有亲身征战的经验,又有运筹帷幄、调动三军的统帅经历,在长期的战争实践和国防建设中,形成较为系统的军事观点。明初编录的《明太祖文集》,集中了朱元璋的诏诰文书等,为研究其军事思想提供了方便。

在战略决策方面,朱元璋善于集思广益,制定正确的方略。他采纳儒士朱升"高筑墙,广积粮,缓称王"的建策,在攻取集庆后将其改称应天,以之为战略根据地,悉心经营,并在周围地区鼓励耕战,积粮练兵。当时陈友谅在武昌称汉帝,张士诚在苏州称吴王,明玉珍在四川称夏帝,他志在统一,暂不称王。同陈友谅、张士诚两大势力交锋,他避免两线作战。鉴于张士诚粮足财富而无远图,他集中力量先攻陈友谅。灭陈友谅后,他先遣使与元讲和,又与明玉珍通好,然后进攻张士诚。针对张士诚统治的地区中隔长江、南北狭长、兵力分散等弱点,他确定了先取淮东之地、再移军浙西、同时清除两翼、最后攻其都城平江(今苏州)的部署,可谓周密精当。灭张士诚军后,南方最大的敌人已经消除,于是决定一面以大军北取中原,消灭元朝;一面分兵多路,攻灭割据浙东的方国珍等。灭元平定江南后,再依次攻取边远的四川、云南和辽东,实现全国基本统一。从整个统一战争的策略和各阶段的战略安排看,他决策稳健而周密,注意因势而确定攻守攸宜,注意分步打击主要敌人、保存自己的实力,避免全线出击、腹背受敌。

在作战指导上,他对攻守都有系统的论述。他主张进攻要避实击虚,"我虚而彼实则避之,我实而彼虚则击之"。防守要以逸待劳,寻找战机,得到战机要适时出击,敌方动摇则转守为攻。无论是攻还是守,都要奇正交用,"以正应,以奇变"。奇正不仅表现在兵力部署上,还表现在布阵应敌等诸多方面。如与陈友谅军在鄱阳湖康郎山水域的遭遇战,朱元璋与徐达、常遇春分率舟师,与陈友谅的舰队正面交战;俞海通则驾轻舟穿插其间,或乘风放火以烧敌船,或应急救险飞速接应。第二天两军决战,又先后两次派出小船冲入敌阵,以奇兵乱敌,正兵歼敌。

在国防建设和治军问题上,他注意总结历代统治经验,以强化封建中央集权为目标,定制改制。他继承元代的兵役形态,实行军户制,以保证兵源的相对稳定,又大行谪兵制,以罪囚充军以补充兵员。他认为,兴国之本,在于强兵足食,借鉴汉武帝以来的军屯方法,制定军屯法令,规定各地军队分兵屯种的比例和有关制度。为保证对军队的有力控制,他确立五军都督府和六部同理全国军政、互相制约、凡事由其亲裁的制度。他强调军队应居安思危,屡令徐达等宿将分道练兵,令有关官员议定《教练军士律》,规定阅试军官和军士的办法,不准卫所官员的儿子从事武事之外的闲业。不过,他对待将士的有些措施相当残忍。

朱元璋的军事思想并不是他个人冥思苦索而来,实际上是集中了他的重要谋臣刘基、宋濂等人及名将徐达、李文忠等人的智慧。他能采纳善策,以己意出之,毕竟是雄才

诸子百家——兵家

大略。他关于国防建设和治军的思想,对明代统治阶级的军事思想有重要影响。

王守仁融心学于兵学的理论特征

生平和兵学论著

王守仁(1472~1529 年)是明朝中期的思想家、军事家。字伯安,号阳明,浙江余姚人。少时对骑射和兵法有浓厚的兴趣。弘治十二年(1499 年),他在 28 岁时进士及第,任职工部,奉命督造威宁伯王越墓。他用训练军队的办法来训练修墓的队伍,并收集王越作战的实际档案材料,进行战例研究。他向朝廷呈上《陈言边务疏》,提出了抵御瓦剌的成套战略思想。正德元年(1506 年),武宗重用宦官刘瑾等,他身为兵部主事,因上疏忤刘瑾,受廷杖下狱。次年贬谪为贵州龙场(今修文县)驿丞。他于困居龙场期间形成"致良知"的思想体系,提出"格物致知"和"知行合一"的新学说。三年贬谪期满后,任江西庐陵知县。正德十一年(1516 年),任南赣佥都御史,旋巡抚南赣、汀、漳等地。十二年初至十三年,他在江西行"十家牌法",先后平定东南地区詹师富、卢珂、陈曰龙、谢志山、兰天凤、沈仲容等农民的造反。十四年,宁王朱宸濠在南昌举兵叛乱,他任提督南赣军务右副都御史,率乡兵全歼叛军,生擒宸濠及其左右。十六年,世宗即位,升任南京兵部尚书,封新建伯。这年,他的学说被视为异学,明令宣布学禁。他也因父丧回乡,在家乡赋闲 6 年,专心讲学授徒。嘉靖六年(1527 年),兼都察院左都御史,前往广西平定原土司部民的造反。他采用招抚办法迅速解决问题;又用招降的原土官带兵,攻破断藤峡、八寨的瑶、壮反明武装。七年,他因过度劳累而发作肺病,在这年冬天病故于回乡路上。他死后,朝廷重申对他的学禁,停止其抚典和世袭封爵。隆庆初,追恤赐祀,谥文成。

王守仁是杰出的思想家,他的"致良知"学说对明中期以后的思想家有很大影响。其实,他的军事思想也堪称杰出。他在江西平定各部农民义军,讨平朱宸濠之乱,镇压广西的少数民族,使其前此形成的军事论述得到检验和升华,体现了他兼备大智大勇的素质,是知行合一、理论与实践相结合的优秀的兵家。他编撰有《兵符节制》《兵志》《城守筹略》《历朝武机捷录》《国朝武机捷录》《新镌标题武经七书评语》《十家牌法》《阳明先生乡约法》《阳明先生保甲法》等兵书。他的军事论述在后人编的《王文成公全书》中有全面反映。

融心学于兵学,显大智于仓促

王守仁创立的心学表现在军事上,即认为对待农民和少数民族的造反单以兵力攻剿是下策,应以攻心为上。他站在封建统治阶级的立场,视起事的农民和少数民族为"山中之贼",认为破"山中贼"易,破"心中贼"难,而只有"破心中贼",才是求得社会长期安定的要道。"心中贼"即农民和少数民族对明廷的不满情绪。官府统治无方,使民众有冤苦无处申,"心中贼"就会变成"山中贼"。制止"贼"势发展,根本在于安民,健全行政机构。同时,"民知革面,未知革心",对此要加强教育,建立乡规民约,举办社学,用传统道德观念感化和改造乡民。对于已造反者,他认为"处夷之道,攻心为上"。如奉命讨伐原土官卢苏、王受的造反，他改征讨为招抚，使卢苏、王受自动请降。即使是招抚不成而行镇压，他在取胜后还感叹："莫倚谋攻为上策，还须内治是先声。"并且表示不愿封侯受赏，但求朝廷和地方官能减轻对农民的经济剥削。

王守仁注重地方军事力量的整顿和发展，有独特的治军思想。他在市镇及农村建立"十家牌法"，制"十家牌式"，加强对乡村基层的管理。挑选民众中骁勇绝群、胆力出众者组成民兵武装，团结训练，听候征调，缺员则悬赏招募。对地方正规军则加以整顿训练，强调赏罚分明，健全管理考课等制度。由于他统领的地方军和民兵训练有素，所以当宁王朱宸濠叛乱时，他虽仓促兴师，却不待请兵请粮就迅速克敌定乱。

王守仁用兵作战，能临危不乱，迅速明判事势，因势定策破敌。宁王朱宸濠之乱，其实蓄谋已久。在叛乱前两年，其府吏就曾入京告发宁王亲信谋反事，反受刑责。宁王叛乱举兵，王守仁临危定计，佯称将以重兵攻南昌，使叛军疑惧，不敢仓促行动。利用这一时机，他一面急调正规军，一面募集训练有素的民兵待战。当叛军打到安庆，欲夺南京时，他不是急赴安庆与叛军决战，而是直捣兵力空虚的南昌，逼朱宸濠回师救援。又奇正相生，佯败诱敌入围，克敌制胜。这一战，王守仁处处棋高一着，迅速变被动为主动，充分显示了其军事素养之宏富。

对于王守仁的兵学理论和在军事上表现出的卓越才能，历来因为他镇压了农民起义军和少数民族，或一笔抹杀，或视而不见。但从客观而言，像他这样学问深厚的思想家，同时又融心学于兵学，把知行合一的主张体现于军事活动，在兵家史上实为独一无二，在军事思想的发展史上也独树一帜，值得研究古代兵学理论者充分注意。

何良臣的因形用权思想

何良臣是明后期兵家，兵书《阵纪》的作者。他字际明，号唯圣，余姚人。这位王守仁的同乡，青年时从军海上，为幕僚、偏裨将，久不得提升，嘉靖间官至蓟镇游击将军。其余生平经历不详。他长期在军，有军事上的实践经验，又喜好文学，多读兵书，通达将略，撰《阵纪》《制胜便宜》《军权》《利器图考》等兵书。《阵纪》撰成于游击将军任内，为晚年之作，流传最广，体现了他在兵学上的成就。

《阵纪》共4卷，66篇，分为募选、束伍、教练、致用、赏罚、节制、奇正、车战、水战、火战等23类，结合历代用兵得失，针对明代军事现状，就治军、战略、战术、兵种、军事地理及气候等问题提出了有价值的观点，所论多切实近理。

何良臣军事论述中最精彩的部分，是他对《吴子》"因形用权"原则的发挥。"因形用权"，即因敌人的形势变换我方的谋略。他主张夺取敌之险要以巩固自己的防御，因敌之计而将计就计，敌人如对我方将计就计我方就改变计谋，敌人依恃的有利条件就是我方迅速加以破坏的目标，等等。这些都是"因形用权"的战术运用。善于用兵的人，必须因敌不同而用权不同，因战况不同而运用战法不同。总之，善用兵者，不能单靠客观条件，要善于通过主观努力去创造制胜的条件。

何良臣强调把灵活应变的原则运用到治军强兵上，反对呆板守旧的治军方式。他主张变用古法，革新军制，以实现治军守国的目的；反对墨守成规，只讲形式。针对明代卫

诸子百家 —— 兵家

所军之积弊,他提出治军强兵应以"选练为先",在广募士兵的前提下精选胆、力、艺皆佳者,通过严格训练,建成将良兵锐的节制之师。

何良臣在强调"因形用权"的同时,也指出应尊重客观形势。凡用兵,不能轻举妄动,不能违背客观形势。轻启战端,必然失败;违反客观形势,必然灭亡。"因形用权"和顺应客观形势,是对立的统一。"因时顺势而利导之者,能者之事也;悖人逆天而抗时势者,妄者之事也。"这番理论,对"因形用权"作了完美的补充,使之与违反客观规律的做法划清了界限。

何良臣的军事论述具有辩证色彩,对明末兵家有一定影响。

戚继光的治军练兵思想

生平和军事著作

戚继光(1528~1588 年)是明朝后期抗倭名将、等知识技能;再把武官放到"实境"中去检验,"试之既真",则分阶段委以责任。对于一军主将,他提出了更全面的要求。除古来兵家常论及的领导艺术外,他更在躬行实践方面提出如下标准。第一,"所谓身先士卒者,非独临阵身先,件件苦处要当身先"。第二,"平时器技必须主将件件服习,以兼诸卒之长","又须……亲手看试过方可付士卒"。第三,广询博访"古今名将成败之政,一时山川形势之殊,敌情我军隐微之变",集思广益。第四,以真爱之心对待士卒,使士卒感奋。第五,必须以严明的赏罚制度治军,但赏不专在物质财富,罚不专在斧钺之威,关键在一赏一罚要入"情"入"理",要以"申明晓喻,耳提面命"的思想工作辅赏罚以行。第六,要善去自身的"心寇",即扫除忿嫉贪欲,提高道德修养,如不能贪人之功和掩下之劳。戚继光的为将标准和练将主张,是他长期实践的经验总结,同时也吸取了前人的思想(如王守仁的心学),具体实在,又具有相当的理论深度。

关于练兵,由于戚继光亲身组建戚家军,又主持过神机营、蓟州等三镇练兵事务,有最丰富的经验和理论总结。首先,他以精选士卒为练兵的前提。选兵的标准是朴实、强健、有精神胆气,这个标准对以后湘军和清末新军的选练有重要影响。兵既选定,立即严格编伍,以"节节而制之"为原则,"始于士伍以至队哨,队哨而至部曲,部曲而至营阵,营阵而至大将,一节相制一节,节节分明,毫不可干"。编伍既定,就要从严训练。要绝对服从号令,专心用意,若犯军令,定斩不赦,哪怕是自己的亲儿子。训练讲求实效,反对"花枪、花刀、花棍、花叉"的形式主义。因此训练要严守科学规律,循序渐进,由易到难,由浅入深,由单兵练习到合兵演习。他认为"兵之胜负者,气也",所以训练不仅是技术和战术的练习,也是胆气的练习,甚至认为练胆是训练之本。

戚继光十分重视武器的改进和熟练运用,并把它贯彻到练将与练兵之中。他认为:"有精器而无精兵以用之,是谓徒费;有精兵而无精器以助之,是谓徒强。"比如他针对蒙古朵颜等部骑兵精良的特点而安排在鸳鸯阵中用狼筅等兵器,人、阵、器相结合,进退便利以拒敌骑。他很重视火器的研制和运用,用多种火器装备部队。神机营是火器专业化部队,他把任神机营副将的经验带到蓟州等三镇,不仅建设专门的火器部队,还把各部队改编为多兵种混编、火器与冷兵器合理配置的新型军队。

戚继光也很重视战阵的发展。对他说来，发展战阵不仅是队列变化及方圆开阖，更包括阵势力量的飞跃。首先，摆阵不能只是宜于变化御敌，而且要攻守兼备，如鸳鸯阵长短兵器迭用，刺卫兼顾，能因敌因地变换阵形，锐则攻敌，合则御敌乱敌。其次，阵非孤阵，一个阵势只是整个作战布局中的一环，兵力部署上谁攻谁守及何时攻何时守，都与阵势的变化相协调。引申开来，车步骑营的密切配合就贯穿着用阵的精神，这即是他说的"堂堂正正"之阵。

戚继光身体力行，讲求实效；练兵强兵，成绩显著；著书立论，绝少空言。他的思想，对明末和清代的兵家有较大影响，在现代也有一定意义。

宋祖舜对古代守城理论的发展

宋祖舜是明末兵家，兵书《守城要览》的作者。自幼喜读兵书。他长期在陕西、山西一带戍边，熟悉军旅生活，对守城知识有十分具体的感受。曾任都察院右佥都御史等职。崇祯八年（1635 年），奉命提督军务兼抚治郧阳（今属湖北）。当时，高迎祥等率领的农民军已先破郧阳，渡汉水西入川。鉴于郧阳不守的教训，宋祖舜在自己"身经攻围之苦，目击守御之难"的实战经验的基础上，调动兵学素养，参酌前代兵书，以当代人吕坤的《救命书》、张朴的《城守机要》为蓝本，删繁录要，出以己见，两易其稿，写成了《守城要览》这部兵书。

《守城要览》共 4 卷，凡 94 章，系统论述守城作战的一般理论原则，详于城防设施和兵器的制作与使用方法，在前人守城思想的基础上，结合明末军事形势，提出了一些新的见解。

宋祖舜守城思想的核心，是主张"坐而役使敌国"。守城表面上是被动的，但要争取主动。敌人未来进攻，我要先加强防守；敌人不来挑战，我要伺机出击；敌人欲取主动，我多方扰之使其被动。有时要多次出击以振我士气，有时要按兵不动以挫敌锐气。要使敌人常处于紧张状态下。这样，就能变战略被动为主动。

宋祖舜提出了守城的"五败"和"五全"之道。"五败"是：城中力壮者少，老小病弱者多；城大而人少；粮少而人多；储积的物资屯于城外；豪强大户不肯出力用命。再加上城内地势低于城外水流的地势，土质疏松而护城河浅小，守城器具不足，柴火与用水不能保障，虽有高城也不能守。"五全"是：修缮城墙与护城河；守城器械齐备；人少而粮多；将士官民上下团结；刑罚严厉赏赐厚重。加上城邑背靠高山、面临大河，地势高而水源充足，地势低凹处却离水源较远，就利于守城。避免"五败"，争取"五全"，因天时，就地利，是守城的前提。

宋祖舜在守城的战术指导上，提出了"见利而行，不可拘以常格"的灵活机动原则。当敌人来势凶猛时，他主张"静默而待，无辄出拒"。如遇敌人主将亲临城下，他主张"度其便利，以强弩丛射，飞石并击，毙之"，以此沮丧敌人军心，使其退去。当敌人称降请和时，不能放松戒备，防守要更加严密，防其诈我。敌之初至，营阵未稳，可由暗门出奇兵击之。为疲敌扰敌，可在城上大造出城劫寨的声势，使敌人彻夜难眠，而我方照旧轮番守垛、睡觉，以逸对劳，与敌相持。当敌人因久攻不下，意懈而退兵时，可出城追袭敌军，但追袭不能过远。

宋祖舜的守城理论，丰富了自《墨子》以来我国的城守思想，进一步突出了我国古代重守中有攻的守城理论传统。

尹宾商《兵垒》的兵学体系

《兵垒》的基本体例

尹宾商是明末兵家，兵书《兵垒》的作者。字亦庚（夷耕），一字于皇，别号白毫子，晚年单名商。湖北汉川人，主要活动于天启、崇祯年间。他自幼聪慧好学，喜对精读之书细加评点。官至知县，因得罪上官而罢免归家，杜门著书。有兵书《兵垒》《阃外春秋》和《武书大全》等。

《兵垒》一书，重在探讨用兵作战的战略战术原则和治军之方。尹宾商在精研历代战例的基础上，概括出36个原则和要诀，每个原则和要诀以一个字为目，如"声"，代表声东击西、示假隐真的原则。每个字下均有简明的论证，并各附若干战例。论证部分，文字简要通俗，便于掌握运用。他精于术数，并把这方面的知识运用到谈兵中去，由此形成了《兵垒》的独特风格。他分类辑录了300多个战例，使《兵垒》又具有军事史料价值。但是，象《兵垒》这样一部有一定价值的兵书，长期未能刊行传世，直到本世纪初才由刘誉棻等校勘付梓。

谋略打诈兼施，治军恩威并重

《兵垒》反映出尹宾商重谋略的思想。其中《诳》《谲》《佯》《声》等10余篇都是讲谋略的，强调通过主观努力争取战略战术上的主动权，以较小的代价夺取较大胜利。他讲谋略，核心是对敌用诈。他在《声》篇中强调通过虚张声势、声东击西来迷惑和调动敌人，以战术骗术制造有利于己方避实击虚的条件；在《赢》篇中发挥了前人示弱于敌、捕捉战机的战术欺骗法；在《佯》篇中分析了"伪为不胜以求胜"的佯攻和佯败之法；在《肄》篇中把兵法的精义概括为多方以误敌；在《谲》篇中强调"兵以正出而谲用之"的基本原则。总之，对敌作战，应多方应用诈术，示假隐真，欺骗敌人，随时争得战场上的主动权。对敌用诈，贵在出奇，每运用方略，要既不同于古人，又不同于前次，这样才能造成敌猝不及防的战术效果。怎样做到出奇制胜呢？他提出了设异破敌、突出惊敌等方法，以敌人不常见之物、难预料之行动乱其阵脚。

《兵垒》反映出尹宾商强调心理因素的战争观。人的精神状况对战争进程及其转变是有一定作用的。尹宾商认为，进行战争必须"治气""治心""治力""治变"，4个要素中，"治气""治心"与"治变"都与调节人的心理因素有关，只有士气旺盛、军民一心、应变措施得力，既有的人力与物力才能转化为强大的战斗力。

《兵垒》反映出尹宾商灵活机动的战术思想。他提倡军队应具备战术上的灵活反应的能力。在兵力运用上，既要善打集中优势兵力破敌的"合"战，又要能打运用少量精兵突击破敌的"寡"战。在战场动作上,他非常强调"以静为主""以静制动"的"兵以静胜"的战术,同时又追求"自始至终着着求先"的战术指导境界。他总结前人兵法,提出了许多简明易记的战术原则,如:"扼",即控制和打击敌方要害部位的战术;"制",即以己之长制敌之短的战术;"必",即掌握战场主动权、牵制敌人的战术,等等。他在论述这些战术原则时,体现出较丰富的军事辩证法思想,强调处理好对立现象的转化。他反对呆板教条地运用兵法,主张"运用之妙,存乎一心"。

《兵礨》反映出尹宾商恩威并重的治军思想。他继承古代兵家的这一传统,并进行了比较系统的简要阐述。首先,治军贵严,严表现在以"诛"立威和以"整"训卒两方面。立威,即将士随时服从调动和指挥,令能即行,禁能速止,为保证此点,对违犯军令者必须坚持"当杀勿赦"的原则。对"贵幸"者、"亲匿"者、"勇敢"者,只要敢以身试法,就决不容情。以"整"训卒,是因为"善行师行军者必整",因此必须以军容严整为训练军士的起码要求。其次,治军需得良将。良将不仅是智勇兼备,还应该爱惜士兵。爱兵一是要视卒如爱子,二是要与卒同甘苦,三是要随时拔擢贤者、奖赏勇者。要成为良将,必须随时注意自身的品德修养和军事素养的提高。《兵礨》中《信》《煦》等篇对此有集中的论述,如:"信",强调将帅要以诚信治兵;"集",提出"善为将者假人之长以补其短",等等。

尹宾商的《兵礨》有较为丰富的军事思想,又善于结合历代战例加以分析论述,至今仍有可供借鉴之处。但尹宾商缺少军事实践经验,书中间有敷陈前人之说和无所创见之处,甚至个别地方读来有迂阔之嫌。这也是一类儒生型兵家的通病。

揭暄《兵经》的丰富内容

《兵经》的基本体例

揭暄是明清之际的兵家,兵书《兵经百篇》的作者。字子宣,广昌(今属江西)人。明末诸生,明亡后曾举兵抗清,失败后隐居山林。他深明西术,深于物理,精通天文,曾于康熙二十八年(1689年)撰《璇玑遗述》7卷,以其言多古今所未发,甚得时人赞誉。又喜谈兵,撰《兵经百篇》《战书》等兵书。其生活年代,大致由明末天启年间到清康熙中期。

《兵经百篇》又名《兵法百家》《兵经百字》《兵法圆机》,约撰于明清之交。初以抄本流行,道光初以《兵法百言》为名收入《皇朝经世文编》,始有刻本。全书分为《智》《法》《术》3编,分别用"先""机""势"等100个字作目,论述100条军事原则。其中,《智》编包括28条,主要讲以谋制胜的原则;《法》编包括44条,主要讲组织、建设、治理军队的原则;《术》编包括28条,主要讲战场形势与变化问题。该书论辩精微,富于哲理,体例谨严,是揭暄军事思想的结晶。

战略周密有后着,知变铸法论作战

注重战略制定上的严密性与应变性,是揭暄军事思想的特色之一。他推崇孙武"不战而屈人之兵"的全胜战略,以"于无争止争,以不战弭战,当未然而寝消之"为最高战略目的。为达到此目的,同时要有不得已而战的战略准备。制订具体的方略,要遵循这些

诸子百家——兵家

基本原则:第一,争取战略主动,先发制人,但又要有应付形势逆转的方略,做好"以后为先"、后发制人的准备。第二,战略部署要具有灵活应变的特点,做到"兵必活而后动,计必活而后行"。战略部署的灵活性必须与战略部署的严密性相统一,在灵活性中必须蕴藏着严密性,在严密性中必须包含着灵活性。第三,战略部署必须包括策应和后者的安排。没有策应安排就会使军队成为孤军,没有后着(即备用方略)就会使既定方略成为穷策。做好策应安排,军队方可气壮势盛地去作战;留有备用方略,形势变化仍可施行既定战略。这些思想,对我们今天制定战略方针也是有一定启发意义的。

强调战术上的相机而战,是揭暄军事思想的又一特色。战术上的相机而战,以"铸法"和"知变"为前提。"铸法"就是要融会贯通、因敌因势而运用兵法,"知变"就是要掌握敌我双方多寡、劳逸、利害、顺逆等形势的发展趋势。"知变"才能"铸法","铸法"才能应变。比如用兵的急缓,就要根据敌我双方情况比较而定。可以速决就乘隙进攻,宜于缓战就与敌相持。哪些情况该迅急用兵,哪些情况该与敌相持呢?以与敌相持为例,揭暄列举了11种情况:敌挟众而来,其势不可久留;敌形势不利,急于决战;敌进攻之势优于我方;敌处于险境,我处于安全的境地;敌缺粮而我充裕;敌疲我逸;双方都宜静观其变,先动者败;双方势均力敌;敌众而内部不和,将自相残杀;敌将虽然高明,但内部有人掣肘;天时或地理的变化将对敌不利,敌锐气将懈。在上述情况下,如与敌相持,对我有利的战机就易寻得。揭暄所论各项,并不一定全对,但他注意细析战机,终属难得。

揭暄在发挥将领作用、提高将帅素质、加强军队内部团结和以法治军等方面,也有独到见解。如主张"将制其将",反对"以上制将";主张进言不拒,"不善不加罚";主张凡兴师动众,必须从国家、民众、军队三方面考虑得失,等等。

揭暄的军事思想和兵学理论,成为明代兵家史上最后一抹余晖。

八、清朝兵家

清朝社会的巨变

公元 1644 年,李自成进北京后,原明山海关总兵吴三桂引清军入关,并迅速逼李自成向陕西转移。清军入北京后,迁都于此。以后先收西北,后定东南,逐个消灭反清力量,实现全国统一。

清初统治者改变入关之初的屠杀和仇视汉民政策,确立以满族贵族为主的各族统治者的联合政体,学习汉文化,在官制、法律、军制等方面逐步消弭满汉的差异,社会生产也获得迅速恢复和发展。在康熙、雍正、乾隆时期,出现了经济和文化相对繁荣的局面,国家也得到空前的统一。清中叶起,由于封建社会的衰老,封建王朝的机能已失去再生能力,资本主义萌芽又得不到正常成长,社会出现多种危机,清王朝全面走向下坡路。1840年,英国侵略中国的第一次鸦片战争爆发,西方列强的洋枪洋炮打开了中国的大门。中国由于长期闭关自守,经济和军事技术上的落后暴露无遗,清朝皇帝和不少大臣的观念之陈旧更令世人咋舌。尽管民众和部分爱国官兵英勇顽强地进行抵抗,但腐败的政治和软弱的国防力量还是使战争以中国的失败结束。鸦片战争后,丧权辱国的清廷更加失去民心,洪秀全趁势发展拜上帝会,建立太平天国,领导起义军从广西一直打到南京。以曾国藩组建的湘军为主的清军,历时数年,才把太平天国镇压下去。与此同时,西方列强又发动了第二次鸦片战争,给中国带来更加巨大的灾难。

痛定思痛,部分清廷官员开始把目光转向西方,希望在军事技术和工业等方面向西方资本主义学习,以实现"自强""富国"。于是"洋务"运动兴起,中国开始出现近代化军事工业和民用工业,出现了新式的海军和陆军,出现了新式的学校和书刊等。1894 年,日本继入侵朝鲜后侵略中国,中国海军在对日作战中损失殆尽。以后康有为等的变法维新又被镇压下去,清廷已如汪洋中千疮百孔的破船。1911 年 10 月 10 日,武昌起义爆发,各省先后宣告脱离清廷。次年,中华民国成立,清朝灭亡。

战争特点的变化及其对兵家的影响

清朝的战争类型有四种:一是清军与复明武装的战争,主要发生在顺治时期;二是清军与分裂割据势力的战争,主要是康熙年间平定吴三桂等三藩叛乱的战争;三是清军镇压农民起义军、少数民族和民间会教武装的战争,如镇压太平军的战争;四是抗击外国侵略者的战争,早期如康熙年间驱逐沙俄侵略军的雅克萨之战,后期如鸦片战争、中日甲午战争等。为期最长、变化最大的是后两类战争。

清朝的战争经历了重要的变化。鸦片战争以前,火器与冷兵器并用,作战方式与明代相比没有大的变化,骑兵与步兵仍是作战的主力,士兵主要是世袭的。鸦片战争以后,清军对外作战面临着全副洋枪洋炮武装的外国侵略者,于是也逐步用洋枪洋炮来装备自身;但这种变化比较缓慢,对外作战常常失败。作战方式也发生明显变化,以炮火进攻或御敌成为常见形式,舰队海战也出现了,骑兵的地位明显下降,士兵主要依靠招募并进行选练。

清朝的兵家因为战争方式的变化也表现出明显的阶段性。前期兵家多是传统的,或理论或实践,主要着眼于传统的战略战术和治军方式;后期兵家多是突破传统的,因为战争新形势的需要,理论与实践相结合,主要着眼于建军治军的新问题。前期兵家往往或着力于实践,或专心于谈兵,较少有理论与实践相结合者,其中杰出者如努尔哈赤、皇太极,都是在战争中显示其卓越军事天才的。后期兵家多有理论与实践相结合者,其中杰出者如曾国藩、左宗棠、李鸿章,均学养宏富,博通古今,又多居军中,组军练军。即使窃国大盗袁世凯,在理论与实践相结合从而对军事有所创新方面,也是颇引人注目的。学习和借鉴西方发达国家的军事技术和军事制度,是晚清兵家比较普遍的思想。这些思想给清朝兵学注入了新内容,也给中国古代兵学史补上了最后的有价值的一页。

努尔哈赤军事艺术的不稳定特征

生平与业绩

努尔哈赤(1559~1626年)即清太祖,后金政权的创建者,清朝的奠基人,军事家,政治家。建州女真贵族,爱新觉罗氏,建州左卫赫图阿拉城(今辽宁新宾老城)人。其祖父为明建州左卫都指挥使,父亲为指挥使。明万历十一年(1583年),其父、祖被明将李成梁误杀,他袭父职为建州左卫指挥使。因其父、祖之死与苏克素护河部首领尼堪外兰有关,遂以"遗甲十三副"起兵攻尼堪外兰。十四年,破鄂勒浑(今抚顺东),尼堪外兰逃走后求明官保护,因向明官索得而被杀。十六年,征服建州五部(苏克素护河、哲陈、浑河、栋鄂、完颜)。十七年,被明廷任为建州左卫都督佥事。十九年,收服长白山三部中的鸭绿江部,被明廷升为都督。二十一年,大败女真叶赫部与扈伦四部、长白山二部、蒙古三部的联军3万之众,自此军威大震。二十七

努尔哈赤

年,吞并哈达部。三十五年,灭辉发部。四十一年,兼并乌拉部。四十三年,正式建立八旗制度,原有黄、白、蓝、红四旗,复增镶黄、镶白、镶蓝、镶红四旗。女真人无论老少男女,均隶旗籍。四十四年,在赫图阿拉称汗,建元天命,立国号大金(史称后金),为建立清朝奠定了基础。

后金天命三年(1618年),他乘明朝统治衰败,以明朝"杀我父祖""耕种田谷不容收获"等"七大恨"为由,誓师告天,向明朝宣战,率兵1万克抚顺,拔清河堡(今抚顺东南)。四年,明兵部侍郎杨镐率四路大军攻后金,努尔哈赤大败其西、北、东四路,明南路军不战而退。努尔哈赤乘胜取开原、铁岭,灭叶赫部,海西女真扈伦四部至此均为后金所灭。六年,他在城内蒙古人的策应下攻取沈阳,又克辽阳,辽东城寨多降,遂迁都辽阳。七年,取广宁(今北镇)及西平堡等。十年,迁都沈阳,是为盛京。辽阳、广宁等地汉人密谋反抗,他下令清洗各村带头闹事的秀才,杀为首者,余人分给各官为奴。十一年,率军攻宁远(今辽宁兴城),被明守将袁崇焕用"红夷"大炮击退。这年八月,因疽发于背而死,或说因在宁远为炮所伤而死。庙号太祖。

努尔哈赤自初征尼堪外兰到兵败宁远城,统兵作战40余年,统一女真各部,攻占辽东地区,身经百战,指授方略,培养出一批能征善战和治军有方的将领,为以后清军入关奠定了基础。他虽然尚未形成系统的军事思想,但在战略和战术上都有值得称道之处,在建军思想上更对清朝有重要影响。

諸子百家——兵家

先弱后强善攻心，因敌制变欠火候

在战略上，他采取先攻弱者、后攻强者的方针，使己方军事力量不断壮大，形成与明军对峙之局。努尔哈赤初起时，兵力根本不足以与辽东的明军对抗。他先以5年时间统一建州女真五部，接着又大败叶赫等九部联军。在统一女真各部的战争中，他根据各部情况，先击其中较弱小者，再击乌拉等较大之部。为防止腹背受敌，他打着拥护明朝的旗号，又与蒙古科尔沁等部通好，并同朝鲜通使。对各部首领，征抚并用，所统之部越来越多。在灭哈达、辉发、乌拉等大部后，他方誓师攻明，夺取辽东之地，整个战略部署显得很有节奏。

在战术上，他善于集中兵力对敌和运用攻心之法。他兵取抚顺和清河堡后，明朝分兵四路合击后金。面对强大的敌人，努尔哈赤断定：明军西路约3万人，由名将杜松统领，最为强大，其由沈阳出抚顺关而来，对己威胁最大；其余3路因山险路远，不可能速至。遂决定采用"凭尔几路来，我只一路去"的对策，集中八旗6万精兵，利用山谷狭地，在萨尔浒山（今抚顺东）重创明西路军。接着，又集中兵力在飞芬山（今抚顺县境）一带歼明朝北路军，在阿布达里岗（今新宾与桓仁交界处）击败明朝东路军。这次作战，努尔哈赤集中兵力三战明军，歼灭明军约6万人，与其用兵人数相当。从总兵力看，明朝优于后金，但努尔哈赤利用明军各路互不协调的弱点，逐路击破之，变总兵力上的劣势为具体作战兵力上的优势，创造了战争史上少有的连续集中兵力破敌的有名战例。努尔哈赤还善于对明将打攻心战，使他们放弃顽强抵抗。攻抚顺城时，他宣布若明将举城投降，保证不杀戮归降的城民，禁止部下掳掠城中官员、军民及其亲属为奴，也不要求归降者改从女真习俗如剃发等。他只对抚顺城发起一次进攻，明将李永芳便率所属出降，可见其攻心之法明显发生了效应。

在建军思想方面，他认识到军队建设的重要性，创建了满洲八旗制度。他以旗统军，以旗统民，把分散的女真各部组织在旗下，集军事、生产、行政组织为一体，既保证了兵源的稳定，又初步建成行之有效的军队管理体系。他还突破仅以田猎演兵的传统，规定了"跳涧""越坑"等训练项目，以提高士兵的素质和技能。

努尔哈赤有较高超的作战艺术，但还不稳定。如其攻心战法，在他征服辽阳等地后便被抛弃不用；而他善用间谍等战法，一用再用，终至被袁崇焕破坏。这说明他在因敌制变上还欠火候。当然，这些都不足以影响他在兵家史上的重要地位。他的军事思想对后来兵家有较大影响。

皇太极兼收并蓄的军事思想

生平与宏业

皇太极（1592~1643年）是努尔哈赤的继承人，大清国的创建者，军事家，政治家。他是努尔哈赤第八子。少年时即随父亲征战，曾参加攻克海西女真乌拉部六城之战。万历四十三年（1615年），努尔哈赤定八旗制度，他被授为正白旗主旗贝勒。后金天命元年

诸子百家——兵家

（1616 年），为和硕贝勒，与其兄代善、阿敏、莽古尔泰合称"四大贝勒"。以后，随努尔哈赤克抚顺，取开原、铁岭，灭叶赫部，与诸贝勒破明西路军、东路军。又在攻占沈阳后，率百骑破明军数千；率部攻明将袁应泰部左翼，大破明军。天命十一年（1626 年），努尔哈赤死后不久，大贝勒代善与诸贝勒拥立他为大汗，是为太宗。时镶黄旗无旗主，由他兼领，于是挟有两旗，实力超过诸贝勒。天聪元年（1627 年），命阿敏等进兵朝鲜，至平壤，渡大同江，迫其国王李倧遣使请盟。这年五月，亲率八旗兵 5 万进围锦州；另派一军进逼宁远，阻止明军救援锦州。后因攻锦州不下转攻宁远，失利而又回攻锦州，无功而退。二年，攻蒙古察哈尔部，逼其退至西喇木伦河之外。三年，率 10 万大军攻明，绕道蒙古，自龙井关（今河北遵化东北）、大安口（今遵化西北）越过边墙，至明京师城下。名将袁崇焕入援京师，他遂施反间计。明思宗疑崇焕与后金密约，令其下锦衣卫狱，后以"谋叛罪"诛崇焕。东归路上，连下数城。五年，率兵攻克明大凌河城（今辽宁凌海市）。六年，废大贝勒与大汗并坐旧制，八固山共治国事之法亦废。七年，编汉军为一旗，以降将马光远统领；以海盗首领孔有德、耿仲明为都元帅、总兵官，由他们引导攻陷明旅顺口。八年，定骁骑营、前锋营、护军营等名目，收察哈尔部余众，征黑龙江虎尔哈和东海女真瓦尔喀部。九年，统一漠南蒙古，置蒙古八旗，改女真族名为满洲。十年，即皇帝位，国号大清，改元崇德。同年秋，派阿济格等攻明，由喜峰口入长城，过保定，至安州，破江城，俘人畜 18 万，后由建昌冷口出长城。十二月，因朝鲜拒绝服从清朝，领兵往攻，逼其国王李倧乞降称臣。崇德二年（1637 年），遣军袭取明皮岛（今朝鲜西部海中椴岛），扩汉军为两旗。三年，派兵分路攻明，俘获人畜数十万。次年三月出青山口（在迁西东北），前后破畿辅州县 43 座、山东州县 18 座。五年，变入关掠夺战略为攻城夺地、逐步推进战略，命大军进围锦州。六年，亲往督战，大败明军，围明军主帅洪承畴于松山（今辽宁凌海市南）。七年，夺取松山，劝降洪承畴。旋取得锦州、塔山、杏山。至此，明军精锐大半损失。这年，汉军也发展为八旗。年末，部分清军从墙子岭（在密云东北）、青山口入长城，破蓟州。又深入山东腹地，克城数十座，进至海州、赣榆等地。八年，病卒。次年，清军入关夺取北京。

　　皇太极青年时期屡经征战，统帅后金和大清军队近 20 年，既有实战经验，又屡运筹帷幄，具有高超的军事指挥艺术和丰富的军事思想。与努尔哈赤不同的是，他比较注意学习历史和兵法，善于利用汉族的先进技术和明军的降将，使其文韬武略渐趋精进。

攻抚兼施因敌制胜，以汉制汉不废骑射

　　审时度势，调整战略，先消耗明军实力，再攻坚克锐，是皇太极文韬武略渐趋精进的重要标志。皇太极即位不久即秉承努尔哈赤的既定战略，攻明锦州、宁远，以便长驱入关。但锦、宁城坚兵强，又有袁崇焕等坚守，屡攻不下，反而损兵折将。他吸取兵败锦、宁的教训，放弃原定攻坚战略，率军绕道攻击防守较薄弱的长城关隘，4 次入关，攻略州县，掳掠大批人畜财物回沈阳，充实清军的军资，同时不断消耗明军的实力。崇德五年（1640 年），鉴于漠南蒙古已归附，朝鲜已乞降称臣，关内经多次绕道攻掠，又加上李自成的农民军重入河南，明廷已相当虚弱，于是改变战略，恢复对锦州等辽西重镇的攻击。后历时两年，终于连克锦州、松山、塔山、杏山，打通了辽西入关通道。

既注意吸收中原汉族军事文化，又注意防止满人过早汉化，保持满人善于骑射的风格，是皇太极强化其军事力量的成功经验。他一方面依照汉族模式制定政策，采用先进的军事技术，利用汉人制造红夷大炮，建立炮兵部队，提出"满汉一体"的口号，争取汉人支持，利用明降将乃至海盗组建汉军，大大扩充兵力；另一方面，又注意防止因汉化而带来满洲将士战斗力的减退，要求贵族和高级官员阅读《金世宗本纪》，吸取历史经验。他指出，满人若仿效汉人服饰制度，宽衣大袖，废骑射之术，则国家将亡。在当时，清军的基本作战形式是野战攻城，保持娴于骑射、勇敢顽强的风格无疑是取胜的重要前提。

皇太极死在清军入关之前，但入关的道路基本已由他铺平，尤其是他善于诱降明朝重要将领，为入关后统一全国大部分地区准备了重要条件。攻克松山后，明军主将洪承畴被俘，他亲自诱降洪承畴，用明"君暗臣蔽，故多枉杀"的事实打动洪。洪归附后，他对洪表示十分恭敬。诸贝勒为此不悦，他告诉众人：欲得中原，正需要洪承畴这样的引路人。后来，洪承畴在陕西时的部将李本深和刘泽清亦受其影响降清。攻锦州时，皇太极又说服祖大寿降清，祖大寿致信其外甥吴三桂，对吴三桂的降清起了一定作用。洪、祖、吴失节降清固不可取，但皇太极"以汉制汉"的策略毕竟发挥了很大的战略效应。

在作战指导方面，皇太极也能较为灵活地运用战术。他总结在宁远、锦州败给袁崇焕的教训，在崇德五年至七年与明军的决战中，下令采用长围久困之法，将士3月一轮换，及时休整。后又总结围城不严的教训，在锦州城外四面扎营，挖壕沟，立栅栏，既不让明军炮火射中，又封锁各条道路，断绝锦州外援。当清军攻击占领乳峰山（在锦州与凌海市之间）的明援军受挫时，他亲临前线，登高观察，发现明援军后阵甚弱，首尾不能相顾，决定切断明援军粮道，连掘宽丈余的3道大壕，困明援军于其营，又派伏兵截断通往杏山的道路，终于使明援军困守松山，粮尽力竭，开城投降。这次决战，充分反映了皇太极因敌制胜的指挥艺术。

皇太极的军事思想对清初名将济尔哈朗、阿济格、多尔衮等有重要影响，尤其是其攻抚兼施、"以汉制汉"的策略，在清初统一战争中发挥了重要作用。

曾国藩建军练勇的思想

生平与兵学著作

曾国藩（1811～1872年）是中国晚清军事家，湘军的创立者和统帅。初名子城，字涤生，湖南湘乡人。道光十八年（1838年）进士。历任内阁学士，礼、兵、刑、吏等部侍郎。为军机大臣穆彰阿门生，曾从倭仁、唐鉴讲习程朱理学，熟悉古代典章制度及兵略。咸丰二年（1852年），丁母忧回籍。三年，奉命帮办湖南团练，以对付太平军。四年，练成湘军，率其水师、陆师与太平军作战，初败于岳州（今湖南岳阳）、靖港（今望城西），为此曾投水寻死，被救起。后在湘潭获胜，又攻克太平军占领的岳州、武汉，率部东下，破田家镇。五年，年初进兵江西九江、湖口，其水师在鄱阳湖中为太平军重创，只得退兵。这年，曾应湖北巡抚胡林翼之请，派兵援攻武昌。六年，严守南昌以防御太平军石达开部。年底，乘太平天国发生内讧、石达开率主力回救天京（今南京）之机，占武汉，围九江。七年，因父丧回籍。八年，先克九江，继小心堵截太平军。九年，与湖北巡抚胡林翼共谋四路攻皖之策，定计围困安庆。十年，授两江总督、钦差大臣，督办江南军务，奉命驰援苏南。他一面上疏力陈安庆之围不可撤之理，一面亲率一军进驻安徽祁门，以便开赴苏南，后被太平军围困。解困后，坚持长围打援之策，继续攻安庆。十一年，督其弟曾国荃军攻陷安庆，奉命督辖苏、皖、赣、浙4省军务，巡抚、提镇以下咸归其节制。同治元年（1862年），以安庆为大本营，部署大进攻战略，令浙江巡抚左宗棠率湘军自江西进攻浙江，命江苏巡抚李鸿章率淮军自上海进取苏南，令曾国荃率湘军沿江东下攻天京（今南京）。同治三年，大进攻战略完成，曾国藩因封一等侯爵。这年，因担心兵权过重引起猜忌，主动对湘军进行大规模裁撤。四年，奉命督办直隶、山东、河南3省军务，提出以静制动方针，以图遏制捻军纵横之势。五年，又提出聚兵防河方略，以围困捻军；但因捻军冲破开封南面芦花冈堤墙而东走，防河计划失败。六年，回任两江总督，授大学士。七年，调任直隶总督。九年，第三次出任两江总督。同治十一年（1872年），病卒于南京。谥文正。

曾国藩中年以前为文臣，中年组建湘军，统兵征战十余年，镇压太平军，围剿捻军，成为著名的儒将。他治理军事、政事之余，勤于读书，多所论撰，有《曾文正公全集》传世。他编撰的传世兵书有《虎门威远等处炮台图说》《武备辑要》《江苏水师奏议》《兵事手札》《重定营规》等。他丰富的军事论述和练兵经验等，体现于其《全集》及有关兵书之中。

识将驭将胸怀广，练勇重技眼界新

曾国藩十分重视军事领导人才的培养和选拔，这是他一手组建的湘军和受其影响出现的淮军具有较强战斗力的重要原因。在曾国藩的幕府中，良将治才屡出，后与他齐名的左宗棠、李鸿章均出自他的麾下，郭嵩焘、彭玉麟、李元度、薛福成等都曾为其幕府，并受其举荐。后来曾与曾国藩发生矛盾的左宗棠在给他的挽联中叹道："知人之明，谋国之忠，自愧不如元辅。"他的主要对手、太平天国翼王石达开也曾说他"不以善战名，而能识拔贤将"。作为一军大帅，识将是至关重要的。

曾国藩所以能"识拔贤将"，与他关于将领问题的理性认识有密切关系。他认为，理想中的军事人才，应以血性为主，廉明为用，而廉明的培养，多赖学力的积累。他对带兵将领的具体要求是："第一要才堪治民，第二要不怕死，第三要不急于名利，第四要耐受辛苦"。治民之才体现在公正严明和勤谨上，不怕死体现在临阵当先上，不急于名利体现在升职加薪等诸多方面，耐受辛苦体现在身体强健、精神饱满上。对于将才，他又提出"知人善任""善觇敌情""临阵胆识"及"营务整齐"四条标准。根据这些认识，他战时察人才之胆识，平时察人才言语举动，根据观察结果提拔或举荐人才。如他举荐李元度的考语是"备尝艰苦，百折不回"，举荐左宗棠的考语是"刚明耐苦，晓畅兵机"。

与"识拔贤将"相辅相成的，是曾国藩善于驾驭将领、虚怀纳言。他认为，"驭将之道，最贵推诚，不贵权术"。但又强调驭将必须宽严并济，不能失之宽厚。根据这样的认识，他认为营务之要，一在树人，一在立法。对于军中悍将，他主张"应宽者二，应严者二"。即：银钱施与慷慨大方，遇有战功推功于彼；话不可多情不可密，事关军纪剖明是非。就是在名利问题上从宽对待，礼义问题上从严处理。不以恩怨而废举劾，也是他所以能驾驭将领的一个关键。对于将领的意见,他往往善加采纳。他初起兵即遭岳州之败,后用陈士杰、王闿运之策,取得湘潭之胜。他在同治三年与左宗棠绝交,后又竭力举荐左宗棠,多次盛赞左宗棠的兵略,也与虚怀采纳罗汝怀等的劝勉有关。

组建湘军的过程,充分反映了曾国藩关于军队建设和训练的思想观点。他募选湘军将士,针对清初以来绿营"将与将不相习,兵与兵不相知"的缺点,实行"营官由统领挑选,哨弁由营官挑选,什长由哨弁挑选,勇丁由什长挑选"的递选制,使兵将上下相亲,同时也开始了兵为将有的局面。对于所募勇丁,以"技艺娴熟,年轻力壮,朴实而有农民土气为上"。应募者必须家庭情况清楚、本人身份明确,并有保人具结担保。这些募选方法,为以后淮军和清末新军组建时所借鉴,对近代军队的组建方式也有一定影响。鉴于绿营丁兵薪饷过低,影响操防,他主张厚给薪饷,以鼓舞士气。为解决士兵薪饷问题,他多方筹集,得邓辅纶、王家璧等捐资集饷,周开锡、吴嘉宾等转输粮食,左宗棠等相助筹饷,使湘军饷制优厚,将士相对安心服役。他注重对军队的教育训练,以"忠信"为本教育将士,要求军人以"勤恕廉明"和"谨慎"为行为准则。对于军队的训练,他把"训"和"练"分开。"训"包括"训营规"和"训家规","训营规"指点名、演操、巡更、放哨、站墙子等军规的教育,"训家规"指禁嫖赌、戒游惰、慎语言、敬尊长等道德教育。"练"包括"练技艺"和"练阵法","练技艺"包括练刀、枪、拳、棒等,"练阵法"包括练鸳鸯阵、三才阵、方城阵、四面相应阵等。曾国藩的军队建设和训练思想虽然封建色彩相当浓厚,但重在实用,方法多样,对后世影响也较大。尤其是他把营制、营规编成押韵易记的歌诀,让士兵学唱,不失为教育训练的一种成功尝试。

曾国藩的封建传统思想和儒家思想较深,但他对西方军事技术也相当注意。同治元年,他特设军械所于安庆,后又和李鸿章在上海设置江南机器制造局,仿制外国开花炮、弹药及轮船,制造出我国第一台蒸汽机,装备湘军、淮军。他还支持设立译书馆,翻译有关机器制造、使用及火器原理的书籍;支持容闳向美国派遣留学生的计划。

曾国藩亦文亦武,是鸦片战争后特殊形势造就的著名军事家。他的出现具有引人注目的意义:中国完全传统型的兵家的时代正在结束,新的面向世界型的兵家的时代正将到来。他是这一转变中的典型,旧的烙印尚深,新的印记初现其身。比他年龄稍小些的左宗棠、李鸿章也具有他这种典型性,不过他们身上新的时代的印记似稍多些,转型特征更鲜明些。

左宗棠兵学思想的转型特征

生平与兵学著作

左宗棠(1812~1885年)是中国晚清军、政重臣。字季高,湖南湘阴人。道光十二年(1832年)中举人,后屡试不第,在已故两江总督陶澍家当塾师,遍读群书,钻研军事。咸丰二年(1852年),入湖南巡抚张亮基幕,不久因张亮基调位而辞归。后入骆秉章幕,参赞军事6年,深得骆秉章倚信。咸丰十年,由曾国藩保举,朝廷特旨任为四品京堂襄办军务,在曾国藩支持下招募"楚军"5000人,成为湘军劲旅之一,并率部在赣东北和浙西与

诸子百家

——

兵家

太平军作战。十一年底,任浙江巡抚。同治二年(1863年),占领金华、衢州、桐庐、富阳等要镇,升任闽浙总督。三年,攻陷杭州,控制整个浙江,逼浙江境内太平军全部退至江西。这年冬,率所部万余人进军福建,追剿太平军李世贤、汪海洋部。历时1年多,先后在福建龙岩、漳州大败太平军,于五年初在广东嘉应州(今梅县)将李、汪二部攻灭。不久,到福州与沈葆桢设马尾造船厂,计划修造轮船。这年秋,调任陕甘总督,以钦差大臣督办陕甘军务,制定"先捻后回""先秦后陇"方略。次年,率军西上"攻捻""攻回"。七年,会同钦差大臣李鸿章将西捻军击灭于山东海滨。这年末,遣将入陕北,迫降反清武装董福祥部。八年,率军攻剿宁夏回民军马化龙部。次年,迫降马化龙。以后,又以两年多时间剿灭甘肃、青海回民军马占鳌、马桂源、马文禄部。授协办大学士,在西北发展机器制造业。十年,沙俄强占伊犁地区,左宗棠驳斥放弃新疆的论调,力主收复失地。光绪元年(1875年),任钦差大臣,督办新疆军务,嗣以两年多时间消灭中亚浩罕国(在今乌兹别克斯坦)阿古柏在新疆建立的政权,收复天山北路、南路。此后,他建议在新疆设省,并力主以武力收复沙俄侵占的伊犁地区。光绪六年(1880年),他以近70高龄,率军西驻哈密,拟以三路出击收复伊犁,但旋被清廷召回北京。七年,任军机大臣,调两江总督兼南洋通商事务大臣。十年,入值军机处,不久任钦差大臣督办福建军务。十一年,病逝于福州。谥文襄。

左宗棠中年以前为一下层文人,中年以后由幕僚而成为"楚军"统帅,再成为同治、光绪年间军政重臣,外掌精兵,内参军机,早年所积累之兵学知识,由军事实践而得以升华为丰厚的军事思想。他的军事思想代表了中国传统兵学的重要转型。他颇重兵学理论,曾撰《料敌》《定策》《用间》《善后》《海屯》《器械》等军事论著,编纂和鉴定《兵书三种》《中西兵法》等兵书。晚清人所撰《楚军营制》一书,包容了他大量的兵论。《左文襄公全集》更保存了他基本的军事论述。

收复新疆方略周密,学习西方办厂兴学

左宗棠军事思想中最具光彩的是他关于新疆问题的战略思想。同治初年,阿古柏在英国的支持下在新疆建立"哲德莎尔"伪政权,沙俄又趁机出兵占据伊犁地区,严重威胁我西北地区安全。左宗棠上疏清廷,直言驳斥"新疆无用""得不偿失"等放弃领土的谬论,从战略角度分析:新疆与甘肃唇齿相依,与蒙古西东相连,若停兵节饷,放弃新疆,则甘肃不保,蒙古难以安定,这样一来,京师的屏障动摇,国防将难以加强。他坚陈收复新疆为当务之急的主张,遂受命督办新疆军务。受命之后,他进行了周密的战略部署,以"缓进急战""先北后南"为总方略,以集兵整军、筹措军饷、购粮转输、屯田积粮、买炮制枪等战争准备为收复新疆战略的第一步。战争准备进行一段时间后,先以兵收复天山北路,再就地筹粮整军。休整数月,挥师南下,由北向南分阶段击破阿古柏各部。这个方略施行有力,注意分兵作战、保障军需、改进装备诸要素的协调统一,体现了左宗棠精进的军事领导才华。

左宗棠在制定战略方针时,相当注意战略方向的选择和战略阶段的安排。在战略方向的选择上,他注重先击力量强大之敌,然后一一扫清分散远处之敌。任陕甘总督时,定

诸子百家——兵家

下"先捻后回""先秦后陇"的战略,先集兵剿灭较近的、作战方式较灵活的西捻军,再分兵数路分攻较远的、组织较松散的甘肃、青海回民军。在战略阶段的安排上,他严守巩固后路、宁肯缓进决不轻退的原则。同治初入浙攻剿太平军,光绪初西进收复新疆,都不是一受命就仓促出兵,而是多方巩固后路,准备好进军的多方面条件。这样的战略安排,看似切人战局迟缓,实际上能保障稳固地控制战局,一旦大军发动,取胜就来得很快。曾国藩曾与人书,盛赞左宗棠"谋画之密"远在曾国藩和胡林翼之上。的确,左宗棠在兵家史上是不可多见的战略家。

治军强调得将士之心,是左宗棠颇具特色的思想。左宗棠曾在致曾国藩的信中说:"用德不如用人,用人当先得其心,而后得其力。"曾国藩赞其为:"精理名言,至当不易!"怎样才能先得人心? 作为主帅,左宗棠最重身体力行,与将士同甘共苦。事无巨细精粗,必从根本做起,从自身做起。军队行进在万里沙碛之地,他亲居营帐。所得封赏之钱,分给出力的将士及他们贫困的亲友。他说:"凡人须从吃苦中来。收积银钱货物,固无益于子孙;即收积书籍字画,亦未不为子孙之累。"他这种表率作用,对其统领的"楚军"将士有较大影响,"楚军"善战,与此不无关系。

左宗棠比曾国藩更加身体力行地吸收西方先进的军事技术。他主张"师远人之长,还以治之",并具体创办近代军工企业。他在福州上疏请设局造船,并亲自选定厂址,主张逐步解决轮船和原材料供应。中法战争后,他又提出:对旧厂开拓加大,限期开工铸造大炮,"另开大矿添机炼冶"。他还提出了培养海军人才的建议,并拟定计划,先雇洋人教习,船成后让学员出洋周历各海口,因材授职。为此,他积极筹办"求是堂艺局",以其为培养造船和航海人才的学校;制订《艺局章程》,对学员的纪律、待遇、考试及奖惩办法、学制和教职员编制等做出明确规定。这所学校后由沈葆桢办成,培养了严复、刘步蟾、邓世昌等杰出人才。

除战略、治军、重视近代军工企业的发展和海军人才的培养外,左宗棠的军事思想还有不少值得称道之处,如重视收复之地经济的恢复发展等。左宗棠是由旧向新的转变型兵家。

李鸿章因时因势而变的军事思想

生平与编练军队

李鸿章(1823~1901 年)是中国晚清军、政重臣,外交家,淮军创始人和统帅。字少荃,安徽合肥人。道光二十七年(1847 年)中进士。先后为翰林院庶吉士、编修。咸丰二年(1852 年),大考二等。次年,随工部侍郎吕贤基回籍练乡勇,初战太平军。四年,因功加知府衔。后又加按察使衔。八年末,入曾国藩幕府,襄理营务,专掌文事。十一年,奉曾国藩命到安徽招募淮勇。同治元年(1862 年),编组成淮军,其营制悉仿湘军。旋率淮军赴上海,组织洋枪队,以对付太平军。二年,伙同英人戈登的"常胜军"攻占苏州、无锡。三年,占领常州一带。这年,太平天国首都天京被攻陷,李鸿章因功封一等肃毅伯。四年,署两江总督,将原办洋炮局分别扩充为江南机器制造总局和金陵机器制造局。五年,继曾国藩为钦差大臣,率6万淮军在河南、山东攻捻军。先以"扼地兜剿"的战略剿灭东捻军,又与左宗棠等配合剿灭西捻军。六年,剿捻之事完毕,授湖广总督。九年,继曾国藩任直隶总督兼北洋通商事务大臣,掌管清廷的外交、军事、经济大权。李鸿章利用海关税收购买外国军舰,修建旅顺口、威海卫军港,在天津、大连、威海分别设立水师学堂、武备学堂和水雷学堂,并选派军官到德国学习军事,仿欧式练兵。光绪十四年(1888年),编练成北洋海军,颁布《北洋海军章程》,拥有舰船约30艘。李鸿章对外主和议。二十年,中日甲午战争爆发,他初奉行避战求和方针,继执行清廷宣战诏书,导致陆军在平壤战败,北洋海军在黄海覆没。战后,被革职留任。二十一年,开复革留处分,授为全权大臣前往日本议和,被日暴徒狙击,伤左颧。同年在日签订了丧权辱国的《马关条约》。二十二年,周历西方各国,考察政治。二十四年,往山东查勘黄河工程。二十五年末,署理两广总督。二十六年,又为直隶总督兼北洋通商大臣。八国联军侵占北京时,与庆亲王奕劻代表清廷与列强签订不平等的《辛丑条约》。二十七年,清廷设政务处,他为督办大臣,总理外务部事务。这年九月,病卒。谥文忠。

诸子百家——兵家

因时因势自强应变,先富后强面向世界

李鸿章组建淮军,在建军定制思想上主要受曾国藩影响。但他把眼光更多地转向外部世界,形成自己的军事思想体系,因时因势而变成为其军事思想的核心。他认为,当时中国出现了"数千年未有之变局",面临着的是"数千年未有之强敌"。面对这种大变动,他主张"自强"应变。他指出:"过此以往,能自强者尽可自立,若不强则事不可知。"怎样应变? 在军事制度方面,他反对墨守"祖宗之成法",反复强调要裁减疲弱之兵,增加军士的饷粮,主张废弃皇太极以来一再强调的所谓骑射为本之制,采用新兵器,建立近代化的新军队。与此相应,创办军事学堂,选派学生出国留学,造就新形势下的新军事人才。在战略制定方面,鉴于两次鸦片战争外国侵略者都从海道来犯,中国面临的战局与以前已大不相同,他力主加强海防。他认为,在本土作战自然仍可以陆军为本,但防止敌人登陆则靠牢固的海防。海防力量一是炮台,炮台布置得法,可拒止敌舰进口岸;二是近海设施,如以守口巨炮、铁船阻防水路,藏伏水雷以击敌舰;三是在海上练成大支海军,装备铁舰快船,"南略西贡、印度,东临日本、朝鲜",以扬声威。与海防力量相应,在口岸附近驻屯大支劲旅,专备击敌。客观而论,这个战略设想是具有一定理论高度的,但由于种种原因(也包括他自身的原因),依照这个战略设想而建成的北洋海军,却在中日甲午战争中覆灭。

李鸿章在晚清军事领域里的突出贡献,一是建设我国第一支海军,二是大力发展军工企业。李鸿章建立军功,依恃的是淮军,而淮军所依恃的主要就是洋枪洋炮。因此,他十分看重军工企业和机械管理人员,视军工生产为"命脉所在""性命攸关"。他冒着欺君的危险,在上海开办江南机器制造总局,并使其发展成中国第一个大型军工企业;又将苏州洋炮局扩建为金陵机器制造局,以生产新式火炮为主。就任直隶总督兼北洋大臣后,接办和扩建天津机器制造局,以生产弹药为主。上述三家制造局,在甲午战争以前是中国最大的3家军工企业,可见李鸿章在发展晚清军工企业上有头等功劳。除发展军工

企业之外，李鸿章循着"必先富而后能强"的思路，又委派专人创办轮船招商局、开煤矿、铁矿、金矿，开设电报局、机器织布局，请修铁路，创设航运公司赴英贸易，设立医学堂等。这些举措都与军事有着直接关系。

李鸿章在改革军事人才的教育制度方面，功不可没。他认为，当时科举考试太脱离时代，凭着章句弓马进身者所学不能为用，主张"另开洋务进取一格，以资造就"。他身体力行，一再奏请创办军事学堂，选派学生出国留学。他先后创办天津水师学堂、北洋武备学堂、威海水雷学堂，又从实际出发，设立水雷、鱼雷、枪炮、驾驶、管轮等专业培养性学堂。这批早期新式军事学校，不仅培养了一批军事人才，还推动了西学的传播。

李鸿章因时因势而变的军事思想和实践，是中国兵家史上面目新颖的一页。他的这种思想和实践能具有一定高度，与其善于吸纳意见有关。晚清时期，对世界大势认识最清醒的人，郭嵩焘要算一个。郭嵩焘出使英国，由伦敦寄书李鸿章，力主学习西方先进技术和派学生出国学习。这对李鸿章是有一定影响的。

袁世凯的军事改革思想

生平与军事论著

袁世凯(1859~1916年)清末民初军事家，北洋军阀统帅。字慰亭(又作慰廷或慰庭)，号容庵，河南项城人。光绪七年(1881年)，投淮军统领吴长庆部，为营务处帮办。八年，随提督吴长庆开赴朝鲜，因功奖叙五品同知衔。十一年，由李鸿章保荐为三品道员，旋任驻朝总理交涉通商事宜。二十年，请调回国。这年，中日甲午战争爆发，他在辽宁筹拨粮饷武器。二十一年，向清廷呈上编练新军办法及营制饷章，参加维新派的"强学会"。年末，到天津小站接替胡燏棻编练定武军，后编成新建陆军。二十三年，升直隶按察使，掌练兵事宜。袁世凯仿照德国陆军编制，将新军按步、骑、炮、工、辎各兵种编制；习用洋枪洋炮，聘用外国教官，实施军事训练；开办随营学堂，培养军事人才。二十四年，向荣禄告密，出卖维新派，得到慈禧太后的宠信，成为戊戌变法的叛徒。二十五年，任山东巡抚，率武卫右军镇压义和团，并把所部扩充到2万余人。二十六年，参加刘坤一、张之洞策划的"东南互保"活动。二十七年，署直隶总督兼北洋大臣，以武卫右军为基础编练北洋常备军。二十八年，派段祺瑞等镇压景廷宾的农民武装，实授直隶总督兼北洋大臣。二十九年，清廷成立练兵处，他任会办练兵大臣。次年，练成北洋常备军三镇。三十一年，北洋常备军增至五镇，加上略具规模的陆军第五镇，北洋六镇基本编成。从此他成为北洋军阀统帅。三十三年，因受满族亲贵猜忌，调军机大臣、外务部尚书。宣统元年(1909年)初，被摄政王载沣勒令开缺到安阳"养病"。宣统三年(1911年)，武昌起义爆发，凭着他对北洋势力的影响和外国的支持，出任内阁总理大臣。他陈兵长沙，在帝国主义支持下，一面要挟革命党议和，威胁孙中山让位；一面挟制清帝，胁迫其退位。1912年2月15日，他窃取中华民国临时大总统职位。1913年，派人刺杀国民党代理理事长宋教仁；向英、法等五国银行团取得"善后大借款"；击败讨袁军，逼孙中山、黄兴等逃亡日本；乘势解散国会，取缔国民党，以大总统身份实行独裁统治。1915年，与日本签订卖国的

"二十一条"，以换取日本帝国主义对他复辟帝制的支持。同年12月12日，宣布改次年为洪宪元年，即皇帝位。同月25日，蔡锷等组成推翻帝制的护国军。贵州、广西、广东、浙江等省纷起响应。1916年3月22日，因三路攻滇计划失败，各地战场均受重创，外交上又连受挫折，被迫宣布撤销帝制，仍称大总统。6月6日，在举国上下的声讨中病死。

袁世凯初则出卖维新派，继又窃取辛亥革命成果，最后以复辟帝制而告终，一生政治上反动。但他在清末卓有成效地进行了军事改革，在理论和实践上均有建树。他的军事论述保存在《新建陆军兵略录存》《训练操法详晰图说》《养寿园奏议》等著述中，《容庵弟子记》等书中也保存了他的不少论述。

参用西法练新军，大办学堂育将士

袁世凯在清末编练新军，提出了"权时度势，扫除更张，参用西法，认真训练"的基本宗旨。编练之前，详定《新建陆军营制》和《新建陆军饷章》，取得清廷的信任，获得接练之权。编练过程中，他定"斩律十八条"，以严法治军，保证了军队的基本素质。小站练兵成功，其军队被当时人称为"整肃精壮"。尔后，他又组织编撰《训练操法详晰图说》，充分展示其治军思想。他要求将官植品节、矢忠诚、爱民、自爱、有谋、有勇。对下层军官，要求与士卒朝夕共处，在随时教诲士卒的同时，奋身率先，做出榜样。对士兵，提出了励忠义、敬官长、勤操练、奋果敢等10点要求。在具体的训练步骤和程序、方法上，普遍参用西法。

袁世凯

在创建北洋常备军的过程中，他参考西方军事制度，总结曾国藩组织湘军以来的经验，提出了更为系统的募兵练兵方略。关于募兵，他以"兵必合格，人必土著"为原则，组织制订《募练新军章程》和《募兵格式》，使募兵制度化。他还提出了设立常备兵、续备兵、后备兵的思想，这个思想被清廷写入普练新军的《新订营制饷章》中。关于练兵，他主张先练将弁头目，再令管带新兵。他认为，练兵之道"最忌分歧"，为求整齐划一，让北方各省将弁头目到北洋常备军学习操练，南方各省将弁头目到湖北学习操练。操练中，定期派大员校阅，拣其优劣，严加甄别。军队练成后，废弃以前各立军号的传统，按顺序"由第一以至于十百"编军定号，以做到"通国一贯，脉络相连"。建成之军，应设立电报房，以便号令指挥。这些做法，一方面使新军的普练趋于整齐，一方面又使北洋势力有力地渗透到各省各镇，说明袁世凯练军思想中包藏着深远的韬略成分。

袁世凯还注重兴办军事学堂。他奏请朝廷通饬各省广设武备学堂，还提出在全国设军事小学堂、中学堂和大学堂。随着北洋常备军的不断扩充，他主持设立了北洋将弁学堂、北洋军官学堂、武备速成学堂、北洋陆军讲武堂、宪兵学堂、北洋陆军速成学堂等，还办起师范、军医、马医、军械、经理等军事专科学堂。在当时,北洋军学堂最多,影响最大。

袁世凯关于军事改革的思想和实践,对近现代军队建设有一定影响。

第二节　兵家人物

一、《史记》兵家第一人:司马穰苴

宴婴推荐的人才

在某著名武侠小说里有一位第三性别的绝世高手说过,有人的地方就有江湖。很多人凑在一块难免为了生存和发展而发生暴力斗争,以个人或者小团体的名义发生的暴力斗争叫斗殴,以国家的名义发生的暴力斗争就叫战争。为了小团体利益而进行暴力斗争的人才叫游侠、大侠;为了国家利益而暴力斗争的人才就叫将军、名将或者兵家。

翻开《史记》,按照年代第一位被载入史册的兵家名叫司马穰苴,以其生平的业绩来看,此人显然不能算是兵家第一牛人。不过,要论资历,我们就必须从司马穰苴开始讲起。

司马穰苴是田完的后裔,他的原名叫田穰苴,曾为大司马一官,所以也被称为司马穰苴。提起田完,现在的朋友大多并不熟悉,不过在春秋时代,田完却称得上一位家喻户晓的名人。田完本来叫陈完,是陈国的王族,因为政治斗争跑到了齐国,得到了春秋五霸第一霸齐桓公的重用。后来陈完娶了齐国的公主,从此以后以田为姓,自称为田完。田完的后人历任齐国的重臣,因此逐渐掌握了齐国的朝政大权,田完的后人田和甚至自立为齐威王,夺取了齐国的政权。这是后话,总之田穰苴生长在一个具有悠久政治斗争历史的家庭,他的每一个细胞都会为了斗争而兴奋起来。

田穰苴生活在齐景公时代,当时的中国除了形式上的中央政府周以外,还有很多大大小小的诸侯国,其中长期存在的有十三个,分别是鲁、齐、晋、秦、楚、宋、卫、陈、蔡、曹、郑、燕和吴。在那样一个中央政府名存实亡、诸侯并立的年代,国与国之间没有什么道义可言,一句话:谁能打谁就是老大。

有一年,晋国和燕国同时出兵袭击齐国,晋国占领了齐国的阿、甄两地,而燕国占领了黄河以北的齐国领土。从两国一致的军事行动来看,当时晋国和燕国显然达成了某种协议,目的就是合伙瓜分齐国的国土。齐国军队在两国的夹击下一路溃败,眼看就要顶不住了。

危局需要英雄,英雄就出现了,这个英雄就是田穰苴。

当时齐景公手下有一位史上非常著名的大臣——宴婴,这位宴婴就是《宴子使楚》里面那位智慧而幽默的主人公宴子。既然是春秋时期的名臣,宴婆自然有超越常人的人才观和判断力。在国家危亡关头，宴婴马上想到了田穰苴，他向齐景公进行推荐。宴婴对司马穰苴的评价非常高，他说："穰苴虽田氏庶孽，然其人文能附众，武能威敌，愿君试之。"从宴婴的推荐词里我们发现，田穰苴虽然是田完的后人，却是庶出，也就是小老婆生的。实力决定地位，不论在哪个时代只要一个人有真本事，不要说是小老婆生的，即便是私生子都不成问题。在宴婴看来，田穰苴可谓文武全才，文能胜任思想工作，武能肩负破敌制胜的使命。

这样的人才齐景公当然不愿意错过，于是齐景公马上安排亲自面试宴婴推荐的将军候选人田穰苴。面试这种事情，对于外企来说，需要相当复杂的流程和技巧——做几套题测试一下知识能力和心理素质是必需的，验证文凭的真假也是不能忽略的，但是对于内行来说最有效的面试往往只需要唠唠嗑、聊聊天。齐景公显然不是外行，他跟田穰苴的谈话非常愉快，于是齐景公马上任命田穰苴当了齐国的将军，委托他统帅齐国的军队抵御晋燕两国的侵略。田穰苴不愧是见过世面的世家子弟，低俗之人突然平步青云首先想到的不是狐朋狗友就是红颜知己，摊上这种祖坟冒青烟的好事，不开个派对庆祝一下实在对不起国家的 GDP。一步登天的田穰苴这时候也想到了一个人，这个人既不是狐朋狗友也不是红颜知己，而是一个监军。虽然宴婴早就认为田穰苴"文能附众"，完全具备了兼任监军的能力，但是他仍然要求派一位监军来帮他做好思想工作。田穰苴说自己"臣素微贱，君擢之闾伍之中，加之大夫之上，士卒未附，百姓不信，人微权轻"，所以"愿得君之宠臣，国之所尊，以监军，乃可。"田穰苴向齐景公要监军，态度很诚恳，逻辑很严谨，可谓公私兼顾、可攻可守，一张口就显示了过人的综合素质。首先是表态，田穰苴表明了自己并没有忘乎所以，他强调了自己能成为位高权重的将军全凭老板齐景公的慧眼识才和超常提拔，对老板的感激溢于言表；其次是摆困难，一个出身微贱的人突然空降到了一群资深的老臣老将之上，这事搞不好是要死人的（汉朝的李广利就是最好的反面教材）；最后是找退路，万一失败了有齐景公的宠臣帮自己扛一半，万一成功了那也是在齐景公的领导下做了该做的事。我们知道，在帝王专制的统治下，将军无论成功或者失败都有可能死人，唯一的生存之道、发展之道和成功之道就是"分享"——无论成功还是失败都要积极主动地分给自己效力的老板。成功这种东西很奇怪，有时候分给别人的越多，自己得到的反而越多。田穰苴第一次当官就明白了这个道理，不愧于"兵家第一人"这个称号。

齐景公没想到小田不仅军事素质过硬，政治上也这么成熟，非常高兴，于是马上任命自己的宠臣庄贾担任穰苴军中的监军。后来这位监军一上任就成功地"帮助"树立了穰苴不可动摇的威信，以罕见的高效率履行了监军的责任，齐国的军队在庄贾的"帮助"下一下子团结到了以司马穰苴的周围，为后来的胜利奠定了坚实的基础。

带兵的境界

前方国土沦丧，百姓流离失所，军情紧急，受命于危难之际的齐国三军总司令田穰苴当时就和庄贾约定第二天正午时分在军营正门会合，然后率领三军奔赴前线。刚刚走上领导岗位的田穰苴马上进入了自己的角色，第二天没等到正午他就早早地赶到了军营门口等待庄贾,为了准确掌握时间,田穰苴甚至命令手下树起了观测时间的木杆和滴漏。

时间一点一滴地过去了,正午的太阳把立在军营门口的木杆留在地面的影子浓缩成了一个圆点,庄贾还是没有出现。站在军营门口的田穰苴抬头看了一下万里晴空,目光投向了无限远,齐国首都临淄的城墙站在远处岿然不动。

田穰苴的眼睛慢慢地眯了起来,左手下意识地握紧了挂在腰间的宝剑剑柄。

田穰苴左手紧握剑柄,右手捧着刚刚到手的兵符大步流星地走进了军营,传令集合三军。

中军战鼓擂起,三军将士集结出营。

沙场点兵,战马嘶鸣,旌旗招展,刀枪林立。

三军整肃,等待将军下令。

不知不觉地,属于一个组织的杀气聚拢了起来,这就是传说中无坚不摧的战斗力。

田穰苴开始训话。刚上任的将军没有发表长篇大论,而是直接向三军将士申明纪律。简单地说就是什么该做,什么不该做,做了该做的事情有什么回报,做了不该做的事情要付出什么代价。

游戏开始了,主宰游戏的田穰苴首先明确了游戏规则。

与此同时,另一边的临淄城里,庄贾正在和他的亲戚朋党喝酒,庄贾府中仿佛充满了欢乐祥和的节日气氛,丝毫没有受到战争的影响。《史记·司马穰苴列传》上记载:"贾素骄贵,以为将己之军而己为监,不甚急。"从这句话来看,事实上庄贾不仅是齐景公最宠信的重臣,而且还是田穰苴被破格提拔之前的前任齐国三军总司令。齐军接连败退,弃城失地,而前任将军、现任监军庄贾不仅非常光荣地和亲朋好友一起喝送行酒,而且还心安理得地耽误了与现任将军田穰苴约定的军事计划。既然有庄贾这样的军队最高领导存在,齐军接连败退、丧权辱国就不难理解了。值得注意的是庄贾虽然一贯骄贵,但是作为一个政治上非常成熟的资深政客,庄贾这样完全不顾大局而大肆放纵仍然是很不正常的,甚至是匪夷所思的。据推测,庄贾的有意失约就是要以实际行动鄙视突然爬到自己头上的暴发户田穰苴,企图给对方一个下马威,然后继续掌握齐国军队的实权。作为齐国官场上的老江湖,庄贾早已经适应了齐国的政治环境,在他看来只要有齐景公撑腰,田穰苴这种土包子即便当了将军也是自己手里的牵线木偶。按照这种逻辑,庄贾与田穰苴的第一次合作需要先杀杀对方的锐气,这样以后才能在军队里建立有利于自己生存的政治生态环境和权力分配秩序。事实证明,庄贾的确非常了解自己的老板齐景公,但是非常不幸,他对自己的合作伙伴和竞争对手田穰苴非常不了解。

当庄贾浑身酒气地出现在军营的时候,太阳已经偏西,这场酒喝的时间实在不短。

庄贾走进中军大帐的时候,看见端坐在中央的田穰苴不仅一身戎装,而且一脸的肃穆,与昨天一脸谦和地跟庄贾约定见面时间的田穰苴截然不同。此时的田穰苴看着他的眼神冷漠而神秘,仿佛充满了哲学意味的生命终极思考,仿佛是在向遗体告别。

庄贾开始不自然了,甚至开始后悔。

田穰苴坐着不动,质问居高临下地压了下来:"何后期为(为什么迟到)?"

庄贾听到田穰苴开口了,不禁恢复了自信:"仾大夫亲戚送之,故留(同僚和亲戚安排送别,所以耽误了)。"

田穰苴听到庄贾轻描淡写地提供了这样一个答案,马上以振聋发聩的"三忘原则"有力地回敬了庄贾,"将受命之日则忘其家,临军约束则忘其亲,援枹鼓之急则忘其身。今敌国深侵,邦内骚动,士卒暴露于境,君寝不安席,食不甘味,百姓之命皆悬于君,何谓相送乎?"大家都能看出来田穰苴讲的道理比庄贾大。事实上田穰苴提出的"三忘原则"也是后来中国职业军人敬业精神的基本要求。

有首歌唱得好,"你不当兵我不当兵,谁来保卫祖国?谁来保卫家?",这本来是小兵都懂得的道理,偏偏庄贾装糊涂,于是田穰苴只能不客气了。

田穰苴黑着脸问军正(当时掌管军纪的军官):"军法期而后至者云何(按照军法,对于约定时间集合而迟到的人,如何惩罚)?"

军正的回答很负责:"当斩。"

对于身为齐国军队首长的庄贾来说,军正提供的答案简单得就像 $1+1=2$,但是在军正提供这个答案之前,庄贾从来都没有想到这个答案跟自己也会发生联系。

滥用的权力让人疯狂,绝对的特权让人愚蠢,这跟人的智商无关。

深受齐景公宠信的庄贾,一贯不可一世的庄贾,此刻崩溃了。

当时没有中国移动,贵为齐国第一宠臣的庄贾只能派人快马飞奔向齐景公求援,这是庄贾最后的救命稻草。

然而,田穰苴的刀已经出鞘。

在田穰苴看来,庄贾作为前任齐国的军事首长,本来就应该为齐国的损兵折将、国土沦陷承担责任。与此同时,自知出身微贱的田穰苴也急需一个"昂贵的代价"来树立自己在全军的威信。打个不恰当的比方,半路转正的女人往往比原配更急于拥有名牌奢侈品以证明自己地位的合法性。显而易见,庄贾的脑袋之于田穰苴,就像豪宅跑车之于女人,都是最合适的"昂贵代价"。更重要的是田穰苴深知自己和娇贵蛮横的庄贾根本不可能和谐共存、长期合作。如果两人长期并存、明争暗斗,不论对自己还是对齐国的军队和国王来说都是浪费资源和生命,田穰苴绝不能容忍这种情况发生。

既然如此,庄贾这次在不合适的时候做的这件不合适的事,对田穰苴而言,却恰恰是在合适的时候得到了合适的机会。

俗话说得好,"机会属于有准备的人",田穰苴准备好了。

军营辕门前,庄贾的人头落地,血染黄沙。

大军未动,三军总司令先干掉了监军,这个人不仅是国王最信任的宠臣,而且还是前一天总司令诚恳要求上级委派下来的监军。对于广大准备奔赴疆场的将士们来说,这种事不仅闻所未闻,简直是难以想象。

此刻所有的战士因为田穰苴的刀和庄贾的头同时屏住了呼吸,数万人的心跳统一到了一个节奏,"三军之士皆振栗"。

庄贾的教训告诉世人这样一个道理:在不了解一个人之前先鄙视对方是非常愚蠢和危险的。

齐景公得知田穰苴要斩杀庄贾以整肃军纪的消息,着实吓了一跳,他实在没想到前

諸子百家——兵家

一天谦虚谨慎、低调朴素的小田变脸如此之快。时间就是生命,这句话在这种时候再合适:不过。齐景公马上派出特使乘坐马车迅速赶到齐军大营要求田穰苴刀下留人,不管怎么说,庄贾是深受老板喜爱和信任的人,这样的人是杀不得的。

为了保住庄贾的脑袋,齐景公的特使在军营门前没有按照程序通报,而是命令驾车的驭手驾车直接冲进军营。

当齐景公的特使看到庄贾的脑袋相当地震惊,在当时的齐国朝野看来,只要齐景公不死、庄贾没有失宠,就没有人能杀掉庄贾。可是,此刻庄贾的脑袋正鲜血淋漓地摆在特使面前,由不得特使不信。

虽然庄贾的人头已经落地,但是特使仍然向田穰苴传达了齐景公特赦庄贾的命令,田穰苴将军的回答义正词严:"将在军,君令有所不受。"田穰苴说的这句话成为后世将权与君权相互抗衡和制约的理论基础,被广泛引用。

既然庄贾脑袋搬家已经成为既成事实,齐景公迟到的特赦令也传达给了将军,特使觉得自己已经完成了使命,可以回去交差了。

特使没想到田穰苴居然再次向军正提出了问题:"驰三军法何(在三军中乱闯该当何罪)?"

军正再次负责地回答了田穰苴的问题,仍然是"当斩"。

如果把田穰苴的故事拍成电影,军正这个角色就只有两句台词,而且还是完全重复的两句台词。但是不可否认,军正的两句完全一样的重复台词很可能将成为电影史上最具震撼力的台词,生命脆弱在这一刻被注解得简明扼要而鲜血淋漓。

特使的腿软了。

眼前大义凛然的将军,肃杀严谨的军正,溅血黄沙的人头,这一切看起来真不是闹着玩的。

历史在这一刻切换成了慢镜头。

田穰苴知道再这么认真地玩下去,下一个当斩的就可能是自己,齐景公不仅是齐王国的最高执法者,更是这个国家的最高立法者。田穰苴将军的屠刀终于在特使的脖子上拐了一个弯,他说:"君之使不可杀之。"任何法制都有底线,君主专制时代也有法制,君主专制时代法制的底线就是君主。特使不是一个人在战斗,他代表的是齐景公本人,杀了特使就等于在政治地位和君权尊严上对齐景公进行了斩首。这等于向君权宣战。

田穰苴在当时还不具备向君权宣战的实力(这事后来终于被田穰苴的后人田和实现了,他取代了吕姓齐王,自立为齐威王,从而开创了田姓齐王的时代),所以他放过了吓得半死的特使。但是作为一名职业将军,田穰苴必须以实际行动维护军法的尊严,既然军正说过当斩,就必须有人死。于是田穰苴下令斩杀了特使的随从、驾车的左驭手和拉车的左侧马匹,跟着特使来到军营的两个人、一匹马顷刻之间变成了三具失去头颅的尸体,这进一步加强了大军出征前整肃军纪的恐怖威慑效果。

再也没有人敢怀疑田穰苴将军说的每一个字的严肃性和权威性,否则,意味着生命的代价。

田穰苴让特使回去向齐景公如实汇报,自己率军出征。

一天前还"士卒未附"的田穰苴终于树立起了无人能及的军中威信,然而对于一个真正的名将来说这显然还不够。

田穰苴要的不仅是三军将士的敬畏,要想战无不胜,他更需要部下心悦诚服的爱戴和拥护;前者只能驱众赴死,后者可以争相效命。恩威并重,一拉一推,管理学的基本理论,如此而已,两千多年前的田穰苴将军早就开始应用了。于是在行军途中,田穰苴深入基层士兵,详细地过问了士兵们的衣食住行,为伤病的战士们寻医问药,嘘寒问暖,无微不至。不仅如此,刚开始享受高薪的田穰苴将军非常慷慨,他不仅把齐国将军应该享受的工资待遇拿出来充公,而且还按照最羸弱的士卒标准领取口粮(当时军队分配军粮按照士兵的体力和战斗力作为标准)。

田穰苴将军在军中一系列举措推行了三天之后,再次集合三军,此时的齐军士气高涨、局面焕然一新,"病者皆求行,争奋出为之赴战。"

可以想象,当庄贾以及特使的随从和驭手因为违反军纪被斩首的时候,齐国三军将士是多么的恐惧和震撼。这样的将军连齐景公最宠信的大臣都敢杀,身为田穰苴的手下,齐军将士们不禁也为自己的安全和命运开始了担心。紧接着,战士们亲眼看到这位杀人不眨眼的田穰苴将军深入军营的每个角落,随机地和每一位碰到的战士聊天谈心,像一位慈爱的父亲一样关心大家生活的每个细节。更让战士们想不到的是这位本来高高在上的将军不仅毫无吝惜地把自己的工资全部充公,而且还心甘情愿地和普通士卒同吃同住同劳动。田穰苴走上领导岗位以后的一系列行为,不仅在庄贾主持齐军工作的时代无法想象,甚至在整个春秋时代的各国军队里都是空前的,战士们迅速被这个杀人不眨眼而又爱心泛滥的将军征服了。

田穰苴将军的带兵之道可以用一句话概括:平常的日子对当兵的关怀备至,关键的时刻对当官冷酷无情。

春秋战国是一个政治形势非常复杂的时代,各国的君主、大臣之间存在着相互制约、勾结、联合、陷害的复杂博弈关系,各国之间称得上你中有我,我中有你。在当时,无间道是一种非常普遍的政治生态。就在田穰苴将军通过深入人心、恩威并重的思想工作迅速提升齐军战斗力的同时,齐军战斗力成功升级的情报也通过复杂的间谍网实时地传输到了晋燕两国侵略军的参谋总部。晋燕两国的战时决策效率非常惊人,两国参谋部立即对齐军战斗力进行了重新评估并调高了对齐军战斗力的评级,最后两国一致做出了撤军的决定。

就在田穰苴将军率领求战心切的齐国大军扑向敌人的时候,晋燕两军根本没有给对手正面对抗的机会,而是迅速从两个方向分别撤退,放弃了已经占领的大片齐国领土。接下来留给田穰苴将军和齐国大军的工作就是追击敌人和接管领土,顺利得就像是农民收割成熟的庄稼。

田穰苴将军创造了奇迹,他不仅在短短四天的时间里把一支士气低落、节节败退的军队变成了渴望战斗和荣誉的虎狼之师,更实现了"不战而屈人之兵"的兵家最高境界,兵不血刃就收复了大片沦陷的领土。

田穰苴将军凯旋而归,还没有回到齐国首都临淄,他就主动将军权移交,解除了战争状态，宣誓效忠齐王，之后才回到了临淄（"未至国，释兵旅，解约束，誓盟而后入邑"）。这显然是做给老板齐景公看的：田穰苴将军虽然杀了监军，但是他可以做到监军在和不在一个样，事实和舆论都将证明田穰苴是一位值得信赖的将军。

　　齐国举国欢庆，齐景公率领诸大臣到临淄郊外欢迎田穰苴将军，检阅并慰问了三军将士。为了表彰田穰苴将军对齐国的突出贡献，齐景公当场任命田穰苴将军为齐国的大司马，从此田穰苴被世人称为司马穰苴，他的家族和后人也逐渐成了齐国政治舞台上的主角。

　　不遭人妒是庸才。司马穰苴如此出色当然会遭到嫉妒，而这种嫉妒在司马穰苴还没有广泛建立起自己政治势力的时候非常致命。后来，齐国的士族鲍氏、高氏、国氏等家族开始无孔不入地向齐景公进谗言，打司马穰苴的小报告，最后齐景公终于罢免了司马穰苴的职务。

　　司马穰苴受不了这份刺激，被罢官以后一病不起，提前结束了自己短暂而辉煌的生命。

　　从此以后，田氏后人和鲍氏、高氏、国氏等家族结下死仇。司马穰苴的后人田常不仅干掉了自己的老板齐简公，而且趁机对高、国两族进行了彻底的清算，两个家族被屠杀得干干净净。田常虽然害死了齐简公，但还是没有胆量自己取而代之，于是拥立了齐简公的弟弟吕骜为齐平公。后来到了田常的曾孙田和把持齐国朝政的时候，田和的老板齐康公病死，身后无嗣，吕姓齐王断了香火，于是田和自立为齐威王，正式以田氏取代了吕氏成为齐国的王族。

　　田氏、吕氏两个家族从田完和齐桓公开始的恩怨竞争到此彻底结束，以吕氏灭绝、退出历史舞台作为终结。

　　齐威王上台以后，积极继承并实践了老祖宗司马穰苴的带兵之道和战争艺术，齐国凭借司马穰苴奠定的军事策略迅速成为当时各路诸侯中的霸主。为了形成齐国战无不胜的核心竞争力，提高齐国军事理论水平，齐威王命令大臣整理了前世流传下来的司马兵法，并且结合了司马穰苴总结的军事理论，托名司马穰苴汇编了一套兵书《司马穰苴兵法》。

齐威王

　　太史公司马迁仔细研读了《司马穰苴兵法》，认为这本兵书立意深远，格局宏大，但是司马穰苴仅仅作为一个诸侯国的将军似乎很难达到如此的高度。因此司马迁对《司马穰苴兵法》是否是司马穰苴所著表示了怀疑，但是作为一名严谨的历史学家，司马迁对此只是提出了质疑，在无法充分考证的情况下，司马迁并没有就司马穰苴是否就是这部兵法的真正作者给出肯定的答案。

　　中国历史上现存可以考证的第一部完整、系统的兵书《司马穰苴兵法》的真正作者也

諸子百家——兵家

就成为一个悬案。

不过可以肯定的是,司马穰苴对军队基础工作,特别是军队的思想和组织建设起到了非常关键的作用。

二、兵圣:孙武

王位四乘一接力

齐鲁自古都是人杰地灵的福地,春秋时期的齐鲁大地更称得上中华文明的中心之一,这里不仅是儒家文化的发源地,而且还诞生了司马穰苴和孙武这两位兵家鼻祖。

孙武生于齐国,成年后四处漂泊,后来辗转来到了吴国,当时的吴国的国王是阖庐。

吴王阖庐也是春秋时期的著名诸侯,这里不能不介绍一下。

吴王阖庐在没有当吴王之前被称为公子光,他是吴王梦寿的孙子,他的父亲是吴王梦寿的长子诸樊。吴王梦寿有四个儿子:老大诸樊、老二余祭、老三余昧、老四季札。这四兄弟里面老四季札声望最高,他不仅品学兼优,而且深受吴王梦寿喜爱。吴王梦寿生前就曾经要把老四季札立为吴国的太子,并作为吴王接班人来培养。季札是一位谦虚淡泊的君子,而且非常罕见的是,这位季札从内心深处非常不喜欢当吴王,于是他坚决反对父亲废长立幼,硬生生地把许多人梦想的王位推了出去。更加罕见的是诸樊、余祭、余昧、季札兄弟四人非常和睦友爱,属于中国历史上极其罕见的模范帝王家庭,其他三位哥哥不仅没有因此嫉妒弟弟,而且更加坚定了要把王位传给弟弟的想法。

后来吴王梦寿去世,老大诸樊被立为吴王,这位大哥并没有忘记父亲生前要立四弟当吴王的遗愿,于是再次要让位给老四季札。季札原则性非常强,再次坚定地推辞,为了表明自己的决心,季札甚至离开王宫跑到乡下去种田,宁愿当农民也不愿当国王。后来大哥诸樊为了实现父亲的遗愿,就想了一个办法。他跟其他兄弟三人约定,自己去世后由二弟余祭继位,二弟余祭之后由三弟余昧接任吴王,而余昧之后就要传位给四弟季札。这样,经过三位哥哥的传递,最终吴王的王冠就会戴到四弟季札的头上,这样也就算是实现了父王梦寿的遗志,兄弟四人也就尽到了孝道。客观地说,老大诸樊设计的这个类似四乘一百米接力赛式的王位权力交接路线存在很大的不确定性,因为如果四兄弟的死亡次序稍有颠倒,这个接力就失去了可操作性。更危险的是其中只要有一位兄弟存有私心,就可能倚仗权势把王位传给自己的儿子。纵观中国历史,在帝位或者王位面前,帝王及其潜在接班人心存私心是最容易让人理解的普遍规律。但是,更加令人惊奇的是,三位哥哥不仅先于季札依次死去,而且还非常守信地遵守了当初的约定。先是诸樊死后传位给余祭,余祭又先于二位弟弟去世,于是按照约定老三余昧继承了王位。余昧当上吴王刚两年也去世了,按顺序终于轮到老四季札了。

没想到费尽周折的王位接力终于众望所归地传到季札的时候,这位清高的王位继承人仍然没有改变初衷,他说"这不是我想要的生活",于是逃离了吴国,永远放弃了吴国的王位继承权。大臣们于是只好拥立前任吴王、老三余昧的儿子僚继承了王位,这似乎也

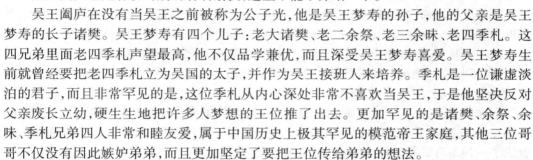

诸子百家——兵家

是非常合理合法的解决办法。三哥余昧已经遵守约定传位给了弟弟季札,弟弟季札不仅不接受,而且还离家出走了,那么大臣们也只好拥立哥哥余昧的儿子了,否则吴国将陷入非常危险的王位空白期。

让所有的人没想到的是,当年发扬风格一心要把王位让给弟弟季札的大哥诸樊却生了一个野心勃勃的儿子公子光,这位公子光变"要我当吴王"为"我要当吴王",他最大的人生梦想就是当上吴王。为了顺利实现"我要当吴王"的梦想,公子光为自己创造了一套理论,"吾父兄弟四人,当传至季子,季子即不受国,光父先立,即不传季子,光当立。"按照公子光的理论,父辈的四乘一王位接力既然因为四叔季札的弃权退赛而不能继续,就应该在下一代继续这个游戏才公平,作为长子长孙,公子光认为自己才最有资格接过上一辈的王位接力棒,而不是由三叔的儿子僚加塞插队直接登上王位。

后来,这位公子光找了一个机会宴请自己的堂兄弟吴王僚,席间一位厨子上了一道菜,这道菜是一条烹制鲜美的大鱼。吴王僚还没来得及下筷子,只见厨子像变魔术一样从鱼肚子里掏出来一把锋利的匕首,然后就插到了吴王僚的肚子上。厨子眼露凶光,吴王僚当场毙命。这位厨子就是春秋时期著名的刺客专诸。由于策划和实施了如此具有创意的经典暗杀,专诸成为与曹沫、豫让、聂政和荆轲齐名的春秋战国五大刺客之一,并被司马迁列入了《史记·刺客列传》,而公子光也因为这次经典的暗杀行动而成功转型,成为吴王阖庐。

就这样,吴王家族礼让友爱的优良传统,随着公子光阴谋篡位的成功而彻底断送。可见在帝王之家,兄弟之间礼让王位属于偶然性突发事件,王位四乘一接力传递路线也就成了一种不可复制的模式而永远地留在了史书里。

从吴王阖庐上位的过程来看,这位老板野心勃勃而且心机很深。当上吴王以后,他的下一个目标就是成为一代霸主。在秦王嬴政统一六国、登上始皇帝宝座之前,称霸几乎是那个年代所有杰出诸侯的主流价值观和人生终极目标。一心称霸的吴王阖庐需要的就是能征惯战的将军,这时孙武出现了。

美少女战士

吴王阖庐和孙武之间的故事从那部非常著名的《孙子兵法》开始。

当时孙武已经完成了著名的《孙子兵法》十三篇的创作,并通过某种机会将这部兵家巨著呈献给了吴王阖庐。

阖庐看了《孙子兵法》十三篇,感想就是两个字:惊艳。更让他惊艳的是这位震烁古今的伟大军事理论家居然就生活在自己统治的吴国。就像齐景公面试田穰苴一样,吴王阖庐看完《孙子兵法》以后马上安排面试。凡是老板都不喜欢纸上谈兵,何况吴王阖庐是一位靠着阴谋暗杀上台的老板,得到《孙子兵法》及其作者,就像武术爱好者得到藏在山洞里的秘籍,想到的第一件事就是证实一下孙武及其兵法的威力。于是阖庐提出让孙武试着带一支部队训练一下,让自己见识一下伟大军事理论的实践效果。

吴王阖庐说:"子之十三篇,吾尽观之矣,可以小试勒兵乎?"

孙武答应得很痛快:"可"。

从吴王阖庐让专诸扮厨子在鱼肚子里藏匕首暗杀吴王僚这件事来看，我们知道吴王阖庐是一位具有丰富想象力的领导。他听孙武答应小试牛刀训练军队，眼前里马上浮现出了后宫佳丽排着方队，迈着整齐的步伐，从自己豪华的寝宫前走过接受检阅的情景，于是吴王阖庐提出了一个非常有创意的设想——"可试以妇人乎？"

孙武的回答仍然非常肯定："可。"

吴王阖庐马上下令："集合后宫佳丽！"

后来孙武看见从吴国王宫里走出来一百八十位吴王阖庐选拔出来的吴国小姐。美女们集合在王宫大殿前的广场上，放眼望去好像摆上桌的宫廷筵席，丰盛、奢侈，强烈地刺激着人们的视觉和味觉，让人不知道从何处下箸。

一万个人看哈姆雷特就有一万个哈姆雷特，而两千年前的兵圣孙武却把人数众多的美女，全看成了士兵。孙武命令将一百八十位美女分成两队，分别由两位最受吴王阖庐宠爱的美女担任队长，并给她们每个人发了一根长戟作为指挥队伍的标志。

吴王阖庐看见自己美丽的宠姬手持长戟，英姿飒爽，情不自禁地得意起来。

孙武的军事训练从最基础的队列训练开始，类似于现在的大学生军训。

孙武知道美女的方向感一般都很差，为了让美女们分辨前后左右，他先强调了最基本的常识："汝知而心与左右手背乎？"

美女们说："知。"

孙武说："前，则视心；左，视左手；右，视右手；后，即视背"。

美女们异口同声："诺！"

孙武下令搬来了砍头的斧钺，三令五申宣布了纪律。

如果美女们看过司马穰苴的故事，她们一定会感到后脖子发凉，可惜她们没看过，所以没有丝毫害怕甚至担忧。身为吴国王宫里的女人，美女们唯一的职责就是通过各种办法引起吴王阖庐的兴趣，唯一的愿景就是自己的 DNA 掺进王族的血统，并成为下一任吴王的母亲。

阳光照在吴王宫殿的广场上，美女们看着眼前这位貌似威严的将军和他身旁的斧钺觉得非常可笑。美女们根本没有把这些砍头的利器与自己美丽的脑袋和脖子联系起来。而坐在高台上的吴王阖庐也没有感到丝毫的担忧，在他看来，后宫美女是他的私有财产，别人根本没有处置的权力。

吴王阖庐甚至觉得兵圣孙武的到来给自己沉闷的后宫生活带来了一些新鲜和刺激，让自己很兴奋。

孙武下令击鼓，并指示两队美女向右转，美女们笑得前仰后合。虽然一个留着胡子的男人指挥训练一群青春美少女，看起来有些不伦不类，但是这事看起来似乎也不值得美女们集体笑场，这不能不归因于后宫实在过于沉闷的生活气氛以及美女们过于发达的笑神经。美女们很久没有见到除了吴王阖庐以外的男人了，而这个男人在王宫出现，在美女们看来实在可笑。

美女们当然知道向左转、向右转是什么意思，但是她们实在不明白这样转来转去除了娱乐吴王阖庐以外还有什么意义，要说吴国需要训练她们上战场打仗，恐怕连孙武自

诸子百家——兵家

己都不信。所以当时美女们非常善解人意并且自作聪明地认为这次军事训练目的就是满足坐在高台上的吴王阖庐的某种趣味。美女们不是心理学家,她们无法准确地运用弗洛伊德的理论分析吴王阖庐出于何种心理让老婆们参加军训,但是当美女们集体笑倒的时候,却分明看到高台上的吴王阖庐不仅没有丝毫不快,反而露出了她们熟悉的笑容,这更加坚定了美女们继续调戏孙武的念头。在她们看来孙武根本不是什么将军,而是一位娱乐明星,甚至干脆就是个小丑,目的就是配合美女们一起娱乐吴王阖庐。

而此刻的孙武更像一位伟大的相声大师,看着台下的观众笑得前仰后合,他丝毫没有受到影响,而是一本正经地自我检讨:"约束不明,申令不熟,将之罪也。"

然后再次一本正经地三令五申,强调纪律。

战鼓再次响起,孙武命令向右转,美女们再次笑场,变本加厉。

孙武继续一本正经地检讨总结:"约束不明,申令不熟,将之罪也。既已明而不如法者,吏士之罪也。"

检讨总结并不可怕,甚至没有新意,有新意的是孙武总结发言结束后,立即下令斩杀两名由吴王宠姬担任的队长。

两位美女灿烂的笑容凝固了,一百八十名美女顿时花容失色、芳心大乱,这对吴王阖庐来说实在是大煞风景。

吴王阖庐不干了。

名将这种资源虽然难得,但那是用在未来战场上的;美女这种资源虽然丰富,但那是用在后宫的。所有的帝王都活在当下,尤其是吴王阖庐这种帝王,他实在不能接受为了将来不确定的胜利而牺牲自己的美女。

于是,吴王阖庐急忙派人跑下高台求情:"寡人已知将军能用兵矣,寡人非此二姬,食不甘味,愿勿斩也。"美女又不是辣椒酱或者榨菜,吴王阖庐非要拿她们下饭。为了维护吴王的形象,吴王阖庐派来传话的人只是说"食不甘味",企图启发小孙展开简单的联想,自己领悟领导的心思,放过两位美女。可是一心要成为名将的小孙偏偏不买账,而且还振振有词地引用了老乡司马穰苴将军的理论:"臣既已受命为将,将在军,君命有所不受。"

司马穰苴上次说"将在军,君命有所不受"的时候,齐景公宠臣庄贾的脑袋掉了。这次孙武也说了"将在军,君命有所不受",于是原来长在吴王阖庐宠姬脖子上的两颗美丽的脑袋也被砍了下来。可见"将在军,君命有所不受"这话是不能随便说说的。喝酒有下酒菜,砍脑袋也有砍脑袋的词,"将在军,君命有所不受"这句话就是用在砍脑袋时说的。

吴王阖庐的两位宠姬娱乐至死,连名字都没有留下来。

孙武提拔了另外两位地位仅次于两位断头宠姬的美女接任队长,继续训练。这次美女们不仅很快学会了向左转、向右转,而且一不怕苦、二不怕累,迅速进入了摸爬滚打的训练科目,没有任何怨言和异议。滚一身土总比掉脑袋好,美女们明白了这个最简单的道理,对于孙武来说这就够了。

如果给这些美女换上迷彩服,远远望去简直就是大一新入学的女生在参加军训。就这样孙武训练出了中国历史上第一支由美少女组成的武装队伍,吴国的美少女战士组合闪亮登场。

孙武将军很满意，他下令让美少女战士们稍息，然后派人向坐在高台上心痛和懊恼的吴王阖庐报告，请他检阅部队，"兵既整齐，王可试下观之，唯王所欲用之，虽赴水火犹可也。"吴王阖庐从一开始就没打算让自己的美女们"赴水火"，事实上，吴王阖庐并没有完全了解让孙武训练美女们意味着什么。

此刻的吴王阖庐仍然沉浸在同时失去两个老婆的悲痛当中，不过既然有约在先，吴王阖庐只好继续保持风度，"将军罢休就舍，寡人不愿下观。"

孙武一点面子也没给吴王阖庐留，话说得非常直白，甚至刻薄，"王徒好其言，不能用其实。"

根据司马穰苴将军的历史经验，我们发现一个没有通过实战积累战功的人要想一步到位当将军，需要"昂贵的代价"来证明自己的价值，司马穰苴就是从砍掉庄贾的脑袋开始建立起自己的威信和地位的，而孙武杀了吴王的两个宠姬让吴王阖庐"食不甘味"，所以孙武的威信和地位也迅速飙升。《史记·孙武列传》记载，孙武杀了两名宠姬后，"于是阖庐知孙子能用兵，卒以为将，西破强楚，入郢，北威齐晋，显名诸侯，孙子与有力焉。"

第一次丝绸战争

孙武参与的第一场大规模战争是吴国征楚之战。

吴国和楚国当时的积怨很深，起因是经济问题，后来由于伍子胥的介入而逐渐演变为两国复杂的仇杀。根据《史记》的记载，吴楚两国最早的战争是因为两国边境养蚕的妇女打架而爆发的，吴楚战争的起因再次证明妇女不论在哪个年代都能顶半边天。众所周知，中国的丝绸业历史悠久，春秋时期吴楚两国的丝绸业非常发达，成为当时两国重点扶持的支柱产业。当时楚国边境的钟离和吴国边境的卑梁氏是两个接壤的城邑，可是两地人民却并不友好，矛盾的起因就是那些可以吐丝生产名贵丝绸的蚕宝宝。

大家都知道要想让这些胖乎乎的蚕宝宝生产更多的丝，就必须提供更多的桑叶喂它们，可是像所有的经济资源一样，桑树也是有限的，因此，在这里生活的两国边民就经常为了争夺桑叶而发生民间冲突。可能是由于养蚕抽丝需要心灵手巧和耐心勤劳，因此自古以来中国民间的养蚕工作大多由妇女同志承担，所以钟离和卑梁氏两地边民争夺桑叶的民间战争就在两国妇女之间爆发了。

某年某月某日，钟离和卑梁氏的妇女养蚕专业户为了能给自己的蚕宝宝多争取一口桑叶而爆发了冲突，冲突很快升级演变成了大规模械斗，可能是场面过于壮观，这事很快就惊动了两国高层。既然是支柱产业，吴楚两国对这次民间冲突非常重视，马上调动军队开战。我们不妨把发生在楚平王和吴王僚主政时期的这次吴楚战争称为"第一次丝绸战争"。这次战争吴军的统帅就是后来刺杀吴王僚篡位的公子光，在公子光的领导下，吴军的这次军事行动大获全胜，占领了楚国盛产丝绸的钟离和居巢。

此时伍子胥投靠了公子光，并由公子光推荐给了吴王僚，伍子胥看到了吴国征讨楚国取得胜利的有利态势，他向吴王僚提出了自己的建议："楚可破也，愿复遣公子光。"

公子光却对继续征讨楚国失去了兴趣，他分析了伍子胥的动机："彼伍胥父兄为戮于楚，而劝王伐楚者，欲以自报其仇耳。伐楚未可破也。"

伍子胥的家族本来世代都是楚国的重臣，他的父亲伍奢和大哥伍尚由于卷入了楚平王和太子的斗争而被楚平王杀害，为了给父兄报仇，伍子胥辗转了很多地方最终来到了吴国。公子光认为伍子胥积极建议吴国出兵灭楚就是为了给自己的父兄报仇，这种推理非常合理。但是伍子胥却不是凡人，受到公子光的打压，伍子胥非但没有怨恨公子光，反而坚定了追随公子光的决心，因为伍子胥看透了公子光的野心。他后来给公子光推荐了著名的杀手专诸，直到公子光成功刺杀吴王僚上台，伍子胥终于得到了吴王阖庐的重用。

吴王阖庐登上王位后的第三年，吴王阖庐派伍子胥和伯嚭率领吴军攻击楚国，占领了楚国一个名叫舒的地方。《史记》当中只是记载了伍子胥和伯嚭作为此次战役的主将，并没有提及孙武在其中的角色。不过我们从这次战役胜利后吴王阖庐征求孙武意见的记载来看，孙武很有可能担任的是类似军师或者参谋长的角色。此时已经登上王位的吴王阖庐不再像过去那样反对灭楚，而是树立了他人生的又一个阶段性目标，即占领楚国首都郢都，彻底灭掉楚国。从公子光当上吴王前后两次对待楚国问题的态度变化来看，我们从吴王阖庐身上总结出了这样一个道理：野心或者理想这玩意只有真正当家做主的人才能高质量地拥有。

可是，并非每个有野心和梦想的人都会得到鼓励和支持，即使贵为吴王也不能例外。兵圣孙武听到吴王灭楚的宏伟蓝图后，第一个明确地提出了反对意见："民劳，未可，且待之。"吴王阖庐自从孙武一口气杀了他两个老婆以后，逐渐对孙武言听计从。虽然孙武的意见给老板泼了冷水，但是孙武说的毕竟是实情，打仗拼的是实力，不能不顾经济条件和实际国情。吴王阖庐最终还是采纳了孙武的意见，从楚国撤回了大军，回到吴国专心搞经济建设，等待时机。

经过四年的休养生息，吴国经济实力得到了提升，吴军再次伐楚，攻占了楚国的两个城邑。第二年吴国讨伐越国，大破越国军队，征服了越国。又过了一年，楚昭王派公子囊瓦统帅楚军讨伐吴国，吴王阖庐派出了一心灭楚报仇的伍子胥统领吴军迎战楚军，在豫章大破楚军，吴军乘胜占领了楚国的居巢。

我们知道世界上的成功人士都不可能轻易放弃自己的理想，何况是费尽心机登上王位的吴王阖庐。后来，在距离上次吴王阖庐提出攻占楚国首都郢都、彻底灭楚的宏伟蓝图之后整整九年的时候，吴王阖庐再次提出了攻郢灭楚的战略目标，并向伍子胥和孙武征求意见："始子言郢未可入，今果何如？"

这次伍子胥和孙武积极地回应了吴王阖庐的理想。他们认为楚军主将囊瓦是贪婪无能之辈，并提出了联合唐、蔡两国联合伐楚的战略："楚将囊瓦贪，而唐、蔡皆怨之，王必欲大伐之，必先得唐、蔡乃可。"

在当时的春秋版图上，楚国是一个著名的大块头，要想彻底打败这个大块头就必须多拉几个帮手。刚好这个大块头仗着自己人高马大经常以强凌弱，周边的小国唐国和蔡国没少受楚国的欺负。于是，吴王阖庐马上采纳了孙武和伍子胥的建议，联合唐国和蔡国两国军队大举讨伐楚国，后来在三国军队的夹击下，楚军节节败退，最后果然被吴军攻破了首都郢都，楚昭王仓皇出逃。伍子胥回到楚国开始疯狂报复，由于没有找到楚昭王，于是只好把楚平王从坟墓里挖出来鞭尸。

再后来，楚国忠臣申包胥跑到秦国请求秦国出兵恢复楚国，秦国当时当权的是秦哀公。秦哀公和楚昭王平常没什么交情，这时候楚昭王倒霉了想起来了秦国，而且还要秦哀公替楚国出头打仗，秦哀公当然不愿意答应。申包胥不愧是著名的忠臣，他站在秦王宫外七天七夜不吃不喝，日夜痛哭哀号，终于把秦哀公哭毛了，他说："楚虽无道，有臣若是，可无存乎？"

秦哀公终于同意出兵帮助楚国，在楚国的稷大败吴军。与此同时，吴王阖庐的弟弟夫概活学活用哥哥"我要当吴王"的人生信条，在吴王阖庐率领大军与秦军在楚国厮杀的时候，偷偷跑回了吴国，自立为吴王。吴王阖庐没想到自己后院起火，急忙从楚国撤军回到吴国赶跑了夫概。

在秦国的帮助下，楚昭王终于恢复了楚国。中国文化讲究阴阳平衡，所以有人荒淫就有人勤奋，有句老话说，"家贫出孝子，国破显忠良"，无道的楚国因为忠臣申包胥的执着努力终于没有亡国，

又过了五年，吴国讨伐越国。当时越国的国王就是那位史上以"卧薪尝胆"著称的勾践。这次吴王阖庐非常不走运，被越军伤到了手指，这点小伤按理说根本不值得记入《史记》，但是非常不幸的是，吴王阖庐的伤可能后来转成了破伤风，一代霸主吴王阖庐就这样死去了。临死之前，阖庐传位给太子夫差，并且强调夫差一定不要忘记勾践是自己的杀父仇人。夫差即位后，再次讨伐越国，在夫差眼看就要灭掉越国的时候，越王勾践派人重金收买了伯嚭，伯嚭因此提出了保留越国作为吴国附属的建议。伍子胥从自身的经历看到了这种放虎归山的危险性，于是强烈反对。

不幸的是吴王夫差并没有采纳伍子胥的意见，反而逐渐疏远了伍子胥。后来在伯嚭的挑拨下，吴王夫差下令赐死了伍子胥。伍子胥临死前，要求把自己的眼珠挖出来挂在吴国首都的东门之上，他预言自己死后，越国一定会灭了吴国，而自己要亲眼目睹这一过程。

后来越王勾践果然灭了吴国，以实际行动实现了伍子胥的预言，吴王夫差被杀，而伯嚭也被越王勾践诛杀，理由是不忠。

而在吴楚混战、越国崛起灭吴的过程当中，孙武却渐渐地从《史记》当中淡出。据说他后来不愿落到伍子胥的下场，而主动离开吴国，隐居山林，只有那部著名的《孙子兵法》十三篇被保留了下来，直到今天，仍然是军事家们必读的经典著作。

三、身残志坚的复仇者：孙膑

老同学给的 offer

孙膑是孙武的后世子孙，生于孙武死后一百多年的战国七雄时期，实际上当时他并不叫孙膑，为了讲故事方便，我们这里还是用孙膑来代表这位孙武的杰出后人。

据《史记》记载，孙膑年轻的时候曾经专门学习过兵法，但是并没有明确记载孙膑的

师傅是哪位高人。于是，后来就有另外的版本，传说孙膑的师傅就是中国战国时期最负盛名的高人鬼谷子，但是这种说法在《史记》里无法得到证实。不过，《史记》里明确记载了战国时期著名的纵横家苏秦和张仪的师傅就是鬼谷子。如果苏秦、张仪的师傅就是孙膑的师傅，那么这位鬼谷子的确非常了不起，称得上是跨学科、划时代的学术带头人。

《史记》里虽然没有交代孙膑的师傅，但是明确记载了孙膑有一位名叫庞涓的同学，而且孙膑一生的主要故事都是围绕着这位庞涓同学展开的。

不论孙膑和庞涓的师傅是不是鬼谷子，有一点可以肯定，孙膑、庞涓学习的兵法和苏秦、张仪学习的纵横术一样，都是非常高端的专业。如果这种高端专业的毕业生不能出将入相，那么那些苦心孤诣学习高端专业的同学们很有可能最终学成了一门屠龙绝技，不要说荣华富贵，恐怕就连生计都可能成问题。这就是高端专业毕业生的窘境，事实上苏秦、张仪在走上领导岗位之前都曾经穷困潦倒，四处碰壁。好在当时鬼谷子等高人还没有经济意识，因此没有招更多的弟子，否则，各国诸侯王宫门前将会排满了前来求职应聘的兵法专业和纵横专业的高才生，这样，战国的历史很有可能会更加混乱，而后来中国的历史很有可能会完全改写。

孙膑和庞涓很幸运。因为根据《史记》的记载，当时兵法专业毕业的高才生只有他们两位。但是，这对于某位同学来说，仍然太多，这位同学就是庞涓。后来庞涓学成毕业以后，顺利地通过了魏惠王的面试当上了魏国的将军，作为战国七雄之一的魏国军队首长，庞涓当时这个职位实际上比今天微软中国的总裁要拉风许多倍。因此庞涓同学的这个职业起点可以说达到了毕业生就业的最高顶点，直到今天这个记录仍然无人能破，未来是否有人创造奇迹我们可以拭目以待。自古至今，青年学子经过某位高人传授之后，马上可以出将入相的案例好像只有在《史记》记载的春秋战国时期才出现过，后来的毕业生的起点逐步向低端倾斜。

庞涓当上了将军，马上就想起自己的同学孙膑，不是因为庞涓同学太念旧，而是因为孙膑同学实在太优秀。庞涓的自知之明超乎想象，他认为自己的才能比不上孙膑，既然老师当年没有搞扩招，而另一位同学孙膑又比自己强，那么唯一的解决办法就是控制孙膑，不让孙膑离开自己的视线。

于是，庞涓同学写了一封信派人送给了孙膑，邀请孙膑前来魏国投奔自己。孙膑同学当时还没有参加工作，属于缺乏社会经验、对未来充满幻想和憧憬的热血青年。当孙膑接到庞涓的信，没有仔细用兵法分析同学的动机，一厢情愿地把这封来信当成了一个通向光明前程的 offer（聘书）。孙膑同学不禁非常兴奋。老同学庞涓如今不仅发达了，而且他并没有忘记自己。于是，孙膑就开始憧憬自己在庞同学提携下的未来。在孙同学的想象当中，他将和庞同学一起并肩战斗，成就载入史册的战绩，为魏惠王的霸业贡献自己的智慧和青春。

带着梦想，热血青年孙膑上路了。

庞涓在魏国首都大梁见到了孙膑，风尘仆仆、衣着朴素的外表掩盖不了名将的风采和气度，这让庞涓非常痛苦。有一句话说得好，"是金子总会发光的"，孙膑这块金子就在眼前，庞涓能看到，求贤若渴的魏惠王或者其他渴望依靠武力称霸的诸侯迟早也一定能

诸子百家——兵家

看到。庞涓决定不能再等，于是他顺手抓了一个罪名送给了老同学孙膑作为见面礼，然后就下令大义灭亲，马上行刑。就这样，孙膑同学永远失去了膝盖，脸上被刺上了囚犯的LO-GO（标志）。

孙膑同学在此之前并不叫孙膑，由于庞涓同学的嫉妒和狠毒，孙膑同学得到了这个彪炳史册的名字。"膑"是一种刑罚，就是挖掉膝盖骨的意思。

从庞涓同学对孙膑同学实施的暴行来看，庞涓不仅有自知之明，而且心理似乎有些变态。如果庞涓仅仅为了防止孙膑有一天会后来居上，他完全可以直接杀掉孙膑，彻底根除后患。以魏国将军的身份要除掉一个布衣草民，庞涓根本不用自己动手，设计一场意外就可以终结孙膑的生命。然而庞涓却偏偏留下了孙膑的性命，他把自己当年的同窗好友、现在潜在的竞争对手变成残疾人。

当庞涓看到那个在课堂上总是先于自己抢答的同学、那个总是得到老师表扬的同学像狗一样在地上爬行的时候，他被罪恶的快感冲击得浑身颤抖，这个世界上再也没有比庞涓更优秀的兵法专业毕业生了。

后来又过了一百多年，史上再次出现了把竞争对手变成残疾人的暴行。那次的主角是两个女人：吕后和戚夫人。汉高祖的原配吕后在刘邦死后开始了对丈夫生前最宠爱的戚夫人的迫害，她掌权后下令把以美貌著称的戚夫人砍掉手脚，戳瞎双眼，刺聋耳朵，强灌哑药之后扔到了厕所里，并且亲自命名为"人彘"。吕后非常得意自己创作的令人发指的杰作，甚至邀请自己的儿子惠帝来参观，惠帝参观"人彘"以后吓得差点神经错乱，日夜啼哭，大叫"此非人所为，臣为太后子，终不能治天下"。善良懦弱的惠帝为了逃避现实，只好日夜不停地酗酒、淫乱，生怕自己活得长。最后遭受严重心理创伤的汉惠帝早早地结束了自己的生命，以自己的死亡抗议母亲的暴行。

通过比较，两起相隔一百多年灭绝人伦的惨案，我们可以发现这种比杀戮更歹毒、更变态的暴行起因都是因为嫉妒。中国人形容般配美满的婚姻的时候总是说"郎才女貌"，可见在中国的传统价值观当中，男人活着比的是才，女人活着比的是貌。孙膑比庞涓更有才华，戚夫人比吕后更有姿色，当他们的竞争对手庞涓和吕后掌握了绝对的暴力资源以后，他们的下场就是如此的悲惨。

这就是专制历史的毒，令人惊奇的是，太史公司马迁竟然毫不避讳地把开国皇后"非人所为"的暴行如实地记录了下来，而且还顺利通过了审查流传了下来，让后人有机会对人性的恶毒有了更多的反省和思考。

通过比较，我们发现战国时期的男变态庞涓不如一百多年以后的女变态吕后变态。庞涓毕竟给孙膑同学留下了眼睛、耳朵、嘴巴和手，这对于一个真正的兵家来说足够了。庞涓不相信一个残疾人还有翻身的机会，他不相信身残志坚的奇迹，庞涓后来因为自己不彻底的变态付出了代价，最终死在了孙膑的手里。

赌神与数学

经过几百年的春秋诸侯的兼并和整合，当时的诸侯国已经减少到了七个。七国中的每一个国家都希望通过掌握更强大的武力资源，在保护自己的利益的同时，尽可能地侵

諸子百家——兵家

占其他国家的利益。总之,当时的诸侯王信奉的人生信条就是:"我的是我的,你的也是我的"。在这样的背景之下,孙膑和庞涓这样的高端管理人才就显得非常值钱;在这样的背景之下,肢体的残疾不再是问题。

那一年齐国派出的使者来到了大梁。《史记》并没有记载:齐国使者出使魏国的目的,但是齐国使者在大梁见到了传奇的天才青年孙膑,齐魏两国的历史和庞涓孙膑的命运在这里出现了拐点。忍辱偷生的孙膑找了一个机会以罪犯的身份见到了齐国使者,然后开始大谈兵法。齐国使者被孙膑的谈吐震惊了,他知道出现在自己面前的这个人不是一个普通的罪犯,而应该是传说中类似司马穰苴和孙武的名将。齐国使者出于本能觉得这样的人才应该为名将的故乡齐国效力,于是,在回国的时候他把孙膑藏到了自己的车里面,偷渡到了齐国。这无疑是史上最著名的一次偷渡。

齐国使者偷渡孙膑回国后,立刻对号入座,把孙膑推荐给了当时齐国的将军田忌。非常幸运的是,田忌是一位心胸豁达、爱惜人才的将军,他与孙膑一拍即合,马上给予孙膑很高的待遇,并把孙膑安排在了自己的府上当门客。

后来孙膑策划了一场成功的赛马,不仅为田忌赢了一大笔钱,而且也因此引起了齐威王的注意。孙膑策划的赛马就是著名的《田忌赛马》,曾经入选过中国中学语文课本。

当时齐国的大老板已经不是吕姓齐王,而是田姓的齐威王。王室子弟都喜欢赛马打猎,齐国的王室子弟也像英国王室子弟一样热爱这些运动。田忌经常和其他田姓的王室子弟赛马,不仅赛马而且赌博,赌博的方式非常简单,先选好参赛的马匹然后下注,赛马获胜的一方赢钱。由于参赛的双方都是王室贵族,因此赌得很大,过程很激烈,结果很刺激。孙膑发现田忌的马匹和对手的马匹实力相当,因此谁也很难稳操胜券,当然这也是实力相当的两方公平博弈的普遍规律,如果有人能逢赌必胜,那世上就没有勤劳工作的人了。可是孙膑偏偏要改变这种听天由命的赌博规律,他对田忌说:"君弟重射,臣能令君胜。"他劝田忌赌得大一点,并且保证能让田忌赢钱。

孙膑说这话的时候信心满满,神采奕奕,好像赌神附身,简直就是一个天才。当时天才赌神的目光仿佛穿越了眼前的齐国将军田忌。被天才的目光穿越了的田忌不得不相信了天才的话。

田忌这次赌得很大,不仅押上了千两黄金,而且还把齐威王也拉了进来,有天才赌神撑腰他要跟齐国的大老板赌一把。

开赛的那天,孙膑向田忌透露了自己的"赛马兵法":"今以君之下驷与彼上驷,取君上驷与彼中驷,取君中驷与彼下驷。"孙膑的"赛马兵法"说起来有点像绕口令,两千年以后这段绕口令被篡改了用来形容男女青年找对象,以解释好女难嫁好男的社会现象。

赛马兵法的理论其实非常简单:差的对好的,好的对中的,中的对差的,以局部的失败换取全局的胜利。通过巧妙而简单的排列组合,本来实力相当、甚至弱于对手的一方可以在竞争对抗中胜出。这世上能第一个把简单的道理想清楚的人都不简单,这样的人一定能被记入史册,孙膑就是这样的人。

马赛结束,田忌以二比一获胜,赢了齐威王一千多两黄金。

中国史书上最早有据可查的"赌神"就这样横空出世,没有高科技,没有特异功能,更

诸子百家——兵家

没有出神入化的技术,靠的只是排列组合。事实上,当时的世界上还根本没有排列组合这个数学概念,从这个意义上讲,孙膑才是排列组合最早的发明人。孙膑不仅发明了这个概念,而且还用事实证明了知识就是财富,一个简单的知识运用得当至少值一千两黄金。

齐威王知道田忌的背后一定有能人异士,一个平日里作风严谨的将军突然莫明其妙地押上千两黄金跟自己赌博而且顺利获胜,这事非同寻常,怎么看都像一个设计好的局。

齐威王相信田忌想要的绝不是千两黄金,他相信一个员工绝不敢设局骗自己老板的钱,除非这个员工认为自己的老板是笨蛋。然而齐威王显然不是笨蛋,因为他是取代姜太公后人登上王位的第一位田姓齐王。

围魏救赵

果然,田忌赢了千两金子以后就向齐威王推荐了"赛马兵法"的创始人孙膑。作为司马穰苴的后人、立志成为一代霸主的齐威王一听"兵法"两个字就两眼放光,马上忘记了输掉千两黄金的疼痛。忍辱负重活下来的天才兵法毕业生孙膑终于得到被大王面试的机会,并且以自己超凡的见识和谈吐一举征服了齐威王,被齐威王拜为国师。

不是冤家不聚头,在田忌赛马以后的某一年,庞涓效命的魏国讨伐赵国,赵国顶不住魏国的强悍攻势只好向齐国求救。立志当老大的齐威王当然不会放过这个出头露脸的机会,于是,他想起了天才青年孙膑,当时的孙膑已经是齐国国师了。他想拜孙膑为将,而在此之前这个位置一直都是孙膑的恩人田忌担任的,可见当年庞涓的担心并不是毫无道理的丧心病狂。孙膑经过漫长的等待,终于等到了上位的机会,然而,此时的孙膑并没有欣喜若狂,他非常坚决地推掉了这来之不易的机会,表现出了一代名将的"智"和"仁",他说。"刑余之人不可"。

于是齐威王任命田忌为将军,孙膑为军师。根据《史记》记载,由于行动不便,军师孙膑当时的形象是"居辎车中,坐为计谋"。后来《三国演义》里的诸葛亮显然是抄袭了孙膑的这种形象,只是作为一个四肢健全的人,诸葛亮的这种形象包装实在有点东施效颦、邯郸学步,除了耍酷、摆谱以外看不出有什么实用价值。一个过于重视形象包装的人显然更适合当明星而不是兵家,难怪诸葛亮七出祁山惨败而归,搞得蜀国国力衰败,最终亡国。田忌上任后马上提出了率领齐国大军赶到赵国救援的计划,这是最常规的方案,然而却不是天才的方案。这个常规方案立刻遭到了天才兵家孙膑的反对,他提出了一个"围魏救赵"的方案,"夫解杂乱纷纠者不控卷,救斗之人不搏撠,批亢捣虚,形格势禁,则自为解耳。今梁赵相攻,轻兵锐卒必竭于外,老弱罢(疲)于内,君不若引兵疾走大梁,据其街路,冲其方虚,彼必释赵而自救,是我一举解赵之围而收弊于魏也。"田忌自己虽然想不出这么天才的方案,但他能判断什么才是好的方案,而且他非常习惯采纳更好的方案,不论这个方案是谁提出来的。作为一个领导者,没有什么比这种习惯更好的素质了,从这个角度来看,田忌堪称大将之才。

在田忌的统率下。齐国大军很快就在魏国边境出现,进攻方向直指魏国首都大梁。跟孙膑设想的一样,魏军果然从赵国首都邯郸的外围仓皇撤退,日夜兼程,回师大梁。

魏军后路被抄,未战军心已乱。为了及时赶回大梁保卫首都,魏军在长时间围攻邯郸不胜之后又不得不拼命行军,全军上下不仅心智大乱,而且体力透支。齐魏两军尚未开战,魏军已是强弩之末,败象已显。与此同时,齐国大军在田忌和孙膑的率领下正在有条不紊、以逸待劳地等待魏军,就像一个贤惠的妻子准备好一桌丰盛的饭菜、打扮漂亮等待从远方归来的丈夫。

桂陵,在这个魏军回师大梁的必经之地,齐国大军准备好了一切等待魏军送上门来。

孙膑的祖先孙武在《孙子兵法》里说过,"勿击堂堂之阵",然而因为众所周知的需要,心烦意乱、疲惫焦虑的魏军不得不冒着兵家大忌硬着头皮钻进了桂陵,仿佛一个从来没有用心读书的学生背负着家长的殷切希望走进了考场。

《孙子兵法》上还说过:"胜兵先胜而后求战,败兵先战而后求胜"。田忌和孙膑领导下的齐军准备好了一切迎接胜利,所以齐军显然是胜兵,这场军事对抗从一开始就没有什么悬念。

《史记》记载,"魏果去邯郸,与齐战于桂陵,大破梁军。"

孙膑的"围魏救赵"计划取得完胜,一战成名,后来孙膑首创的这种天才战术不仅被收录进了后来与《孙子兵法》齐名的军事案例著作《三十六计》,而且围魏救赵还演变成了一个成语,用来形容不能"头痛医头、脚痛医脚"的中医理论。

《史记》上并没有明确记载在"围魏救赵"的案例当中,魏军的统帅是不是孙膑的老同学庞涓,但是结合上下文,似乎也只有算到庞涓头上才最合逻辑。于是我们有理由相信孙膑在与老同学庞涓公平较量的第一个回合取得了胜利,这次孙膑公私兼顾地取得了胜利,一代名将此时已经初具规模、长势喜人。

春秋战国时代是中国最深刻的时代,也是最混乱的时代,当然并不是每个混乱的时代都深刻。事实上,中国历史上周期性的混乱好像人类的生理周期一样,虽然偶有紊乱,但是从宏观上来看非常规律,画成曲线图完全可以用来解释中国或者其他国家的股市变化。

如果一定要解释春秋战国为什么混乱得如此深刻,恐怕只有用多元来解释。多元而又混乱的时代没有强加于人的价值观,一切如同自然界法则,优胜劣汰、适者生存。

春秋战国是一个混乱、多元而又深刻的时代,所以盛产英雄和大师,但是那个时代人民生活很不安定,生灵涂炭是一种普遍的现象。

孙膑靠着"围魏救赵"的威力维持了十三年的和平,这实在很难得。

庞涓死于此树之下

十三年以后,庞涓效力的魏国再次挑起事端。这次魏国和上次遭到侵略的赵国一起联手入侵了韩国,当然这里说的韩国是战国七雄之一的韩国,而不是今天朝鲜半岛上的友好邻国。

十三年过去了,齐国仍然是老大,遭到欺负的韩国立刻向齐国求救。此时的齐国的国王是齐宣王,老板虽然换了,但是责任不变,齐宣王再次效仿先王毅然挑起了"战国警察"的重担,派兵支援韩国。这次军事行动的领导仍然是田忌和孙膑这对黄金搭档,田忌和孙膑这次用的招仍然是同上，不过这次叫"围魏救韩"。至于为什么不是"围赵救韩"，据扶栏客推测原因有两个，首先是擒贼先擒王，魏国显然是主谋，赵国是帮凶，先打主谋，其次才是其帮凶，能收到敲山震虎的效果；其次是公私兼顾，庞涓是魏军的主将，打击魏国就是打击庞涓，孙膑同学就是要造成一种"庞涓不死魏难平"的舆论压力。只要魏王和魏国朝野都潜移默化地接收了这种舆论的引导，再配合强大的军事压力，庞涓迟早都是个死。

十三年之后孙膑的"围魏救赵"战术出现了变种，他知道如果继续照方抓药、因循守旧只能解韩国之围而不能彻底解决自己和老同学庞涓之间的问题。春秋战国时期的物质生活和医学水平都很不发达，当时中国人的平均寿命明显低于今天的水平。孙膑不想让庞涓死在病榻上，一个兵法专业的高才生、一个享受了多年崇高地位和待遇的将军，最好的结局应该是死在战场上，只有这样才对得起师傅的教诲、培养和老同学的感情。

庞涓

孙膑决定要和老同学庞涓来一个男人之间、同学之间的彻底了断，因此，他放弃了在庞涓领军回师的路上阻击魏军的方案，而选择了一路向西不远不近地引导着老同学踏上黄泉路。赵、魏、韩三国在春秋时期都属于晋，晋国军队的作风当年以勇武强悍著称。庞涓领导下的魏军不仅继承了这种风格，而且进一步发扬光大，向来以不怕死著称。孙膑当时分析了魏国军队的心理："彼三晋之兵素悍勇而轻齐，齐号为怯，善战者因其势而利导之。"如果你恨一个人，不妨惯着他的毛病，这种理论不仅适用于教育小孩也适用于战争对抗，孙膑提出了惯着庞涓的方案，而且还发明了另一个成语——"因势利导"。

当然"因势利导"惯着庞涓只是一个理念，既不是目的，也不是方法。在孙膑提出的方案当中，在因势利导的背后紧跟着"蹶上将"的目的：他说："《兵法》，百里趋利者蹶上将，五十里趋利者军半至。"孙膑说的《兵法》就是《孙子兵法》。孙膑知道要达到一战必胜的效果，就必须在运动中削弱魏国的军力，这样才能"蹶上将"，也就是"蹶"老同学庞涓。理念有了，目的明确了，剩下的就是科学的方法。

当年孙膑和庞涓一起学习兵法的时候，师傅曾经教过两个学生怎样利用数据进行正确决策的方法。这门课程当中就有如何准确判断敌方兵力的办法。我们知道中国自古以来就有"号称"的传统，这在文学上叫夸张。比如《三国演义》上说曹操曾经率领三十多万军队征讨东吴时就号称百万大军，以此来看，中国古代军事家在自己兵力上的"号称"经常是以自己现有兵力乘以一个系数，这个系数通常大于等于2。因此作为一个英明的将军不能根据对手的"号称"来判断对手的真正兵力，这就像聪明的投资者不能仅凭上市公司公布的业绩来判断自己的投资方向一样。

师傅当初教给孙膑和庞涓统计敌方兵力的方法很简单，那就是：数灶坑。

是人就要吃饭，吃饭就要生火，大股部队野外行军做饭只能露天解决，因此中国自古以来,野战军解决吃饭问题都离不开在地上挖灶坑。日暮黄昏,大军扎下营寨,然后就开始挖坑做饭。一个灶坑一口锅,下面填上木柴,生火做饭,然后填饱若干士兵饥饿的肚子。军队讲究整齐划一,所以军用的饭锅也是统一规格的,一个饭锅煮出来的食物量也就是统一的。我们知道,军队的口粮是根据级别统一分配的,一般情况下不会特别照顾某些饭量超常的士兵,在这种情况下每口饭锅服务的士兵数量也就基本固定。一个灶坑对应一个饭锅,一个饭锅对应若干固定人数的士兵,这就形成了一个逻辑上的数据链。第二天大军开拔,前一天宿营的地方就留下了星罗棋布的灶坑,只要数一下灶坑就基本掌握了敌方的士兵数量。在没有军事卫星和侦察机的年代,数灶坑无疑是最有效、最可靠和成本最低的统计敌人兵力的方法。

　　孙膑和庞涓的师傅在传授这种科学方法的时候,一定没有想到有朝一日自己的两个学生会利用这个方法展开生死较量,最后自己的一个学生因为创造性地利用了这个方法,而将另一个犯了教条主义的同学置于死地。

　　"知识改变命运"和"师傅领进门修行在个人"这两句话用在孙膑和庞涓的身上血淋淋地生动。

　　孙膑在师傅传授的数灶坑的统计方法基础上,创造性地提出了"减灶"大法,具体的办法就是第一天宿营挖十万个灶坑,第二天宿营挖五万个灶坑,第三天宿营挖三万个灶坑,第四天——第四天孙膑下令挖了一个大坑,然后把老同学庞涓和魏国士兵的尸体埋了进去。

　　让我们从第一天说起。在孙膑的身后,魏军在庞涓的率领下一路跟了过来。每到一个齐军前一天宿营的地方,庞涓都会按照师傅的教诲派人统计灶坑,从十万到五万,从五万到三万,庞涓被地上烧得黑乎乎并且逐日减少的灶坑挑逗得欲火焚身、欲罢不能,终于在第三天他彻底丧失了理智。就这样,庞涓按照老同学孙膑设计好的路线做出了判断:"我固知齐军怯,入吾地三日,士卒亡者过半矣"。于是庞涓下令放弃行动缓慢的步兵,自己亲自率领轻锐骑兵连夜赶路,追杀老同学孙膑。

　　第四天傍晚,庞涓率领的魏军追击了一昼夜追到了马陵。这里的地势非常险要,简单地说就是两边分布着山梁和丘陵,中间一条狭窄的道路。作为一个兵法专业毕业的高才生,庞涓:不应该看不出来这就是兵书上说的"死地",很多将军和士兵都死在这种地方。可是此刻一心要干掉老同学的庞涓被灶坑忽悠了,不仅根本没有重视马陵的险要,反而迎着险要上,最后只有被这忽略的险要要了命。

　　天色黑了下来,道路越来越狭窄。

　　突然前面有骑兵来报告,说前面路旁的大树上被人砍掉了一大块树皮,上面好像写了字。这种事情放到今天非常普遍,有可能是宣传防火甚至计划生育的口号,或者干脆就是"马陵森林公园人口前行两百米"。然而在两千多年的战国时期,在这人迹罕见的山区出现文字非常不寻常。

　　庞涓自己赶了过去,天色太黑,实在看不清楚。于是庞涓下令点起火把,一路上为了掩盖魏军追击的行迹,庞涓一直禁止点火照明,所以魏军到了夜晚只能摸黑行军。庞涓是一个好奇心很重的人。聪明的人好奇心都重,何况是当时军事智商仅次于孙膑的庞涓。孙膑再次利用了老同学庞涓的心理特点，他料定庞涓不可能战胜自己的好奇心，一定会点着火把仔细浏览自己写在大树上的留言。

一道火光在黑暗中燃烧了起来，无限黑暗中的有限火光并没有给人们带来希望和温暖，反而让在狭窄山道上拥挤的魏国骑兵感到异常诡异。

庞涓和身边的将士们终于看清楚了大树的树干上刻着八个大字，书法刚劲有力，内容毛骨悚然："庞涓死于此树之下"。

庞涓呆了，死一般的寂静。

黑暗中传来了无数弓弩发射的摩擦声和利箭破空的风声，箭雨从四面八方如飞蛾扑火一样扑向了黑暗中点燃的火把。魏军的骑兵和战马成片倒下，在狭窄的山道上无处藏身、乱成一片。孙膑只用了上万个弓弩手就一举击溃了不可一世的魏国军团，庞涓的队伍根本没有还手之力，彻底溃败。

庞涓知道自己完了，过去和同学孙膑共同经历的一幕幕像电影一样在眼前闪过。在这个拥挤的世界上同时出现两个兵法专业的毕业生，如同在拥挤的马陵道上并排行驶两辆重型大卡车，实在有点多。

庞涓大叫一声"遂成竖子之名"，横刀自刎。

从庞涓同学最后留下的话来看，他知道自己的愚蠢失败和窝囊死亡将成就老同学、老对手孙膑的胜利和荣耀，这一切无法挽回。

果然，孙膑同学在埋葬了老同学以后马上下令追杀庞涓抛弃的魏国步兵。魏军群龙无首，完全丧失了战斗意志和军事对抗的能力，这场战役变成了老鹰捉小鸡的游戏。

最后田忌和孙膑率领的齐军俘虏了魏国太子申，凯旋归国，《史记》记载："孙膑以此名显天下，世传其兵法。"

四、猜忍的名将：吴起

杀了老婆往上爬

中国传统里有借前辈名人表扬后起之秀的习惯，比如表扬某人有名将之风，总是习惯说"孙吴在世"，孙当然指的是孙武、孙膑，而吴就是吴起。实际上，在《史记》里，孙武、孙膑和吴起三个人的故事被司马迁合并做传，可见在司马迁心目中，吴起确实是一个和孙武、孙膑比肩齐名的兵家大腕。

吴起是春秋时代的卫国人，曾经拜曾子为师接受系统的儒家教育，曾子名曾参，是孔子亲传的徒弟。《孝经》据说就是曾子编写的，他是一位专注于研究孝道伦理的学者。但是令人疑惑的是，司马迁又说吴起是子夏的徒弟，子夏也是孔子的徒弟，其学术专长是文学艺术。太史公的这两处记载自相矛盾，显然有一个存在错误，太史公的错误证明了是人都会犯错误的朴素真理。看到这里，扶栏客更加不敢保证自己写的就一定是真理，万一哪位高人发现了扶栏客笔下的谬误，还请尽量善意看待。

不管吴起是曾子的徒弟还是子夏的徒弟，但是有一点可以肯定，论起辈分，吴起是孔子的徒孙，这在当年中国学术的江湖上绝对属于名门正派。如果放到今天，就凭师爷、师傅和师叔们的面子、地位和人脉关系，吴起完全可以混进某名牌高校当个学术带头人，申请个把博士点，或者弄点科研经费都不成问题。不幸的是，吴起生活的年代，学术的江湖如同李小龙时代的武林，讲究的是硬桥硬马的真功夫。因此，吴起虽然出身名门正派，但那师爷传下来的金字招牌并没有给年轻时代的吴起带来"忽如一夜春风来"式的荣华富贵。

后来吴起离开了曾子，来到了鲁国，凭借着自己师傅的名气开始为鲁国国君效力。然而，与司马穰苴、孙武不同，吴起虽然走上了'仕途，但是似乎并没有得到重用。因为《史记》只是记载吴起"尝学于曾子，事鲁君"，而没有记录吴起当时的级别待遇。显然，吴起当时并没有担任值得司马迁记载的官职。

直到有一天，迫不及待要出人头地的吴起为了当大官而义无反顾地杀死了自己的老婆。有句老话说得好，"一将成名万骨枯"，对于名将吴起来说，第一个枯的就是自己的老婆。

有一年军事强国齐国突然发动了对自己的邻国、文化强国鲁国的侵略战争，鲁国一下子陷入了巨大的生存危机。中国五千年的历史告诉我们，面对暴力，一切的文化都很无力，因此当时的文化强国鲁国虽然拥有以儒家弟子为代表的众多学者，但是一时之间却找不到一个能带兵打仗、以暴抗暴的人才。于是有人就向鲁国国君推荐了吴起，吴起不仅是曾子的徒弟，而且"好用兵"，更重要的是吴起"好用兵"的名声当时在鲁国不能说家喻户晓，至少也是"小荷已露尖尖角"。国家危难之际，鲁王打算不拘一格启用吴起担任鲁国的将军。

然而，作为掌握一国军队资源的将军，吴起不仅需要过硬的军事指挥能力，还必须通过对其人品和背景的严格审查，这是亘古不变的组织程序。就在吴起眼看当上鲁国将军的关键时刻，对他的审查却出现了问题。问题出在吴起老婆身上，因为吴起娶了一个齐国的女人当老婆，为此鲁国国王和大臣们产生了疑虑，启用一个齐国的女婿带兵去对抗齐国军队，这事听起来实在不靠谱。况且吴起本人就不是鲁国人，而是卫国人，他来到鲁国追求的无非是挣钱和当官。如果说吴起因为鲁国是自己祖师孔子的故乡而热爱鲁国胜于热爱自己的老婆，恐怕没人相信。谁能保证一个本身是卫国人的齐国女婿能冒着得罪老婆和老丈人的危险，全心全意为鲁国人服务呢？要说领兵打仗、决胜千里，鲁国君臣都没经验，但要是说起来怕老婆是个男人都明白其中的厉害，于是吴起老婆的国籍问题就成了吴起登上将军宝座无法逾越的障碍。

审查通不过，谁也没办法，这就是程序的力量。

鲁壬只好打算另请高明了。

吴起急了，作为一个自幼"好用兵"的知识青年，他的人生追求绝不是像自己的师傅曾子那样成为一代文化大师，而是像司马穰苴和孙武一样成为一代名将。吴起从小家境殷实，他追求的不是物质财富，而是天下闻名的社会影响力和名垂青史的历史地位。但是不幸的是对于吴起来说，要想当大腕走学者路线显然行不通，文化大师的价值和地位随着辈分的延续而呈递减趋势，比如儒家，最伟大的大师当然是孔子，他被公认为"圣人"，其次才是孔子的学生们，他们被称为"贤人"，轮到吴起，他实在不敢想象自己如果一辈子死心塌地跟着曾子最后会成为什么人。客观地说，吴起如果走文化学者道路恐怕连载入史册的机会都没有，即便有这样的机会，很有可能也只是"曾经有一个叫吴起的卫国人，跟随贤人曾子学习"。更让吴起接受不了的是，即使"圣人"和"贤人"这样的头衔多半也是百年之后世人给予的评价，当年的"圣人"和"贤人"有相当的比例在生前都相当的寂寞，甚至窝囊。吴起不是颜回，要他居于陋巷而不改其乐那是万万做不到的。另外，那年头虽然没有百家讲坛，但是文化大师却呈百家争鸣状遍地开花，一个文化大师想在活着的时候就立竿见影地大红大紫非常罕见。然而名将则不同，中国历史上名将层出不穷，历朝历代都有令人景仰的名将，后人很难评价司马穰苴、孙武、孙膑到底哪一个更伟大。更重要的是，不论司马穰苴还是孙武，他们都是一战成名，在活着的时候这些人就星光闪耀、名满天下，这才是吴起想要的人生。卫国的知识青年吴起虽然曾经跟着文化大师学习，但是他早就下定决心要成为杀伐决断的名将，而不是皓首穷经的学者。

眼看象征权力的鲁国将军大印和兵符就在眼前，却因为自己娶了一个齐国的老婆而鸡飞蛋打，吴起实在是很着急、很难过。吴起没想到自己当初找对象一个不小心给自己的仕途找来了麻烦，人生实在是难以预测，吴起娶了齐国的老婆，齐国就来攻打鲁国，而吴起偏偏就在鲁国，偏偏鲁国又没有比吴起更合适的人当将军。一系列的偶然最后产生了一个必然，立志当名将的吴起亲手杀了自己的老婆，以血腥的实际行动表明了忠心和决心。

当一脸坚毅神情的吴起捧着自己老婆血淋淋的脑袋出现在鲁王面前的时候，鲁王心里"咯噔"一声，当场吓得目瞪口呆。鲁王实在没想到女人漂亮的脑袋除了具有观赏性以外还有这种用处，不由得被吴起的脑筋急转弯震撼得哑口无言。吴起杀了老婆往上爬，就凭这个，吴起已经具备了被载入史册的资格。

事实上，在吴起之前，齐国在齐桓公的时代曾经有一个叫易牙的人曾经做下过类似令人发指的暴行。当时易牙为了博取春秋五霸第一霸齐桓公的信任和宠爱，毅然把自己的儿子杀了'做成了一道菜送给齐桓公品尝。易牙杀子的起因是齐桓公有一次在吃饭的时候开玩笑说："寡人贵为大王，除了人肉天下的山珍海味都吃遍了"。听到齐桓公的感慨，易牙就非常主动并且富有创造性地领会了齐桓公的意图，他理所当然地认为身为人臣就不能让自己老板的人生留有遗憾。于是易牙当晚回家就把自己的儿子杀了送进了厨房。俗话说"吃了人的嘴软"，何况齐桓公吃了易牙的亲生儿子，因此齐桓公不得不对易牙另眼相看，从此，易牙走进了齐国的权力中心，后来成为拥立继任齐王的重臣。同理，吴起因为亲手杀了老婆表决心，也实在不好意思再对吴起的背景和人品吹毛求疵，所以吴起很快就通过了审查，当上了梦寐以求的鲁国将军。

从易牙杀子和吴起杀妻这两件中国历史上著名的灭绝人性的案例来看，权力的毒性实在是非常可怕。

史上第一次"人肉搜索"

抛开吴起为了当将军而杀死自己妻子的卑劣和凶残不说，从吴起的工作业绩来看，他的确具备克敌制胜的名将能力。《史记》记载吴起当上鲁国将军以后，"将而攻齐，大破之。"摆脱了家庭拖累的吴起放手于工作，很快就战胜了齐国，以实际行动证明了自己作为鲁国将军的价值和能力。但是在儒家文化发祥地的鲁国，鲁国人似乎很快就忘记了吴起攻城略地的功劳，而吴起杀妻求官的道德污点却在鲁国人的印象中越来越清晰。与此同时，由于在国家危难的关键时刻，鲁国本土缺乏能够独当一面的大将之才才给了外来户吴起平步青云的机会，所以无论是为了利益还是为了面子，吴起的成功和地位对鲁国的大臣们来说都是一件难以接受的事实。

于是一场针对吴起道德品质的"人肉搜索"在鲁国朝野悄无声息而又如火如荼地展开了。

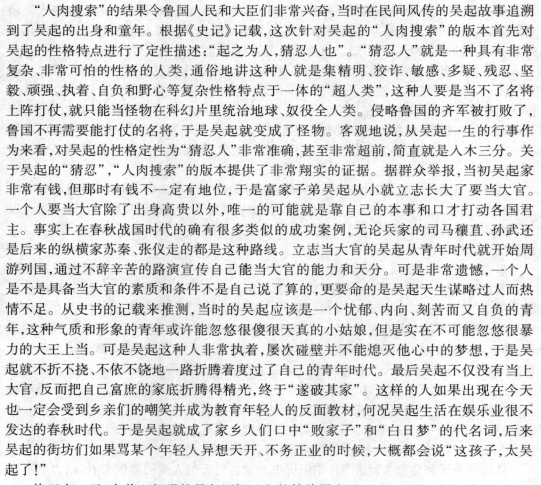

"人肉搜索"的结果令鲁国人民和大臣们非常兴奋，当时在民间风传的吴起故事追溯到了吴起的出身和童年。根据《史记》记载，这次针对吴起的"人肉搜索"的版本首先对吴起的性格特点进行了定性描述："起之为人，猜忍人也"。"猜忍人"就是一种具有非常复杂、非常可怕的性格的人类，通俗地讲这种人就是集精明、狡诈、敏感、多疑、残忍、坚毅、顽强、执着、自负和野心等复杂性格特点于一体的"超人类"，这种人要是当不了名将上阵打仗，就只能当怪物在科幻片里统治地球、奴役全人类。侵略鲁国的齐军被打败了，鲁国不再需要能打仗的名将，于是吴起就变成了怪物。客观地说，从吴起一生的行事作为来看，对吴起的性格定性为"猜忍人"非常准确，甚至非常超前，简直就是入木三分。关于吴起的"猜忍"，"人肉搜索"的版本提供了非常翔实的证据。据群众举报，当初吴起家非常有钱，但那时有钱不一定有地位，于是富家子弟吴起从小就立志长大了要当大官。一个人要当大官除了出身高贵以外，唯一的可能就是靠自己的本事和口才打动各国君主。事实上在春秋战国时代的确有很多类似的成功案例，无论兵家的司马穰苴、孙武还是后来的纵横家苏秦、张仪走的都是这种路线。立志当大官的吴起从青年时代就开始周游列国，通过不辞辛苦的路演宣传自己能当大官的能力和天分。可是非常遗憾，一个人是不是具备当大官的素质和条件不是自己说了算的，更要命的是吴起天生谋略过人而热情不足。从史书的记载来推测，当时的吴起应该是一个忧郁、内向、刻苦而又自负的青年，这种气质和形象的青年或许能忽悠很傻很天真的小姑娘，但是实在不可能忽悠很暴力的大王上当。可是吴起这种人非常执着，屡次碰壁并不能熄灭他心中的梦想，于是吴起就不折不挠、不依不饶地一路折腾着度过了自己的青年时代。最后吴起不仅没有当上大官，反而把自己富庶的家底折腾得精光，终于"遂破其家"。这样的人如果出现在今天也一定会受到乡亲们的嘲笑并成为教育年轻人的反面教材，何况吴起生活在娱乐业很不发达的春秋时代。于是吴起就成了家乡人们口中"败家子"和"白日梦"的代名词，后来吴起的街坊们如果骂某个年轻人异想天开、不务正业的时候，大概都会说"这孩子，太吴起了！"

终于有一天，自尊心超强的吴起压抑已久的情绪爆发了。

两千多年前的某个清晨，在吴起的家乡小城，此起彼伏的恐怖尖叫伴随着此起彼伏的雄鸡报晓惊醒了人们的美梦，人们在这座小城的不同人家里陆续发现了三十多具尸体。如果这样的恶性案件发生在今天也一定会成为公安部督办的大案，并登上当地报纸

诸子百家——兵家

的头条。可以想象,三十多人一夜毙命,这给两千多年前的卫国小城带来了多么恐怖的恶劣影响。于是卫国主管治安的部门迅速立案展开调查,通过分析和总结,很快就发现这些被害的乡亲都有一个共同的特点:他们生前都曾经以编排吴起的"白日梦"为乐趣,并不遗余力地在卫国城乡间广泛宣传。

与此同时,吴起失踪了。

据吴起母亲回忆,吴起在"跑路"之前曾经跟母亲诀别,他并没有提及自己一夜杀三十人的恐怖罪行,而是含着热泪跪在母亲脚下,咬着自己的手臂发誓"起不为卿相,不复入卫"。吴起的母亲很了解自己的儿子,她早就已经习惯了儿子的豪言壮语,只是这位名将之母这次还没来得及开口教育儿子,吴起突然站起来快步走出门去,消失在茫茫晨雾之中。

风一样的男人,谜一样的往事。

杀人犯吴起带着一身的沧桑和杀气拜倒在曾子门下,开始接受系统的儒家教育。

后来过了若干年,那位生育并培养了一代名将的吴起母亲去世了,令人惊奇的是在那个资讯很不发达的时代,这个消息居然很快就传到正在跟随曾子学习的吴起那里。吴起坚守了当年杀人逃亡前向母亲立下的誓言,他克服了作为正常人回家奔丧的心理需要,选择继续留下来化悲痛为力量刻苦学习文化知识,争取早一:天衣锦还乡。如果群众提供的"人肉搜索"资料可靠,那么吴起当时没有回乡奔丧除了信守"起不为卿相,不复入卫"的誓言以外,恐怕还有一个原因:一个背负着三十多条人命血债的杀人逃犯,回乡奔丧无异于自投罗网,如果吴起要想销案,唯一的可能就是当上大官。只要当上了大官,一切都将是合理的,不合理的也能变成合理的,这就是吴起一定要当上大官的理由。所以"猜忍"的吴起当年杀死三十多人后向母亲起誓颇有破釜沉舟的象征意义,只不过普通人歃血盟誓用自己的血,而吴起歃血盟誓用了邻居的血。吴起当年在母亲面前立下的誓言很可能是他一生当中说过的最真诚的一句话——如果不为卿相,背负累累血债的吴起绝不敢"复入卫"。

不过在吴起的师傅曾子的眼里,吴起这种"擦干眼泪,把母亲去世的电报藏在枕头下继续投入紧张学习"的行为无异于禽兽。当年孔子门下有个叫宰予的学生,曾经对孔子坚持为父母守孝三年的做法提出的质疑,他认为三年时间实在太浪费。孔子对此非常不满,跟宰予探讨三年之丧的必要性之后,孔子对宰予的评价非常消极,"予之不仁也!子生三年然后免于父母之怀,夫三年之丧,天下之通义也。"孔子认为宰予的这种观点缺乏人道精神,因为孩子在三岁之前都离不开父母温暖的怀抱,因此父母死后孩子守孝三年是非常公平的伦理道德,而且认为这是天下通行的价值观。然而到了曾子的徒弟吴起这里,这位一心当大官的青年不仅不给母亲守孝三年,甚至根本就不打算回乡奔丧。作为孔夫子的衣钵传人,曾子觉得自己遭到了莫大的侮辱,于是他正式通知吴起:从即日起吴起被正式开除,从此吴起的一切行为与曾子无关。

后来的故事就接到了吴起杀妻,鲁国群众提供的"人肉搜索"资料生动地勾勒了一个丧心病狂的"官迷"一步一步变态的人生轨迹和心路历程。如果针对吴起的"人肉搜索"资料仅限于此,那么显然缺少画龙点睛之笔。

最后，鲁国群众对这段"人肉搜索"的资料进行了总结："夫鲁小国，而有战胜之名，则诸侯图鲁矣。且鲁卫兄弟之国也，而君用起，则是弃卫。"鲁国终于在煞费苦心"人肉搜索"来的资料基础上进入了正题：鲁国是一个小国，因为吴起而成就了战胜强大齐国的军事胜利，可是出头的椽子烂得快，这很容易招来其他诸侯对鲁国的敌意和进攻，并且鲁国和吴起的祖籍卫国是友好邻邦，鲁国重用吴起就是对不起卫国。

鲁国群众针对吴起的"人肉搜索"报告材料很生动，思路很连贯，但是逻辑却很混乱。如果怕别的国家产生敌意就不重用军事人才那无异于坐以待毙，而在暴力决定生存地位、名将资源如此稀缺的时代，因为怕对不起友好邻邦而对名将弃之不用就像怕别人眼红有钱不赚、宁愿受穷一样荒唐。从这篇"人肉搜索"报告最终切入主题的指向性和目的性来判断，这次"人肉搜索"活动显然并不是一次自发的民间行为。根据《史记》记载，在这篇"人肉搜索"报告发表以后不久，鲁国国王果然对吴起产生了怀疑，吴起就这样被辞退了。

吴起离开了鲁国，鲁国清静了。

《史记》中记载的这篇针对吴起的"人肉搜索"报告大概是中国历史上第一篇针对某人道德人品的"人肉搜索"报告，而这篇报告最终也的确起到了"搞倒、搞臭"对手的政治杀伤目的，因此扶栏客认为这篇"人肉搜索"报告具有透视人性的学术价值和研究大众心理的史料价值，这里全文摘录，供读者参考：

鲁人或恶吴起曰："起之为人，猜忍人也。其少时，家累千金，游仕不遂，遂破其家。乡党笑之，吴起杀其谤己者三十余人，而东出卫郭门，与其母诀，啮臂而盟曰：'起不为卿相，不复入卫。'遂事曾子。居顷之，其母死，起终不归。曾子薄之，而与起绝。起乃之鲁，学兵法以事鲁君。鲁君疑之，起杀妻以求将。夫鲁小国，而有战胜之名，则诸侯图鲁矣。且鲁卫兄弟之国也，而君用起，则是弃卫。"

吴起将军的死神之吻

在前面我们说过，春秋是一个混乱、多元而又深刻的时代，这样的时代是人才就不怕被埋没。况且此时在吴起的简历上，已经在工作经验这一栏可以漂亮地填上"曾经担任鲁国将军"这样一句很有质感和重量的话。不仅如此，吴起在担任鲁国将军期间还创造了战胜强大齐国的成功业绩，因此离开鲁国的吴起对自己的前途充满信心。不过此刻的吴起显然已经吸取了在鲁国的经验教训，这次他除了要当大官以外，还要找到一个价值观和理念与自己一致的老板以实现自己职业生涯的可持续发展。春秋战国时期高级管理人才的流动与今天职业经理人在大企业之间的流动颇为相似，总的来说就是人才在找老板，老板也在找人才，双方都很迫切。而当时没有互联网和媒体炒作，也没有专业猎头公司，所以人才和老板的双向选择的依据主要靠圈子里的口碑。吴起听说魏国的魏文侯在当时诸侯君主的圈子里颇具贤名，于是决定投奔魏文侯（"吴起于是闻魏文侯贤，欲事之"）。

魏文侯肯定也听说过吴起的事迹，这些事迹当然包括吴起临危受命率领鲁军大破强齐，也包括吴起为了当上鲁国将军杀死自己的老婆，甚至还包括那篇在鲁国脍炙人口的

"吴起人肉搜索报告"。吴起天生就是一个充满矛盾和争议的人,身为老板,魏文侯不能否认吴起的能力。但是作为一国之君,魏文侯不得不在提拔任用干部方面提出道德标准,也就是所谓的德才兼备,否则如果一个老板手下都是大批不择手段的人才,那么这位老板恐怕很难睡得踏实。吴起通过大破齐军证明了他的"才"足以让人青睐,同时也通过杀妻求官证明了他的"德"的确令人齿寒。因此魏文侯当时对要不要接受和重用这位送上门来的名将拿不定主意,于是向自己信任的大臣李克请教。

魏文侯向李克征求意见的话非常经典,直到今天,这种问话形式仍然是领导提拔或者处罚某位干部或确定干部候选人之前征求群众意见的必用句型。

魏文侯问李克:"你觉得吴起这个人怎么样?"(文侯问李克:"吴起何如人哉?")

魏文侯问得经典,李克回答得也经典。李克说"吴起这个人贪婪而且好色,但是要说带兵打仗,恐怕司马穰苴也不会比吴起更强。"(起贪而好色,然用兵司马穰苴不能过也)

魏文侯问得很灵活,李克回答得很具体,作为魏文侯身边的大臣,李克当然了解魏文侯当时的矛盾心态。在这种情况下,不论肯定或是否定吴起都不合适,于是李克用上了辩证法,他对吴起选择了批判的肯定,吴起的人品的确有问题,不过他的用兵之道的确了不起。如果从李克给魏文侯提供的信息来看,李克说的似乎都是废话,吴起道德和才能存在的强烈反差当时已经闻名天下,正因为如此,魏文侯才会矛盾。李克接到了魏文侯的传球,却并不敢一脚射入空门,他又把球传了回来,因为他知道在干部选拔和任用的游戏当中,只有老板才有权射门得分。

魏文侯听到了李克的回答,终于下定决心任用吴起,可见有时候废话并不一定就没有价值。吴起被魏文侯正式任命为魏国将军,这个职务与上次吴起在鲁国担任的职务属于同一个级别,但是与鲁国相比,当时的魏国更加强大,更重要的是魏文侯显然是一个比鲁国国君更有进取心和使命感的老板。因此在鲁国的下岗对吴起来说似乎也不是什么坏事,即使鲁国不炒吴起的鱿鱼,吴起很有可能早晚也要跳槽。吴起从鲁国下岗很快就找到了出路,这对鲁国、魏国和吴起三方来说都是皆大欢喜,所以说无论在哪个时代,人才流动才是多方共赢的王道。

吴起是一个闲不住的人才,而魏文侯也是一个闲不住的老板,两个闲不住的人一拍即合,于是吴起一上任就马上率领魏国军队讨伐秦国,并且顺利地占领了秦国五个城邑("于是魏文侯以为将,击秦,拔五城")。

身为名将,吴起自觉地实践了兵家第一人司马穰苴"平常把当兵的当女人疼"的带兵法则。在行军打仗的过程当中,吴起可谓干得最多、吃得最差,称得上是一位吃苦在前、享受在后的好将军。《史记》记载,吴起在担任魏国将军期间,把自己的生活标准降到了军中最低,伙食和穿着按照军中最低标准执行,他还主动放弃了将军应该享受的"专车"接送,自己不仅步行而且还要像普通士兵一样背着军粮行军("起之为将,与士卒最下者同衣食。卧不设席,行不骑乘,亲裹赢粮,与士卒分劳苦")。可以想象,身为将军的吴起,自己身先士卒,背着军粮徒步行军的情景对于普通士卒来说是多么的感人和震撼。当然,能做到吴起这样不仅需要当一名好将军的勇气,更需要一副当一名好将军的好身板。读者读到这段描述似乎有些眼熟,因为兵家第一人司马穰苴当年就曾经通过类似的行为艺术感化和凝聚了士气低下的齐军,最后吓跑了晋国和燕国侵略军,成就了一代名将的威名。

如果说吴起的上述行为有抄袭司马穰苴的嫌疑,那么下面这个"吴起吮疽"的故事足以超越甚至震撼前辈了,因为能做到吮疽需要的不仅是过人的承受能力,更需要超人的心理素质。"吮"就是吮吸的意思,这个动作是人类一生中学会的第一个动作,学不会就要饿死;而"疽"就是脓包的意思,指人体因为某种病变而长出来的脓包。

据《史记》记载,"卒有病疽者,起为吮之",就是说当时有个小兵身上长了脓包,吴起亲自用嘴巴为小兵排毒。

我们知道历史事件并不是孤立存在的,一件类似"吮疽"这样的小事也不例外。《史记》里记载西汉汉文帝时候,有一位汉文帝的宠臣邓通,曾经为汉文帝进行过类似的排毒。后来太子来看望病重的父皇,汉文帝突然提出了让太子也为自己用嘴排毒的要求。太子当时就被自己老爸提出的另类要求吓住了,面露难色、畏缩不前,于是汉文帝就感慨亲生儿子不如旁人。后来太子知道了老爸为什么会突然提出这个奇怪要求的原因,于是就对邓通产生了巨大的怨恨。后来文帝驾崩,太子上台,邓通就被怨恨他的当年太子、当下皇帝整倒了,最后这位吮吸过先帝龙毒的宠臣竟然被活活饿死。参考对比邓通的案例,我们可以看出来,"吮疽"这种事即使是存在血缘关系的父子之间也很难做到,即便老爸是皇帝而儿子是太子等着接班,面对这种情况也会面露难色。由此可见,吴起亲自用嘴巴为一个自己手下的小兵排毒,的确需要超越古今和战胜自我的勇气和毅力。

虽然吴起能承受这种超越自我心理承受极限的挑战,但是被他排毒的那个小兵的母亲却承受不了,她得知儿子被将军吮吸过以后,突然大哭起来。后来就有人问这位士兵的母亲:"子卒也,而将军自吮其疽,何哭为?"在旁人看来,身为普通一兵能得到被将军亲自用嘴巴排毒的待遇是非常幸运甚至是非常光荣的,小兵的母亲不仅没有表现出对将军吴起的感激,反而放声大哭。小兵的母亲一边擦眼泪一边解答了群众的疑问:"非然也。往年吴公吮其父,其父战不旋踵,遂死于敌。吴公今又吮其子,妾不知其死所矣。是以哭之。"从小兵母亲的回答我们发现吴起"吮疽"并不是第一次,至少这个小兵的父亲当年也享受过相同的待遇。汉文帝被邓通吮吸过,所以邓通在文帝生前得到了荣华富贵,小兵的父亲和他的儿子被吴起吮吸过就会拼死战斗,当年小兵的父亲在打仗的时候只知道向前冲,最后壮烈牺牲。

这位小兵的母亲虽然只是一位普通的劳动妇女,但是懂得举一反三。在这位母亲看来,将军吴起的吮吸简直就是"死神之吻"。当初吴起吮吸了丈夫,于是小兵的母亲变成了寡妇,现在吴起又吮吸了儿子,小兵的母亲非常敏感地觉察到自己的儿子很可能早晚也会战死沙场,而自己很有可能连儿子葬身之处都不得而知。吴起的吮吸先是让她失去了丈夫,现在吴起又把魏国将军的唇印留在了儿子身上,身为一个女人、一位母亲怎能不放声大哭?她在哭泣自己无力改变的悲惨命运。

虽然吴起在鲁国曾经因为杀妻求官而形成了无法磨灭的人生污点,但吴起在任魏国将军期间却表现出惊人的高风亮节,很快就为自己营造了非常有利的舆论环境。当时的魏国上至魏文侯,下至普通士卒都对吴起的能力和人品给予了非常正面的肯定。《史记》

记载"文侯以吴起善用兵,廉平,尽能得士心,乃以为西河守,以据秦、韩。""善用兵"不用多说,"廉平"是指廉洁而随和的意思,这种说法似乎与之前李克对吴起"贪而好色"的评价形成了矛盾。根据后来某些学者的解释,李克说吴起的"贪"是指吴起贪恋权力和虚荣,而不是金钱财富。这种解释与吴起破家求仕、杀妻求官的作为非常吻合,应该是比较合理的观点。

吴起凭借自己"善用兵"的军事天才和"廉平"的作风赢得了全军上下的拥护和魏文侯的信任,被魏文侯任命为"西河守",也就是西河军区司令。在春秋时期的版图上,魏国的西河正好与秦国接壤,因此魏文侯的这种安排用意非常明确,就是要以名将吴起震慑秦国和韩国。吴起在西河守的位置上非常胜任,其在任期间边境太平,百姓安居乐业。

西河谈话:"在德不在险"

后来魏文侯去世了,魏文侯的儿子继位,吴起的老板变成了魏武侯。老板虽然换了,魏国仍然需要吴起这样的名将安邦定国,因此似乎吴起在魏国的地位并没有动摇。但是作为一个天生"猜忍"的名将,吴起在这种时刻却居安思危,开始策划主动向魏武侯表态来巩固自己的地位。

不过吴起的表态并不是简单地表忠心,他要的是新上任老板魏武侯对自己绝对的尊重和信任,甚至是敬畏和服从。

后来这个表态的机会就来了。那一年,新上任的老板、年轻的魏武侯视察西河,吴起作为当地政府和军队的首长陪同魏武侯乘船在西河中顺流而下。在视察途中,魏武侯和吴起的一段对话被载入了《史记》。据《史记》记载,乘船视察西河的魏武侯一路欣赏着大河奔流的壮丽景色,一时间被壮丽的大好河山鼓舞得心潮澎湃,诗兴大发。

当时魏武侯站在船头作《泰坦尼克号》露丝状张开双臂,大发感慨:"美哉乎山河之固,此魏国之宝也!"

吴起不仅没有按照程序一边鼓掌一边频频点头附和老板的情绪,反而当头给新上任的老板浇了一桶凉水,提出了立国的根本"在德不在险"的观点。吴起说:"在德不在险,昔三苗氏左洞庭,右彭蠡,德义不修,禹灭之。夏桀之居,左河济,右泰华,伊阙在其南,羊肠在其北,修政不仁,汤放之。殷纣之国,左孟门,右太行,常山在其北,大河经其南,修政不德,武王杀之。由此观之,在德不在险。若君不修德,则舟中之人尽为敌国也。"吴起指出当年的三苗氏、夏桀和殷纣的立国之地都是山河险要,看似固若金汤,但是这些君主因为"德义不修""修政不仁""修政不德",最终都落得了亡国的下场。如果说吴起引用三苗氏、夏桀和殷纣的典故提醒魏武侯"山河之固"不足以立国,可能是出于国家社稷长治久安的深谋远虑,那么吴起最后那句"若君不修德,则舟中之人尽为敌国也",怎么听都像是在向刚刚上台的老板示威。从士大夫的角度来看,帝王修德无非是善待臣民,吴起非常露骨地警告魏武侯如果不善待以吴起为首的臣民,那么这些人就有可能"为敌国也",也就是在吴起的率领下集体跳槽到竞争对手那边去。失去了类似名将吴起这样的人才,魏国就算有山河之固也难免重蹈三苗氏、夏桀和殷纣亡国的覆辙。

无论在任何国家、任何时代的任何政治体制之下,吴起的·这次表态都非常大胆,甚至狂妄霸道,穿越两千多年的历史迷雾,扶栏客看见"猜忍"的吴起站在船头和魏武侯一起指点江山,在那个时刻,出身草根的吴起分明已经在心理上达到了与君王平起平坐的地位,甚至有凌驾君权之上的苗头。

遭到吴起无情打击的魏武侯面对着滚滚奔流的西河,艰难地咽了一口唾沫,说:"善。"

虽然年轻的魏武侯和猜忍的吴起并肩站在船头,面对滚滚奔流的大河只能忍气吞声说"善",但是魏武侯显然也是一个男人,而且是一个掌握魏国最高权力的男人。吴起的大胆犯上不仅让魏武侯尴尬,更让魏武侯感到恐惧和愤怒,到底谁才是魏国真正的主宰,这是一个必须明确的问题。

但是当时的吴起不仅掌握了魏国几乎全部的武力资源,而且在军中享有盛名,可以称得上一呼百应,这也是吴起敢于大胆犯上的坚实基础。在这样的形势之下,魏武侯面对吴起义正辞严的公然挑衅,只能是敢怒不敢言。但是事情绝没有那么简单,离船上岸的魏武侯在心里开始了对吴起的算计。一个让君主感到恐惧和愤怒的大臣如果不能以绝对优势控制局面,那么这个大臣就陷入了危险的境地。从后面发生的故事来看,当时的吴起似乎对这种形势缺乏清醒的认识和充分的准备。

"西河谈话"之后,吴起仍然担任西河守,继续威风八面地当着他的大官,似乎什么事都没有发生。直到有一天魏武侯在魏国的领导班子里设置了一个叫"相"的位置,这个职务的地位高于吴起担任的西河守,出乎吴起意料却在众人意料之中的是,担任这个职务的人不是主张修德的吴起,而是一个叫田文的人。我们知道战国时期赫赫有名的四大公子之首、齐国的孟尝君就叫田文,但是从时间上判断,孟尝君田文显然晚于春秋时代的魏相田文很多年,因此这个田文当然不是孟尝君。

出现这样的局面,当然会让从小立志当大干部的吴起非常不爽,吴起当年杀人在逃前曾经向母亲立誓一定要当上卿相才衣锦还乡,所以这个职务对吴起而言,不仅是一种待遇,更是自己自幼的梦想和对死去母亲的承诺。现在魏国有了相,却不是自己,这实在让吴起很难接受。如何应对这种局面,吴起有很多种选择。政治斗争有如用兵之道,本来就是变化无常。而"善用兵"的吴起显然缺乏政治斗争智慧,被激怒的吴起选择了一种最直接,也是最愚蠢的办法迎接挑战,最终的结果只能是自取其辱。吴起迎接挑战的方式就是公然挑战对手,他直接找到田文,向田文提议对比一下自己和田文对魏国谁做出的贡献更大。

吴起说:"请与子论功,可乎?"

田文从容应对:"可。"

吴起问:"将三军,使士卒乐死,敌国不敢谋,子孰与起?"

田文说:"不如子。"

吴起又问:"治百官,亲万民,实府库,子孰与起?"

田文说:"不如子。"

吴起再问:"守西河而秦兵不敢东向,韩赵宾从,子孰与起?"

田文说:"不如子。"

吴起得到了田文的肯定，马上乘胜追击，"此三者，子皆出吾下，而位居吾上，何也？"

田文说："主少国疑，大臣未附，百姓不信，方是之时，属之于子乎？属之于我乎？"

吴起沉默了很久，像上次魏武侯遭到自己教训一样，他也艰难地咽下了一口唾沫，说："属之子矣。"

田文最后总结："此乃吾所以居子之上也。"

吴起与田文论功，比较了军事、国防和经济民生，唯一遗漏了政治。吴起比较的都是自己的强项，而遗漏的却是田文的强项。田文的回答一招制敌，实际上在魏武侯刚上台、政局不稳的魏国，"相"这个职务最根本的职责并不是保家卫国和经济建设，而是平衡各方利益，稳定人心以及维持社会稳定。锋芒毕露、猜忍雄霸的吴起不仅不能起到这样的作用，反而带头挑战君权。事实上吴起就是魏国当时最大的不安定因素，而田文担任的这个"相"很大程度上就是要制约威胁君权的"将"，也就是担任西河守的吴起。

从此以后，吴起心服口服，《史记》记载"吴起乃自知弗如田文"，在将相争霸当中吴起自己认输，败下阵来。

藏獒一样的公主

根据吴起担任魏国将军期间吃得最差、干得最多，并且像普通士卒那样亲自背负军粮徒步行军的记载，吴起不仅毅力过人，而且具有超级强悍的身体素质。这样的身体素质使得吴起在魏国的政治拉力赛中不仅马力强劲，而且耐力持久、不知疲倦。又过了若干年，那个让吴起自愧不如的魏相田文去世了，而此时的吴起仍然身体很好，吃饭很香，丝毫没有显出老态。本来一位大官的离去应该是地位仅次于这位大官的二号大官上位的绝佳机会，但是早年吴起在西河谈话当中让魏武侯受到的伤害决定了魏武侯不可能让吴起在魏国享受一人之下、首领群臣的地位，于是田文死后吴起仍然没有进入魏武侯圈定的魏相候选名单。最后，这个位置由来自韩国的贵族公叔接任，吴起在魏国领导班子中的排名仍然没有变化，而此时的吴起可能参透了魏国君权、相权和将权三角博弈关系的奥妙，所以他并没有像上次那样反应过激，而是继续无怨无悔地担任西河守，一副乐天知命的样子。

而那位来自韩国的贵族公叔不仅取得了相位，魏武侯还把自己的女儿、魏国公主嫁给了他，这种安排显然是要提高公叔的地位，这也从另一个侧面说明当时的公叔在魏国并没有形成稳固的地位。

武侠小说上经常描写当某位大侠在武林中威名显赫的时候，即便自己厌倦了江湖争斗也很难摆脱是非纠葛。当一个人成为某种行业标杆就一定会给后来者带来巨大的压力，而解决这种压力的最好办法就是超越或者扳倒这个标杆。吴起就是这样一位标杆式的人物，虽然他韬光养晦，但是在公叔看来吴起的低调谦逊更像是扮猪吃虎，每当公叔看到吴起总是会感到如芒在背、不除不快。官场斗争不是奥运竞技，公叔也不是田文，他既没有实力也缺乏勇气像田文那样超越吴起，更重要的是时过境迁，此时的魏相不再需要高超的政治智慧和服众的威信声望，身为魏相的公叔只不过是魏武侯统治国家的一个替代性很强的工具，公叔无论如何也不可能像当年田文那样自信地俯视着吴起。

诸子百家——兵家

于是公叔焦虑了、抑郁了，这个官当得实在是很痛苦，这一切都被他的一位跟班看在眼里。这位跟班当时的地位很低，因为《史记》记载这位跟班当时的身份是"公叔之仆"，也就是伺候公叔的佣人，属于真正的劳动人民。但是这位地位低微的跟班却给公叔出了一个主意，帮助自己的主人彻底解决了吴起的问题，可见很多智慧都来自劳动人民。

这位跟班对公叔说"起易去也"，然后和盘托出了排挤吴起的周密计划。还是那句老话，机会属于有准备的人，这位出身低微的跟班显然对主人的头号敌人吴起进行了深入的研究，而且他也深谙魏武侯对吴起微妙的心思。跟班提出的计划不仅抓住了吴起人性的弱点，而且巧妙地利用了魏武侯、吴起和公叔君臣三人之间的三角关系，整个计划环环相扣、周密严谨，堪比兵法之妙。只是这位跟班提出的计划很卑鄙，用现在的话说这个计划完全是一个天才的"贱招"。公叔的跟班看透了吴起的内心，他说"吴起为人节廉而喜名也"，不要命的怕不要脸的。吴起带兵打仗智勇双全，面对魏武侯他也敢于当面示威，但是他也有明显的弱点，那就是太要脸面，对付这样的人最有效的办法就是无耻的手段。

公叔先跑到魏武侯那里做好铺垫，他先从表扬吴起开始，"夫吴起贤人也，而侯之国小，又与强秦壤界，臣窃恐起无留心也。"此时的魏武侯已经不是当初面对河水咽唾沫的老板了，而眼前汇报工作的公叔又是自己一手提拔栽培的干部，因此当时公叔的心思在魏武侯眼里好像掌上观纹。魏武侯当然知道作为两朝重臣的吴起这些年来的委屈，身为魏国至高无上的一号老板，魏武侯认为这是吴起为当年的无礼犯上必须付出的代价。以"猜忍"著称的吴起可以屈身于他自愧不如的田文之下，但是魏武侯对吴起是否能服从安排继续配合公叔的工作心里没底，毕竟田文死后魏国再也没有吴起"自知弗如"的大臣了。田文生前以自己过人的智慧和驾驭能力平衡了魏国君权、相权和将权的三角关系，田文一死，魏武侯不得不找来公叔充当魏国领导班子的第三极以维持过去的三角关系，但是与名满天下的吴起相比，公叔显然不够强大，这样的三角关系早晚要失去平衡。此刻的魏武侯正在为此事烦恼，而公叔就心有灵犀地跑来汇报了，还真是对得起魏武侯对他空降式的提拔。

魏武侯听着公叔曲折的铺垫，看着公叔诡诈的眼神，在心里叹了一口气，他知道到了解决吴起问题的时候了，于是魏武侯问公叔，"奈何？"

公叔提议"试延以公主，起有留心则必受之，无留心则必辞矣。以此卜之。"公叔建议魏武侯把自己的另一个女儿嫁给吴起，公叔认为如果吴起愿意终身为魏国效力，那么他必然会接受这个成为魏武侯女婿的机会，是个男人都不会拒绝这样天上掉下个公主老婆的好事。如果吴起拒绝了这个机会，则充分说明吴起在魏国没有长期打算，公叔相信用这种办法就可以准确评估吴起内心深处对魏国的忠心和感情。

魏武侯看着公叔娓娓道来，他一时猜不透公叔到底想干什么，难道是公叔惧怕了吴起，想利用小姨子跟吴起结成连襟而化敌为友？无论如何，让吴起这样一个声名显赫的兵家大腕游离于自己信任的圈子之外，实在也不是他希望看到的情况，因为那样实在不利于魏国的安定和可持续发展，所以魏武侯也认为，如果吴起能成为自己的乘龙快婿倒也不失为一个解决自己和吴起之间问题的好办法。

于是魏武侯点头同意了公叔的提议，答应跟吴起提亲，以拉拢和试探名将吴起。公叔从魏国王宫里出来以后马上邀请吴起到自己家里吃饭,虽然吴起与公叔并没有多少交情,不过对于上级领导的主动示好吴起当然也不好拒绝。

后来跟着公叔来到相府做客的吴起看到了一场类似赵本山小品的表演,赵本山的那个小品讲述的是一个男人怕老婆的故事,小品里的男主人公在外人面前极力维护男人的尊严而在家里却不得不对老婆俯首称臣,所以闹出了很多笑话。与赵本山演绎的怕老婆男人相比,贵为魏相的公叔更惨,那天他的老婆魏国公主为了一件常人转眼就忘的小事突然当着客人吴起的面对自己的丈夫发出了藏獒一般的怒吼,而在外面风度翩翩、令人敬畏的魏相公叔居然被老婆吓得面如土色、语无伦次。这个场面给吴起留下了难以磨灭的深刻印象,作为一个曾经为了往上爬杀死老婆的变态硬汉,吴起怎么也想不到世界上居然还有这样强悍的老婆和这样委琐的丈夫,他开始用同情的眼光重新审视这位空降到自己头上的政治幸运儿,并且非常自然地对公叔产生了鄙视。就这样,那天在相府举办的魏国将相私人聚会很快就在尴尬的气氛中结束了,为了强调自己暗无天日的婚姻生活,魏相公叔保持着一脸尴尬和无奈的神情把自己请来的客人吴起送到了相府门口。

目送着西河守吴起乘坐的马车消失在夜色之中,魏相公叔和他的老婆魏国公主相视一笑,一对贵族男女的脑袋甜蜜地靠在了一起。

第二天,吴起就得到了令他震惊的消息:魏武侯居然提议把自己另一个女儿嫁给吴起,吴起听到这个消息的时候脑海里马上出现了前一天在公叔家见到的魏国公主,公主藏獒一般狂躁凶悍的形象历历在目,让任何一个男人都不寒而栗。为了避免和藏獒洞房花烛,吴起非常本能和坚决地拒绝了魏国公主的下嫁,好像魏武侯的女儿不是女人而是藏獒。吴起的这种态度让魏武侯很失望、也很受伤,由于公叔已经事先进行了假设和判断,魏武侯不仅对号入座地将吴起拒绝自己的女儿等同于吴起拒绝真心效力自己,更详细地回忆了若干年前吴起在西河对自己的冒犯。

此时的魏武侯不再年轻稚嫩,他也不再需要忍气吞声,吴起明显觉察到了自己老板眼睛里的失望、疑惑、猜忌和愤怒。面对老板这样复杂的眼神,"猜忍"的吴起什么都懂了,他也不由自主地想起了若干年前自己在西河的狂妄和对老板魏武侯的伤害。当年那个意气风发、天真单纯的男孩子如今已经变成了一个可以掌握自己和别人命运的男人,此刻这个男人很强大地坐在王位上洞察着吴起的内心。

回到家里的吴起夜不能眠,他想了很多,普通人的生活都像是一团乱麻,何况是名将吴起的传奇人生。

在天快亮的时候吴起爬了起来,这位身体素质过硬的名将从马厩牵出了一匹马,然后从后门离开了自己的府邸。

马蹄声碎,名将吴起远去了。

与当年针对吴起的"人肉搜索"一样,这次发生在魏国相府的小品表演很有可能也是中国历史上有史可查的最早的小品,参与这个小品演出的演员有两位,男女主角分别是魏相公叔和他的老婆魏国公主,编剧则是那位名不见经传的天才跟班,观众只有一个那就是吴起。魏相公叔发动老婆排练这场小品的目的,既不是为了上春晚也不是为了娱乐大众,而是为了利用自己老婆的凶恶形象吓跑吴起,从而达到排除政敌的目的。范厨师被赵本山和他老婆合伙"忽悠"瘸了还要感谢赵本山的热心，吴名将被魏相公叔和他老婆合伙"忽悠"跑了可能也要感谢公叔请他吃饭，可见中国的"忽悠"艺术源远流长。写到这里扶栏客不由得想，或许赵本山的小品编剧读过《史记·吴起列传》，并且从里面获得了启发。

临死拉上垫背的

当魏武侯和魏相公叔再次听到吴起这个名字的时候，吴起已经是楚国的相了，而他的新老板则是楚悼王。"此处不留爷自有留爷处"，吴起这种人，生在春秋时期简直就像伟大的艺术家遇到了文艺复兴，用如鱼得水来形容毫不夸张。

这是吴起大干部生涯中第二次跳槽，通过这次跳槽吴起当上了楚相，达到了自己事业的顶峰，实现了自己自幼的梦想和对母亲当年的承诺。吴起在鲁国和魏国积累的对外战争和对内政治斗争的经验，使得他在管理能力、特别是政治上更加成熟，因此吴起担任楚相以后全面主持了楚国的政治、军事、外交和经济建设工作，并且取得了有目共睹的成绩。

魏武侯

《史记》记载吴起担任楚相期间，"明法审令，捐不急之官，废公族疏远者，以抚养战斗之士。要在强兵，破驰说之言纵横者。于是南平百越。北并陈蔡，却三晋。西伐秦。诸侯患楚之强。"

从《史记》的记载：来看，吴起在担任楚相期间主要推行了三项改革。第一是加强法制建设，发展经济。吴起不仅在楚国国内建立了法律制度，而且还通过坚决的执法行动建立了法律的威严和对整个社会的约束力。第二是推动政府财政改革，增收节支。吴起增收的办法很直接也很有效，那就是"卖官"，具体做法就是将政府机构里无关紧要的官位明码标价出售，所得钱财上缴国库，划归国家财政收入。后来依靠"卖官"来增加政府财政收入的办法被中国历史上的统治者反复效仿，直到清朝末年卖官仍然是清朝政府增加财政收入的重要来源之一。吴起能想到这种办法来增加财政收入与其早年依靠家里雄厚的财富基础四处奔波求官的经历有关。在吴起看来，由国家明码标价出售那些闲职官位，不仅能有效利用民间财富增加政府财政收入，而且也为这个国家的有钱人提供了一条报效国家的出路。与此同时，为了减少财政支出，吴起盯上了楚国的贵族。在中国专制社会历史上，一个家族一旦成为统治国家的君王家族，那么这个家族的历史使命除了冠冕堂皇的保有江山社稷以外，就是保持神圣的王室皇族人丁兴旺了，因为家天下的特点就要把国家的兴旺与王室皇族的兴旺紧密地联系起来。于是王室皇族们里的男人们从进入青春期具有生育能力开始，就会通过多娶老婆和多生孩子的双管齐下办法来争取壮大王室皇族种群的规模。王室皇族的这种价值观导致了王室皇族人口的暴增。而

诸子百家——兵家

身为王室皇族的成员无论其人品能力如何通常都要占据一定的政治地位,至少也要占有一定的物质资源(如土地和由国家每年发放的钱财)以维持他们奢侈豪华的生活和王室皇族的脸面。这种状况一直持续到清朝,根据史料记载,清朝皇族的成员根据不同的爵位享有法律保障的政治地位和物质资源。当时的楚国的王族大体的情况也是这样,即在人丁兴旺的同时占用了大量的政府财政资源,搞得财政预算非常紧张。在吴起看来,这样的政策实在是浪费国家财政资源,而且对于一个国家走上富强之路毫无意义。于是吴起就拿楚国的王室贵族开刀了,在他的建议下,楚国废除了那些非楚王直系的贵族们的政治地位和经济保障。通过吴起主导的增收和节支改革,楚国的财政力量大大加强,楚相吴起又依靠雄厚的财政力量提高了军人的经济地位,从而为楚国的"强兵"政策提供了有力的经济保障。吴起推行的第三项改革体现在对外关系上。在吴起的努力下,楚国转变了对外政策的思路,由以往主要依靠外交手段协调转变为依靠军事实力崛起。吴起认为国家强盛的根基是"强兵",而"强兵"正是吴起的专业。于是在吴起的领导下楚国推翻了过去依靠纵横家们通过平衡、协调与其他国家的关系来谋求和平发展的政策,他认为一个国家要想取得外交上的主动就必须以军事实力为基础。

在吴起的积极推动下,楚国强兵之路很快取得了效果,根据《史记》的记载,吴起领导的楚军不仅征服了楚国南方的少数民族"百越",而且还吞并了位于楚国北方的陈国和蔡国,有力地抵御了赵、魏、韩三个国家的威胁,同时,楚军还向西方扩张,讨伐了强大的秦国。吴起主持的一系列政治、经济改革和军事行动有力地提升了楚国在当时的地位,形成了"诸侯患楚之强"的局面。吴起一时间成为各国诸侯谈之色变的强敌。

就在吴起对外威震列国的同时,他发起的一系列对内改革却把自己推到了楚国贵族和纵横家们的对立面。回过头来分析吴起推行的三项改革,可以发现这些改革都不同程度地侵犯了楚国权贵们的既得利益和政治地位。先看第一项改革,加强法制建设首先就限制了贵族的权力。我们知道法制的根本原则就是法律面前,人人平等,用中国老话说就是"王子犯法与庶民同罪",所以加强法制建设相当于在一定程度上剥夺了贵族们的特权。特权这种东西赋予的时候会很轻松,而剥夺的时候一定会很痛苦,何况被剥夺特权的是楚国的王族。吴起推行的第二项增收节支改革更是严重地打击了楚国贵族的政治经济地位。在任何一个国家的政府当中,编制都是有限的,如果有钱人能用钱来卖到官位,那么那些"天生有个好爸爸"、注定要当官的贵族子弟的政治空间就必然会受到挤压。同时,那些靠经济等价关系买到官位的有钱人进入楚国的管理团队以后,这些人也很自然地不再属于某个原有政治团体。由于制定和执行这项政策的人都是吴起和他的团队,加上当时身为楚相的吴起权倾一国,所以最有可能成为这些"买官干部"政治靠山的人就是吴起。可以想象,随着大批"买官干部"进入楚国的国家机器,吴起必然会硬生生地从楚国贵族手中夺取大块的政治版图,这对于任何参与政治游戏的权贵来说都是无法容忍的,何况当时吴起侵犯的是整个楚国贵族阶层的政治领土。吴起针对楚国贵族的节支政策更不用说,在那些核心贵族政治权力受到挤压的同时,那些边缘化的贵族们连以往的经济地位也失去了保障。我们知道中国的贵族子弟如果自己不好好学习,那么他们在那种腐化的家族里长大后,大多数都会失去正常人生存的基本能力。可以想象当时那些边缘化的楚国贵族们在饱尝了生活艰辛之后对吴起是多么的怨恨和愤怒。再看吴起的第三项改革政策,吴起积极推行以军事崛起来替代纵横家的外交努力。我们知道春秋战国时期的特殊政治生态造就了大批的职业纵横家,这些人通过对各国之间的博弈关系的深入研究和准确把握,利用经过专门训练的口才来左右各国君主的外交政策,最终纵横家们也在与各国君主博弈的同时,获得自己的荣华富贵。然而吴起的出现使得楚国与其他国家的关系简单化,建立在"强兵"基础上的楚国外交不再需要纵横家们的调停和斡旋,吴起推行的外交政策就是以战争促外交。由于在吴起的领导下楚国形成了一支战无不胜的强大军事力量,所以楚国的外交甚至不需要复杂的谈判——如果有哪个诸侯国不服从,那就打败它。吴起推行的军事崛起政策的胜利就是纵横家们纵横捭阖政策的失败,纵横家们在楚国基本上处于失业状态,所以纵横家们也恨吴起。而在纵横家们的背后很有可能还有楚国贵族们的支持,对于没有能力和自信掌握战争机器的楚国贵族们,他们发挥政治影响的最佳舞台就是外交,不学无术的贵族们在这方面还是非常擅长的。因为贵族们可以依靠自己高贵的出身和广泛的高端人脉关系来协调楚国的对外关系,所以纵横家们与贵族们其实是利益一致的团体,而楚相吴起则是他们共同的敌人。《史记》记载:"故楚之贵戚尽欲害吴起。"

中国历史上所有的改革家都会不同程度地与既得利益集团产生矛盾和对立,所以吴起在取得巨大成功的同时,得罪楚国的权贵阶层似乎也无法避免。当然吴起与楚国贵族们的紧张关系在楚悼王生前都不成问题,毕竟在楚国是由大老板楚悼王说了算的,而楚悼王非常清楚吴起推动的改革对楚国走上富强之路具有多么深远和重大的意义。

吴起的悲剧在于自己的身体太好、活得太长,而信任和支持自己的老板身体太不好、太短命。就在吴起踌躇满志取得了一系列改革胜利后不久,楚悼王突然去世了。这在医学不发达的古代非常普遍,而对于吴起来说,楚悼王的去世则意味着自己的辉煌人生也走到了尽头。

从吴起在鲁国和魏国的遭遇来看,吴起这个人虽然有"猜忍"之名,但是由于他对于政治对手的暗算缺乏政治敏锐性,导致了他一系列的人生悲剧。在来到楚国之前,战功显赫、治国有方的吴起接连被鲁国人的"人肉搜索报告"和魏相公叔排练的小品表演终结了自己在鲁国和魏国的政治生命,可见在吴起"猜忍"的性格当中似乎缺少对自己的保护意识。或许一个人过于优秀就会过于自信,吴起一生杀伐决断、战无不胜,所以他可能根本不相信这个世界上有人能打败自己。

悲剧再次上演,不过吴起失去了东山再起的机会。

那天吴起前去灵堂拜祭自己的老板楚悼王的时候,丝毫没有感觉到传说中的杀气。在吴起的一生中,楚悼王是与他合作得最融洽也是最愉快的老板。这位老板不仅对吴起的改革全力支持,更是对吴起给予了毫无保留的信任。对于吴起来说,楚悼王不仅是一位英明的老板,更是他的人生知己和精神导师,现在这位给予吴起完全信任的老板永远地离开了吴起,而吴起也将要一天天地老去。失去了楚悼王的吴起感到了前所未有的迷茫和伤感,他迈着沉重的步伐走向设在楚国王官大殿里的灵堂,去尽一个为臣的本分。

就在吴起走到灵堂附近的时候,突然看见大批的武士手持长戟和刀剑出现了。吴起

诸子百家——兵家

吃了一惊,他知道那些武士显然不是来参加楚悼王葬礼的。那些武士也看见了吴起,他们不仅没有向这位楚国的第一重臣行礼,反而杀气腾腾地冲了过来包围了吴起。

从前面的故事我们知道吴起是一个身体素质过硬的人,如果当初在鲁国的"吴起人肉搜索报告"提供的信息属实,那么吴起年轻的时候在自己的家乡卫国曾经制造过一夜杀死三十多人的惊天血案。由此可以推断吴起不仅体力过人,甚至很有可能是身怀绝技的武林高手。从《史记》对吴起遇刺的简单记载来看,虽然当时的吴起已经步入中老年,但是他当天遭到突袭后的表现仍然称得上身手不凡,遭到围攻的吴起不仅没有被当场杀死,反而摆脱了武士们的围攻逃跑了。

武士们很没面子,如果一群经过专业训练并且精心准备刺杀计划的武士无法杀死一个毫无戒备的中老年男人,那么这些武士就只有去死了。于是武士们呐喊着奋力追杀吴起,场面非常恐怖。

慌不择路的吴起发现自己跑进了祭奠楚悼王的灵堂,而楚悼王就躺在正中的巨大棺椁之内,这位老板此刻面目慈祥,仿佛睡着了。吴起愣住了,难道自己真的要追随楚悼王而去,在地下报答楚悼王的知遇之恩?

门外的喊杀声追了过来,吴起本能地躲到了楚悼王的棺椁后面蹲了下来,有一句成语叫投鼠忌器,或许这些杀手不敢在尸骨未寒的先王面前大开杀戒吧?

冲到门口的武士们也愣住了,楚悼王就躺在灵堂上,而吴起躲在楚悼王的后面。

杀还是不杀,这是一个问题。

沉默了片刻,仍然没有人敢带着兵器踏进楚悼王的灵堂。但是武士们明白吴起必须死,否则他们自己将死无葬身之地。僵持之中,突然传来了一声大叫"放箭!"一支箭从人群中射了出来,飞向了死去的楚悼王和活着的吴起。

紧接着密集的箭雨覆盖了过去,楚悼王和吴起变成了两只"刺猬",吴起痛苦地倒在地上扭动着,终于追随楚悼王而去。

就这样,吴起这位走到哪里都会给同事和同行带来巨大压力的天才死去了。他生下来的时候只是一个有钱人家的少爷,而死去的时候却是名满天下、威震诸侯的人。

吴起临死前积极向老板楚悼王"靠拢"的行为得到了回报,在他死去以后继任的楚肃王对参与刺杀吴起的"宗室大臣"们进行了无情的报复和清算。《史记》记载"乃使令尹尽诛射吴起而并中王尸者,坐射起而夷宗死者七十余家"。吴起给楚悼王陪葬了,临死前拉上了阴谋暗算他的政敌们来陪葬。根据《史记》的记载,当时遭到牵连的七十多个家族的数百人遭到了屠杀,如果仅仅因为这些人参与暗杀吴起或许不至于遭到如此残忍的报复。那被杀死的七十多个家族的数百口人,与其说是为吴起偿命,不如说是为了楚悼王死后遭到虐待而谢罪。

就这样,一场血腥的阴谋暗杀以另一场更加血腥的屠杀收场。

太史公司马迁对吴起和孙膑有一段评价很有趣,"语曰:'能行之者未必能言,能言之者未必能行。'孙子筹策庞涓明矣,然不能蚤(早)救患于被刑。吴起说武侯以形势不如德,然行之于楚,以刻暴少恩亡其躯。悲夫!""能说到不一定能做到,能做到的不一定能说到",这不是顺口溜,而是在汉朝很流行的一句俗语。司马迁认为孙膑和吴起就属于能说到但是做不到的典型,孙膑在战场上料敌制胜有如神助,却遭到老同学庞涓非常低级的暗算变成了残疾人。而吴起在"西河谈话"中提出来的治国之道"在德不在险"的观点在当时也相当的超前,甚至让听众有振聋发聩、醍醐灌顶的感觉。然而后来吴起在楚国的一系列改革和作为只是一味地运用法家的权术和兵家的技术,对待工作、特别是对待同事和同行简单粗暴,导致了楚国贵族阶层与吴起势不两立,最终楚国贵族选择了刺杀吴起来彻底解决双方的矛盾。

太史公的评价有一定道理,但是似乎有点坐而论道的理想主义色彩。当然一味地依靠法家的权术的确很难保持可持续发展。但是客观地说,吴起推行的三项改革似乎也是当时的历史背景下促使楚国迅速走向强盛的必然选择,而推行这三项改革就必然会触动楚国贵族的利益,最后难免势不两立。如果说吴起注意工作的方式方法,能够再低调一点、谦和一点,是不是就一定能够避免后来的悲剧呢?未必。

这就是历史。

需要说明的是,吴起死后享有与孙子齐名的地位不是因为他在楚国推行的系列改革,也不是他"猜忍"的性格,而是因为吴起对中国军事理论形成做出的重大贡献。根据《史记》记载,吴起著有一部名为《吴起兵法》的军事理论专著,而《汉书·艺文志》记载汉朝流行一部名为《吴起》的兵法著作,这部著作一共有四十八篇。从司马穰苴开始,中国兵家进入了理论研究时代,而孙武、孙膑和吴起则一起奠定了中国兵家的理论体系和思想框架。与司马穰苴、孙武和孙膑不同,吴起是中国兵家先祖中最有个性、最有争议和最富传奇色彩的一位大师。

五、善始者不必善终:乐毅

被吃掉的孩子

乐毅是战国时期的赵国人,他的祖上出过一位名叫乐羊的名人。这位乐羊在《史记·乐毅列传》中不过一笔带过。据司马迁的记载,这位乐羊是当年魏国创立者魏文侯的将军,曾经率领魏军进攻中山国,并最终帮助魏国吞并了中山国。为了表彰乐羊的突出贡献,魏文侯将原来属于中山国的灵寿分封给了乐羊作为封地。在《史记》里,乐羊似乎只是一位战功卓著的名将和令后人崇敬的祖先,然而事实上乐羊生前却是一个和吴起一样饱受争议的人物。在《战国策·魏策》里有一个名为"乐羊为魏将而攻中山"的独立篇章记述了当年乐羊征讨中山国的时候,曾经制造的一个惨剧,这个惨剧的变态程度令人发指,这也许就是司马迁避而不谈的原因。出于对乐毅的尊重,司马迁选择性的记载可能有"为尊者讳"的意思,不过作为现代的读史者,实在不应该错过这血腥的一页。根据《战国策》的记载,就在乐羊征讨中山国的时候,乐羊的一个儿子就在中山国生活,而乐羊进攻中山国的时候凶猛果断、毫无顾忌,仿佛早就忘记了自己还有这么一个儿子。然而处于弱势的中山国王却不可能忘记,为了阻止乐羊的进攻,中山国王下令把这位敌军统帅的儿子抓了起来。中山国王派人向乐羊传达了交易条件,只要乐羊放弃进攻中山国,中山国王就保证乐羊儿子的生命安全,否则就会把乐羊的儿子送进御膳房煲汤。不知道当时的乐羊是为了魏文侯的霸业还是为了自己的事业,总之这位名将一口回绝了中山国王提出的要求,不仅没有表现出丝毫骨肉连心的痛苦,反而毫不犹豫地命令三军加紧攻城。最后关头,中山国王彻底绝望了,就在中山国即将覆灭的前夕,乐羊收到了中山国王送来的靓汤。乐羊平静地端起了中山国御厨用自己亲生骨肉煲的汤,然后大步走出中军大帐,坐在大帐门口,当着全军将士把汤吃光喝净,然后站起身来继续指挥攻城。就这样,中山国被吃掉了自己儿子的乐羊灭掉了。魏文侯听说了这个故事非常感动,他当众表扬了乐羊为国舍亲的无私精神:"乐羊以我之故,食其子之肉。"就在这时有人在旁边接了一句,"其子之肉尚食之,其谁不食?"魏文侯感动得有道理,人家为了老板的事业亲自吃掉了自己的儿子,这样敬业忘我的员工如果不嘉奖表扬,今后谁还卖命。旁边那位接话的高人也很精辟,俗话说得好,"虎毒不食子",乐羊连自己的儿子都吃,可见乐羊是一头比老虎还要歹毒的怪物,这样的怪物为了自己的利益或者事业或者理想可以毫不犹豫地吃掉地球上的任何动物,甚至包括他的老板魏文侯。那位高人的话像射向靶心的箭,"哨"的一声扎到了魏文侯的心里。后来乐羊灭了中山国,魏文侯考虑到自己的人身安全却不敢让这位怪物般的名将回到自己的身边,于是就把中山国的灵寿封给了乐羊,只要乐羊离自己远一点,他爱吃啥吃啥(《战国策》记载:"乐羊既罢中山,魏文侯赏其功而疑其心")。乐毅到底是乐羊的第几代后裔史书上没有明确记载。历史有时候就是这么偶然,魏文侯派乐羊讨伐中山国的时候绝想不到乐羊有那样超人类的心理素质,歹毒或者果断这种心理素质学是学不来的,所以谁也无法预测。如果按《史记》涉及人物的残忍指数来排名,乐羊肯定能超过杀妻的吴起和制造"人彘"的吕后而稳居天下第一。有趣的是食子的乐羊和杀妻的吴起都是魏文侯的手下,一个老板能成功驾驭两位残忍的怪物实在不简单。就这样吃掉了儿子的乐羊在灵寿扎下根来,为了把当初的损失补回来,乐羊努力地生了很多孩子,经过几代人的不懈努力,乐羊家族逐渐发展成为当地的大户望族。再后来中山国恢复了国号,而到了赵武灵王的时代,中山国又被赵国再次灭国。

就这样,乐羊的子孙到了乐毅的时候已经变成了赵国人,乐毅由于德才兼备又继承了先祖的名将遗风,因此得到了广大群众的大力推荐并走上了仕途(《史记·乐毅列传》记载:"乐毅贤,好兵,赵人举之")。后来赵国爆发了沙丘之乱,一代雄主赵武灵王在叛乱中被害,乐毅为了躲避动乱就逃到了魏国。

后来乐毅被魏王任命为使臣出使燕国,乐毅来到燕国以后受到了极其隆重的礼遇,被燕昭王拜为亚卿,也就是在燕国管理团队中仅次于国王和上卿的第三号领导人。

被人忽悠的王族

这里介绍一下燕昭王的家族背景。我们知道战国时期是纵横家最活跃的时代,当时各国诸侯普遍重视纵横家在国家外交、政治、军事等方面的重要作用。但是纵横家与儒家、道家不同,纵横家们没有明确的道德观和是非观,他们的核心理念就是通过忽悠各国诸侯成就自己的人生,至于这些国家最终的命运,其实并不是纵横家们认真考虑的问题。因此当时有很多脑子不好使的诸侯都被纵横家们忽悠得很惨,而燕王的家族就是这样一个连续四代遭到纵横家忽悠的王族。

燕昭王的曾祖父是燕文公，就是被纵横家苏秦忽悠的第一代燕王。

最初苏秦开始周游列国，推销合纵连横的政治外交产品的时候，就是从燕昭王的曾祖父燕文公手里拿到的第一个订单。当时燕文公见到苏秦以后就被苏秦滔滔不绝的学识和口才征服了，但是燕文公知道燕国势单力微还没有实力独家消费苏秦推销的产品，于是就花重金重新包装了苏秦的形象，并把他推荐到了赵国。经过燕文公精心包装的苏秦果然不同凡响，逐步获得了各国诸侯的信任和重视，最后苏秦成为六国抗秦联盟的CEO，兼任六个国家的相，创造了一个无法逾越的战国政治神话。

燕文公去世以后，苏秦来到了燕国。这位风度翩翩的纵横家不仅征服了燕文公，而且也征服了燕文公的老婆。这位新寡的太后很快就和苏秦干柴烈火化作一团火焰，而继任的燕易王得知了母亲这段罗曼史以后，不仅没有干涉母亲的黄昏恋，反而对苏秦更加尊重和优待。这让苏秦非常不安，他担心这位燕易王哪一天会突然觉得对不起老爸而翻脸要了自己的命，于是苏秦就提议燕易王派自己出使齐国充当间谍，找机会搞乱、搞垮齐国。齐国是当时燕国最强大的邻国，燕国一直对齐国怀有戒备之心，因此燕易王很痛快地同意了苏秦的提议，派他出使齐国。后来苏秦在齐国被嫉妒他的齐国大臣刺杀。苏秦死后，他燕国间谍的身份和企图颠覆齐国的阴谋被揭穿，齐国因此对燕国非常怨恨，两国从此结下了深仇大恨。

燕易王死后燕哙王继位，这位燕哙王没有吸取上一辈的经验教训，继续被纵横家们忽悠，一直到死。当时燕国的相是一个叫子之的人担任的，这位子之不仅是苏秦的儿女亲家，而且与苏秦的弟弟苏代是铁杆死党。子之为了提高自己在燕国的地位，就和苏代一起策划了一出纵横家忽悠诸侯王的经典剧目。苏代当时是齐国的大臣，一次出使燕国的时候他巧妙地回答了燕哙王的一个问题，就凭两句话忽悠得燕哙王差点亡国。

燕哙王和苏代的对话很简单也很经典。

燕哙王问，"齐王奚如（齐王怎么样）？"

苏代回答，"必不霸（肯定成不了一代霸主）。"

燕哙王又问，"何也（为什么）？"

苏代回答，"不信其臣（因为齐王对大臣不信任）。"

燕哙王受到了纵横家苏代的启发，很快就加强了燕相子之的权力和地位，对子之言听计从，毫无戒心。后来这位脑子不好使的燕王居然采纳了一个"头脑风暴"式的方案，要把王位让给子之。那个给他提出这个建议的人认为子之肯定不敢接受王位，而燕哙王则可以通过这样的谦虚礼让获得与曾经择贤让位的"尧"一样的好名声。

谁也没想到子之根本没客气，直接落锤成交，开始行使燕王的权力。

燕哙王的太子平急眼了。从太子平往上数，燕王三代都非常诚恳地善待和尊重纵横家，先是曾祖父燕文公赞助、包装纵横家苏秦，成全了他佩六国相印的辉煌人生，接着祖父燕易王又客气地把自己的老妈、燕文公的老婆让给了纵横家苏秦，到了燕哙王这里又再一次客气地把本来该传给太子平的王位让给了纵横家苏秦的亲家子之。可是纵横家们从来就没跟燕王家族客气过，燕王家的金钱、女人甚至王位他们都想全盘接收，燕王四

诸子百家——兵家

代人被纵横家们忽悠得可以。这个过程实在是有点乱，太子平从头到尾捋了一遍，决定不再跟纵横家们客气。于是太子平决定和一位名叫市被的将军一起通过武力铲除子之，夺回王位。当时齐国的国王是齐湣王，一心想要报复燕国的齐湣王敏感地抓住了这个机会，决定"以其人之道，还治其人之身"，趁热打铁搞乱燕国。于是齐湣王派出了使者秘密会见太子平，向太子平传达了齐湣王支持太子平武力夺回王位的态度，并暗示如果需要，齐国愿意出兵帮助太子平剿灭乱臣贼子。得到了齐湣王的承诺，太子平立刻伙同将军市被发动了武装政变，他们调集军队围攻燕国王宫，企图一举除掉子之。没想到子之非常顽强，居然坚守住了王宫没有被太子平和将军市被攻破。后来发生了戏剧性的变化，将军市被又反戈一击开始攻打太子平。双方在燕国首都展开了混战，造成了数万人死亡的巨大悲剧，老百姓纷纷逃离那个地狱一般恐怖的首都。一直在旁边观望的齐湣王知道机会终于来了，于是突然举全国兵力扑向了乱成一团的燕国，轻而易举地大败燕国，燕哙王和子之在战乱中死去。子之搞垮了燕国，自己也没落得好下场，他的教训告诉后人，一个人有理想是应该的，不过总是妄想得到本来不属于自己的东西，最后很可能是害人害己，到头来黄粱一梦。

报仇发财两不误

两年以后，燕国人推举幸存下来的太子平登上王位，这就是燕昭王。

从燕昭王的家族背景和经历来看，这位诸侯王经历过血与火的考验，并且有过被奸臣忽悠的切肤之痛。残酷的现实经历塑造了燕昭王务实勤勉的作风。他登上王位后一方面深入民间，走贫访苦，发展民生经济；另一方面燕昭王礼贤下士，努力搜罗天下的贤臣名士提升燕国的国力。总之，燕昭王上任以来就在各个方面打好基础、时刻准备着灭掉齐国，以报复齐湣王当年的趁火打劫和杀父之仇。

就在燕昭王处心积虑要报复齐国的时候，乐毅出现了。求贤若渴的燕昭王自然对这位享有盛誉的名将之后非常重视。乐毅也被燕昭王的礼贤下士感动，决心以成就燕昭王复仇和称霸的梦想为自己毕生的追求。

春秋战国时期，成为一代霸主是各国有为国君的最大梦想，而齐湣王就是当时的霸主。根据《史记》记载，当时在齐湣王领导下的齐国非常强大，在南方的重丘，齐军大败楚相唐昧；在西面的观津，齐军打败了赵、魏、韩的三晋联军；紧接着齐国联合了三晋开始孤立和打击秦国；后来齐湣王又支持和操纵赵国灭了中山国，然后灭掉了宋国。当时与齐湣王争夺霸主地位的是另一个强国秦国的国君秦昭王，在齐国强大的军事力量的威慑下，各国诸侯纷纷疏远了秦昭王而依附于齐湣王。形势一片大好，于是齐湣王很自然地骄傲了，终于在荣誉面前迷失了自我，暴露了一代暴君的本色。自我膨胀的齐湣王毫无顾忌地表现出灭掉名存实亡的中央政权周并取而代之当天子的野心，这种明目张胆的狼子野心极大地震撼了各国诸侯的心理底线。与此同时，在齐湣王的残暴统治下，到处怨声载道，各国诸侯和老百姓不堪忍受这位霸主的统治，但是又无可奈何。

燕昭王看到了仇家齐湣王显出的败亡之相，于是迫不及待地提出了讨伐齐国的计划。在与乐毅讨论对齐国实施军事打击的可行性时，乐毅非常理智和冷静地否定了燕昭王直接出兵打击齐国的计划,他说:"齐,霸国之余业也,地大人众,未易独攻也。王必欲伐之,莫如与赵及楚、魏。"在乐毅看来齐国是当时称霸于世的超级大国,这样一个国家地域广阔而人口众多,所以齐湣王成就霸业绝不是偶然。为了增加讨伐齐国的胜算,乐毅提出了联合赵国、楚国和魏国一起讨伐齐国的建议。乐毅之所以提出联合赵、楚、魏三国对付齐国是因为在战国的地图上,这三个国家和燕国一样都是与齐国接壤的国家。俗话说"远亲不如近邻",这话用在老百姓之间形容的是一种温馨,而在战国时期的国家之间用来形容一种仇恨更接近事实。因为这三个与齐国接壤的国家与齐国积怨最深,从地理上来看也与齐国距离最近,所以如果争取这三个国家出兵讨伐齐国就可以最快的速度到达战场,以实现"兵贵神速"的效果。

与燕昭王提出的单打独斗的计划相比,乐毅提出的联合帮手群殴齐国的计划显然更加明智和可行,于是燕昭王当场就全盘接受了乐毅提出的计划。由于乐毅来自赵国,所以燕昭王派遣乐毅前往赵国游说当时的赵国国君赵惠文王,同时派遣其他使者前往楚国、魏国和秦国,争取各国加入"讨齐联盟"。

乐毅虽然不是纵横家,但是他的谋略和口才却丝毫不逊于职业纵横家。当乐毅来到赵国的时候,赵惠文王正为受了齐湣王的刺激而生闷气,当时的形势很明显,齐湣王不仅要当诸侯们的霸主,而且还要取代周天子,这样下去各国君主早晚都要成为齐湣王的臣子。一个真正的王者永远不会低下自己的头,赵惠文王也是一位自尊心很强的君主,他当然不愿意向那个霸道的齐湣王俯首称臣。当乐毅作为燕国使臣出现在赵王的大殿之上的时候,赵惠文王从眼前这个老乡的眼睛里看到了久违了的坚定,这种坚定非常坦率地指向了自己最大的敌人齐国。乐毅非常坦率和真诚地表达了燕国对齐国的仇恨,并提出了周密的联合各国力量讨伐齐国的计划。赵惠文王从乐毅的眼神和语言里发现了战胜齐国的机会,他知道眼前这个男人有能力实现他提出来的计划。春秋战国时期各国君主普遍奉行人才无国界的用人信条,所以当时很多国家的重臣都来自其他国家,因此为了全力支持联合讨伐齐国的计划,赵惠文王毅然决定将赵国的相国印授予了乐毅,任命乐毅为对齐作战时期的相国。

与此同时,燕国派往各国的使臣都带回了令人振奋的消息。齐湣王貌似强大,实际上已经人心丧尽、失道寡助,各国诸侯听到了燕国要联合讨齐国的消息,纷纷表示愿意出兵参战,一雪前耻。

赵、楚、韩、魏、燕五国"讨齐联盟"正式成立,提出这个计划的乐毅不仅被燕昭王任命为上将军,同时也被各国推举为五国联军总司令,统一指挥五国联军的对齐军事行动。战斗打响以后,五国联军在济西地区与齐军主力遭遇,双方展开大战,齐军寡不敌众,惨败而逃。赵、楚、韩、魏四国与齐湣王之间的问题无非是尊严地位和权力秩序,既然齐湣王已经被大家合伙打得落荒而逃,那么从此在战国的江湖上齐湣王就再也没有了称王称霸当老大的资本,而继续穷追猛打下去很有可能犯了穷寇莫追的兵家大忌,况且即便灭了齐国五个国家瓜分利益的问题很有可能会导致另一场更加混乱的争斗。四国诸侯非常明智,他们不愿意承担更大的风险,更不愿陷入局面失控的困境。然而燕昭王和齐湣王之间的问题还远没有解决,四国诸侯争回了面子就可以满意而归,而齐湣王与燕昭

诸子百家——兵家

王却有杀父之仇和破国之恨,这是不共戴天之仇,最后的解决办法就是两个人当中必须有一个人从世界上消失。

乐毅顾不上送别四国盟军,继续率领燕军乘胜追击,一路杀到了齐国首都临淄城下。

此时昔日不可战胜的霸主齐湣王非常虚弱和惊慌,在经过了象征性的抵抗以后,齐湣王放弃了自己的首都临淄,逃到了一个叫莒的地方。乐毅率领的燕军终于迎来了复仇的历史性时刻,潮水一般的燕军涌进了临淄,闯进了齐国国库和齐湣王的王宫开始搬家。齐国大批的金银财宝甚至齐王祭祀用的礼器都被燕军从齐国首都的各个角落搜了出来,乐毅率领的燕国大军好像一个规模庞大的搬家公司将大批齐国财宝输送到了燕国。

在混乱的春秋战国时期,对于诸侯王来说最开心的事情莫过灭掉邻国和霸占邻国的土地、女人和财产,此刻的燕昭王虽然还没有彻底灭掉齐国,但是看到数量惊人的齐国财产变成了燕国的财产也不由得扬眉吐气、眉开眼笑。于是燕昭王亲自率领群臣来到济水犒赏乐毅领导的燕军,燕昭王非常慷慨地将昌国分封给了乐毅,并赐予乐毅"昌国君"的称号,从此乐毅像自己的祖先乐羊一样,成为大诸侯手下的小诸侯。

燕昭王在济水又再次接受了大批缴获的财宝和抓获的俘虏,然后得意扬扬地回到了燕国,留下乐毅继续攻击齐国剩下的两个城池莒和即墨。

跳槽自保

齐国眼看就要彻底完蛋了,这个昔日强大的霸主之国如今看起来似乎已经风雨飘摇、无力回天了。在外人看来,燕昭王要解决对齐湣王的仇恨只需要最后一战,然而问题似乎并不那么简单。乐毅一面巩固已经占领的七十多个齐国城邑,将这些地方划入燕国行政区划,按照燕国的规矩建立了相应的郡县;另一面,乐毅对莒和即墨却采取了围而不攻的战略,在很长的时期内乐毅率领的燕军和负隅顽抗的齐国残余势力处于僵持状态。

这场僵持持续了五年,乐毅在这五年当中一直留在齐国,俨然就是燕国驻齐国占领区总督。

五年以后,燕昭王突然去世了,非常不幸,名将总是比明君活得长,所以名将总是比明君命苦。燕昭王死后太子继位,就是燕惠王。根据《史记·乐毅列传》的记载,燕惠王在当太子的时候跟乐毅发生过不愉快,关于这场燕国太子和重臣乐毅之间的过节,司马迁并没有详细描述。可以想象,乐毅这样优秀的人才通常都个性鲜明,这样的人与年轻气盛的太子之间的不愉快很有可能源于不经意间的一些细节。燕惠王的祖辈虽然连续出了几位憨厚的冤大头,但是到了燕惠王这里偏偏又走向了另一个极端,事实上燕惠王是一个非常小心眼的老板。这仿佛也是中国名将名臣难以摆脱的宿命规律 史上连续遇到两位明君的名将非常罕见。

而另一边即墨城中的另一位名将田单对于乐毅的微妙处境隔岸观火,他知道燕惠王的上台为齐国除掉头号劲敌乐毅提供了一次绝佳的机会。在田单的策划和授意下,齐国的间谍出发了。很快在燕国民间流传着这样一个消息"齐城不下者两城耳,然所以不早拔者,闻乐毅与燕新王有隙,欲连兵且留齐,南面而王齐。齐之所患,唯恐他将之来。"这则田单设计的离间消息非常合理地解释了乐毅为什么长期围困莒和即墨而不发起攻击的原因：因为乐毅与新立的燕惠王有过节，所以乐毅希望这场战争尽量拖延，以保留自己在原齐国属地的军权和控制权，为将来自立为王打好基础。

所有伟大的谎言都能站在当事人的立场考虑问题。田单散布的谣言击中了燕惠王和乐毅君臣关系的要害，让燕惠王不由得对乐毅产生了怀疑。事实上，即使不是与乐毅发生:过不愉快的燕惠王，换了任何一个人当这个燕王都很有可能因为这个谣言而寝食难安。

乐毅一边苦心经营原齐国属地，树立自己在占领区的威信；另一边又对齐国剩下的两座危城围而不攻。这种现象的确让人费解，而田单散布的消息非常合理地解释了乐毅的对齐战略，按照这种思路，燕惠王很有可能会成为继自己的几位祖先之后的又一位被忽悠的受害者。燕惠王愤怒了，他不允许这种悲剧再次发生，于是燕惠王选拔了自己的亲信骑劫前去接替乐毅。

乐毅听到燕惠王对自己的免职决定和对骑劫的任命，感到脖子后面直冒凉气，熟悉战国政治生态规律的乐毅明白燕惠王已经失去了对自己的信任，或者说从一开始燕惠王就没有信任过自己。乐毅一定也得知了那个广泛流传的消息，那个消息让乐毅有口难辩。乐毅非常敏感地意识到在这种情况下回到燕国很有可能会追随燕昭王而去，成为一个冤死的忠臣。

危急关头，乐毅非常明智地选择了自保。从齐国前线撤下来的乐毅并没有按照燕惠王的要求回到燕国首都述职，而是向西进入了赵国。赵惠文王本来就对乐毅非常欣赏，此时看到乐毅来投奔非常高兴，马上参考乐毅在燕国的级别待遇明确了乐毅在赵国的地位，赵惠文王将当年齐湣王大败三晋联军的观津分封给了乐毅作为封地，同时赐予了乐毅"望诸公"的头衔。《史记·乐毅列传》记载当时赵惠文王如此重用乐毅的意图非常明显，那就是依靠乐毅的名望和能力震慑、压制来自燕国和齐国的威胁（"尊宠乐毅以警动燕、齐"）。

骑劫接任乐毅担任对齐作战的总司令很快就给燕国带来了灾难。在名将田单的英明指挥下，骑劫不停地上当受骗，最后被田单利用火牛阵杀得大败而逃，自己也死于乱军之中。田单率领齐军乘胜追击，一路把燕军赶出了国境，当年乐毅打下来的齐国领土再次回到了齐国人的手里。此时齐湣王早已经在莒被自己的手下杀死，后来田单迎回了齐王室的后人立为齐襄王，再次恢复临淄作为齐国首都。自此燕国与齐国的形势从终点又回到起点，齐国还是那个地大人众的齐国，仍然屹立在燕国的边上。

燕惠王后悔了，就像金融海啸之后的金融投机商眼看着自己名下的资产性财富突然变得不值一文，七十多座城邑不再是燕国的领土，那一场富贵如过眼烟云。燕惠王一边后悔没有继续留任乐毅，一边怨恨乐毅投靠了赵国。乐毅的跳槽更加衬托出了燕惠王的愚蠢，本来燕惠王只要延续父亲的用人政策就可以保持燕国强大的军事、政治和经济地位，而这位刚上台的老板偏偏要搞出自己的风格来。现在风格搞出来了，却成了各国诸侯的笑柄，这让燕惠王更加怨恨乐毅。乐毅明知道自己当时犯了糊涂，为什么不犯颜直谏呢？而此时更让燕惠王害怕的是如果乐毅也对自己同样充满怨恨，很有可能会鼓动赵惠文王趁火打劫出兵进攻燕国，燕国大军此时刚从齐国大败而归，不仅士气低落而且缺少能与乐毅抗衡的大将,如果此刻赵惠文王委派熟悉燕国军情和国情的名将乐毅担任大将率军攻打燕国,那么燕国很可能再次遭遇灭顶之灾。

燕惠王睡不着了,他想得越多,对乐毅的怨恨和惧怕就越强烈,最后燕惠王决定去试探一下乐毅的态度。他派出使者来到赵国见到了乐毅,从政治和道德的高度向乐毅提出了质疑,使者转述燕惠王的话冠冕堂皇,"先王举国而委将军,将军为燕破齐,报先王之仇,天下莫不震动,寡人岂敢一日而忘将军之功哉!会先王弃群臣,寡人新即位,左右误寡人。寡人之使骑劫代将军,为将军久暴于外,故召将军且休,计事。将军过听,以与寡人有隙,遂捐燕归赵。将军自为计则可矣,而亦何以报先王之所以遇将军之意乎?"从燕惠王派人转述的这段话来看,燕惠王首先肯定和表扬了乐毅帮助先王燕昭王大破齐国,为燕国雪耻报仇的功劳,并且强调自己从来也没有忘记乐毅对燕国的巨大贡献;自己刚上台就被身边的大臣们误导了,所以派出骑劫接替乐毅担任对齐作战前线司令。燕惠王解释自己当初做出这样的决定主要是心疼乐毅常年在外指挥作战非常辛苦,所以想把乐毅调回总部修养一下身体,同时也方便自己随时向乐毅请教。燕惠王表白了自己对乐毅的关心和尊重以后,话锋一转把乐毅投靠赵国的责任全推到了乐毅身上。燕惠王认为是乐毅听信传言,失去了对老板的信任才跳槽投奔了赵国。燕惠王最后对乐毅的道德和人品提出了质疑,他认为乐毅这么做纯粹是为自己打算,这样自私自利怎么能对得起先王燕昭王对乐毅的知遇之恩呢?

名将的"有限责任"

听完使者的转述,乐毅笑了,燕惠王听信谣言临阵换将后遭遇惨败,不仅不检讨自己的过失,反而将责任全部推给了"左右"大臣和乐毅,这样的老板实在是很糟糕。聪明过人的乐毅当然知道燕惠王这次派人声讨自己的原因和动机,通过夸张的语言和巧妙的炒作。燕惠王就可以达到推卸责任、博取同情和争取主动的三重效果,最后无非是要在道德和舆论上压制乐毅,避免乐毅鼓动赵王趁机攻燕。

乐毅觉得到了自己该说些什么的时候了,于是那篇著名的《报燕惠王书》正式发表了。在这篇文章里,乐毅旗帜鲜明地提出了"善始者不必善终"的做人原则,为战国时期名将名臣的频繁跳槽和追求个人价值树立理论依据。

我们知道在中国漫长的历史当中,社会主流的话语权和舆论导向长期掌握在君王们手中,主流社会对大臣、将军和其他精英分子的评价基本上都是君王们说了算,即便这些精英当时受了冤枉和委屈甚至含冤死去,也只能等到后来的君王为他们平反昭雪。比如南宋的岳飞和明末的袁崇焕都是先被昏君冤死,然后再被后世的明君恢复名誉。与岳飞和袁崇焕相比,同样身为名将的乐毅非常幸运,因为他生活在中央集权没有形成的战国时代,社会精英分子还享有相对公平的话语权和言论自由。因此,当乐毅与燕惠王产生矛盾和分歧进而遭到燕惠王指责的时候,乐毅不仅可以发表文章据理力争,而且最终还得到了社会精英阶层的普遍认可和支持。从这个角度来看,乐毅很可能是中国历史上第一位也是唯一一位为了追求个人价值与前任老板公开辩论并取得胜利的选手。更重要的是当时中国兵家军事理论在司马穰苴、孙武、孙膑和吴起的共同努力下已经渐成体系,而兵家们的核心职业道德和价值观却没有得到解答,这些问题其实也适用于所有的职业人士,这些问题包括:将军们怎么选择君主;君主又该怎样对待将军;将军对君主的责任究竟是有限责任还是无限责任;如果是有限责任,那么这个责任的范围又该如何界定?

乐毅在《报燕惠王书》里面提出的"善始者不必善终"的观点,填补了中国兵家核心价值观的空白,可惜的是,后来的君王们显然不喜欢乐毅的观点,于是就发明了更多有利于君权的思想来改造兵家们的价值观,所以乐毅虽然能够躲开本来已经注定的悲剧命运,但是岳飞和袁崇焕们不能。

乐毅

乐毅在《史记》中能获得单独列传的地位应该与这篇《报燕惠王书》有很大的关系。

乐毅的《报燕惠王书》全文摘录如下,供读者赏析。

臣不佞,不能奉承王命,以顺左右之心,恐伤先王之明,有害足下之义,故遁逃走赵。今足下使人数之以罪,臣恐侍御者不察先王之所以畜幸臣之理,又不白臣之所以事先王之心,故敢以书对。

臣闻贤圣之君不以禄私亲,其功多者赏之,其能当者处之。故察能而授官者,成功之君也;论行而结交者,立名之士也。臣窃观先王之举也,见有高世主之心,故假节于魏,以身得察于燕。先王过举,厕之宾客之中,立之群臣之上,不谋父兄,以为亚卿。臣窃不自知,自以为奉令承教,可幸无罪,故受令而不辞。

先王命之曰:"我有积怨深怒于齐,不量轻弱,而欲以齐为事。"臣曰:"夫齐,霸国之余业而最胜之遗事也。练于兵甲,习于战攻。王若欲伐之,必与天下图之。与天下图之,莫若结于赵。且又淮北、宋地,楚魏之所欲也,赵若许而约四国攻之,齐可大破也。"先王以为然,具符节南使臣于赵。顾反命,起兵击齐。以天之道,先王之灵,河北之地随先王而举之济上。济上之军受命击齐,大败齐人。轻卒锐兵,长驱至国。齐王遁而走莒,仅以身免;珠玉财宝车甲珍器尽收入于燕。齐器设于宁台,大吕陈于元英,故鼎反乎磿室,蓟丘之植植于汶篁,自五伯已来,功未有及先王者也。先王以为慊于志,故裂地而封之,使得比小国诸侯。臣窃不自知,自以为奉命承教,可幸无罪,是以受命不辞。

臣闻贤圣之君,功立而不废,故著于春秋;早知之士,名成而不毁,故称于后世。若先王之报怨雪耻,夷万乘之强国,收八百岁之蓄积,及至弃群臣之日,余教未衰,执政任事之臣,修法令,慎庶孽,施及乎萌隶,皆可以教后世。

臣闻之,善作者不必善成,善始者不必善终。昔伍子胥说听于阖闾,而吴王远迹至郢。夫差弗是也,赐之鸱夷而浮之江。吴王不寤先论之可以立功,故沈子胥而不悔。子胥不蚤见主之不同量,是以至于入江而不化。

夫免身立功,以明先王之迹,臣之上计也。离毁辱之诽谤,堕先王之名,臣之所大恐也。临不测之罪，以幸为利，义之所不敢出也。

臣闻古之君子，交绝不出恶声；忠臣去国，不絜其名。臣虽不佞，数奉教于君子矣。恐侍御者之亲左右之说，不察疏远之行，故敢献书以闻，唯君王之留意焉。

乐毅的文章开篇就非常幽默地揶揄了燕惠王的指责，乐毅自己认错，承认自己不擅长拍马屁，所以没有服从燕惠王让自己下岗以后回国述职的命令。乐毅解释自己为了给先王燕昭王和现任老板燕惠王留面子所以就跑到了赵国。在乐毅看来，因为自己没有笨得跑回去送死，所以严重伤害了燕惠王的自尊心。乐毅亮出了作为职业高端人才的敬业底线——乐毅可以效忠燕惠王，但是燕惠王也必须维护乐毅的尊严和生命，否则燕惠王就不再是乐毅的老板。既然燕惠王现在派人上门兴师问罪，乐毅担心燕国的大臣们不能正确理解当年燕昭王善待重用自己的道理和自己效忠燕昭王的忠心，所以才写了这篇文章回答相关的问题。

第二段乐毅总结了明君的用人之道，他认为英明的老板不会任人唯亲，而应该是"其功多者赏之，其能当者处之"，也就是任人唯贤。这里乐毅看似是在论述明君的用人之道，实际上也同时给了燕惠王一记重拳，因为谁都知道接替乐毅担任对齐作战总司令的骑劫就是一位燕惠王非常信任的笨蛋，这位深受燕惠王喜爱的笨蛋最终彻底断送了燕国伐齐的胜利成果，并把燕国拖到了另一个巨大的危机当中。乐毅认为成功的君王应该具备知人善任的能力。同理，杰出的人才也应该具有根据实际行为选择朋友和合作伙伴的能力（故察能而授官者，成功之君也；论行而结交者，立名之士也。）。这里乐毅把将军和君王放在了一个平等的地位上，因此在乐毅看来，君主和将军的双向选择是天经地义的。紧接着乐毅高度评价了燕昭王的风度和人品，在乐毅心目中燕昭王是一位值得追随的老板，所以自己才从魏国跳槽到了燕国。乐毅回忆了当年燕昭王对自己的礼遇和重用，同时也非常骄傲地宣称因为自己自信有能力对得起燕昭王的信任，所以才毫不客气地接受了"亚卿"的任命。

乐毅愉快地回顾了当年在燕昭王的信任和支持下的光辉岁月，在乐毅的领导下燕国成功地联合四国成立了"讨齐联盟"，并最终攻破齐国首都临淄，杀得不共戴天的敌人齐湣王独自逃命、国破家亡。在乐毅的努力下，燕昭王终于完成了报仇雪耻的夙愿。乐毅详细地列举了占领齐国首都临淄后从齐国抢来的宝贝和文物，"珠玉财宝车甲珍器尽收入于燕。齐器设于宁台，大吕陈于元英，故鼎反乎历室，蓟丘之植植于汶篁"。乐毅的表白非常孩子气，好像一个小孩向跟自己翻脸的小伙伴列举曾经与对方分享过的零食和玩具。当然燕昭王和他的儿子燕惠王从乐毅手里得到的好处不是零食和玩具，而是齐国的财宝和一级文物。如果把乐毅列举自己为燕国抢宝贝的表白翻译成白话文，也许用儿童的语气表述更符合乐毅的性格和他当时的情绪——"你家的钱是我从齐国抢来的，你家的家具是我从齐国抢来的，你家的大钟（吕）是我从齐国抢来的，你家的大锅（鼎）是我从齐国抢来的，就连你家的树也是我从齐国挖来的"。可以想象燕惠王读到此处抬头看见身边陈列的齐国宝贝一定很闹心，自尊心强的小孩子跟小伙伴翻脸以后可以把对方的玩具和零食还回去，然而燕惠王却做不到，所以身为一国之君跟昔日手下的杰出员工翻脸实在是很丢人的事。正因为乐毅通过自己的勤劳智慧帮助燕昭王不仅报仇雪恨而且发家致富,所以他对燕昭王赐予自己"昌国君"的封赏就心安理得地接受了。乐毅认为燕昭王的封赏都是自己的劳动所得,燕昭王对自己的封赏只不过是执行了能者多劳和多劳多得的分配政策罢了,这种分配制度在私有制经济社会中是促进经济发展和社会进步的根本制度保障,所以乐毅并没有觉得有什么不妥。

接着乐毅提出了"功立而不废,名立而不毁"的历史观点。历史的价值就在于发生的事情无法改变,只能被客观地记录进史册,所以正在创造历史的人们必须对自己在历史中的作为和别人在历史中的评价负责。因此乐毅认为自己为燕国做出的巨大贡献已经成为历史,是不能被燕惠王随意忽略和篡改的。经过一路铺垫和情绪酝酿,乐毅终于隆重推出了自己的核心观点和中心思想——"善作者不必善成,善始者不必善终"。相信在阅读乐毅的《报燕惠王书》之前,广大读者一定相信做人应该善始善终,并且将这个道理当成履行职业道德和敬业精神的一个普世真理。

历史总是能给人带来全新的启发和认识,这是历史的魅力之一。

乐毅提出"善作者不必善成,善始者不必善终"的观点,当然不是提倡做人不负责任、始乱终弃,而是明确了一个朴素的真理,那就是一个人能够承担的责任是有限的,而这种有限责任的边界很大程度由他效力的老板决定。为了论证自己的观点,乐毅引用了伍子胥的典故,伍子胥当初也受到了吴王阖庐的优待和重视,伍子胥与阖庐的关系和乐毅与燕昭王的关系非常相似。后来阖庐死后夫差即位,夫差在宿敌越王勾践的拉拢、腐蚀下丧失了警惕和斗志,于是解除了对越王勾践的戒心,放任越王勾践暗地里卧薪尝胆。伍子胥就是那种信奉"善始善终"的偏执狂,他眼看自己辅佐先王阖庐建立的王道霸业岌岌可危,于是就一而再、再而三地犯颜直谏,非要让老板夫差认识到自己的错误并尽快了解越王勾践的险恶居心。孩子都会有逆反心理,何况是生杀予夺的君王,最后逆反的君王夫差终于失去了对伍子胥的耐心,于是在奸匪伯嚭的教唆下将伍子胥赐死,然后用马皮裹了伍子胥的尸体投入江中。乐毅认为吴王夫差当时赐死伍子胥的时候显然忽略了早年伍子胥为吴国成就霸业立下的丰功伟绩,而伍子胥也不能理解老板为什么不能和自己统一思想,最终酿成了令人扼腕的悲剧。根据传说,伍子胥因为含冤而死,所以投入江中居然入水不沉。而伍子胥死后,越王勾践果然抓住机会卷土重来一举灭了吴国,吴王夫差也被当年那位极力拍自己马屁的越王勾践杀死。

在乐毅看来,伍子胥对吴王夫差的不抛弃、不放弃毫无意义,最后两个人都成了悲剧。所以乐毅自以为当初离开燕国的跳槽行为非常明智,否则自己不仅难逃身败名裂的下场,而且也会辱没先王燕昭王的英名。乐毅是燕昭王一手提拔的干部,乐毅要是成了叛徒被处决,那燕昭王在九泉之下自然也脸上无光。与此同时,乐毅表示虽然燕惠王当年对自己居心叵测,但是自己对燕昭王和燕国仍然是很有感情的,所以自己不会做对不起先王和燕国的事。"临不测之罪,以幸为利,义之所不敢出也",这句话很重要,乐毅态度很谦虚,档次却很高,他明白地告诉燕惠王:看在你老爸当年对我不错的份上,我就放过你了。燕惠王读到这里应该可以松一口气,与生存相比,此时的面子不再那么重要。

作为燕惠王叔父辈的长者,乐毅趁机教训了燕惠王,"臣闻古之君子,交绝不出恶声",直到今天,"交绝不出恶声"仍然是中国人处理人际矛盾的公认原则。无论是跳槽后

诸子百家

——

兵家

的职业经理人、离婚后的痴男怨女还是翻脸后的演员明星,提起过去曾经发生过矛盾和龃龉的组织和个人,最明智的选择就是"交绝不出恶声",最标准的回答就是"我们还是好朋友"。根据这个原则,燕惠王显然有违君子为人处世之道,而乐毅敢于这样教训燕惠王显然将自己放到了德高望重的长者地位。可以想象乐毅运笔至此,心中肯定有一种教训小辈的快感,压抑在胸中多年的怨气一扫而空。最后乐毅告诫燕惠王不要听信身边小人的谗言,这个告诫有两层意思:首先是让燕惠王放心,猜测乐毅会挟私报复的人可能不只是燕惠王,既然乐毅在给燕惠王的信里面将自己标榜得很高大,那么就决不会像小人揣测的那样趁火打劫;其次是警告燕惠王不要继续败坏乐毅的名声,而如果有人继续说乐毅的坏话,那么这些人就是小人。

据司马迁在《史记·乐毅列传》最后的点评,汉朝的文化名人蒯通和主父偃读到乐毅的《报燕惠王书》的时候,不知怎么就触动了心中那块柔软的地方,两人都情不自禁地伤心落泪。

在秦末汉初那个风起云涌、英雄辈出的年代,蒯通和主父偃并不是最伟大的人物,不过他们的生平经历很有参考价值。蒯通生来就不是一个安分的人,他一生中最伟大的作为就是在楚汉决战时刻极力鼓动韩信背叛汉王刘邦自立山头。蒯通认为只有韩信与汉王刘邦和楚霸王项羽三分天下、鼎足而立才是保全自己生命安全和荣华富贵的最佳选择。后来优柔寡断的韩信没有采纳蒯通的阴谋分裂计划而是继续帮助汉王刘邦灭掉楚霸王项羽,最后统一天下。但是在汉朝开国以后,不甘寂寞的韩信却主动策划了一场叛乱,后来事败被汉高祖刘邦的老婆吕后抓住处死。临死前韩信曾经感叹,"吾悔不用蒯通之计,乃为儿女子所诈,岂非天哉?"本来韩信临死的真情流露基本上等于判了蒯通死刑,哪个君王能容忍巧舌如簧、煽动叛乱的乱臣贼子活在世上呢?那天怒气冲冲的汉高祖刘邦下令把蒯通抓来,并且在蒯通面前架了一口煮得"咕嘟嘟"冒泡的大锅,然后声称因为蒯通曾经煽动韩信谋反,所以现在要拿蒯通涮火锅。不可思议的事情发生了,当时心理素质超强的蒯通站在火锅跟前说了几句话就化解了开国雄主的杀机,死里逃生。蒯通当时讲了一个故事:从前有一条狗对着先古的圣贤尧"汪汪"吠叫,这并不是证明尧是坏人,而是只能证明尧不是那条狗的主人。蒯通说当初自己就像那条狗一样只知道效忠自己的主人韩信,心里根本就没有汉王刘邦。况且当时天下大乱,曾经跟汉高祖刘邦为敌的人数不胜数,难道现在能把他们都抓来涮火锅吗?汉高祖刘邦被蒯通讲述的一条狗和一个圣贤的故事打动了,于是下定决心当圣贤,为了向先古的圣贤尧致敬,刘邦赦免了蒯通。后来蒯通成为一代著名学者,著作了一部通论战国纵横家权变技术的书《隽永》,流传于世。

主父偃是汉武帝时期的大臣,他曾经写过一篇劝谏汉武帝停止讨伐匈奴的奏章,在这篇奏章里,主父偃站在战略的高度分析了讨伐匈奴的利弊,提出了讨伐匈奴弊大于利的观点。在那个以征讨匈奴为英雄壮举的时代,主父偃提出这样的观点不仅勇气过人,而且保持了一个知识分子的独立和清醒。可惜的是,汉武帝虽然赞赏主父偃的才学,但是并没有采纳主父偃的意见。后来这位才子参透了汉武帝削弱各地皇室诸侯以逐渐加强中央集权的心思。于是主父偃开始收集诸侯们的各种丑闻和绯闻,心领神会地帮汉武帝提供整倒诸侯王的材料。与此同时，主父偃也得到了回报，被封为齐国的相国。直到有一天，受到主父偃威胁的赵王抓住了主父偃的把柄，突然揭发了主父偃收受诸侯王们的贿赂，为这些贵族的子弟谋求封赏和提拔的罪行。本来爱惜人才的汉武帝并不想为此要了主父偃的命，但是另一位名臣公孙弘抓住主父偃的错误不放，最后主父偃的家族也遭到灭门之灾。

扶栏客相信能感动人的文学作品一定是优秀的，况且乐毅的《报燕惠王书》感动的是胸怀山川之险、腹有经纬之才的蒯通和主父偃，就凭这两位阴险而有才的读者为其落泪就足以说明乐毅的《报燕惠王书》的人性光辉和历史地位。

燕惠王收到乐毅的来信内心感到无比的轻松。乐毅毫不留情地揭露了燕惠王的虚伪和愚蠢，犀利地亮出了自己彪炳千秋的观点将燕惠王的指责驳斥得无地自容。毫不夸张地讲，燕惠王就是被乐毅用文雅的语言痛骂了一顿，但是老板有时候就是这么奇怪，有时候某些老板被别人痛骂了以后反而轻松了、快乐了，当然前提条件是那个骂他的人一定要是个高人。

卸掉心理包袱的燕惠王决定继续利用高人乐毅，既然乐毅已经跳槽到了赵国，燕惠王就把当年乐毅的封号昌国君过户给了乐毅的儿子乐间，以表达自己对乐毅答应善待燕国的感谢。后来乐毅频繁地往来于燕赵之间，成为两国的和平形象大使，为燕赵两国的和平友谊起到了积极作用。

出身名将的乐毅就这样乐此不疲地致力于燕赵两国和平事业，幸福地度过了下半生，直到有一天在赵国死去。

占便宜的惨痛教训

和平的日子平淡安逸，所以过得很快，弹指一挥间，昌国君乐间已经在燕国生活了三十多年。这时的燕王已经不是心眼小、胆子也小的燕惠王，而是燕惠王的儿子，爱占便宜、胆子大的燕武成王。当时在这位老板跟前最受宠信的红人不是乐间，而是燕相栗腹。

那一年发生了一件在战国历史上地标式的大事件：秦国大军在武安君白起的率领下，在赵国的长平大败赵军，随后活埋了四十万投降的赵国俘虏。这件事在当时的恐怖影响超过两千多年以后的9·11，受了刺激的六国君主们不得不严肃地思考自己国家的命运将何去何从。

看到邻国的男人们快死光了，燕相栗腹非常欣慰，他相信这是一个千载难逢的占便宜机会，"赵壮者尽于长平，其孤未壮。"当栗腹听说了四十万的数字以后曾经掰着指头算了半天，然后得出来了一个令他兴奋的结论：赵国的青壮年男子大多数都已经被白起在长平活埋了，也就是说，此时的赵国已经没有了真正的男人，而栗腹相信赵国的那些身体单薄的男孩子根本没有能力保护自己的家园。为了占便宜，身为燕相的栗腹决定呼吁燕武成王派兵去邻国欺负小孩了。

由此可知，燕相栗腹的人生信条就是"有便宜就占"，如此道德败坏的人居然能居相位、首领群臣，燕国的命运可想而知。

燕相栗腹极力鼓动燕武成王下令出兵进攻赵国，去占那个唾手可得的便宜，燕武成王毕竟是一位要面子的大老板，一时之间似乎也不好意思放下身段派人去邻居家里欺负小孩。于是燕武成王请教了赵国问题专家、昌国君乐间。乐间得知燕武成王居然对这样变态的想法产生了兴趣，心中感到了无比的苦涩和失落，他知道对这种老板说不可乘人之危的道理就像劝大灰狼吃素一样，都是不可能完成的任务。于是乐间只有力挺赵国不容低估国防军事能力，他说，"赵，四战之国也，其民习兵，伐之不可。"

赵国北临匈奴，南接韩、魏，东拒齐、燕，西抗强秦，在这种四周强敌林立的险恶环境中，赵国从立国开始就没有停止过战争。可以说这个国家的孩子都是在血水里泡大的。从小受到战争浸染的赵国男孩，早已接受并适应了你死我活的生存法则，勇武顽强、凶狠阳刚就是他们的青春符号。更重要的是，这些赵国男孩的父亲和兄长们此刻大多已经被残暴的秦军埋在了长平的黄土里，可以想象这些刚进入青春期就失去父兄的男孩子此刻一定非常躁动、愤怒，恨不能和仇人同归于尽。栗腹计算了年龄、力量和数量却没有计算仇恨、青春和荷尔蒙，这样的计算只适用于常态下的常规战争，而此刻的赵国显然不是一个常态国家，赵国男孩也不是常态的男孩。哀兵必胜，为了占便宜就去进攻这样一群随时可以拼命赴死的年轻人实在是很愚蠢的想法，即便他们还都是孩子。

然而燕武成王在征求乐间意见之前，其实已经在心里接受了栗腹的建议，他需要的只是一点撕破伪善的理由和勇气，乐间的话给了燕武成王这种理由和勇气：既然那些孩子很能打，那么出兵伐赵占便宜似乎也就不那么可耻了。

燕国派出了极力主张出兵的燕相栗腹担任讨赵占便宜大军的主将，而乐间的亲戚乐乘也被派遣到了占便宜的前线去效力。《史记·乐毅列传》记载，"乐乘，乐间之宗也。"所以我们无法明确乐乘到底是乐间的什么亲戚。燕国大军还没出发，军营里的将士都已经知道了此行的目的就是去赵国趁乱占便宜，于是有人开始幻想从赵国发财回来该娶几个老婆、有人背地里咒骂栗腹为了占便宜把自己推上战场，还有人早早地做好了占到了便宜和占不到便宜的两种打算。

那边的赵国，白发银须的老将廉颇把那些愤怒的男孩子组织了起来，这样的战争不用动员：父兄尸骨未寒，此刻一向友好和平的邻国居然要来趁火打劫，不杀死他们怎么对得起被活埋在长平的父兄？

结果可想而知，燕国的男人们没占到便宜，反而成了赵国祭奠长平四十万冤魂的祭品。根据《史记》的记载，在廉颇的领导下，赵国"童子卫国军"在一个叫部的地方大破栗腹率领的燕国"成人占便宜军"，栗腹和乐乘都成了廉颇的俘虏。赵国当然不会放过栗腹这个挑起战争、丧心病狂的罪魁祸首，被俘虏后的栗腹很快被杀，为自己的变态想法和无耻价值观付出了惨重的代价。

栗腹死了，死得很可耻也很可笑。他的经验教训告诉我们，一个人不能妄想通过抛弃普世道德标准来获取超常的暴利，如果不仁不义就能实现收益最大化，那么人类不可能繁衍到今天，甚至不可能进化成真正的人类。坚守道德底线与其说是为了别人不如说是为了自己，因为突破道德底线意味着与大多数人为敌，抛弃普世道德标准等于被人类社会抛弃，这样的人生其险恶前景可想而知。

乐乘很冤枉，作为"燕赵友好大使"乐毅的后人、"昌国君"乐间的亲戚，从感情上说，

諸子百家——兵家

他痛恨这种乘人之危的卑鄙国家战略，从政治立场上来看，乐乘本来是坚定的反战派。然而造化弄人，他不得不服从燕国的需要，跟着栗腹上战场跑龙套。现在燕国的惨痛失败破灭了栗腹和燕武成王来赵国占便宜的愚蠢妄想，而乐乘却不得不面对悲惨的战俘命运。

燕王家族又一次伤了老乐家的心，乐毅"善始者不必善终"的家训余音在耳，既然自己的爱国感情得不到尊重，乐间决定服从亲情的召唤。春秋战国时代人才流动得很快，可以称得上"意随心动，身随意动"，正当燕武成王后悔没有听从乐间反对意见的时候，却发现他已经失去了再次听到乐间教训的机会。乐间不见了，很快乐间在赵国出现了，而他和他的堂兄弟乐乘像乐毅当年一样成为赵国的座上宾。

赵国被燕国无礼侵犯，此时在名将廉颇的领导下已经大获全胜，血气方刚的赵国童子军当然不会善罢甘休。很快燕国首都被赵国童子军包围，燕武成王无计可施，只好签订城下之盟，答应割地求和。

燕国的成年人憋足了劲跑到赵国想占孩子和老头的便宜，最后没有占到便宜反而损兵折将，割地求和；赵国的孩子和老头被贪婪、无耻的邻居逼上绝路，被迫应战，最后不仅成功地反击了燕国的占便宜计划，而且还顺手牵羊从燕国占到了巨大的便宜。这就是历史的辩证法，司马迁对这段历史没有做任何评价，一切尽在不言中。

有些人能进步不是因为受了教育，而是因为受了刺激。受到严重刺激的燕武成王终于体会到了乐间的价值，因此对乐间的思念与日俱增。在燕国干了三十多年的乐间投奔了赵国，而此刻的赵国和燕国已经结下血仇、水火不容，对燕武成王来说，这比割地求和还刺激。最后燕武成王效仿当年自己的父亲燕惠王派人给乐间送去了信，从文学性上来看，这封信比燕惠王当年对乐毅的指责有了一个质的飞跃。燕武成王说，"纣之时，箕子不用，犯谏不怠，以冀其听。商容不达，身祗辱焉，以冀其变。及民志不入，狱囚自出，然后二子退隐。故纣负桀暴之累，二子不失忠圣之名。何者？其忧患之尽矣。今寡人虽愚，不若纣之暴也；燕民虽乱，不若殷民之甚也。室有语，不相尽，以告邻里。二者，寡人不为君取也。"

在给乐间的信里，燕武成王引用了箕子和商容的典故，这两个人都是殷纣王时代的著名忠臣，为了挽救殷纣王，这两个人频繁地犯颜直谏，当然殷纣王从来没有觉得自己需要忠臣的挽救，所以也就从来没有听从过他们的意见。最后殷商政权人心丧尽、彻底覆灭，这两位忠臣无力回天只好隐退。因为箕子和商容尽到了臣子对君主的无限责任，直到殷纣王自取灭亡才不得不隐退，所以后世在批判殷纣王残暴无道的同时，也在称赞箕子和商容的忠诚和圣明。燕武成王降低了对自己和燕国人民的要求，他认为自己再蠢，也没有殷纣王残暴，燕国人民虽然谈不上爱好和平，但是也比不上殷商的百姓推崇暴力。燕武成王觉得有些话必须对跑到邻国的乐间说清楚，因为自己不是暴君殷纣王，而燕国人民不是殷商暴民，所以乐间放弃了生活了大半辈子的燕国投奔赵国很不明智。

燕武成王写的信很文学，但是逻辑很荒唐。如果因为燕武成王没有残暴到殷纣王的程度，乐间就不能放弃对燕武成王的挽救，那么这个世上就没有可以放弃的人了。乐间的老父亲乐毅早在三十年前就提出了"善始者不必善终"的观点，在乐毅看来作为具有独立人格的人只能对自己的老板承担有限责任。燕武成王没有殷纣王残暴也许是事实,但是这种比较其实没有意义,因为燕武成王只是一个国家的诸侯,而没有达到当年殷纣王的政治高度。作为这样一个小国的君主,燕武成王就能为了占便宜而弃道义于不顾,去侵略重孝在身的邻国,很难想象九泉之下的殷纣王能同意燕武成王的大胆比较。有些人不够坏很可能是因为还不具备足够坏的条件。

燕武成王可以选择不当殷纣王,但是乐间从一开始就没打算当殷纣王的箕子或者燕武成王的棋子。

乐间把燕武成王的信看完,随手放在一边,连回信都没有写。乐间要说的话三十多年前老父亲乐毅早就在《报燕惠王书》里说透了,那些往事随风而去,乐间下定决心在赵国安度晚年了。

乐乘后来被赵国封为武襄君,成为老乐家第三位被封的小诸侯。

第二年,尝到了甜头的赵国再次派乐乘和廉颇率领赵军进攻燕国,燕国又是花钱消灾,向赵国交纳一大笔保护费了事。又过了五年,赵孝成王死了,赵悼襄王上台,这位老板非常喜欢乐乘,就让乐乘取代廉颇总揽军事全局。没想到赵悼襄王的人事安排触及了廉颇的敏感神经,最终引发了廉颇和乐乘的火并,廉颇向乐乘发动了袭击,乐乘逃走,廉颇则畏罪逃亡到了魏国。

廉颇和乐乘火并以后十六年,秦国灭掉了赵国。站在两千多年以后看,廉颇和乐乘当年的恩怨斗争实在是很无聊。但是这两位当时最著名、最精英的人物却斗得津津有味,好像两只雄狮争夺属于自己的狮群。这就是历史。

又过了二十多年,汉高祖来到当年的赵国视察,突然想起来了乐毅,就问随行陪同的干部,"乐毅有后世乎?"随行陪同的干部回答"有乐叔。"乐叔是乐毅的孙子,乐叔的出现非常恰当地迎合了汉高祖的历史审美观和心理需要,于是汉高祖很慷慨地封乐叔为"华成君",这是老乐家第四位被封为"君"的人。乐毅家族从乐羊开始,分别被四位跨度超过百年的君主分封了四个头衔为"君"的诸侯,依次是昌国君、望津君乐毅,昌国君乐间,武襄君乐乘和华成君乐叔,这在中国历史上非常罕见。据司马迁的考证,赵国被秦国所灭以后,乐毅家族的后人乐瑕公和乐臣公逃亡到了齐国的高密。乐瑕公和乐臣公都是当时著名的学者,以精通黄帝和老子的理论而闻名于世,后来乐臣公教了一个徒弟名叫盖公,而盖公又收了一个非常有名的徒弟,就是后来接替萧何当相国的曹参。

六、心理战鼻祖:田单

临淄市场管理员

自从由陈完开创的齐国田氏取代姜子牙的后代登上齐国的王位以后,田氏家族就变成了齐国的王室贵族。田单正是来自这样一个声名显赫的王室家族,不过算不上嫡传,《史记·田单列传》记载,"田单,齐诸田疏族也。"由此可知,田单很可能和他的祖先司马穰苴一样,都是庶出旁枝,类似于红楼梦里的贾蔷,虽然也姓贾,但是地位跟贾宝玉不可同日而语。我们知道齐国的田氏盛产名将，从司马穰苴开始，又出现了孙武和孙膑，到了田单这里，齐国田氏的第四位名将登上了历史舞台。

不过故事要从头讲起，田单在《史记·田单列传》中刚出场的时候还不是什么名将，而是齐国首都临淄城里的一名市场管理员（"湣王时，单为临淄市掾，不见知"）。中国人都知道市场管理员虽然不是什么大干部，却是名副其实的肥差，何况田单担任的是首都的市场管理员。这样的工作不是什么人机灵一点就可以上岗的，所以最适合安置田单这种边缘化的贵族。田单担任临淄城市场管理员的时候，正是齐湣王称霸的时代，内有繁荣的经济，外有王道霸业，田单就这样实惠着、幸福着，默默无闻地日复一日。而距离田单每天上班的市场不远的齐国王宫里，那位满脑子称霸念头的狂人齐湣王并不知道自己还有这样一个亲戚，更不知道自己的这位亲戚具有扭转乾坤的大本事。事实上，当时连田单都不会相信自己有朝一日会担负起挽救国家的伟大历史使命。生在王室贵族之家，偏偏又不是嫡系，这样的身世最适合、最实惠的位置也许就是市场管理员了。

如果没有乐毅率领五国联军大败齐湣王、攻陷临淄，田单很可能永远都只是一个默默无闻的市场管理员，他会把满脑子的兵法韬略都用在首都商贩身上，在与小商小贩的斗智斗勇当中幸福而平淡地度过一生。随着资历的增长，田单当然也有机会提升，但是最终的结局也不过就是临淄工商局局长或者城管局局长，跟名将依然风马牛不相及。不过我们千万不能小看这个成天对付小商小贩的岗位，正是在这个岗位上，田单在不知不觉中深刻地理解了人性，并逐渐对不同形势下人类的心理活动和反应了然于胸，扶栏客认为正是这段看似平凡的经历为田单日后成为心理战鼻祖打下了坚实的感性基础。

"时势造英雄"，准确地说应该是"时势造英雄们"，任何时代的时势都不可能只造就一个英雄，在那个时代至少造就了两个兵家英雄，一个是乐毅，另一个就是田单。

如上文所述，乐毅率领燕军长驱直入，一举攻占了齐国首都临淄。这件事在当时的影响相当于两千多年后美军占领巴格达，足以让远离战场的野心家和观察家们兴奋得彻夜难眠，然而这个大事件对于后来与乐毅比肩的名将田单来说也是一个坏消息。因为当时的田单跟兵家扯不上半点关系，他当时的身份只是临淄城的一个市场管理员。国破城陷对田单来说不仅意味着失业，更意味着颠沛流离、生死未卜的前途。所以说历史上的英雄没有几个是一开始就自己想着当英雄的，更多的英雄一开始只不过是想在乱世里努力地活下去，并且尽量活得有尊严一点，最后不知不觉就当上了英雄。春秋战国英雄辈出，但是如果读者真的了解那个时代的历史，恐怕不会有几个人真的想穿越时空回到那个时代。

大时代背景下的田单当时就是这样一个无奈而无辜的普通人。临淄城破的时候，齐湣王带上了自己的王印、细软、后妃和亲信逃到了莒城，跟着齐湣王逃跑的亲信不包括田单，因为齐湣王根本不认识这位后来挽救了齐国的远房亲戚。不过对于田单来说这不是什么坏消息，因为齐湣王的这位远房亲戚已经在临淄城市场管理员的岗位上积累了足够的生活经验和生存兵法，事实证明他完全有能力照顾自己。

田单也逃跑了，他没有跟着齐湣王选择注定成为燕国主要攻击方向的莒城，而是选择了安平。顺利到达安平的田单没有以逸待劳、听天由命，而是开始积极地准备着下一次的逃亡。喘息稍定，田单就组织跟随他逃难的家族成员开始了劳动。在田单的指挥下，田单的亲人们开始改造载着他们逃难的马车，他们先把两个车轮外侧突出的部分车轴锯了下来，再去铁匠铺按照马车车轴的外径打造了坚固的铁箍，然后把铁箍安装在车轴外侧，起到固定车轮的作用。经过改造，田单家族的逃难马车实际宽度减少了，而车轮的坚固程度大大提高，这样的马车在当时看起来很另类。

大家不明白田单为什么要 DIY 把马车改装成这样，与其他的马车相比，田单的马车因为缺少了车轮两边如两翼一样展开的车轴外延而显得有些土气。但是田单知道身逢战乱活下去才是硬道理，除此之外，其他的审美需要都是奢侈和多余的。

很快田单的设计理念得到了残酷现实的验证。

尽管齐湣王不在安平，但是乐毅并没有放弃这个地方，身负为燕昭王报仇雪恨重任的乐毅当时的战略就是逐步挤压齐湣王的根据地，最后彻底消灭燕昭王不共戴天的大仇人。很快燕国大军兵临城下，身为霸主之国君主的齐湣王根本没有想过位于齐国腹地的安平会成为抵御外国军队入侵的前线，所以这里的城防早已年久失修。乐毅领导下的燕国大军参谋部一眼就看穿了安平的弱点，于是燕国大军很快就通过简单的土木工程突破了安平的城防。

安平出城的道路上再次聚集了逃难的车队和人群，场面异常混乱。

悲剧不可避免地发生了。为了避免遭到身后紧追不舍的燕国军队的屠杀和奴役，聚集在安平城中的齐国难民潮水一般向城外涌去。冲在前面的当然是贵族和有钱人的马车，通往生存的道路如此狭窄，剐蹭和碰撞不可避免，那些本来用来炫耀和装饰的长长的车轴相互绞杀着旁边马车的轮子。就这样在马车们的互相残杀中，道路很快瘫痪了，所有的马车混乱地拥挤在一起，横七竖八、乱作一团。

这时无奈的难民们看到了几辆车轴两端镶嵌了铁箍的马车以迅雷不及掩耳之势撞开了一条生路，突出了重围，绝尘而去。难民们恍惚中记得有一个来自临淄的市场管理员田单曾经将自己的马车进行过匪夷所思的改造，战乱泯灭了人们的好奇，没有人认真地想过田单为什么会有这样的创意。现在答案揭晓了，聪明人田单顺利地逃走了。

当时的齐国只剩下了莒城和即墨两个根据地，田单再次选择了远离齐湣王的即墨。齐湣王和燕昭王结下了杀父破国之仇，离这位远方亲戚远一点活下来的机会自然就大一点。当时明白了这个道理的人肯定不止田单一个，所以齐湣王没有等到莒城被攻破的那一天就提前离开了人世，楚国派出的救援部队司令淖齿顺应民心和历史发展潮流对齐湣王下了毒手，就这样乐毅失去了继续进攻齐国两座孤城的正当理由。这里需要说明一下，虽然楚国曾经参加了乐毅发起的五国联合讨齐军事行动，但是当初楚王的目标也就是教训一下齐湣王这个霸道的野心家，并没有打算帮助燕国彻底灭掉齐国。所以当齐国还剩下两座城池苦苦支撑的时候，楚王意识到如果放任燕国灭齐将有可能养虎为患，早晚有一天强大而膨胀的燕国会损害楚国的利益。于是楚国就派出了以淖齿为将军的救援部队，希望能够帮助齐国支持下去，让齐国避免彻底亡国的命运。可是后来齐湣王不知道为了什么原因得罪了淖齿，而这位救援部队司令淖齿脾气一点不比霸主齐湣王小，于是他毫不客气地杀掉了齐湣王。齐湣王得罪淖齿的原因在《史记》中没有详细解释，不过可以推测的是在当时那种情况下，按照常理，齐湣王是没有资格得罪淖齿的，但是齐湣王偏偏就得罪了一个他得罪不起的人物，最后搭上了性命。齐湣王的生命结局再次证明了这位霸主做人的确有问题。所以说人不论拥有了多大的权势和多高的地位，保持谦虚谨慎的态度都是必要的，因为摆谱耍大牌这种东西其实就是精神上的奢侈品，人们一旦习惯了消费奢侈就很难再过简朴的生活。而权势和地位这种东西在中国很容易乾坤易位，风光不再的没落权贵，如果还要坚持消费精神上的奢侈品那将是非常危险的，甚至是致命的。

一个人的死去改变了一场战争的性质，在此之前，燕国大军可以一边喊着报仇雪耻的口号，一边大肆抢掠瓜分齐国的财产和土地；而在此之后，齐国人民就可以卸下心理包袱理直气壮地保家卫国了。一个人死了，对他身边的人来说是件大好事，这样的人显然就是恶棍，而齐湣王就是这样一个大恶棍。

这样看待齐湣王在这场战争中的作用似乎夸大了一个野心家的影响力，但是事实上齐湣王死后燕齐战争的形势的确出现了拐点，此前一直所向披靡的乐毅率领的燕国大军被阻挡在莒城和即墨两座孤城之下裹足不前。这场僵持长达五年之久，直到乐毅被燕惠王炒了鱿鱼。

齐湣王虽然死了，但是莒城仍然是燕齐战争的主战场，淖齿不愧是久经沙场的老将，他知道在这种敌强我弱的形势下只能打持久战，以时间换空间，于是，淖齿率领楚国救援部队和齐国军民依靠坚固的城池坚守不出。莒城城下伏尸遍野，燕国的进攻付出了惨重代价而毫无进展。再后来，淖齿率领楚国救援部队回国了，留下齐国军民继续坚守。

另一边的即墨城下也出现了燕国大军。

真实的谎言

一开始，在即墨主持抗齐大局的人并不是田单，而是某即墨大夫。即墨大夫是司马迁在《史记·田单列传》里对早期即墨抗齐战役领导人的称呼，由于他们领导的抗齐事业以惨败告终，所以他们也就失去了把名字载入史册的资格。激情过剩和理性不足的即墨大夫看到燕国侵略军在城下无耻地炫耀武力，不禁"怒从心头起，恶向胆边生"，齐湣王都已经死了，燕国大军还不依不饶，这哪里是报仇雪恨，分明就是想暴力致富。

失去理智的即墨大夫率领城中的齐军杀出即墨城，很快就做泥牛入海状消失在燕军的包围圈当中。

即墨城头，守城的军民看着出击的同胞像端上桌子的饭菜一样逐渐消失，不禁目瞪口呆，很久没有人说一句话。

即墨大夫再也没有回来，像所有失败者一样湮没在历史的尘埃当中。

目睹了即墨大夫惨败的即墨军民终于明白了一件事：打仗是一件很专业的工作，需要专业人士来组织和执行。如果实在找不到专业人士，最起码也要找一个脑筋好使的人来主持工作，否则那真是对全体即墨人民生命财产的不负责任。不知是谁第一个想起来了田单，而想起田单的理由就是他当初在安平由于改造马车而成功逃脱的案例。乡亲们认为把即墨城的安全交给这样一个具有创造性思维的人，至少比交给只知道带着大家送

諸子百家

——

兵

家

死的即墨大夫靠谱。

于是田单被即墨的父老乡亲推举为将军，这是中国历史上非常罕见的一次将军任命。没有君主意志，没有内部指定。田单，一个前临淄市场管理员就在乡亲们的支持下成为即墨最高军事和行政首长，这事听起来不像是中国式的任命，倒像美国式的总统选举。当上将军的田单学习借鉴了淖齿的"莒城经验"，也给乐毅来了一个以时间换空间，坚守不出。

另一边的燕军营中，乐毅的战略思维也在发生变化。乐毅知道如果继续硬攻，即便攻占莒城和即墨也会损失惨重，得不偿失。而此刻野心家齐湣王已经得到了应有的惩罚，自己的老板燕昭王大仇得报，因此对乐毅指挥的讨齐战争非常满意。更重要的是，乐毅开始给燕国君臣灌输一种新的观念，那就是要保持对齐国占领区的长治久安就必须争取齐国百姓的真心归顺，而让齐国人心归顺远比占领齐国更加困难、更需要时间。所以乐毅一边放慢了军事进攻的步伐，一边却加强了对占领区的整合和建设。一个拥有七十多座城邑的国家正在乐毅的领导下开始战后重建，占领区的土地上安置了大批跟随乐毅出征立功的军队转业干部。事实上，此时的乐毅已经成为除莒城和即墨以外原齐国的无冕之王，一个高度自治的庞大王国正在出现，无论从实际创造的社会财富和观赏性来看，整合建设新齐国都比迅速攻破两座孤城更有意义。

"昌国君"乐毅的心思被即墨城中的前临淄城市场管理员、现任即墨抗齐将军田单看得一清二楚，在直指人心的人生得失换算方面，杀伐决断的名将跟斤斤计较的小贩没有本质的区别，甚至完全可以套用同一个公式。然而此刻的乐毅正是如日中天，燕昭王对这位功高权重的名将言听计从，燕军上下更是唯乐毅马首是瞻。从即墨城望去，城外的乐毅阵地仿佛铁板一块。于是田单只能孤独地等待，那双深邃的目光在即墨城中沉默地观察着城外强大的敌人，直到有一天传来了燕昭王去世的消息，据传新即位的燕惠王曾经跟乐毅发生过摩擦，两个人关系非常微妙。

田单的大脑一下子兴奋了起来，这事听起来有点意思。

燕国发动的讨齐战争本质上说是齐湣王和燕昭王两个权力男人之间的战争，一个男人对另一个男人刻骨铭心的仇恨引发了一场规模宏大的血腥杀戮，无数无权无势的无辜男人因为两个权力男人之间的仇恨走上了战场，最终在恐怖当中失去了生命。无法掌握权力的男人就无法掌握自己的命运甚至生死，所以中国古代专制社会下男人们的权力欲都很强。这种现象从本质上讲并不是世俗的影响，而是生存的选择。

现在齐湣王死了，燕昭王也死了，一个时代该结束了，田单开始用全新的思维方式来看待眼前这场遥遥无期的战争。讨齐战争在燕昭王时代最初的动机也许是复仇，不过随着齐湣王的死亡，这个理由已经不再重要。对燕国来说讨齐战争就是一次高风险高收益的投资活动，目的非常明确，就是为了获取超出正常投资回报水平的暴利。在任何投资活动当中，投资者都不得不在风险和收益之间权衡选择，在五国联军击溃齐湣王主力之前，参与讨齐的各方，尤其是作为发起人的燕国承担着相当高的风险，而在这个阶段收益预期也最不明确，所以乐毅当初坚持一定要成立一个合资的股份公司来共同发动对齐国的军事行动，目的就是分散燕国单独投资的风险，提高通过军事胜利获得高收益的预期。

而另外四家参与合资讨齐的诸侯们也看到了合资的好处,通过这种方法,他们也减小了单独打击齐国的风险,齐国一旦失败,对他们来说就意味着暂时消除了损害他们国家利益和尊严的最大威胁,至少以后不会再被齐湣王这个贪婪而霸道的家伙占便宜了。随着齐湣王主力的溃败,讨齐战争的风险直线下降,同时也达到了另外四家合资方的投资回报预期,再继续参与下去对于四家诸侯来说收益预期很模糊而且风险很难控制,所以四家诸侯很明智地撤出了这场游戏,讨齐合资公司正式解散。对于燕国来说,讨齐战争的收益水平在乐毅率领燕军攻陷临淄、将齐国国库和王宫洗劫一空的时候达到了最高峰,后来随着战争进入僵持状态而逐步下滑。在燕昭王在位的时候,这种状况是可以允许的。乐毅从一个魏国的使者一步登上燕国亚卿的高位全靠燕昭王的超常提拔,无论是燕昭王还是乐毅,甚至燕国朝野都相信乐毅应该也必须忠于燕昭王。抛开知遇之恩不说,燕昭王亲身经历了血腥政变和国破家亡,一步一个血脚印登上了王位,亲手将一个濒临破产的国家缔造成为称霸东方的强大王国,就凭这种传奇经历他就完全具备控制乐毅的自信。

诸子百家——兵家

然而,现在这位强人死了,这场游戏里的各方突然失去了自信和安全感,这就是伟人的力量。最不安的人当然是新即位的燕惠王和常年征战在外的乐毅。一个是长于深宫、年轻气盛的新老板,一个是能征惯战、老谋深算的老功臣,这一对不般配的搭档偏偏还发生过不愉快,这样的暧昧关系怎能不让人想入非非。燕惠王既没有提拔关怀乐毅的感情纽带,也没有控制掌握乐毅的权谋手腕,空虚和不安在所难免。远在齐国的乐毅掌握着燕国大多数军队,在那个暴力决定实力,实力决定权力的年代,如果乐毅跟燕惠王不是一条心,从某种意义上来讲,乐毅的权力实际上已经超过了燕惠王。过去燕惠王就对乐毅长期围困莒城和即墨的做法很不理解,现在到了自己做主的时候,燕惠王更加清晰地看到了自己的处境:从风险上来看,由于无法直接掌控军权,讨齐战争的风险全部集中到了燕惠王的身上;从收益上来看,还是由于无法直接掌控军权,讨齐战争的收益能否顺利兑现完全取决于乐毅的职业道德。再看乐毅,这种靠实力和拼杀登上职业顶峰的高端人才肯定不会轻易信服和追随一位老板,何况是跟自己发生过冲突的年轻老板。对新上台老板的不信任必然会加重乐毅内心的患得患失,而手握重兵的大将患得患失必然会增加新任老板的不安全感。就这样,燕惠王和乐毅陷入了非常不良的互动关系当中,难以自拔。

客观地说,燕惠王和乐毅的决裂是早晚的事,而田单的出现只不过加速了他们的决裂。

面对强大的对手,最有效、最节省成本的办法就是挑拨离间,让他们内部先乱,这种斗争策略对于曾经长期担任临淄市场管理员的田单来说并不陌生。如前文所述,田单派出了间谍,跑到燕国四处放风。不过有意思的是,田单派出的间谍散布的消息在《史记·田单列传》里的记载跟在《史记·乐毅列传》里的记载略有出入,这里列出两段记载供读者参阅。"齐王已死,城之不拔者二耳。乐毅畏诛而不敢归,以伐齐为名,实欲连兵南面而王齐。齐人未附,故且缓攻即墨以待其事。齐人所惧,唯恐他将之来,即墨残矣。"(《史记·田单列传》)"齐城不下者两城耳,然所以不早拔者,闻乐毅与燕新王有隙,欲连兵且留齐,南面而王齐。齐之所患,唯恐他将之来。"(《史记·乐毅列传》)比较两段记载,可以发现虽然说的是同一个事件，但是侧重点不大一样，最大的不同在于《田单列传》里直接点出了乐毅害怕撤军回国后被燕王杀死，所以故意拖延讨齐战争。这种说法等于提醒燕惠王，其实乐毅已经犯下了该杀的大罪，所以乐毅自己做贼心虚，不敢回来见燕惠王。显然《田单列传》里的表述方式更有杀伤力，而且更明显地暴露了田单的意图。田单最初的打算并不仅仅是让燕军阵前换将，应该还包括借刀杀人，也就是利用燕惠王对乐毅的猜疑彻底铲除燕国的头号名将。

燕惠王的反应没有超出田单的想象，燕惠王派了一个自己信任的笨蛋骑劫上前线替换了乐毅；而乐毅的反应有点超出了田单的想象，乐毅并没有回到燕国束手就擒，而是跳槽到了赵国。

不管怎么说，乐毅走了，工作就好开展了。乐毅的出走首先在士气和人心方面对燕国远征军产生了巨大的冲击。燕国大军在乐毅的领导下至少在齐国已经坚持了五年，虽然背井离乡，但是跟着乐毅征战立功的人普遍得到了封赏，物质上的满足保证了将士们效命沙场的积极性。另一方面，这位神奇将军百战百胜的韬略、战术也赢得了士兵们的普遍信任，从而在精神上保证了这支队伍能在远离故土的异国保持统一的思想和饱满的士气。现在乐毅走了，将士们对他们的新领导骑劫无法建立信任，远离故土的士兵们突然陷入了精神空虚。曾经长期从事市场管理工作的田单知道要想战胜敌人最省力的方法就是先占领敌人的内心世界，于是这位熟悉民间草根心理的名将开始策划了一次封建迷信活动。

被利用的鸟

某日正午午饭时间，即墨城下。

燕军营中，又见炊烟升起，阳光照大地。

燕军的士兵们排起了长长的队列开始打饭，饭菜的香味弥漫在军营的每个角落，提醒着每个人虽然杀戮还在继续，但是生活也要继续。

突然，从即墨城外的树林和田野间飞来了大群的鸟类，乌鸦、麻雀和许多不知名的飞禽不约而同地向即墨城中飞去，仿佛是小鸟们商量好了去开鸟类大会。天空中到处都是飞翔的痕迹，翅膀扇动的声音遮天蔽日。鸟们飞进了即墨城，然后消失了，天空再次陷入了宁静。

常年的战争和杀戮，已经让战士们的神经变得麻木，燕国士兵突然想起好像已经很久没有见过小鸟了。这突然出现的鸟群提醒着燕国士兵们：这个世界除了我们和敌人以外还有其他的生命存在，而这个世界上还有很多东西是人不知道的，比如这些鸟群为什么会突然在这里出现？为什么又不约而同地飞进了即墨城？这些在天上自由飞翔的鸟类和在地上相互残杀的人类是否存在某种联系？

这些问题的答案骑劫也想知道，虽然他已经接替乐毅当上了讨齐总司令，但是连他自己也知道这并不能证明自己很优秀，只能说明自己很幸运。现在士兵们对小鸟的问题困惑了，正是自己树立威信的好机会，如果自己能解答鸟的问题，那就能证明自己比一般士兵聪明。聪明人当领导天经地义，骑劫要证明自己的智力，于是就派出了侦察员。

諸子百家 —— 兵家

前一天的即墨城中,各家各户都接到了将军田单的命令:从明天开始,各家各户每天吃饭前都要在自己的院子里祭奠祖先,各家要把做好的饭菜摆放在院子里祭奠,任凭鸟群来抢食不得驱赶。

　　这事就这么简单,如果骑劫在城外也像即墨城中百姓一样以祭奠祖先的名义招待小鸟,小鸟们也一样会光临燕国军营。不过同样的现象,到田单这里有了不同的解释,那天下午他把城中的父老乡亲和全体将士们在练兵的校场召集起来,然后站在点兵台上宣布,"这些小鸟不是普通的小鸟,它们是神的使者,神马上就会降临到即墨城来引导我们,齐国最后将在神的引导下取得胜利。"("神乃下教我")传统戏剧中,不同身份的人物出场都会有不同的排场,比如美女出场一定会闭月羞花,妖精出场一定要飞沙走石,神仙出场不是地生莲花就是天降祥云。所以当人们看到飞沙走石就一定会联想起妖精。为了让人民群众联想神仙,田单需要莲花和祥云。然而田单不是好莱坞的导演,在当时的技术条件下莲花和祥云实在没办法安排,所以田单想到了小鸟,百鸟来朝也是祥瑞之兆,正好配合神仙降临时的气氛和舆论需要。当田单站在台上宣扬封建迷信的时候实在不像一个名将,而更像是一个先知或者巫师。田单继续预言,"神将降临到我们中间,也许就在你的身边! 也许就是你! 神会借用凡人的身体成为我们的导师。"("当有神人为我师")站在台下的士兵和百姓们大家面面相觑,不知道这样的奇迹会发生在谁的身上,按照田单的预言,也许自己的邻居甚至自己马上就会被神光临,大家在一潭死水的即墨城里被困了五年,基本生活在与世隔绝的状态当中,现在不仅小鸟来了,神也要马上降临了,这事听起来不仅是振奋人心,简直就是大快人心。即墨的百姓和士兵们在等待抽奖的紧张气氛中迎来了历史性的时刻,人们听见站在台下的一位年轻的士兵突然大喊一声"我可以给你们当导师吗?"("臣可以为师乎?")话音未落,只见那个士兵突然向后转,然后拔腿就跑。

　　田单从点兵台上跳了下来,跟在"神"的后面一路狂追。

　　再后来,人们看见田单和那位被神光临了的士兵走了回来,田单毕恭毕敬地把那个一脸神秘表情的士兵请到了台上,然后请他面向东方而坐。田单带头向那位被神光临了的士兵下拜,口称"神师!"。在那一刻,校场上聚集的人们不约而同地感受到了地球对自己膝盖的强大引力,当人们情不自禁地跪下去时,一种神圣的感觉油然而生,他们不再怀疑坐在台上的那个一脸稚嫩的年轻人,与其说他们在向神膜拜,不如说他们在向自己的希望致敬。

　　坐在台上的士兵被突然问跪倒在他脚下的人们吓着了,难道自己真的可以当神吗? 如果有一天跪在自己脚下的人们发现自己并不是神,自己将会面临什么样的命运呢? 失望的人们会不会杀死他们曾经崇拜过的神呢? 受到惊吓的年轻人站了起来,神情恍惚,田单赶紧走上前去安抚受到凡人惊吓的"神","神师"对田单说:"我在骗你们,我不行"("臣欺君,诚无能也")。田单说:"闭嘴!"("子勿言也!")台下的人们并没有听到"神师"和田单的对话,或者说他们根本就不在乎,"神"已经降临了即墨,自己就要得救了,这才是最重要的。

　　此刻的即墨城中的军民已经被燕军围困了五年之久,长期的僵持对抗已经让人们身心疲惫、陷入绝望。对即墨人民来说，五年来日复一日的日子仿佛是在坐牢，人们每天从天亮就盼望着天黑，盼望着一天赶紧过去，而新的一天仍然毫无新意，必须继续感受着生命慢慢耗尽，慢慢地煎熬着走向死亡。在这样绝望的形势下，人们已经不再奢望一位名将就能扭转乾坤、创造奇迹，而更需要一个先知或者巫师来告诉他们未来和命运。既然人不可能完成这样的任务，那就让神来完成，人民需要什么田单就提供什么，这才是历史牛人的效用。一群赶来聚餐的小鸟和一位忐忑不安的年轻人就燃起了人们生存下去的希望，燃起了齐国人取得胜利的希望。

神降临即墨指导工作的消息随着小鸟们的散去而遍布四方，这个预言很快传遍了燕国军营，传遍了齐国大地。

当讨齐总司令骑劫听到那个关于神师的传说，不禁陷入了沉思，"神"谁也没见过，"神"指导工作更是闻所未闻，所以谁也不知道该怎么对付"神"和"神"指导的工作，这实在是个伤脑筋的难题。过了很久，骑劫对回来报信的侦察员说，"从今天开始你们给我盯住神师，我要知道他的一举一动。"

过了不久，"神师"发话了："我担心燕军会把俘虏的齐国士兵削去鼻子，如果在打仗的时候他们把削去鼻子的俘虏排在最前面进攻即墨，即墨一定会失败。"（"吾唯惧燕军之劓所得齐卒，置之前行，与我战，即墨败矣。"）骑劫得到了"神"的指示，马上执行，于是燕军大营中的齐国俘虏都失去了鼻子。第二天，即墨城头的齐国士兵看到了燕军驱赶着一群相貌古怪的人走了过来。随着燕军的推进，齐国士兵终于发现那些走在最前面的就是遭到燕军俘虏的自己的战友，而他们之所以看起来很古怪是因为他们的鼻子已经被割掉。战友之间这样的见面实在令人恐怖。看到燕军竟然这样残忍地对待自己的战友，年轻的齐国士兵们心中的仇恨和怒火熊熊地燃烧了起来。死也不能当燕军的俘虏！残忍的画面给年轻的士兵上了生动的一课，拼死战斗不再只是为了齐国的土地和尊严，更是为了自己的鼻子和尊严。

又过了几天，"神师"再次为即墨的安危担心了："我担心燕军会挖掘即墨城外我们祖先的坟墓，如果他们侮辱了我们的祖先，会严重打击我们的信心。"（"吾惧燕人掘吾城外冢墓，僇先人，可为寒心。"）骑劫并没有仔细思考"神"为什么还有祖先，反正"神"说的就是正确的，既然这个"神"是帮着齐国的，那么骑劫只要按照"神"的话反着去做就一定做了正确的事。迷信了的骑劫马上组织燕军在即墨城外大规模盗墓，这可能也是中国历史上第一次非营利性的盗墓。站在即墨城头的齐国士兵和百姓们看到城外的燕军挖开了自己祖先的坟墓，然后把棺材和尸骨拖出来焚烧。

这种画面对中国人来说是难以承受的刺激，即墨城哭成了一片，即墨的百姓和士兵们纷纷向田单请战，宁愿与敌人同归于尽也不愿意看到自己的祖先受到如此的侮辱。

田单知道在"神"的配合下，即墨城中的战斗情绪已经酝酿得差不多了，然而敌强我弱的形势并没有发生根本变化，要想在这种条件下一战而胜，还需要进一步调动燕军的情绪。田单首先迎合齐军求战心切的心理需要，不仅自己全副武装地走进兵营，还把自己的妻妾家人编入了队伍，以实际行动表明了自己与燕军决一死战的态度。然后，田单把仓库里最后的粮食都拿了出来，分给所有的战士，让战士们吃饱，积蓄体力。田单一边进行决战前的准备,一边向燕军示弱,他命令装备精良的士兵们埋伏到城墙下面,而让老弱和妇女走上城头守城。

当即墨城头出现了大批老弱妇女,即墨城下的骑劫喜出望外,他并没有对突然消失的齐国士兵产生怀疑,反而更加坚定必胜的信念。在骑劫看来,由于他反着执行了"神"的旨意,因此即墨城中目前已经人心涣散、不堪一击了。就在骑劫得意扬扬地欣赏着即墨城头的妇女的时候,突然有人来报告说即墨城中派来了使者要向燕军请降。骑劫高兴得差点从马车上掉下来,连忙接见了田单派来的使者。使者直率地汇报了即墨城中箭尽粮绝、士气低落的困境。使者代表田单承诺:三日之后,田单亲率即墨全城军民出城投降,同时使者要求骑劫承诺保全即墨城中的百姓和士兵的性命。好消息来得太突然,骑劫幸福得差点喜极而泣。

骑劫马上答应了使者的条件,然后快步走出军帐,向全军宣布了这个令人振奋的消息,三军将士山呼"万岁!"战争终于要结束了!疲惫的士兵们终于可以回家了!

当天晚上,骑劫又接见了即墨城中的企业家代表,企业家代表送给了骑劫上千两的黄金,要求只有一个:他们希望骑劫承诺燕军进城后保证他们家族人身和财产的安全。骑劫手捧黄金哈哈大笑,满口答应:"好说,好说。"

怪兽来了

约定的受降日期还没到,燕军上下已经在心里开始提前庆祝并憧憬胜利后美好的未来了。将军和士兵们高度自觉地在心里盘算着即墨城里的财宝数量,设想着怎样才能乘机发一笔战争财以安慰自己受到战争摧残的心灵。

田单在即墨城里也没闲着,他向即墨城里的百姓征集了一千多头大黄牛。人们一开始以为田单要杀牛让将士们吃饱了出征,反正仗打到了这个份上,人都活得不耐烦了,牛也就豁出去了。后来当田单开始给牛们穿衣打扮的时候,大家才发现田单显然没有要杀牛吃肉的意思,倒是像要把牛打扮好了参加一个嘉年华游行。只见经过田单精心包装的黄牛们身披画着五彩龙纹的红袍,犄角上绑着明晃晃的尖刀,尾巴上包裹着浸透了油脂的芦苇束,人们第一次发现原来这些终日只知劳作的动物经过包装以后,形象也可以这么酷。

看着装扮得像出嫁新娘一样的大黄牛,田单的脸上露出了微笑。田单命令城中的百姓在即墨城墙面对燕军大营的方向选择了几十个不同的位置同时向外挖掘,等到快挖通的时候停下来等待自己的进一步指示。

天黑了下来,城外的人们做着发财梦,城内的人们只想着复仇。

田单一声令下,即墨城墙上突然出现了几十个贯通内外的洞口,紧接着裹在黄牛尾巴上的浸油芦苇束被点燃,一千多头臀部受到强烈刺激的黄牛们发疯一般从即墨城里冲了出来。黄牛们的身后是五千名嘴里衔着枚(小木片,古时候行军打仗为了保持安静就会给士兵嘴里含枚。)的精壮士兵,沉默的士兵们手提利刃,紧随着狂奔的黄牛向燕军大营扑来。

从发财梦中惊醒的燕军将士们回到了现实当中却看到了噩梦一样的场景:无数屁股

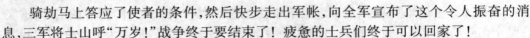

诸子百家——兵家

冒火、身披五彩龙文红袍的怪兽冲进了自己的军营,遭遇到怪兽的士兵们不是被锋利的犄角捅死就是被踩死。而与此同时,即墨城的方向传来了持续不断的恐怖响声,那一定是怪兽发出的声音,天知道还有多少怪兽要从即墨城里冲出来屠杀燕军。此时关于"神"降临即墨城指导工作的传说突然在每个燕国士兵的心里变得异常清晰,这些眼前的可怕怪物一定就是那个"神"派来替齐国人向燕国入侵者复仇的。

田单

燕军将士们在短短的两天时间里由铺满黄金的发财梦落入了布满怪兽的恐怖梦,这个反差实在太大。于是人们很自然地产生了世界末日的感觉。那些曾经跟随乐毅横扫齐国、吞并七十多座城池的士兵们突然变得异常脆弱和无助,所有有关战争的训练和经验都在"神"和怪兽的打击下被遗忘得无影无踪,剩下的只有求生的本能。在骑劫的领导下,逃跑变成了一场竞赛。

即墨城中所有的人都被发动了起来,一切能敲击发出声响的铜器都被搜罗了出来。如果把这个故事拍成电影,故事发展到现在这个镜头应该用航拍,镜头掠过即墨城中每个角落,大街上、院子里、房顶上、井台边,不论老人、孩子还是妇女,每个人都像摇滚乐队的架子鼓手一样投入地挥舞着铜铲和木棍敲打着身旁形状各异的器物,疯狂地制造着噪音。

遗憾的是,骑劫本人跑得不够快,在那个乱哄哄的晚上他死于乱军之中,至死他都不明白为什么自己已经按照"神"的意思反着办了,田单也已经答应投降了,最后突然冒出来了这么多怪兽让自己措手不及。临死前骑劫还在想:没人跟我汇报过"神"能指挥怪兽的事啊? 情报工作还是有问题。

骑劫死了,燕军一溃千里,七十多座城池重新回到了齐国的怀抱。

在对燕军的持续追击当中,田单的队伍迅速壮大,很快就成为齐国势力最强大的一股军事武装力量。最后赶跑了燕军、收复国土的田单打听到莒城那边已经拥立了齐湣王的儿子法章为齐襄王,于是田单就亲自前往莒城把齐襄王迎接回了临淄。齐国从此恢复了原来的样子,一场浩劫终于过去了。

为了表彰田单挽救齐国的伟大贡献,齐襄王封田单为安平君,将田单改造马车的那个地方封给了他。正是因为田单在安平改造马车后成功逃脱给齐国人留下了深刻的印象,才成就了后来用兵神出鬼没的名将田单,所以安平君这个封号实在是具有非常特别的纪念意义。

王子和美女的浪漫故事

《史记·田单列传》里记载了齐襄王的一段浪漫往事。话说齐湣王跟楚国救援部队司令淖齿翻脸以后遭了淖齿的毒手,这位当年威震七国的霸主就这样稀里糊涂地死了。

齐湣王的儿子法章为了保全自己的性命就隐姓埋名跑到了当时莒城一个名叫太史敫的大户乡绅家里应聘当佣人，太史敫看这个小伙子彬彬有礼的样子也很喜欢，就让法章到自己家的花园里当了一个花匠。于是这位王子花匠就在太史敫的花园里辛勤劳作、浇水施肥，每天照顾着花花草草，看那草长莺飞、日月如梭。

　　直到有一天，太史敫的女儿在花园里邂逅了法章。

　　那应该是公元前的一个春天，蜜蜂嗡嗡地呼唤着满园春色，俏皮的红杏站在枝头搔首弄姿。在这样恋爱的季节，就连昆虫和植物们都不肯错过这大自然恩赐的美好春光。此时此地，此情此景，一位落魄的王子遇到了一位怀春的少女，如果不发生点什么浪漫的事，未免也太枯燥了。总之在那个春光明媚的日子，太史敫的女儿看见了花匠法章，马上就被眼前这位年轻花匠的忧郁眼神和高贵气质征服了。太史敫家的这位女孩子独具慧眼，当下就认定眼前的这位年轻人绝不是一个普通的花匠，而是自己的梦中情人。落魄的王子法章也被站在他眼前的这个女孩子热切的眼神唤醒了尘封的记忆，原来自己还是一个王子，原来自己在女孩子面前具有如此的魅力。

　　当时两只黄雀受到惊吓飞出了花园，墙外满树的桃花正在怒放。

　　法章和太史姑娘的浪漫故事在今天中国读者看来也许很不中国，甚至很美国，但是实际上中国人现在理解和熟悉的中国只不过是近几百年来的中国。而司马迁描写的中国事实上比美国还要开放，还要张扬，还要富有创造力。

　　法章向太史姑娘表明了自己的身份——齐国的王子法章，太史姑娘虽然此前已经猜到了这个花匠一定有不凡的身世，但是法章的话仍然有些出乎太史姑娘的想象。这就像读书人一样，有些人自负满腹才学却总是怀才不遇，而有些人自知资质平常却能得遇明主，在一个开放的社会当中，命运归根到底都是自己选的，所以说选择才是人生最大的本领和学问。

　　从那以后花匠法章和太史姑娘继续寻找机会在花园里偷欢。为了犒劳辛勤的花匠，太史姑娘经常利用大小姐的身份改善花匠的伙食和穿着。春去秋来，法章在太史姑娘精心照顾下不仅红光满面而且龙行虎步，逐渐露出了一代君王的峥嵘气象。君王气象的花匠每天忙忙碌碌，从心底里已经把老板太史敫当成了自己的老丈人，以主人翁的态度把太史敫的花园经营得生机盎然。对于花匠法章的敬业爱岗太史敫看在眼里，非常满意，他只是欣慰自己招到了一个以公司为家的优秀员工，根本想不到这个花匠原来就是齐国的王子，更想不到一贯清高的女儿已经和这个花匠私订终身。

　　就在法章已经适应了做一个幸福的花匠的时候，突然传来了楚国军队司令淖齿率领部队回国的消息，紧接着市井之中纷纷传言齐国逃亡大臣和莒城百姓正在寻找齐湣王的王子，并要把他立为齐王。

　　花匠的心里泛起了涟漪。法章天生就是一个王子，虽然为了活下来，他可以变成一个花匠，但是他不可能忘记自己王子的身份和历史责任。然而历经战火的法章此刻仍然惊魂未定，他不敢确定这些人努力搜寻自己是为了拥立齐王还是想把自己干掉而欲擒故纵。法章矛盾了很久，齐国逃亡大臣和莒城百姓也等待了很久。终于有一天，花匠法章走出了太史家的花园对大家宣称"我就是齐湣王的王子法章"。莒城轰动了，齐国终于出

諸子百家

——兵家

现了王子,这个国家不会灭亡了!

　　法章的身份很快得到了确认,他被拥立为齐襄王。太史姑娘也得到了名分,她被册封为王后,史称"君王后"。后来君王后为齐襄王生了一个男孩,名叫田建,齐襄王死后,这个孩子被立为继任的齐王。就这样,太史姑娘不仅当了王后,还当了王太后。君王后一生的命运转折都始于那个春天在花园的相遇,这样的故事在《格林童话》里好像曾经出现过,最后的结局也非常相似:王子和姑娘从此过上了幸福的生活。

　　太史姑娘过上了幸福的生活,但是她的父亲太史敫却挑理了。太史敫不仅没有打算攀龙附贵享受国丈的待遇,反而发表声明跟自己的女儿断绝了父女关系,太史敫的理由很中国,"女不娶媒因自嫁,非吾种也,污吾世。"在太史敫看来虽然自己的女儿通过类似风险投资一样成功地当上了齐国的王后,但是无论怎么解释这样的做法仍然有辱门风。太史敫这个老头很倔强,根据《史记》记载,在发表了跟女儿断绝关系的声明之后,直到死去都没有再见自己的女儿。而太史姑娘非常贤惠,虽然老父亲一直不肯原谅自己,但是她却没有放弃做女儿的责任和义务,一直按照子女的礼数侍奉老父亲。

　　这位被尊为"君王后"的太史姑娘不仅浪漫,而且非常智慧,可谓秀外慧中、气质高贵,称得上中国古典牛人的经典伴侣。《战国策》上记载了一个关于"玉连环"的故事。

　　齐襄王死后,君王后的儿子田建即位,君王后帮助自己的儿子处理政事,成为齐国的最高决策者。为了在当时复杂险恶的环境中维持和平发展,君王后一直谨慎地处理与当时第一强国秦国的关系,而对待其他诸侯则言而有信、以德服人。在君王后的努力下,她的儿子在位四十多年齐国没有发生过战争,这在当时战火不断的战国时期不能不说是创造了一个外交和政治的奇迹。

　　后来那位统一六国的秦始皇即位当上了秦王,他为了试探齐国就想出来了一个类似智力测验的把戏。秦始皇派了一位使者来到齐国,使者送来了一个名叫"玉连环"的智力玩具,并且替秦始皇传话"听说齐国人很智慧,不知道能不能解开这个玉连环?"秦王出招了,齐王和君王后不得不接招,于是君王后把齐国的群臣召集起来,请大家一起来解这个"玉连环"。"玉连环"到底是什么样的东西《战国策》上并没有详细解释,扶栏客猜测大概是类似九连环一样的古代智力玩具,应该就是很多玉石雕刻而成玉环和玉签套在一起,最后把玉环和玉签完全分离的就算获胜。但是从这个故事后来发展的情节来看这个"玉连环"的难度似乎远远高于九连环,因为当时高人云集的齐国群臣居然没有人能解开这个智力玩具。如果使者带着这样的结果回去向秦始皇汇报,那对于齐国来说实在是一个耻辱。"玉连环"虽然是一个小把戏,但是却代表了齐国的平均智商水平和综合实力,关系到一个国家的尊严。如果心怀虎狼之心的秦始皇因此开始鄙视齐国,那么齐国也许不得不面对一场危机,甚至是战争。后来"玉连环"回到了君王后的手里,这位聪明的地主家的女儿开始琢磨起了这个古典智力玩具。最后"玉连环"在君王后手里被解开了,一场智力测验引发的政治危机就这样被君王后解决了。

　　后来君王后终于走到了人生的尽头,临死前君王后把儿子田建找来,留下了最后的遗嘱。君王后的遗嘱与物质财产无关,她对当时的齐国群臣进行了点评,告诉齐王哪些人可以用。齐王田建怕自己记漏了,就请求把母亲的话写下来,君王后答应了儿子的

諸子百家

兵家

要求。

可是当齐王做好记录遗嘱的准备的时候，君王后却突然说"老妇已亡矣！"

齐王田建大惊，当他再看母亲的时候，这位传奇而伟大的女性已经安详地闭上了双眼。

一个时代就这样结束了。

君王后一生的传奇具备了所有成功青春励志剧的元素，如果能拍成影视作品，其观赏性、娱乐性和教育意义一定不输给韩国的大长今。

义士王蠋

诸子百家

——

兵家

当乐毅率领燕国大军进入齐国腹地之后不久，燕军行军来到了一个叫画邑的地方。在这里三军将士突然接到了一道严厉的军令"环画邑三十里无人"（不得进入画邑周围三十里的范围内）。燕国与齐国是世仇，所以燕军入齐以后仿佛高利贷债主上门，一路上见啥抢啥、见啥拿啥，一点也没把自己当外人。为了提高燕军士兵们投入战斗的积极性，在燕军攻破齐国首都临淄以后，讨齐总司令乐毅甚至率先垂范，亲自指挥洗劫了齐国的国库和王宫，燕国的贪婪和凶悍在那一刻表现得淋漓尽致。现在到了画邑，上面突然要求士兵们讲文明，这让大家很不适应。后来士兵们得知燕军高层下达这个命令不是因为良心发现，而是因为画邑住着一个了不起的民间领袖——王蠋。王蠋是齐湣王时代的大臣，素来就有贤德的美名，但是这位享有盛誉的贤臣，却在政治理念和价值取向上与齐湣王产生了的严重分歧。我们知道齐湣王是那个时代著名的暴君，正是因为他的贪婪和残暴才导致了燕国联合四国讨伐齐国，最后把齐国拖进了几乎亡国的浩劫当中。历史上著名的贤臣和著名的暴君之间很难妥协，王蠋和齐湣王也不例外，王蠋觉得齐湣王太坏，齐湣王觉得王蠋太迂。最后王蠋对齐湣王彻底绝望，于是就辞官回到了故乡画邑过上了半耕半读的隐士生活。像中国历史上所有被政治伤透了心的贤人一样，王蠋在家乡寄情山水，不问世事，日子过得倒也很逍遥。如果不是齐湣王以超常规的高效率折腾光了齐国的家底，王蠋很可能只是中国历史上终老林泉的隐士高人中的一位，而永远不会有机会成为名垂青史的忠臣节士。所以说一个人要想当忠臣节士并不是勤奋学习就能做到的，如果没有暴君或者昏君的配合，勤奋学习的优秀人才最终很可能也只能默默无闻地终老林泉。当时这位下野贤臣虽然无职无权，但是在齐国大地仍然称得上德高望重，是名副其实的民间领袖。由于当初齐湣王听不进去贤臣王蠋的话，才导致了现在落入国破家亡的险恶境地，这也正好证明了这位当年敢于跟齐湣王据理力争的贤臣是多么的英明和睿智。在充满绝望情绪的齐国，当时的王蠋就是一个代表着道德、正确和智慧的符号，他的一言一行都影响着那些即将被征服或者已经被征服的人们。乐毅正是看重了王蠋身上的道德影响力，如果他肯投降燕国，那么无疑会大大加速燕国在心理上和文化上吞并齐国的进程，而这才是乐毅取得对齐战争的军事胜利以后的最大梦想。

于是燕国派出了使者到王蠋家登门拜访，使者带去了燕国统帅部的委任状，燕国不仅要任命王蠋当将军而且还要封万户食邑给他。如果王蠋肯投降，他不仅会成为沦陷区最有权势的齐国人，而且也会成为沦陷区最有经济实力的齐国人，这无疑是无数人的梦想。

在追求个人价值的春秋战国时代,在相同的情况下很多人都会答应这个优厚的条件,比如苏秦、张仪、吴起和乐毅都很有可能答应。

但是王蠋不是纵横家,也不是名将,他是齐国的道德偶像,所以他坚决地推辞掉了燕国的高官厚禄。燕国使者看利诱不行,就马上采取了第二号预案:威逼。使者转达了燕国高层领导的意思,如果王蠋不从,燕军将杀入画邑屠城,使者的原话是这样的:"子不听,吾引三军而屠画邑。"

听到燕国使者无耻地讹诈和威胁,王蠋慢慢地眯起了双眼,他平静地说:"忠臣不事二君,贞女不更二夫。齐王不听吾谏,故退而耕于野。国既破亡,吾不能存;今又劫之以兵为君将,是助桀为暴也。与其生而无义,固不如烹!"王蠋不投降的理由很中国,那就是忠节。"忠臣不事二君,贞女不更二夫"的观念从此以后逐渐成为中国传统价值观的主流。今天作为两千年以后的现代人,我们可以从各种角度批判这种极端甚至偏执的价值观,但是有一点值得肯定,在那漫长、血腥而动荡的王朝更替的历史当中,中国人的文明能够延续至今或许不能仅仅归结为开放和包容,血性的偏执也是弱者立于乱世而不朽的一点精神上的根基。

王蠋发表完道德宣言,站起身来走出门去,留下燕国使者不知所措。后来在王蠋家附近的大树上,人们发现了将自己挂在枝头的王蠋,这位执着的道德偶像、齐国的精神符号,此刻像一片巨大的树叶随风摆动——王蠋自缢了。

乐毅和燕昭王都没想到王蠋会自杀,在春秋战国的政治词典里还没有这个概念,从后来的效果来看,威逼利诱王蠋实在是一步臭棋。一个王蠋倒下去,千百个王蠋站起来。那些逃亡散落各地的齐国大臣听到了王蠋的事迹,纷纷表示要向王蠋学习。在士大夫看来,当时的王蠋已经是一个布衣百姓了,这样的人实际上已经对齐国不再负有政治上的责任,但是他却仍然以齐国主人的高标准要求自己,以身殉国以捍卫自己认定的真理和道德。布衣王蠋尚且能以身殉国,作为齐国的士大夫们如果此时不为齐国做点什么,今后将如何面对后世子孙和地下的齐国先王们呢?

此刻,杀死齐湣王的楚国救援部队司令淖齿已经率领楚军回国了,于是散落各地的齐国大臣陆续向莒城靠拢,后来他们在莒城终于发现了当时已经找到自己终生挚爱的花匠王子法章。

就这样,在前临淄市场管理员田单、前莒城富家小姐太史姑娘和前齐国大臣王蠋的共同努力下,齐国终于没有亡国。在齐国复国的艰难过程当中,田单、太史姑娘和王蠋代表了三种力量,田单代表的是智慧和武力,太史姑娘代表的是浪漫和青春,而王蠋代表的是道德和执着。拥有这三种力量的国家不会轻易灭亡,而在这三种力量的基础上构成的历史是如此的鲜活而多元,一直到今天,我们仍然能感觉得到这种一脉相承的历史生命力在影响着我们的生活。

石头后面冒出来的策划大师

齐国终于恢复了昔日的版图和尊严,然而这并不代表大功臣田单就可以躺在功劳簿上吃老本了。事实上,齐襄王并不是一个好相处的老板,这位君王的经历极其丰富,不仅曾经遭到过楚军司令淖齿的追杀,而且还在莒城地主太史敫家插过队。在民间的草根生活让这位后来的齐国主宰者积累了大量的基层经验,像大多数经历坎坷险恶的老板一样,齐襄王不会轻易相信任何人。而田单作为恢复齐国的头号功臣要想赢得齐襄王的信任尤其困难,这位再造齐国、驱逐外敌的名将不仅战功无人能及,而且居然也出身于王族,虽然只是齐湣王的远房亲戚,但是毕竟也姓田。由于齐湣王的贪婪狂妄连累得齐国历经浩劫、差点亡国,所以在齐国广大群众的心目中,齐湣王的嫡系传人就好像打了折的名牌服装一样早已经失去了往日的光环。事实上在即墨的时候,就有很多田单的粉丝想要力挺田单上位当齐王,后来花匠法章及时现身这才坚定了田单当功臣而不是国王的决心。现在田单似乎很满意自己的地位和生活,不过世事难料,当初田单在临淄城当市场管理员的时候自己也不会想到现在能当上齐国第一大官,所以现在齐襄王也不敢断定田单就甘心一辈子当大官而不想体验一下登上王座的滋味。

好在齐襄王是一个富有反省能力和思辨精神的老板,否则田单的结局可能又是一个兔死狗烹、鸟尽弓藏的案例。

齐襄王和田单的第一次冲突从一件军大衣开始。

那一年的秋天,已经是齐国相国的安平君田单陪同齐襄王从外地考察回来,在淄水河边,田单遇见了一位老人。这位老人刚从淄水对岸淌水过来,当时已经进入枯水期,河水很浅,所以老人就挽起衣裤徒步涉水走了过来。此时是深秋季节,秋水冰凉渗骨,这位老人挣扎着过了河就坐在河滩上哆嗦起来。冰凉的河水不仅耗尽了老人的热量,而且也让老人手脚麻木、动弹不得。曾经长期从事基层工作的田单反应很快,他马上命令手下找衣服给老人换上,可是随从们一时之间也找不到多余的衣服,于是田单就把自己的军大衣脱下来披在了老人的身上——那不是普通的军大衣,而是一件名贵的裘皮军大衣。

本来田单是做好事,齐襄王应该高兴才是,可是远远地站在一旁冷眼旁观的齐襄王却吃醋了。这种上镜头露脸的事田单不留给老板,分明是别有用心,于是齐襄王自言自语"田单这么收买人心不是想谋权篡位吗?我要是不早做打算,恐怕来不及了。"("田单之施,将欲我国乎?不早图,恐后之。")齐襄王自言自语了以后自己也吓了一跳,这话要是让人听见了传到田单的耳朵里那就麻烦了。意识到自己说了不该说的话,齐襄王像一个摔碎了家里花瓶的孩子一样四处张望,希望自己说的话没人听到。

可是让齐襄王不安的是他居然发现身边的一块大石头后面藏着一个人,于是齐襄王只好把那个人叫出来问话"你听到我刚才说的话了吗?"

"听见了。"那个人平静地回答。

"你觉得我说得有道理吗?"齐襄王一边问话一边心里盘算着是应该收买还是应该灭口。

那个人继续平静地回答道,"大王不如把田单做的好事变成自己做的好事。"

齐国真是人杰地灵,河边随便的一块大石头后面就藏着言谈中充满哲学意味的高人。齐襄王暂时打消了杀人灭口的念头,决定让他把话说完。

"大王应该公开表彰嘉奖田单,嘉奖令草民都帮大王拟好了:'寡人忧民之饥,单收而食之;寡人忧民之寒,单解裘而衣之;寡人忧劳百姓,单亦忧之,称寡人之意。'田单做了好事,大王嘉奖表彰他,这样田单做的好事也就是大王做的好事。"这位高人显然早就准备好了,只是难为他大冷天躲在大石头后面等待这个机会,这真是"苍天不负有心人"。

听君一席话胜读十年书,齐襄王顿时茅塞顿开。

田单这个人一向喜欢做好事,根据石头后面冒出来的那位高人的话,田单做过的好事不仅是给老大爷披上自己的裘皮军大衣这一件,至少还应该包括收留赈济饥民和减轻农民负担等一系列值得百姓称颂的好事。当时的齐国刚刚经过战乱,到处是流离失所、饥寒交迫的灾民,田单做的好事为他赢得了广泛的群众基础和草根阶层的坚定支持。作为齐国政坛上举足轻重的人物,田单做好事当然不仅仅是学雷锋那么简单,这位市场管理员兼名将出身的相国既懂市场又懂战场,既会抓经济又会搞政治,而迎合社会情绪、利用群众心理更是他一贯的专业方向。综合考虑以上田单的种种表现,齐襄王对田单越来越头痛,遇到一个能力和声望都远远超出自己的手下,对任何一个老板来说都是一种巨大的挑战。现在石头后面冒出来一个高人,几句话就破解了齐襄王和田单的关系困局,这真是"卤水点豆腐,一物降一物"。

石头后面冒出来的那个高人不叫孙悟空,他的名字叫贯殊。齐襄王马上按贯殊的意见办,当众一字不差地宣布了贯殊草拟的嘉奖令,然后给田单奖励了牛和酒。

又过了几天,那位躲在石头后面等待机会的贯殊再次向齐襄王献策,建议继续巩固田单做好事、齐襄王落人情的双赢成果。现在的齐襄王对贯殊言听计从,马上依计行事。

第二天上朝的时候,齐襄王召见了相国田单。在朝堂之上,齐襄王站起来向相国田单一边作揖一边说:"相国辛苦了"。接下来,齐襄王命令田单代表齐国政府颁布一项政策:在全国范围收容饥寒交迫的灾民,一切支出由国家财政负担。

后来贯殊受齐襄王的委托深入民间调查老百姓对齐襄王做好事的反应,调研回来向齐襄王报告说:"乡间的百姓们现在都说:'田单这么有爱心,都是大王教导有方啊!'"

贯殊成全了齐襄王和田单,也成全了自己,很快当上了齐襄王信任的大官。只是扶栏客仍然觉得这样一个高人非常偶然地躲在大石头后面又非常偶然地听到了齐襄王的内心独白,很不寻常,即便是他处心积虑地刻意安排,这里面也存在很多技术问题很难解释,不过这也就是历史的魅力所在,很多的偶然回头看都是必然。

辱骂田单的人

然而,齐襄王和田单的关系太敏感也太脆弱,做好事虽然顺利实现了双赢,但是齐国的君权和相权的平衡绝没那么简单。田单没有步乐毅的后尘跟齐襄王决裂,除了贯殊的精心策划以外,还要感谢另外一位高人——貂勃。

史书上对貂勃的出身没有提及,不过从《战国策》记载的有关故事来看,貂勃在介入齐襄王和田单的博弈关系之前应该只是一个级别不高的齐国小吏,或者只是一个有声望的社会名流,至少当时貂勃的级别还没有达到可以随时和田单对话的高度。级别低不等于智商低,更不等于志向低,貂勃觉得自己完全有能力影响历史只是缺少一个机会。后来齐襄王即位,田单当了相国,然后两个人之间就形成了非常典型而尴尬的君臣关系,貂勃隐约地觉察到自己的机会来了。

貂勃看出田单的尴尬和险恶处境,很想帮帮田单也想帮帮自己。但是田单这样的牛人不是谁想帮他就能帮的。要给牛人帮忙首先要引起牛人的注意。引起牛人注意的方式通常有两种。一种通过行动,也就是成就让牛人重视的业绩,但是这需要合适的机会;还有一种是通过语言,大多数人选择动听的语言,说通俗一点就是拍马屁。但是牛人之所以是牛人就是因为牛人有很多值得别人拍马屁的优点和成绩,所以要想通过拍马屁引起一个牛人的重视绝不那么容易,于是聪明的貂勃决定另辟蹊径。

既然牛人已经对拍马屁麻木了,那不如刺痛他,于是貂勃到处诽谤田单,他逢人就说"安平君,小人也。"

田单得知了貂勃对他的评价很惊讶,自从田单离开淄博市场管理员的岗位以后这是第一次听到有人诽谤自己,于是田单马上记住了貂勃的名字,并对这个到处骂自己的人产生了浓厚的兴趣。

为了满足自己的好奇心,田单摆下酒席,下帖子请貂勃来赴宴。田单的做法让身边的人很不理解,也很不平衡,日理万机的相国田单很少有和齐国其他官员单独喝酒的机会,如今田单却要请一个辱骂他的人喝酒,这让那些拍马屁的人很不平衡。早知道辱骂田单就可以被请进相府喝酒,那大家还不如都来骂相国好了,不过这只不过是牢骚罢了,辱骂一个身居高位的牛人需要超凡的胆色和智慧,这不是能随便复制模仿的。

出现在田单面前的貂勃静如古井,仿佛从来没有说过田单的坏话,更好像不知道田单是掌握生杀予夺大权的齐国相国。

田单向貂勃提出了自己的疑问:"不知道我怎么得罪了先生?先生要这样到处诋毁我。"

貂勃引用了一个典故,后来汉初牛人蒯通在汉高祖面前同样引用过。他说"盗拓的狗向着尧狂吠,并不是因为盗拓高贵而尧低贱,只不过狗从来都会向着除了它的主人以外的所有人狂吠。比如有一位姓公孙的先生是有名的好人,而一位姓徐的先生则是臭名昭著,但是如果公孙先生和徐先生发生了冲突,那么徐先生的狗一定会对公孙先生又扑又咬。如果世界上没有了坏人,那么所有的狗都会成为好人的狗,这些狗也就不会对好人又扑又咬了。"

貂勃没有回答自己为什么要诽谤田单,而只是讲了一个好人、坏人和狗的故事。

听话听音,田单马上领会了貂勃的意思。第二天,田单就向齐襄王推荐了貂勃,说这个人品德好、能力强,可以多压担子。齐襄王虽然对田单的态度有点暧昧,不过相国这点面子还是有的,于是貂勃马上得到了提拔,从此以后可以直接向齐襄王汇报工作了。

这下全齐国的人都知道貂勃是田单的人了。

当时齐襄王最宠信的红人有九个,虽然齐襄王不一定要和田单势不两立,但是这九个红人却决定和田单不共戴天。中国专制历史上贤臣和奸臣的矛盾关系无法调和,九个红人本能地觉察到了田单对自己的威胁,于是本能地开始策划解决掉田单。他们决定从田单的人貂勃下手,先搞倒貂勃再搞倒田单。

有一天,九个红人一起向齐襄王提出了一个建议"燕国讨伐齐国的时候,楚王曾经派出了上万人的部队来援助齐国。现在齐国已经恢复，江山社稷也已经稳固，大王应该派出使者向楚王表达感谢。"九个红人提出的建议很可疑，谁都知道虽然楚国派出了淖齿率领的援助部队来帮助齐国，但是后来齐襄王的老爸齐湣王就是被这位暴躁的将军弄死的，而齐襄王自己也为了躲避淖齿的追杀而藏身莒城地主太史敫的花园插队。当然如果没有淖齿可能也就没有后来齐襄王和太史姑娘之间的浪漫故事，这样看楚国既是齐襄王的杀父仇人，又是成全自己找到终身爱人的媒人。但是作为齐国的一国之君，要说齐襄王能彻底放下杀父之仇恐怕连楚王也不会相信。此时九个以揣摩老板心思而成名的红人却非说要派人去楚国感谢楚王，这事有点匪夷所思。

齐襄王问："派谁去合适呢？"

九个红人一起推荐了田单提拔的能人貂勃。

于是貂勃就踏上了出使楚国的路，去履行这个匪夷所思的使命。从貂勃给田单讲了一个故事就得到超常提拔的事迹来看，貂勃像汉初的郦通一样，都是口才出众、辩才敏捷的辩士。所以貂勃见到了楚王以后三言两语就把楚王说得很高兴，当场就向貂勃敬酒以示尊重。楚王很热情地接待了貂勃，貂勃就客随主便多留了几天。

九个红人趁着貂勃出使楚国的时机加紧了搞倒田单的步伐，开始向齐襄王告黑状了，他们说："一个人出使大国就可以得到对方的重视而逗留不归，这就是巧妙地借助了形势的缘故。安平君对大王也是这样，现在君臣之间已经没有了上下尊卑的差别，可以看出来安平君心怀叵测。安平君对内善待百姓，收买人心；对外则收留天下的能人异士，私下还结交诸侯手下的重臣权贵。我们担心安平君心怀异志，请大王明察。"

第二天，齐襄王召见了田单，田单出现在齐襄王面前的形象让齐襄王大吃一惊，只见田单脱掉了帽子、鞋子和上衣，光着膀子走了进来。田单走到齐襄王面前马上下拜，口称犯了死罪，请齐襄王处罚。齐襄王更吃惊了，自己前一天跟心腹说的话田单显然已经全知道了，今天田单的请罪显然是有备而来。这位手握重兵、德高望重的名将名相就跪在自己的脚下，而自己的一举一动都在这位跪在地上自称有罪的大臣的掌握之中。齐襄王看着光着膀子作可怜待毙状的田单，丝毫没有感觉到作为主宰者的优越感，更多的是震惊和畏惧。

这样的大臣怎么可能得到处罚呢？

齐襄王努力平静着自己的情绪，他对田单说："对寡人来说你并没有罪，以后你遵守作为臣子的礼数，而我则会恪守作为君主的礼数。"

就这样九个红人没能扳倒田单，而随着貂勃的回国，田单势力的反击开始了。貂勃顺利完成了本来看似尴尬的使命，这让齐襄王很高兴，不管是谁的人，能给老板挣来面子的人就是好人。齐襄王摆酒给貂勃洗尘，酒酣耳热之际，齐襄王想起了田单，这种场合正好可以借酒缓和一下跟田单的紧张关系。

于是齐襄王下令："把相国田单叫来。"

貂勃看出了破绽，果断出手了，他说："大王难道没觉得说这样的话是亡国之兆吗？大王觉得自己和周文王相比怎么样？"

齐襄王再次震惊了，周文王是中国专制历史上的标杆明君，齐襄王不得不承认："我

諸子百家

——

兵 家

不如周文王。"

貂勃说："是，臣也觉得大王不如周文王。可是周文王得到了吕尚的辅佐就称吕尚为太公，齐桓公得到了管仲的辅佐就称管仲为仲父，现在大王得到安平君的辅佐却口口声声直呼其名田单。从开天辟地有了人类以来，人臣之中有谁的功劳能超过安平君？大王整天称呼'田单！田单！'这不是亡国之兆吗？当初大王不能守住先王的社稷江山，燕国大军全面侵略齐国，齐国变成了一片废墟，大王当时也只好逃到莒城的山中避乱。安平君凭借着区区弹丸之地的即墨，率领七千老弱兵卒，就打败了燕国侵略军，活捉了燕军的司令，恢复了齐国的千里领土，这都是安平君的功劳。当时如果安平君自立为王，莒城甚至天下都没人能够阻止他。可是安平君却认为这样做不合乎道义，所以他亲自到莒城的山中迎接大王和王后，大王这才能登上王位。现在国家和百姓都安定了，大王却直呼安平君的名字田单，即使是婴儿的智商也不至于这样。请大王立即杀掉那九个人向安平君道歉，否则，国家就危险了！"

齐襄王的酒彻底醒了，清醒得不能再清醒。

他知道自己必须做出决断，否则国家是不是要危险还不知道，反正自己很可能要真的危险了。

后来那九个红人都掉了脑袋，而安平君田单又得到了一万多户食邑的封赏。在这场君权和相权的博弈中，田单大获全胜。从此齐襄王那过度敏感的神经被锻炼得坚强了起来，不再和相国争风吃醋，至此齐国的政局才真正稳定了。在建立齐襄王和田单的和谐君臣关系的过程当中，貂勃是第一功臣，贯殊是第二功臣。这两个人都是出身低微，通过他们勇敢而智慧地介入通常意义上明智之士避之唯恐不及的敏感君臣关系，不仅齐国好起来了，齐襄王和田单也好起来了，他们自己更是好了起来。

结局皆大欢喜，这是中国历史上君臣博弈的最好结局。

被写进儿歌的将军

后来田单继续兢兢业业地为齐国服务，不仅治理国家，而且还继续参与对外的军事活动。有一次，田单要进攻一个叫作狄的小诸侯国，临行前他去请教当时齐国的著名贤臣鲁仲子。鲁仲子听说田单要去进攻狄国就马上泼了冷水，他说："将军要进攻狄国，肯定不能取胜。"

田单不高兴了，他说："当初我凭借着区区弹丸之地，率领残兵败将，就打败了燕国侵略军，恢复了齐国。现在你却说我不能攻克狄国，这是什么道理？"

田单说完就登上战车远去了，甚至没有向给他提意见的鲁仲子道谢，这很不符合田单一贯谦虚待人的风格，可见当时的田单很愤怒。可是后来的战况果然被鲁仲子言中了，田单率领齐国大军进攻狄国，战争持续了三个月也没有攻克狄国。

田单正在为迟迟不能攻克狄国烦恼，在齐国的民间却有一首儿歌流行起来。这首儿歌虽然很简单，但是却连续几周蝉联齐国流行音乐排行榜 NO.1 的位置。这首儿歌的歌词是这样的："大冠若箕，修剑挂颐，攻狄不能，下垒枯丘。"在中国悠久的历史上，儿歌具有非常重要的民心风向标的作用，每当出现牛人要当皇帝或者牛人要倒霉的时候就会先有儿歌流行起来作为先兆,比如唐高祖李渊就是先在儿歌中当了皇帝,然后经过长期艰苦的武装斗争后来才登上皇位的;还比如董卓就是先在儿歌中被判了死刑才被自己的干儿子吕布干掉,然后被点了天灯的。总之要成为成功或者倒霉的牛人不一定必须出现在儿歌里,但是似乎出现在儿歌里的牛人都必须成功或者倒霉,用数学语言形容就是儿歌是牛人成功或者倒霉的充分非必要条件。所以说一定要对孩子们好一点,再穷不能穷教育。由于儿歌具有这种可怕的功能,因此在中国古代有点文化的牛人或者自诩要成为牛人的普通人都不得不重视儿歌的象征意义。田单听到这首儿歌以后非常恐惧,因为这首儿歌生动地讲述了一位形象威严的将军率兵攻打狄国却不能取胜,却连累得士兵们白白送命、白骨堆积如山。虽然没有指名道姓,但是听到这首儿歌的人都知道儿歌里面那位戴着大帽子、配着宝剑的大官就是安平君田单。

田单想起了临行前鲁仲子说的话,这位高人居然能和当下流行的儿歌不谋而合,真是令人生畏。于是田单就再次上门向鲁仲子讨教,希望鲁仲子能给自己一个说法。鲁仲子说:"将军当年在即墨领导抗燕斗争的时候,坐下来就编织草席,站起来就扛起铁锹。那时候将军总是这样号召士兵们:'前进啊!齐国的宗庙已经毁掉了,趁着现在努力吧,我将和你们一起为齐国战死!'那时候的将军怀着必死之心,而战士们也没有侥幸苟且的心思。大家听到将军的话都激动地落泪,挥着拳头要求出战,这就是将军能战胜燕国的原因。现在将军在东边有大片的食邑,在西边有来自临淄的期待,身上束着黄金腰带,骑着骏马来往于淄水和渑河之间。将军的生活丰富多彩,只有生活的乐趣而没有赴死的决心,这就是将军不能取胜的原因。"

鲁仲子的话如同当头一记棒喝,点透了名将战无不胜的秘密:艰苦奋斗、准备赴死往往能战胜强敌,而骄奢淫逸、贪图享乐必然会导致失败。打仗不是请客吃饭,不打算玩命没有人能随随便便成功。

田单惭愧了,回想自己一路走来的变化,田单终于明白腐败的生活并不可怕,但是建立在腐败生活上的腐败态度一定会毁掉自己前半生辉煌。于是田单表态了,他说:"田单有赴死的决心,先生已经激励我了!"

第二天,田单亲自赶到狄国城下巡视前线,那个不怕死的田单终于回来了。战士们看见安平君田单站在飞箭如雨、落石如雹的阵前,亲自敲响了战鼓。三军将士群情激奋,潮水一样涌向了敌人的城池,就这样狄国终于被攻克了。

后来,田单作为高端人才流动到了赵国,担任了一段时间赵国的相国。再后来关于这个传奇人物的记载就消失在了惜墨如金的战国史书当中,不过,他一生中那些传奇而圆满的故事留了下来,占据了《史记》和《战国策》的大段篇幅。

七、永远年轻的将军:廉颇

有些人无论你怎么努力也无法超越

廉颇留给现在的读者的深刻印象大概有两个:一个是曾经收入中学课本的《将相

和》；一个是辛弃疾在一首词里面的"廉颇老矣，尚能饭否"。在《将相和》里，廉颇是一个清高、倔强而又知错能改的可爱老头，但似乎只是蔺相如的配角；而辛弃疾在词里借用廉颇的典故抒发自己退休以后仍然希望发挥余热的愿望，更多的是渲染老年廉颇壮志难酬的悲情。

廉颇

事实上，历史中的廉颇是个保持着不败纪录的兵家英雄。根据《史记·廉颇列传》记载："赵惠文王十六年，廉颇为赵将，伐齐，大破之，取阳晋，拜为上卿，以勇气闻于诸侯。"纵观其一生荣辱无不与赵国的盛衰休戚相关。客观地说，廉颇对赵国的影响甚至超过了同时代的蔺相如。《资治通鉴》的主编司马光曾经说过："廉颇一身用与不用，实为赵国存亡所系。此真可以为后代用人殷鉴矣。"

两千多年前的一个秋天，赵、秦边境。

赵惠文王和廉颇站在秋风里，极目远眺，远眺的自然就是秦国了。

此时蔺相如已经成功地完璧归赵，但是秦强赵弱的形势并没有发生改变。数日前，秦国派来了使者，秦昭王要在西河渑池举办秦、赵国王高峰会议。关于这次峰会的主题，秦国使者语焉不详，只是转达了秦昭王希望和赵惠文王加强交流，发展双方友好关系的愿望。

可是事情没那么简单，且不说蔺相如当初抱着壮烈牺牲的必死决心才完璧归赵，就在此前不久，秦国就先后两次进攻赵国，第一次占领了赵国的石城，第二次再次取胜，消灭了赵国军队的两万人。这种情况下秦昭王居然邀请赵惠文王去渑池参加峰会培养感情，这在赵国君臣看来，分明就是黄鼠狼给鸡拜年。赵惠文王打发秦国使者去宾馆休息，然后就跟蔺相如和廉颇商量。当时还没有鸿门宴的说法，不过赵惠文王还是本能地想拒绝秦昭王的邀请，一个居心不良的主人举办了一个莫名其妙的会议，赵惠文王觉得此时自己去和秦昭王会面就像一个单纯而美丽的姑娘，要和一个声名狼藉的恶棍出去约会一样，即使自己同意，大家也不会答应。可是廉颇和蔺相如的觉悟显然比一般人要高很多，他们极力支持赵惠文王去和那个秦昭王约会，似乎根本不在乎自己老板的感受。廉颇和蔺相如几乎是异口同声地说"王不行，示赵弱且怯也。"此时赵国在与秦国的军事对抗中接连失利，在赵国已经出现了"恐秦症"的迹象，如果赵国的国王这时候真的像一个小女孩一样被秦昭王的"流氓行径"吓得花容失色，那赵国还有爷们儿吗？女人可以躲着流氓，男人却不能，何况赵惠文王是赵国的王者，所以赵惠文王必须去，这关系到赵国的尊严和精神。

既然廉颇和蔺相如把是否参加这次无聊峰会的意义上升到了如此的高度，身为一国之君，赵惠文王不能再推托了，否则在廉颇和蔺相如等赵国精英的心目中他将失去国君

诸子百家——兵家

的威信。

此刻站在赵、秦边境,赵惠文王却异常平静,他知道参加这次峰会他可能会像一个英雄一样死去,也可能会像一个英雄一样归来。身为乱世中的王者,他只能做英雄,没有第二种选择。没有了选择的赵惠文王没有了迷惑,他知道自己必须接受他自己的宿命。

临行前,廉颇和蔺相如做了分工,廉颇率领赵国主力陈兵赵、秦边境,以武力威慑秦国,而蔺相如陪同赵惠文王深入虎穴。

到了该分手的时候了,赵惠文王回过头看着廉颇,如果自己回不来,赵国的命运就要靠这位“勇气闻于诸侯”的名将了。廉颇心领神会,他对赵惠文王说:“王行,度道里会遇之礼毕,还,不过三十日;三十日不还,则请太子为王,以绝秦望。”老板亲自深入虎穴去和“流氓”国王约会,最后是成是败很大程度上取决于廉颇和赵惠文王及蔺相如的配合。按照渑池峰会的日程安排,即使算上路上的时间,如果秦昭王不下毒手的话,三十天之内赵惠文王一定回来了。如果到了三十天赵惠文王还不回来,那么自己的老板很可能是被秦昭王扣下当了人质,这是一种任何臣子不愿甚至不敢去设想的状况,但是在这样的危急时刻,身负国家使命的廉颇不能回避。廉颇做了最坏的打算:如果三十天之内赵惠文王不回来,就拥立太子即位,从而彻底断绝秦昭王以赵惠文王为人质讹诈赵国的打算。

这个想法非常狠,不是一般人敢说出口的。如果赵惠文王对廉颇稍有疑虑,那么廉颇的这个建议完全可以被解读成心怀叵测,欲置赵惠文王于死地。如果廉颇拥立太子即位,那么廉颇就有了把持朝纲甚至篡国夺权的机会,用这种思路解释廉颇极力支持赵惠文王亲赴险地并提出这样的建议似乎非常合理。然而,赵惠文王不是一般的诸侯,他一生中重用过廉颇、蔺相如、赵奢、乐毅和田单等众多在当时赫赫有名的牛人,就凭这些人在历史中的分量就足可以说明赵惠文王的驭人之术。事实上,驭人之术的核心并不是奸诈权谋,而是准确判断什么人在什么情况下值得信任。赵惠文王站在赵、秦边境听到了廉颇提出的险中求胜的狠招,心中也不免暗暗吃惊。赵惠文王直视着廉颇的双眼,秋风掠过廉颇的胡须,赵惠文王从廉颇的眼睛里看到了坦荡和坚定。廉颇也在看赵惠文王,他从自己的老板眼睛里看到了信任和责任。

赵惠文王同意了廉颇的建议,他必须信任廉颇,否则他不可能战胜秦昭王。

渑池峰会说起来很高端,其实跟两千年以后老板们的聚会没有本质区别,无非就是喝酒,然后喝高,再然后就是胡闹。作为主人的秦昭王面对应邀而来的客人赵惠文王,感觉自己很强势,很有成就感。这种状态下的秦昭王很放松、很尽兴,所以第一个就喝高了。跟两千年以后的有钱人一样,喝高了的秦昭王想娱乐一下,不过跟两千多年以后不同,当时没有卡拉OK,所以秦昭王号召赵惠文王自娱自乐,他说:“寡人窃闻赵王好音,清奏瑟。”那年头当领导,琴棋书画都要会两下子,赵惠文王的瑟演奏得相当有水平,当时在诸侯的圈子里小有名气。好像今天商人和客户应酬去卡拉OK,要让客户先点歌开唱一样,秦昭王的提议似乎很客气,分明就是为了招呼好客人,不仅很合理而且很得体。赵惠文王第一次遇到秦国的粉丝,而且这个粉丝还是秦国的国王。明星是不能拒绝粉丝的,即使是国王也不能。

主人盛情难却,赵惠文王只好抱起了瑟,开始演奏。

演奏完毕，没有掌声，却看见一个秦国的文官跑出来开始在竹简上编写渑池峰会的报道。这位文官是秦国的御史，专门负责记录秦国发生的大事，他写道，"某年月日，秦王与赵王会饮，令赵王鼓瑟。"赵惠文王在出发前就料到秦昭王会玩点小伎俩，可是他没想到秦昭王会利用文艺和历史来羞辱自己。秦王请赵王喝酒，然后提议赵王弹奏瑟来助兴，接着就让御史用选择性的、娱乐记者的笔法报道了赵王为秦王奏瑟，这样的记录载入秦国的史册，将会是赵国和赵王家族永远洗刷不掉的耻辱。可是当时的情况是瑟已经弹奏了，御史也已经记录了，这一切看起来都无法挽回。

赵惠文王呆坐在那里，羞耻的汗水顺着汗毛孔渗了出来。

蔺相如知道自己不能再继续沉默了，他站了起来向秦昭王深深地作了一个揖，然后提议秦昭王也自娱自乐一下，"赵王窃闻秦王善为秦声，请奏盆缶秦王，以相娱乐。"蔺相如的提议很合理，既然大家都喝了酒，而且赵王已经率先进行了才艺表演，那不妨相互娱乐一下，这样才能营造真正的娱乐气氛。蔺相如请秦王演奏的缶，非常适合欢迎远方来的客人，正好符合秦昭王作为渑池峰会东道主的身份。可是秦昭王却不高兴了，他让赵惠文王弹奏瑟就是要以侮辱对方的方式来娱乐自己。如果他答应了蔺相如的请求，就等于自己也去娱乐赵王一回，到头来两个国王相互侮辱。秦昭王当场就拒绝了蔺相如的请求，却没有提出任何合理的理由，秦昭王想，在自己的地盘上自己就要做主，自己不高兴的事就不做，不需要理由。

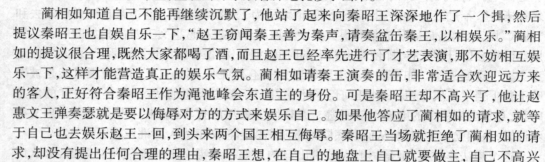

蔺相如却不依不饶地捧起了缶，跪倒在秦昭王面前，再次恳求秦昭王应赵国粉丝的要求秀一下自己的才艺。

秦昭王当然不能让步。

蔺相如突然站起来，双目如电逼视着秦昭王，"五步之内，相如请得以颈血溅大王矣。"蔺相如准备拼命了，大不了鱼死网破、同归于尽。当初为了不辱使命，保证"和氏璧"完璧归赵，蔺相如已经在秦王的大殿上用过了这招。根据蔺相如的经验，这个看似强大傲慢的秦昭王在一对一的拼命状态下其实很真实，真实得居然也很怕死。

秦昭王身边的侍卫们拔出了刀来，围了上来。

蔺相如怒目圆睁环顾四周，以一个人的杀气对抗一群人的杀气。根据司马迁的描述，蔺相如的眼神虽然杀不了人，但是的确很吓人。《史记》记载："左右欲刃相如，相如张目叱之，左右皆靡。"秦昭王的手下侍卫看到蔺相如威胁自己的老板，本来已经动了杀机，但是当他们接触到蔺相如锋利的眼神，不由自主地将目光跳开了，两只脚不约而同地向后退去。当锋利和锋利对决，心怀侥幸的锋利必然败于但求一死的锋利。为了维护赵国的尊严，被赵惠文王越级提拔的蔺相如陪同老板深入虎穴，从坚决支持赵惠文王前来赴约的那一刻起，蔺相如就已经做好了牺牲的准备。而秦国的侍卫们此时陷入了"三个和尚"的窘境，如果自己不上或许其他人可以上，就这样一个人镇住了一群人。让我们闭上眼睛想象一下当时的情景，渑池峰会上蔺相如锋利的目光像机关枪一样扫射一圈，毫不留情地击溃了如狼似虎、手持利刃的秦国侍卫们的心理防线。这不是特异功能，那叫精神力量。

遇到这样的亡命徒，本来想"耍流氓"的秦昭王只好从了。

渑池峰会上传来了秦昭王击缶的声音，只是不通音律的人也能听出来秦王的演奏很不着调。如果秦王弹奏的曲子也能算得上旋律，那么这个旋律的主题就是烦躁和恐惧。

秦昭王心不在焉地敲了几下，敷衍了事。

蔺相如把随行的赵国御史叫了过来，让他记录："某年月日，秦王为赵王击缶。"第一个回合，看似打了平手，实际上秦昭王输了，自取其辱说的就是他这种人。

秦国的群臣很没面子，蔺相如居然在秦王的地盘上让秦王君臣威风扫地，而且这已经是第二次了。于是秦国群臣又提出了一个可笑的建议："请以赵十五城为秦王寿。"赵国要祝福秦王就要献出十五座城邑，按照这种逻辑只要六国诸侯一起不断地祝福秦王，不到三天秦国就可以提前横扫六国、统一天下了。要比狠，秦国群臣全加起来也比不上蔺相如，蔺相如回答："请以秦之咸阳为赵王寿。"赵国以十五座城邑祝福秦王虽然礼物有点重，但是赵国还有立国的根本，如果按照蔺相如的提议，秦国把首都咸阳送给赵国以后就可以宣布破产倒闭了。秦昭王准备好了一切要羞辱赵惠文王，享受成功者居高临下的喜悦，却没想到再次被蔺相如打乱了计划。

渑池峰会很像一场闹剧，秦昭王虽然很郁闷，但是他已经接到情报，廉颇此刻已经在秦、赵边境上集结了赵国的主力部队，随时等待开战。此刻翻脸显然不理智，最后秦昭王只能眼睁睁地看着赵惠文王安全地回国了。

尽管困难重重，蔺相如还是给老板赵惠文王挣回了面子，老板有了面子就要让立功的员工得到实惠，于是赵惠文王回国后马上提拔蔺相如当了上卿。廉颇早就当了上卿，但是这次蔺相如不仅一步登天进入了赵国的领导班子，而且排在了廉颇的前面。廉颇不平衡了，自己出生入死许多年不如蔺相如陪老板出趟差，早知如此，廉颇不如自己陪老板出差好了。廉颇是个很耿直的人，从来不会掩饰自己心里的不痛快，他公开宣称："我为赵将，有攻城野战之大功，而蔺相如徒以口舌为劳，而位居我上。且相如素贱人，吾羞，不忍为之下！"廉颇吃醋吃得看起来很有道理，首先是他觉得自己的功劳是真刀真枪打出来的，而蔺相如凭着耍嘴皮子就爬到了自己头上，这很不公平；其次是蔺相如出身微贱，最初他只是宦者令缪贤的门客，和廉颇相比，蔺相如根本就不是一个档次。廉颇的心情可以理解，如果这事放到现在，有哪个国家机关突然提拔一个没有国家干部身份的人来当大干部，那么其他的干部恐怕也会有和廉颇一样的情绪。为了证明蔺相如的确是贱人，廉颇公然向蔺相如提出了挑战："我见相如，必辱之。"

这个消息很快就传到了蔺相如耳朵里。

蔺相如既没有生气也没有委屈，他选择了逃避。只要廉颇出现，蔺相如就躲开，在外人看来廉颇和蔺相如是汤姆和杰瑞的关系。上卿蔺相如的门客看不下去了，他们不甘心跟着胆怯的杰瑞混了。有门客代表向蔺相如投诉了，"臣所以去亲戚而事君者，徒慕君之高义也。今君与廉颇同列，廉君宣恶言，而君畏匿之，恐惧殊甚。且庸人尚羞之，况于将相乎？臣等不肖，请辞去。"门客们背井离乡投靠蔺相如，当然不仅因为蔺相如的高风亮节，高风亮节的蔺相如当了大官才是关键，可是如今高风亮节的大官却被另一个争风吃醋的大官吓得望风而逃，这让门客们对自己的前途和命运非常担心。

面对失望的门客们，蔺相如提出了反问："公之视廉将军孰与秦王？"

蔺相如问的当然不是廉颇和秦王的武功,而是两个人的权势,或者说掌握的暴力资源。

门客回答:"不若也。"

既然门客承认了作为标杆的秦王比廉颇的权力大、地位高,蔺相如就顺势建立了自己的逻辑:"夫以秦王之威,而相如廷叱之,辱其群臣。相如虽驽,独畏廉将军哉?顾吾念之,强秦之所以不加兵于赵者,徒以吾两人在也。今两虎共斗,其势不俱生。吾所以为此者,以先国家之急而后私仇也。"

蔺相如的回答再次证明了自己的高风亮节,这样的高风亮节是否感动了门客《史记》中没有记载,不过蔺相如的话很快传到了廉颇的耳朵里。

耿直的廉颇不仅感动了,而且感到了深深的羞耻,面对名誉和地位,蔺相如奉行国家利益至上,而廉颇只是为了争风吃醋。孔子说过:"知耻近乎勇",勇敢的廉颇决定马上采取行动。

某一天的上午,邯郸上卿蔺相如的府邸。

蔺相如此刻正坐在书房里读书,书案边薰香缭绕。

窗外天高云淡,风起时,四面树木萧瑟,院子里有几只麻雀在聊天。

突然,门外传来人声喧哗。

有家仆来报:廉颇将军已经到了府门外。

蔺相如大惊,难道那只老猫不依不饶追到家里来了?

蔺相如知道这次是躲不过去了,看来逃避也许真的不能解决问题,那倒不如从容面对。

当蔺相如盛装走出府门出迎的时候,眼前的一幕让他大吃一惊:门口的廉颇光着膀子,背后绑着荆条站在那里,周围的群众围得水泄不通。对于邯郸的市民来说,上卿廉颇以这种造型出现在另一个上卿的门前实在出乎所有人的想象,不能不让人们期待着故事的继续发展。

廉颇见到蔺相如,急忙下拜,他说:"鄙贱之人,不知将军宽之至此也!"

这就是成语"负荆请罪"的出处,后来无数牛人引用这个成语,但是大多数人引用这个成语也不过是说说罢了,能正确认识自己错误的牛人本来就很罕见,何况还要以一种近乎自虐的形式来检讨错误更是"难于上青天"。可是廉颇却做到了,创造了中国政治人物深刻开展自我批评的历史记录。

蔺相如被深深地震撼了。当蔺相如还是宦者令缪贤手下的门客的时候他就认识廉颇,在蔺相如的眼里廉颇总是高高在上、威严尊贵。在赵国军中和朝野,廉颇这个名字就意味着胜利、尊严和光荣,这位战神从来没有让赵国的君主、士兵和百姓们失望过。当初蔺相如只能默默地仰视名将廉颇,而廉颇甚至从来没有用正眼看过蔺相如。蔺相如也曾经暗暗在心中把廉颇当成自己仕途生涯的一个标杆,随着他与这个标杆的地位逐渐接近,蔺相如觉得压力与日俱增,直到渑池峰会之后自己顺利地超越了这个标杆,蔺相如仍然觉得这种感觉很不真实。如今这个蔺相如已经超越了的标杆人物为了求得自己的原谅而低调到了自虐的程度,在那一刻,蔺相如突然感到明白了一件事:世上有些人无论你怎么努力也无法超越,廉颇就是这样一个人。

就这样,赵国的两位上卿互相感动着,建立了"刎颈之交"的深刻感情。

在长平下岗了

自从廉颇与蔺相如建立了和谐关系,廉颇的工作积极性空前高涨。廉颇和蔺相如这一对黄金搭档开始实施扩张和巩固东方边界的"东扩计划"。也就在那一年,廉颇率领赵军向东方征讨齐国,与齐国主力遭遇,齐国的一支部队遭到了廉颇军团的歼灭。又过了两年,廉颇再次讨伐齐国,占领了齐国一个叫作几的城邑,将这个地方划入了赵国的版图。三年后,廉颇率领部队讨伐魏国,向魏国的防陵和安阳发起了进攻,并且最终占领了这两个地方。四年后,蔺相如带兵进攻齐国,这一次蔺相如深入到了齐国的平邑才带兵撤退。

在廉颇和蔺相如的精心设计和积极推进之下,赵国的"东扩计划"顺利地实现了预期目标,不仅将赵国的东方边界向前推进,从而大幅度地拓展了领土,而且也通过武力有力地震慑了东方的齐国和魏国,提高了赵国东方边界的安全。

赵秦阏与之战后的第四年,赵惠文王去世了,赵孝成王即位。又过了七年,秦国大军和赵国大军在长平遭遇,战国历史上著名的长平之战爆发了。

那一年本来已经划入秦国版图的上党在上党守冯亭的策划下归顺了赵国,赵孝成王因为接受这个天上掉下来的大馅饼而激怒了秦国,为了防备秦王出兵报复,赵孝成王派出了赵国第一名将廉颇率领大军驻守长平与秦国对峙。此时的赵国赵奢已经去世,蔺相如也病入膏肓,奄奄一息,因此廉颇不仅是赵国的第一名将,也是当时赵国的唯一名将。

此时的秦国正在秦昭王的领导下逐步蚕食东方的邻居,秦王扫平六国、统一天下的野心已经昭然若揭。毫无疑问,当时的秦国已经是战国七雄中军事实力最强的国家,老将廉颇面对这样强大的对手也没有完胜的把握,在试探性地主动进攻遭受失利以后,廉颇采取了避其锋芒、坚守不战的持久战战略。

秦军反复挑战,廉颇以不变应万变,凭借在长平构筑的坚固工事堡垒长期坚守。秦军无可奈何,始终不能取得突破。最后秦国有高人想起了当年田单给乐毅用的反间计,于是赵国朝野开始流传这样一个传言:"秦之所恶,独畏马服君赵奢之子赵括为将耳"。成功的君王各有各的成功之道,失败的君王却总是惊人的相似,与当初燕惠王上的当一样,这次赵孝成王也罢免了廉颇,让马服君赵奢的儿子赵括取代了廉颇担任长平前线的赵军总指挥。

后来的结果是纸上谈兵的赵括中了白起诱敌深入之计,被擅长运动战的白起分割包围,最后在断粮四十六天后,赵括冒死突围被乱箭射死,四十万赵国士兵被俘虏后遭到了集体活埋。从此,赵国元气大伤,国内充满了绝望恐怖的气氛。

对于赵国的窘境,友好邻邦燕国的相国栗腹看在眼里、喜在心上,这位相国实际上和赵孝成王有着同样的爱好,那就是喜欢占便宜。于是,在栗腹的极力鼓动下,燕武成王派出了以栗腹带队的燕国占便宜远征军,跑到赵国来占便宜来了。

赵孝成王尝到了军事理论家的苦头,终于决定启用廉颇了。

诸子百家——兵家

于是廉颇再次披挂上阵,率领年轻的赵国童子军抵御栗腹的进攻。这次战争,廉颇大获全胜并且乘胜追击,最后迫使燕国割让了五个城邑之后停战。为了表彰廉颇在赵国危亡之际的突出贡献,赵孝成王把一个叫作尉文的地方分封给了廉颇,并且授予廉颇信平君的称号,同时任命廉颇担任赵国的代理相国。

赵孝成王在长平付出了四十万条生命的沉重代价以后,终于换来了对廉颇价值的正确认识,而此时蔺相如、赵奢等牛人都已经作古,因此恢复了工作的廉颇实际上成为赵国的第一重臣。

又过了六年,廉颇率领军队讨伐魏国,并且成功地占领了魏国的繁阳。赵国是一个具有可怕恢复能力的国家,在经历了长平惨败以后,这个国家不仅顶住了燕国的趁火打劫,并且趁势获得了五个城邑的割地。又过了六年,这个国家居然主动发动了对邻国魏国的进攻,并且再次成功地扩张了领土。这对于一个只有几百万人口的国家来说实在是一个奇迹,而创造这个奇迹的人就是老将廉颇。

当廉颇在长平前线被免去前线总司令的职务下岗以后,那些依附于廉颇的门客们纷纷自谋出路离开了这位下岗将军,让廉颇感叹世态炎凉。在长平大战之后,廉颇恢复了工作,不仅重新走上了赵国的领导岗位而且地位更加尊贵,这时那些门客们又纷纷回来了,要求恢复了工作的廉颇也能恢复他们以前的工作。门客们这种势利小人的做法让耿直的廉颇很难接受,于是他公开拒绝了热情的门客们,他说:"客退矣!"这时门客们当中有一个高人站了出来,理直气壮地拒绝了廉颇的拒绝,非要恢复工作不可,他说,"吁!君何见之晚也?夫天下以市道交,君有势,我则从君,君无势则去,此固其理也,有何怨乎?"这位高人说破了世俗中人际关系的本质,廉颇有权势的时候就能给身边的人带来好处,所以门客自然会跟随廉颇,而当廉颇失去了权势自然也就失去了给身边的人带来好处的能力,因此,门客们自然就会离开廉颇。这位高人不仅没有为自己的势利行为感到惭愧,反而对廉颇这么不成熟的表现而感到震惊,在门客们看来势利就是做人的真理,廉颇因为门客们的势利而怨恨门客们实在是大惊小怪。看到这位高人的高论,扶栏客不得不佩服这位高人的坦率和执着,但是扶栏客同样认为这位高人提倡的做人真理只适用于混饭吃的门客,而不适用于做大事的牛人。实际上廉颇之所以能成为牛人而不是跟着牛人混饭吃的门客,从根本上说是因为他信奉的价值观和审美观与门客们不同,当然这个世界上自古至今都是干大事的人少,而混饭吃的人多,所以对此我们也不能过于苛求。廉颇有没有原谅那些门客在《史记》里没有记载,也许司马迁认为门客提出的世俗人际关系并不重要。

廉颇老矣,尚能饭否

廉颇的府上再次热闹了起来,进入权力核心的廉颇迎来了自己政治生涯的第二春。可是通常都是明君活不过名将,何况是在付出惨重代价以后才开始懂事的赵孝成王。就在廉颇成功攻占魏国的繁阳以后不久,这位终于学会善待人才的老板去世了,他的儿子即位,赵国进入了赵悼襄王统治的时代。随着新任老板的上台,老将廉颇的好日子很快就到头了,这意味着赵国的好日子也要到头了。赵悼襄王和自己老爸年轻的时候一样多

诸子百家——兵家

疑偏执,缺乏正确的判断能力,因此他一样需要交足昂贵的学费才能胜任自己的岗位,这就是封建专制政治的先天缺陷。和赵孝成王年轻的时候一样,赵悼襄王也不喜欢耿直而威严的军事权威廉颇,因此他做出了一个危险的决定,任命名将之后的乐乘取代廉颇掌握赵国的兵权。这次廉颇不愿意再继续委曲求全了,他被这种缺乏信任能力的顽固家族遗传病彻底激怒了,于是廉颇和前来交接工作的乐乘火并了。乐乘哪里是廉颇的对手,只好仓皇逃窜,而廉颇因为犯下了重大的错误也不得不出走,到魏国的大梁寻求政治避难。

就在廉颇出走第二年,赵国选拔了另一位出色的名将李牧担任赵国的将军,在这一年李牧率领赵军进攻燕国,占领了燕国的武遂和方城两个地方。

廉颇在大梁的生活很优越,却也很无聊。对于这位享有盛名的赵国名将,魏王既尊重又敬畏,他实在不敢轻易任用这样负气跳槽的牛人掌握军权,而离开了祖国和战场的名将廉颇在魏国实在找不到自己的人生目标和定位,所以很快就陷入了苦闷。

而此时的赵悼襄王已经付出了很多学费。自从廉颇出走以后,赵国在与秦国的对抗中接连失利。现实中的惨痛损失似乎让这位年轻的国王逐渐淡化了对廉颇的偏见,他开始考虑重新起用这位在对秦战争中总是保持不败战绩的传奇将军。于是赵悼襄王派出了使者前往大梁看望廉颇以确认廉颇的身体状况是否可以继续担当军队的高级领导,毕竟此时的廉颇早已进入花甲之年,即使在现在也早就过了退休的年龄。赵悼襄王的决定让一个人很紧张,这个人就是赵国历史上著名的奸臣郭开。郭开和廉颇之间的斗争由来已久,在赵国政坛上这两个人就是一对天敌,而两方的势力基本处于此消彼长的竞争状态。廉颇如果再次恢复工作,对郭开就意味着自己权力版图的损失,于是郭开在使者临行前把他找来谈话。郭开和使者的谈话很简单,对廉颇就一个字:毁。为了这个字,郭开给了使者一个大价钱,看着堆在自己面前的黄金,使者本能地伸出了手。

老将廉颇听说赵悼襄王派来了使者非常兴奋,作为土生土长的赵国将军,廉颇把毕生的荣誉和价值都留在了赵国。当初因为和乐乘争军权而和赵王决裂也是一时冲动,来到大梁以后优越和无聊的生活让廉颇日夜思念赵国和自己的事业。现在赵悼襄王终于捐弃前嫌派出了使者,廉颇觉得自己马上就要迎来第三春了。为了表现自己超越实际年龄的身体素质,廉颇在接待赵王使者的时候特意安排和使者一起吃饭。席间廉颇吃掉了一斗米饭,十斤肉,以证明自己虽然年纪大了,但是仍然牙好、胃口好,身体倍儿棒、吃饭倍儿香。虽然我们知道古时候的重量单位小于现在的重量单位,廉颇当天吃掉的食物仍然创造了战国时期老年组的饭量记录。吃完了饭,廉颇又披甲上马,向赵王的使者秀了一下自己风采依旧的武艺。

赵王使者回国了,留下年过花甲却仍然满腔热血的廉颇在大梁苦苦等待。使者在向赵悼襄王汇报的时候巧妙地履行了他对郭开的承诺,他说:"廉将军虽老,尚善饭,然与臣坐,顷之三遗矢矣。"使者的汇报很有技巧,他既然拿了郭开的金子就必须要按照约定毁廉颇,可是他也知道诋毁这位名满天下的赵国国宝自己将承担巨大的风险。如果使者彻底否定廉颇,比如说廉颇已经病入膏肓、奄奄一息的话,万一赵悼襄王不死心而再次派人去核实,使者很可能就要掉脑袋。所以使者想出了这样富有弹性的汇报内容,他的话一半真一半假,廉颇饭量大是事实,而廉颇三次跑厕所拉稀则是使者为了迎合赵王的低级趣味而瞎编出来的情景。如果有一天赵王派人调查以后找这位使者对质,他也还是可以蒙混过关,毕竟当时没有第三个人在场,使者说廉颇拉了,廉颇说没拉,最后没有证据只能不了了之。赵悼襄王听到使者这样汇报,马上打消了再次起用廉颇的念头。对于廉颇被陷害而丧失这次报效祖赵国的机会,后人大多只是替廉颇不平。事实上,这位国王很可能只是迫于当时赵军屡次败于秦军的压力,为了平息赵国民众起用廉颇的呼声而做出了一个姿态。如果赵悼襄王真的有诚意再次恢复廉颇的地位,那么使者的汇报完全可以这样理解:廉颇将军虽然年纪大了,但是身体仍然非常强健,只不过偶尔吃坏了肚子,吃点止泻药不就解决了吗? 赵悼襄王需要一个证明自己当初没有犯错的理由,而郭开甚至使者很可能也看透了这一点,所以只能留下"廉颇老矣,尚能饭否"的千古遗憾了。

廉颇在大梁苦苦等待却等不来赵王的消息,只好再次陷入苦闷。后来楚王听说了廉颇的遭遇,非常希望这位令各国诸侯侧目的名将能为其所用,于是就偷偷地派人到大梁把廉颇接走了。廉颇到了楚国以后被任命为楚国的将军,不过也许是廉颇无法适应在赵国以外当将军,总之,廉颇上任以后并没有续写辉煌,在他担任楚国将军期间,没有立下任何可以载入史册的功劳。

廉颇在楚国的时候,曾经多次发出感慨:"我思用赵人"。这位赵国本土的名将始终没有放弃有朝一日回到赵国报效的希望。但是毕竟岁月不饶人,最后老将廉颇在楚国的寿春郁郁而终。据说,廉颇墓位于今天安徽省寿县八公山纪家郢放牛山之西南坡,俗称"颇古堆",直到今天,仍然有很多游人来到这位著名爱国名将的墓前凭吊追思。

八、勇者无敌:赵奢

狭路相逢勇者胜

就在蔺相如取得讨齐远征胜利之后的第二年,秦国出兵讨伐韩国,当时的秦军已经到达了韩国一个名叫阏与的地方。军情紧急,而韩国此时无力与秦国抗衡,只好向友好邻邦赵国派出使者请求援助。赵惠文王认为如果任凭秦国在自己的西边蚕食韩国,将会严重影响到赵国的利益和安全,于是他决定派兵出征,援助韩国。

赵惠文王首先想到了廉颇,可是当他向廉颇征求意见的时候,这位成名已久的赵国柱石名将却坚决反对赵国派兵救援。廉颇的理由很简单,"道远险狭,难救。"在地图上看通往阏与的地形狭长,两边都是山脉,这种地势利于守而不利于攻。赵国派兵救援就必须通过这个狭长的山谷地带,如果秦军在这个地方设伏,那么赵军很可能还没有赶到目的地就要遭到全军覆没的厄运。当然赵军顺利通过这个死亡通道的可能性也不是没有,但是必须要在秦军之前抢先占领有利地势,控制出兵的要道,然而此刻秦军已经先发制人派兵,赵军要获得战场的主动权似乎已经不可能实现了。从地势和时间上分析,这样的远征显然要犯兵家大忌。

从军事技术上讲，廉颇的理由很充分，但是从政治需要上讲，赵惠文王不能坐视秦国侵略自己的同盟国魏国而不顾，这就是当老板的境界和苦衷。

于是赵惠文王只能另外选将，根据《史记·廉颇列传》记载，赵惠文王在被廉颇否定以后就向乐乘请教，希望乐乘能挺身而出领兵救援韩国。这里又引出了《史记》中的又一个疑案。根据前面我们讲的乐毅的故事，乐乘是乐毅的后代，他是在秦赵长平大战之后跟随燕国相国栗腹讨伐赵国，随后失败就归顺了赵国。根据《史记·乐毅列传》的记载，白起率领秦军在长平大破赵军并活埋了四十万赵国俘虏之后，燕国的相国栗腹极力鼓动燕武成王派兵讨伐赵国，企图趁机占便宜，没想到后来燕国远征军被廉颇领导的赵军打得大败。栗腹和乐乘都当了俘虏，栗腹被杀，而乐乘就归顺了赵国，后来还被赵国封为武襄君。如果《史记·乐毅列传》的记载没有错误，那么乐乘归顺赵国应该发生在秦赵长平大战之后，而那时候赵惠文王已经死去了七年，当时赵国主政的国王是赵孝成王。所以这里出现了一个问题，关于乐乘在赵国的出场时间，《史记·乐毅列传》和《史记·廉颇列传》的相关记载产生了明显的自相矛盾。应该是《史记·廉颇蔺相如列传》中的记载出现了谬误，在这里乐乘应该是乐毅，因为乐毅在燕惠王罢免其兵权以后就投奔了赵惠文王，并被封为望诸君。从时间和当事人来看，乐毅最符合条件；而从资历和名气来看，也只有乐毅能与廉颇相提并论，所以赵惠文王选将把乐毅作为仅次于廉颇的第二候选人也最合理。至于司马迁为什么会犯这样一个低级错误，很可能类似于现在我们有时候会把两个相近的名字叫错一样，心里想的是 A 说出来却是 B，并不是足球解说员的专利，历史学家也是人，也可能犯张冠李戴的错误。而后来司马迁的这部皇皇巨著逐渐流传开来，最终被奉为史学经典，奠定了其在中国史学界的崇高地位。作为普通读者甚至历史学者们大多不愿意或者懒得去怀疑一部经典名著的正确性，所以这个错误也就一直保留到了今天。当然这只是扶栏客的一家之言，如果有高人能提出更合理的解释，可以一起探讨，以飨读者读史之趣。

赵惠文王向乐毅请教他对出兵援救韩国的意见，其实也就是希望乐毅能够接下廉颇不愿意接受的任务。不过赵惠文王再次失望了，这位当年五国讨齐联盟的总司令对这件事的看法跟廉颇如出一辙。

身为久经阵战的兵家名将，廉颇和乐毅都不会打一场没有把握的仗，而救援韩国的军事行动被两位战国时期排名 TOP10 的名将否定之后似乎也失去了可操作性。

然而，被名将否定的计划对非名将来说也许就是一个机会，就这样，一位在当时战国军界的非著名将军赵奢应运而生。当时赵奢的职务是赵国税务局局长，跟带兵打仗本来扯不上半点关系。看到名将廉颇和乐毅都表现出理智的畏难情绪，赵惠文王很失望，他急需一位有种的将军站出来创造奇迹，于是就找到一贯迎着困难上的赵奢谈话了。赵奢果然有种，他说："其道远险狭，譬之犹两鼠斗于穴中，将勇者胜。"从此"狭路相逢勇者胜"就变成了一句成语，不过当时赵奢形容的不是两个剑客，而是两只老鼠在地洞里遭遇的情景。赵奢决定做一只勇敢的老鼠挺身而出，赵惠文王非常高兴，马上任命这位在税务系统任职多年的人为将军，领兵出征，救援韩国。

有胆色的人

赵奢是在赵国税务系统里一步一步凭着工作业绩成长起来的，不仅工作能力强，精通政策和业务，而且原则性很强，或者说很有种。事实上当时在赵国税务系统工作能力强、精通业务和政策的人多如牛毛，赵奢之所以能够上位赵国税务局局长，主要靠的就是他身上那股认死理的偏执精神，这种精神说通俗一点就是有种，如果用政治语言来表述就是原则性强。当赵奢还只是赵国税务局的一个中层干部的时候，他的主要工作就是负责收缴农业税。有一次，赵奢收税的时候遇上了抗税大户，这个抗税大户就是战国时期赫赫有名的四公子之一平原君赵胜。平原君赵胜在赵惠文王和赵孝成王的两朝三次出任赵国相国、三次被罢免、三次恢复职务，使得这位贵族成为一位神话般的政坛人物。平原君带头不交税，其他的人自然也能赖就赖、能拖就拖，赵奢的工作就陷入了被动。普通税务人员遇到这种事，只能以不作为来处理。如果赵国是一个股份公司，那么在广大赵国人的眼里，平原君赵胜就是能左右董事会决策的大股东之一，这样一个人搞点特殊，不交税似乎也可以理解，然而原则性很强的赵奢却不这样认为。赵奢认为自己必须对赵国负责任，而他并不认为自己对赵国负的责任比相国平原君赵胜的责任轻。赵奢决定以果断的行动来严肃税务纪律，于是他做主把平原君家负责交田租的九个相关责任人抓起来，然后下令砍了头。赵奢这下子捅了马蜂窝，平原君没想到他竟然敢在太岁头上动土，盛怒之下他动了杀机。赵奢在税务局的同事们都觉得小赵这次完了，平原君不轻易动怒，赵奢惹怒了平原君必死无疑。在自己脑袋即将搬家的生死关头，赵奢没有惊慌失措、坐以待毙，他主动找到了平原君汇报工作。他说："君于赵为贵公子，今纵君家而不奉公则法削，法削则国弱，国弱则诸侯加兵，诸侯加兵是无赵也，君安得有此富乎？以君之贵，奉公如法则上下平，上下平则国强，国强则赵固，而君为贵戚，岂轻于天下邪？"身为在赵国享受崇高地位和待遇的平原君赵胜本来应该带头做一个模范纳税大户，可是他却偏偏要搞特殊，带头违法乱纪，当了抗税大户。赵奢说的道理其实很简单，但是这个简单的道理到了位高权重的平原君这里就拐了个弯去符合赵国的国情。在赵奢之前，从来没有人跟平原君说过他应该带头守法纳税的道理，天长日久不正常变成了正常，而这种不正常的正常就变成了赵国的国情，只是这种国情环境下的赵国怎么可能真正富强起来，最终身为赵国相国的平原君赵胜又怎么能够对得起赵国给予他的崇高地位呢？

本来想要杀人复仇的平原君赵胜被赵奢一记当头棒喝清醒了过来，赵奢的解释不仅很逻辑而且很高度，他没想到一个税务官员居然具有这样的觉悟和理论水平，更没想到一个位卑言轻的官员居然有这样的胆色，敢于面对面地痛批赵国相国的错误。于是一向以爱才惜才著称于世的平原君赵胜不仅改变了杀人的动机，而且还积极地向赵惠文王推荐了赵奢，敢于得罪平原君的人本来就凤毛麟角，得罪平原君以后还能凭一番慷慨陈词让平原君心悦诚服的人简直就是奇迹。赵惠文王也被赵奢的胆色和原则打动了，就这样

诸子百家

——兵家

赵奢被任命为赵国税务局局长，全面主持赵国的国家税收工作，在赵奢的努力下，赵国很快就"国赋大平，民富而府库实"。

世上无难事，只要肯拼命

赵奢上位当税务局局长的过程很快被传为佳话，只是隔行如隔山，这位有原则的税务干部可能完成一件连廉颇和乐毅都不敢接手的军事任务吗？赵奢最终以自己的实际行动证明了一个道理：世上无难事，只要肯拼命。

赵奢率领大军出征，离开邯郸三十里的时候，赵奢下令"有以军事谏者死"。赵奢不仅有种，而且也不缺头脑，他当然知道廉颇和乐毅都不敢接手的工作一定是一件几乎不可能完成的任务，所以他决定让那些动摇军心的人统统闭嘴。

当时的秦国大军来到了武安的西面，为了威慑赵军，开始操练军队。秦国大军战鼓擂起，喊杀声震天，根据《史记·廉颇列传附赵奢传》的记载，秦国大军当时的这次军事示威产生了相当于三级地震的冲击波，当时武安城里房屋上面覆盖的瓦片都被震得发出了"哗啦啦"的响声。武安危急的军情很快报到了赵奢军中，赵

赵奢

奢帐下的一名将官情急之下忘记了赵奢立的规矩，他站出来请求赵奢尽快赶到武安救援。这位将官的建议当然也是"以军事谏"，所以这位不开眼的将官就被赵奢下令拖出去砍了脑袋。站在赵奢帐下的众将领倒吸了一口凉气，从此以后没人再敢跟赵奢废话了。杀了倒霉的将官，赵奢下令原地扎营，然后组织全军士兵挖战壕、筑工事，一副就地抵抗秦军的架势。就这样赵奢原地不动地守了二十八天，丝毫没有要开赴前线的意思，只是军营周围的工事已经修得颇具规模。这时秦国大军派出的侦察员来到了赵奢军前，赵奢不仅把这位奸细放进了大营，而且还好吃好喝好招待了一番，然后就打发奸细回去报信去了。秦国侦察员回到了自己的军中，马上向领兵的将军汇报了自己在赵奢军中的所见所闻，秦国将军听到汇报以后大喜，"夫去国三十里而军不行，乃增垒，阏与非赵地也。"人们都愿意相信对自己有利的信息，而忽略对自己不利的迹象，秦国将军也不例外。这次秦国将军只看到了赵奢在距离邯郸三十里的地方构筑工事坚守的现象，为了自己的胜利，他很自然地把赵奢的行为理解成了不思进取，甚至是畏惧不前。而那位侦察员轻易获得的情报当中表现出来的诸多疑点就被这位将军很轻易地忽略了。

就在秦国将军得意扬扬地鄙视着赵奢的时候，赵奢其实已经在路上了。赵奢大军几乎是紧跟着秦国侦察员出发的，经过两天一夜的急行军，赵奢大军突破了狭长危险的地

带,突然出现在秦国大军的面前。

一场秦国将军始料不及的遭遇战一触即发,两军阵前连飞鸟都不见了踪迹,空气紧张得像是瞬间遭到了急速降温而被冻结。

这时赵奢帐外出现了一个名叫许历的小兵,这个不怕死的小兵不顾一个月前倒霉将官的前车之鉴,居然要求向将军赵奢提合理化建议。出人意料的是,赵奢并没有翻脸杀人,而是把小兵请进了自己的大帐。小兵许历面对将军赵奢毫不紧张,直截了当地提出了加强防守的建议:"秦人不意赵师至此,其来气盛,将军必厚集其阵以待之。不然,必败。"赵奢大军的出现虽然出乎秦国将军的意料,不过秦军以逸待劳,气势正盛,而赵军远道而来,立足未稳,如果赵奢不集中兵力严阵以待必然会遭到失败。一个月前飞扬跋扈、草菅人命的赵奢此时突然变得很谦虚、很温和,他非常诚恳地接受了小兵许历的建议,说"请受令!"小兵许历却很自觉地表态"请就铁质之诛",既然将军赵奢曾经立过规矩,那么破坏规矩的小兵许历此刻头上就悬着一把屠刀。然而规矩从来都是人定的,在此刻的赵军,赵奢就是最高立法者和裁决者,他说"胥后令邯郸。"赵奢的说法很含糊,他既没有鼓励小兵许历的越级提议,也没有要惩罚他的意思,而是说等回到邯郸再说。聪明的许历当时心里却一阵狂喜,在走到赵奢帐前冒死提议之前,他在心里已经经过了周密的盘算,他认为有胆色的将军赵奢一定喜欢有胆色的手下,而自己身为小兵如果不利用这种机会冒死出头,恐怕永远都不会得到提拔的机会。当然小兵许历能被司马迁载人《史记》,绝不仅仅是有胆色,他向赵奢提出的第二个建议,显示了这位小兵的确具备了担任参谋长的素质和潜质。小兵许历说:"先据北山上者胜,后至者败。"兵法上说居高临下,势如破竹。当时赵秦两军遭遇,北山是第一制高点,谁占据了这里,谁就掌握了战场的主动权。小兵许历提出的建议在今天看来似乎是基础的军事常识,然而在两千多年前,能在遭遇强敌的第一时间做出这样迅速的判断,仍然征服了将军赵奢。学习能力过人的赵奢当下就肯定小兵许历的建议是正确的,于是马上派出了一万多精兵迅速抢占北山制高点。果然,就在赵国军队爬上北山之后不久,秦国大军也派出了敢死队来抢夺北山阵地,北山的争夺异常惨烈。

鲜血像瀑布一样随着山势流淌了下来,山坡上、山脚下到处都是秦军士兵被利箭射穿、被山石砸死的尸体。

围绕着北山,秦赵两军展开了惨烈的激战,最后赵军还是由于死守住了制高点而大败秦军。秦军丢下漫山遍野的尸体撤退了,阏与重新回到了韩国的版图,赵奢完成了这个不可能完成的任务,也率领远征军回国了。

赵奢一战成名,被赵惠文王封为马服君,而小兵许历也被封为国尉,不仅得到了提拔,而且提拔的幅度还很大。从此以后,赵奢也进入了赵国的核心领导层,与廉颇、蔺相如比肩而立,并存于朝堂之上。

诸子百家

——

兵

家

九、史上最杰出的抗匈战略家：李牧

龟缩战略

　　战国是个人才辈出的时代，但是像赵国这样前后出现廉颇、赵奢和李牧三位绝世名将，在当时仍然非常罕见。这也许就是赵国能够长期担当抗秦主力的原因之一。自从廉颇出走以后，赵国军队出现了名将真空，而此时秦国正在蒸蒸日上，形势对赵国非常不利。可是就在这紧急关头，李牧出现了，这位将军虽然资历比不上廉颇，但是从他的战绩来看，却是毫不逊色。

　　李牧的出生在当时的战国名将当中相当另类。他的早期战争经验和军事智慧不是来自与其他六国之间的战争，而是来自和匈奴的较量。事实上，李牧应该是历史上第一位代表农耕文明成功抗击匈奴的名将，而且就其可以调动的资源和取得的战绩比较来看，李牧也是抗击匈奴的战争史上最成功的一位名将，甚至远远超过了汉朝的卫青和霍去病。

　　根据《史记》记载，李牧最早是负责赵国北部边防的将领，长期驻守在代和雁门一代，也就是今天的山西北部。当时的李牧不仅负责赵国北部的防务，同时也是北部边疆的行政长官，有权在当地任命和安排干部。根据《史记》对李牧的权力和职责的记载，这位边疆名将实际上是赵国北部边疆集军权和行政权于一身的封疆大吏。

　　李牧负责的地方以北就是辽阔的大草原，那里是游牧民族匈奴的地盘。而匈奴常常越过边境来到农业文明地区找饭吃，从战国到两汉的数百年间，匈奴一直是一个让历代君王头痛的名词。

　　为了有效地对付匈奴的骚扰和入侵，李牧非常重视军队建设。他不仅把当地的财政收入重点用于军费开支，而且努力改善士兵们的伙食。为了提高士兵们参加军事训练的积极性，李牧每天都要宰杀几头牛来改善士兵们的伙食。因为有了香喷喷的牛肉，士兵们参与军事训练的热情非常高涨，这些农民的孩子不是美国牛仔，如果在家种地是不可能天天吃牛肉的。因此，在李牧主持赵国北部边疆工作期间，"当兵打仗吃牛肉"成了一句极富感染力的征兵和动员的口号。就这样，李牧一边杀牛、一边训练，逐渐带出来了一支能骑擅射的队伍。由于匈奴的骑兵具有很强的机动性，所以匈奴擅长突然袭击，占了便宜就跑。为了掌握匈奴的动向，李牧加强了长城沿线的烽火台的警界，同时派出了很多侦察员随时打探匈奴的军情。

　　李牧似乎做好了一切与匈奴开战的准备，但是对待匈奴，李牧却采取了非常保守的龟缩战略。他曾经下过这样的命令："匈奴即入盗，急入收保，有敢捕虏者斩。"按常理来说将军都要鼓励将士们积极主动地奋勇杀敌，可是李牧却命令一旦匈奴入侵，各处驻军不得主动出击，而必须撤回长城沿线要塞防守。为了强调这个命令的严肃性，李牧宣布

诸子百家——兵家

有胆敢主动出击抓获俘虏的人必须斩首。自古以来,战争中的将军都要奖赏捕获俘虏的战斗英雄,到了李牧这里却反其道而行之,抓获俘虏不仅没有奖金拿,反而要掉脑袋。从表面来看,李牧龟缩战略不仅让人很难理解,而且也很不具有观赏性,颇有贪生怕死、畏敌不前的嫌疑,但是李牧的这种龟缩战略在实战中却取得了不错的效果。在李牧担任赵国北部边境军政长官的早期,匈奴曾经多次入侵,李牧的部下严格执行了他的命令,一边收缩进长城要塞坚守,一边点燃烽火告警。几年下来,匈奴始终无法突破长城要塞,赵国北部边境的百姓因此也没有遭受到实质性的损失。匈奴虽然占不到便宜,却开始鄙视李牧了。这个强悍的民族崇拜勇武好战的英雄,而这个李牧却总是龟缩在坚固的长城要塞里,让匈奴人束手无策。不仅匈奴人这样想,李牧手下的士兵们也认为自己的长官什么都好,就是胆子太小,每次面对嚣张入侵的匈奴,大家都不得不奉命执行保守防御,这让年轻的士兵们觉得很没面子。只是看在吃过的牛肉的面子上,大家也不好公开抱怨和指责自己的长官。

然而,邯郸城里的赵王却无法忍受了,当老板的都喜欢有业绩的手下,李牧虽然保持了北部边境安定的局面,但是在与匈奴的对抗当中却没有占到上风。邯郸城里的赵王每年都会在李牧报上来的财政收入和支出报告上看到庞大的军费预算,但是花了大钱的赵王却始终没有见到过李牧送来的血淋淋的匈奴脑袋或者垂头丧气的匈奴俘虏,而从前线传来的消息都是关于李牧的龟缩战略。这种战略执行起来不仅很难看,而且很没面子。赵王很不平衡,就像掏钱买了电影票的观众没有看到期待已久的著名影星而只看到一个朦胧的背影,赵王觉得自己的钱花得冤枉。于是赵王愤怒了,他派使者去前线传达自己的意思:不论如何,李牧应该打个漂亮仗,否则太对不起以赵王为首的赵国观众了,再这样下去赵王就不管饭了。李牧没有照顾观众的情绪,继续苦心孤诣地坚持着自己的小众战争审美观,龟缩战略仍然不变。

看不到自己期待的好戏,赵王只好换主角了。就这样李牧下岗了,另外的人取代了李牧北部边境军政长官的职位。

新任男主角非常照顾赵王和广大观众的情绪,一上台就宣布废除李牧的龟缩战略,赵国北部边疆的军团从此开始执行积极出击、迎头痛击敌人的战略。年轻的士兵们非常兴奋,跟着李牧很多年牛肉吃了不少,胜仗却没有打过一个,这让士兵们很失望。根据马斯洛的需求层次学说,每天都能吃到牛肉的士兵们在获得物质上的满足和集体归属感以后,开始追求自我价值的实现,而作为战国时期的职业军人,自我价值似乎必须通过杀死或者俘虏敌人来实现。但是在李牧的时代,士兵们仿佛永远看不到实现自我价值的希望。现在男主角换了,士兵们终于看到了希望。

可是士兵们很快就发现自己错了。就在李牧下岗不久,匈奴再次入侵,新将军深刻领悟了赵王的指示,坚决地执行了赵王的命令。于是在新将军的率领下,赵国驻军冲出了坚固的长城要塞,来到辽阔的草原上与匈奴展开野战。然而,在开阔的草原上的野战显然不是赵国军队的强项,匈奴迅疾的铁骑很快就把赵国军队的战阵冲击得四分五裂。

诸子百家——兵家

失去了统一指挥的赵国士兵无法适应各自为战的状态,而这恰恰是游牧民族武士的强项,很快赵军陷入了混乱和恐慌,失败在所难免。这次出击不仅没有取得辉煌的战绩,反而由于赵军放弃了对长城要塞的坚守而导致匈奴铁骑大规模入侵,长城内的老百姓损失惨重,牛羊、粮食,村子里能抢走的东西都抢走了。可是既然赵王有过指示,新将军必须坚持大众战争审美观,以迎合市场。匈奴的高层发现,这次赵国军队出人意料地放弃了令自己无计可施的龟缩战略,不仅冲出了长城要塞,而且还和对手展开了对攻,这让匈奴非常激动。只要这样的战略持续下去,匈奴就有好日子过了,毕竟冲到村子里抢牲畜和粮食要比在草原上放羊收获大多了。就这样匈奴加大了入侵的频率,力争抓住难得的抢劫旺季多捞几票,而赵国军队也继续和匈奴对攻,继续失利,老百姓只有继续遭受损失,赵国北部边疆广大农村像是遭到了大灰狼的袭击,牛羊牲畜基本绝迹。

赵王又不高兴了,不好看不高兴,好看却赔钱更不高兴,这就是战争和电影的区别。好看的电影一定会赚钱,而好看的战争却不一定赚钱。赵王逐渐醒悟了,当国王不是当导演,与战争遭受的惨痛损失相比,战争的观赏性只能排到后面。李牧打仗虽然不好看,却不会赔钱,这对于以追求安定的发展环境为目标的赵国至关重要,对付行踪不定的匈奴就像在金融危机来临的时候炒股,能保证不赔钱就是成功,要是还能赚点那就是天才了。可是,当初并不是李牧自己要求辞职,而是被赵王勒令下岗的,现在到了深度套牢的时候,要想让李牧再度出山不是下个文件那么简单。于是赵王派出了特使代表赵王看望李牧,李牧躲在家里看清楚了赵王的底牌,这时候不耍大牌更待何时,所以赵王特使来到李牧府上的时候被挡驾了:老李生病了,来客恕不接待。赵王知道老李的病根,可是赵王不是廉颇,身为一国之君怎么也不可能拉下脸登门谢罪,无奈之下只能下诏,任命李牧为北部边疆行政军事长官,立即上任。李牧知道自己不能再继续耍大牌了,赵王虽然对付不了匈奴,却能对付自己,所以赵王能当国王,而李牧只能当将军。李牧提出了条件,要老李继续干可以,不过具体工作还是要按老李的思路开展,说具体点就是老李的龟缩战略不能动摇。尝到赔钱滋味的赵王只好答应了,龟缩就龟缩,只要不赔钱爱咋整咋整。

大破单于

李牧恢复了工作,继续龟缩战略,严防死守,匈奴再也占不到便宜了。老乡们又开始上山放牛羊,下地种庄稼,边疆恢复了往日的田园牧歌,风调雨顺、安居乐业。当兵的继续训练,天天吃牛肉,月月发奖金。天长日久,战士们还是有了情绪,好日子过久了都要有点追求,当兵一开始是为了吃牛肉、领军饷,牛肉吃多了就想当英雄了。《史记》记载:"边士日得赏赐而不用,皆愿一战。"

李牧知道战士的情绪酝酿得差不多了,于是开始准备动员一场一生难遇的世纪大战。小兵都有追求,李牧就更不可能甘于平庸。李牧准备的战争装备包括战车一千三百辆,战马一万三千匹;李牧选拔的战士包括冲锋陷阵的敢死队五万人,弓箭射手十万人。匈奴毕竟不是处心积虑灭亡赵国的秦国,而李牧也不是赵国的上卿廉颇,他的战争准备

諸子百家——兵家

和动员已经动用了一个边疆长官可以掌握的最大战争资源。

李牧开始重点训练这支精选的部队，好在李牧常年杀牛练兵，所以匈奴早就习以为常，因此，这样针对性的训练并没有引起匈奴高层的重视。

日子一天天过去了，李牧眼看着这支常年防守的边疆部队逐渐具备了与匈奴抗衡的野战实力，更重要的是他们的士气随着训练更加高涨，每个人都感觉到自己将参与一场载入史册的战斗。历史使命感逐渐地融入这支部队当中，从将军到小兵，人人都想创造历史，这就是最有效的战争动员。

匈奴那边没有历史使命感，他们只有生存使命感和占有的本能，李牧再次上台，让匈奴没有了占便宜的机会，可是匈奴并没有放弃，在长城那边，无数的眼睛注视着李牧，时刻准备着越过长城占便宜。

那年春夏之交，匈奴的侦察员陆续向单于报告，赵国北部边疆今年好像经济特别繁荣，漫山遍野的牛羊、放牛男孩和牧羊姑娘在鲜花绿草间游走，无忧无虑的样子让匈奴人很是艳羡。漫山遍野都是便宜，这时候不去捞一把，那就不是匈奴了。于是单于派出了小股部队，先试探一下这次占便宜的难度，没想到这次占便宜非常顺利，赵国主力一触即溃，丢下辎重仓皇逃窜，几千人没来得及撤退就被俘虏。匈奴单于接到战报，欣喜若狂，单于甚至怀疑李牧是不是再次下岗了，因为这样的情景只在李牧下岗的时候出现过。不管怎样，这样的机会不能错过，于是单于动员了全体骑兵十余万人，从草原上席卷而来。

赵国北部长城沿线，一时间尘土遮天蔽日，原来绿油油的草皮被匈奴十余万战马踏得斑驳陆离，露出了黄土。单于主力出动如同台风登陆，势不可挡，又如黄河泛滥，一发不可收拾。一路上，单于虽然也遇到了抵抗，可是无不披靡，单于不再怀疑，即使李牧还在，失去了长城要塞的依托，他也无法抵挡自己主力铁骑的长驱直入。

李牧没打算挡，他早就布置好了埋伏，沿着长城沿线张开了左右两翼。随着单于主力的深入，李牧开始逐渐收网。长途奔袭的十余万匈奴骑兵在沟壑纵横的山西北部高原拉开了距离，而伴随着他们四处进村搜寻牛羊和粮食，单于主力部队已经失去了紧凑的阵形。

决战的时刻到了，从空无一人的村庄里赶着牛羊、扛着粮食出来的匈奴骑兵们正在兴头上，根本没注意到四周突然出现了大批的战车和骑兵。

箭雨从天而降。

本来就阵形松散的十余万匈奴骑兵很快就被迅猛的战车和骑兵分割包围，本来势均力敌的形势发生了变化，善战的匈奴骑兵们突然意识到自己落入了陷阱，眼前的赵国军队不仅早有准备，而且训练有素。匈奴骑兵先是被战车分割包围，紧接着被遮天蔽日的箭雨射得东倒西歪，残存的匈奴骑兵惊魂未定，又被冲上来的阵势森严的优势骑兵彻底围歼。

如果用侦察飞机和军事卫星来观察这场发生在赵国和匈奴之间的战争，就像一场发生在一位职业九段和一位业余选手之间的围棋比赛——李牧的部队先把单于主力分割得七零八落,然后一块一块地吃掉。

单于彻底失败了,丢下刚到手的牛羊、粮食仓皇逃窜。根据《史记》记载,李牧指挥的这场战争不仅打败单于主力,而且杀死了十余万匈奴骑兵,彻底歼灭了匈奴的襜褴部,打败了东胡部,林胡部被迫投降。匈奴元气大伤,从此以后的十几年,匈奴再也不敢靠近赵国的北部边疆。

李牧不仅创造了历史,也创造了奇迹,按照投入资源的统一口径衡量,这个对匈奴战争的辉煌纪录后来无人能破。事实上,后来汉武帝亲自策划的马邑之战本来就是李牧打破匈奴单于的翻版,只是技术变形加上一点偶然因素,导致了汉武帝最后没能复制李牧的辉煌。马邑失利后,像所有自负的帝王一样,遭到失利的汉武帝也开始搞创新,策划以骑兵为主的长途奔袭。可是非常不幸,汉武帝的远征虽然表面上取得了辉煌的战绩,但是劳民伤财,导致国家财政陷入了灾难。李牧最伟大的历史贡献在于提供了一种对付匈奴的标准模式,这个标准模式不仅效率最高,而且付出的经济成本最低,造成的人员伤亡也最小,可谓既经济又环保,是最适合农耕世界对抗游牧世界的战略。后来试图颠覆李牧战略的君王名将虽然在局部战役上也取得了一些胜利,但是站在经济和人文的角度来衡量,这些颠覆性的突破无疑在战略上都是失败的,只要算一笔经济账就再清楚不过。

赵国最后的柱石

赵悼襄王元年,廉颇出走大梁,赵国首席名将空缺,战功辉煌的李牧补缺上位,成了赵国首席名将。李牧继续着自己的辉煌,以真材实料的战绩证明了自己不仅是匈奴的天敌,也是秦国的克星。李牧接替廉颇后指挥的第一次战役是攻打燕国。燕国因为一次令人不齿的占便宜行为而遭到了赵国的连续报复,损失惨重。李牧率领赵国军队很快打败了燕国军队,占领了燕国武遂和方城两个地方。过了两年,赵国另一位将军庞煖再次击败燕军,杀死了燕国将军剧辛。又过了七年,秦军发动了对赵国的侵略,进攻武遂,赵国派扈辄为将军领兵救援,但是扈辄似乎武功不济,不仅赵军被杀得大败,阵亡了十万人,扈辄自己也被斩于乱军之中。为了扭转败局,赵国任命李牧为将军,在宜安发动了对秦军的反攻。赵军在李牧的领导下果然起死回生,秦军大败,秦将桓齮逃走。至此,李牧登上了名将生涯的顶峰,被封为武安君。除了李牧以外,战国时期还有另一位牛人被封为武安君,那就是在长平屠杀了四十万赵国降卒的白起。两位武安君都是名将,都是战无不胜,最后都因为被老板怀疑而死于非命,似乎武安君这个称号更适合做谥号,封给活人实在不好。

又过三年,秦军进攻番吾,李牧领命出兵,再次击败秦军,同时在南部边境有效地震慑了韩国和魏国。

后来赵悼襄王去世,他儿子赵迁即位,号为赵幽缪王。从赵惠文王以后,先是赵孝成王,再到赵悼襄王,最后到赵幽缪王,赵王家族可谓一代不如一代,真有点气数将尽的感觉。一个王国或者一个朝代气数将尽的特征就是不自信、不信任,从赵孝成王开始赵王家族的心理上的脆弱就已经初见端倪，到了赵幽缪王这里，这位末代国王将这种心理特性更发挥得登峰造极。

赵幽缪王七年，秦国派出名将王翦再次发动了对赵国的战争。兵来将挡，赵国派出了李牧为主将、司马尚为副将的强大阵容出战。王翦虽然是当世名将，可是也怕李牧，李牧不仅创造了大破匈奴单于、斩首十余万的辉煌战绩，而且在与秦国的对抗当中也一直保持着不败的纪录。李牧在与王翦的对抗当中，不仅数次挫败了这位秦国的名将，而且还斩杀了上次在李牧手中逃脱了的秦将桓齮。

身为与白起并称的秦国名将，王翦居然在李牧面前占不到半点便宜，这让王翦很没有成就感，也很郁闷。王翦意识到李牧就是拦在自己面前的一道无法跨越的障碍，只要李牧在，王翦就无法继续自己的职业辉煌，秦国就无法完成征服赵国、统一六国的战略计划。不过名将这种人才不仅需要在战场上较量，也需要在战场以外较量。在战场上王翦虽然战胜不了李牧，但是在政治王翦却比李牧成熟，他很快就想到田单对付乐毅的老办法——离间计。与田单的离间计相比，王翦的离间计实际上并不高明，因为当时李牧对于赵国这栋危房来说，几乎就是最后的承重栋梁，按理说要让赵幽缪王亲手砍了这根栋梁似乎很难做到。不过王翦还是做到了。他知道如果自己派人去造谣或者编个故事创作一个民歌来忽悠，恐怕很难动摇赵幽缪王，于是他想到了赵幽缪王的亲信郭开。郭开让赵王特使编瞎话骗赵悼襄王废掉廉颇靠的是黄金开路，王翦让郭开编瞎话骗赵幽缪王废掉李牧也不可能另辟蹊径。有钱能使鬼推磨，郭开收到了王翦的黄金，马上就开始造谣了："李牧、司马尚欲与秦反赵，以多取封于秦。"李牧当时已经是武安君了，这样的封号不仅是战国时期针对做出杰出贡献人才的终生成就奖，更意味着世代可以依靠的经济基础。可是郭开偏偏说李牧和司马尚是为了多得到分封就企图叛国投敌，这样的说法实在缺乏说服力。如果是正常的老板听到这样的小报告，至少应该让郭开出示证据，可是赵幽缪王不是正常的老板，而是亡国之君，所以赵幽缪王马上就相信了郭开的说法，下令免去李牧的职位，派出了赵葱和颜聚两位将军去前线代替李牧。

出人意料的是李牧既没有接受赵王的决定与赵葱和颜聚交接工作，也没有效仿乐毅出走，而是拒绝交出兵权，公开对抗赵王的决定。李牧这个不成熟的决定使得赵幽缪王更加坚信郭开关于李牧要造反的小报告。气数将尽的君王除了不自信、不信任以外，还有一个显著的行为特点，那就是积极发展特务组织。赵幽缪王就是这样一位君王，这位内心虚弱的国王掌握着庞大的特务组织，所以当他得知李牧胆敢抗命的消息以后，就亲口下达了捕杀李牧的命令。李牧在毫无防备的情况下，被赵幽缪王派出的特务逮捕后杀害，司马尚被就地免职。

赵国的柱石至此全部倒下，郭开胜利了。

事实上，郭开这个人也是个传奇，他不仅活得长，而且获得了赵悼惠王和赵幽缪王两代君王的绝对信任，在他的不懈努力下不仅废掉了廉颇，而且毁掉了李牧，被郭开抽空了顶梁柱的赵国很快房倒屋塌。

李牧死后三个月,王翦发动了对赵国的全面进攻,此时的赵国已经没有可以依靠的屏障了,在王翦的猛攻下赵军大败,赵葱被杀,赵幽缪王和颜聚遭到俘虏,赵国彻底灭亡。

十、战争机器:白起

恐怖的记录

美国的巴顿将军在一次战前动员时说:"战争就是杀人,你不杀他,他就杀你"。这位出身西点军校的美国名将揭露了战争血淋淋的实质。不管人们是否喜欢,战争必须通过杀人的速度和效率来决定卷入战争的国家命运。如果以在战争中有效消灭敌人的数量来衡量,巴顿并不是人类历史上最出色的将军,至少在两千多年前的中国就出现过一位巴顿无法超越的名将。这位名将因为以惊人的速度杀死了数量惊人的敌国士兵而名噪一时,也正因为如此,这位名将被赋予了"人屠"的称号,死后谤满天下。

这位人类历史上最高效的战争机器就是白起。翻开《史记·白起列传》,白起一生当中的一连串战绩和杀人数字触目惊心:"白起为左更,攻韩、魏于伊阙,斩首二十四万";"昭王三十四年,白起攻魏,拔华阳,走芒卯,而虏三晋将,斩首十三万。与赵将贾偃战,沉其卒二万人于河中";"昭王四十三年,白起攻韩陉城,拔五城,斩首五万";"乃挟诈而尽坑杀之,遗其小者二百四十人归赵。前后斩首虏四十五万人"。根据《史记》中的记载统计,白起在其职业军事生涯中有据可查的杀人记录就多达九十万,如果算上那些《史记》可能忽略的小型战役,死在白起手中的各国士卒可能超过一百万。而根据有关学者的推测,战国时期七国的总人口不过在一千万至两千万之间,白起的杀人记录的恐怖程度不言而喻。

让我们从白起的简历开始讲起。

白起是郿(今陕西眉县)地人氏,因为突出的军事天才而得到了秦昭王的重用。

从秦昭王十三年(前294年)起,白起开始了自己的职业军事生涯,在那一年白起被任命为左庶长,领兵攻打韩的新城(在今河南伊川县西)。第二年,白起得到了提拔,由左庶长升级到左更,出兵攻魏国和韩国,在伊阙(今河南洛阳龙门)斩获首级二十四万,俘虏了敌军将军公孙喜,占领了五座城邑。因为战功,白起又被晋升为国尉,获得连续提拔的白起工作热情异常旺盛,他率军渡过黄河,占领了韩国的安邑以东到乾河大片土地。秦昭王十五年,白起继续以火箭的速度向上晋升,在这一年他被任命为大良造。大良造白起不知疲倦地继续着他的辉煌,就在白起被任命为大良造的同一年,他领兵进攻魏国,势如破竹地占领了魏国大小六十一个城邑。秦昭王十六年,白起与客卿司马错联手占领了垣城。秦昭王二十一年,白起领兵进攻赵国,占领了光狼城(今山西高平市西)。秦昭王二十八年,白起进攻楚国,占领了鄢、邓等五座城邑。第二年,白起领兵成功地攻陷了楚国的首都郢都(今湖北江陵西北),在夷陵(今湖北宜昌)白起纵火焚毁了这座城邑,然后

诸子百家——兵家

继续向东挺进打到了竟陵。此时楚王逃离了都城,跑到了一个叫作陈的地方避难。就这样秦国将郢都改名为南郡,正式并入秦国的版图。

一连串的辉煌胜利将白起推到了事业的第一个高峰,秦昭王为了表彰白起的突出贡献,封白起为武安君。为了报答秦昭王的厚爱,白起继续领兵进攻楚国,很快就乘胜拿下了巫和黔中(今四川、贵州地区)两个郡。秦昭王三十四年,白起率军攻进攻魏国,大破赵魏韩三国联军于华阳(今河南新郑北),魏将芒卯败逃,此役白起俘虏了三员联军将军,斩首十三万。紧接着,白起又与赵国将军贾偃遭遇,白起因地制宜,利用水攻淹死了赵国士兵两万人。秦昭王四十三年,白起进攻韩国的陉城,占领了五个城邑,斩首五万。

根据白起这个"战绩",读者可以清晰地看到一个秦国的基层军官是怎样通过赫赫战功一步一步地成为秦国第一名将的线路图。在三十年的战争生涯当中,白起作为第一负责人领导过进攻韩国、魏国、赵国、楚国等四个国家的战争,而这四个国家都是当时与秦国接壤的国家,秦国远交近攻的战略在白起主持的战争中表露得一览无余。白起在与四个邻国的战争中每战必胜,就这样白起从左庶长到左更,由左更到国尉,由国尉到大良造,由大良造到武安君,实现了职业军旅生涯的四步跨越,终于从一个基层军官成为秦国第一名将。

然而,白起一生中最重要的时刻还并没有到。白起在历史上不可忽略的"地位"主要是在长平之战中确立的。长平之战发生在秦昭王四十七年,也就是白起开始职业军官生涯的第三十四个年头,可以推算,即使白起从二十岁开始当左庶长,到长平之战的时候也应该是五十多岁的中年人了。

一个梦和一塲战争

长平之战的故事要从秦昭王四十四年开始。那一年白起再次进攻韩国南阳的太行山一线,从此韩国在太行山上的险要道路彻底被白起掐断。秦昭王四十五年,白起进攻韩国的野王(今河南沁阳),野王的当地长官顶不住白起的攻势而投降了秦国,从此上党通往韩国都城的道路被彻底绝断(韩国都城在新郑,上党和新郑之间必须通过野王渡河才能连通)。

由于上党与韩国首都新郑之间两边的交通线都被白起相继掐断,上党接受了秦国的收编整合,名义上归顺了秦国。此时的上党在秦昭王眼里等于一头金黄焦脆、香气四溢的烤乳猪,剩下的事就是下刀子、动筷子了,然而,事情没那么简单,煮熟的鸭子能飞,烤熟的乳猪能跑。

有一天,白起和秦昭王突然接到上党传来的情报:上党守冯亭已经把上党献给了赵国,赵国也向上党派出了军队正式接收了上党。秦昭王和白起愤怒了,这真是鹬蚌相争、渔翁得利,秦昭王和白起要是能咽下这口气就不可能有后来横扫六国的秦帝国。

于是一场决定秦赵两国命运的大战不可避免地爆发了,这就是长平之战。

这里有必要介绍一下长平之战爆发的起因,因为这个历史上非常著名的战争是从一个梦开始的。

就在赵孝成王登上王位后的第四年,有一天夜里,赵孝成王做了一个航天发财梦,当时谁也没想到长平之战就从这个梦开始了。在那个夜里,赵孝成王在睡梦中梦见自己穿着左右两边颜色不同的航天服,骑在一条龙的背上飞上了天,欣喜若狂的赵孝成王还没来得及欣赏天空中的美景就突然掉了下来。摔到地上的赵孝成王不仅没有感到疼痛,反而发现自己降落到了一座黄金和美玉堆积而成的山上。后来赵孝成王被自己发财后狂喜的大笑声惊醒了。醒来以后赵孝成王久久不愿睡去,梦中的情景太诱人了,堆积如山的黄金美玉让国王回味无穷。赵孝成王很迷信,相信这个奇怪而美丽的梦一定是上天给他的某种指示,作为一国之君,自己不可能乱做毫无意义的梦。

就在做梦后的第三天,韩国驻守上党的地方官上党守冯亭派来了使者,这位使者带来了冯亭的口信:上党守冯亭愿意将上党献给赵孝成王。赵孝成王得到这个消息,马上想起了三天前自己做的那个航天发财梦,他坚信自己的那个梦分明就预示着自己将获得飞来的横财,而这笔横财就是包括十七座城邑的上党地区。

其实,上党守冯亭不可能无缘无故地将那里的国土白白送给赵国,他的理由很无奈,"韩不能守上党,入之于秦,其吏民皆安于赵,不欲为秦,有城市邑十七,愿再拜入之赵,财王所以赐吏民"。当时正是韩桓惠王十年,那一年,秦国军队在白起的率领下,在太行山一线对韩国发起了攻击,那里根本顶不住秦军的进攻,因此很快就断绝了与韩国首都的交通联系。事实上,当时的秦国已经在名义上吞并了上党,只是由于秦国一时之间派不出那么多军队和干部接管这个地区。于是秦国继续留用冯亭来维持秦国在上党的统治。上党守冯亭不甘心就这样背叛韩国,经过痛苦的权衡思考之后,决定将上党献给赵国,赵国和韩国是长期友好的同盟,所以冯亭说上党人民对赵国有感情,不愿意当秦国人而愿意当赵国人的话,也并不完全是冠冕堂皇的客套话。除此之外,如果上党落入秦王的手里,韩国就失去了与秦国对抗的屏障太行山的地理优势,而上党并入赵国不仅能加强盟国赵国的力量,更重要的是赵国因此必然会得罪秦国,为了上党,秦赵两国的战争不可避免。利用已经无法保全的上党十七座城邑为诱饵把强大的盟国赵国拖进对抗秦国的战争,这应该是当时处于劣势的韩国的一个高明的战略选择。

不管韩国的上党守冯亭出于什么动机,赵孝成王都觉得这眼前的巨大利益是真实的,至于吞下这巨大利益以后会发生什么谁也无法预料——那些吞下鱼饵的鱼估计也是这么想的。赵孝成王当时没觉得自己是条鱼,他仍然沉浸在三天前的那个梦境里,于是他找来平阳君赵豹商量,平阳君赵豹是一位原则性很强的人,他否定了赵孝成王准备接受上党的想法。

平阳君赵豹的理由很朴素,他说:"圣人甚祸无故之利。"世上没有免费的午餐,平阳君赵豹认为在有理智、有道德的圣人眼里,这种天上掉馅饼的好事其实隐藏着巨大的灾祸。

赵孝成王不想当圣人,而且他也不认为接收上党是"无故之利",他说:"人怀吾德,何

诸子百家——兵家

谓无故乎?"赵孝成王被上党守冯亭描绘的上党人对赵国的深厚感情忽悠了。他认为上党人选择赵国就像年轻女孩找婆家一样,都想选一个心眼好、能力强、长得帅的人托付终身。赵孝成王觉得自己人品好、长得帅,是上党人的最爱,这就是接收上党的充分理由。

平阳君赵豹说:"夫秦蚕食韩氏地,中绝不令相通,固自以为坐而受上党之地也。韩氏所以不入秦者,欲嫁其祸于赵也。秦服其劳而赵受其利,虽强大不能得于小弱,小弱顾能得之于强大乎?岂可谓非无故之利哉!且夫秦以牛田之水通粮蚕食,上乘倍战者,裂上国之地,其政行,不可与为难,必勿受也。"秦国处心积虑要蚕食韩国的领土,当时已经从韩国的中部把韩国分成了两半,所以秦王早就认为上党是秦国的囊中之物。而且当初秦国为了占领上党,从渭河沿着黄河和洛河将军粮运输到前线,可以说是下了血本。现在,秦国实际上已经开始在上党行使主权,如果赵国接收了上党,秦国就等于白白给赵国打工,这必然会激怒秦王,引发战争。平阳君看透了上党守冯亭的心思,韩国将这块秦国志在必得的土地送给赵国,就是要嫁祸给赵国,把赵国拖进对秦国的战争中来。

赵孝成王此刻眼睛里只有上党的十七座城邑,他说:"今发百万之军而攻,逾年历岁未得一城也。今以城市邑十七币吾国,此大利也。"赵孝成王的理由也很充分,即便是调动百万军队攻打邻国,战争经年累月也未必能获得一座城邑。现在兵不血刃就有上党的十七座城邑白白送给赵国,这不仅是天上掉馅饼,而且是掉了一个超大的馅饼,赵孝成王要做的事只是张张嘴罢了。可是平阳君赵豹偏偏不让赵孝成王张嘴享受送到嘴边的免费大餐,这就像主人用肉包子打了狗又要拼命拉着那条兴奋的狗远离肉包子,这样的行为实在是太残忍。

赵孝成王决定不再征求平阳君的意见了,圣人的做人原则和未来的隐患都太遥远,赵孝成王关心的就是眼前的免费大餐。

赵孝成王打发平阳君下去休息,然后就把平原君赵胜和赵禹找来商量,平原君倒是和赵孝成王一拍即合,连理由都是如出一辙:"发百万之军而攻,逾岁未得一城。今坐收城市邑十七,此大利,不可失也。"

赵孝成王很高兴,既然平原君都这样认为,足以证明自己的那个梦是多么的吉祥如意。于是赵孝成王马上任命平原君赵胜为接收上党地区的工作小组组长,主持上党十七座城邑的接收工作。战国时代的四大公子都是著名的出手大方,平原君赵胜为了保证上党的平稳交接,代表赵孝成王宣布了针对上党的接收政策。根据这个政策,赵国不仅保证原来上党的官吏们不下岗不降薪,而且还要对他们分封土地和爵位,一般的职工工资连涨三级,让他们在利益上与赵国结为一体。另外,只要广大上党人拥护赵国,就可以领取沉甸甸的现金红包,"敝国使者臣胜,敝国君使胜致命,以万户都三封太守,以千户都三封县令,皆世世为侯,吏民皆益爵三级,吏民能相安,皆赐之六金。"

当上党守冯亭得知自己和手下的兄弟将享受如此优厚的待遇时,不仅没有欣喜若狂地谢恩,反而痛哭流涕,闭门不出,不见平原君赵胜,他托人带话给平原君说,"吾不处三不义也,为主守地,不能死固,不义一矣;人之于秦,不听主令,不义二矣;卖主地而食之,不义三矣。"从冯亭的话能看得出来,这位上党守并不是一个贪生怕死、卖主求荣的小人,因此他主动把上党十七座城邑白送给赵国的动机,显然和平阳君赵豹的判断一致。

就这样,本来已经划入秦国版图的上党归顺了赵国,赵孝成王因为接受这个天上掉下来的大馅饼而激怒了秦国,为了防备秦王出兵报复,赵孝成王派出了赵国第一名将廉颇率领大军驻守长平与秦国对峙。此时的赵国赵奢已经去世,蔺相如也病入膏肓,奄奄一息,因此廉颇是当时赵国唯一可以与白起抗衡的名将。

长平大战

面对久经沙场、能征善战的秦军,老将廉颇也没有完胜的把握,在试探性地主动进攻遭受失利以后,廉颇采取了避其锋芒、坚守不战的持久战战略。

秦军反复挑战,廉颇以不变应万变,凭借在长平构筑的坚固工事堡垒长期坚守。秦军无可奈何,始终不能取得突破。当时秦国的相国应侯范雎想起了当年田单给乐毅用的离间计,于是赵国朝野开始流传这样一个传言:"秦之所恶,独畏马服君赵奢之子赵括为将耳。"赵孝成王果然上当,罢免了廉颇,让赵奢的儿子赵括取代了廉颇担任长平前线的赵军总指挥。

不过与取代乐毅的骑劫不同,赵括并不是笨蛋。实际上,赵括是当时战国时期最著名的军事理论家。《史记·廉颇列传附赵奢传》记载,"赵括自少时学兵法,言兵事,以天下莫能当。"要论军事理论,就连赵括的老爸赵奢也自愧不如。老赵当年曾经跟儿子小赵辩论过军事理论,结果小赵对答如流,才思敏捷,在与名将老爸的辩论中,小赵明显占了上风。按理说青出于蓝胜于蓝,老赵应该高兴才对,可是老赵却对小赵的表现忧心忡忡。小赵的妈妈看到丈夫跟儿子辩论被儿子击败以后,很不高兴,觉得很奇怪,就问老赵是什么原因。老赵回答:"兵,死地也,而括易言之。使赵不将括即已,若必将之,破赵军者必括也。"税务干部出身的赵奢亲身指挥过救援韩国的阏与战役,老赵知道战争不是地图上的游戏,不是书简上的文字,而是阴谋、鲜血、死亡和泪水,是永远无法弥合的仇恨和伤痛。然而这一切对于坐而论道的赵括来说,都可以简单地回归到理论和技术,坐在书桌前侃侃而谈的赵括,在他老爸眼里怎么看都像一个做游戏的孩子,而不是一个真正能够独当一面的将军。老赵眼很毒,他预言了如果赵国有一天重用儿子当将军,那么自己的儿子赵括就会成为赵国军队的魔鬼终结者。英雄所见略同,秦国的最高决策者也看中了赵括魔鬼终结者的能力,所以到处造舆论力保赵孝成王提拔重用赵括。

怀疑赵括军事指挥能力的人并不止赵奢一个人,当年那位敢于和秦昭王拼命地蔺相如在临终前也曾经告诫赵孝成王,他说:"王以名使括,若胶柱而鼓瑟耳。括徒能读其父书传,不知合变也。"蔺相如看透了军事理论家的实质,他认为赵括虽然读了赵奢的很多兵书,但是不知道随机应变。如果赵孝成王因为赵括军事理论家和辩论高手的名声就重用他当将军,就好像把瑟的弦柱用胶粘住然后弹奏一样,是无法适应变化的形势需要的。

赵孝成王知将相和的典故,他对蔺相如贬低赵括的评论根本不予理睬。然而,就在赵括即将从邯郸出发奔赴长平前线上任的时候,却发生了一件令所有人感到诧异的事情——赵括的母亲向赵孝成王打了一个报告,要求赵孝成王收回成命,不要任用自己的儿子取代廉颇。望子成龙是中国父母的普遍心态,现在赵括马上就要成为赵国的将军了,赵括的母亲却亲自打报告要把儿子的好事搅黄,这看似令人无法理解。身为提拔重用赵括的老板,赵孝成王对赵括母亲的做法感到很不可思议,于是就把老太太请来问话。赵括母亲这样解释了阻止儿子当将军的理由:"始妾事其父,时为将,身所奉饭饮而进食者以十数,所友者以百数,大王及宗室所赏赐者尽以予军吏士大夫,受命之日,不问家事。今括一旦为将,东向而朝,军吏无敢仰视之者,王所赐金帛,归藏于家,而日视便利田宅可买者买之。王以为何如其父?父子异心,愿王勿遣。"赵括母亲首先回忆了当初赵奢当将军时候的工作、作风,一位身先士卒、低调谦虚的名将跃然纸上。赵奢即使当了将军也会关心照顾十几个人的饮食起居,亲自端茶送饭,而赵奢的人缘极好,他的朋友数以百计。赵奢一旦得到了赵王的赏赐,就会把得到的金银财宝分给手下的人。赵奢自从上任开始就完全不过问家里的私事,一心扑在了工作上面。然而赵括一当上将军就把架子端了起来,他首先把手下召集起来,自己高高在上地训话,下面没有人敢抬头看他一眼。更离谱的是这位新上任的将军还没有做出任何成绩就开始大肆敛财了,他先把赵王赏赐的金银财宝搬回家里收藏好,然后就在邯郸城里四处看楼盘,发现合适的房产就买下来进行投资。赵奢的母亲痛心地发现自己的儿子跟丈夫完全是两种风格,她知道赵括这样的将军是不可能克敌制胜的,让他上战场当将军不仅会害了自己,也会害了赵家和整个赵国。

可是赵孝成王仍然不改初衷,他坚持要让赵括取代廉颇。

赵奢的母亲绝望了,她最后提出了一个请求:"王终遣之,即有如不称,妾得无随坐乎?"既然赵括母亲已经预料到了赵括上任以后的败局,而老板却一定坚持重用赵括,这位深明大义的老太太就提出签订免责条款:此后因赵括引起的一切损失与赵括母亲及其亲属无关。

赵孝成王答应了赵括母亲的请求,口头约定了免责条款。

赵孝成王顶住压力坚持对赵括的任命很不寻常,蔺相如反对重用赵括或许有与廉颇的感情因素在里面,而连赵括母亲都坚决反对并且提出了非常有力的证据,这就应该能说明问题了。按常理一个老板应该会重新考虑对赵括的任用。可是赵孝成王却一意孤行,非要把赵括推到前线总指挥的岗位上去,仿佛赵括不是赵括他妈生的,而是赵孝成王生的。

事实是赵孝成王和燕惠王一样,他也不信任身为前敌总指挥的名将。燕惠王不信任乐毅,赵孝成王不信任廉颇,君臣之间脆弱的信任如同豆腐渣工程一样,禁不起外力的冲击,所以几句漏洞百出的谣言就可以促成临阵换将。与燕惠王相比,赵孝成王为自己贪婪的欲望和愚蠢的用人策略付出了更加惨痛的代价——四十万赵国精壮男子像兵马俑一样被永远埋在了长平的黄土里。

军事理论家赵括走马上任,马上在军中推行了雷厉风行的改革。赵括首先将当初廉

诸子百家

——兵家

颇定下来的纪律和规矩全部改弦更张,紧接着,赵括又在军中进行了大换血,廉颇的旧将都被赵括提拔上来的人取代。总之,赵括推行的军队改革的原则有两条:凡是廉颇定的规矩全部都要改,凡是廉颇提拔的干部全部都要换。

那支廉颇一手缔造的赵国雄师还在长平与秦军对峙,不过它的精神已经随着廉颇下岗而远去了。

与此同时,秦军也进行了阵前换将,秦王启用了武安君白起替换了原来的将军王龁出任长平前线总司令。不过秦国的换将是在高度保密的状态下进行的,秦王下令:军中有泄露白起为将者斩。

八月的一个深夜,长平,秦军大营。

中军大帐,武安君白起像一尊雕塑一样坐在长平地图前,整整两个时辰,白起一动不动。在这凝固了的时空里,武安君白起胸中的杀气逐渐聚集激荡,突然,白起猛然起身,一掌拍在了长平的地图上。武安君白起的掌下,殷红的血迹开始在长平的地图上浸染蔓延。

翻看武安君白起的简历,这位令所有敌手生畏的秦国名将的战绩当中从来没有过失败、平局甚至是小胜,全歼敌军,斩首 N 万是白起在战国战争史上从不打折的招牌记录。那个 N,在长平大战之前大于等于二万,小于等于二十四万。在那个秋水一般冰凉的夜里,一个创造全新杀人记录的战争计划在武安君高速运转的大脑里完成了酝酿。

当还在咸阳的武安君白起得到廉颇下岗、赵括接任的消息,他就知道秦国必将赢得这场决定秦赵两国命运的战争,而率领秦军取得这个辉煌胜利的人将是自己。可是武安君白起没想到的是胜利来得这样快,对于已经适应了廉颇的白起来说,与赵括对决实在太没有挑战性。

新官上任的赵括等不及了,他抛弃了廉颇坚守防御的战术。在赵括看来,廉颇的确算得上名将,不过他显然老了,坚守防御是属于老年将军的战术,这种战术说得好听叫稳扎稳打、谨慎持重,说得不好听就是不思进取、畏敌如虎。这样的战术根本不适合年轻潇洒、才华横溢的新版赵国将军,于是,赵括下令擂起了进攻的战鼓。

在赵括的率领下,赵军四十多万主力冲出了深沟环绕的坚固堡垒,主动向秦军发起了攻击。对面的武安君白起冷笑了,运动战、歼灭战正是这位战争机器的强项。

长平决战开始了,这是赵括盼望的一天,更是白起盼望的一天。

大地在有节奏地震动,阵势森严的战车方队席卷而来。四十多万赵军将士在年轻气盛的赵括率领之下,以排山倒海的气势向秦军压了过来。

秦军的前锋大军在与赵括大军接战后,象征性地抵挡了一下就像商量好了一样开始溃不成军,全线败退。

长平大地上演了一场规模宏大的追杀戏,赵括像一只剽悍的猎狗紧紧追逐着武安君白起派出来的兔子。赵括追得很投入,秦军的前锋跑得很兴奋。进入名将感觉中的赵括并没有注意到身后的四十万大军在追杀中已经逐渐拉开了距离,而此时赵括的对手武安

诸子百家——兵家

君白起正站在高岗上向下望,他挥剑指向了赵括的背后。

赵括很快就追到了秦军构筑的堡垒跟前,白起的工事构筑能力不亚于廉颇,执着而自负的赵括终于撞到了墙上。遮天蔽日的箭雨从白起的堡垒中飞了出来,冲在前面的士兵就像成熟的麦子遇到锋利的镰刀成片地倒下,恐怖的哀号阻止了后面追击者的步伐。赵括不相信秦国的堡垒能挡住新版赵国名将的进攻,他歇斯底里地不断下令:攻击! 攻击! 不间断地攻击!

秦国堡垒下很快就堆满了赵国士兵的尸体,这一幕对于站在高处的白起来说再熟悉不过,那些倒下去的年轻人再也不能与秦国为敌了,再也不能爬起来战斗了。

赵括陷入了疯狂的名将状态,他仍然坚持督促着士兵们冲上去送死,血腥的气息弥漫着整个长平。

突然,一匹快马飞驰而来,一位侦察兵滚落马鞍,向赵括报告:赵军后方出现了一支秦军部队,赵括兵团的退路被截断了。

名将赵括仿佛被一记闷棍击中了脑袋,兵书上那些不利于自己的理论突然之间冒了出来:"百里趋利者蹶上将",兵书上说的那个上将莫非就是自己?

赵括还没有醒过神来,身后突然传来了海啸一般的呐喊和厮杀。心神不定的赵括急忙爬上了一个高处的山坡向下望去,眼前的一幕让赵括差点晕倒:一支不知道从哪里冒出来的秦国骑兵突然插入了赵括军团的中部,现在这支骑兵正在以惊人的速度推进。赵括兵团好像一块抻展的麻布,而那支骑兵好像一把锋利的剪刀,赵括眼睁睁地看着自己四十万的庞大军团被白起的剪刀骑兵一分为二。

放眼四望,乘胜追击的赵括军团已经被秦军成功地分割包围,败象已显。

闻到了死亡气息的赵括突然想起了老年将军廉颇的战术,他传令下去,全军就地构筑工事,坚守抵御秦军的进攻。

被分割包围的赵括兵团很快陷入了困境——赵括带领主力出击的时候根本没有携带辎重粮草,饥饿的士兵们很快就吃完了随身携带的干粮,赵括兵团陷入了粮荒。广大士兵本来就对这位一上任就作威作福,不停地改规矩、换军官的军事理论家心存不满。现在,军事理论家的第一次实践活动就害得四十多万人陷入了绝地,于是疲惫和饥饿的士兵们开始抱怨和哀叹,赵括军团中到处充斥着绝望的气氛。

咸阳的秦昭王很快就接到了前线传来的消息,这位狼王一样迅捷、凶猛的国王迅速下达全国动员令:"赐民爵各一级,发年十五以上悉诣长平,遮绝赵救及饮食(《史记·白起列传》)"。在秦昭王的号召和奖励下,秦国十五岁以上的男子都赶到了长平,长平赵括军团外围被包围得水泄不通。

另一边邯郸的赵孝成王也同时得到了坏消息,这位一意孤行的君王突然想起赵括母亲的可怕预言,恐惧像一颗炸弹在赵孝成王的脑袋里爆炸。这位曾经意志坚强的君王的判断和决策系统瞬间瘫痪了,后来当赵孝成王逐渐恢复系统,并想起来要为被包围的四十万赵国士兵们做点什么的时候,秦王派去长平的民兵军团已经像一条巨蟒一样把赵括

諸子百家——兵家

军团死死缠住,所有的生路都已经断绝了。

九月到了,秋风越来越凉,赵括军团断粮已经整整四十六天。

饥饿和绝望把赵国士兵变成了互相捕食的野兽,在长平的漫漫黑夜里四处飘散着人肉烧烤的恐怖气味(《史记·白起列传》:"至九月,赵卒不得食四十六日,皆内阴相杀食")。

赵括知道自己必须面对现实了,四十万大军全部被围困在长平,这几乎是赵国军队的全部主力。赵孝成王不可能冒险再派出一支军队来救援,即使派来也未必能突破那重重包围,把自己救出去。如果再等下去不用秦军来打,饿得发疯的赵国士兵们早晚会互相吃完,而把士兵们带上死路的军事理论家赵括正是士兵们最想吃掉的高级大餐。

赵括率领部队出击,企图突破秦军的壁垒。他组织了四个梯队的攻击部队,轮流向阻挡他的秦军发起攻势。然而,赵括错过了突围的最佳时机,四十六天的断粮意味着士兵们已经失去了战斗的体力和意志,走路都打晃的士兵们无论如何也不可能突破以逸待劳的秦军构筑的堡垒。

最后,军事理论家赵括不甘心自己被恨他的士兵们吃掉,于是硬着头皮率领精锐部队冲向秦军。

这位少年得志的军事理论家在拼命突围的时候被乱箭射死。对于理论家来说,少年得志也许并不是什么好事,一个"纸上谈兵"的成语就这样流传了下来。军事理论家死了,那些跟着军事理论家出征的士兵们此刻也在饥饿和劳累中被折磨得奄奄一息,毫无斗志。就这样,武安君白起轻而易举地俘虏了四十万创造了四十六天断粮生存记录的赵国士兵。随着胜利的来临,武安君面临着一个艰难的抉择:收容四十万降卒就等于收容了四十万饿得发疯的饿狼,自己的军粮很快就会提前透支殆尽,更可怕的是赵国士兵不会真心投降秦国,一旦找到合适的机会,这些人很可能还会起来反抗秦国。只要有这支廉颇一手训练的四十万赵国主力部队存在,赵国就还有和秦国抗衡的力量,武安君白起最后给自己找了一个犯下严重战争罪行的理由,"前秦已拔上党,上党民不乐为秦而归赵。赵卒反覆,非尽杀之,恐为乱。"上党守冯亭把上党献给赵国直接引发了长平之战,从这件事开始,武安君白起丧失了在征服了敌国土地以后成功征服人心的信心。在白起看来这四十万赵国士兵永远都是赵国人,他们永远不会真心归顺秦国,永远都会和秦国作对,要永绝后患,唯一的办法就是把四十万士兵变成死人。

就这样,白起亲自策划并执行了中国历史上规模最大的一次屠杀,四十万投降的赵国士兵被集体活埋。对人类来说,最可怕的不是死亡,而是在饥饿和恐惧中慢慢地耗尽体力和热情,慢慢地窒息、慢慢地腐烂,四十万赵国士兵就是这样一步一步走到了生命的尽头。当他们被武安君白起手下的士兵推进挖好的深坑时,他们也曾经挣扎过,但是被反绑双手的士兵们当时饥饿虚弱,根本无法跟如狼似虎的秦国士兵对抗。他们也曾经呐喊过,但是他们张开的嘴巴立刻被劈头盖脸的泥土填满,他们眼前的那个光明世界慢慢沉了下去,终于陷入了那个黑暗的地下世界。

诸子百家——兵家

一次性集体屠杀四十万人，无论如何也是一件很难完成的任务，这在冷兵器时代尤其困难。明知必死的士兵们绝不会束手待毙，四十万人的拼死反抗爆发的力量很可能为一部分人死里逃生创造机会。然而事实是四十万人几乎全部被活埋，而只有两百四十个的年轻士兵被白起放回去报信以羞辱赵国国王。白起能够创造这个恐怖而血腥的记录，很大程度上得益于赵括在断粮以后没有及时突围的错误决定，四十六天的断粮彻底摧毁了赵国士兵的体力和意志，虚弱的士兵们根本无力与残酷的命运抗争。这个恐怖的消息迅速传遍了赵国和其他六个国家，从此以后，白起这个名字也像一个恐怖的诅咒印在了赵国人的心里，白起也因此成为饱受诟病的兵家传奇人物——从消灭敌人的战绩来讲，白起不仅空前，而且绝后。白起创造的杀人记录至今没有人能打破，而这个记录是在既没有火药，更没有大规模杀伤性武器的冷兵器时代创造的。正因为如此，从人性的角度来看，名将白起是一个地地道道的杀人魔王。后来有支持白起的学者认为，白起当时屠杀赵国四十万降卒的决策是正确的，因为如果不这样赶尽杀绝，后来这四十万降卒很可能真的如白起预料的那样再次找机会起来反抗秦国，那么秦国取得长平大战胜利的成果将大打折扣。另外，也有学者认为白起的血腥屠杀给了其他六国一个明确的信号——投降是没有活路的，因此，从长平大战以后，六国的人们不再对与秦国妥协抱有幻想，从而跟秦国死磕到底，秦始皇统一六国的过程也就变得更加艰难和血腥。完全依靠血腥杀戮和强权镇压建立起来的秦帝国看似强大，实际上早就人心丧尽。正因为如此，在陈胜、吴广举起义旗以后，秦帝国很快就土崩瓦解、二世身亡，成为中国历史上少有的短命王朝。

邯郸城的赵国王宫里，赵孝成王后悔得痛心疾首，对于老板来说，这是一场灾难性的投资失败，而赵孝成王因为自己的执着坚持而创造了战国时期损失最大的投资失败记录。因为四十万人被集体屠杀，赵孝成王不仅注定要进入后世帝王学习班必选的反面教材，而且从此赵国元气大伤，彻底失去了与秦国争霸抗衡的实力。

预言家必死

屠杀了四十万降卒的白起继续乘胜追击，到长平大战的第二年，也就是秦昭王四十八年的十月，秦国再次收复上党。赵国在秦昭王四十五年的时候，才从上党守冯亭的手里接收上党，刚刚三年，赵孝成王抱在怀里的大馅饼再次被秦国抢了回去。秦军占领上党以后，部队分成两股，长平之战前期的总司令王龁率领一支部队攻占了皮牢，同时司马梗率领另一支部队占领了太原。

秦国咄咄逼人的攻势让赵国和韩国非常恐惧，按照白起的战争效率，用不了多久，赵国和韩国就要灭亡了。军事上无法抵挡秦军的赵国和韩国只好依靠纵横家，企图通过外交努力阻止秦军的进攻。赵王和韩王委托纵横家苏秦的弟弟苏代去游说秦国相国应侯范雎，苏代给范雎带去了大量的黄金财宝作为见面礼。不过与赵国的郭开不同，秦国相国范雎并不是一个为了钱可以出卖一切的人，而是一位谋略过人的名相，其职业精神和职业水平都是郭开之辈无法相比的。当初就是范雎在长平决战前一手策划了反间计，让纸上谈兵的赵括替代廉颇担任赵国长平前线总司令,从而为白起顺利取得长平大战的胜利扫清了障碍。按理说,想要收买、游说这样一位牛人出卖国家利益实在不大可能,可是苏代偏偏就做到了,不过苏代之所以能打动范雎靠的并不是黄金,而是关系。需要说明的是,苏代利用的关系并不是他自己与范雎的私人亲密关系,而是范雎与白起的利益博弈关系。在苏代眼里,范雎和白起秦国两大绝世牛人就像装在一个罐子里两只好胜的蛐蛐,掐起来是早晚的事,而苏代要做的不过是用一根细细的草棍挑拨一下罢了。

苏代见到范雎以后,开始了提问:"武安君白起已经打败了马服君的儿子赵括了吗?"

范雎回答:"是的。"

苏代又问:"武安君白起是不是即将围攻邯郸?"

范雎回答:"是的。"

苏代的两个提问得到了肯定的回答,完成了纵横家游说前的铺垫,然后苏代切入正题,他说:"白起擒杀赵括,围攻邯郸,赵国马上就要灭亡了,秦王的王道霸业也即将实现,白起肯定因此被封为三公。白起曾经为秦国的版图扩张了七十多个城邑,在南方平定了鄢、郢、汉中,在北方大败赵括率领的赵国主力部队,即使是以前的周公、召公、吕望的功劳也不能超过他。如果白起成为秦国的三公,请问您能屈居白起之下吗? 即使您不愿意屈居其下,恐怕也无能为力。秦国曾经进攻韩国,包围邢丘,围困上党,上党百姓却不愿意归顺秦国而投奔了赵国,天下人从来都不希望成为秦国百姓。现在秦国即使灭掉赵国,赵国的北部领土将被燕国侵吞,东部领土将被齐国吞并,而南部的领土可能将划入韩国和魏国的版图,这样秦国能够得到的百姓能有多少呢? 与其这样,还不如让韩国和赵国割地求和,免得白起再立下灭赵之功。"

诸子百家——兵家

苏代的话很有杀伤力,他首先指出了名将白起即将立下超越名相范雎的不世之功,只要在白起的领导下秦军灭亡了赵国,那么白起必然会被封为三公,从而在地位上凌驾于范雎之上。而且如果任由白起发展下去,那么灭亡赵国是早晚的事,所以范雎屈居白起之下也是早晚的事,这是不以范雎意志而转移的客观现实。唯一能够改变这个可怕现实的办法就是阻止白起灭亡赵国。当然这需要一个理由,而这个理由当然不能是名相范雎和名将白起争风吃醋、争权夺位。为了让范雎劝说秦昭王的时候理直气壮、公正严谨,苏代给范雎提供了一个参考答案用来对付秦昭王:秦国灭了赵国肯定会便宜了赵国的其他四个邻国,而秦国自己却得不到多少好处,因此接受韩国和赵国割地求和的建议,才是保全秦国利益的最佳方案。

范雎也是纵横家出身,他当然知道苏代的目的,但是他也不得不承认苏代分析得很透彻。扪心自问,自己的确也不甘心沦落到屈身白起之下的地步。另一方面,从白起灭赵以后秦国利益的角度来分析,苏代的说法也不是没有道理,赵国灭亡以后,秦国很可能无法控制局面,从而让另外四个邻国占了大便宜,如果出现这种局面,那么秦国等于白白给四国打工。当然秦国灭亡赵国之后占不到便宜只是一种推测,而白起在灭亡赵国之后会位居范雎之上也是一种推测,不过后一种推测的可能性要远远大于前一种推测。苏代只是提出了建议，但这是一个令范雎无法拒绝的建议。

范雎作忧国忧民状向秦昭王提出了罢兵议和的建议。他说："秦国士兵已经很疲劳了，请大王答应韩国和赵国的割地议和条件，罢兵停战，让士兵们得到休养。"从秦昭王四十三年白起发动对韩国陉城的进攻到秦昭王四十八年秦国收复上党，秦国这场针对韩国和赵国的战争已经持续了整整五年。因此，范雎说秦国士兵需要休整的确也不是危言耸听，但是秦昭王在接受范雎的建议之前，似乎应该征求一下武安君白起的意见，毕竟对这场战争最有发言权的人应该是白起。可是很奇怪，秦昭王并没有和武安君白起商量，甚至没有向这位前线总司令通报相关情况。秦昭王在接到相国范雎的建议以后，马上接受了韩国和赵国的割地罢兵的条件，作为战胜国，秦国顺利接收了韩国割让的垣雍和赵国割让的六个城邑。在得到韩国和赵国的割地赔偿以后，秦昭王心满意足，在秦昭王四十九年正月正式下令罢兵休战。

白起接到罢兵休战的命令之后仰天长叹，夜不能眠。

邯郸指日可下，这时雄才大略、心狠手辣的秦昭王却突然因为心疼士兵而罢兵休战了，这很不符合秦昭王的风格。很快，白起接到了线人的情报，经过逻辑推理和文学加工，范雎如何在苏代的撮合下促成这次割地议和的过程，被白起在自己的脑海里勾画出了基本轮廓。武安君白起想不到自己在前面浴血奋战创造的大好机会被相国范雎一句话就轻描淡写地断送了，生来就要战斗的白起并不在乎世界上多一个敌人，于是，从此以后武安君白起和应侯范雎就成了秦国政坛上的一对冤家。

不用打仗的日子过得快，转眼又到了黄叶飘落的季节。

九月天气，秋高气爽。

秦国士兵休养了八个月再次出征了，目标仍然是赵国首都邯郸。这次主持讨赵工作的将军是五大夫王陵，因为此时武安君白起病倒了，不能率兵出征。也许是此时的赵国已经迅速从上次战败的阴影中走了出来，也许是王陵的确能力不足，总之王陵领导的讨赵战争很不顺利，整个军事行动乏善可陈。为了支持王陵的工作，秦昭王后来又陆续增派了援军，可是王陵不仅没有扭转不利局面，反而屡战屡败，后来竟然在阵前损失了五名校尉。这样的惨败在白起主持秦国军事工作时期是不可想象的，不怕不识货，就怕货比货，经过这次军事失利，秦昭王越发深刻地认识到了白起的价值。

就在王陵的五名校尉阵亡之后不久，秦国的第一名将武安君白起病愈了。秦昭王听到这个消息非常高兴，只要这台国宝级的战争机器再次启动，秦昭王就有信心横扫一切障碍。于是秦昭王派出了使者去看望白起，并向白起转达了秦昭王希望白起再次领命出征、代替王陵进攻邯郸的愿望。白起此时冷静得像块秋风里的石头，他坚决地拒绝了秦昭王的提议："邯郸实未易攻也。且诸侯救日至，彼诸侯怨秦之日久矣。今秦虽破长平军，而秦卒死者过半，国内空。远绝河山而争人国都，赵应其内，诸侯攻其外，破秦军必矣。不可。"白起亲自指挥过对赵国的战争，他对赵国军队的战斗力有切身体会，如果不是赵孝成王中了应侯范雎的离间计，让赵括替代了廉颇，长平大战的胜负其实很难预料。

长平大战之后,赵国不仅元气大伤,而且国内士气低落、民心浮动,那正是夺取邯郸的最佳机会。然而苏代忽悠了范雎,范雎又忽悠了秦昭王,秦昭王突然对疲惫的士兵发了善心,征服赵国的战争在邯郸城下戛然而止。现在可怕的赵国在廉颇的领导下恢复了士气和力量,而秦昭王突然又要打邯郸的主意了,这在白起看来很不理智。白起判断秦国进攻邯郸不仅无法取得胜利,而且还会陷入腹背受敌的危险境地。白起的理由主要有四个。首先邯郸并不是一座平常的城市,而是赵国的首都,赵国在这里不仅部署了坚固的防御工事和强大的军力,而且邯郸作为赵国的象征,上至君主下至士兵百姓都不可能放弃自己的首都,为了自身的安全和生存,赵国上下必然会万众一心拼死保卫。其次是经过长平之战,其他五国,特别是与秦国接壤的几个国家对秦国的征服战争有了清醒的认识。如果赵国灭亡,其他国家就会一个接着一个地沦为秦国的下一个进攻目标。所以这次赵国的首都邯郸遭到攻击,各国诸侯不约而同地表达了对赵国的同情和支持,有的向赵国派出了援军,有的提供了各种物资支持,总之,秦国灭亡赵国的战争已经演变成秦国与其邻国之间的战争。第三,经过常年的征战,秦国的实力也明显削弱,按照白起的说法,长平之战虽然歼灭了赵国四十万人,但是秦军也阵亡过半,国内无论经济还是兵源都出现了难以为继的现象。第四,邯郸距离秦国距离遥远,中间不仅隔着黄河,而且还隔着太行山,在当时落后的交通运输条件下,拉开如此长距离的战线远征,在缺乏外援和群众基础的情况下必须速战速决,否则将陷入非常被动的局面。可是速战速决根本不可能,理由就是前四条理由。如果秦军进攻邯郸的时候不能迅速取胜,就会被赵国拖住秦军的主力而欲罢不能,这时候,如果其他国家再从其他方向对秦军或者秦国本土发起进攻,那么秦军就不得不陷入两线作战、腹背受敌的危险境地。这样看来,白起拒绝出任围攻邯郸战役的总司令好像并不是因为上次秦昭王草率停战罢兵闹情绪。作为一台高度精密的战争机器,白起无法接受一场经过严密论证后注定失败的战争,这才是他拒绝秦昭王任命的真正原因。

老板都不爱听解释,秦昭王根本没有认真思考白起的建议,看到自己的使者碰了钉子,秦昭王亲自跑到白起府上请他出山。出乎秦昭王意料的是,这个自己一手提拔起来的人居然一点面子都不给,武安君白起仍然坚持自己的观点,拒不接受秦昭王的任命。秦昭王还是不甘心,他派出了范雎去劝说白起,范雎早年是一位出色的纵横家,他能成为秦国相国很大程度上就是依靠自己逻辑严密的分析和令人拍案的口才。秦昭王心想,也许口若悬河的名相范雎能够说服这位固执己见的名将白起,秦昭王也许并不了解范雎和白起之间的微妙关系,总之,白

秦昭王

起见到了范雎就更加坚定了绝不从命的决心。

为了避免秦昭王继续纠缠，武安君白起再次称病，三十多年的戎马奔波怎么可能没有毛病，白起做出了准备退休的姿态。选将不是抢亲，武安君执意不从，秦昭王也无可奈何。于是秦国派出了长平大战的前期总司令王龁代替王陵出任邯郸前线总司令，指挥围攻邯郸的战役。

后来邯郸战役的发展跟武安君白起预料的分毫不差。

王龁接替王陵以后仍然无法突破邯郸城的防线，这场战争自王陵上任到王龁接任之后持续了整整十七个月，秦军在邯郸城下始终无法前进一步。后来，楚国的春申君和魏国的信陵君率领的数十万援军赶到了，秦军内外交困、腹背受敌，惨败而归。

武安君白起的预言变成了残酷的现实。如果白起是一位纵横家，他此时就应该清楚地意识到自己由于不合时宜地充当了历史预言者而处境危险——白起的英明证明了秦昭王的愚蠢，而作为秦国的最高统治者，秦昭王是不应该愚蠢的。因为惨败而被证明愚蠢的君王很可能像一个青春期的叛逆少年受到父母的指责那样产生过激行为。与叛逆少年不同，受到刺激的君王不会选择离家出走，而往往会选择消灭英明的预言家。所以此时武安君白起最明智的选择应该是向秦昭王表忠心表决心，而绝口不提自己的英明预言。如果那样，雄才大略的秦昭王很可能还会继续重用白起，白起甚至能借此机会重新掌握秦国的大权，进而把政敌范雎踩在脚下。即使白起厌倦了血腥杀戮的戎马生涯，真的想退休安度晚年，此刻为了自保他至少应该闭嘴，尽量保持低调。

可惜白起不是纵横家，他听说了王龁在邯郸惨败的消息以后，不仅没有向秦昭王积极靠拢，甚至没有闭嘴，他沾沾自喜地到处跟别人分享自己的预言心得："秦不听臣计，今如何矣！"

秦昭王很快就得知了白起幸灾乐祸的消息，秦昭王愤怒了。白起虽然出色，可是也是自己一手提拔起来的。如果没有秦昭王的重用，出身士卒的白起就不可能有今天武安君的地位和待遇。在秦昭王看来，如果白起能够急国家之所急接受任命担任邯郸前线总司令，秦军或许不会遭到如此惨败，毕竟在白起的军事生涯里从来就没有过失败两个字。可是现在白起不仅不出力，反而对自己成功预测了秦国的惨败而得意扬扬地说起了风凉话，这让秦昭王的自尊心很受伤。

秦昭王决定不再容忍白起置身事外作预言家，他对白起下了一道严厉的命令，要求白起必须马上出任秦国将军。武安君白起既然创造了人类历史上无法超越的战争记录，就必然具有超凡脱俗的心理素质和人生信条。在接到秦昭王杀机已显的命令后，白起依然我行我素，坚决声称自己的健康状况无法适应秦昭王的任命。秦昭王再次派出了纵横家出身的范雎去请白起，白起当然还是不会给仇家范雎面子，继续称病要求疗养。

秦昭王对这位永远不会犯错的武安君彻底丧失了耐心，盛怒之下秦昭王下了一道人事任免的命令，不仅免去白起武安君的头衔，而且一撸到底让白起充当普通士兵，并且要求白起马上离开咸阳到阴密的军中报到。四十年的艰苦奋斗和南征北战，白起由一个基层士官不仅一步一步登上了秦国第一名将的高位，而且还获得了终生成就奖。现在一切都随风而去，白起的人生从终点又回到了起点。白起彻底病倒了，这次是真的，这位战斗了一生、杀戮了一生的老兵卧床不起，无法去阴曹报到了。

此刻秦国形势更加危急，各国军队对秦军不依不饶，继续加紧打击秦国，秦军连续撤退，无力抵抗联军的攻击。遭到持续打击的秦昭王对白起的怨恨与日俱增，连续派使者催促白起不许在咸阳停留，必须马上上路去阴曹报到。

身心疲惫、满腹悲凉的白起只好离开了咸阳，来到了咸阳西门外十里的杜邮。

白起走了，秦昭王却对这位战争机器却更不放心了。他召集了以相国范雎为首的群臣讨论白起的问题。秦昭王说："白起之迁，其意尚怏怏不服，有余言。"从秦昭王的话里可以看出当时白起可能又发表了不利于秦昭王英明神武形象的评论或者预言，虽然《史记》里没有明确记载，不过这也符合白起一贯的宁折不弯的性格。相国范雎知道此时已经到了对白起最后一战的时刻，不过，作为纵横家的他已经不需要再推波助澜了，此刻保持沉默就是落井下石。

于是秦昭王派出了使者送给了白起一把锋利的宝剑，使者带去了秦昭王的命令：自裁。

杜邮。

老迈憔悴的白起手捧着秦昭王送来的王者之剑仰天长叹："我何罪于天而至此哉？"

人之将死，其言也善，面对死亡的白起并没有抱怨秦昭王，也没有反思自己作为一个职业军人对秦昭王的不当言行，而是对天发出了感叹和疑问，白起想不通自己为什么要遭到如此报应。

四十多年的战争场面在白起的脑海里以快镜头的表现形式闪过，最后定格在了长平那个血腥的画面，白起醒悟了："我固当死，长平之战，赵卒降者数十万人，我诈而尽坑之，是足以死。"白起为自己的报应找到了充分的理由，他并没有觉得自己对不起秦国和秦昭王，而是对不起那些在长平已经放下武器却被集体活埋的四十万赵国俘虏。

司马迁运笔至此，《史记》的核心价值观彰显无疑：缺乏人性的牛人无法得到历史的原谅，更无法面对自己良心的拷问。

白起把王者之剑横在了脖子上，血溅黄土。

此时是秦昭王五十年的十一月，寒冷的天气仿佛是为了配合人类历史上最出色的战争机器的自我毁灭。秦国人民没有忘记这位饱受争议的名将，在他们朴素的价值观里，白起并没有做对不起秦国的事，他的死对秦国来说是一个巨大的悲剧，于是得到秦国人民同情的白起在死后获得了百姓自发的祭祀。

十一、名将的幸福生活：王翦

拿什么激励你

如果用个人的幸福指数来衡量，名将并不是一个理想的职业。吴起、李牧和白起死

诸子百家——兵家

于非命，廉颇郁郁而终，乐毅和田单虽然属于自然死亡，不过观其一生也是颇多凶险，更不要说乐羊为了上位吃掉自己的儿子，孙膑轻信同学而变成残障人士。如果用现代人力资源观念来看，名将显然是一种心理疾病和心理障碍的高危职业，长期游走于死亡边缘和巨大责任下的心理压力以及因为制造了大规模杀戮而产生的负罪感很容易导致心理问题，心理健康都无法保证，自然也就很难谈得上幸福了。

不过王翦好像是个例外，这位辅佐秦始皇统一六国的大功臣就其战绩来说并不能超越前辈白起，甚至比不上自己的对手李牧。可是要说幸福指数，这位名将在春秋战国时期的名将当中恐怕要稳居榜首了。所以，如果职业人士要想在获得事业上巨大成功的同时享受个人幸福生活，王翦是一个不能忽略的人物。

和前辈白起一样，王翦也是一位土生土长的秦国将军，他的家乡是频阳东乡，也就是今天的陕西省富平县。《史记》记载这位王翦"少而好兵"，也就是说王翦从青少年时代就表现出了卓越的军事素质，因此得到了秦始皇的重用。秦始皇十一年，王翦领兵攻破了赵国的阏与（今山西和顺），占领了九个城邑。秦始皇十八年王翦再次领兵伐赵，这次王翦遭遇到了生平第一个强大的对手李牧，经过激烈交战，王翦发现自己在军事上无法战胜李牧，于是就用了离间计。糊涂的赵幽缪王中了王翦的离间计，杀掉了名将李牧，为王翦灭赵拆除了一座无法逾越的长城。一年后，王翦攻破了邯郸，实现了秦昭王和白起当年的梦想。赵幽缪王赵迁投降了秦国，从此赵国彻底灭亡，成为秦国的一个郡。第二年，绝望的燕王派出了著名杀手荆轲刺杀秦王，企图挽回燕国覆灭的命运。可惜荆轲虽然勇气过人，但是武功欠佳，最后秦始皇有惊无险，大难不死。逃过一劫的秦始皇秦王恼羞成怒，马上派遣王翦率领大军进攻燕国。王翦大破燕军主力，燕王不得不逃到了辽东，王翦顺势占领了燕国的蓟，得胜而归。后来秦始皇又委派王翦的儿子王贲率兵进攻楚国，楚军大败，王贲撤军的途中顺手对魏国发起了进攻，懦弱的魏王实在无法忍受与秦国无休止的战争，自己放弃了抵抗，投降了秦国，魏国步赵国的后尘成为秦帝国版图的一部分。

当时秦国已经平定了韩、赵、魏三晋之国，燕国随着燕王的出逃已经名存实亡，而此时的楚国在秦国的打击下节节败退，秦始皇就锁定了看似强弩之末的楚国作为下一个吞并的目标。秦始皇在选择灭楚大将的时候多了一个选择，那就是李信，这位牛人就是后来汉朝著名的飞将军李广的祖先。与王翦的沉稳谨慎相比，李信当时年轻气盛，正是一颗冉冉升起的将星。在进攻燕国的时候，李信曾经率领数千士兵追击策划荆轲刺秦王的幕后主使燕太子丹。在衍水，李信大破燕军，活捉了秦始皇的死仇太子丹。李信活捉太子丹是在合适的时机立了一个合适的功劳，因此立即得到了秦始皇的赏识。

现在要策划灭楚战争了，秦始皇非常自然地把李信列入了主将候选名单，并很快把李信找来谈话。秦始皇问李信："吾欲攻取荆，于将军度几何人而足？"战争是人类各种有组织的活动当中最耗费资源的一种，因此秦始皇非常关心如果任用李信担任主将发动灭楚战争所需要的兵力，因为投入兵力的多少决定了这场战争预算的大小。秦始皇当时的心理类似于业主装修房子先向装修公司索要报价一样,这样的业主肯定属于节俭持家的类型,过高的报价很可能吓跑这种价格敏感型的客户。李信虽然年轻,但是也深知客户心理,另外年轻的李信急于接一个大单来确立自己在兵家业界的地位,于是他一狠心报了一个让同行无法竞争的价格,李信说:"不过用二十万人。"

秦始皇心里有数了,马上又找来王翦报价,王翦却是一个重质量的兵家,他关心的是履行合同的把握,于是王翦说:"非六十万人不可。"

这场战争承包工程的竞标到此再无悬念,秦始皇立即落锤宣布李信竞标成功,获得灭楚战争的标的。为了衬托自己省下了四十万兵力预算的精明,秦始皇还不忘了揶揄王翦,"王将军老矣,何怯也!李将军果势壮勇,其言是也。"

老王听到秦始皇讽刺自己老迈怯懦,丝毫没有表现出气愤和不满,他非常厚道地笑了笑,啥话也没说。

竞标成功的李信立即走马上任,率领二十万秦军踏上了征途。老将王翦知道这时候秦国不再需要自己了,于是,向秦始皇请了病假,回到老家频阳准备安度晚年。

为了保证灭楚战争的胜利,秦始皇派出了另一位名将蒙恬作为李信的副手一同出征。李信和蒙恬很快商定了对楚作战的计划,由李信率领一支队从楚国的平与(今河南平与北)发起进攻,而蒙恬则率领另一支部队从寝(今河南灵泉)发动攻势,两路大军遥相呼应,迫使楚国首尾难顾。事实上,李信和蒙恬的计划一开始收到了很好的效果,两路大军几乎同时大破楚军,首战告捷。

蒙恬

捷报传来,秦始皇非常欣慰,二十万军队如果就能灭掉强大的楚国,那么自己的统一大业指日可待。秦国真是人才辈出,年轻的李信很快就能成为代替王翦的又一位杰出名将,秦始皇为自己起用新人收到的奇效感到非常得意。

前方的李信不仅很欣慰而且很兴奋,白起和王翦在自己这个年龄是不可能立下灭掉一个大国的盖世奇功的,只要自己乘胜追击,就将成为秦国乃至战国历史上最年轻的名将。李信被自己辉煌的前景振奋得心花怒放、满面红光,接下来李信抓紧战机扩大战果,马不停蹄地发动了对鄢和郢的攻势。年轻壮勇的李信此刻如战神附身,势不可挡,很快就再次大破楚军。按照原定作战计划,志得意满的李信在获胜之后马上执行了与蒙恬会师的计划,向西开拔去城父(今河南平顶山市北)会合蒙恬。

得意忘形的李信没有注意到身后出现了楚军主力,他怎么也没想到被自己屡次击败的楚军并没有丧失斗志,或者说此前楚国军队不堪一击的表现根本就是一个假象,此刻楚军已经集结了主力精锐部队像影子一样跟了上来。楚军的这次行军可谓兵贵神速,三

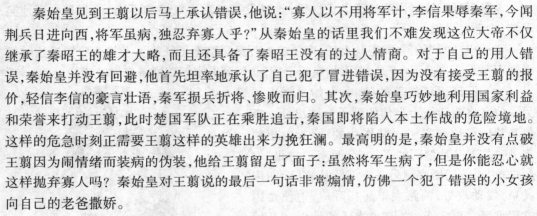

天三夜,楚军主力人不卸甲,马不离鞍,紧紧追踪着李信的部队来到了城父。

成功会师的李信和蒙恬正沉醉在胜利的喜悦当中,全军上下非常放松地享受着李信创造的历史成就感。就在这时,凶神恶煞的楚军主力仿佛从天而降,向沉醉在胜利之中的秦军突然发起了进攻,李信和蒙恬猝不及防,还没来得及整顿队伍、集结阵形就被凶猛的楚军主力冲击得七零八落,溃不成军。楚军主力很快突破了秦国的两道防线,七位秦军的都尉在混战中阵亡,秦军大败而逃。

秦始皇之所以能成为统一六国的千古大帝,的确有过人之处。这位大帝没有像自己的先人秦昭王那样恼羞成怒,强行命令王翦出山,他接到前线的情报以后迅速调整了自己的心态,骑着快马一口气跑到了王翦的老家频阳,登门拜访。

秦始皇见到王翦以后马上承认错误,他说:"寡人以不用将军计,李信果辱秦军,今闻荆兵日进向西,将军虽病,独忍弃寡人乎?"从秦始皇的话里我们不难发现这位大帝不仅继承了秦昭王的雄才大略,而且还具备了秦昭王没有的过人情商。对于自己的用人错误,秦始皇并没有回避,他首先坦率地承认了自己犯了冒进错误,因为没有接受王翦的报价,轻信李信的豪言壮语,秦军损兵折将、惨败而归。其次,秦始皇巧妙地利用国家利益和荣誉来打动王翦,此时楚国军队正在乘胜追击,秦国即将陷入本土作战的危险境地。这样的危急时刻正需要王翦这样的英雄出来力挽狂澜。最高明的是,秦始皇并没有点破王翦因为闹情绪而装病的伪装,他给王翦留足了面子:虽然将军生病了,但是你能忍心就这样抛弃寡人吗?秦始皇对王翦说的最后一句话非常煽情,仿佛一个犯了错误的小女孩向自己的老爸撒娇。

这时的王翦在心里笑了,不过表面上仍然不能轻易妥协:"老臣疲病悖乱,唯大王更择贤将。"既然当初秦始皇嘲笑自己老迈怯懦,王翦干脆就承认的确不中用了,请秦始皇另请高明。

秦始皇错误承认了,道理也讲了,甚至连娇都撒了,王翦还是不松口,秦始皇只好祭出了自己的法宝:我说你行你就行,不行也得行。

秦始皇说:"已矣,将军勿复言!"

王翦知道自己必须控制情绪了,他不是战争机器,也不想成为第二个白起。于是王翦顺势提出了自己的条件:承包可以,报价不变。王翦说:"大王必不得已用臣,非六十万人不可。"

一分钱一分货,交了学费的秦始皇决定不再跟王翦讨价还价:"为听将军计耳。"

灞上。

出征的大军浩浩荡荡,军容整肃。

秦始皇亲自送别王翦,亲切关怀之意溢于言表。

临别时刻,王翦再次提出了条件,出乎所有人的预料。王翦既没有向老板要求增兵派将,也没有要求装备粮草,而是提出了个人的物质要求,他请秦始皇答应给自己封赏大量的良田庄园和花园别墅。

秦始皇很诧异,即将踏上征程去浴血奋战的将军提出这样的要求不仅在战国历史上绝无仅有,在整个中国历史上也非常罕见。

于是秦始皇安慰王翦:"将军行矣,何忧贫乎?"

身为秦国的首席名将,王翦的薪酬待遇可想而知,就算即将退休怎么也不至于担心无法维持富足的生活。

可是王翦却不依不饶,他理直气壮地提出了自己的理由:"为大王将,有功终不得封侯,故及大王之向臣,臣亦及时以请园池为子孙业耳。"王翦和白起不同,白起很早就得到了武安君的分封,因此即使退休也可以依靠分封的食邑维持安逸富足的生活。但是王翦却始终没有得到这种封赏,由于名下没有地产物业,王翦退休以后只能按照退休标准领取养老金,所以王翦认为自己应该趁着秦始皇需要他的时候多要点田园物业,为自己的子孙后代打算。王翦的这种想法也算合理,不过敢于把这种想法大胆地向老板表白却非常罕见。

看着王翦可爱的打着自己的小算盘,秦始皇站在灞上的桥头哈哈大笑。

王翦率领的秦军主力很快到达了秦国的边境关隘,王翦派出了使者回去向秦始皇汇报工作,不过再次出人意料的是,王翦汇报的工作跟军事行动无关,仍然与自己的利益有关。王翦再次希望秦始皇一定要按照在灞上的约定封赏良田庄园给他,更过分的是王翦一连派出了五个使者,而汇报的工作只有一个:要田要地。

王翦的亲信幕僚看不下去了,他们觉得王翦哪里还有一点名将的气度,简直就是个贪得无厌、斤斤计较的市井之徒。亲信说:"将军之乞贷,亦已甚矣。"王翦太过分了,亲信幕僚觉得自己有必要提醒王翦差不多就行了,王翦这样为自己打小算盘的表现不仅很难看,而且很可能会激怒秦始皇。王翦笑了,他向亲信公布了自己的真实想法:"不然。夫秦王怚而不信人。今空秦国甲士而专委于我,我不多请田宅为子孙业以自坚,顾令秦王坐而疑我邪?"

对于一代名将而言,最难得的资源不是良田庄园,而是老板的完全信任。王翦早就发现秦始皇是一个粗暴多疑的老板,现在为了灭楚,秦始皇不得不征调了举国的兵力交给王翦,在实力决定一切的战国时代,老板做出这种决定以后一定会极度缺乏安全感。在管理学当中有一个基本原则,那就是作为一个成功的上级必须要给下级充分的激励和满足。王翦身为秦国首席名将早已名利双收,他还缺什么呢?他对这个世界还存在什么样的欲望呢?这个问题得不到解答,不仅秦始皇没有安全感,王翦也没有安全感。乐毅和李牧都是因为没有给自己的老板提供一个可以有安全感的充分理由而下岗失业,最后一个出走跳槽,另一个身首异处。现在王翦为秦始皇和自己找到了一个满足安全感的充分理由,王翦要的很贪婪,也很真实,这个即将退休功德圆满的老将没有可怕的政治野心,只有贪婪的物质欲望。而对于一个即将拥有天下的帝王来说,要满足将军的物质欲望就像有钱人出去消费向服务人员打点小费一样,都是很容易做到的事情。

王翦对帝王心理的揣摩和对人情世故的领悟,实在是太透彻了,令人叹为观止。如果按照情商水平排名，王翦很可能再次荣登战国名将的冠军宝座。

文体活动，士气的风向标

王翦很快到达了楚国前线，与楚军形成了对峙，楚王早就听说过名将王翦的名字，得知王翦举倾国之兵而来，楚王不敢大意，动员了全国的军队开往前线。

王翦并没有发动进攻，而是选择了坚守对峙。按照通常的战争规则，远道而来的远征军都急于速战速决，可是王翦似乎一点也不着急，后来楚军着急了，开始频繁地跑到王翦大营前挑战。王翦下令坚守不出，每天闲来无事就组织士兵们睡觉、洗澡，想办法改善伙食。士兵们看见老王每天跑到士兵的食堂跟大家一起吃饭，一边吃饭老王一边跟士兵们拉家常。家里几口人？种了几亩地？对伙食满意不满意？想吃点啥？要不要让食堂加两个菜？想喝酒？那不行，等打完了仗再喝。

士兵们觉得自己太幸福了，这哪里是来打仗玩命，简直就是旅游度假。王翦也很幸福，手下幸福自己也就幸福，这就是管理者的境界。

幸福的日子一天一天过，年轻的士兵们的精力如同积蓄在发电站水库里的水逐渐升高，蓄势待发。

有一天，王翦在和士兵们吃饭的时候，又开始和坐在旁边的小兵聊天，这次王翦询问军中战士现在有没有开展什么娱乐文体活动，身边的小兵笑着说。"方投石超距。"士兵们跟着王翦吃得好、睡得足，年轻的士兵们闲得无聊就开始运动，比赛扔石头和跳高跳远。士兵们的文体活动是反映士气体力和精神状态的直接指标，就像金融危机来临的时候人们不会增加奢侈品消费一样，士气低落、疲惫颓废的士兵们也不会去搞文体活动。

王翦听到了小兵的汇报，自言自语地说："士卒可用矣。"

楚国大军连续挑战却无法与王翦决战，逐渐失去了战斗的欲望，于是他们悄悄地向着东方撤走了。

王翦看到敌人把后背留给了自己，马上露出了凶猛的名将本色，他立即下令，派出精锐部队追杀楚军。楚军这次的遭遇与上次他们大破李信的战役如出一辙，秦军跟着楚军的屁股拼命追杀，楚军军容大乱，狼奔豕突。

秦军追杀着楚军一路跟到了蕲南（今安徽宿州东南），楚国将军项燕在这里被秦军杀死，这位项燕虽然死得窝囊，但是他的孙子却是一位了不起的大人物，那就是后来楚霸王项羽。楚军司令被杀，楚军彻底群龙无首，彻底陷入了混乱状态。王翦率领六十万秦军趁胜扩大战果，迅速占领了楚国的广大领土。一年之后，楚王负刍被王翦俘虏，楚国彻底灭亡，楚国原属领土按照秦国的规矩整合成了郡县，纳入了秦帝国的版图。

王翦平定楚国后，继续向南方进军，用武力征服了南方的百越部落。王翦的儿子王贲也不含糊，他和李信搭档开始了对燕国和齐国的战争。王贲活捉了末代燕王姬嘉，彻底灭掉了燕国，立下奇功。

秦始皇二十六年，秦国统一了天下，中华大地上的混战状态终于结束，一个强大的帝国出现在了世界的东方。

在秦始皇统一六国的进程中,在王翦和他的儿子王贲的直接领导下先后灭掉了赵国、魏国、楚国、燕国等四个国家,可以称得上秦始皇完成统一大业的第一功臣。可是俗话说功高震主,何况王翦王贲父子伺候的是中国历史上以残暴多疑著称的秦始皇,但是王翦父子的结局非常好,王翦和王贲都得以安度晚年,自然而幸福地走完了人生旅途。王翦之所以能够将自己的家族保全得如此圆满主要是因为他和秦始皇之间默契的安全感。由于王翦坦率地表白了自己贪婪的物质欲望,从而构建了与君王的双向安全感;又因为王翦拿捏到位的分寸感,王翦家族不仅在秦始皇时期生活幸福,而且一直将荣华富贵延续到了秦二世时代。与王翦家族相比,蒙恬家族就非常不幸,由于卷入了公子扶苏与秦二世的政治斗争,蒙恬被逼得服毒自尽。不仅如此,王翦一边巧妙地构建了与秦始皇的和谐关系,一边也为自己的家族争取了大片的良田物业,因此,退休后的王翦真的成为富甲一方的大财主。这位脱下戎装的大财主后来定居在频阳老家,每年靠组织农业生产和收租子维持着自己幸福的生活。

王翦创造了一个奇迹,不仅是因为他和他的儿子灭掉了战国七雄中的四个强国,更因为他还创造了一种名将名臣与帝王相处的标准模版。从王翦的成功经验当中可以得出这样一个结论:无论是名将还是名臣,所谓成功的职业人士必须公私兼顾,无论完全牺牲个人利益成全组织利益,还是抛弃组织利益追求个人利益都不可取,个人和组织的双赢才是可持续发展之道。

尽管王翦情商极高,成功地处理了与皇室的关系,但是他也无法逃脱"为将三世者必败"的历史规律。

秦二世的时候,陈胜率先揭竿而起后天下大乱,原六国的诸侯后裔纷纷被各地义军拥立起来抗秦。当年领兵灭楚的名将王翦的孙子王离领命去进攻造反的赵国,将赵王和张耳围在巨鹿城。当时很多人由于王离祖父王翦的威名,所以对王离大军非常恐惧,认为在王离率领的强大秦军的打击下赵国必败,但是有一个赵王的门客却提出了相反的观点——"为将三世者必败"。《史记·王翦列传》记载的原文是这样的:"或曰:'王离,秦之名将也。今将强秦之兵,攻新造之赵,举之必矣。'客曰:'不然,夫为将三世者必败,必败者何也? 必其所杀伐多矣,其后受其不祥。今王离已三世矣。'"当时老王家传到王离这一代正好是第三代,后来王离果然被赶来救赵的项羽击败俘虏,王离的部队也就投降了项羽。而巧合的是,当年项羽的祖父项燕就是被王离的祖父王翦在灭楚之战中杀死的。王翦家族对项燕家族欠下的债到了第三代终于还清了。

十二、汉武雄风的符号:卫青、霍去病

在大多数中国人的印象里,世界上著名的大都市通常都是高楼林立,而树立在都市中心的那个最高的摩天大厦就叫地标。一个没有摩天大厦的大都市仿佛一个不穿名牌

的有钱人,很容易让旁观者误认为名不副实。当然,大都市树立地标式高楼大厦的普遍原因是因为拥挤的都市地价高昂,不尽量把楼建得高一点很难收回昂贵的地皮成本。跟著名的都市一样,伟大的帝国也需要地标,帝国的地标之一就是名将及其赫赫战功。秦帝国有白起、王翦,汉帝国初定时有韩信,到了刘彻这里,既然号称武帝,当然也不能留下名将的空白,于是就有了卫青和霍去病两位地标式的名将,也可称为符号式的名将。

跟妈姓的秘密

卫青字仲卿,平阳人(今山西临汾西南)。他的父亲名叫郑季,"季"在中国古代就是老三的意思。当时中国普通百姓家的孩子很多都起了类似的名字,例如汉高祖刘邦在发达之前就叫刘季。跟汉高祖刘老三发达之前的经历相似,郑老三也是一位基层官吏,《汉书》记载他以"平阳县吏"的身份进入平阳侯府当差。看过《红楼梦》的人都知道,中国古代的侯门豪府很容易闹绯闻,郑老三在平阳侯府上当差的时候也和一位被称作卫媪的侯妾发生了一段绯闻。本来郑老三这样级别的基层管理的一次绯闻根本没有资格被载入《史记》,可是因为卫媪和郑老三绯闻之后生下了名将卫青,所以后来名入青史。当时谁也想不到郑老三的一次绯闻改变了汉匈战争的走势,可见,历史的发展存在很多偶然因素。

卫青生下来以后当然不可能姓郑,为了上户口,这个孩子只能姓卫。在卫青之前,卫媪和原配丈夫生了四个孩子,因此,卫青上面还有一个哥哥三个姐姐,哥哥名叫卫长子,三个姐姐依次是卫君孺、卫少儿、卫子夫。

因为有些来历不明,卫青小时候受了很多苦。当时卫青的生母生活也很艰难,于是在卫青的少年时代把他送到了郑老三那里。作为孩子的生父,于情于理郑老三的确也应该履行抚养孩子的义务。不过郑老三当时面对送上门的儿子却陷入了尴尬的境地,卫青的出现使得郑老三的那次出轨铁证如山,可以想象郑老三的老婆和孩子们突然得知郑老三还有这么一个儿子是多么恼怒和愤恨。郑老三惹不起老婆,就只好对不起卫青了。《史记》记载,在卫青来到郑家以后,郑老三就派他出去放羊,俗话说眼不见心不烦,放羊娃卫青早出晚归自然减少了和郑老三老婆的接触,这样郑老三就可以落得清静。不过郑老三其他的儿子们根本没有把这个来历不明的孩子当成自己的兄弟,他们对少年卫青呼来喝去,完全是一副主子驱使奴才的样子。

可以想象在生父、继母和同父异母兄弟的冷漠和歧视下,卫青的少年时代是多么的孤苦和寂寞。这个放羊娃就像一棵野草一样迎风顽强地成长着,默默地承受着超越了自己年龄的沉重和不幸。

中国历史上很多牛人在发达之前都曾经经历过类似的磨难,当然并不是每个历经磨难的人都能成为牛人,受过苦的孩子还必须具备牛人的素质才能最终成为牛人。牛人的素质说起来很复杂,为了概括这种复杂而神秘的牛人素质,中国传统的史学家和小说家往往借助一些大师的预言来渲染牛人们命中注定的不凡。《史记·卫将军列传》当中就

诸子百家

——兵家

记载了卫青少年时代一次邂逅大师的传奇经历。有一年,卫青跟着别人来到了汉帝国皇家宫殿甘泉宫,在这里他遇到了一个囚徒。当时这位囚徒大概是在甘泉宫服劳役,相当于劳动改造。古代的囚徒当中常常卧虎藏龙,不乏高人异士,这位囚徒就是一位高人。他见到卫青以后,就对这个小伙子大为赞赏,他说"贵人也,官至封侯。"卫青少年老成,听到囚徒的预言式评价,既没有惊讶也没有狂喜,而是自我解嘲地回答:"人奴之生,得毋笞骂即足矣,安得封侯事乎!"这段私生子放羊娃和囚徒大师的对话生动有趣,既指出了卫青辉煌的未来,又强调了卫青卑微的当下,理想和现实的差距很远也很近,对个人来说很远,而对历史而言却很近。

成年后的卫青一表人才,由于卫青生母的关系,他回到了平阳侯府,成为平阳公主的一个骑马的随从,主要工作职责无非就是跟随平阳公主出行以壮声势,或者陪同平阳公主走马射猎,做做贵族体育活动。卫青能走上这样的工作岗位可见其骑术不俗,这位后来的名将就这样开始了马背上激情燃烧的人生。

阿娇吃醋

建元二年,这是汉武帝刘彻登上帝位的第二个年头。对于大汉帝国来说这是一个普通的年份,不过对于卫青的个人奋斗史而言,这一年却是一个转折点,因为这一年的春天,卫青同母异父的姐姐卫子夫进宫了。年轻的刘彻很快就喜欢上了这个来自平阳侯府的女孩子,《史记·卫将军列传》记载:"建元二年春,青姊子夫得入宫幸上。"卫子夫得到了年轻皇帝的宠爱,卫青作为皇帝的小舅子也得到了提拔,他从平阳公主身边被调到建章宫当差,虽然级别不高,但毕竟是有了一个开始。可是这样的人在汉帝国的首都多如牛毛,卫青距离帝国的权力中心依然非常遥远。要不是汉武帝刘彻的皇后醋海生波,汉武帝刘彻也许永远不知道自己还有这样一个值得培养的小舅子。

汉武帝刘彻的这位皇后名叫陈阿娇,这位阿娇皇后号称长公主,是刘彻姑姑堂邑长公主的女儿,也就是刘彻的表姐。著名的"金屋藏娇"的成语就是出自这位长公主。据说当年刘彻还是一个小男孩的时候就遇到了也是小女孩的陈阿娇,刘彻很喜欢这个表姐,两个小朋友在一起玩耍,和谐友爱,其乐融融。刘彻的老爸汉景帝看到两个小孩在一起亲密无间的样子就跟儿子开了个玩笑:"等以后阿娇长大了,把她嫁给你当媳妇好不好?"刘彻人小志气大,他豪迈地做出了承诺:"如果把阿娇嫁给我当媳妇,我就用黄金盖一个房子给她住。"后来陈阿娇长大了真的嫁给了刘彻当了媳妇,不过刘彻既没有给她盖黄金屋,而且跟这位成年后的表姐也玩不到一块去了。更要命的是,可能因为近亲结婚,这位长公主一直没能给刘彻生孩子。在中国古代,不能生育的皇后如同没有评上高级职称的学者一样,本事再大也难免心虚。陈阿娇自己不能给皇上生孩子,于是坚决抵制别的女人给皇上生孩子,所以每当她看见宫里出现漂亮女生就心烦意乱、怒火中烧。后来温柔漂亮的卫子夫进宫了,再后来刘彻就很少到陈阿娇的宫里来了,又后来长公主听说卫子夫怀孕了。"金屋藏娇"的故事当时在大汉帝国早已家喻户晓,可是如今陈阿娇自己不仅

諸子百家——兵家

没有住进金屋,甚至连丈夫也必须和别的女人共享,难怪两千多年后"金屋藏娇"这个浪漫的承诺会变了味道。当得知那个做出过"金屋藏娇"浪漫承诺的小男孩每天在别的女人身边的时候,陈阿娇就备受煎熬,如今这个女人马上就要给自己的丈夫生孩子了,皇后兼长公主陈阿娇终于忍无可忍,积蓄已久的怒火终于爆发了。

皇后陈阿娇决定报复,但是她找不到机会对卫子夫下手,怀上龙种的卫子夫正处于严密的安全保护之下。皇后陈阿娇很快就找到了发泄怒火的替代品,有人向皇后汇报卫子夫有一个弟弟在建章宫当差,虽然怀上龙种的人不是卫青,但是他也姓卫,于是皇后马上派人去建章宫绑架了卫青。皇后不是匪徒,她绑架卫青就是为了出气,所以当时卫青的处境非常危险,只要陈阿娇动动嘴皮子,这位未来的名将就可能死于一场意外事故。不过卫青的运气非常好,因为他不仅有一个怀上龙种的姐姐,而且还有一位讲义气的哥们儿。卫青这位讲义气的哥们儿就是后来跟随卫青多次出征并得以封侯的公孙敖。当时公孙敖混得比卫青好,当卫青还在建章宫当差的时候,公孙敖就已经是大汉帝国的职业军官"骑郎"了。骑郎公孙敖得知卫青被皇后绑架的消息非常着急,为了哥们儿他决定得罪皇后,于是公孙敖连夜打听到了关押卫青的地方,然后就伙同几个死党拼死把卫青救了出来。

争风吃醋古来有之,不过争风吃醋到了绑架杀人的程度,陈阿娇也算是惊世骇俗了。这事很快惊动了汉武帝刘彻。牛人都有个性,何况是和秦始皇齐名的大帝刘彻,这位性格叛逆的年轻老板马上做出了一个让陈阿娇更受刺激的决定:立即提拔卫青担任建章监、侍中,同时封赏了卫子夫的其他兄弟。另外汉武帝刘彻还赏赐了大量的金银财宝给卫子夫的家族,"赏赐数日间累千金"。与此同时,卫青的大姐卫孺也嫁了一个成功男人,他就是太仆公孙贺,后来卫青的这位大姐夫还当上了武帝后期的丞相,可谓显赫一时。卫青的二姐卫少儿当时还没有嫁人,不过她的男朋友陈掌居然也被汉武帝召见并且得到了提拔。公孙敖因为营救卫青的仗义之举也得到了汉武帝的重视,"公孙敖从此益显。"不久以后,卫子夫被封为夫人,卫青再次得到提拔,被封为大中大夫。如果用"一人得道,鸡犬升天"来形容老卫家的传奇经历可能有些夸张,准确地说应该是"一人怀孕,全家提拔",除了陈阿娇所有参与这场游戏的人都是赢家。刘彻、卫青、公孙贺、公孙敖,一个通过裙带关系形成的坚固政治集团随着皇后陈阿娇的醋海波澜而浮出水面。

走出去战略

每个时代都有每个时代的历史主题,从文景之治以来,汉朝的历史主题就是休养生息,并通过长期积累增强国力。经过两代皇帝的不懈努力,到了汉武帝刘彻当家的时候,汉朝已经经济繁荣、国库充裕了,不过汉武帝实在厌倦了这种继续父辈政策、毫无新意的皇帝生活,他需要令人信服的光荣事迹来证明自己是一位超越父辈的杰出皇帝,于是刘彻决定给经常冒犯大汉帝国的匈奴一点颜色看看。最初汉武帝刘彻打算学习借鉴战国时期赵国名将李牧的战略战术,也打算设下埋伏,给匈奴来一个诱敌深入、大破单于。于是在元光二年,也就是汉武帝刘彻登上帝位的第八年,汉武帝刘彻亲自导演了一次大规模伏击,伏击地点选在马邑。但是非常遗憾,汉武帝刘彻布置诱饵的水平太幼稚,即使是照搬李牧也学得不像。匈奴突破长城要塞后根本没有遇到汉朝的一兵一卒,行军异常顺利,与此同时,那漫山遍野的牛羊居然无人看管,这种现象引起了单于的怀疑。即便是当初四面受敌的赵国在对匈奴实施诱敌深入的时候还至少派出部队抵挡一下,并留下了几千人的俘虏,而此时的汉帝国太平繁荣、国力强盛,这样一个庞大帝国的国防松懈到如此地步让人难以置信。那些无人看管的牛羊更是可疑,李牧诱敌的时候虽然也是牛羊漫山遍野,可是毕竟还有很多男女牛仔在放牧,现在到了汉朝诱敌深入连牛仔都省了,这种人本精神实在有些超前,让匈奴人无法相信这是真的。后来匈奴俘虏了一个在当地驻扎的雁门尉史,这个边境的基层军官为了保住自己的命就救了匈奴人的命,他把汉武帝的计划全盘托出:马邑就是一个圈套,正等着单于上钩呢。就这样汉武帝精心设计的汉朝版伏击匈奴单于的战役功亏一篑,单于大军在马邑的埋伏圈外踩了急刹车,掉头迅速撤出了长城。

　　汉武帝刘彻学李牧学得走样,失败也在情理之中,但是这次失败却给了汉武帝一个全新的启发,既然不能把匈奴请进来,为什么我们不能走出去? 事实上,在汉武帝以前,无论是战国时期的魏、秦、赵、燕等与匈奴接壤的国家,还是统一后的秦帝国,对付匈奴的骚扰侵犯都采取依托长城防守的战略。前辈的君王名将们可能也想过出塞远征,不过这种走出去的战法需要大量的骑兵和强大的补给能力,大量的骑兵和强大的补给就需要配备大量的战马和发达的物流供应链,然而大量的战马和发达的物流供应链则意味着惊人的战争预算。所以说,前辈君王名将们对付匈奴的战略实际上也是符合国情的现实选择,况且李牧在这种战略之下稍做创新也创造了大破单于、斩虏十万的辉煌战绩。不过到了汉武帝刘彻这里,经过文景之治的积累,汉帝国的国情已经不同于前朝,有钱就可以养马,养马就可以远征,所以在马邑遭到挫折的汉武帝刘彻决定实践一下自己的走出去战略。

　　于是,元光五年,汉武帝刘彻决定派军队出去远征,以验证自己的走出去战略的可行性。在那一年,汉武帝派出了四路远征军,其中卫青担任车骑将军,从上谷出发;太仆公孙贺担任轻车将军,从云中出发;太中大夫公孙敖为骑将军,从代郡出发;卫尉李广为骁骑将军,从雁门出发。四路将军各率领一万骑兵,从四个不同的方向同时出兵讨伐匈奴。在这次四路大军远征的战役当中卫青创造了一个辉煌的战绩,他迂回到了匈奴的圣地茏城,斩杀、俘虏了几百名匈奴,虽然斩杀俘虏的人数并不多,但是因为卫青是在茏城取得的胜利,所以这个胜利就不同凡响了。根据《史记·匈奴列传》记载,匈奴每年五月都要在茏城举行一次最隆重的宗教活动,"五月,大会茏城,祭其先、天地、鬼神"。因为茏城是匈奴每年祭祀祖先、天地和神鬼的宗教圣地,因此对于匈奴来说,这里具有特殊的精神象征。现在卫青不仅成功地实践了汉武帝的走出去战略,而且还马踏匈奴的圣地茏城,以实际行动震慑了嚣张的匈奴,这让汉武帝刘彻非常欣慰,从此以后,对这位能干的小舅子更加青睐。而在这次四路远征当中，与卫青同时出征的另外三位将军都战绩不佳，李广遭到了优势匈奴军团的包围，队伍被打散，李广自己也当了俘虏，后来他夺了一匹匈奴的战马逃了回来。公孙敖的部队也遇到了匈奴的主力，他的队伍损失了七千人，也是惨败而归。李广和公孙敖论罪当斩，花钱买命才被赎为庶人。公孙贺出去转了一圈根本没有遇到匈奴，既无功也无过。

元朔元年的春天，卫青的姐姐卫子夫给汉武帝生下了一个儿子，这就是后来被立为太子的刘据。卫子夫因为对皇家血统的延续做出了突出贡献，而被汉武帝刘彻封为皇后，至此，卫子夫正式取代了那位长公主陈阿娇，陈阿娇此时彻底被打入冷宫。这对老卫家来说，无疑又是一个巨大的利好消息，这意味着卫家的 DNA 从此融入了帝国的皇族，这个新贵家族注定从此进入帝国政治舞台的中心。

元朔元年的秋天，卫青再次以车骑将军的身份从雁门出击，这次他率领了三万骑兵，斩杀俘虏了数千匈奴。第二年，匈奴开始了疯狂的报复，凶悍的匈奴骑兵侵入辽西，辽西太守被杀，在渔阳俘虏劫掠了两千多人。汉朝驻扎在渔阳的材官将军韩安国被匈奴杀得大败，损失了数千人马。为了反击匈奴，汉武帝派李息从代郡出击，车骑将军卫青率领三万骑兵从云中出击。卫青这次一直打到了高阙（今内蒙古杭锦后旗一代），平定了黄河以南的河套地区。在陇西，卫青大败匈奴主力，俘虏了数千人，并缴获了牛羊牲畜几十万头。匈奴在河套地区驻扎的白羊王和楼烦王被卫青打败后率部出逃，至此，河套地区正式纳入了汉朝的版图，汉帝国在这里建立了朔方郡（今宁夏、内蒙古的河套地区）。为了表彰卫青对汉帝国拓展疆土的杰出贡献，汉武帝分封卫青为长平侯，获得食邑三千八百户。跟随卫青出征的校尉苏建因为军功被封为平陵侯，获得食邑一千一百户；另一位跟随卫青出征立功的校尉张次公被封为岸头侯。为了巩固汉朝对朔方郡的控制，汉武帝任命苏建负责修建朔方城，这个工程规模宏大，汉帝国为此投入了巨大的人力和巨额的建设资金。根据《史记·平准书》记载，"兴十余万人筑卫朔方，转漕甚辽远，自山东成被其劳，费数十百万巨，府库益虚"，为了建设朔方城，汉帝国征派了十余万民夫，粮食补给转运路线非常漫长，为此汉帝国原本充盈的国库逐渐出现了亏空。

汉武帝和卫青的成功远征强烈地刺激了匈奴单于，单于决定以牙还牙。第二年，匈奴突然偷袭代郡，代郡太守阵亡，匈奴在雁门一代掳掠了上千人。又过了一年，匈奴大规模入侵代郡和定襄，斩杀俘虏汉朝军民数千人。

元朔五年春天，车骑将军卫青肩负着复仇的使命再次出征，不过这次卫青不再只是某一路远征军的将军，而是一个统领集团军团作战的总司令。车骑将军卫青亲自率领三万骑兵从高阙出征，而游击将军卫尉苏建、强弩将军左内史李沮、骑将军太仆公孙贺和代理丞相李蔡都被划归到了卫青帐下统一领导，各路将军同时从朔方出征。与此同时，李息和岸头侯张次公也被任命为将军，配合卫青军团从右北平方向出击匈奴。

匈奴右贤王是这次对汉帝国战争的总指挥，不过这位匈奴的高级首长不仅生活腐化，而且非常昏聩。他当时认为，一贯不擅长骑兵作战的汉朝军队距离自己还很遥远，短

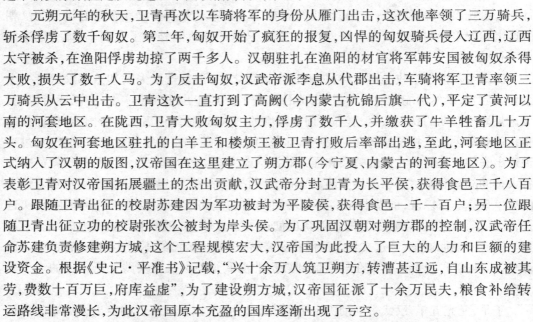

时间内根本对自己构不成威胁。所以当卫青率领精锐骑兵悄悄地逼近右贤王大军时,这位匈奴的高官正在喝酒而且逐渐喝高。后来当卫青的骑兵包围了右贤王大营并发动攻击的时候,右贤王正在睡觉。听到帐外喊杀震天,右贤王反应非常迅速,只见还没来得及穿衣的右贤王抱着体重一百斤的美女以百米冲刺的速度冲进了马棚,然后爬上了一匹骏马,拍马狂奔而去,留下身后一片混乱的大营。由于右贤王仓皇出逃,只有几百精锐骑兵跟随右贤王和他的美女突围而去,其他的大股部队在卫青的突然袭击之下都作鸟兽散。

卫青手下的轻骑校尉郭成继续领兵追击,向着右贤王逃窜的方向追击了几百里,虽然没有抓住裸奔的右贤王,却俘虏了右贤王的副王十余人,部族男女一万五千余人,牛羊牲畜几百万头。汉军的远征在卫青的统帅下大获全胜,收兵撤退。

卫青这次的成功使得汉帝国对匈奴的战争再次上了一个台阶,作为地位仅次于单于和左贤王的匈奴帝国第三号首长,右贤王位高权重,在匈奴草原拥有巨大的影响力。卫青的胜利不仅证明了汉朝骑兵已经具备了不逊于匈奴的长途奔袭能力,而且还证明了匈奴帝国也存在腐败无能的高层领导,这极大地鼓舞了汉武帝跟匈奴死磕到底的决心。

当卫青大军回到边境的长城要塞时,汉武帝派出使者向卫青授予了大将军印,并当众宣布从此汉帝国的各路军队统一归大将军卫青指挥。为了奖励卫青这次大破右贤王的功绩,汉武帝加封了六千户食邑给卫青,加上上次的封赏,大将军卫青的田产多达九千八百户,相当于当时的一个县。从此以后,大将军卫青不仅在政治地位上空前高贵,而且在经济地位上也俨然成为一位大财主。不仅如此,卫青的三个儿子也被兴奋过度的汉武帝刘彻封了侯,其中老大卫伉被封为宜春侯,老二卫不疑被封为阴安侯,老三被封为发干侯,而此时卫家的三位公子不仅尚未成年,而且尚在襁褓之中。这样的封赏太超常了,这让一贯坚持原则的卫青很不适应,他坚决地推辞给儿子的封赏,卫青说"臣幸得待罪行间,赖陛下神灵,军大捷,皆诸校尉力战之功也,陛下幸已益封臣青。臣青子在襁褓中,未有勤劳,上幸列地封为三侯,非臣待罪行间所以劝士力战之意也。伉等三人何敢受封!"卫青鼓励士卒拼命打仗的时候,肯定向手下灌输过多劳多得的分配原则和赏罚分明的价值导向,作为这次远征的第一负责人,卫青得到的封赏已经充分体现了帝国的分配原则,现在连卫青的三个还在吃奶的儿子也跟着沾光被封侯,而那些拼死奋战的将校、士卒却没有得到任何封赏。这事有点太离谱了,这样下去队伍就不好带了,即使是大将军也不好使。但是皇上的话就是金口玉言,他让卫青的儿子当侯就必须当,不管他们是不是在吃奶。当然汉武帝刘彻也知道必须平衡一下,否则也太对不起跑龙套的群众演员和热心观众了。于是汉武帝刘彻又再次下诏,封赏跟随卫青出征立下军功的将校:护军都尉公孙敖封为合骑侯,都尉韩说封为龙额侯,骑将军公孙贺封为南窌侯,轻车将军李蔡封为乐安侯,校尉李朔封为涉轵侯,赵不虞封为随成侯,公孙戎奴封为从平侯。将军李沮、李息及校尉豆如意、中郎将绾皆封为关内侯。

汉武帝刘彻虽然能平衡卫青的儿子和立功将校,却无法平衡匈奴的复仇欲望,就在卫青被封为大将军的同一年的秋天,匈奴骑兵突然侵入了代郡,杀死了都尉朱英。第二年,元朔六年的春天,汉武帝派出大将军卫青从定襄出发向匈奴再次发起了不厌其烦地报复,在这次出征队伍当中合骑侯公孙敖为中将军,太仆公孙贺为左将军,翕侯赵信为前将军,卫尉苏建为右将军,郎中令李广为后将军,左内史李沮为强弩将军,这次出征杀死了上千匈奴。又过了一个多月,卫青率领的大军再次从定襄出发,这次卫青大军斩首俘虏了匈奴万余人。这次军事行动眼看就要圆满成功了,然而就在马上凯旋班师回朝的时候,苏建和赵信的部队却遭遇了一次意外的失败。出于集中兵力的考虑,卫青将卫尉苏建和翕侯赵信领导的两支部队合并成了一支联军,统一参加这次春节行动,虽然两军合并,但是苏赵联军的规模却不大,只有骑兵三千多人。倒霉的是这支三千多骑兵组成的兵团不仅远离大部队孤军突进,而且还遭遇了单于率领的匈奴主力。苏赵联军人虽然少,战斗力可是一点不差,既然突然遭遇了人数数倍于己的单于主力而且无路可逃,苏建和赵信就只有迎着单于上了。苏赵联军虽然勇气可嘉,但是毕竟以寡击众、后无援军,与单于主力激战了一昼夜以后,三千多骑兵损失大半。这时,赵信对汉帝国的忠诚发生了动摇,赵信本来就是匈奴人,后来跳槽到了汉帝国捞了个翕侯的爵位。此刻赵信陷入绝境,如果坚持下去肯定凶多吉少,正在赵信犹豫的时候,单于派来了使者勾引赵信。单于看透了赵信的心思,既然汉帝国出了合适的价格赵信就可以跳槽,那么现在单于出的价格赵信根本无法拒绝,毕竟人只有活下去才可能享受荣华富贵。就这样赵信带着剩下的八百多骑兵趁着夜色直奔单于大营而去,留下了苏建苦苦支撑。随着赵信的阵前倒戈,苏建彻底丧失了与单于对抗的资本,他的部队最后被全歼,尽管如此,苏建仍然创造了一个奇迹,他居然摆脱了单于大军的追杀,单人独骑逃了出去,最后找到了卫青大军。

汉帝国当时的绩效管理遵循的是结果导向而不是过程导向,虽然有很多客观原因,但是根据相关法律规定,苏建全军覆没仍然罪责难逃。可是怎样来处罚苏建却是一个难题,根据当时汉帝国的法令苏建的罪过足以斩首。但是客观地说,苏建的全军覆没并不是他个人的错误,作为全军总司令,卫青实际上也负有领导责任。杀还是不杀,卫青必须做出选择,就这样,刚当上大将军的卫青遭遇了自己职业将军生涯的第一次重大难题。卫青召集手下商议怎样处置苏建,此时在卫青帐下效力的议郎周霸提议杀了苏建来树立大将军卫青的威信,他说:"自大将军出,未尝斩裨将,今建弃军,可斩,以明将军之威。"从司马穰苴开始,中国的古代名将都有杀人立威的传统,周霸认为苏建既然犯了死罪,正好可以借他的脑袋来给大将军卫青树立威信。周霸的马屁拍得很响亮但是不够漂亮,让其他人看出了破绽,军正闳和长史安都不同意周霸的意见,他们说:"不然。兵法'小敌之坚,大敌之禽也。'今建以数千当单于数万,力战一日余,士皆不敢有二心。自归而斩之,是示后无反意也。不当斩。"苏建和单于的实力对比有目共睹,即使换了卫青在相同的情况下也未必能争取到比苏建更好的结果,难得的是深陷绝境的苏建并没有向赵信学习投降匈奴,而是拼死逃了回来,如果杀了这样的将军,以后再出现同样的情况大家可能只好学习赵信了。卫青最后总结发言:"青幸得以肺腑待罪行间,不患无威,而霸说我以明威,甚失臣意。且使臣职虽当斩将,以臣之尊崇而不敢自擅专诛于境外,而具归天子,天子自

諸子百家
——
兵家

裁之,于是以见为人臣不敢专权,不亦可乎?"要当大领导就必须学会综合和妥协,听了正反双方辩友针锋相对的意见,卫青拿定了主意,他认为自己对待下属真心诚意、出自肺腑,因此不用担心没有威信,所以周霸关于杀人立威的建议被卫青否定了。但是作为远征军团的最高长官,卫青必须对苏建做出处置,这是他的职责所在,卫青认为自己虽然得到了汉武帝的尊崇,但是不应该对涉及一个将军生死的重大问题做出判断,他建议由汉武帝刘彻对苏建进行最终裁决。大将军卫青手下的官吏听了卫青的话才发现自己上司不仅能征善战,而且觉悟如此之高,不禁都在心里暗暗叫绝,领导就是领导,卫青又给大家上了一课。受到教育的正反双方辩友被卫青的敏感性所折服,于是他们异口同声地表态支持。卫青下令把苏建囚禁在军营里,然后带回长安接受帝国最高首长汉武帝刘彻的最终裁决。

汉武帝刘彻赦免了苏建的死罪,把他贬为庶人,后来这位曾经孤军奋战对抗单于主力的牛人再次被起用,担任了代郡太守,最后死在任上。苏建有三个儿子,他的二儿子就是那位出使匈奴遭到扣押、后来又被匈奴流放到贝加尔湖一代牧羊的苏武。

霍去病的首次亮相

就在苏建遭遇全军覆没惨败的同一年,在历史上与卫青相提并论的另一位名将霍去病横空出世,以令人难忘的强悍姿态登上了历史舞台。

霍去病和卫青的关系非同一般,他是卫青的外甥,也就是卫青二姐卫少儿的儿子。根据《史记》和《汉书》的记载,霍去病的母亲卫少儿继承了母亲卫媪的风格,生活作风相当现代,对待爱情的态度相当地大胆,"少儿故与陈掌通"(《史记》),后来陈掌因为这个关系被提拔当上了负责照料皇后和太子私生活的詹事,相当于皇后和太子的私人助理。再后来卫少儿嫁给了陈掌,不过对于卫少儿来说,陈掌只是她的第二个男人,在此之前卫少儿就在平阳侯府遇到了霍去病的生父霍仲孺,当时霍仲孺像当年的郑老三一样也是已婚男人。不过霍仲孺的婚姻并不能阻挡卫少儿的追求,于是两个人马上坠入爱河,再一次孕育了一代名将。这位霍仲孺和当年的郑季惊人地相似,他不仅也是平阳人,而且也是一位平阳县里的基层官吏,也进入平阳府当差,不同的是霍仲孺遇到的名将之母是卫媪的女儿卫少儿。后来霍去病成年

霍去病雕像

以后才知道自己的生身父亲是霍仲孺,当时的社会风气相当开放,这位骠骑将军不仅没有选择避讳,反而主动上门认亲,并为生父购置了大量的良田、宅院和奴婢,让自己的老

爸安度晚年。事实证明,霍去病不仅是个出息孩子,还是个孝顺孩子,如果评选汉朝最实惠老爸,霍仲孺一定名列第一。

既然是汉武帝、皇后和大将军卫青的外甥,霍去病一出场就站到了很高的起点上。十八岁的时候,霍去病就得到了汉武帝的重用,被任命为侍中。《史记》记载霍去病"善骑射",霍去病凭借自己的家族背景和骑射武艺被选中跟随大将军卫青出征,参与了元朔六年春季对匈奴的那次复仇行动。汉武帝对这位勇猛的少年外甥非常器重,他特意下诏给大将军卫青,让卫青调拨精壮骑兵划归霍去病指挥,并任命霍去病为骠姚校尉。虽然霍去病在走上职业军官的道路上受到了皇帝姨夫的照顾,不过很快霍去病就用自己的战绩证明了汉武帝对自己的重用并非任人唯亲。在这次远征当中,刚走上战场的霍去病可谓初生牛犊不怕虎,他率领八百勇猛的轻骑追杀匈奴,一路上斩杀、俘虏匈奴两千多人,并且活捉了匈奴的相国、当户、单于的叔父罗姑比等匈奴贵族多人,单于的伯父在霍去病的追杀中死于非命。这次出征因为苏建的惨败和赵信的叛逃而蒙上了一些阴影,不过刚走上战场的霍去病却创造了此次远征最辉煌的胜利,成为此战的最大亮点。

一位比匈奴人还擅长长途奔袭的少年军事天才闪亮登场,从此以后,霍去病的名字成了征服者的代名词。

远征大军回到长安,汉武帝刘彻马上分封霍去病为冠军侯,食邑二千五百户;上谷太守郝贤因为四次跟随大将军出征,俘虏、斩杀匈奴一千三百多人而被封为终利侯。由于受到苏建和赵信的影响,这次远征的总司令大将军卫青并没有得到进一步的封赏。

虽然食邑没有增加,不过卫青回到长安后还是领到了一笔丰厚的奖金,汉武帝刘彻赏赐给卫青上千两黄金以奖励卫青不辞辛劳的远征。一千两黄金对平常百姓来说是一笔巨款,不过对于卫青来说,边际效用其实很低,准确地说一千两黄金对于卫青来说其实只是一个数字而已,这样的奖金象征意义大于实际意义。这时候有人比卫青更需要这笔钱,这个人就是刚刚得到汉武帝宠爱的王夫人。于是就有高人向卫青支招了,这位高人名叫宁乘,他劝卫青说:"将军所以功未甚多,身食万户,三子皆为侯者,徒以皇后故也。今王夫人幸而宗族未富贵,愿将军奉所赐千金为王夫人亲寿。"这位高人点破了卫青获得荣华富贵的人际关系基础,虽然卫青的能力毋庸置疑,不过如果没有皇后的关系,汉武帝不可能对卫青如此信任,在统一王朝历史当中,皇帝将军权委于一人的做法非常罕见,没有皇帝的绝对信任,卫青就不可能决胜千里之外。而卫青的姐姐之所以能当上皇后无非就是得到了皇帝的宠爱,现在王夫人也得到了皇帝的宠爱,因此此时的王夫人在帝国后宫的发展形势颇似当年的卫子夫。这时候,卫家可以选择陈阿娇当年的策略打压后宫的后起之秀,但是这一套在性格强悍的汉武帝这里可能适得其反,武帝朝后宫斗争经验证明打压竞争对手注定是要失败的,所以不如拉拢和联合,争取形成与王夫人的利益盟友关系。不过拉拢这种事操作起来也不那么容易,尤其是拉拢现在风头正健的王夫人,难度可想而知,力度不够可能起不到效果,太卖力又可能失了身份。现在机会来了,宁乘发现王夫人虽然得到了宠爱,不过她的家族并没有发财致富。可以想象王夫人娘家人一定对此充满了期待,谁家的女儿给皇上当了老婆都不可能不充满期待,何况按照宁乘的说法,王夫人家经济状况并不富裕。于是宁乘提议卫青把这刚领到手的奖金以给王夫人父母祝寿的名义转手送给王夫人,这才是争取一千两黄金边际效用最大化的最优方案。于是卫青就把奖金分了一半,送了五百两黄金给王夫人,向王夫人的父母祝寿。宁乘建议卫青把一千两奖金全部送给王夫人,卫青接受了宁乘的建议,不过在数目上打了五折,卫青的做法实在耐人寻味。按理说卫青留下五百两黄金对自己没有多大的实际意义,反而显得大将军有些小家子气,这很不符合卫青的一贯作风。扶栏客认为这正是卫青过人的精明之处,他知道自己的雪中送炭很可能当晚就会通过枕边风汇报到汉武帝那里。如果一千两黄金全部转手送给王夫人,那么对汉武帝来说可能并不是那么舒服,这样的慷慨行为完全可以被解读成卫青已经在物质上没有追求,那么卫青还要追求什么呢?这个问题想不通,皇帝很可能失眠。现在卫青留下了一半奖金,只送了一半奖金给王夫人,既做了漂亮的人情,又向皇帝传递了这样的信号:卫青远没有达到视金钱如粪土的境界,他仍然很珍惜、很热爱皇帝的赏赐。果然,汉武帝不久就知道了小舅子给自己的另一位老婆送钱的事,他饶有兴趣地询问了卫青怎么想到做这样的好事。卫青坦白了宁乘给他的建议,汉武帝刘彻没想到还有这样为自己老婆着想的好人,马上提拔宁乘当了东海都尉。

这时,那位中国历史上第一位前往西域探险的传奇人物张骞回到了长安,为了表彰张骞的突出贡献,汉武帝分封张骞为博望侯。因为张骞熟悉匈奴和西域各国境内的地理环境和风土人情,因此汉武帝把张骞派到了大将军卫青的帐下听候调遣。由于有了这位匈奴活地图当军中向导,卫青如虎添翼,从此在大漠草原上行军不再因迷路和找不到水源而困扰("知善水草处,军得以无饥渴")。

霍去病速度

霍去病被封为冠军侯之后的第三年,元狩二年的春天,霍去病被封为骠骑将军,成为帝国军界地位仅次于卫青的重量级人物。骠骑将军一接到任命后马上率领一万骑兵从陇西出征,并且立下了对得起骠骑将军这个头衔的辉煌战功。根据战后汉武帝对霍去病的表彰文件,霍去病这次征服了乌盭、遫濮、狐奴等五个匈奴王国,不仅缴获大批辎重、抓获大批俘虏,而且差点活捉了单于的儿子。元狩二年的这次出征历时六天,突破到了焉支山(今甘肃山丹县境内)以北一千多里,连续与匈奴主力激战。一路上,霍去病连续斩杀了匈奴的折兰王和卢胡王,活捉了浑邪王子及相国、都尉,斩杀俘虏了八千九百六十多人,最后还缴获了休屠王用来祭天的圣物金人。不过经过六天的连续激战,霍去病带去的一万骑兵损失了七成,只有三千人活着回到了长安。

让匈奴很受伤的霍去病被汉武帝刘彻加封了两千户食邑,至此霍去病的食邑为三千八百户,距离舅舅卫青还有很大的差距。

元狩二年的夏天,精力旺盛的霍去病再次出发了,这次合骑侯公孙敖和骠骑将军霍去病配合,分两路从北地出击,与此同时,博望侯张骞和郎中令李广也兵分两路从右北平出发。这次出征李广率领四千骑兵遭遇了左贤王数万骑兵的合围，由于率领一万骑兵的张骞没有及时赶到，李广苦战两天，虽然部队阵亡过半，不过李广的战斗力相当出色，虽然以寡击众，他们仍然杀死数目更多的匈奴。就在李广即将全军覆没的时候，张骞才赶到，左贤王大军发现出现了生力军只好撤退。这次博望侯张骞由于没有按时赶到会师，导致李广部险遭全歼，张骞论罪当斩，自己花钱买了条命回来，赎为庶人。

　　另一边的霍去病和公孙敖也不顺利，合骑侯公孙敖跟随霍去病从北地出发深入匈奴腹地之后就迷路了，在通讯落后的汉朝，公孙敖失去了与霍去病的联系。失去了援军的策应，霍去病并没有动摇胜利的信心，他一路杀到了祁连山，斩杀、俘虏了众多匈奴。根据汉武帝对霍去病远征的总结文件，此次霍去病的进攻路线是这样的：先渡过钧耆河，然后越过居延泽，经过小月氏，最后挺进到了祁连山。在这里霍去病俘虏了酋涂王，匈奴集体投降的有二千五百人，被斩杀的有三万两百人，活捉了五个匈奴王、五位匈奴王的母亲，阏氏（单于的王后）、匈奴王子五十九人，还俘获匈奴相国、将军、当户、都尉等共六十三人。这次跟随霍去病出征的将士大概减员了十分之三，汉武帝追加了五千户的食邑给霍去病，至此霍去病的食邑达到了八千八百户，与舅舅卫青的食邑只差一千户。不仅如此，这次跟随霍去病出征的将校们得到了丰厚的奖赏，其中跟随霍去病到达小月氏的校尉们都得到了左庶长的爵位。鹰击司马赵破奴两次跟随骠骑将军出征，屡立军功，因此封赵破奴为从骠侯，食邑一千五百户……合骑侯公孙敖因为迷路没能及时和霍去病会师，论罪当斩，后来交了罚款，买了一条命回来，不过合骑侯是没的当了，被贬为庶民。霍去病这次远征在失去了公孙敖策应的情况下居然能大获全胜，一路斩获颇多，创造了汉帝国对匈奴战争的奇迹。根据《史记》记载，霍去病当时享有优先选拔士兵的权力，而在马匹和武器装备的配备方面，霍去病也享有特权。当时的一些前辈老将率领的兵士和马匹武器都比不上骠骑将军霍去病。霍去病本身天不怕地不怕的性格再加上精选的精兵好马，更加坚定了霍去病冒险奔袭的决心。纵观霍去病作为主将指挥的这两次战争，都是大胆深入敌境，亲自率领精壮骑兵抛开大部队先行，这种战法从通常的理论来看，实际上是犯了兵家之大忌，如果遇到优势敌军的包围后果不堪设想。不过霍去病却能屡次冒险、屡次创造奇迹，似乎运气总是站在他这一边。霍去病的成功经验就是一个字——快，帝国最年轻迅猛的战将指挥着帝国最优秀的骑兵和战马，这一切因素使得霍去病的骑兵军团仿佛一支射出去了的箭无往不利。匈奴无法适应霍去病的速度，所以只有屡次伤心失败。霍去病的速度为他创造了夺取更多胜利的战机，而他果敢强悍的性格让他总能抓住稍纵即逝的战机。一方面年轻的霍去病得到了皇帝的超常器重和帝国全力的支持，另一方面霍去病从未遭受挫折而保持了少年特有的锋芒和自信，这一切使得霍去病的战法成为后世无法复制的一种经典。而那些年纪和资历堪称霍去病父辈的老将们却经常因为行军迟缓无法捕捉有利战机，于是挫折也就在所难免。

　　从此以后，骠骑将军无论在经济地位还是在政治地位上都逐渐向大将军卫青靠拢，《史记》记载："由此去病日以亲贵，比大将军。"

为了纪念这两次霍去病给匈奴带来的伤心，匈奴的民间音乐家创作了那首著名的匈奴民歌："失我祁连山，使我六畜不蕃息。失我焉支山，使我妇女无颜色。"今天，当年这首脍炙人口的匈奴民歌的旋律已经无从考证，不过这两句忧伤的歌词足以说明霍去病这次远征对匈奴造成的心理震撼。这个一贯在草原上称雄的强悍民族第一次有了强烈的危机感，那些来自农耕区的人们现在也可以骑在马背上和匈奴争雄了，而匈奴的生存空间正随着汉帝国的一次次远征逐渐北移。

成功受降

霍去病在西线的两次成功远征打痛了单于，直接导致了匈奴帝国的一次内讧。

元狩二年的秋天，因为西线的浑邪王屡次遭到骠骑将军霍去病的重创，忍无可忍的单于终于发飙了，他下令召集浑邪王回到单于王廷汇报工作，说是汇报工作，其实就是要借浑邪王的人头来炒作，以挽救处于败势的匈奴帝国。接到单于王廷的命令，站在秋风中的浑邪王觉得异常寒冷，他知道如果自己真的应召去了王廷，那么他就不会看到来年草原上漫山遍野的野花了。浑邪王不想死，于是他找到休屠王商量，休屠王上次也被霍去病杀得惨败，还弄丢了祭天的金人，所以不禁也产生了兔死狐悲的忧伤。最后，两个倒霉的匈奴王爷一商量，留在匈奴早晚横竖都是个死，不如干脆跳槽到汉朝去。于是，他们先派出了使者前往汉朝边境去联络。此时大行李息正率领部队在黄河岸边筑城，接到浑邪王使者的口信，立即派人快马加鞭飞驰到长安向汉武帝汇报。元狩二年，真是一个创造奇迹的年份，像浑邪王这样高级别的匈奴王爷主动要求投降，在此之前从未出现，汉武帝刘彻有点不敢相信，他担心浑邪王诈降，于是就命令骠骑将军霍去病率领主力前往边境迎接浑邪王和休屠王。

在另一边等待消息的浑邪王和休屠王这时却发生了内讧，休屠王可能觉得自己不至于被单于杀掉，于是产生了被浑邪王利用的感觉。休屠王想反悔了，不过这种事是上船容易下船难，如果休屠王向单于报告，浑邪王可能就要被就地处决。于是浑邪王先下手为强，杀死了休屠王，并且吞并了休屠王的部落和军队。

那一边，骠骑将军的大军正在日夜兼程赶来接应起义的浑邪王。

骠骑将军霍去病渡过黄河以后，远远地望见了浑邪王的部队。这时浑邪王的阵营发生了分裂，浑邪王的裨将们对投降汉朝产生了动摇，毕竟单于要杀的人是浑邪王而不是他的手下，如果真的跟着浑邪王投降了汉朝，这些人不仅要远离自己祖辈居住的草原，而且还要去面对一个前途难测的未来。所以当浑邪王的手下将领看到霍去病的大旗的时候，很多人选择离开浑邪王逃向草原深处，于是浑邪王的队伍乱了。这一切被对面的霍去病看得一清二楚，如果浑邪王此时控制不住局面，这次投降很可能演变成一场惨烈的混战。情况紧急只有先下手为强，霍去病当机立断，立即率领精锐骑兵飞马奔向了浑邪王的大军。霍去病见到浑邪王以后先是表明身份，然后立即开始行使受降的责任，他下令投降免死，逃跑和抵抗的就地处决，于是八千个想要逃走的匈奴士兵被霍去病镇压了。

諸子百家——兵家

浑邪王军中一时间一片血腥,匈奴士兵意识到,如果此时选择逃跑就等于把后背留给了霍去病的弓箭,匈奴人再次被霍去病的速度震撼了,只好接受投降的现实。于是霍去病命令手下立即护送浑邪王回到自己的大营,然后自己率领刚接收的浑邪王部队渡过黄河,成功地完成了这次惊险的受降。这次跟随浑邪王投降的有四万多人,汉帝国为了宣传自己的伟大武功和匈奴的穷途末路,对外号称十万。为了安抚投降的浑邪王部族,汉武帝特批了一笔巨额预算,用来赏赐投降匈奴的钱多达几十万。汉武帝下诏分封浑邪王为漯阴侯,食邑一万户;浑邪王的小王呼毒尼为下摩侯,鹰庇为辉渠侯,禽梨为河綦侯,大当户铜离为常乐侯。作为成功执行这次受降任务的霍去病,汉武帝再次增加一千七百户的食邑给骠骑将军。此时,年轻的霍去病的食邑已经超过舅舅卫青,成为帝国军人的首富。由于浑邪王吞并了休屠王的部族并且投降了汉朝,因此汉帝国在西线的压力大大缓解,为了减轻全国百姓的兵役和劳役负担,汉武帝下令将陇西、北地、上郡等几个西线军区的军队裁军一半。

过了不久,汉帝国就把投降的匈奴人分别迁徙到边境五郡原先的边塞以外,但是仍然处于黄河以南,并按照他们原有的习俗,作为汉帝国的属国。

第二年,受到强烈刺激的单于派出骑兵入侵右北平和定襄,杀死、掠走汉朝军民一千多人。

对单于的最后一击

又过了一年,元狩四年,雄心勃勃的汉武帝刘彻酝酿了一个彻底解决单于的大胆计划。他召集诸位将军们公布了自己的想法:"翁侯赵信为单于画计,常以为汉兵不能度过沙漠轻易留停,今大发卒,其势必得所欲。"翁侯赵信兵败投降了匈奴,由于熟知汉朝的国情和军情,所以赵信后来就充当了参谋长的角色,为单于出谋划策。过于熟悉汉朝的赵信犯了经验主义的错误,他认为汉朝军队不可能穿越沙漠去进攻单于,于是单于就把部族和军队主力集中到了大漠以北,认为这样可以高枕无忧。赵信显然并不了解汉武帝刘彻的个性,在这位立志要超越父辈的皇帝的头脑里根本没有"不可能"。越是艰难险阻、越是无法完成,就越能让这位具有冒险家性格特征的皇帝兴奋。果然,汉武帝提出了越过大漠打击单于主力的大胆计划。在汉武帝看来,这样不按常理出牌,肯定能收到奇效。

元狩四年春天,汉武帝命令大将军卫青、骠骑将军霍去病各率五万骑兵分两路出征,几十万步兵和后勤补给队伍紧随其后。汉武帝预感到这次探险似的远征很可能是对单于的最后一战,为了平衡帝国的政治力量,所以他不想把这个不世之功留给已经是帝国第一重臣的大将军卫青,而是刻意安排由霍去病来完成这漂亮的最后一击。于是,汉武帝特意把那些敢于拼命地精壮士兵都划拨给了骠骑将军霍去病。一开始汉武帝接到的情报显示单于主力出现在定襄方向,于是他命令骠骑将军从定襄出兵迎击单于主力。后来汉朝抓到了匈奴的俘虏,据俘虏交代,单于主力已经向东开拔了,于是汉武帝改变计划命令骠骑将军从代郡出兵,而大将军卫青从定襄出兵。为了配合好霍去病的奇袭,大将军卫青这一边的声势格外壮观,李广、公孙贺和公孙敖等三位宿将都跟随卫青出征,其中郎中令李广为前将军,太仆公孙贺为左将军,主爵赵食其为右将军,平阳侯曹襄为后将军,而丢掉侯爵的公孙敖为中将军。大将军卫青和骠骑将军霍去病各率领五万骑兵,同时出击。

人算不如天算,完成对单于最后一击的人是卫青。

当卫青大军越过沙漠的时候,单于主力出现在了卫青大军的面前。

在汉帝国分兵两路出发远征大漠的时候,单于接到了情报。虽然赵信判断失误,不过他仍然是匈奴的最佳参谋长人选,他继续给单于支招:"汉兵即度幕,人马罢,匈奴可坐收虏耳。"在赵信看来,穿越沙漠的汉军一定会人困马乏,根本无力抵挡以逸待劳的单于主力的冲击。于是单于下令把辎重粮草全部运到遥远的北方,然后安排精兵在大漠以北等待汉军。大将军卫青的骑兵队离开长城一千多里,突然遭遇了单于的主力,出现在卫青面前的单于主力正摆好了阵势等着他们。卫青立即下令用武刚车排成环形营垒,又命令五千骑兵主动出击,抵挡匈奴。单于主力的一万骑兵此时也迎着卫青飞奔而来,决战的时刻到了。

此刻正是黄昏日落,残阳似血。

更加诡异的是,当两军展开贴身肉搏的时候,大漠上刮起了漫天大风,一时间飞沙走石,对面看不清人影。

当卫青确认出现在自己面前的就是日思夜想的单于时,他决定血战到底,一定要全歼单于主力。于是,大将军下令张开左右两翼包抄单于。单于在赵信的忽悠下先是没想到汉朝能跨过大漠突然出现在自己面前,接着再次没想到穿越了大漠的汉军并不像赵信说的那样人困马乏、不堪一击。所以当单于看到汉军骑兵以这种拼命的姿态向自己迎面扑过来的时候,不禁在心理上失去了优势,一贯骄横的单于此刻突然丧失了信心,他认为在这种情况下交战对匈奴很不利。因此,当夜幕逐渐降临的时候,失去斗志的单于乘坐着一辆六头骡子拉的车带领着几百精壮骑兵突围出去,向西北方向逃走了。

人们在昏暗的空间里开始了混战和厮杀,到处血肉横飞,虽然单于逃走了,不过单于主力的战斗力仍然相当惊人,最后两军的伤亡数字基本相同。后来当汉军左校尉捉到了匈奴俘虏,这才从俘虏的嘴里得知单于已经逃走的消息。可见单于既不了解对手,更不了解自己的手下,知己知彼两头不占,这场决战必败无疑。于是卫青派出轻骑兵连夜追击,大将军自己率领大部队紧随其后。失去了单于的匈奴士兵像一盘散沙,各自逃命。这场追杀一直持续到黎明,卫青大军追击了两百多里,仍然没有发现单于的踪迹。虽然没有活捉单于,不过卫青一路上仍然俘虏和斩杀了单于主力骑兵一万多人,后来一直追到了寘颜山赵信城。这个以参谋长赵信命名的地方就是单于囤积军粮的粮仓。看到堆积如山的粮食,兴奋而饥饿的汉军骑兵们欢声雷动。由于得到了大量的匈奴军粮,卫青大军的后勤补给一下子解决了。在匈奴的老巢,卫青的骑兵们埋锅造饭,就这样卫青用单于的粮食喂饱了自己的士兵们。在这里,卫青大军休整了一天,然后就撤走了。临走前卫青放了一把火，把带不走的粮食付之一炬。

在大将军卫青同单于会战时，前将军李广和右将军赵食其的军队向东方进军，因为迷了路，李广和赵食其没能按时和卫青会师。直到大将军卫青打败单于，领兵回到大漠以南的时候，才遇到了前将军李广和右将军赵食其。大将军卫青例行公事想要写个汇报材料向汉武帝解释，就命令长史催促前将军李广写一个汇报，详细说明迷路的原因和经过。一生坎坷的老将李广无法容忍再遭到刀笔吏的盘问，于是拔刀自杀。右将军赵食其回到长安后论罪当斩，赵食其也像前人一样按规定交了罚款，然后被贬为庶民。大将军卫青回到汉帝国的境内，清点统计了俘虏和匈奴的人头，最后得出的数字是斩杀、俘虏匈奴一万九千人。

遭受到这次沉重打击，匈奴帝国风雨飘摇。

匈奴部众在与单于失去联系十多天以后，右谷蠡王自立为单于。后来单于又回来了，仍然恢复了匈奴单于的地位，右谷蠡王废除了单于的名号。

抬霍抑卫

根据《史记》记载，骠骑将军霍去病这次出征也率领了五万骑兵，军需物资也与大将军卫青相同，但是年轻的骠骑将军显然还没有建立起自己的班底，所以没有现成的合适人选充当裨将。于是，骠骑将军就征调了李敢等人做大校，充当裨将。霍去病虽然没有按照汉武帝的计划完成对单于的最后一击，不过他仍然斩获颇多。霍去病大军从代郡、右北平出发后行军了一千多里就遇上左贤王的军队，根据后来的统计，霍去病斩杀和俘虏的匈奴已经远远超过了大将军卫青。战后汉武帝对霍去病的总结和表彰诏书来再次证明了汉武帝抬霍抑卫的想法。对于将军的功劳，皇帝可以用放大镜来看，也可以根本不看。武帝的诏书大概意思是这样：骠骑将军霍去病率领军队出征，亲自率领俘虏的匈奴士兵，携带很少的辎重补给，穿越大沙漠，渡河后活捉了单于的近臣章渠，诛杀匈奴小王比车耆。接着向匈奴左大将发起了进攻，斩获敌人旗鼓。霍去病翻越了离侯山，渡过弓闾河，捕获匈奴屯头王和韩王等三人，以及将军、相国、当户、都尉等八十三人。然后在狼居胥山祭天，在姑衍山祭地，并且登上高山远眺大漠。共捕获俘虏和杀敌七万零四百四十三人，霍去病的部队大概减损十分之三。骠骑将军的部队从匈奴那里缴获了粮食，所以虽然深入敌境也没有断粮。因此加封五千八百户食邑给骠骑将军霍去病，至此霍去病的地产已经远远超过舅舅卫青。不仅如此，跟随霍去病远征的各路将领也得到了丰厚的封赏，其中路博德因为按时与骠骑将军在与城会师，后来又跟随霍去病到达椭余山，俘虏和斩杀匈奴二千七百人，所以被封为符离侯，食邑一千六百户。北地都尉邢山跟随骠骑将军俘虏匈奴小王，被封为义阳侯，食邑一千二百户。从前投降汉朝的匈奴因淳王复陆支、楼专王伊即靬因为跟随骠骑将军远征立下军功，所以复陆支被封为壮侯，食邑一千三百户，伊即靬被封为众利侯，食邑一千八百户。从骠侯赵破奴、昌武侯赵安稽跟随骠骑将军立下军功，各增加三百户的食邑。校尉李敢因为夺取了敌军的军旗战鼓，被封为关内侯,食邑二百户。校尉徐自为被授予左庶长的爵位。另外骠骑将军霍去病属下的干部士兵被提拔和受到奖赏的人也很多。

事实上,霍去病这次远征虽然没有完成对单于的最后一击,但是创造了"封狼居胥"的辉煌,这个壮举成为后来抗击游牧民族的名将们的最高理想。

与此形成鲜明对照的是,汉武帝在表彰诏书不仅对大败单于的大将军卫青只字未提,而且也没有给卫青更多的封赏,大将军卫青手下也没有因为立下这次大破单于的奇功而被封侯。当皇帝当到汉武帝这种境界已经可以随心所欲了,天子的意思就是天意。他一定要让外甥霍去病超过小舅子卫青,说到底这也是他们家的私事。只是这对于那些跟随卫青出征苦战的将校士卒来说实在有些不公平。

当卫青和霍去病所率领的两支大军准备出塞远征的时候,曾经在长城边境阅兵,当时汉帝国征调的官府和私人马匹共十四万匹,而当他们回来的时候,剩下的战马不满三万匹,由此可见,这次远征的规模之大的确惊人。为了从名分上正式确定霍去病制衡卫青的权力地位,后来汉武帝增设了大司马的职位,并且同时任命卫青和霍去病出任大司马。而且制定规则,明确规定骠骑将军的官阶和俸禄与大将军完全一样。从此以后,在军政各界人士的眼里,大将军卫青的权势就像放久了的水果,逐渐失去了新鲜和吸引力,而骠骑将军霍去病的权势仿佛春雨后的竹笋,迅速地拔节长大。根据廉颇门客当年总结的规律,从此,大将军卫青的府邸逐渐冷清了起来,他的很多老朋友和门客多半都离开了他——这些人都跑到骠骑将军霍去病那里赶集去了。如果把卫青和霍去病比作两个市场,那么此时卫青这个市场因为拆迁已经路断人稀,到这里摆摊最多只能勉强维持温饱,而霍去病那个市场则因为推出的最新规划而摇身一变成了CBD,在那里功名利禄琳琅满目、应有尽有。对普通人来说,势利也是一种无奈的选择,毕竟后来那些投靠骠骑将军的人很多都捞到了官职爵位,只有一位名叫任安的人不肯抛弃卫青,一直追随着这位已经在仕途走下坡路的大将军。

《史记》记载霍去病的性格特点有八个字,那就是"少言不泄,有气敢任"。从这八个字可以看出霍去病是典型的行动派和实干家,不仅少说多做,而且敢作敢为。为了培养自己的外甥,汉武帝刘彻曾经想亲自教导他学习孙子和吴起的兵法,霍去病的回答惊世骇俗,颠覆了兵家的传统,他说:"顾方略何如耳,不至学古兵法。"在霍去病看来战场的形势瞬息万变,只要掌握战争的普遍规律就可以了,照搬前人的兵法并没有多大的实际意义。后来汉武帝为霍去病特批预算,专门修建府第,骠骑将军的豪宅建好以后汉武帝让外甥去参观一下,霍去病的回答再次颠覆了传统而创造了经典,他的回答是:"匈奴未灭,无以家为也。"这话一下子说到汉武帝刘彻的心坎里去了。从此以后,汉武帝对这个年轻的外甥更加宠爱和重用。

虽然霍去病是如此的少年天才,不过司马迁对他的缺点也没有隐晦。据《史记》记载,霍去病"少而侍中,贵,不省士"。十八岁就开始当侍中的霍去病从来没有尝到普通人的艰辛和苦恼,所以霍去病发达以后并不像中国的传统名将那样"把当兵的当女人疼",

有时候甚至完全漠视士兵们的需要和感受。司马迁举了这样一个例子,霍去病一次带兵出征,汉武帝派遣太官赠送他几十车食物,皇上赏的东西当然都是高档货,不过这些玩意对十八岁就开始在皇宫混的霍去病来说毫无新意。所以当霍去病班师撤军的时候,就把许多剩余的粮食和肉像垃圾一样丢掉了,但是那时候霍去病手下的士兵军粮并不充裕,经常需要忍饥挨饿。霍去病也许根本没有意识到对自己来说是垃圾的普通食物,对于士兵意味着多么大的满足。更离谱的是,在塞外打仗的时候,这位帅哥仍然不忘记锻炼身体,他经常在空地上划一个球场,然后开始踢球("蹴鞠")。但是他手下的士兵因为缺粮,有些人饿得都站不起来了,不过从小没有挨过饿的霍去病对此好像熟视无睹。

司马迁也对卫青的性格进行了描述,大将军卫青为人"仁善退让,以和柔自媚于上,然天下未有称也。"从司马迁对卫青的性格描述中,我们发现卫青性格随和、忍让,对汉武帝百依百顺,只是到了后来,汉武帝对这位"以和柔自媚于上"的大将军似乎心存戒备,所以一味抬霍而抑卫。不仅如此,这样谦和仁善的一位大将军竟然在大众舆论中也没有得到应有的地位和肯定,这实在耐人寻味。

元狩四年出击匈奴以后的第三年,元狩六年,年轻的骠骑将军霍去病突然暴病去世,年仅二十四岁。如此年轻的霍去病以短暂而辉煌的六年战争生涯在历史上留下了辉煌的一笔,无论在当时还是现在,这位勇猛的帅哥都具有令人过目不忘的明星气质。汉武帝非常悲痛,于是为自己的外甥安排了一场规模空前的葬礼。为了彰显骠骑将军一生的伟大战功,汉武帝调遣边境五郡的铁甲军排成军阵,庞大的队伍一直从长安排到了茂陵。另外汉武帝命令把霍去病的墓修成祁连山的样子,以纪念他在祁连山一带创造的赫赫战功。为了突出霍去病的勇武和对帝国拓展疆域的巨大贡献,汉武帝钦定霍去病的谥号为景桓侯("布义行刚曰景,辟土服远曰桓")。霍去病的儿子霍嬗继承了父亲冠军侯的爵位,虽然霍嬗当时还很小,不过汉武帝仍然对这个孩子寄予厚望,希望他长大以后能继承父亲的事业,成为一代名将。不过非常不幸,这个孩子比霍去病还短命,继承了爵位不过六年,也夭折了,汉武帝为了寄托哀思就赐给他哀侯的谥号。霍嬗死的时候可能尚未成年,所以也没有留下后代,至此霍去病这一支就彻底断了香火,他的封地因为没有人继承而被收回。

外甥霍去病盛极而死仿佛是卫青家族的一个转折点,此后不久,大将军卫青的长子宜春侯卫伉因犯法而被剥夺了侯爵。五年以后,卫伉的两个弟弟阴安侯卫不疑和发干侯卫登都"坐酎金失侯"。"坐酎金失侯"的意思就是因为给朝廷上贡的助祭金成色不足或者分量不够。朝廷每年都要举行盛大的祭祀,身为诸侯的贵族们有义务向朝廷贡献祭祀需要的黄金,如果黄金的成色不足或者分量不够,那就不仅是欺骗皇帝,更是欺骗上天,这样的诸侯自然就没有资格继续享受朝廷的分封了。在《史记》中可以发现汉朝的很多诸侯都因为这个罪名被夺取爵位,这可能是一个莫须有的罪名。当一个贵族家族在失去皇帝的宠信而又没有犯下明显错误的情况下,"坐酎金"就是帝国剥夺他们爵位的最好理由。此后两年,冠军侯的封国被废除。又过了四年,大将军卫青也去世了,汉武帝加封他的谥号为烈侯。

大将军卫青去世的那一年是他完成对单于的最后一击之后的第十四个年头。在此期间汉帝国没有发动对匈奴的战争,这里面有两个原因:首先是因为汉朝马匹少,已经无法组织大规模的骑兵远征;其次是当时正在讨伐南方的东越和南越,并和东北方的朝鲜发生战争,而羌人和西南的少数民族也与汉帝国发生了冲突。

因为大将军卫青娶了平阳公主的原因,所以长平侯卫伉才能接替侯爵,当上了长平侯。但是六年以后,卫伉却再次因为犯法而被朝廷剥夺了侯爵。

司马迁在《卫将军骠骑列传》的最后记述了一段自己和苏建的有趣对话,苏武的老爸苏建曾经跟司马迁说起过一段往事。他当年曾经力劝卫青积极培养自己的势力,他说:"大将军至尊重,而天下之贤士大夫无称焉,愿将军观古名将所招选择贤者,勉之哉!"也就是说卫青虽然位高权重,但是当时的社会名流士大夫并没有称赞他,所以苏建建议卫青广纳门客,培养自己的党羽力量,这样就可以起到引导舆论的作用。不过卫青对苏建的建议不以为然,他说:"自魏其、武安之厚宾客,天子常切齿。彼亲附士大夫,招贤黜不肖者,人主之柄也。人臣奉法遵职而已,何与招士!"魏其侯窦婴和武安侯田蚡当年以广招门客、培植党羽著称,后来他们的行为遭到了汉武帝的嫉恨,因此最后两个人都没得到好下场,窦婴被判处死刑,而田蚡死在了病床上。卫青认为,为臣之道奉公守法就可以了,不必通过广招门客来得罪皇帝。卫青是这么想的,也是这么做的,他的一生低调谨慎,最后终于得以善终。霍去病受到舅舅的影响,也继承了这种明智的为臣之道。

不过非常不幸,卫青和霍去病虽然保全了自己,却没能保全自己的家族后人。后来卫伉卷入了太子刘据与汉武帝的斗争,卫家遭到灭门屠杀。不仅如此,卫青生前极力维护的太子刘据也在血腥的斗争中死于非命,不仅没当上皇帝,还成了不忠不孝的叛徒。虽然后来汉武帝有所悔悟,对太子刘据进行了不完全的平反,但是卫青生前力挺太子继承皇位的努力算是白费了。

十三、悲剧英雄的 DNA:李广家庭

弓箭和匈奴

李广是《史记》人物中最受喜欢的之一,知道李广故事的中国人大多都喜欢他。李广的人气源自真实,关于飞将军的传奇可以在正史里面找到,主要是《史记·李将军列传》和《汉书》。

李广武艺超群。武艺超群的人在历史上多如牛毛,李广不是第一个,也不是最后一个。李广的先祖李信是秦国的名将,为秦国灭燕之战立过大功,曾生擒燕太子丹。太子丹对于秦始皇,无论从政治上还是从感情上都具有非常特别的意义,李信立的这个功劳当然也就非常特别。可惜的是,秦朝是一个短命的王朝,短命的王朝不仅对不起人民,更

诸子百家——兵家

对不起为了王朝拼命地老臣们。秦朝祖宗的功业到了汉朝早就成为了历史,转眼到了李广这一辈,李信的权势富贵早已成了过眼烟云,传下来的只有手艺。这种手艺在历史上非常值钱,从炎黄直到鸦片战争前,无数人靠着这门手艺荣华富贵。到了今天这门手艺发展成了一种体育项目,并且列入奥运会比赛项目,就是射箭。

考证很多有关中国古代武艺的资料,相信中国古代历史上名列第一的武功不是葵花宝典,而是射箭。在中国儒家传统教育体系的四书五经六艺当中,射箭就是六艺当中的一门重要功课。再后来,无论是选拔武力人才的武举考试制度,还是描写名将的史料,都不约而同地提到了"骑射",可见射箭在中国的武功历史上地位无与伦比。至于这门手艺为什么在正史上如此受重视,而在武侠小说当中毫无地位,我想这大概是因为射箭没有那么多秘籍,靠的就是天赋加上苦练,因此缺少了给笨蛋和懒汉施展的空间。

《史记·李将军列传》和《汉书》上说李广"世世受射",也就是李广家族的每一代人都继承祖先弯弓射箭的本领。李广更是如有神助,箭无虚发。在李广家族的历史上,李广将这门手艺发挥到一个空前绝后的高峰,以至于后来很多擅射的高人都被比作李广,比如《水浒传》里面就有个叫花荣的著名帅哥因为神射的技术而号称"小李广"。那年头没有奥运会,掌握了这门手艺唯一的出路就是当兵打仗。当然,如果身逢盛世,马放南山,刀枪入库,掌握了射箭手艺的年轻人似乎也没有出路。所以盛世发展体育运动是必须的,这对于解决像李广这样的青年才俊的就业问题实在非常必要,推而广之这就是一个社会问题。

从这个角度讲,李广的命运其实很幸运,李广生活的朝代汉朝已经统一天下,并且传了两代皇帝。而且汉朝的皇帝在武帝之前的两代皇帝都很务实,好黄老之术。黄老之术这个词有点专业,我们不妨这样理解:在汉武帝之前的汉朝皇帝对外奉行和平路线,对内则大力发展经济,努力提高人民的生活水平。那时候就是传说中的"文景之治",是中国历史上统一王朝的第一个公认的盛世。但是遗憾的是,封建王朝即便是盛世也没有奥运会和职业运动员。李广作为秦朝的高干子弟到了汉朝失去了政治上的地位和经济上的保证。李广从军之前的谋生手段,《汉书》和《史记·李将军列传》里并没有明确的交代,只是说李广以"良家子"从军。"良家子"的意思就是享受政治权利的平民百姓。

可以想象作为一个农业大国的平民百姓,"良家子"李广在当兵前很可能就是以种地为生。让我们想象一下李广青少年时代的生活。在陇西大地(李广是陇西人氏)麦收季节的一天下午,李广手握弓箭蹲在树荫下默默地守望着烈日下随风起伏的麦浪。大地一片寂静的燥热,空气里弥漫着成熟的麦子散发出来的呛人气息。这时几只麻雀轻盈地飞进麦田,掠过了天空却没有掠过李广的眼睛,突然,"嗖"的一支箭飞了出去划破了燥热的空气,那只偷吃粮食的麻雀应声落地。李广从树荫下站起身,深沉地望着无边的麦田,叹了一口气说,"晚上有肉吃了"。

李广的少年时代大概就是这样,苦闷而燥热的青春,好像烈日下灼热的麦浪。幸运的是,盛世的李广没有机会当上射箭冠军,但是却遇上了匈奴,从此他的人生得以改写。李广遇上了匈奴,他一生及其家族三代的命运从此与弓箭和战马紧密地连在了一起。

故事讲到这里，我们不得不说说匈奴。匈奴是一个擅长射箭的游牧民族，富有"更快、更高、更强"的精神，史书上说这个民族好勇尚武，价值观的确跟汉朝人不一样，他们对以暴力手段占有别人的财产毫无道德上的负担。秦始皇为了对付这个邻居，曾经命令蒙恬建造万里长城，让秦始皇没想到的是，万里长城没能挡住匈奴却提前透支了自己的国力，让一个徐州地区的基层小吏趁机改朝换代当了皇帝。

李广

大汉帝国建立以后，汉高祖刘邦本来想依靠多年征战建立起来的军事资本一举征服匈奴，没想到白登惨败，差点丢了性命。高祖皇帝刘邦是个非常务实的人，在生死关头没有跟匈奴死磕到底，他给单于送去了大量的财宝和美女。匈奴收到财宝和美女后马上撤兵，放了汉高祖一条生路，却给自己的子孙留下了无穷的战争和杀戮。从那以后汉朝开始对匈奴实行一种特殊的政策，汉朝的御用文人给这种政策取了一个很有政治高度的名称"和亲"。从汉高祖开始到汉武帝，汉朝真真假假的公主们前仆后继地进入大草原。直到有一天，那个年轻的汉朝皇帝刘彻在自己长大的时候，发现了自己帝国的强大，他开始对匈奴说"不"。从那一刻开始，李广和卫青、霍去病、张骞等豪杰一起走上了属于自己的历史舞台。

从李广开始，到他的儿子李当户、李椒、李敢再到他的孙子李陵，一个家族的百年历史都与弓箭和匈奴有关。按照常理推断，像李广这样的人才，在那个以骑射为第一技术的年代，遇到好大喜功、崇尚武力的汉武帝，应该如鱼得水才对。可是历史偏偏不是这样，这就比武侠小说有意思了。

心理咨询

《史记·李将军列传》上记载，李广在孝文十四年就从军击胡，依靠骑射无双的技术，开始了自己的职业军旅生涯。李广一生与匈奴作战四十多年，威震塞外，号称飞将军。无论是在当时还是今天，李广都是武帝时代除了卫青和霍去病以外最知名的汉朝将军。可是耐人寻味的是李广跟卫青和霍去病这两位少年得志的将军相比，实在是命运坎坷，勤勤恳恳拼杀了四十年到死都没有封侯。于是就有了"冯唐易老，李广难封"的名句，成了后来中国式人才感叹生不逢时的公式和典故。

有关李广难封的分析有很多版本。有研究管理学的学者说，跟汉朝的考核制度有关。据考证，汉朝封侯的标准是按照斩首匈奴的数量，也就是按人头的数量封侯。奖勤罚懒，多劳多得，这样的考核其实是因袭了秦朝的制度，听起来似乎是对大多数人都公平的制度。如果一个人养了一群猫来抓耗子，大概也只能用这种办法考核、奖励猫们。可是李广不是大多数，他名气太大，以剽疾迅猛、骑射精绝著称，所以匈奴怕了他，听到他的

諸子百家 —— 兵家

名号就望风而逃,不给他砍脑袋的机会。没有匈奴的脑袋就没有侯。这样看,李广大概太张扬,在没有砍够脑袋的时候,在匈奴的江湖上名气太大。李广如果成熟一点,完全可以先韬光养晦、扮猪吃虎,等砍够了脑袋封侯了以后再出名。毕竟当官不是当明星,在那个年代名气再大也没有人请他拍广告或者代言减肥茶,人红戏不红得不到任何好处。

　　还有一种说法,在《史记·李将军列传》和《汉书》里都有记载。李广长期不能封侯自己也郁闷,就找了个大师去做了一次心理咨询,大师看了李广半天,说他眼睛里面有something(异物)。可能李广内力精深吧,内力精深的人眼睛里都有something。但是李广是个很认真的人,就不断追问something到底是什么?大师被问急了就说,总之是做过什么亏心事。李广同志很诚实,当时自己就交代了。想当年羌人在李广的地盘陇西发动叛乱,李广当时是陇西太守,职责所在,只有带兵征讨。兵书上说"不战而屈人之兵",书生看了一百遍还是纸上谈兵,李广看了就想到了兵不血刃。总之,依靠飞将军的威名加上深入细致的思想工作,李广顺利地招降了八百羌族反叛者。谈判当中双方的权利和义务,在《史记·李广列传》中没有交代,从人性的角度判断,李广如果要兑现承诺,那么粮食、物资甚至官爵都是必需的。这就出现了一个经济学的问题——大汉朝的预算是有限的,而李广掌握的资源也很有限。兑现不了承诺的后果很严重,要永远解决问题李广还是想到了一个字"杀"。八百放下武器的羌人就这样被屠杀了,他们当中可能还有老人和孩子,他们临死前肯定少不了诅咒李广和他的后人,这是亘古不变的人性公式,不用司马迁交代我们也能推断出来。《投名状》里的情节大概是受了这个故事的影响。至于原因,可能李广不好意思跟大师说,"俺舍不得把馍分给那些山汉吃",所以找了个居高临下的理由——为了维护边疆安定局面,总要牺牲一些人。兵书上说"居高临下,势如破竹",李广想用国家利益高于一切居高临下地把那个大师势如破竹,没想到一着急让大师发现了破绽。大师当时的想法应该是这样的,"大哥,一句话就诈出来了,就这心理素质还想封侯?"当然大师不可能这么说,所以大师还是大师,但是李广封侯的事就麻烦了。大师叹了一口气,对李广说,"祸莫大于杀已降",也就是说杀了俘虏要遭报应。一将成名万骨枯是普遍规律,哪个将军没有几件亏心事?说了就说了,从心理学上讲这叫倾诉,是缓解心理压力,是保持心理健康的好办法。本来这种谈话可以理解为心理咨询。但是,这样的谈话居然被司马迁写进了《史记·李将军列传》,这就可疑了。按理说司马迁是个很讲究学术道德和独立人格的知识分子,为了给李广的孙子李陵说句公道话,把自己男人的尊严和根本都牺牲了。很难想象这样的人会编造一个他自己都不相信的故事放到自己的皇皇巨著里面。那么,难道李广跟大师谈话的时候司马迁在场?从年龄上看这不可能,司马迁因为给李陵说公道话遭受腐刑的时候还相当年轻,司马迁写成《史记·李将军列传》也是在那以后受了刺激,可见司马迁和李陵是同龄人,李广是他爷爷辈的人。那么只有一种可能,要么是李广,要么是大师把谈话内容泄露了出去,并广为流传,最后到了让司马迁不得不信的地步。如果是李广,他这样做的动机让人无法从利害关系的角度理解。李广是代表大汉王朝去处理少数民族叛乱的,代表的不是他自己,而是皇帝和整个帝国。李广杀俘就是汉朝皇帝杀俘,按照热量传递的原理,那些满怀怨恨而死的羌人的

諸子百家——兵家

诅咒也会传导到皇帝及其子孙身上。这种话从李广的嘴里说出来,等于否定了大汉帝国的核心领导及整个班子的道德。作为一个皇帝或者任何一个领导,这都很难接受。作为汉景帝的儿子和接班人汉武帝刘彻,后来没有找个借口杀了李广,已经算是爱惜人才了。如果不是为了自己的利益,李广这么做可能和向大师倾诉一样,同样出于心理需要,只是他在不恰当的时候找了不恰当的倾诉对象。当然还有一种可能,那就是大师把他们的谈话泄露了出去,如果是这样,大师的职业道德应该让人鄙视——保护客户隐私是心理咨询师的基本道德,大师更应该以身作则。但是大师这种身份本来就是在江湖上行走靠嘴皮子赚钱的,这样的结果并不出乎大家的预料。倒是李广,一个受帝国培养多年的职业军人,一个立志封侯的人,居然被一个江湖上混的大师玩得团团转,怎么能不让汉武帝失望呢?

那个大师有个很文学的名字——王朔。

玩命这种事会上瘾

武艺超群的人并不一定都能传奇,只有武艺超群又玩命的人才能成为传奇。

李广的玩命像他的箭无虚发一样有名。这里说说箭无虚发。根据史书上对李广的记载,箭无虚发除了过硬的技术以外,更重要的是挑战自己神经极限并以此为乐趣的心理素质。前者可能有很多人通过勤学苦练都能做到,而后者需要具备调戏死神的强悍神经才能做到。弓箭不是狙击步枪,不可能在千米之外有效地洞穿目标,要想箭无虚发有个前提条件,那就是必须要在看得清敌手胡须的距离发射,一瞬间的爆发决定生死之间的距离。因此在西汉文、景、武三朝的著名射手当中,李广一直是公认的第一。李广的技术或许有人能学到,但是他那敢于调戏死神的强悍神经绝不是靠勤奋学得来的,这就是所谓的天才。

让我们回到那个充满雄性荷尔蒙的年代。

西汉景帝某年深秋的一天,秋风肃杀,草木凋敝。

年轻的右北平太守李广带着三名随从射猎归来,四人四骑行走在西部荒山的小道上。

骑手们身后挂着射杀的野兔和黄羊,淋漓的鲜血一路滴下,颠簸出公元前的中国西部传奇。

远处山脊上长城连绵起伏,天边一抹残阳似血。

成群的乌鸦在历史的天空中盘旋。

天地间一股隐忍的杀气无影无形,凛然而至。

突然间,李广和随从们胯下的战马瞪着惊恐的大眼睛咆哮起来,四蹄乱蹬。

李广嗅到了山中之王的野蛮气息,虎,一定是虎!

果然,李广发现在斜前方的灌木后出现了一双聚精会神的眼睛,那斑斓的身躯正在悄无声息而又小心翼翼地逼近。

在深秋的塞外射杀猛虎是多么酷的一件事!

诸子百家——兵家

闪念之间,李广已经滚鞍下马,弯弓搭箭。

虎怒了,在这属于虎的荒山野岗,居然有人见虎不避,弯弓相对。自然界难道也没有了王法?

被激怒的虎低吼着小跑过来,两边的荒草仿佛迫于虎的淫威而东倒西歪,避之不及。

老大不跑,李广身后的三个年轻人也只好弯弓搭箭,六条腿开始哆嗦。

那虎越来越近,三个年轻人甚至闻到了老虎嘴里散发出来的血腥口臭,可是李广没有放箭。

日暮黄昏,天色已晚,三个年轻人借着落日余晖清楚地看到了虎须根根分明,那锋利的白牙撕裂了年轻人的肝胆。

时间凝固了,在这塞外深秋的荒山之中,只有虎在奔跑。

在距离李广一丈多的距离,那虎猛地减速,后跨往下一蹲,张开了血盆大口。

"嘣"的一声闷响,就在虎起跳的瞬间,李广的箭终于射了出去。

虎带着排山倒海的惯性冲了过来,李广侧身一闪,还是被虎爪撕破了胸前的战袍,健硕的胸肌渗出一道血印。

虎扑倒在了地上,后脑穿出了锋利的箭头,死在了三个年轻人的脚下。

李广把那支箭射进了虎口,贯脑而出,一秒钟之前还称霸山野的王者被李广一箭毙命。

三个年轻人浑身湿透,仿佛虚脱了一般。

有个叫《斯巴达三百壮士》的美国大片,里面有个犀牛被射杀扑倒在斯巴达勇士脚下的镜头就是李广射虎的意境。

这个故事不完全出于想象。

《史记·李将军列传》和《汉书》都有这样的记载,"其射,见敌,非在数十步之内,度不中不发,发即应弦而倒。用此,其将数困辱,及射猛兽,亦数为所伤云。""广所居郡闻有虎,常自射之。及居右北平射虎,虎腾伤广,广亦射杀之。"

从史书上来看,李广经常这么干,并且非常享受这样的心跳,数次与老虎亲密接触、与死神擦肩而过而不改其英雄本色,这样的"亡命徒"足以彪炳青史、震烁古今了。一个无名之辈要想成名出位或许需要玩命,而李广当时已经是边郡的太守,作为帝国的高官和名满天下的英雄,李广还经常玩这种挑战生理和心理极限的游戏,显然就是自己根深蒂固的业余爱好了。

用严谨的学术态度研究关于李广的历史,可以发现所谓例无虚发、百步穿杨显然有很大的夸张成分,百步之外连李广射出去的箭都没有足够的杀伤力,何况其他人?不过,几十步之内应弦而倒是可能的,但是首要条件是胆量,而胆量是天才的天赋。

玩命可以上瘾,从史书上看,李广就是这样的一个人。

景帝的时候,李广先在上谷当太守,与匈奴多次交战。这期间的事迹史书上没有过多描述,只有个小故事从侧面证明了一个天才的玩命是多么的惊心动魄。

当时的典属国公孙昆邪有一次哭着对皇上说,"李广武艺天下无双,但是这个人太自

诸子百家——兵家

负了，经常和匈奴拼命，我担心他早晚要牺牲。"（《史记·李将军列传》记载，"李广才气，天下无双，自负其能，数与虏角，恐亡之。"）景帝也是个爱惜人才的好皇帝，心想这么玩命的将军不能让他这么早就牺牲了，从可持续发展的眼光来看，自己的子孙、后辈的皇帝们也需要敢玩命的人当将军。于是景帝就把李广调到了远离匈奴前线的上郡当太守。一个爱玩命的天才将军让上至皇帝下至大臣如此牵肠挂肚，而又爱护有加，预示了一个靠实力奠定的盛世就要到来。对于李广的这种爱护是让人感动的，这种爱护伴随着李广的一生，直到李广自刎。一个在高度呵护下成长的将军，最后居然死于自刎，这不能不让人相信性格决定命运了。

如果说李广射虎的传奇多少带有匹夫之勇的个人英雄色彩，那么在李广任上郡太守期间发生的追杀匈奴"射雕者"事件，足以让李广成为帝国军队的战神和精神领袖了。那一年皇帝派来了他宠信的太监到上郡实习，名义上是跟着李广学带兵打仗，其实傻子都明白既然帝国有李广这样的纯爷们，怎么可能需要太监打仗？可是太监还是来了。《史记·李将军列传》上的记载，上面派来的太监有一次带着几十个骑兵出去视察。在视察的路上，太监率领的骑兵突然遭遇了三个匈奴游骑。三个匈奴骑兵深入汉朝边境，显然是匈奴派来刺探情报的侦察兵。带领几十名骑兵的太监看见三个匈奴，情不自禁地冲动了，毕竟他曾经也是男人，于是太监指挥骑兵冲了上去企图活捉三个匈奴人。这是一场发生在汉匈边境的小规模军事冲突，众寡悬殊、看似毫无悬念，就其规模来说本来根本不可能载入史册。可是后来这看似必胜的冲突居然以汉朝的惨败告终，太监被射了一箭，差点丢了小命，他手下的几十个骑兵居然被三个匈奴射杀得干干净净。太监逃了回来，见到了李广，哭诉了自己的遭遇，李广说"是必射雕者也"。至于射雕者到底是什么意思，史书中并没有具体解释，但是以三人射杀几十名骑兵全身而退的战绩来看，射雕者应该属于匈奴军队的神射手，类似于现在的特种部队。他们既然能射雕，射人当然是百发百中。后来中国文学领域里有很多关于射雕的引用，我想最早都出自李广单挑匈奴射雕者的典故，比如《射雕英雄传》。

无论射雕者如何神勇，三个匈奴侦察兵深入大汉边境刺探军情如入无人之境，并且在射杀数十骑兵、射伤皇帝宠信的太监以后还能全身而退，这对于大汉和李广来说实在是难以容忍的耻辱。

为了挽回大汉和太监的面子，李广带领一百多骑兵追了上去。李广知道以一百多骑兵追杀三个匈奴传出去实在丢人，于是在追上以后，李广命令手下两翼包抄，自己带着祖传的弓箭单骑突进，单挑三名射雕者。后来的战绩是3比0，李广射杀了两个匈奴后，活捉了最后一个匈奴，一问果然是传说中的射雕者。

故事到此并没有结束，更传奇的故事发生在后面。

李广让手下绑了活捉的射雕者，骑着马返回军营。

当李广和他的骑兵们爬上一个山坡的时候，眼前的景象让大汉朝身经百战的勇士们都吃了一惊。他们看到了现在只有在巨额投资的战争大片中才能看见的镜头——数千名匈奴骑兵漫山遍野，如洪水一般席卷了过来。

诸子百家 —— 兵家

大地在颤抖,尘土飞扬。

李广这一百多骑兵的出现也让匈奴们大吃一惊,他们马上排好了阵势准备迎战。这时,李广手下年轻的骑兵们缓过神来,纷纷请命逃跑——一百骑兵遭遇数千强敌,逃跑是最自然的选择。然而李广这时表现出的冷静和意志让他的形象从尘封的古书里走了出来。他说,"我去大军数十里,今如此以百骑走,匈奴追射,我立尽。今我留,匈奴必以我为大军之诱,必不敢击我。"可以想象几千精于骑射的匈奴骑兵追杀一百多汉朝骑兵,那情景肯定就像一场围猎,距离自己大军几十里路的李广此时如果逃跑只有死路一条。狭路相逢勇者胜,李广说,"前!"带领一百多腿肚子哆嗦的骑兵迎着匈奴扑了上去。如果李广再次以一百多骑兵扑上去和几千匈奴骑兵单挑,无论李广怎样神勇,最终的结局仍然是死路一条。跑是死,拼命也是死,怎么才能不死? 答案就在李广本身。李广带着一百多骑兵在冲到距离匈奴人弓箭有效射程之外的地方突然勒马,然后滚鞍下马。目瞪口呆的匈奴人看着这一百多汉人不仅在自己的眼前下了马,而且还摘掉了马鞍。汉人在几千个匈奴骑兵的眼前把刀枪插在草地上,横七竖八地躺下了,马儿在旁边悠闲地在吃草。这一刻匈奴人一定很震惊。这哪里是汉军在塞外打匈奴,分明就像是在海滩度假。他们不知道此刻对面围在李广身边哆嗦的年轻骑兵们正在发牢骚,"老大,有没有搞错? 这么多匈奴就在对面,咱们还把马鞍卸下来了,匈奴要是扑上来咱们怎么跑得了啊? 这不是找死吗?"李广言简意赅,"彼虏以我为走,今皆解鞍以示不走,用坚其意"。后来匈奴越想越苦恼,这些汉人到底想干啥? 想不通就要探索究竟,这是人类普遍的求知精神,匈奴也不例外。有个骑白马的匈奴将领带着一队骑兵抄了上来,想摸一下李广的底。李广突然跳起来,带着十几个弟兄装上马鞍,骑马迎了上去。那个骑白马的帅哥当场被李广射杀,其余出击的匈奴退了回去。李广并不追击,带着十几个弟兄又返回了刚才解鞍的地方再次下马解鞍作度假状享受阳光。匈奴人彻底崩溃了,世界上咋还有这么怪的人呢? 阴谋! 肯定是阴谋。在匈奴人眼里,那些懒洋洋的汉军周围充满了神秘的杀气。做出推理和判断的匈奴异常痛苦,只能眼睁睁地看着汉兵在自己的眼皮下享受阳光浴,直到太阳落山,夜幕降临。在夜幕的掩护下,几千匈奴大军偷偷摸摸地撤走了,他们认定自己已经在狡猾的汉人布置的陷阱边缘了,唯一的出路就是远离。

后来号称"多智近乎妖"的诸葛亮对司马懿用过的空城计,其实是跟李广学的。

第二天,太阳照常升起。

出了一身又一身冷汗的年轻骑兵们透过清晨草原上的薄雾,发现昨天虎视眈眈的匈奴大军消失得无影无踪。

另一边,李广迎着朝霞仗剑而立,战袍飘飘。

从这一刻起,年轻的骑兵们在心理上对李广产生了一种类似宗教情结的神秘依赖。

一代偶像诞生了。

"为之死""家无余财"

学过 MBA 课程的同学们都知道 Leadership(领导力)和 Management(管理)是两个不

诸子百家——兵家

同的概念,究竟怎么个不同,洋人学者讲得仔细但是很烦琐,中国学者讲得很概念但是又语焉不详。看完下面这个故事也许大家就会明白,不懂历史的人是不可能真正理解Leadership的。

《史记·李将军列传》上有这样一个段子。武帝即位,武帝身边的大臣们不约而同地向新上任的皇帝推荐李广。说李广是当世名将。通过这件事可以发现两个问题,第一是公道自在人心,群众的眼睛是雪亮的,谁也不愿意给新上任的老板推荐一个笨蛋;第二是李广人缘相当不错,因为给他说好话的不是一个两个人,而且这些人都是皇帝身边的人。于是爱惜军事人才的武帝马上提拔李广当了未央卫尉,同时提拔程不识为长乐卫尉。关于这个段子,《汉书》的原文是这样记载的:"武帝即位,左右言广名将也,由是人为未央卫尉,而程不识亦为长乐卫尉。"未央和长乐是当时大汉帝国的皇宫,是皇帝居住和办公的地方。也就是帝国的权力核心。李广和程不识一下子成了帝国一号首长的警卫员,进入了帝国权力的神经中枢。武帝提拔李广和程不识担任给自己看家护院的皇宫卫尉,相当于把自己的身家性命交给了他们。这种提拔不仅具有政治上的意义,更重要的是感情上的投资和拉拢。对李广和程不识来说,皇帝的这种提拔不仅意味着待遇,更意味着信任,意味着被帝国的老大拉进了"自己人"的圈子。在权势上居高临下的领导者在下属做出一副托付终身的姿态,如同倾国倾城的公主对牧羊男孩以身相许一样。都足以令后者感动得不惜肝脑涂地、海枯石烂。中国历史上每逢改朝换代,都不乏以身殉国的忠臣节士,这些为王朝殉道的人们就是中了末代君主托付终身的毒,无法自拔。以现在的价值观来看,这样的牺牲好像都是螳臂当车,毫无价值,而在中国长达两千多年的历史当中这种殉道非常主流。末代王朝大清在乾隆年间还专门组织编写了《贰臣传》,连洪承畴、祖大寿这样为大清立国建立不朽功勋的开国功臣都不放过,可见历史的无情和公正足以让中国人对百年之后的名节如此看重。这大概也是为什么现在的人们越来越眷恋历史的原因之一吧。看了历史才知道这世界上原来真的存在过那么多忠贞不贰的人们,而这些人又是如此的优秀。或许正因为这些历史中曾经的忠贞,年轻的人们才不至于对爱情、友谊和人类的良知丧失信心,所以对年轻人来说,学学历史真的很有必要,拔高点层次,甚至可以说是心灵的需要。

话说回来,既然两个人同时被提拔到同级别、同等重要的管理岗位,人们当然不由自主地把他们进行了比较。这种比较很自然,也很无奈。如同两个年纪相仿又住邻居的孩子,从他们出现在世人面前比较就开始了。

干部的比较首先从简历开始。李广和程不识在被提拔之前的经历非常相似。"程不识故与广俱以边太守将屯",也就是说他们都是长期战斗在汉匈边境前线的将领,富有基层工作经验。据史书记载,李广和程不识同时担任太守在汉匈边境驻兵的时候,两人虽然都战功卓著,但是他们的管理风格却大相径庭。这种不同特别体现在行军和扎营方面,程不识治军法度森严,军队驻扎的时候阵势严谨,编制清晰,晚上安排军卒敲着煮饭的铜锅(刁斗)在军营里巡逻。而李广行军扎营却不讲究这些规矩和流程,到了晚上该休息的时候,就找水草丰美的地方扎营,晚上也不安排巡逻,军卒可以自便,只是在远处安排侦察骑兵。同样是当兵吃粮，年轻的士兵们当然喜欢李广这种人性化的风格，但是行军打仗讲究的就是军法如山，纪律严明。《三国演义》里面常说，看某将军扎营和布阵就能看出他军事水平的高下。古今中外像李广这样带兵的不能说绝无仅有，至少也是凤毛麟角了。如果是一般人这样带兵，肯定早就被匈奴偷营，全军覆没绝非危言耸听。但是李广这样带兵却从来没出过事，对于这种不合常理的现象，程不识总结过原因，"李将军极简易，然虏猝犯之，无以禁也；而其士卒亦佚乐，咸乐为之死。我军虽烦扰，然虏亦不得犯我。"李广带兵虽然看似松散，但是李广的士卒却能"为之死"，也就是说李广手下的士兵可以随时从睡梦中爬起来拼命，所以即便遭到偷袭也打不垮。而其他将军，如程不识没有那种能让士卒"为之死"的影响力，因此只好笨鸟先飞、勤能补拙了。同样是太守，同样被皇帝提拔，人和人的差距咋就这么大呢？程不识的手下只好自认倒霉，"是时汉边郡李广、程不识为名将，然匈奴畏广，士卒多乐从，而苦程不识"。"为之死"三个字说起来很简单，但是听起来很吓人。能达到这种境界的将军显然已经不能用管理和流程来解释了。李广为什么能达到这种境界，书上也有些蛛丝马迹，无非是身先士卒，同甘共苦。历史上很多名将也都有类似的风格，但是能"为之死"的应该不多。对普通士卒来说，李广作为将军的人格魅力不容否认。李广的威信建立在遭遇猛虎、弯弓射杀的勇气之上，建立在面对数十倍于己的匈奴大军时的从容之上，建立在轻财仗义之上，建立在吃苦在前享受在后的作风之上。任何作秀、任何心机和口才都不可能达到这样的高度。事实上李广不擅长做报告，没有理财观念，从表面来看，李广完全不具备一个现代管理者的基本素质。史书记载，"得赏赐，辄分其麾下，饮食与士卒共之。家无余财，终不言生产事。""广讷口少言"，"广之将兵，乏绝之处见水，士卒不尽饮，广不近水，士卒不尽食，广不尝食。宽缓不苛，士以此爱乐为用。"李广带兵完全依靠榜样的力量，以身作则，严于律己，宽以待人。这样的干部为帝国带出来一支随时从睡梦中醒来就能随时拼命地武装力量。

诸子百家——兵家

这样的风格，在李广之前，项羽应该算一个。项羽在乌江边自刎的时候，身边的江东子弟全部战死。李广能和项羽比肩，显然和程不识不是一个层次。从作战的角度来看，风格无所谓好坏，胜利才是最重要的。

但是凡事就怕琢磨，中国历史上达到李广和项羽这样 Leadership 的将军好像都不得善终，后来的岳飞也是这样。以领袖或者老大的风格领导一支军队，这样的风格可能战无不胜，但是的确很危险。如果放在朱元璋或者雍正的时代，李广的下场可能就不是自刎了，很有可能在李陵还没出生就被提前灭族了。从这个角度来看，汉武帝基本上还是相当对得起李广的。

后来那个美国的巴顿将军其实也带有李广的风格，他们都是一样的人，所以有了相似的结局。

一个帝国只能有一种声音、一个 Leadership，虽然汉武帝刘彻表现得很大度，容忍了李广一辈子，但是其他人呢？有句俗话叫皇帝不急太监急，岂止是太监，只要是有皇帝的地方，大家都比皇帝急。所以当皇帝苦啊，这真不是矫情。

凡事不可过于消极。生活在那个胸襟广阔、开放雄健的年代，李广能让手下士卒为之死的风格或许不至于致命,但是他那"家无余财"的风格却无论如何缺乏职业精神。李广的祖先李信和王翦的段子就是成功的职业经理人应该怎样正确对待财富的典型案例,读者可以翻回去看看。

战略转型后的下岗

打仗不是为了好玩,而是为了封侯,这是李广那个时代军人的普遍价值观。在汉匈长达百年的战争期间,一个没有封侯的将军,如同一个世界纪录保持者没有获得过奥运会金牌一样,无论怎样优秀都是一个巨大的遗憾。我们可以想象在李广长达四十多年的职业军人生涯当中,眼睁睁地看着自己的同僚、手下一个个因为各种功劳封侯,而自己一天天老去,承受了怎样的心理压力。

李广成名很早,在年轻的时候,他就是帝国最优秀的年轻将领。随着年龄的增长,李广仍然是帝国最优秀的中、老年将领之一。长期没有封侯的李广并没有自暴自弃、怨天尤人,而是坚持认真对待每一次战斗,一直像一个男人一样战斗到最后一刻。

尽管被心理咨询师王朔判定了被诅咒的命运,李广却从没有放弃与命运的抗争,但是运气似乎从来没有站到李广这一边。

汉朝对匈奴的政策从汉武帝登基开始发生了思维方式的巨大改变。在文景时代,汉朝在对匈奴的军事方面奉行御敌于国门之外的战略。所以在文景时代,李广是长期担任边郡太守,飞将军依靠自己神奇的武艺、过人的胆色和广为流传的传奇,威震边塞,使得匈奴长期不敢轻易进犯李广镇守的边郡。这一时期,飞将军李广的威慑作用发挥到了极致,同时也让匈奴对李广由好奇到理解,由理解到敬畏。到武帝即位的时候,李广肯定已经成为匈奴最了解和惧怕的汉朝将军,而这对于立志封侯的李广来说并不是一定是好事。

武帝的性格决定了汉朝对匈奴不再是防御,而是进攻。在这种战略下,李广以往的优势顿时变成了他职业生涯上的巨大负担。

主动进攻讲究的是突然,是在敌人的麻痹当中出奇制胜,但是李广太显眼了,他的名气和传奇让他成了旗帜,而不可能成为从敌人背后刺出去的利剑。

武帝的战略不需要旗帜,需要的是胜利。

汉武帝登基后的第一次进攻发生在马邑城(今山西朔州)。为了扭转大汉立国以来被动防御的不利局面,武帝决定在马邑城设伏,围剿匈奴单于主力。

马邑城周围部署了重兵,只等单于主力进入陷阱。

从上面李广以一百骑兵对峙数千匈奴大军的故事来看,匈奴这个来自草原的游牧民族天性中不仅有狼的凶狠,而且也有狼的多疑和狡诈。这次多疑救了单于的命。就在单于大军靠近马邑城的时候,匈奴人发现的疑点越来越多——那漫山遍野的牛羊无人看管,仿佛就是准备好了送给匈奴的。后来匈奴在行军途中俘虏了雁门尉史,雁门尉史怕匈奴杀了他,就透露了汉帝国设伏于马邑准备歼灭单于的军事机密。单于听到这个消息大惊失色,说这是上天派雁门尉史拯救了他,狼性的单于大军突然撤走,放弃了看似志在必得的马邑城。而那位雁门尉史因为救了单于,被封了一个很搞笑的头衔"天王"。

在这次设伏当中,李广作为骁骑将军就带领精锐铁骑埋伏在马邑城附近,单于在关键时刻的退却让李广错过了一次伏击立功的机会。

这次设伏的失败也让汉武帝再次检讨了对匈奴的军事战略。从那时候开始,主动进攻、千里奔袭成了打击匈奴的主要思想。卫青、霍去病和后来的李陵都是在这一思想的指导下开始了对匈奴的漫长征战。

马邑城设伏之后的四年,李广以卫尉的身份带兵出雁门关,实践主动进攻的战略。然而帝国显然还没有适应由守转攻的变化,情报工作非常失败。在李广的情报系统以为不可能出现匈奴主力的地方偏偏出现了数倍于己的匈奴大军。这次李广大败,自己居然也被匈奴生擒活捉。发生这样的情况对于一个职业将军而言,实在是难以洗刷的耻辱,然而后来的事情再次成了李广传奇中的一部分。

因为匈奴单于对李广的偏爱和好奇,很早单于就下令"得李广必生致之"。在那个娱乐业很不发达的公元前时代,李广这样一个孤胆硬汉靠着自己过硬的武艺和胆色以及硬朗的外形,不仅在汉朝的疆域妇孺皆知,更得到了充满尚武精神的匈奴民族的青睐。关于飞将军的传奇在草原上广泛流传,匈奴上至单于下至奴隶都可能是李广的粉丝。

在那个年代的汉匈边境和匈奴控制的辽阔草原上,飞将军李广是真正的 Super Star (巨星)。后来李广的孙子李陵因战败归附匈奴后,单于甚至把自己的女儿嫁给了李陵,这无疑是对李广家族优秀 DNA 的最高肯定。

因为单于对李广的垂青,所以匈奴骑兵在活捉李广以后并没有难为他,而是由两个骑兵骑马用一个大网把李广抬起来,打算把李广带回去交给单于。李广当时受了伤,看起来奄奄一息的样子,所以匈奴甚至都没有把李广绑起来。在押解的路上,李广眯着眼睛发现身边的一个匈奴骑兵的战马实在是匹好马,发现了好马的李广突然像还魂了一样一跃而起,跨上了那匹好马同时抱住了那个匈奴骑兵。

李广抱着匈奴骑兵一路打马狂奔,匈奴在后面紧追不舍,李广边跑边抽出匈奴骑兵的弓箭射杀后面的追兵,居然跑了回来。这一段史书上的描写非常精彩,"胡骑得广,广时伤病,置两马间,络而盛卧广。行十余里,广佯死,睨其旁有一儿骑善马,广暂腾而上胡儿马,因抱儿鞭马南驰数十里,复得其余军,因引而入塞。匈奴捕者骑数百追之,广行取胡儿弓,射杀追骑,以故得脱。"李广能全身而退可能与三国里赵子龙在长坂坡杀个七进七出一样,除了自身武艺超群以外,还有就是得益于敌方统帅爱惜人才。"得李广必生致之",也就是说单于不要死的李广,因此李广可以射杀匈奴,但是匈奴却不能射杀李广,这对匈奴的追兵来说实在太不公平了。

汉朝的奖惩制度非常严明,庞大的帝国需要严格的管理制度。李广虽然跑了回来,却不能免去惩罚,本来该斩首,后来被自己掏钱买了一条命回来,被贬为庶人。

就这样,李广下岗了。

耿直的狠毒

史书不是小说,所以在史书上并没有描写李广下岗后的心路历程。但是从《史记·

李将军列传》和《汉书》对李广的诸多描写当中,可以推断李广并不是一个功利心很重的人。虽然对于不能封侯,他也耿耿于怀了一辈子,不过,他对封侯的执着与其说是功利不如说是面子。

一个随时可以弯弓射杀猛虎的人,一个敢于孤军面对数十倍匈奴大军的人,绝不可能患得患失。所以,精力旺盛而又性情豁达的李广很快就适应并学会享受下岗后的生活。

此后的几年当中,在长安郊外的山间野外,李广走马射猎,纵酒放浪,流连于山水之间,度过了他从军以来最轻松、可能也是最快乐的一段时光。纵观中国名臣名将的传记,可以发现在他们周旋于权力角逐的人生当中,最开心的日子往往都集中在他们因各种原因下岗或被放逐后的人生阶段。所以史上也有很多牛人主动放弃权势和富贵,寄情山水,终老林泉。后来随着儒家思想逐渐成为帝国的主流价值观,这种牛人越来越少,不知是因为统治者的心眼越来越小,还是牛人们越来越势利。当然,人才不仅属于他们自己,他们是帝国的财富,必须承担帝国的责任,从这个角度来讲这也是文明进步的一种必然趋势。

后来因为一个势利而又倒霉的灞陵尉,让人们对李广、刘彻的性格又有了更为全面的了解。

下岗后的某年某月某日,李广和当时颍阴候灌婴的孙子灌强结伴到长安郊外的山中打猎。晚上,李广应某人邀请去附近的山村里喝酒。中国的名士都喜欢在村子里喝酒,有点农家乐的意思。邀请李广喝酒的人,史书上没有明确记载,按照李广的性格,只要他高兴,他可能会和任何一个过去的部下,甚至农夫、山民喝酒。这本来是个高兴的事情,我们可以想象在长安郊区的山村野店里,李广把酒临风,吃着山民养的走地鸡,看着夜幕下的远山近水是多么的惬意。本来酒后的李广完全可以找个老乡家休息一晚,第二天再回去,习惯了戎马生涯的李广应该不会太在乎住宿条件。但是那天李广却非要一个人骑马回城,不知是什么原因,当然性情中人做事有时候不需要太多的原因。喝高了的性情中人很容易动情,动情的李广也许当时突然思念自己家里的夫人,于是就急匆匆地踏上了回家的路。从李广喝酒的山村回到首都长安城要经过灞陵,这是长安郊区的县城,隶属于首都,类似现在的大兴区。与现在的大兴区不同的是,汉朝的首都郊县到了晚上都要关门,所以等到李广赶到灞陵城下的时候,城门已经关闭了。这本来非常正常,毕竟规定又不是针对某个人的,如果人人夜里都能随便出入,那么灞陵的城门也就失去了它存在的意义。但问题是李广不是普通人,在他以前的军事生涯里不要说一个县城,就是皇宫也可以随便出入。不巧的是那天主管灞陵军事和治安的一个县级干部灞陵尉也喝高了,喝高了的县级干部遇到了同样喝高了的前军区司令,本来毫无意义,但对于灞陵尉来说,实在是人生中最大的不幸。

李广到灞陵城下的时候,连下马的意识都没有,于是被灞陵尉拦住了,不是现在小区门口保安那种敬个礼然后拦下,而是"呵止"(《汉书》记载"还至亭,灞陵尉醉,呵止广")。从这简单的记载来看,灞陵尉的确霸道,一句客气话都没有就直接呵止,没有一点文明执

諸子百家 —— 兵家

法的意识。李广和灞陵尉的对话非常经典。今天的秦地语言仍然或多或少地继承了秦汉的古风，从他们的对话中能品味到这种简练而犀利的语言风格。《汉书》中记载，"李广骑曰'故李将军'，灞陵尉曰'今将军尚不得夜行，何乃故也！'"李广答话的时候连马都没有下，作为一个已经被削官的平民，这样分明是在摆谱，"故李将军"，那意思更明显了，凭你一个县级干部也敢呵止我老李？老子打匈奴的时候还没你呢！从李广当时的行为和语言来看，老李分明已经不高兴了。可是偏偏灞陵尉是个陕西人说的愣松，他说出来的话充满了刻薄的杀伤力。现在的将军都不能夜里进城，何况是以前的将军？作为把守首都长安门户的灞陵尉，他也许见过太多这种牛烘烘的权贵，其中不乏李广这样倒驴不倒架的没落权贵。可以想象李广此刻一定百感交集，从前铁血拼杀的情景在脑海闪过，再看看城头上蛮横的灞陵尉酒气熏天，老李当时就动了杀机。但是此刻的老李毕竟已经不是将军了，此时为了这样一个理由射杀灞陵尉，等待李广的只有死路一条。

于是李广只好忍气吞声地蹲在灞陵城下等待天亮。

那个夜晚一定是李广人生当中最屈辱、最闹心的一个夜晚，甚至比他曾经带领一百骑兵对峙匈奴数千铁骑的那个夜晚更加难熬。当年的李广毕竟拥有权力、尊严、荣誉和骄傲，而此刻的李广孤身一人，茫然四顾，陪伴自己的只有无尽的黑夜。

如果没有后来匈奴的再次入侵和汉帝国的军事失利，李广对灞陵尉的仇恨可能只能永远埋藏心底了，除非同归于尽，否则一个平民怎么可能报复一个县级干部？

"居无何，匈奴入杀辽西太守。败韩将军。后韩将军徙右北平，死。于是天子乃召拜广为右北平太守。"匈奴的入侵和韩安国的失败让武帝想起了下岗的飞将军李广，李广再次恢复了右北平太守的职务。

匈奴来了，灞陵尉离死不远了。

李广上任后向皇帝提出的第一个要求不是级别待遇也不是粮草辎重，而是向武帝指名道姓要灞陵尉到军前效力。这样的时刻，武帝当然不会拒绝前线的司令调一个县级干部到前线协助工作的要求，于是灞陵尉很快就到了李广的大军，很快就掉了脑袋。"广请灞陵尉与俱，至军而斩之。"

客观地说，灞陵尉死得实在是相当冤枉，平民李广的 one night in Ba-ling（灞陵一夜）就让坚持原则的灞陵尉丢了小命，这灞陵尉还是人干的活吗？当然这是灞陵尉"小我"的客观，如果从帝国国家机器中的"大我"来看，这样的结果也非常合理而无奈。在战争频繁的年代，"小我"永远需要牺牲，成全国家的"大我"。灞陵尉的性命是小我，右北平太守的仇恨是大我。

当然，李广在毫无理由的情况下，仅仅因为自己的个人恩怨就杀掉灞陵尉仍然犯了严重的错误。从李广杀灞陵尉的事件来看，李广这事做得实在是愣，跟灞陵尉半斤八两。如果换个人完全可以派灞陵尉完成一个不可能完成的任务，然后找个茬把他名正言顺地杀了，甚至可以更阴险地借匈奴的手干掉灞陵尉，再给他追封一个称号。但是李广就是这样耿直，连狠毒也如此耿直，这样的人让皇帝也哭笑不得。李广杀了灞陵尉主动向武帝承认错误，要求处分。为了跟一个县级干部赌气，李广居然押上了自己来之不易的再次上位的机会。

武帝的回答不仅非常具有理论水平,而且洞悉人心。从史书上的记载看,其政治境界高度和思想工作的深入,的确不愧于武帝这个称号。

上报曰:"将军者,国之爪牙也。《司马法》曰:'登车不轼,遭丧不服,振旅抚师,以征不服。率三军之心,同战士之力,故怒行则千里竦,威震则万物伏。是以名声暴于夷貉,威棱憺乎邻国。'夫抱忿除害,捐残去杀,朕之所图于将军也;若乃免冠徒跣,稽颡请罪,岂朕之指哉!将军其率师东辕,弥节白檀,以临右北平盛秋。"刘彻这段话说得太有才了,主要有四层意思。第一是让李广明白自己的定位,将军就是帝国的爪牙,只有用你的时候才需要你锋利。不用你的时候你最好老实点。第二是指出李广的错误,著名的兵书《司马法》都说了将军应该抛弃自己的个人情感,登上战车就不能伏轼(车前面的横梁),家里死了亲人也不能穿孝衣,这样才能服众,才能带领三军战无不胜,威震匈奴和邻国。李广你再反省一下自己,为了跟灞陵尉赌气就公报私仇、毫无顾忌,这会造成什么样的影响?第三是卖人情,你犯的错误根本不是写个检查就能过关的,应该摘掉帽子光着脚来磕头请罪,可是这不是我刘彻想看到的。你要面子我就给足你面子,这些都可以免了。第四是提出希望,现在你李广已经在右北平任上了,你不是自负很有本事吗?我就期待你在右北平开创和平安定的局面,迎来硕果累累的金秋。这番话既打击又肯定,既鞭策又鼓励,既严肃又活泼,可谓是晓之以理、动之以情,其用意可谓惩前毖后、治病救人,其效果可谓深入浅出、恩威并用。刘彻这段短短一百四十一字的讲话充分显示了历史上知名皇帝刘彻过人的驭人之术,以及过人的领导智慧和心机,不愧是中国历史上与秦始皇比肩的征服型帝王。

这次李广又欠了武帝一个天大的人情,如果让李广脱帽赤脚磕头请罪比杀了他还可怕。只是欠了皇上这么大的人情到哪辈子才能还得清啊?

有个学者评论李广杀灞陵尉的故事时,说李广太狠毒,让汉武帝都有些心寒甚至忌惮,以至于对李广后来的命运产生了非常消极的影响。对此扶栏客却不敢苟同。实际上,作为自负神勇的帝国第一勇士李广,应该是从灞陵尉事件以后,通过学习武帝的训示才真正从心理上被刘彻收服,而在此之前,李广对这个儿辈老板的服从仅仅是出于对前任老板的尊重和忠诚。死了一个灞陵尉,换来了李广发自内心的感激和敬畏,对刘彻和汉朝来说,灞陵尉的脑袋太有价值了。

李广果然不负刘彻的殷切期望,顶住了匈奴的疯狂进攻和嚣张气焰,再次创造了右北平安定、和平的局面。史书记载,"广在郡,匈奴号曰'汉飞将军',避之,数岁不入郡。"

李广杀灞陵尉事件在《史记·李将军列传》和《汉书·李广传》中都有记载,但是李广杀灞陵尉以后,武帝刘彻对此事的处理以及他那段精彩的一百四十一个字的讲话却没有在《史记·李将军列传》中出现,而只有《汉书·李广传》中才有记载。这段讲话是最能体现武帝领导能力和人格魅力的重要史料,司马迁在《史记·李将军列传》中的忽略让武帝作为历史上著名皇帝的光彩大打折扣。甚至让更多后世读者在看待李广家族与武帝几十年恩怨上更多地倾向了悲剧色彩的李广。可见,统治者要想青史留名就必须尊重知识分子，否则那如椽巨笔完全可以来个技术上的误差让千古大帝自食其果。李广杀了灞陵尉不影响李广作为名将的风采，司马迁遗漏了武帝训示也不影响后世对他的尊重。

毕竟从心理和生理上来说，他们都曾经是和你我一样的男人。

帝国的英雄标准

对于大汉帝国而言，李广担负着看家护院的角色。但不公平的是，汉朝的价值导向和人力资源制度只奖励出去砍人的兄弟，而对于看场子的功劳却视而不见。

汉朝只关心英雄们的雄才伟略、快意思仇，直到今天史学家们和文化人士津津乐道的仍然是卫青、霍去病远征大漠，斩杀匈奴数万的数字。而对这一百年间遭受战争涂炭的边塞平民的苦难从来没有人真正关心过。在司马迁这位富有人文情怀的史学大师的巨著《史记·李将军列传》里，对历次匈奴入侵的劫掠当中，边塞平民遭受的生命和财产损失也只是进行了简单的记述。孝文帝十四年，也就是年轻的李广从军的那年，"匈奴单于十四万骑入朝那、萧关，杀北地都尉印，虏人民畜产甚多"。而后来尝到甜头的匈奴频繁地入侵劫掠，"匈奴日已骄，岁入边，杀掠人民畜产甚多，云中、辽东最甚，至代郡万余人"。从以上记述可以看到，在屡次匈奴入侵被杀戮劫掠的百姓就是一笔糊涂账，唯一的数字不过是个大概的概念，"至代郡万余人"。

"犯我强汉者，虽远必诛！"这句充满民族情绪的口号出自汉元帝时期的名臣陈汤之口，至今仍然让不谙世事的热血青年激动神往。热血沸腾的青年们在引用这句豪言壮语的时候仿佛自己就是那强汉，而其他令自己不爽的一切都可以虽远必诛。因此年轻人钟爱这句名言的原因也就不言而喻了，年轻的人们每次说起古人的这句名言都能在心理上获得一次穿越历史的快感，更妙的是一切遭到挫折的凡人，都可以与两千年前的古人一起快意恩仇，在幻想中同步高潮。当然，雄才大略的皇帝和文韬武略的大将要的是自己的脸，不要的是别人的命。

可以想象在李广镇守右北平等地的时候，由于飞将军的威名导致匈奴"数岁不入"，百姓因此得以休养生息，安居乐业。

所以不难理解，后来这位白发老将自刎于大漠之后，当噩耗传来，大汉帝国的子民为什么自发地举国哀悼。人民不会也不应该忘记李广，在那个人命如草芥的疯狂时代，因为有了这位神奇的飞将军，多少百姓免遭杀戮迁徙，多少家庭免遭颠沛流离，多少孩子可以长大成人。

遗憾的是，甚至连对李广推崇备至的司马迁对其如此伟大的功德也处于完全的无意识状态。

当然，由于历史的局限性，这种价值观的偏颇并不能怪司马迁。事实上，即使是当事人李广当时对自己的价值也是茫然不知。按照李广射杀猛虎的武功和胆色，加上手下士卒"为之死"的团队战斗力，大汉帝国以砍杀匈奴首级论功行赏的制度其实对李广来说是非常公平的。但是奇怪的是，李广仿佛天生不具备主动出击、斩敌擒虏的能力和运气。事实上，在李广的军事生涯当中，凡是抵御匈奴进攻都能迎难而上、克敌制胜，而主动出

诸子百家

兵家

击不是无功而返就是寡不敌众。

到元朔六年，汉武帝登极已经十八年了，这是个传统上的吉利数字，然而汉匈之间的战争仍然看不见尽头。这一年，大将军卫青统帅大军从定襄出击匈奴，李广以后将军的身份参与了出征。

通过文景两代的休养生息和长达几十年的战争历练，汉帝国的军队积蓄了充足的物质基础和战争资本，这次出征，汉军斩获颇丰。"诸将多中首虏率，以功为侯者，而广军无功"。这次匈奴的脑袋和俘虏再次成全了一批帝国的军事干部，很多年轻人得到了封侯。而李广的这次出征更像是一次"驴友"的野外旅行——自始至终，匈奴都没有出现在李广的视线当中，李广经过长途跋涉最后又回到了出发的地方，洗净征尘，一无所获。

汉武帝

又过了两年，元狩二年，李广再次以郎中令的身份带领四千骑兵从右北平出发进攻匈奴。这次李广的搭档是中国历史上著名的丝绸之路的开拓者张骞。这时的张骞因为协助大将军卫青征讨匈奴而立了大功，已经被封了博望侯。后来不可思议的事情再次发生，当郎中令李广和博望侯张骞兵分两路深入匈奴腹地几百里的时候，匈奴左贤王率领的四万铁骑突然出现在李广的周围。

四千对四万，这个数字对比对李广军中的所有人来说意味着两个字：死亡。

回到两千多年前，西汉武帝元狩二年初夏的那个下午。当天的天气相当晴朗，蓝蓝的天空白云飘，白云下面马儿跑。问题是白云下面跑的不是几匹马儿，而是四万多匹战马，这就让人们不由得胆战心惊了。

"匈奴！是左贤王的旗！"有人惊呼。

四千个人的舌头在一瞬间仿佛被炙热的太阳烤干，四千个人的士气被匈奴剽悍的铁骑践踏在畜生脚下，死亡的焦灼气息在年轻的汉军中迅速蔓延。

面对十倍于己的强敌，一个人的恐慌是自然的心理和生理反应，而四千个人一起恐慌那就足以构成灭顶之灾。这时至少有两个人没有感到恐慌，而是感到愤怒。他们是老李家的两个男人，一个是李广，另一个是李广年轻的儿子李敢。面对如此突如其来的灾难，说什么都是废话，只有果敢的行动才能稳定军心。

李广看了儿子一眼，父亲坚定而愤怒的眼神激活了李敢体内继承的战争荷尔蒙。

"谁跟我来？"李敢大喝一声，拔出战刀，两腿一磕战马，单人独骑窜了出去。在李敢的身后又有几十个年轻人跟了上去，他们是李敢在军中的死党，此时坐视不顾必将带来比死更可怕的耻辱。

四千个恐慌的年轻骑兵在阵前看到了有生以来最震撼的场面，几十个和自己一样年轻的伙伴在李敢的带领下像箭一样射向大海一样辽阔的左贤王大军。

　　很快，李敢带领的勇士们仿佛沉入大海的小船，消失在黑压压的匈奴铁骑当中。李敢杀人的敌阵左侧骚动了起来，对面那淹没一切、不可一世的匈奴铁骑汇集成的大海终于开始涌动。

　　远处传来兵器的碰撞和恐怖的惨叫，这样的视死如归的突袭勇气固然可嘉，然而理智一点看待这个问题，这种突袭又与自杀有什么区别呢？

　　死亡和生存，荣誉和耻辱，在四千名士兵们年轻的心中开始了博弈。

　　"李敢？李敢！"

　　汉军和匈奴的骑兵们同时惊呆了，他们看到一匹浑身沾满鲜血的战马从匈奴大军的右侧突了出来，战马上是浑身沾满鲜血的李敢，而李敢的身后十几名同样鲜血淋漓的骑兵紧随其后，从匈奴大军中鱼贯而出。

　　李敢的战马像狂风一样飘到汉军的阵前，带回来了匈奴的鲜血和汉军的荣誉。敌人的血从李敢的战刀和盔甲上滴下来，染红了脚下的青草。

　　李敢在阵前挥刀大喊"胡虏易与耳！"

　　四千骑兵欢呼雷动，生存还是死亡在此刻没有那么多选择，不是你死就是我活！

　　作为久经沙场的老将，李广知道儿子的胜利只是打了左贤王一个措手不及，四千对四万的遭遇战不可能如此容易对付。

　　四万匈奴铁骑只要同时放箭就足以吞没四千条年轻的生命！

　　刻不容缓！

　　李广马上下令士兵们围成圆环形战阵，一致对外举起盾牌严阵以待。这是匈奴牧人们在草原上遭遇狼群摆出的阵势，非常简单却非常实用。

　　果然，此刻回过神来的左贤王暴跳如雷，四万对四千，居然被几十个年轻人在自己的阵中打了个通关，这正应了那句老话：猛虎入羊群，这要是传到单于王廷自己岂不是成为草原上的笑柄？

　　"前进！"左贤王一声令下，四万铁骑同时向李广的阵前突进，烈日下的草原仿佛一个无边的露天迪厅，匈奴的铁蹄奏响了重金属的死亡乐章。

　　"放箭！"进入有效射程的匈奴铁骑同时举起了弓箭。

　　那箭雨遮天蔽日，太阳仿佛被一只巨大的手掌遮住，匈奴帝国二号首长左贤王的愤怒从天而降。

　　汉军的骑兵和战马如同遭到冰雹袭击的庄稼顿时倒下了一片，哀号不断。

　　还击的时刻到了！

　　另一个箭雨云团从李广这边向左贤王大军飘了过去，左贤王大军也倒下了一片。

　　这样的对射拼的是实力，反复几次对攻，很快汉军一半以上的骑兵倒下了。烈日下的草原点缀上了猩红的颜色，血腥的气味熏得年轻的士兵止不住地呕吐。更要命的是，汉军的箭消耗掉了大半，剩下的箭根本不可能支持到黄昏。

黑暗,生存下去的唯一希望就是黑暗降临。

只要能坚持到太阳落下,月亮升起,汉军就能获得喘息的机会。

双方反复的对攻使得两军的距离越来越近,此刻李广看见了对面左贤王在众多将领的簇拥下正指挥军队进攻汉军。

战机就在眼前!

李广命令大家弯弓搭箭,蓄而不发。

李广自己悄悄地拿起了那只著名的"大黄"弓,开始向对面瞄准。

"大黄"弓长六尺三寸,周身发出暗黄色的金属光泽。传说大黄弓能在百步之外伤人,三十步之内射出的箭可以洞穿青铜盾牌而射杀对手。

偏西的阳光照耀着大黄弓和它的主人,古铜色的弓和古铜色的男人,像一尊雕塑,在落日的余晖下发出低调而坚硬的光芒。

左贤王突然意识到了什么,大吼一声策马掩入阵中。左贤王身边的一员神将"应弦而倒",箭从背后穿了出来。在紧接下来不到二十秒钟的时间内,大黄弓如同自动步枪一样连续发射出了七箭,左贤王身边的七名神将以不同的姿态从马上摔了下来,并发出了七声不同音色和音高的惨叫。

左贤王的中军乱作一团,开始回撤。

左贤王的怯懦导致了匈奴大军的溃退,很快四万铁骑就撤离到了大黄弓的射程之外。

李广又一次以自己对决于两军阵前的勇猛顽强和面对死神的从容不迫,为自己的属下争取到了一个仍然活着的夜晚。这次帮助他实现奇迹的还有他同样出色的儿子,年轻的李敢不愧于这个阳刚的名字,他和父亲一起继续了家族的传奇。

夜色降临,一轮弯弯的明月高悬在血腥的黑暗当中,显得异常孤独。

月色苍白,勾住过往。

这样的月色,这样的景象在李广的四十多年的戎马生涯当中不是第一次经历。然而对于那些年轻的骑兵们来说却是第一次。

故乡如此的远,死亡如此的近。

在那个与死神为邻的夜晚,幸存下来的士兵非常惨,而他们的统帅李广的表现非常帅。"会日暮,吏士皆无人色。而广意气自如,益治军。军中自是服其勇也。"

第二天身心疲惫的汉军再次迎来了左贤王的疯狂进攻。

如果以这样的战绩回到单于王廷,李广必然会成为草原人民心中的雄鹰,而左贤王必然会成为可怜的兔子。

可是他是左贤王,在广阔的匈奴草原上仅次于单于的左贤王!

四万人拼不完四千人?不可能,绝不可能!必须吃掉李广,否则匈奴人民绝不答应!可以想象第二天左贤王是在怎样悲愤甚至恐惧的心情下对李广的残部发起进攻。这场战争关乎一个草原英雄的声誉,哪怕对方只逃出去父子二人,对于左贤王来说也是不能逃避的耻辱和失败。

诸子百家 —— 兵家

惨烈,除了惨烈还是惨烈。

幸存下来的士兵渐渐意识模糊,只有手中的战刀和长戟还在挥舞,每个人都只有一个信念:黄泉路上多拉几个匈奴人做伴!

就在李广残部快要被左贤王大军彻底吃掉的时候,草原那边出现了博望侯的大旗。

张骞到了!

这时精神已经紧绷到极限的左贤王大军彻底崩溃了。

漫山遍野的匈奴铁骑丢下漫山遍野的尸体向他们来的方向逃窜。

这一次张骞因为没有及时接应李广而遭到了与李广被俘逃脱后同样的惩罚。"汉法,博望侯留迟后期,当死,赎为庶人。"而李广不奖不罚,白忙活了一场。

飞将军的结局:士不二辱

元狩二年那场以四千骑兵对抗左贤王四万骑兵的遭遇战,无疑是李广一生中最惨烈的一场战役。这次战役不仅对李广来说前所未有,对整个帝国来说也是空前的。这个记录一直到天汉二年才被李广的孙子李陵打破。那一年为了接应和配合武帝大舅子李广利的军事行动,李陵带领五千步兵吸引单于主力,遭到了单于前后调集的十万主力军队的合围。李陵率部激战八昼夜,最终在杀伤单于主力万余人后全军覆没,李陵也投降了匈奴,成了匈奴单于的女婿。这是后话。

让今天的人们感慨的是,当年遭遇十倍于己的左贤王主力的时候,李广已经年过六旬,而这一年李陵还没有出生。

又过了两年,元狩四年(前119年),这一年距离汉高祖被围白登(前200年)已经八十一年,距离李广从军(前166年)四十七年,距离汉武帝登极(前141年)二十二年,此时的刘彻已经从一个精力充沛、好勇斗狠的少年变成了一个深谋远虑、好大喜功的中年皇帝。而此时的李广已经是一位须发皆白的老人了。帝国多年积累的力量在这一年得到了爆发,也就是在这一年,汉帝国迎来了与匈奴单于决战的历史性时刻。

大将军卫青即将率领汉军主力出塞寻找单于主力决战,帝国上下一心,决心一战消灭匈奴的主要军事力量,让匈奴失去与大汉帝国抗衡的军事资本。

消息传来,众将纷纷请战。马踏单于王廷、消灭单于主力、活捉单于本人,这三件事对汉代的职业军人来讲,其意义可比今天的职业网球运动员获得三大赛事的大满贯冠军。没有人愿意放弃这个空前辉煌的历史机遇,帝国的将军和士兵们等待这一天已经有快一百年了。

老将李广也按捺不住心头的激动,亲自向武帝请缨,李广的要求不是从军出征,而是担任前将军,也就是远征军的先锋。

对于李广的请战,武帝刘彻是有所顾忌的,最初他只是赞赏老将军的勇气和报国忠心。但是李广毕竟已经是六十多岁的老人了,于情于理,皇帝都不愿意让李广再披战袍。从感情上讲,让一个须发皆白的老人上战场去拼命很不人道;从理智上讲,这次决战只能胜利不能有任何差池,皇帝不敢把首战胜利的希望寄托在一个命运坎坷的倔强老头

诸子百家——兵家

身上。

一开始,武帝对李广的积极请战只是好言安抚,"老将军该享享清福了,让年轻的人上吧。"但是李广不答应,正因为李广知道自己老了,所以这也许就是老将军的最后一战。

皇帝不答应,李广就反复请战。对于李广的请战,史书上没有过多的描述,但是我们知道李广不善言辞,所以他的请战应该是质朴而执着的。面对这样一位拼杀了一生的老将军焦虑而渴望的眼神,皇帝最终妥协了,任命李广为远征军的前将军。

大军出塞,征尘滚滚。汉军将士金戈铁马,气吞万里如虎。

这次出征非常顺利,甚至是非常幸运的。在出塞后不久,汉军就遭遇了小股的匈奴部队,并将其一举击溃。从俘虏的口中,大将军卫青获得了单于主力具体位置的重要情报,这意味着出征大军正在沿着正确的方向一步步逼近单于。

大将军卫青立即召开了战前部署会议,令李广难以接受的是,卫青命令李广与右将军赵食其合兵一处从东路合围单于,而把本来属于前将军的位置给了中将军公孙敖。对于这样的安排,《史记·李将军列传》和《汉书·李广传》都提到了两个原因:第一是武帝刘彻任命李广为前将军实在是出于无奈,武帝实在无法信任李广的年龄和运气,于是他下密诏给大将军卫青,密诏的内容主要是"以李广老,数奇,毋令当单于,恐不得所欲"。意思是说李广年纪太大,又总是运气不好,提醒卫青不要安排李广作为先头部队进攻单于主力,以免造成军事上的失利。这个指示卫青当然要照办。第二个原因是当时的中将军公孙敖刚因为犯了某个错误而失去了侯爵,所以卫青想让公孙敖立下重挫单于主力的大功,以成全公孙敖恢复侯爵的待遇。从第一个原因来看,老板虽然看似重用了李广,但是对他的能力特别是运气很不信任;而从第二个原因来看,大将军卫青和公孙敖的关系显然要比和李广的关系亲密得多。

掺了水的信任和打了折扣的关系把老将李广排除到了圈子之外,最后加上一贯的坏运气和超常的自尊心,终于把名满天下、威震匈奴的飞将军逼上了绝路。

李广对这样的安排当然不服气,他据理力争,"臣部为前将军,今大将军乃徙臣出东道,且臣结发而与匈奴战,今乃一得当单于,臣愿居前,先死单于"。史书上说李广"呐口少言",但是这段话却精炼有力,说出了三层意思。第一是讲道理,我李广是皇帝封的前将军,大将军凭什么让我和右将军一道从东路出击? 第二是摆资历,我从成年以后就开始和匈奴厮杀,凭这个老资格大将军也不该这样冷落我。第三是表决心,我愿意作为前将军和单于拼命,即便死在单于前面也在所不辞。

李广的三个道理掷地有声,却没办法与皇帝和大将军的两个道理抗衡。卫青没有和李广争论,而是说已经做出了决定,命令已经下达到李广的军中,他要求李广立即赶回去执行命令(大将军不听,令长史封书与广之幕府,曰:"急旨部,如书")。此刻的李广知道一切已经不能改变,站起来怒气冲冲地走出了大将军卫青的大帐,甚至没有跟卫青行礼辞别。

大将军卫青分配给右将军赵食其和李广的东路是一条很有难度的路线,准确地说那里不仅没有路,甚至也没有草原和水源。从东路到达合围单于主力的地点必须穿越戈壁沙漠，即使在今天，这样的路线也是凶多吉少。

还没有看到单于的影子，李广和赵食其就分到了一个死亡之组。这样的安排谁都知道结果会是什么，可是谁也无法抗争，对李广来说，这简直就是哑巴吃黄连饺子，多少苦只有心里有数。

这样的行军唯一的希望就是依靠熟悉地形的向导，然而李广和赵食其的军中根本没有熟悉这条路线的向导。一切只能依靠经验和运气了。

李广和赵食其率领汉军将士开始了在茫茫戈壁沙漠中的艰难跋涉，迷路是不可避免的，只有不断地摸索前进。当须发皆白的老将李广和面色焦黄的赵食其率领部队拖着疲惫的身躯出现在约定合围的地点的时候，传来了大将军卫青大破单于主力的消息。大将军卫青率领的主力早已击溃了单于主力，单于带领残部仓皇逃窜，此刻的大将军卫青建立了汉匈开战以来最辉煌的不世功勋！

从史书上的记载来看，大将军卫青似乎不是个刻薄的人，他派来的长史给李广和赵食其带来了干粮和酒。这样艰难的行军虽然谈不上功劳，但无论如何都不应该受到责备。

然而，李广和赵食其并没有在约定的时间内赶到合围地点，必须说明情况、承担责任。大将军派来的长史要求两位疲惫的将军具体说明行军和迷路的细节，因为大将军需要给武帝刘彻写一个详细的工作汇报。

李广沉默了，对他来说无论怎样解释，最终出现在卫青报告中的内容都是大将军如何英明神武，而李广和赵食其如何倒霉晦气。这样的情况还需要说明吗？然而制度不允许李广沉默，大将军的长史一再催促李广的幕府上交情况说明的文字材料。平心而论，这样的要求并不过分，即使这种情况发生在今天，不要说是军事行动，即便是企业行为，人力资源部也一定要求李广写一个关于前将军、右将军所部行军途中迷路导致未能按期到达会战地点的"情况说明"。但是李广没有强调那些显而易见的客观原因，他承担了所有的责任，"广曰：'诸校尉无罪，乃我自失道，吾今自上薄。'"

李广回到了自己的参谋部——幕府，最后一次召集手下的将领召开会议。"广谓其麾下曰：'广结发与匈奴大小七十余战，今幸从大将军出接单于兵，而大将军又徙广部行回远，而又迷失道，岂非天哉！且广年六十余矣，终不能复对刀笔之吏。'"

说到此处，李广拔出了斩杀无数匈奴的战刀，横刀自刎！

白发银须的老将军倒下了，倒在了单于曾经盘踞横行的塞外草原。

士卒们的哭声传遍了整个汉军大营，跟随老将军出征的汉军士卒从小听着飞将军的传奇故事长大，而此刻这个传奇人物自己杀死了自己！

"百姓闻知，知与不知，无老壮皆为垂涕。"

翻遍整部《史记》，李广是唯一获得百姓自发哀悼的将军，作为一个职业军人，能得到如此众多的百姓爱戴是对李广人品和能力的最高肯定。无论是谋略深远的卫青、少年天才的霍去病还是权倾天下的霍光，在这方面都无法与李广相比，飞将军才是真正活在人民心中的将军。

諸子百家——兵家

后来右将军赵食其独自面对了帝国的惩罚,本来也该斩首,花钱消灾,"赎为庶人"。

无论以现在还是当时的价值观来看,李广本来可以不死,皇帝和卫青都没有要逼死李广的动机和必要。实际上李广的死让皇帝和卫青承受了巨大的道德和舆论压力,直至今天,人们仍然对李广非常同情,而觉得刘彻和卫青很不厚道。如果李广能写一个情况说明,他完全可以不死,而所谓"复对刀笔之吏"的耻辱其实也没什么大不了,因为那本来就是个制度,所有的牛人都要面对。

后来李陵投降匈奴后若干年,霍去病的弟弟霍光掌权,霍光一向和李陵交好,非常欣赏李陵的才干。于是霍光派使者出使匈奴,希望能争取李陵反正,回归汉朝。李陵的回答跟他祖父遥相呼应——"丈夫不能再辱"。

以老李家坚持价值观来看,一个男人一生最多只能被侮辱一次,这是一种真正的兵家精神。

太史公对李广的评价非常高。太史公曰:"传曰'其身正,不令而行,其身不正,虽令不从'。其李将军之谓也? 余睹李将军悛悛如鄙人,口不能道辞,及死之日,天下知与不知,皆为尽哀。彼其忠实心诚于士大夫也? 谚曰'桃李不言,下自成蹊'。此言虽小,可以谕大也。"

李广一生的积累下来的经验、教训很多,同时他的优秀品格也足以独步古今名将之林。司马迁对李广的盖棺定论主要有两个:一是以身作则的工作态度;二是诚心诚意的做人态度。态度决定了李广在史书上的地位,这位生前不得封侯的将军死后被太史公专门开辟了专栏——《李将军列传》,而其他生前比他风光无数倍的卫青、霍去病等人却被太史公放到了一个《卫将军骠骑列传》当中。这里的省略号代表了十六个将军,他们中的大多数生前都曾经封侯。

"士不二辱",不管这种精神是否偏激,但不可否认,在中国长达两千多年的治乱轮回的历史长河当中,这种精神成为支撑士大夫阶层坚持下去的信念和价值观的一部分。自从秦始皇发明了皇帝这种头衔直到末代皇帝溥仪搬出紫禁城,这个时期的社会秩序可以用一句话来概括,"皇帝轮流做,今天到我家"。在这样十年一小乱、百年一大乱的岁月当中,每个人的生命都异常脆弱,即便那些所谓的英雄也不例外。在这种毫无新意的政治规则和社会秩序之下,任何人都必须面对自己的家族可能隔代就会遭遇战火和杀戮的现实,财产可能转眼就化作灰烬,地位转眼就可能颠倒,只有尊严可以成为后代可以继承和引以为傲的财富。

李广的死为他的家族留下了值得骄傲的资本。正如恺撒说过的名言,"你可以杀死一个男人,但你不能征服一个男人"。

李广,一个真正的男人,生得威猛,死得爷们!

李广的儿子们:正义的李当户

李广有三个儿子:李当户、李椒和李敢。

李广的三个儿子继承了老李家的传统,个个武艺出众,先后都走上了军界的领导岗

诸子百家——兵家

位（"皆为郎"）。

中国传统讲究长幼有序，让我们从老大李当户说起。

李当户死得很早，一生中只有两个重大成就载入史册：第一是为李广家族生了一个英雄的儿子李陵；第二是痛扁汉武帝的宠臣韩嫣。

生儿子这种事没什么可说的，事实上李当户根本没有见过自己的儿子李陵——李当户死去的时候李陵还没有出生。李当户的死因，史书上没有明确记载，但是可以想象李当户的妻子挺着大肚子得到自己丈夫噩耗的时候，是多么伤心欲绝。按照优生学的观点，李陵妈妈当时遭到丧夫的重大精神打击，很可能对尚未出生的李陵产生某些消极的影响。但李陵这个人的风采，不逊于其祖父李广。

提到李当户的第二个人生重大成就不得不说说韩嫣。《史记·佞幸列传》当中记载了韩嫣公然侮辱皇室宗亲江都王的故事。那一年，江都王回到长安向武帝刘彻汇报工作。我们知道武帝这个名头不是浪得虚名，骑马射猎是刘彻最大的爱好。当时武帝正在皇家专用公园上林当中射猎，于是就下诏请江都王到上林来和自己一起娱乐一下。射猎这种活动在中国历史上对于皇帝非常重要，翻看史书可以发现开拓型的皇帝好像都有射猎的爱好。射猎不仅能够锻炼身体、陶冶情操，更重要的是通过这种需要武功和体力作基础的活动，显示了皇帝的强健体魄和英明神武，让国内的野心家不敢觊觎皇位，对震慑周边邻国也具有政治和军事上的象征意义。这种中国的皇家传统一直延续到了清朝，康熙和乾隆皇帝都是这一活动的忠实爱好者。另外，射猎也为皇帝与文臣武将和诸侯们进行感情交流营造了一种比较宽松的氛围。因此，当时的射猎有点类似于现在的高尔夫运动，属于上流社会的重要休闲和社交活动。就像今天很多重要生意都是在高尔夫球场上谈的，古时候皇帝和诸侯、大臣们的很多知心话都是在皇家猎场里说的。这样的安排说明了汉武帝对江都王有拉拢和示好的意思，以汉武帝的性格不可能请一个自己不喜欢或者不重视的亲戚和自己一起射猎。可是，这样的一位连皇帝都要重视的王爷居然遭到了韩嫣的侮辱。

那天汉武帝刘彻要去射猎，在出发前先命令韩嫣去查看一下准备被射杀的野兽——刘彻毕竟不是李广，即使是射杀的猎物也必须在控制之中。韩嫣去视察猎物乘坐的车是皇帝出行的副车。韩嫣的车后面跟着大概一百多皇家骑兵，人欢马嘶，呼啸而来。可以想象这位皇帝的宠臣韩嫣代表皇帝视察猎物的景象相当地拉风，因此当时的韩嫣很可能有了一人之下万人之上的感觉。

这时正好江都王走进了上林，江都王远远看见了韩嫣的车队，那样的排场分明就是"如朕亲临"的气势。江都王马上让自己的随从停下来原地等待，自己赶到韩嫣车队必经的路边，跪倒趴下（"伏谒道旁"），等待皇帝的到来。众所周知，皇帝和皇族诸侯之间的关系非常微妙甚至危险，因此江都王当时的表现无非是为了表现自己的谨小慎微，以换取皇帝对自己的放心。韩嫣当然看见了江都王，但是他对江都王的无礼令人震惊，"嫣驱而不见"。按理说韩嫣如果以正确的态度对待工作，就应该带江都王去见武帝，因为江都王是奉诏而来。如果那样，即便江都王错跪了韩嫣，应该也不会对韩嫣有什么意见，作为驻外的诸侯对皇帝身边的宠臣多少会有些忌惮。如果韩嫣对江都王再尊重一点、热情一点,江都王甚至要感激韩嫣,作为皇帝身边的人,要落人情其实很容易。可是韩嫣根本没有理睬江都王,带着自己拉风的队伍扬长而去,留下路边"伏谒"的江都王独自品味遭到侮辱的滋味。

如果这样江都王都能忍,那么这个江都王当得也太失败了。

江都王知道武帝和韩嫣的特殊关系,于是直接找到皇太后告状。江都王告状告得很有水平,也很有魄力。他没有哭诉韩嫣对自己如何无礼,而是要求回到长安给皇帝当晚上值班的侍卫,说只有这样才能取得和韩嫣平等的地位("请得归国入宿卫,比韩嫣")。江都王说自己要"入宿卫",而不是当普通的侍卫,这里分明话里有话。当然,如果不是受了强烈的刺激,江都王也不会豁出去自己的老脸主动要求给刘彻当值夜班的卫士。可是因为汉武帝刘彻的庇护,后来皇太后只是痛骂了韩嫣一通,韩嫣并没有遭到实质性的惩罚。

就是这样一个连江都王都敢侮辱的宠臣韩嫣,居然被李当户痛扁,这就让我们不得不佩服李家老大不畏权贵的人品了。关于李老大与韩嫣的冲突,《汉书》上的记载只有一句,"上与韩嫣戏,嫣少不逊,当户击嫣,嫣走,于是上以为能"。这句话很好理解,某天武帝刘彻和韩嫣逗乐,韩嫣表现出来了某种对皇帝的不恭敬。作为和武帝刘彻宠臣的韩嫣来说,他当时的表现非常自然。不幸的是,这一幕被充满正义感的李老大看到了。李老大于是愤怒了。受到刺激的李老大冲上去一把揪住韩嫣就开始痛扁。可以想象宠臣韩嫣当时对李老大这种粗暴举动是多么的震惊和恐惧,他只好挣扎着逃走。

从李当户痛扁韩嫣这件事看,李当户是个原则性非常强,甚至有点偏执的人,说明李当户的正义感是多么的执着和强烈。假如李当户是江都王的侍卫,跟随江都王在上林遭到了韩嫣的侮辱,当时韩嫣可能就没命了。侮辱李当户的老板就是侮辱李当户,这种高度的正义感和李广"士不二辱"的价值观一脉相承。这样的小弟,怎么能不让英明神武的刘彻感动和欣赏?所以,当武帝刘彻看到韩嫣落荒而逃,对李当户非常欣赏,"这小子连朕的宠臣都敢打,太爷们了!"可惜的是李当户一生很短暂,但是正因为有了痛扁韩嫣事件,让李当户的人品顿时高大起来。

诸子百家 —— 兵家

李广的儿子们:勇敢的李敢

李广的二儿子李椒当过代郡太守。代郡位于现在的山西北部,是当时汉匈对峙的重要前线边郡之一。从代郡向北放眼望去,在那遥远的草原深处是匈奴单于的王廷。李广年轻的时候也曾经担任过那里的太守,能在这种可能经常燃起狼烟的地方出任军政长官,足以说明李椒绝非等闲之辈。不过遗憾的是李椒死得也很早,他和大哥李当户都是在李广自刎之前就去世了。除了曾经担任代郡太守以外,史书对李椒的生平事迹并没有更多的记载。

说到李广家的老三李敢,人如其名,敢字当先,敢作敢当。

前面我们讲过,李广带领四千骑兵出塞远征,遭遇左贤王四万铁骑的包围。危急关头，李敢带领几十名骑兵冲入敌阵，"出其左右而还"，并在阵前大喊"胡虏易与耳"。正是李敢这次果断英勇的出击，稳定住了李广所部的军心，避免了李广部队未战先溃的可怕后果。

也许经过这次与左贤王的交锋，使得李敢在心理上对左贤王形成了一种征服者的优势，后来李敢再次遭遇左贤王的表现堪称左贤王的噩梦。《史记·李将军列传》记载："李敢以校尉从骠骑将军击胡左贤王，力战，夺左贤王旗鼓，斩首多，赐关内侯，食邑二百户，代广为郎中令。"

这里的骠骑将军就是十八岁出征、二十三岁去世、在五年短暂的青春当中数次重创匈奴的天才少年霍去病。

校尉李敢跟随霍去病出征的时候，正是大将军卫青率领汉军主力重创单于主力之后不久，此时李广刚刚自刎于塞外。父亲死得实在蹊跷，而且尸骨尚在塞外，但是此刻的李敢王命在身，不能因私废公，只好擦干眼泪披甲出征，可以想象年轻的李敢是以一种怎样悲愤的心情走上沙场的。

而此时的匈奴在汉帝国持续不断的打击下，也处于风雨飘摇当中，当时伊稚斜单于被卫青击溃后不知去向，匈奴群龙无首，右谷蠡王（地位在左右贤王和左谷蠡王之下）自立为单于。

这次出征李敢再次遭遇了左贤王。

"仇人相见，分外眼红"，强烈的复仇欲和一贯的勇猛作风使得李敢再次毫不犹豫地领先杀入左贤王的大军，不同的是这次冲阵，李敢身后是骠骑将军麾下的五万铁骑，从汉军的实力上来看，这次出击无论在数量上，还是在质量和气势上都足以压制左贤王。

两军遭遇，近十万骑兵杀成一团。

整个战场像一个巨大的屠宰场，嘈杂的杀戮和哀号此起彼伏。

而此刻年轻的校尉李敢对周围正在发生的壮观残杀视而不见、充耳不闻，他的眼里只有左贤王的大旗。

一匹愤怒的战马，一个愤怒的男人，从乱军之中穿越一切障碍，以一种必杀的决绝气势向左贤王的中军杀了过来！

李敢！又是李敢！李广那个不要命的儿子！

当左贤王和他身边的裨将看清了迎面而来的战马上浑身杀气的李敢，心中不禁一寒。

那次以十倍的优势激战一昼夜都没能杀死他，这次人心涣散的左贤王军队怎么能挡住这个亡命徒的冲杀？

很快李敢已经杀到了左贤王中军。

混乱之中，只见挡住李敢去路的匈奴裨将纷纷倒下，李敢的马蹄下人头乱滚！左贤王在精神上彻底被李敢击溃了，他掉转马头仓皇逃窜，留下身后绝望抵抗的将士们。

扛着左贤王大旗的旗手看见李敢砍倒了掩护自己的几名裨将，转眼已经杀到了自己的眼前。

诸子百家——兵家

一股透骨的凉气沿着年轻旗手的尾椎一路冲进了大脑。作为左贤王的旗手,自己曾经是多么的荣耀,一个曾经草原上的奴隶也因为扛着左贤王的大旗四处征战而拥有了自己的奴隶。

"人在旗在",此刻的旗手知道到了自己履行光荣承诺的时刻。

旗手和李敢同时举刀砍向对方。

旗手的思绪随着李敢的手起刀落而中断,他发现自己突然飞了起来,开始在空中翻滚。那个恐怖的李敢一把抓住了握在旗手手里的左贤王大旗。

失去头颅的旗手倒下了。李敢挥舞着左贤王的大旗,仰天长啸,策马狂奔。左贤王中军彻底崩溃,留下了左贤王的战鼓,四散奔逃。

从古至今,军旗对一支军队来说都具有非常神圣的象征意义。事实上,在两千多年前,军旗和战鼓就是军队中枢的指挥信号和鼓舞士气的符号。军旗所指,大军所向;战鼓响起,士卒冲锋。李敢夺取了左贤王的军旗和战鼓,就等于摧毁了左贤王大军的指挥系统和全军的战斗士气,左贤王大军因此溃不成军,这是一次漂亮的斩首行动!李敢以自己漂亮的一击战胜了左贤王,以匈奴的首级祭奠父亲的在天之灵。

毫无疑问,在那次战役当中,李敢的表现非常出众,李敢因此被封为关内侯,但是食邑只有两百户。两百户相当于一个村庄,这是《史记·李将军列传》当中记录的各种封侯当中食邑最少的一次,事实上,在那次跟随骠骑将军霍去病出征因功封侯的诸将当中,李敢的封赏也是最少的。根据《史记·卫将军骠骑列传》的记载,那次霍去病获得的封赏是五千八百户,其他诸将大多获得了一千多户到三百户的封赏,只有李敢被封了两百户。从数量上来看,那次霍去病得到了一个县,其他人得到了一个乡,而李敢只得到了一个村。李敢得到的封赏并不意味着他要去一个两百户人口的村子当村长,而是意味着他成了八百里关中平原上某个两百户人口村子的主人。按照大汉帝国的法律,那个村子的租子归李敢所有,李敢甚至根本不用去那个村子,村民们必须按时把租子交给李敢。帝国军人血战得来的封赏神圣不可侵犯,受到帝国的制度保护。

至于李敢为什么夺得了左贤王的旗鼓才只得到了两百户的封赏,这可能与李敢当时的级别有关。李敢当时不是将军,而是校尉。李敢的战绩必须依靠自己和有限的部下奋力拼杀得来,而李敢的战绩也是他的上司霍去病战绩的一部分。例如《史记·李将军列传》中记载卫青和霍去病的战绩,多次提到他们出征斩杀的匈奴首级数以万计,这并不是说卫青和霍去病自己斩杀的匈奴数量,而是他们统领军队的整体战绩。所以说,从李敢封两百户关内侯这件事来看,战场规则有如职场规则:员工的业绩是属于领导的,而领导的业绩就是激励和管理员工创造业绩,最终领导的业绩取决于属下员工的业绩。虽然李敢的封赏只有两百户,然而毕竟得到了关内侯的头衔,况且当时的李敢才二十多岁,无论如何,李敢的命运要比他的父亲李广幸运多了。

遗憾的是,后来李敢因为自己鲁莽的性格提前结束了本来可以为老李家光宗耀祖的职业军旅生涯。这样一位杀人匈奴左贤王大军如入无人之境的名将之子,竟然死于骠骑将军霍去病射出的卑鄙一箭,让人不能不怀疑李广家族的命运是否真的遭到了某种诅咒。

封侯的李敢回到了长安的家中，丝毫没有胜利者的快乐和骄傲。

此时李广的灵柩在部下的护送下已经回到了家中。

李敢大踏步走进了家中的中堂，中堂白烛高悬，巨大的黑色棺木停放在中央。李敢双眼模糊了，突然爆发出惊天动地的哭嚎。

那个曾经把自己扛在肩头的男人，那个曾经手把手教自己射箭的男人，那个曾经带领自己出征塞外的男人，那个站起来像一座山一样的男人，此刻，正安静地躺在棺材里，和自己阴阳两隔。

李敢想起了上次和父亲一起出征遭遇左贤王大军包围的下午，当时自己在看到海洋一样辽阔的匈奴铁骑的时候，心中也曾经闪过了犹豫和畏惧。然而当李敢看到父亲须发皆白、布满皱纹的面孔和坚定而愤怒的眼神，他突然获得一种连自己都感到惊奇的力量。李敢冲入敌阵的时候，知道自己的背后，父亲骄傲的眼神时刻追随。在父亲的注视下李敢从敌阵中杀了出来，创造了一个对得起自己姓氏和名字的奇迹。从小到大，李敢看到听到了太多关于父亲的传奇，在他的心目中没有人能杀死或打败自己的父亲。只要父亲信任自己，李敢就是世界上最强大和迅猛的骑兵。

在那个哀号遍地的夜晚，父亲挨个慰问那些受伤的兄弟。那些本来痛苦、绝望的骑兵看到李广神情自若地走近自己，不知不觉停止了呻吟和叹息，眼中再次燃起了活下去的希望。那时的李敢为自己有这样一位父亲感到无比的骄傲，只要李广还没有倒下就没有人能战胜李广统领的军队。当时李敢甚至想如果自己和父亲一起战死，那也将是一种骄傲的结局。

李敢想起了父亲反复请战的那些夜晚，当时老父亲常常整夜难眠，坐在书房里凝视窗外孤独的月亮。许多次李敢都想劝说父亲放弃，以这样的年纪出征自己怎么能放心？可是每当他看见父亲焦虑的眼神，一次次话到嘴边又吞了回去。直到有一天父亲兴冲冲地回到家里，告诉全家人，自己被皇帝任命为前将军并作为先锋出征匈奴单于。那天的父亲快乐得像个孩子，李敢受到父亲的情绪感染，也暗下决心一定要跟随父亲马踏单于王廷，为自己的家族争取荣誉和骄傲。就在李敢准备随父出征的时候，却收到了骠骑将军霍去病的将令，命令李敢去骠骑将军军中报到。原来骠骑将军听说了李敢力战左贤王的事迹，于是就下了调令，大战在即，哪个统帅不需要李敢这样的虎将？李敢本来打算抗命，老父出征作为儿子当然应该伴随左右，这是孝道。不要说是骠骑将军，就是皇帝也没有理由强迫儿子在这种时候离开父亲。然而，父亲却力主李敢应征跟随骠骑将军出征。父亲的理由很简单：李敢长大了，应该摆脱父亲的影响，依靠自己的力量争取属于自己的荣誉。

就这样在一个凉爽的清晨，李敢为父亲从马厩牵出了战马，送走了父亲。父子离别的时候，一向不善言辞的父亲甚至没有给李敢留下值得回忆的语言。父亲只是用力拍了一下李敢的肩膀，然后看着李敢笑了，从父亲的眼睛里李敢看到自己真的长大了。

李敢怎么也没想到那一刻竟然成了永远。此时父亲躺在冰凉的棺木里，永远地离开了李敢。

　　这几年李敢已经经历了大哥和二哥的死亡,家族的荣誉和血统注定了这个家族的男人不可能躺在床上老病而亡。然而李敢从没有像此刻一样感到如此的孤独和恐惧,从此以后,在这个世界上再也没有人可以依靠,再也没有人值得崇拜了。

　　那一晚,李敢的哭声孤独而嘹亮,如同塞外月夜里的狼嚎。

　　从塞外归来的前将军部将向李敢讲述了李广那次艰苦卓绝的出征,讲到老将军一个人承担了迷路失期的责任而横刀自刎的时候,那些将士们流下了眼泪。

　　李敢暴怒了,为什么大将军把本来属于父亲的前将军位置给了公孙敖?为什么大将军让父亲走了那条大漠中的死亡之路?在李敢看来,这分明就是大将军卫青的阴谋!

　　此时,同在长安的大将军卫青心情也很不平静,李广的含恨自杀和与击败单于主力的不世功勋把卫青推到了大汉帝国最炙热的火炉上。作为局中人,卫青理解皇帝先任命李广为前将军又指示他"毋令当单于"的良苦用心,正是这道密诏最终让李广踏上了东路那条沙漠中的死亡之路,迷路也许不可避免,说明情况、解释原因也是例行公事。但是卫青怎么也没想到李广这位久经沙场、出生入死四十多年的老将最后竟然因此含恨自杀。从服从皇命和军事指挥的角度来看,卫青的作为无可挑剔,然而李广一生忠心报国、清廉刚直,这样的结局自然引来了朝野的一片哀痛和同情。皇帝永远没有错,李广为了捍卫自己的尊严以那样刚烈的形式结束了自己的生命更不能指责。就这样,朝野对李广的惋惜和同情最终都化作了大将军道德上巨大的负担。卫青只能默默承受一切的猜测和非议,击败单于主力后的卫青丝毫没有轻松和快乐。庙堂之上的大将军卫青本来就是至尊至贵的第一重臣,何况此时的大将军击败了匈奴草原上最强悍的王者伊稚斜大单于,而汉军中资历最老、最富有传奇色彩的飞将军又死在了大将军的军中。

　　未央宫里的那位王者此刻对自己又是一种什么心态呢?

　　从元光五年到元朔五年的六年里,伴随着一次又一次的凯旋,卫青从车骑将军走上了军界最高领导岗位——大将军。随着权威和地位与日俱增,一贯谨慎低调的卫青内心的不安和危机感也在同步增长。后来霍去病出现了,自从自己的外甥表现出过人的军事天才,武帝刘彻就开始有意识地培养年轻的霍去病并将军权向骠骑将军这边转移。这种转移引来了诸侯和朝臣私下的种种猜测,然而卫青却表现得非常大度,因为他知道于公于私皇帝在自己和霍去病之间维持的这种三角关系才是最牢固和最安全的。出征之前,武帝非常明显地倾向于成全骠骑将军霍去病建立击败单于的不世功勋。正因为如此,武帝安排霍去病从单于最可能出现的代郡方向出击,并且把军队中像李敢这样能征惯战的将士都分配给了霍去病。与此同时,朝廷对外却宣称卫青带兵主攻单于王廷,作为这场世纪大战的总导演,武帝刘彻的意图非常明显,以卫青吸引匈奴注意力,而让霍去病出奇制胜,一举击败单于主力,最终成就霍去病能在庙堂之上与卫青抗衡的权威和实力。在这场气势恢宏的历史大戏的剧本里,卫青本来是第一配角,霍去病才是主角,而李广不过是个跑龙套的群众演员。拿到剧本的大将军卫青并没有多少失落,甚至感到轻松和欣慰。如果一个处于战争中的帝国在军事上只有一个权威,那么这个权威很可能下场悲

諸子百家 —— 兵家

惨,秦国的白起和赵国的廉颇就是前车之鉴。只要英明神武的武帝在自己和外甥霍去病之间继续这种平衡游戏,那么自己和霍去病都能过得安全一些、从容一些,两个人的权力和富贵才是可持续的。

然而历史不是电影,写好的剧本可以规定正面角色的动作和台词,却不能操纵反面角色的表演。在草原上还有一位操纵欲很强的导演伊稚斜单于也在同时导演这场大戏,伊稚斜单于偏偏出现在了卫青这一边,而跑龙套的明星演员李广偏偏又在卫青的剧组里自杀了。

这事搞得有点乱。

曲终人散,卫青发现原来的第一配角因为打败了伊稚斜单于成了主角,原来的主角降格成了第一配角,龙套演员李广却因为误会主角卫青(而实际上在剧本里卫青还不是主角)篡改了剧本、剥夺了自己的戏份和台词而含恨自杀。与此同时,广大热心观众因为不敢得罪导演,都在背地里大骂主角耍大牌容不下一个敬业的资深群众演员,最终逼死了兢兢业业、德艺双馨的老艺术家。后来拿到世纪大奖的卫青实在是有口难辩,只能含着一肚子苦水和两眼热泪感谢导演的栽培。

当然在这次导演的失误当中,最惨的还是李广,在进剧组前他根本没有拿到真正的剧本。一个年过花甲的跑龙套资深演员怀揣着力夺影帝的梦想上场了,没拿到金像奖却踩到了不知谁扔的香蕉皮。这事放到谁身上谁都受不了。

尽管如履薄冰,心事重重的主角卫青还是要怀着一颗感恩的心兢兢业业地走下去,这就是第一权臣的命运。

远征归来,像李广因为请战不成而遥望窗外冷月彻夜难眠一样,大功告成的卫青此时也一样孤独地面对同样的月亮,一样地失眠。

又是一个难以入眠的夜晚,天近五更,疲劳的卫青迷迷糊糊地睡着了。卫青仿佛回到了塞外的大将军军帐,自己孤独地坐在属于大将军的中央位置。

茫然四顾,帐内无人,一盏孤灯忽明忽暗。

远处传来刁斗的敲击声。

突然,帐门一挑,一个高大威猛的身影走了进来。

来人银发白须,猿臂狼腰,身上的青铜盔甲闪着寒光。卫青定睛看着来人,虽然那人站在黑影里看不清面孔,但是身影却非常熟悉。这不是李广吗?

卫青一惊,难道李广没有死?

“嚓”一声金属的摩擦声传来,来人抽出了战刀横在了自己脖子上,无声地一抹,人头像成熟的果实一样掉了下来。

“不!”卫青大叫一声,坐了起来。

大将军恐惧的心中仿佛有一头猛虎窜了出去,留下无力的身躯沾满了冰冷的汗水。

窗外东方破晓,长安城又迎来了新的一天。

卫青精神恍惚地穿好朝服,在随从的簇拥下走出了大将军府。

大将军府门口车驾已经备好,卫青打起精神,正要登车。

突然，一个熟悉的身影从旁边闪了过来，卫青一惊，转头来看，发现梦中见过的高大身影正向自己快步走了过来。

李广？卫青脸色突变。

此时的李敢看见了卫青眼睛里闪过的恐惧和怯懦，"心不负人，面无愧色"，这更加证实了自己的判断。李敢的愤怒爆发了！

大将军府前的人们目睹了类似两千年后NBA 灌篮一样的镜头，只见赶上来阻拦李敢的两个侍卫被李敢用肩膀左右两下就撞到了一边，然后李敢飞身跃起一拳打在了大将军卫青的脸上！

尊贵的大将军卫青摔倒在地。反应过来十几名侍卫扑了上来和李敢扭打在一起。

卫青

这是李敢打的最难看的一仗，最后李敢被十几个健壮的侍卫按住手脚，压在了地上。李敢眼睛冒火，胸中发出困兽一样的咆哮。

卫青揉着被打肿的脸颊站了起来。

原来是李广的儿子李敢。遭到袭击的卫青没有生气，内心反而一下子释然了许多。

"如果有一天我也含恨而死，我的儿子会不会这样拼死为我报仇呢？这个傻小子真跟他爹一个样。"卫青看着李敢笑了一下，眼里的恐惧和怯懦突然消失得无影无踪，那个宠辱不惊的大将军又恢复了平日的状态。卫青对卫士们摆了摆手，示意他们放开了李敢，然后登上大将军的车驾向未央宫出发。

李敢独自站在大将军府门口，仿佛被全世界抛弃了一样，不知道自己该去哪里。

当日傍晚，骠骑将军府。

一名佩刀的侍卫走进了霍去病的书房。

此刻的霍去病正站在墙边盯着挂在墙上的地图，一动不动地认真察看。

骠骑将军霍去病对古典军事理论的不屑是军界的公开秘密。在霍去病看来即便现在孙武转世，也未必就能打败匈奴，打仗讲究的就是临阵决断、随机应变，以古人的战法对付现在的敌人简直就是刻舟求剑的愚人之举。不过有一件事外人很少知道，那就是鄙视军事理论的霍去病对地图、地形的研究却达到了痴迷的程度，只要有时间霍去病就站在地图前默默地观察。每当这种时刻，骠骑将军就在自己的冥想中带领浩浩荡荡的骑兵大军开始了地图上的跋涉和奔袭，穿越那些不毛之地的沙漠和荒原，一路倒下的战马和骑兵化作累累白骨成为后来者的路标。最终骠骑将军的战旗在不可能出现的地方出现，然后对准匈奴的软肋痛下杀手。在那些地图上标注着陌生名字的地方，匈奴的人头曾经像山一样堆起来，骠骑将军的光荣和梦想沿着肌肉一样起伏的山脉和血管一样奔流的河流一路向西，奔向遥远的草原深处。

看见骠骑将军在看地图，侍卫不敢打扰，默默地站在门口等待。

"打听到了吗？"霍去病头也不回地问。

"是李敢。"侍卫拱手回答。

霍去病猛然回头，双眼迸发出了狂野的怒火。

霍去病一步跨到桌案前，抓起了挂在墙上的长弓，一手握弓一手拉弦用力猛扯，"嘣"的一声，弓弦应声而断。

当天上朝，霍去病看到舅父大将军卫青脸上带着青淤的伤痕，打过架的人都能看出来那分明是拳伤，然而舅舅坚持说自己不小心从马上摔了下来。霍去病怎么也不相信从小放马的舅舅能从马上率下来，而且还把脸弄伤了。

果然是李敢！

霍去病看到舅父脸上的伤痕当时就想到了李敢，除了他还有谁敢如此大胆地袭击大将军。

在李敢袭击卫青之前，霍去病对李敢其实是非常欣赏，甚至是喜欢的。同样的少年英雄，同样的剽疾迅猛，同样的好勇斗狠，同样的心比天高。两个同龄的年轻人有着很多相似的地方。在这次远征左贤王的战役当中，霍去病的凌厉迅猛的风格让李敢由衷地钦佩，而李敢锐不可当的冲击力也赢得了霍去病的肯定。然而，李敢的一拳打碎了霍去病对他的好感，激起了霍去病的杀人欲望。

在霍去病眼里，李广是一个他永远无法理解的倒霉蛋，四十多年的拼杀居然连个侯爵都没有得到。胡子都白了还要跟年轻的将领一起争着当先锋，这样的行为在霍去病看来非常可笑。这样一个倒霉的人自杀了只能说明他自己没本事没运气，跟舅舅卫青有什么关系？可是奇怪的是李广的灵柩所到之处，那些士卒和百姓竟然哭得泣不成声。霍去病不理解人们为什么这样同情和热爱一个倒霉蛋，如果倒霉的人值得同情，那么那些在睡梦中被砍掉脑袋的匈奴人是不是也应该同情？

听到李广自杀的消息，霍去病没有感到丝毫的惋惜和悲伤。弱肉强食本来就是这个世界的秩序和道理。如果有一天霍去病在老迈之年也得到这样的下场，骠骑将军宁愿在自己年轻的时候就风光地死去。李敢为了自己不中用的父亲，竟然敢以下犯上袭击骠骑将军的舅父大将军卫青，就凭这个李敢必须死！

霍去病再次把目光投向地图，一场精心策划的谋杀在骠骑将军的冥想里迅速完成了设计。

在袭击大将军卫青以后不久，李敢死在了甘泉宫附近的皇家狩猎场。《史记·李将军列传》记载："居无何，敢从上雍，至甘泉宫猎。骠骑将军去病与青有亲，射杀敢。去病时方贵幸，上讳云鹿触杀之。居岁余，去病死。"

毫无疑问，霍去病精心策划并亲手实施了一起蓄意谋杀。无论霍去病创造了如何伟大的战绩和历史，都无法改变这次卑鄙的谋杀给他带来的人生污点。李广年轻的时候，曾经诱杀八百投降的羌人，为此李广后来常常自责和后悔，《史记·李将军列传》也借用王朔之口把李广难封的原因归于此次道义上应该受到谴责的卑劣行径。后来李广公报

诸子百家——兵家

私仇杀了灞陵尉,从法律和道义上来讲,李广杀灞陵尉和霍去病杀李敢一样,都是对权力地位和暴力资源的滥用,都给他们带来了难以洗刷的人生污点。不同的是,李广善待士卒,长期镇守边郡的李广依靠飞将军的威名使匈奴"避之,数岁不得入",因此李广自杀后不仅没有人把他如此凄惨的下场与被他屈杀的八百羌人和灞陵尉联系起来,还引发了群众和基层官兵的大规模自发哀悼。与此形成鲜明对照的是,霍去病的死因在《史记·李将军列传》中没有记载,但是太史公对霍去病死去的描述却紧跟在霍去病蓄意谋杀李敢之后。这种历史学家的描述顺序让人不能不联想到这两件事之间是否存在某种神秘的逻辑关系。霍去病死后没有得到广大百姓的哀悼,却得到了武帝赐予的最高礼遇。

秦二世的时候,陈胜揭竿而起后,天下大乱,原六国的诸侯后裔纷纷被各地义军拥立起来抗秦。当年领兵灭楚的名将王翦的孙子王离领命去进攻造反的赵国,将赵王和张耳围在巨鹿城。当时很多人由于王离祖父王翦的威名,所以对王离大军非常恐惧,认为在王离率领的强大秦军的打击下赵国必败。但是赵王的一个门客却提出了相反的观点,这位史上没有留下姓名的门客提出"为将三世必败"。他的理由是将军造成的杀戮太多,会给其后代带来负面影响。当时老王家传到王离这一代正好是第三代,后来王离果然被赶来救赵的项羽击败俘虏。

无论"为将三世必败"的观点是否正确,不可否认的是,不论白起、王翦、韩信、卫青、霍去病还是李广,在这些史上的名将们当中,的确找不出一个家族有能力将自家的好日子维持三代以上。霍去病死了以后,武帝对他的儿子非常宠爱,甚至打算培养他儿子长大后接班,继续骠骑将军的丰功伟绩,然而不幸的是霍去病的儿子没有成年就夭折了,更凄惨的是,这孩子死后霍去病这一支成了绝户。霍去病同父异母的弟弟霍光后来权倾天下,把持朝纲几十年甚至超过了卫青当年的权势,然而霍光死后他的家族遭到灭门的屠杀。卫青得到的封侯也只传了一代就被皇帝夺取了爵位,后来卷入太子刘据案中而被灭门。

李广的孙子:"有勇好利"的李禹

李敢死后留下了两个孩子,一男一女。女孩嫁给了武帝刘彻的太子刘据,颇得太子宠爱(《汉书》:"敢有女为太子中人,爱幸")。从太子对李敢女儿的"爱幸"态度来看,李敢的这个女儿应该是颇有姿色和魅力的一位女性。可惜的是,后来刘据成了政治斗争的牺牲品,没有当上皇帝不说,自己也被奸臣害死了。作为深受太子"爱幸"的李敢女儿,她后来悲惨的命运可想而知。

李敢的儿子叫李禹,这个人在《史记·李将军列传》和《汉书》里的记载非常简单,关于李禹的性格主要有两个特点:一是"有勇";二是"好利"。"有勇"这个特点在李广家族里属于标志性遗传特征。老李家从李信开始在史书上有记载的四代当中没有一个胆小的人,所以李禹"有勇"不足为奇,只能从心理素质上证明李禹的确是李敢的儿子。参照李广"家无余财,不言生产事"的作风,李禹大概比较看重个人利益,应该属于很会过日子的那种人。从中国世家子弟的发展规律来看,这似乎也非常正常。"前人栽树,后人乘凉",李广、李敢两代只有"力战"的份,到了李广孙子这一代终于有人开窍了,开始"好利",这人就是李禹。

但是,司马迁和班固都不愿意过多地记载李禹"好利"的具体细节。不过班固在《汉书》里记载了李禹"有勇"的一个故事:"尝与侍中贵人饮,侵凌之,莫敢应。后诉之上,上召禹,使刺虎,悬下圈中,未至地,有诏引出之。禹从络中以剑砍绝缧,欲刺虎。上壮之,使救止焉"。事实上,不仅李禹的姐妹获得了太子的爱幸,李禹自己和太子的关系也非常密切,深受太子的信任(《汉书》:"敢男禹有宠于太子")。因为与太子的这种关系,所以李禹与宫里的人很熟悉。一次李禹跟某个宦官一起喝酒,可能是喝高了,于是李禹就侵犯侮辱了宦官,"侵凌之"显然不仅是语言上的冒犯,应该还包括动手动脚的侮辱。从这件事来看,李禹这人酒风实在不好,既然跟人家坐在一起喝酒就是把人家当朋友,可是喝高就开始欺负侮辱人家,这分明不是朋友相处之道。由于众所周知的原因,宦官这种人内心比较敏感。李禹虽然当时官位不高,但毕竟是名将之后,又是太子的红人,所以宦官能和李禹一起喝酒,一开始可能还是很高兴的。可是李禹喝高了竟然开始欺负侮辱宦官,这让宦官很不适应。宦官这种职业在正常人看来好像有些耻辱的意味,但是实际上有权利侮辱宦官的只有皇帝及皇家宗族的少数核心成员,而在其他人面前宦官还是很受尊重的,尽管这种尊重大多是出于对皇帝身边人的敬畏。然而李禹居然在酒后越权行使了侮辱宦官的权利,这就有点不知天高地厚了。世上有一种人没喝酒的时候跟谁都可以勾肩搭背以示友好,但是一旦喝高了,在其理智水平直线下降的同时,自尊心级别却直线上升,而此时如果正好有那些平常他瞧不起或者瞧不起他的人跟他坐一起喝酒,这些人就要倒霉了。李禹就是这种人,而宦官就是李禹平常瞧不起的人。受到侮辱的宦官既没有武力也没有胆量反抗李禹,于是当时只好忍了。事实上宦官的这种戒急用忍的做法是非常明智的,李禹他爹连大将军卫青都敢打,何况是宦官。

诸子百家——兵家

宦官知道"好汉不吃眼前亏",不过转过眼前嚣张的李禹,宦官就跑到皇帝那里告状去了。当时的皇帝还是汉武帝刘彻,刘彻决定教训一下李禹。这位想象力丰富的皇帝想出来教训李禹的办法也别出心裁:他命令把李禹放到圈养老虎的虎圈里,让李禹刺杀一头老虎看看。

在刘彻看来,只要是有正常理智的人肯定要求饶认错,于是正好羞辱一下不知天高地厚的李禹。这也是"以其人之道,还治其人之身",李禹侮辱宦官就是恃强凌弱,跟这种人讲道理是没有用的,那就让更强悍、更不讲道理的老虎来侮辱李禹,让他也尝尝遭到侮辱的滋味。可是李禹偏偏不这样想,如果能在皇家虎圈里刺杀猛虎,马上就能闻名天下,正好可以一夜成名。自己的爷爷李广年轻的时候不就是因为射杀猛虎而成为汉匈两国的青春偶像的吗?于是,他二话不说抓着绳扣就顺着虎圈下去了。耍青皮大概是这么一回事:如果遭到挑战的那一方没有丝毫畏惧并且加快送死的步伐,那么就轮到提出挑战的这一方害怕了。如果两边都不害怕,那就不是耍青皮,而是你死我活的生死对决了。这件事当时就是这样一种形势,武帝刘彻只是想教训一下李禹,他并没有打算要李禹的命,为了给宦官报仇而把名将之后的李禹扔到虎圈里喂老虎,李禹要是真死了自己岂不是成了殷纣王？于是武帝刘彻看见李禹眼看就要落到虎圈底部仍然没有求饶服软的意思，就赶紧下令把李禹拉上来。

李禹眼看自己马上就要成名了，皇帝却反悔了，他挥剑把绳子砍断了，自己掉了下去。圈里的老虎也吓了一跳，"这个恶狠狠的大个子新来的吧？他想干啥？"

老虎正在犹豫是吓唬一下新来的大个子还是直接把他咬死，皇家虎圈伙食挺好，如果仅仅为了吃肉，老虎没必要咬死大个子。此时站在上面的汉武帝刘彻却一下子佩服起来李禹了，就像若干年前李当户痛扁韩嫣一样，刘彻再次对老李家的男人"壮之"。李当户敢打皇帝的男人，李禹敢杀皇帝的老虎，这家的男人太有种了。于是他下令制止了李禹刺杀老虎的壮举，把他救了上来。

李禹虽然没有成功杀死猛虎，可是通过这件事李禹显然也达到了闻名天下的目的。因为这事虽然被司马迁忽略了，却被班固记载了下来，出现在了《汉书》当中。后来李陵兵败后投降了匈奴，有人给武帝刘彻打小报告说，李禹打算投靠已经贵为匈奴单于女婿的堂兄弟，这次刘彻没有麻烦老虎，直接把李禹抓起来关进了大狱。

后来这位富有娱乐精神、大胆追求个人利益的李禹死在了监狱里。

而李广另一个最著名的孙子李陵，因其故事太具传奇色彩，只好单独讲述了。

十四、被滥用的天才：李陵

少年探险家

李陵是李当户的遗腹子。根据李广自杀的年代（元狩四年）推算，在李陵出生之后不久李广就自杀了。所以李陵对自己的父亲和祖父可能根本没有直接印象，但是作为出生在这样一个具有光荣传统的军人家庭里的男孩，李陵从小受到了社会各界通过各种渠道的英雄主义熏陶。在祖父和父辈的传奇战斗故事里，这个叫李陵的孩子一天天地成长着。

在李陵漫长的童年或少年时代的某一天，这个失去父爱的孩子树立了远大的理想：有朝一日一定要报效国家、扬威疆场，即便马革裹尸也在所不惜。

自古以来，在我们这个战火频仍的国家里无数性格刚强的男孩子都有过类似的梦想，这就好像在和平安定、经济繁荣的社会里无数稍有姿色的女孩子都有成为电影明星的梦想一样，很普遍，甚至很俗套。如果这样的男孩子碰巧生活在太平盛世，那么他的少年梦想可能永远都是一个遥不可及的梦想，这个孩子成年很可能会日复一日地在自己的土地里辛勤劳作，或者找一份收入稳定的工作，娶妻生子，过上平淡幸福的生活。

当时李陵的梦想被现实抛弃的可能性似乎非常之大。李陵出生的时候距离汉高祖开国已经八十多年，而在李陵蹒跚学步的时候，匈奴单于被大将军卫青统领的远征军击溃远逃。汉武帝刘彻又是雄才大略，而且正值壮年，春秋正富。生活在这种社会背景下的李陵似乎理应远离战争和杀戮,享受祖上军功庇佑下的优越生活。

没有敌人威胁的帝国其实并不需要李陵跟谁玩命,而更需要一个踏实工作的建设者。

然而这个本来看似不切实际的理想,因为李陵祖传的执着和汉武帝祖传的雄才大略终于有一天找到了施展的机会。于是悲剧就不可避免地发生了。看来,雄才大略这种东西与其说是一种综合素质,不如说是一种超越凡人的审美观和寻找机会的直觉。比如对待敌人,雄才伟略的帝王总是能创造各种机会发现属于自己的敌人,然后激情澎湃地扑上去挑战敌人,再然后威风凛凛地战胜敌人。这种寻找敌人的直觉仿佛天才的商人寻找赚钱的机会一样,他们总是能在别人忽视的地方化腐朽为神奇,变粪土为财富。对于雄才伟略的帝王来说没有敌人的日子很难熬,这种痛苦就像饥饿的杰瑞偷不着奶酪。

非常不幸,刘彻就是这样一位时刻准备着发现敌人的皇帝。

雄才大略、不甘寂寞的中老年皇帝刘彻遇到了勇武雄健、激情四射的少年英雄李陵,于是陇西李氏失去了引以为荣的家族名誉,而太史公司马迁失去了男人的尊严和根本。就这样一部空前伟大的史书《史记》横空出世了。

这就是性格决定命运。

让我们回到李陵的故事。少年李陵的战争天赋很早就被汉武帝发现了,这对在史书上以武留名的刘彻来说实在是很兴奋的一件事。《汉书》记载,"李陵字少卿,少为侍中建章监。善骑射,爱人,谦让下士,甚得名誉"。作为军人家庭出身的李陵很早就走上了一条捷径,而不必像他的祖父李广那样以"良家子"从军,靠勇敢作战以搏出位。年轻的李陵很早就担任了建章宫守卫营的军官,这个孩子不仅继承了老李家骑射精绝的传统,而且谦让随和、善待他人,于是很快在圈子里面形成了有利于自己职业发展的舆论基础。

"武帝以为有广之风,使将八百骑,深入匈奴两千余里,过居延视地形,不见虏,还。"(《汉书》)

李广的一生充满悲剧英雄的色彩,这样一位故去的名将给崇尚武力的刘彻留下了非常深刻的印象。于是继承了李广无形资产的李陵很快受到了刘彻的注意,刘彻马上给了李陵一个小试牛刀的机会:深入匈奴腹地考察。从《汉书》上简单的记载来看,这次任务具有巨大的挑战性。当时汉匈两国基本处于相对和平的对峙时期,两国之间很长时间没有爆发大规模军事冲突。但是寂寞的武帝刘彻终于忍不住了,他已经很久没有得到老对手匈奴单于的消息了。像热恋中的年轻人思念离开自己的情人一样,刘彻热切地思念远远地躲开他的单于。与凡人的恋爱不同,刘彻对单于的感情和兴趣持续了几乎半个世纪,令人不得不佩服刘彻的矢志不渝。为了探听单于的虚实,刘彻派出了勇敢的李陵深入对方腹地,希望引起匈奴的兴趣。按照当时的惯例来看,这次以八百骑兵深入匈奴两千里的行动无疑是对匈奴的轻视和侮辱,目的就是伤害单于的自尊心。年少轻狂的李陵热衷这种冒险运动情有可原,但是已经早过了天命之年的刘彻还这样无事生非实在让人不得不怀疑武帝是否进入了更年期而内分泌失调。

事实上，从小立志为国争光的李陵对武帝的疑似更年期综合征并不在意，让他高兴的是这次的军事探险活动如此刺激。

居延是个地名，位于现在的内蒙古额济纳旗，那里曾经有一个很漂亮的大湖，名叫居延海。漂亮的居延海边长满了漂亮的胡杨林，传说这种树一千年不死，死后一千年不倒，倒后一千年不朽。那些今天倒卧在当地沙漠里的胡杨树见证了少年英雄李陵带领八百名骑兵从这里走过，迎着居延海的日落扎下营寨。

"这地方真美啊"，站在居延海边的少年探险家李陵发出由衷的赞叹。

不可否认，李陵的这次探险运气非常好，深入匈奴两千多里居然没有遇到匈奴一个骑兵。这事要是放到今天是不可想象的，不过在两千多年前也非常合理，匈奴盘踞的地方本来就是地广人稀，况且匈奴也没有在边境驻守军队的习惯。

总之，李陵顺利地活着回来了，而且马上得到了提拔，"拜为骑都尉，将勇敢五千人，教射酒泉、张掖以备胡"（《汉书》）。

湘军的老祖宗

骑都尉是在边郡负责训练骑兵的长官，选拔这种干部的基本条件当然是弓马娴熟，武艺超群。李陵被提拔到了这个位置，说明了李陵的军事素质非常过硬，无愧于李广的威名。根据《汉书》的记载，李陵负责训练的这五千人主要来自荆楚之地，是一支地域性很强的汉朝"湘军"。《汉书》上没有解释为什么汉朝要从水泽之乡的长江中游地区选拔一批荆楚勇士来到河西走廊的酒泉和张掖接受训练。但是可以想象，当年这些来自南方的士兵远离故土来到空旷、干旱的河西走廊为国戍边是多么的悲壮和寂寞。思念家乡是人之常情，塞外艰苦的生活肯定也给战士们安心戍边带来了不少困难。在这样的情况下，李陵开始了对五千湘军的训练。一起经历的艰苦训练和打拼不仅打造了一支善战的队伍，更培养了这个团队生死相随的兄弟感情。

后来就是这五千勇士在李陵的率领下，创造了与单于主力数万之众持续作战十余日的惊人战绩。

以当时李陵所部的驻扎位置、训练标准和后来实战中显示出来的战斗力来看，汉武帝命令李陵训练的五千勇士类似于一支特种部队，是时刻准备插入匈奴心脏并威慑西域诸国的一把利刃。然而遗憾的是，崇尚武力解决、征服欲望亢奋的汉武大帝拥有了这把磨好的利刃，就像一个向往奢侈生活的购物狂得到了一张高额透支的信用卡一样，最终的结果只能是滥用。

在元狩四年卫青大破单于主力迫使单于远逃以后，汉帝国已经在很大程度上解除了来自匈奴的威胁。匈奴单于被打跑了以后，不甘寂寞的汉武帝刘彻很快就发现了新的目标：天马。虽然没有了匈奴，但是武帝仍然需要更快的速度，而在那个年代更快的速度需要更优良的马匹。通过张骞的探险，刘彻发现了远在西域的大宛国出产一种被称为"汗血马"的优良马种。传说中这种"汗血马"是天马的后代（《史记·大宛列传》："多善马，

諸子百家——兵家

马汗血,其先天马子也。")。所谓天马应该是对良种马的夸张形容,跟弼马温孙悟空管理的天马没有直接关系。汗血马能得到汉武帝的青睐肯定在速度上具有一定优势,但是究竟这种速度到了一种什么程度,《汉书》上没有记载。事实证明这种速度除了具有很强的观赏性以外,并不能给国力或者军事实力带来实质性的提升。而汉武帝为了得到这些天马,却浪费了惊人的物质资源。

从《汉书·李广利传》的记载来看,汉武帝执着于引进天马可能还有另一个原因,那就是培养自己的大舅子李广利。民间俗话说得好"一个女婿半个儿",依此类推,一个舅子也就能顶半个兄弟。事实上,皇帝对大舅子的信任和依靠往往超过了兄弟。与兄弟相比,大舅子与皇帝的利益关系更加紧密和牢固,与此同时大舅子取而代之当皇帝的可能性却小得多。早年武帝刘彻宠爱卫青的姐姐,于是就有了大将军卫青;中晚年的武帝刘彻宠爱李广利的妹妹,于是决定培养李广利也当将军。可是李广利到了该当将军的年纪,匈奴单于已经远远地避开了,好像已经没有大仗可打。当然不打仗也可以当将军,不过那不符合刘彻的性格。这时刘彻从张骞的口中得知了远在万里之外的大宛出产天马,于是武帝把目光投向了大舅子李广利。

《汉书》记载:"数年,汉遣贰师将军伐宛,使陵将五校兵随后。行至塞,会贰师还。上赐陵书,陵留吏士,与轻骑五百出敦煌,至盐水,迎贰师还,复留屯张掖。"这里的贰师将军不姓贰,他姓李,正是当时的红人、武帝刘彻的大舅子李广利。皇帝的大舅子出征需要跑龙套的,于是武帝马上想到了李陵,李陵的祖父也曾经多次配合武帝小舅子卫青出征,转眼到了大舅子李广利该出位的时候,李陵依然扮演给皇帝舅子跑龙套的配角。应该说李陵最初的龙套跑得很敬业、也很成功,他先是率领三千五百名士兵(五校,汉朝军制一校为七百士兵)跟随李广利作为后部讨伐大宛,在长城边驻扎下来等待贰师将军归来。后来在武帝的直接命令下,李陵率领五百轻骑从敦煌出发到达了盐水(现在新疆吐鲁番东),接应贰师将军顺利回归以后,李陵率领部队在张掖驻扎了下来。

是个人都能看出来,那个年代属于李广利,如果李陵能乐天知命、随遇而安,继续敬业地把龙套跑下去,那么李陵也许只是没有机会走到历史的聚光灯下。凭自己的能力和敬业,李陵至少可以维持自己和整个家族的荣誉、地位、富足和幸福。

然而李陵是一个不甘寂寞的人,他一定要抢注定属于皇帝大舅子的风头,这不仅连累了自己的家族也连累了司马迁。让当时所有的人都没有想到的是,李陵这种不甘人后的性格,没成就自己,却成就了皇皇史学巨著《史记》,从而改变了中国史学的发展轨迹。如果李陵是个随遇而安的人,那么汉帝国不过多了一个跑龙套的将军,而后人却少了一部史学巨著。

天汉二年,这一年距离李广自刎的元狩四年整整二十年,此时的李陵已经是一个强壮勇敢的男人了。年轻的李陵急于证明自己的能力,为家族光复那些已经有些模糊的荣誉。

这一年发生了一件大事。贰师将军李广利远征匈奴右贤王遭到匈奴优势骑兵兵团

诸子百家——兵家

的包围,差点全军覆没。后来李陵主动请战,吸引了匈奴主力,牺牲了自己,解救了贰师将军。据《史记·匈奴列传》记载:"其明年(天汉二年),汉使贰师将军广利以三万骑出酒泉,击右贤王于天山,得胡首虏万余级而还,匈奴大围贰师将军,几不脱。汉兵物故什六七。汉复使因杆将军敖出西河,与强弩都尉会涿涂山。毋所得。又使都骑尉李陵将步骑五千人,出居延北千余里,与单于会,合战。陵所杀伤万余人,兵及食尽,欲解归,匈奴围陵,陵降匈奴,其兵遂没,得还者四百人。单于乃贵陵,以其女妻之。"如果我们回顾武帝早期由大将军卫青、骠骑将军霍去病主导的远征,可以发现当时的远征全部都是几路大军同时出动,通过分工配合,最终实现预先设定的战略目的。更重要的是,这种配合有效地分散了匈奴的主力,避免了作为远征主角的卫青和霍去病遭到敌人优势兵力合围而遭受失败的命运。事实上,卫青和霍去病的远征每战必胜除了他们自身的军事素质和指挥天才以外,与这种分工配合的基础是分不开的。在辽阔的大漠草原上无险可守,如果遭到十倍于己的匈奴骑兵的包围而又没有援军及时赶到,即便是孙武转世也一样要全军覆没。然而根据《史记》上的记载,天汉二年贰师将军李广利的这次出征却是孤军深入,这显然是兵家大忌。作为这次远征的最高统帅,李广利以三万骑兵的兵力就敢深入敌境,这在喜欢以少胜多的武帝看来,肯定又要"壮之"。不幸的是,被武帝"壮之"过的将军臣子好像没有一个好下场,从老李家的李广、李当户、李禹、李陵,到陪同李陵出征战死的韩延年的父亲韩千秋,再到武帝的大舅子李广利,凡是被武帝刘彻"壮之"的臣子最后不是牺牲就是当了叛徒。总结武帝对臣子"壮之"的规律可以发现,死亡或者耻辱是"壮之"的必然结果。与此形成鲜明对照的是卫青和他的外甥霍去病以及他的死党公孙敖,不知道是因为老成稳重还是早就看透了武帝"壮之"的恐怖效果,又或者是武帝对他们的确格外开恩,至少从史书记载来看,武帝从来没有"壮"过他们,所以最后他们的人生归宿也比那些遭到"壮之"的同僚们幸福得多。

诸子百家——兵家

　　这真是血的教训,千古之后仍然有效:如果你的老板雄才大略、颇似汉武,那么千万不要在接受任务的同时,让老板"壮之",否则你的处境很危险,后果很严重。

　　当然客观地说,那些被汉武帝"壮之"的臣子未必就不了解这种历史悲剧的必然性——只是如果不迎合刘彻"壮之"的趣味就可能永远没有上位的机会,结果只有碌碌无为,毕竟这些被"上壮之"的人们都载入了史册。这就是所谓的有得必有失,或者"出来混早晚要还"。与其他被"壮之"的人们不同,李广利是这些被"壮之"过的人臣里面地位最高的一个,当时武帝对他培养和宠信已经达到了当年卫青、霍去病的程度。然而,就是这样一位一人之下的宠臣也要如此决绝地孤军深入,不知道是因为自己脑子不好使,还是晚年的武帝急切地需要通过"壮之"来体验一下本来属于青春期的激情刺激。

　　从《史记·匈奴列传》中对李广利远征右贤王的战绩来看,李广利也并不完全是草包一个。在遇到右贤王以后,李广利"得胡首虏万余级而还"。如果李广利能顺利归来,凭他斩首匈奴万余级的业绩,也完全可以和卫青、霍去病相提并论了,武帝一高兴没准就封个大将军给他当也未可知。可以想象当时不仅武帝刘彻希望自己的大舅子李广利能成为第二个卫青,恐怕就连李广利自己也把卫青当成了自己的偶像。然而匈奴不给他这个机会,于是带着一万多颗血糊里拉的匈奴脑袋的李广利遭到了匈奴优势兵力的合围,这实在是一件很恶心很狼狈的事。从《史记·李将军列传》中的描述来看,在李广利痛击右贤王部的时候,匈奴单于未必就没有能力救援。像李广全军覆没后,卫青奇袭龙城一样,右贤王也是单于的一个棋子,其作用就是消耗敌人。兵家的常识是"毙敌一万,自损八千",可以想象遭到李广利痛击而又无路可逃的右贤王必然是困兽犹斗,因此获得斩首万余级的李广利必然也要付出相当的代价来换取这样的战绩。就在李广利和他的手下美滋滋地数着匈奴的脑袋,在心里盘算着自己将要得到的封邑户口的时候,匈奴主力出现了,刚经历一场恶战的李广利还没来得及安顿伤员和修养整顿就遭到了以逸待劳的匈奴主力的合围。带着一万多颗匈奴脑袋的李广利跑不了了,部队损失了六七成的兵力,眼看危在旦夕。虽然武帝已经"壮"了李广利,但是李广利毕竟是自己的大舅子,又是这次军事行动的绝对主角,所以还是舍不得让李广利马上牺牲——大戏还没有收场,如果这时候男主角李广利先挂掉,对导演刘彻来说实在是很没面子的事。于是武帝派出了因杆将军公孙敖从西河出击,与强弩都尉路博德在涿涂山会师,然后去救援倒霉的男主角李广利,企图把李广利从匈奴的重兵包围当中捞出来。然而这两个配角的救援行动似乎很不成功,"毋所得"。我们知道打仗讲究"天时、地利、人和",天时不用说,武帝刘彻既然能为了天马兴师动众,早就以自己的意志为天意。再看看地利,根据史学家的考证,当时李广利打击右贤王的天山并不是现在新疆的天山,而是南祁连山,位于今天的甘肃和青海之间。因杆将军公孙敖出击的西河就是现在宁夏和内蒙古之间自南向北流向的黄河,而公孙敖和强弩都尉路博德会师的涿涂山位于新疆。从地理位置上来看,这次救援有点舍近求远,不知道是因为距离李广利最近的敦煌、酒泉方向已经遭到匈奴的重兵围堵还是因为公孙敖和路博德企图从背后突袭匈奴,总之这次救援路途遥远,所以救援的难度的确难度很大,"毋所得"似乎也在情理当中。再看人和,公孙敖和路博德是在屡次汉匈战争中靠奋力拼杀成长起来的老将,而李广利因为自己妹妹的关系一下子就爬到了公孙敖和路博德的头上。从人情世故来看,公孙敖和路博德和李广利之间根本不存在什么战友感情,甚至很有可能在内心深处存在等着看皇帝大舅子笑话的打算。况且从重兵包围中捞出李广利是一件玩命的事,弄不好就得把命玩掉,弄好了自己最多也就是最佳男主角。所以公孙敖和路博德对冒死救援李广利这件事主观上实在是感到很无奈又很无聊,但是既然老板刘彻下了命令,两位老将当然要执行。于是大军出塞绕了一大圈没有找到李广利遭到包围的地点也就非常合理了。公孙敖和路博德及时向老板刘彻汇报了救援的情况。捞得出来捞不出来是能力问题,有没有认真去捞是态度问题。从表面上看公孙敖和路博德的态度是非常端正的,救援贰师将军李广利的热情也是非常高涨的,而这种态度和热情是一定要让老板刘彻看到的。本来事情发展到这一步不仅跟李陵毫无关系,甚至也怪不到公孙敖和路博德头上,李广利要是死在乱军之中,公孙敖和路博德最多也就是没有及时赶到救援,既然当初李广利敢孤军深入也就没打算让人救援,发生了这样

诸子百家——兵家

的意外,武帝也只能把李广利风光大葬。

从天时地利人和来看,李广利遭到匈奴主力合围的确凶多吉少,陷入必死之地已经不是危言耸听了。李广利的这种悲剧结局在旁观者公孙敖和路博德眼里再清楚不过,但是公孙敖和路博德只猜中了故事的开始,但是没有猜中结尾,因为剧本里另一位配角李陵的想法跟他们不一样。

李广利的运气实在是好,不仅自己的妹妹被皇帝看上了,还遇到了热血青年李陵。

《汉书》记载,"天汉二年,贰师将三万骑出酒泉,击右贤王于天山。召陵,欲使陵为贰师将辎重"。也就是说最初武帝刘彻并没有打算让李陵在军事上配合支援李广利,而是命令李陵负责给李广利运送粮草和补给。

本来这样的安排对李陵非常有利。根据整个战役的记述来看,如果李陵接受了这个任务就不会有后来的悲剧,因为李陵很可能还没有赶到李广利遭到包围的地点,李广利已经"出师未捷身先死了"了,李陵只需要配合大家的情绪"泪满襟"一下,就可以在活下来的"英雄"里凑个数。这样,李陵虽然无功但是也无过,反正自己还年轻,以后建功立业的机会有的是。

然而,李陵却不愿意继续给皇帝的大舅子跑龙套了,给皇帝当大舅子这种事只不过是运气好,但是能征善战这种事靠的是真本事。自诩有真本事的李陵不想继续给运气好的李广利当配角了,完全没有顾及导演刘彻的情绪。

"陵召见武台,叩头自请曰:'臣所将屯边者,皆荆楚勇士奇才剑客也,力扼虎,射命中,愿得自当一队,到兰干山南以分单于兵,毋令单于专向贰师'"(《汉书》)。从李陵的请战来看,李陵对自己属下"湘军"的战斗力相当有信心,"荆楚勇士奇才剑客"这个名字放到今天完全可以拆开来命名两只职业球队,正因为有这样的属下,李陵才萌生了以"步兵五千涉单于庭"的大胆设想。而李陵"到兰干山南以分单于兵,毋令单于专向贰师"的思路暗合兵法,体现了分散敌军兵力的军事战略思想,在三十六计里这叫围魏救赵。

然而武帝刘彻却不领情,"上曰:'将恶相属邪!吾发军多,无骑予汝。'(《汉书》)"当了四十多年老板的刘彻把李陵的心思一眼就看穿了,刘彻质问李陵是不是不愿意当配角,而且告诉李陵,由于贰师将军大军出征调用了所有的骑兵,现在已经没有骑兵可以派给李陵了。在武帝刘彻和几乎所有的将军看来,远征匈奴必然需要骑兵作为主力,否则在军力上实在无法和以骑兵为主的匈奴主力抗衡。这时候如果换一个理智谨慎的人,多半会知难而退,没有骑兵参战怎么可能和匈奴在塞外争雄?然而李陵偏偏不信邪,他说"无所事骑,臣愿以少击众,步兵五千涉单于庭(《汉书》)。"话说到这份上,武帝刘彻只能又一次对老李家的男人"壮之"。"上壮而许之,因诏强弩都尉路博德将兵半道迎陵军(《汉书》)。"

强弩都尉的双赢方亲

虽然李陵勇气惊人,但是以五千步兵出塞寻找匈奴主力决战这种事毕竟是连卫青、霍去病以及李陵的爷爷李广都不敢接受的任务,所以武帝刘彻下令强弩都尉路博德在半路上接应李陵,作为李陵的后援。《汉书》上对路博德的心理描述得非常清楚,"博德故伏波将军,亦羞为陵后距",路博德当年跟随骠骑将军霍去病出征立下军功,后来还曾经做过伏波将军,李陵至少是路博德儿子辈的后生,接受这样的任务对老将路博德来说实在是很没面子。对待救援武帝的大舅子李广利,路博德都是虚与委蛇,何况是给李陵这个毛头小子当后援。于是路博德上奏"方秋匈奴马肥,未可与战,臣愿留陵至春,俱将酒泉、张掖骑各五千人并击东西浚稽,可必禽(擒)

李陵

也。"路博德的理由很充分,当时是秋天,匈奴的战马享受了一个夏天丰美的青草,此时体内储存了充足的脂肪,正需要通过疯狂的奔跑来减肥。这正是匈奴战斗力最强的时候,没有骑兵参战的李陵部队此时出战实在很不明智。路博德提出了一个很稳妥的建议:他建议李陵不要急于出征,等到来年春天,再安排酒泉、张掖两地点骑兵各五千人从东西两面夹击浚稽山,这样才有必胜的把握。实事求是地讲,路博德提出的方案才是公私兼顾的双赢方案。于公,通过一个冬天积蓄汉军的力量,避开匈奴实力最强的秋天,等待春天来临后增加一万骑兵一起出征无疑胜算更大;于私,来年春天那个爬到路博德头上的李广利很可能已经牺牲或者当了叛徒,而那时候路博德自己将成为远征匈奴的主角,李陵也将成为配合自己成就大功的配角。

然而,武帝刘彻却急于把自己指定的男主角李广利捞出来,也急于看到让他感到"壮之"的好戏。武帝刘彻想当然地认为,这是李陵后悔在自己面前说下大话,对以五千步兵远征产生了畏难情绪而请路博德上奏,以避免孤军出塞后的艰难征战。

于是刘彻分别给路博德和李陵下了诏书,给路博德的诏书说,"吾欲予李陵骑,云'欲以少击众'。今虏入西河,其引兵走西河,遮钩营之道。"武帝回避了自己没有给李陵分配骑兵的事实,而是把李陵率领五千步兵出击的责任全部推到了李陵的身上,同时他在诏书中提到了李陵已经从宁夏和内蒙古的黄河河段出击匈奴的事实,以此回答路博德的建议。既然李陵自己表示不需要骑兵就可以少击众,况且此刻已经率部从西河出击,路博德的建议自然也就不用再提。

武帝给李陵的诏书说,"以九月发,出遮虏鄣,至东浚稽山南龙勒水上,徘徊观虏,即无所见,从浞野侯赵破奴故道抵受降城休士,因骑置以闻。所与博德言者云何?具以书对。"从武帝给李陵的诏书我们能清晰地看到李陵出征的路线,李陵九月出征从位于今天内蒙古额济纳旗的遮虏鄣(武帝时期建立的军事要塞)出发,到达杭爱山,在那里没有发

诸子百家——兵家

现敌情,李陵又率领部队从当年浞野侯赵破奴开辟的道路来到了受降城(今内蒙古白云鄂博东南)修整队伍。武帝刘彻这时开始对将军们名义上出兵救援李广利,但实际上出工不出力的做法产生了怀疑,因此,他明确向李陵表达了自己的不信任:你跟路博德都商量了什么,立即写书面报告向我汇报。

应该说刘彻给李陵的诏书分量很重,除了表达了自己的怀疑,也表达了自己的不满。他了解老李家的男人,这家人自尊心很强,请将不如激将用在他们身上再合适不过。果然,李陵在接到武帝的诏书后踏上了寻找匈奴主力的绝路。

李陵带着自己手下的"荆楚勇士奇才剑客"五千人从居延出发,向北面行军三十日,到达了浚稽山安营扎寨。一路上,李陵把经过的山川地形认真绘制了军事地图,然后派手下的一个名叫陈步乐的骑兵回到长安向武帝刘彻汇报自己的工作进展。当老板的都喜欢听汇报,武帝刘彻这样雄才大略的老板更喜欢听这种孤军深入的汇报。"步乐召见,道陵将率得士死力,上甚悦,拜步乐为郎。(《汉书》)"陈步乐在史书上留下的记录很少,可以推测的是,既然李陵选他代表自己回总部汇报工作,这个人的口才一定不错。果然,陈步乐代表李陵的积极表态迎合了刘彻一贯喜欢"壮之"的审美趣味,不仅龙颜"甚悦",还提拔陈步乐当了干部。

回来汇报工作的陈步乐开始在长安享福,而李陵这边开始了真正的工作。

首战浚稽山

"陵至浚稽山,与单于相直,骑可三万围陵军。(《汉书》)"

浚稽山这个地方是匈奴的军事要地,前面强弩都尉路博德曾经在给汉武帝刘彻的报告中提出,等到来年春天派出两路五千人的骑兵从东西两面夹击浚稽山的方案。为了武帝的大舅子和自己的面子,李陵没有等到春天就带着五千步兵来到了浚稽山。进入浚稽山的骑都尉李陵遇到了单于亲自率领的主力。从当时的情况来看,单于完全是守株待兔等待李陵来送死,这是一场完全失衡的较量。

从数量上来看,对方是李陵的六倍;从兵种上来看,对方是骑兵,李陵部是步兵;从军队的士气和状态来看,李陵部长途跋涉,单于主力以逸待劳;从级别上来看,对方是匈奴的一号首长,而李陵只不过是个连将军头衔都没有的骑都尉。

如果按照常理推断,两军尚未开战,胜负已分。李陵必死,单于必胜。

然而,那只是常理而已,李陵之所以敢于主动请战接受这个看似必死的任务就没有按照常理来思考这个问题。早有心理准备的李陵马上开始排兵布阵,从容不迫,紧凑有序,颇有名将之风。

"军居两山间,以大车为营。陵引士出营外为阵,前行执戟盾,后行执弓弩。令曰:'闻鼓声而纵,闻金声而止。'(《汉书》)"遭遇强敌的李陵先是占据了有利地形,用大车围起了营寨,然后带领士兵在营寨外面布阵,站在前排的士兵手持长戟和盾牌形成有效防御,后排的士兵手持弓弩准备远距离射杀进攻的敌人。现在很多反映古代战争的电影当中的两军对阵大多也是这种布局,很可能就是因为编剧受到了《汉书》中"浚稽山之战"的影响。最后李陵明确了军中指挥信号:击鼓则全军进攻,敲锣则原地待命。

从这段描写我们可以看出李陵的战前应急准备非常职业和高效:先是占据有利地形,确立全军立足的营寨,然后布置了有效的防御体系,最后建立了军事指挥信息系统。

"虏见汉军少,直前就营。陵搏战攻之,千弩俱发,应弦而倒。虏还走上山,汉军追击,杀数千人。(《汉书》)"第一个回合,李陵完胜,消灭了与自己数量相当的单于主力。

从《汉书》中的描写,我们可以看出来两个问题:一是李陵的五千步兵的确是汉军中的精锐特种部队,长途跋涉突然遭遇六倍于己的单于主力的包围毫无怯意,战斗意志非常顽强,杀伤力相当惊人;二是李陵的部队虽然主要是由步兵构成,但是配备的武器非常精良,至少从弓弩的射程和杀伤力来看,远远超过单于主力。

"单于大惊,召左右地兵八万余骑攻陵。陵且战且退,南行数日,抵山谷中(《汉书》)。"如此惊人的战斗力显然大大地超出了单于的想象,根据第一个回合的较量结果,单于知道自己的三万骑兵根本不足以战胜李陵的五千步兵,于是从左右两个军区又调集了八万骑兵围攻李陵。

此时双方的军力对比变成了十万比五千,匈奴单于是李陵部队的二十倍。在冷兵器时代,以这样的优势如果单于仍然不能取胜实在是不可思议。

此时的李陵部队也接近了这次浚稽山恶战的第一个心理和生理极限。

"连战,士卒中矢伤,三创者载辇,两创者将车,一创者持兵战。"杀伤匈奴大量骑兵的李陵部此时损失也相当惨重,很多士兵都中箭受伤,然而此刻没有后备军来替换这些孤军奋战的"荆楚勇士"。于是李陵只好安排中了三箭的士兵坐在车上,中两箭的士兵负责驾驭战车,而中了一箭的士兵还要手持兵器继续奋战。受伤的士兵们相互搀扶着继续战斗,不放弃、不抛弃,在李陵的率领下向着长城和故乡的方向前进。如果把《汉书》中描写的这个场景画下来制成海报,完全可以和美国大片《父辈的旗帜》或者《兄弟连》相媲美。

此时陷于死地的李陵做出了非常残忍而令人震惊的决定,这个决定比两千年后揭露越南战争中丑恶人性的美国大片(如《猎鹿人》和《野战排》)都更加令人恐怖和震撼。

"陵曰:'吾士气少衰而鼓不起者,何也?军中岂有女子乎?'始军出时,关东群盗妻子徙边随军为卒妻妇,大匿车中。陵搜得,皆剑斩之。明日复战,斩首三千余级。(《汉书》)"

鲁迅先生曾经对中国文化总是将国破家亡的责任推到女人身上的传统做过辛辣的讽刺和批判,他说,"中国的男人,本来大半都可以做圣贤,可惜全被女人毁掉了。商是妲己闹亡的;周是褒姒弄坏的;秦……虽然史无明文,我们也假定他因为女人,大约未必十分错;而董卓可是的确给貂蝉害死了。"李陵要做英雄,决不能坏在女人身上。据史学家考证,中国古代的确有军中有女子则士气不扬的说法,于是李陵拿女人们开刀了。事实上"关东群盗"的妻子分配给李陵的属下当老婆,在当时应该相当普遍。这种传统一直延续到清朝,清史中存在大量的将犯人妻女发配到边疆给士卒当妻子奴仆的记载。可以想象，李陵手下的士卒离开家乡开赴边疆的时候都非常年轻，如果不是关东群盗的妻子们被发配到边疆，他们中的很多人到死可能都还是"男孩子"。然而这些把"荆楚勇士奇才剑客"由男孩子变成了男人的女人们，此时却成了李陵用来振奋军心的祭品，读到此处，实在令人感到发自人性深处的寒冷。

事实上，李陵的手下士卒悄悄地藏匿妇女随军远征不大可能逃过李陵的眼睛。李陵对属下这种违反军纪的做法显然存在某种默契和姑息，不知道是怜惜这些跟随自己慷慨赴死的战士，还是早就计划利用这些女人的鲜血作为祭品来刺激士兵们疯狂的杀人欲望？又或者此时的李陵知道这些跟随自己的人们即将化为塞外无人收拾的白骨，所以先行杀戮以避免这些苦命的女人们遭到匈奴侮辱的悲惨命运？只是当时贞节观在汉朝还没有进入主流价值观，连皇家的公主都可以下嫁匈奴，李陵似乎没有必要如此苛刻地为"山东群盗妻子"的名节着想。

那场发生在李陵军中的卑鄙杀戮早已随风远去，"关东群盗"的妻子们早已经化作塞外荒野中的尘埃。我们无法了解当事人李陵的真实想法，然而这次针对随军妇女的野蛮屠杀，的确在客观上收到了激发斗志、振奋军心的效果。看到自己的女人遭到屠杀，李陵手下的"勇士"和"剑客"们变得更加疯狂和嗜血。

第二天，看似强弩之末的李陵军队与单于主力接战，再次斩杀了三千多匈奴！

追杀：不抛弃，不放弃

"引兵东南，循故龙城道行，四五日，抵大泽葭苇中，虏从上风纵火，陵亦令军中纵火以自救（《汉书》）。"斩杀了三千多匈奴之后，李陵率部向东南方向撤退，来到了以前单于祭天的龙城。这里说的"故龙城"位于今天内蒙古乌兰察布市阴山一代，这里曾经是李陵的祖父李广跟随大将军卫青多次远征的地方。元狩四年卫青击败单于、李广自杀之后，匈奴单于把祭天的龙城迁移到了今天的乌兰巴托。沿着龙城故道行军了四五天，李陵部队进入了沼泽芦苇地带。根据武帝刘彻给李陵的诏书，李陵九月率部出塞，按此推测，李陵到达沼泽芦苇地带的时间应该是深秋或者冬天。塞外的沼泽此时已经结冰化作坚固的冻土，在这里行军也就不用担心陷入泥潭，然而阴险的单于看到枯萎干燥的芦苇马上想到了火攻。

单于率部占据了上风口的位置，开始放火，企图策划一起残忍的大型露天人肉BBQ（野餐），把李陵残部烧死在茫茫芦苇之中。李陵不愧是久居塞外的将门之子，马上采取了以火攻火的战术。这种战术非常简单：就是在自己部队的下风口放火，大火很快烧完了李陵残部身后的芦苇，李陵残部随着大火前进，于是自然阻断了单于点燃的大火。这种战术源于塞外草原和芦苇中生活的牧人们的经验，看似非常惊险，却是唯一可以起死回生的有效办法。

李陵部在经历了血与火的考验以后差点迎来了胜利，因为当时单于的意志也接近了崩溃的边缘。

走出了沼泽芦苇的李陵残部继续向南行军，单于率骑兵赶到了李陵的前面，在南面的山上堵截李陵。单于派出了自己的儿子率领骑兵从山上冲下来攻击李陵残部。

兵书上说"居高临下，势如破竹"，这也是常识。然而常识在一贯不尊重常识的李陵面前再次失效。

"陵军步斗树木间，复杀数千人，因发连弩射单于，单于下走（《汉书》）。"占据有利地势，居高临下向下俯冲的单于王子的骑兵在半山林木间遭到李陵步兵的阻击，再次被斩杀了数千人。我们实在无法想象，被单于大军追击堵截了近十天的李陵残部居然还能保持这样的战斗力，"荆楚勇士奇才剑客"显然已经超出了人类通常意义上的生理和心理极限，简直就是特殊材料制成的匈奴"终结者"。李陵的连弩再次发挥了强大的威力和震慑力，硬是从下向上把单于打得逃下了山冈。

单于的意志实际上已经崩溃了，在单于看来这支部队根本不属于人类，分明就是魔鬼。意志上处于劣势的单于开始给自己找台阶下，他打算放弃吃掉这支魔鬼军团的计划。就在李陵斩杀单于王子部下数千人的当天，李陵俘虏了一个匈奴骑兵。根据俘虏透露的信息，李陵证实自己部下的顽强战斗在心理上几乎已经战胜了单于。

据消息灵通的俘虏透露，单于曾经对手下的"当户"和"君长"（部族酋长和将领）说，"此汉精兵，击之不能下，日夜引吾南近塞，得毋有伏兵乎？（《汉书》）"李陵部表现出来的惊人战斗力和顽强意志让单于不得不相信自己遭遇的是汉帝国最精锐的部队，而李陵且战且退分明是在引诱单于向南面长城方向靠近。李陵的种种表现让多疑的单于开始怀疑李陵正在把自己带入汉军的包围圈。当然，对单于来说，这种猜测是一个好得不能再好的台阶，单于不能承认自己以二十倍的骑兵打不过五千汉军步兵。于是，看破敌人诡计、避免遭到伏击就成了放弃追杀李陵的最好理由。

然而单于手下的"当户"和"君长"却丢不起这个人，他们认为老大的理由实在很没面子，这样传出去让匈奴以后很难混。他们说"单于自将数万骑击汉数千人不能灭，后无以复使边臣，令汉益轻匈奴。复力战山谷间，尚四五十里得平地，不能破，乃还。"（《汉书》）匈奴说话很直率，"当户"和"君长"们直接点中了单于的要害，一点没有给单于留面子。在他们看来，匈奴帝国单于亲自率领比敌人多二十倍的骑兵却不能歼灭汉军的数千人，这在西域一代一定会造成非常不利于匈奴的严重影响，他们担心以后派出的使者很难完成震慑和讹诈的外交使命，而汉朝也会更加轻视匈奴。他们恳求单于再坚持一下，再追击四五十里就到了平地，这种地形显然更有利于骑兵作战，如果还是不能战胜李陵部再撤军也不迟。

听到手下如此强烈呼吁的单于当时心里可能非常怨恨：人生如此短暂而脆弱，为什么非要为了面子去和李陵这种疯子拼个你死我活？然而每年要在龙城率领匈奴各部族祭天的单于实在无法承认自己不能战胜李陵残部，眼看着台阶被手下无情摧毁的单于不得不死撑下去，当老大有时候就是这么辛苦。

被手下的自尊心裹挟着继续追杀的单于后来终于等到了胜利，尽管这种胜利如此血

諸子百家——兵家

腥和沉重,但是毕竟单于的面子保住了。

天汉二年,这一年滴着血。

不抛弃、不放弃,单于没想到自己手下的当户和君长如此的"许三多",也只好硬着头皮继续追杀李陵,盼望着奇迹出现。

客观地说,单于当时的思想动摇是有一定道理的,仗打到了这种程度完全是在消耗资源。战争的普遍规律是毙敌一万自损八千,然而直到这场实力对比二十比一的较量进行到了十天以后单于仍然没有全歼李陵的残部,而自己却损失了上万骑兵。这实在是一笔亏本买卖,不论怎么算都是心疼加郁闷。如果后来不是李陵变成了单于的女婿,单于就是最大的冤大头,这大概也是后来单于重用李陵的原因之一。千军易得,一将难求,何况是损失了上万精锐骑兵换来的一将。所以说,提拔重用李陵是不够的,单于必须把自己的闺女嫁给他,否则实在对不起死去的上万骑兵和那些像"许三多"一样执着的部下。可以想象,在崇拜英雄的传统中成长起来的匈奴公主在得知自己要嫁给李陵。这个杀死了自己一万多同胞的英雄的时候,是多么的幸福和兴奋——那一万多个被李陵杀死的冤魂变成了公主空前绝后、无与伦比的昂贵嫁妆。

心猿意马的单于带着死要面子的部下继续追杀,每天都要和李陵交手十余次,就这样单于的骑兵又损失了两千多。这时单于手下的君长和当户们终于开窍,因为照这样打下去,他们这些人早晚要变成光杆司令。这次单于和大家达成了一致,单于甚至可能还要埋怨那些执着的手下,死要面子是要出人命的,两千多骑兵白白搭了进去,最后只为了证明单于当初的英明决断。

走上绝路

正当单于酝酿撤军动员讲话的时候,历史突然转了个弯,让单于和李陵都有点措手不及。单于突然接到报告:李陵军中的军侯管敢投降了。管敢跟李陵他三叔一个名字,胆子自然也不小,他投降的原因居然是"为校尉所辱"(《汉书》)。当兵的有时候难免会受一些委屈,因为这个原因就敢投敌叛变可见管敢是一个不好欺负或者说不能被欺负的人。让这样的人当兵实在是一个巨大的错误和悲剧。军侯是负责管理军中纪律的军官,而校尉是仅次于将军的高级军官,管敢"为校尉所辱"的具体细节《汉书》上没有交代。但是我们知道李陵军中当时的校尉是成安侯韩延年,因此可以断定管敢是因为和李陵的副手韩延年发生了内讧而叛变的。

韩延年也是个很有意思的人,他是韩千秋的儿子,属于英雄的遗孤。当年南越叛乱,汉武帝本来指派庄参带领两千士兵去平叛,但是庄参不敢接受这个武帝自己想当然"壮之"的任务。庄参说:"以好往,数人足;以武往,两千人无足以为也。"庄参知道自己不是约翰逊,刘彻让自己带着两千人去平叛明摆着让自己送死。武帝刘彻听庄参这么说也觉得有道理,人家把困难和事实摆出来了,如果自己非逼着人家去死,人家要是真死了自己也就成暴君了。这句话说起来有点绕,实际上刘彻的底牌就是这么简单:武帝虽然有着和史上暴君类似的审美情趣，但是没有足够的勇气承担暴君的恶名。本来两千人平叛的计划也就这么不了了之了，没想到韩延年的老爸韩千秋突然跳出来说两千人都多了，三百个人就够了，把刘彻都吓了一跳。武帝刘彻知道韩千秋要迎合自己的情绪当英雄了，欣慰得直摸胡子，于是刘彻马上分配了两千人给韩千秋，迫不及待地送韩千秋去送死。就这样，韩千秋死了，而韩延年因为自己的父亲以生命的代价坚决拥护武帝的决策而被封了成安侯。从韩延年的案例，我们可以发现武帝刘彻"壮之"的恐怖审美观的形成，有一半归因于他个人的性格因素，而另一半显然是被韩千秋这样的英雄们惯出来的。

管敢本来是个小人物，却因为出卖了李陵而被载入了史册——青史留名有时候就是这么容易，只是管敢留下的不是啥好名。连强弩都尉路博德这样的高级将领在《汉书》里留下的记录也不过六七行，而管敢却在这本史学巨著里留下了两行半，除了他受了韩延年的委屈以外，管敢还留下了一句话："陵军无后救，射矢且尽，独将军麾下及成安侯校各八百人为前行，以黄与白为帜，当使精骑射之即破矣。(《汉书》)"管敢的这句话点中了李陵的死穴，李陵能以五千步兵纵横匈奴境内对抗二十倍的单于主力，显然有他独到的治军之道。从李陵和单于的交锋过程来看，李陵的五千步兵就像一头发狂的疯牛冲进了人群，而李陵和韩延年各自率领八百士卒率先冲锋就像两支锋利的犄角，要制服这头疯牛最有效的办法是折断它的两支牛角。

管敢的话再次点燃了单于本来已经破灭的求胜欲望，就像一个本来打算割肉出局的股民得到了重大内幕利好消息，单于放弃了止损平仓，决定继续加仓翻本。

单于大概听说过"四面楚歌"的典故，正好此时的李陵深陷重围，又正好李陵的手下都是"荆楚勇士"，此情此景堪比当年楚霸王深陷十面埋伏。如果再正好匈奴大军里有那么一支文工团，而文工团的文艺兵们不仅会跳匈奴舞，还会唱荆楚民歌，那么李陵军团很可能提前心理崩溃，单于靠文艺战胜李陵一定会被传为一段佳话。但是可惜的是，那时候匈奴人说汉语已经有些为难，唱荆楚民歌实在是不可能完成的任务。

于是，单于只好派手下的兄弟们围着李陵残部一边有节奏地挥着拳头，一边操着生硬的汉语喊口号。"李陵、韩延年促降！李陵、韩延年促降！(《汉书》)"。

听到匈奴漫山遍野、山呼海啸的口号声，李陵很烦，所以说如果不会唱民歌，喊口号也是好办法，这样至少可以扰乱敌人的心智。烦恼的李陵只好继续逃跑，那支疲惫但仍然顽强的队伍沿着山谷中崎岖的道路继续向着南方前进。单于的主力从山上包抄了过来，于是山谷上方那片狭窄的天空一次又一次地被密集的箭雨云团覆盖。李陵兵团头顶着盾牌继续前行，这是一次与死神竞赛的行军，因为谁也不知道什么时候会有一支从头顶落下的箭穿透盾牌，谁也不知道下一刻谁会被死神选中。活着的人继续走，中箭的人一旦倒下失去了盾牌的遮拦马上变成了痛苦蠕动的刺猬。

不知走了多久，前面的探路骑兵报告李陵，再走一天就到鞮汗山了，而这时候军需官也向骑都尉报告：五十万支箭已经全射完了。没有了箭，再威猛的连弩也是废物。失去了箭的军团就像失去了尖牙的老虎，剩下来能够产生威慑作用的只有爪子了。

李陵知道自己最后的时刻马上就要到来了，开始清点手下的士兵，根据《汉书》记载，直到此时李陵军团的士兵居然还有三千多人！没有补给、没有后援，经过十多天不间断行军，毙敌一万五千多人以后，李陵军团居然只付出了两千人的代价。

这样的战绩实在让古人、今人、全人类震撼，这样的天才少年，这样的魔鬼兵团仅仅因为不喜欢给刘彻的大舅子跑龙套，就这么被糟蹋了。所以说服从分配才是为臣的生存之道，除此之外所有的激情、热情都是自作多情。

虽然大多数人都还在，但是武器基本消耗完了，不仅箭用光了，就连刀枪也剩下的不多了。可见树立了正确人生观的人们有时候的确比钢铁还坚强。李陵命令失去了兵器的士兵们折断了战车的轮子，提着轮辐继续战斗，而军官们则提着短刀继续指挥。李陵残部这时再次进入了狭长的山谷地带，知道了李陵底牌的单于继续执着地追踪着李陵，像一只狡猾的狼跟踪一只受伤的雄鹿，等待它倒下的时刻。狭长的山谷上面是陡峭的悬崖，陡峭的悬崖上面是数不清的巨石。如果李陵走进这条山谷的时候向上观察一下，也许会有不同的选择，但是经过十几天拼杀和消耗的李陵显然已经顾不上观察地形了。

石头从山上落了下来，盾牌失去了意义，年轻的士兵们被从天而降的巨石砸成了各种形状，最后沾在石头上。死亡有多种形式，有的很悲愤，比如李广自杀；有的很好看，比如李敢军中杀左贤王旗手。走进狭长山谷的李陵士兵死得很残酷，直到此刻，战争才对这些"荆楚勇士奇才剑客"露出了最狰狞、最残酷的面目。这就是战争的本质，无论对于战胜者来说多么荣耀，战争对于那些被杀死的人来说永远是恐怖的。

这次在狭长山谷的行军是李陵军团死伤最惨重的一次，《汉书》记载："士卒多死，不得行。"

黄昏来临了，落日余晖撒满山谷，似血的残阳柔软地触摸着流淌在死亡峡谷里的鲜血。北风从裂开的岩石缝隙中硬生生地挤过来，发出鬼哭狼嚎般的惨叫。血腥的气息随着风继续追踪像受伤的雄鹿一样前行的李陵，不依不饶。

此情此景，生不如死。

黄昏过后，匈奴暂停了进攻。

李陵卸掉盔甲，一个人穿着便装走出了军营。幸存下来的荆楚勇士们看见自己的领导突然穿得这么休闲，一副去小区花园锻炼身体的老干部形象。士兵们实在是不明白李陵想干什么，于是围了过来。李陵不愧是将门之子，直到此时，他仍然没有失去杀气、霸气和锐气，李陵对身边的将士们说，"毋随我，丈夫一取单于耳！"李陵仍然没有忘记自己"以五千步卒涉单于庭"的豪言壮语，他决定跟单于单挑。我们知道当人承受的压力不断累计，超出其心理极限的时候，必须获得释放或者爆发，这时候当事人往往会出现一些不理智的行为。李陵此时显然已经陷入了个人英雄主义的幻想当中，既然五千士卒所剩无几，自己就要单刀会单于，总之，绝不能放过单于。

多年前，小学生作文的范文有这样的公式，每当小孩子要和坏人坏事做斗争的时候，脑子里总要闪过一系列的英雄形象。李陵一身休闲打扮走出军营的时候，脑海里也出现了一个英雄形象,他是曹沫。曹沫是《史记·李广列传》中描写的五大刺客之首,曾经长期担任春秋时期鲁国的首席将军,这个人打仗不行,然而骨子里却很亡命。在担任鲁国主帅的时候,曹沫接连三次被齐国打败,丢失了大片国土。后来在一次齐鲁国王峰会上,曹沫突然拔刀绑架了齐王,逼迫齐王归还了从曹沫手里夺取的鲁国国土。事实上,在李陵投降匈奴后,他还在跟汉朝使者会面的时候引用过这个典故,表示自己报国的热情从来没有熄灭过。

有时候人读书太多,又太相信书上写的东西就容易迂腐。其实岂止是书,人对任何东西产生过分的精神和心理依赖都会迂腐。比如太过于相信权力、武力、金钱甚至爱情的人都可能迂腐。依赖书本的迂腐是酸的,俗称书生气;依赖权力和武力的迂腐是咸的,俗称血腥气;依赖金钱的迂腐是臭的,俗称铜臭气;依赖爱情的迂腐是甜的,俗称脂粉气。

乱世的迂腐豪情铁血,治世的迂腐安居乐业,盛世的迂腐雄才大略,末世的迂腐鸳鸯蝴蝶。非常不幸,地球上不迂腐的世道根本没有,所以,这世上真正不迂腐的人也就根本不可能存在。而李陵更不幸,因为他一人占了两样迂腐:崇尚武力又太相信书本。一贯的尚武倾向加上对书本的盲目信从,导致了他年轻时的偏执人生。

单于当然不会给李陵当曹沫的机会。

事实上,单于本来就认为兴师动众追杀李陵是没意义的事,眼看着一万多人因为手下不抛弃、不放弃的执着而不能好好活着,单于感到非常惋惜。所以单于根本不可能跟李陵单挑,因为那显然没意义,他不仅要自己好好活,还希望李陵也能好好活。

李陵站在铜墙铁壁的匈奴大营外,感到空前地绝望,他显然也感觉到了自己所谓"丈夫一取单于"是一件没意义的事,他知道此刻单于正在等待他倒下,死去或者投降。

去死或者不去死,这是一个问题。

"良久,陵还,太息曰'兵败,死矣。'(《汉书》)"从李陵散步回来发出的这声叹息,我们可以感受到李陵对生命无限的留恋和热爱,毕竟当时的李陵还只是一个二十多岁的阳光男孩。二十岁,花样年华,这是十二点吃饭一点就会饿的年纪,这是看到漂亮女孩就会无限遐想的年纪,这是想吃、想爱、想成功、想幸福的年纪。

然而,李陵在这样的年纪却不得不开始对死亡的形式和生命的意义进行认真而痛苦的终极思考。

一样的青春迷茫,不一样的生命不可承受之重,也许这就是英雄家族的悲剧宿命。

阳光男孩李陵留恋生命,那些同样阳光的荆楚勇士何尝不是如此。年轻的勇士们冒着违反军纪的风险偷偷带着女人出征,突破重重障碍杀出一条血路肯定不是为了壮烈牺牲。于是他们开始给李陵找台阶了,由此看来"荆楚勇士"不仅善战,他们的情商显然也比匈奴的当户和君长高出许多。他们劝李陵,"将军威震匈奴,天命不遂,后求道径还归,如浞野侯为虏所得,后亡还,天子客遇之,况于将军乎!(《汉书》)"荆楚勇士们没有世受国恩,他们背井离乡戍边多年,又跟随李陵远征,九死一生,现在已经箭尽刀折、无力再战,他们的内心相信自己已经尽到了自己的责任。

"荆楚勇士"们显然不愿意当李陵的陪葬,李陵战死至少可以光宗耀祖,甚至像韩千秋那样给儿子捞个侯爵。然而陪葬的"荆楚勇士"们注定只能成为无名英雄,连个墓碑都没有,那远在荆楚水乡的老人们将永远不会知道自己的儿子埋骨何处。

于是"荆楚勇士"们开始劝降了,意思很明白,语言很婉转,既然浞野侯赵破奴可以投降,为什么都骑尉李陵不可以? 当年浞野侯赵破奴兵败投降匈奴,以后十年再次逃亡回归汉朝,居然得到了汉武帝宽厚的对待,不仅没有降罪,还继续享受相应的待遇。这事就发生在李陵出征的前一年,实在让人不得不举一反三。

但是此时的李陵非常清醒,这个台阶肯定不能下,战败被俘那是工作能力问题,率部投敌那就是立场问题了。于是李陵很坚决地回绝了部下的建议,"吾不死,非壮士也。(《汉书》)"不论这句话是不是出于李陵的真心,此时的李陵毕竟在立场上和武帝刘彻站到了一起,既然自己出征的时候,刘彻"壮"了自己,失败以后死去就是自己唯一的命运。

一个李陵倒下去,千万个李陵站起来,这才是武帝刘彻要的效果。

李陵下令毁掉了旗帜,把值钱的珍宝挖坑埋了起来。

然后,李陵再次叹息"复得数十矢,足以脱矣。今无兵复战,天明坐受缚矣! 各鸟兽散,犹有得脱归报天子者。(《汉书》)"李陵对祖传的箭法非常自信,他认为只要还有几十支箭,就有可能突围出去,遗憾的是此时的李陵已经没有武器可以跟匈奴拼命了。李陵非常理解手下求生的渴望,无论从道义还是从感情上来讲,他也不愿意带着这些朝夕相处的弟兄们送死。于是他让大家分散突围,如果有人能活着回去就可以向武帝刘彻汇报此次出征的情况。客观地说,李陵的这次出征以少击众,纵横匈奴境内千里,消灭了数倍于己的敌人,完全可以称得上虽败犹荣。此时的李陵最担心的就是如果全军覆没,无一人逃脱,那么自己这次艰苦卓绝的远征很有可能成为历史上的一个谜案,身后史册上的荣辱只能任人演绎了。

李陵把最后的粮食分给了手下士卒,每人两升干粮,一大块冰(可以化水解渴),然后李陵和大家约定:不论是谁,只要能活着突围出去就赶到当初出发的地点遮虏障会合。

事实证明,这个决策是正确的。后来四百多名荆楚勇士通过不可思议的残酷淘汰幸存下来,陆续到达遮虏障。

然而,李陵和韩延年树大招风,显然已经很难脱身了。

当日半夜,夜黑风高。

李陵和韩延年跨上战马,命令手下击鼓召集部队一起出击。

然而不可思议的事情发生了,战鼓居然没有敲响。《汉书》中的记载是这样的:"夜半时,击鼓起士,鼓不鸣。"《汉书》中对战鼓没有敲响的原因没有记述,可以想象此时这支原本钢铁意志的荆楚勇士军团已经军心涣散,甚至可能已经提前执行了骑都尉李陵分散突围、各自逃命的命令。

此时的李陵没有苛求手下,他知道一切只能听天由命了。

李陵和韩延年趁着夜幕骑马飞奔,身后只有十几个士卒跟随。

諸子百家——兵家

单于知道自己的对手是步兵军团,因此从夜幕中飞奔出来的几匹战马异常醒目,单于对李陵的最后一击开始了。

·"虏骑数千追之,韩延年战死。陵曰'无面目报陛下',遂降。军人分散,脱至塞者四百余人。(《汉书》)"

韩延年,用自己年轻的鲜血延续了家族的荣誉。阳光男孩李陵最后终于给自己找到了台阶,自己当初只是承诺,"以五千步卒涉单于庭""分单于兵,毋令专向贰师军",从实际效果来看李陵做到了。既然那近在百里之内的帝国对自己的生死毫不关心,李陵也就实在舍不得在二十多岁的年纪就壮烈牺牲。

于是李陵投降了,投降前他说,"无面目报陛下"。

上欲陵战死

事实上,此时坐在重重城墙包围着的未央宫里的汉武帝刘彻,并不是毫不关心李陵的生死,准确地说,刘彻只关心李陵怎样去死,他甚至已经在内心里盘算着怎么给反击匈奴的李陵开追悼会了。刘彻根本没有想到李陵会投降,因为在皇帝的剧本里只有活着为他拼命和死去埋骨荒野的战士,而不存在叛徒这样的角色。

《汉书》记载:"陵败处去塞百余里,边塞以闻。"可以想象,当时边塞的情报肯定已经源源不断地送到了未央宫,刘彻没想到这个不知天高地厚的小青年李陵比他的爷爷和老子还能打,居然能在十万单于铁骑的围追下一步步向着汉朝边境的长城突围了过来。

几乎在李陵率领五千步兵在塞外苦战单于的同时,刘彻的大舅子贰师将军李广利趁着单于主力围攻李陵也逃了回来。根据《汉书》记载,李广利这次出征率领三万骑兵,虽然歼灭匈奴万余人,自己也损失了六七成的兵力,也就是付出了大约两万骑兵的代价,后来李广利在李陵拼死掩护和公孙敖和路博德的接应之下逃了回来。与此形成强烈对比的是骑都尉李陵损失了四千多步兵,却歼灭了匈奴一万五千多骑兵,在根本没有后援和接应的情况下,李陵靠着自己的不懈奋斗突破了十余万匈奴骑兵的包围,距离长城越来越近。

本来导演决心一定要捧红的男主角李广利损兵折将、灰头土脸,而那个不愿意给男主角跑龙套的配角李陵却顽强地把戏抢了过来,一路血雨腥风、星光闪耀地杀了回来。从观赏性来看,这部历史大片因为有李陵的存在而大放异彩,但是非常不幸,李陵这次出彩的即兴表演对兼导演和编剧于一身的武帝刘彻来说实在很没面子。

李陵的胜利就是李广利和武帝的耻辱,如果李陵活着回来,那些将军们和士兵们会怎么看待这个传奇的将门虎子?文臣和史官们又该怎么评价这次不可思议的远征?作为帝国最高首长的刘彻又该怎样给李陵这次的出征定性?是该奖励提拔李陵还是该因为李陵损失了四千步兵惩罚他?更可怕的是,这个拥有如此惊人战斗力的李陵还如此年轻,如果不出意外,刘彻自己很有可能将先于李陵而死。

还有,李陵的背后是李禹,李禹的背后是太子刘据。

諸子百家——兵家

一边是未来接班人的爪牙和柱石，一边是现在皇帝的面子和权威，两下一比较根本不用选择。

李陵是属于未来的圣斗士，他骑在骏马上像风一样奔驰，率领"荆楚勇士奇才剑客"杀得单于胆战心惊，几乎心理崩溃。面对这样一位如此出色又如此年轻的太子党虎将，正在一天天老去的武帝刘彻感到难以控制的恐惧和无奈。

李陵必须死，但是刘彻实在不好意思下令派兵去杀死李陵，于是武帝刘彻只能按兵不动，心中暗暗祈祷无能的单于不要放过该死的李陵。《汉书》记载："上欲陵死战，召陵母及妇，使相者视之，无死丧色。"左等右等也等不来李陵牺牲的消息，武帝刘彻终于坐不住了，他把李陵的母亲和妻子召进宫来，居然大搞迷信活动，让看相的人来给她们看相，结果是"无死丧色"。

"上欲陵死战"是班固的春秋笔法，班固想表达的真实意思可能是"上欲陵战死"，因为把两个字颠倒一下顺序似乎更能反映两千多年前锋利的帝王心机。

过了不久，塞外传来了李陵投降的消息。汉武帝刘彻不禁勃然大怒：在整个拍戏过程中，跑龙套的配角李陵不仅抢了主角的戏，而且对导演让他壮烈牺牲的暗示故意视而不见，不管怎么杀居然都不死，一次次顽强地从血泊里爬起来面对镜头自信地微笑。最后这次更过分，跑龙套的李陵干脆跳槽了，成了竞争对手剧本里的男主角。

于是刘彻把李陵派回来汇报工作的陈步乐找了来，让他对李陵叛变做出解释。刚被提干的陈步乐在不到一个月之前荣幸地向刘彻汇报工作，然后看到刘彻龙颜大悦，接着自己就被皇帝亲自提拔当了干部"郎"。"郎"这个官不算大，可是作为小兵要爬到这个位置，正常情况下就要像李广年轻的时候那样砍下来很多匈奴的脑袋。陈步乐没想到凭着自己的一通慷慨陈词就换来了别人玩命才能得到的提拔晋升，更让他想不到的是还不到一个月，当自己再次见到刘彻的时候，却是龙颜大怒，眼冒凶光地逼问自己李陵为什么丧心病狂地投降了？这是一个骑兵出身的陈步乐没办法回答的问题。

年轻有为的骑兵干部、"荆楚勇士奇才剑客"兵团的第五千零一名士兵陈步乐受不了这份大喜大悲、大起大落的刺激，于是只好自杀了。

此时的刘彻已经在位了四十一年，经过将近半个世纪的淘汰筛选和强化训练，朝中的群臣们不仅已经能够整齐划一地与皇帝保持高度一致，甚至在情绪上也做到了"天人合一"。在这个大一统的帝国里，要想活得滋润就必须快乐着天子刘彻的快乐，悲伤着天子刘彻的悲伤，装也要装出来。于是群臣们群起表态，痛斥叛徒李陵的无耻投敌行为。群臣们才华横溢、巧夺天工的批判语言如单于铁骑射向天空的箭雨扑向了陇西李氏。

此时，有一个人没有说话，他就是太史令司马迁。

在中国历史当中，太史令这种官职在普通人看来似乎无足轻重。一个研究历史的学究，混好了上个百家讲坛、出几本书，混不好了也就是在天涯煮酒论史或者新浪大话春秋里挖个坑混混点击。然而，在当时武帝刘彻的心目中，司马迁却是一个不能忽略的重要人物。那时候没有网络媒体、没有影视资料，千秋万代之后，刘彻在历史长河中的形象完

诸子百家——兵家

1735

全取决于眼前这位看似迂腐的学者怎么书写。

　　不表态也是一种态度，但这显然不是刘彻喜欢的态度，于是武帝刘彻就主动向司马迁提问了。司马迁的回答相当负责也相当文学："陵事亲孝，与士信，常奋不顾身以殉国家之急。其素所蓄积也，有国士之风。今举事一不幸，全躯保妻子之臣随而媒蘖其短，诚可痛也！且陵提步卒不满五千，深輮戎马之地，抑数万之师，虏救死扶伤不暇，悉举引弓之民共攻围之。转斗千里，矢尽道穷，士张空弮，冒白刃，北首争死敌，虽古名将不过也。身虽陷败，然其所摧败亦足以暴于天下，彼之不死，宜欲得当以报汉也。（《汉书》）"首先，司马迁对李陵的人品进行了充分的肯定，在司马迁的评语里，李陵在家是一个孝顺懂事的孩子，在单位是个守信敬业的职业管理者。为了国家利益李陵可以奋不顾身，其表现出来的素质完全称得上"国士之风"。在中国的史书上"国士"这个名词是不能随便拿来夸人的，在李陵之前大汉的开国元勋韩信曾经被另一位功臣萧何称为"国士无双"，并以此为噱头向刘邦推荐了韩信。非常不幸，两位相隔百年的"国士"最后都成了大汉朝钦定的叛徒，可见"国士"跟"壮之"一样，拿来夸人搞不好是要出人命的。司马迁痛斥了群臣们对李陵落井下石的无耻批判。在太史公看来，这些安逸地坐在朝堂之上享受荣华富贵的大臣们对李陵的攻击非常让人寒心。然后司马迁回顾了李陵出征的战绩，以五千步兵深入敌境，牵制了二十倍于己的敌人，杀伤敌人无数。司马迁认为最值得称道的是在这种艰苦卓绝、陷于死地的环境中，李陵手下的士卒毫无惧色、争先杀敌，即便是古时候的名将也不过如此。最后司马迁对李陵投敌做出了合理而善意的解释：李陵在兵败后苟且偷生，将来有机会一定会以实际行动报效祖国。

　　司马迁的回答非常有才华，但是非常没眼色。作为一个秉笔直书的史学家，司马迁更关注的是千秋万代后的历史公正，而不是当下皇帝的面子。令人遗憾的是，对千秋万代历史负责的司马迁仍然活在当下，眼前皇帝的情绪决定了他的命运，于是皇帝怒了，司马迁失去了男人的尊严。

　　"初，上遣贰师大军出，才令陵为助兵，及陵与单于相值，而贰师功少。上以迁诬罔，欲沮贰师，为陵游说，下迁腐刑。（《汉书》）"关于司马迁遭受腐刑的原因，班固在《汉书》里交代得很清楚，由于当初安排贰师将军李广利率领大军出征，李陵才以配合协助的角色走上战场的。当李陵遭遇单于主力并重创单于主力的时候，贰师将军李广利却没有建立什么功劳（"贰师功少"是班固给武帝留面子，实际上李广利损失的兵力超过他杀伤匈奴的一倍，李广利的出征基本上就是失败）。所以武帝刘彻认为司马迁是在诬陷贰师将军李广利，并为李陵开脱罪责，于是就对司马迁下了毒手。

　　读到这里，人们对司马迁的悲剧和武帝刘彻的用心一目了然，无须多言。

　　令人佩服的是司马迁及其后来者班固的操守，不仅司马迁在当时一面倒的舆论压力下挺直了腰杆说真话，而且司马迁之后同为历史学家的班固也在他著作的《汉书》里毫不忌讳地记录了李陵投敌事件的真相，丝毫没有考虑汉武帝刘彻的面子。这正是中国文化历经千年而不朽的秘密：不论当下有多少人为了眼前利益而丧失人格、为虎作伥，总是会

諸子百家
——
兵家

有那么一些孤直不屈的人们默默地尽到了历史的责任,并冒着杀头的风险把历史的真相、理想、精神和教训一代一代传承了下来。可以想象,后世的帝王们看到班固这段精炼的描写,作为有良知的人不禁也会为武帝刘彻而脸红。或许就因为这段描写,某些皇帝才开始对大小舅子们的放纵有了些许收敛也未可知。在这些不怕死的史官们秉笔直书的历史监督之下,本来为所欲为的帝王们也不得不收敛了很多可能会让后世诟病的疯狂创意。而司马迁和班固们也成为塑造中国历史的另一种最公正和坚韧的力量。

读到此处,建议广大读者起立脱帽,向司马迁和班固致敬。

李陵事件的官方定论

群众的眼睛是雪亮的,历史不是用来蒙人的。

李陵与单于激战十数日,最后在距离长城百里的地方终于彻底失败而投敌。李陵在整个战斗过程当中没有得到任何后援和支持,这无论是从政治上还是军事上来讲都是很不正常的。事实上,如果武帝刘彻真的是为了大汉江山社稷的长治久安,或者真的是为了剿灭匈奴主力、彻底消除边境的战争隐患,那么李陵把单于主力拖到长城附近的时候,就正是一举歼灭单于主力的绝佳战机。十余日的激战不仅拖垮了“荆楚勇士奇才剑客”的李陵兵团,也在物质、体力上特别是精神、意志上极大地消耗了单于主力,单于多次想撤军放弃对李陵的追杀就是最有力的证明。在这种时刻,如果刘彻能放下个人情绪而派出十万精骑的生力军,突然对单于主力进行分割包围,单于即使不死也将元气大伤,这显然比派遣自己的大舅子贰师将军李广利兴师动众地出塞远征要更加经济环保、更加高效节能。

一心想成为有为明君的刘彻知道,他在李陵事件中的有意识不作为,在司马迁及其后来者的史书里是交代不过去的。

于是武帝刘彻想起了强弩都尉路博德。“久之,上悔陵无救,曰:‘陵当发出塞,乃诏强弩都尉令迎军。坐预诏之,得令老将生奸诈。’乃遣使劳赐陵余军得脱者。(《汉书》)”实事求是地讲,路博德在李陵出征之前提出的方案是非常合理和稳妥的,后来在武帝刘彻的一意孤行之下,这个方案被彻底否定。奇怪的是,按照刘彻的原定计划路博德应该接应李陵兵团,然而后来路博德显然没有出现,而是放任李陵自生自灭。我们知道当年骠骑将军霍去病远征匈奴的时候,合骑侯公孙敖作为接应部队因为没有按时赶到而被定了死罪,后来还是花钱赎了小命。这样的例子在汉匈战争中多次出现,非常普遍。

如果武帝刘彻当初的决议是认真的,那么路博德就必须为李陵的战败投敌承担责任,按照汉朝的法律,强弩都尉路博德犯的错误应该也是死罪,路博德不仅要丢掉官职,至少还要花一笔买命钱才能逃过一死。然而更加离奇的是,虽然武帝刘彻亲口骂了路博德“奸诈”,但是路博德毫发无伤,职务不变。这让人不能不怀疑武帝刘彻和强弩都尉路博德之间存在某种默契,或者说两人本来就是共谋。

令人略感欣慰的是,那些幸运生还的四百“荆楚勇士”得到了公正的待遇和补偿。武帝刘彻知道,如果把这些人也否定了,恐怕以后很难有人真心为自己卖命了。

虽然司马迁被腐刑了,但是李陵事件仍然是一个悬案。李陵到底是像浞野侯赵破奴那样暂时保全性命以后再找机会回归祖国,还是彻头彻尾就是大叛徒,这需要有一个定论。

于是,在李陵投降匈奴一年后,武帝刘彻派出了因杅将军公孙敖深入匈奴境内接应李陵回归汉朝。这里需要介绍一下公孙敖,因为在汉匈战争当中,这个人实在是一个不能忽略的人物。

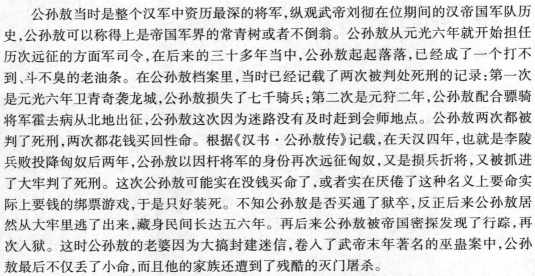

公孙敖当时是整个汉军中资历最深的将军,纵观武帝刘彻在位期间的汉帝国军队历史,公孙敖可以称得上是帝国军界的常青树或者不倒翁。公孙敖从元光六年就开始担任历次远征的方面军司令,在后来的三十多年当中,公孙敖起起落落,已经成了一个打不到、斗不臭的老油条。在公孙敖档案里,当时已经记载了两次被判处死刑的记录:第一次是元光六年卫青奇袭龙城,公孙敖损失了七千骑兵;第二次是元狩二年,公孙敖配合骠骑将军霍去病从北地出征,公孙敖这次因为迷路没有及时赶到会师地点。公孙敖两次都被判了死刑,两次都花钱买回性命。根据《汉书·公孙敖传》记载,在天汉四年,也就是李陵兵败投降匈奴后两年,公孙敖以因杅将军的身份再次远征匈奴,又是损兵折将,又被抓进了大牢判了死刑。这次公孙敖可能实在没钱买命了,或者实在厌倦了这种名义上要命实际上要钱的绑票游戏,于是只好装死。不知公孙敖是否买通了狱卒,反正后来公孙敖居然从大牢里逃了出来,藏身民间长达五六年。再后来公孙敖被帝国密探发现了行踪,再次入狱。这时公孙敖的老婆因为大搞封建迷信,卷入了武帝末年著名的巫蛊案中,公孙敖最后不仅丢了小命,而且他的家族还遭到了残酷的灭门屠杀。

一年前,武帝刘彻放弃了近在距离长城要塞百里的李陵,眼睁睁看着他拼光了最后的力量在绝望中投降。一年后,武帝刘彻突然又大发慈悲,派出了经验异常丰富的公孙敖去营救接应李陵回归汉朝。《汉书》中并没有记载武帝刘彻为了营救李陵而派出密使联络李陵,也没有明确李陵的具体位置和营救李陵的路线,这样的营救从表面看来实在漏洞百出,让人生疑。

揭开历史真相既然缺乏证据,不妨从人性的角度分析。

李陵当然不是真心当叛徒,一个从小在汉朝长大并且老母妻子都在汉朝的人,一个冒死深入敌境奋战了十余日的人,怎么可能死心塌地地当叛徒?司马迁明白这个道理,公孙敖当然也明白。问题是武帝刘彻派出公孙敖去营救李陵的真实目的到底是什么,这对于熟悉汉朝官场潜规则的公孙敖来说,远比李陵是不是叛徒更加重要。如果公孙敖成功营救了李陵,那么李陵就不是叛徒,而是和浞野侯赵破奴一样的忠臣。考虑到李陵的远征取得了超出汉匈开战以来所有汉朝将军的战绩,李陵甚至真的可以对得起司马迁的评价,称得上是与"古之名将"相提并论的军事天才。这样一来,武帝刘彻在听说李陵兵败投降后没有经过证实就大发雷霆,发动群臣批判李陵,并且对司马迁实施令人发指的腐刑的系列行为就变得毫无道理。

按照这个逻辑推理下去,公孙敖当然会为自己男人的尊严甚至脑袋担心,后面这位因杆将军的作为就不难理解了。

于是因杆将军公孙敖出塞溜达了一圈,空手回来以后向武帝刘彻做了这样的汇报"捕得牲口,言陵教单于为兵以备汉军,故臣无所得。(《汉书》)"公孙敖猜到了武帝刘彻急于给李陵案下一个结论,但是公孙敖也不敢扛起这注定要载入史册的历史责任,于是就说被自己抓获的一个匈奴俘虏说李陵已经死心塌地当了汉奸,并且帮助单于训练军队对付汉朝。公孙敖这事做得真是老谋深算,如果万一以后李陵投敌事件有机会翻案,公孙敖可以说是别人说的,当然真到了那个时候这个"别人"肯定是找不着了。

武帝刘彻等的就是这句话,于是李陵留在汉朝的家族遭到了彻底的屠杀,他的老母妻子以及堂弟李禹等人都没有逃脱。不仅如此,李陵家族背上了叛徒的骂名,从此"陇西士大夫以李氏为愧。(《汉书》)"

武帝刘彻借公孙敖之手、公孙敖借匈奴俘虏之口把李陵投敌叛变办成了铁案,一块石头终于落了地。因杆将军公孙敖因此也可以继续苟全性命,但是不幸的是不到七八年时间,公孙敖家族也遭到了灭门屠杀,公孙敖家族从此绝了香火。回顾一下,当初与李广一起的诸位将领,其中最著名的卫青、霍去病、公孙敖、公孙贺后来居然都绝了后,这对中国人来说实在是巨大的不幸。除了霍去病以外,另外三人或者其家属都不同程度地卷入了后来太子和武帝的政治斗争及巫蛊案当中而被满门屠杀。霍去病自己只有一个儿子,这个孩子很早就夭折了,还没来得及传宗接代。后来霍去病同父异母的弟弟霍光权倾一时,成为名副其实的帝国柱石,这位生前被比成"周公"的牛人死后也遭到了帝国无情的彻底清算,一家老小被杀了个干干净净。

只有这个李陵将老李家优秀的 DNA 传承了下去,让老李家的香火在游牧民族当中得以延续,这对一生以生擒单于为最大梦想的大汉名将们来说,实在是一个巨大的讽刺。

根据《汉书》的记载,李陵投降匈奴后的前两年似乎并没有得到重用。多疑是单于家族的传统,当时的且鞮侯单于在追杀李陵的过程中就疑神疑鬼,后来李陵在走投无路的情况下投降了匈奴,且鞮侯单于虽然爱惜人才收留了李陵,但是他从内心里实在不敢信任这个大汉的名将之子。万一李陵掌握了匈奴的大权以后来一个无间道,那且鞮侯单于就死无葬身之地了。李陵就这样享受着匈奴国的高级待遇无所事事,直到有一天,长城那边传来了李陵全家被武帝以叛徒家属的罪名全部斩杀的噩耗。

李陵没想到因为自己当初的冲动一失足成千古恨,不仅自己成了叛徒,还害得全家死无全尸,祖孙三代的名誉毁于一旦。混日子、磨洋工的路博德和公孙敖仍然荣华富贵,拼死苦战的自己最后落得了如此下场,李陵实在想不通。

后来,李陵见到了大汉派来的使者,李陵质问道:"吾为汉将步卒五千人横行匈奴,以无救而败,何负于汉而诛吾家?(《汉书》)"汉使回答:"汉闻李少卿教匈奴为兵。(《汉书》)"汉使提供给李陵的是标准答案,是武帝刘彻精心设计的标准答案。单纯的李陵为了大汉朝拼死拼活,到后来落了个叛徒的名声、害得全家惨死,一肚子鸟气正无处发泄。

诸子百家——兵家

听到汉使提供的标准答案，李陵不仅马上对号入座，而且学会了抢答："乃李绪，非我也。（《汉书》）"

李绪本来也是一位汉朝的都尉，当年率兵驻扎在边塞奚侯城，后来匈奴攻打他的驻地，李绪顶不住匈奴的攻势就投降了。跟李陵不一样的是，李绪是个铁杆叛徒，他不仅担任了匈奴单于的顾问，还非常主动地透露了汉朝军队的许多机密，并热心地帮助单于训练部队。当时李绪在单于面前很吃得开，地位甚至高于李陵。

李陵化悲痛为力量，派出了杀手干掉了李绪。武帝刘彻没想到自己借刀杀人不仅把李陵这个假叛徒转正成了真叛徒，还借假叛徒李陵的手除掉了铁杆叛徒李绪。

这下李陵得罪了且鞮侯单于的母亲大阏氏，按理说李陵干掉了为单于卖命的李绪，生气的应该是单于，可是没想到单于没发火，单于他妈不干了。单于他妈叫大阏氏，在汉朝叫太后，在清朝又叫老佛爷，大阏氏非要杀了李陵给李绪报仇。这事有点没道理，反正大阏氏不知道吃了哪门子邪醋，非要杀人。单于他妈要吃醋，单于自己也挡不住。于是单于只好安排李陵逃亡到了西伯利亚，躲开了大阏氏。一直到单于他妈大阏氏死了，单于才把李陵接了回来。

经过这件事，且鞮侯单于却对李陵建立起了信任。李陵走投无路投降了匈奴，且鞮侯单于对李陵不咸不淡，后来李陵杀了李绪，惹得大阏氏动了杀机，单于突然就信任了李陵。从表面来看，这中间的逻辑像大阏氏非要给李绪报仇杀李陵一样让人感到费解。从人情世故的角度来看，似乎可以这样解释：老板信任、提拔和重用的人首先是他能看透和理解的人，李绪当叛徒当得很彻底很单纯，所以取得了大阏氏的信任；李陵当了叛徒又杀叛徒，证明了李陵的叛徒当得很无奈又很不甘心，这种自相矛盾让单于看透了李陵的心思和他做人的底线。

单于信任了李陵，不仅把自己的闺女嫁给了李陵，还给李陵封了一个右校王的爵位。李陵的爷爷为汉朝跟匈奴打了一辈子仗，到死也没有封侯，老爷子怎么也没想到自己的孙子投降了匈奴就被封了王。当时和李陵同时被封王的还有一个叫卫律的人，他被封了丁灵王。

卫律这个人很有意思，他的父亲是胡人，他也算得上是半个匈奴人。卫律是个很会来事搞关系的社会型人才，在汉朝的时候他巴结上了武帝刘彻的宠臣李延年。李延年不仅是汉史上著名的音乐家，而且他和韩嫣一样也是出现在《史记·佞幸列传》中的人物。卫律巴结上了李延年，李延年就推荐具有匈奴血统的卫律作为使臣出使匈奴。后来卫律回到长安述职的时候，在大街上听到李延年已经失宠遭到抄家的消息，卫律这个人脑子转得快，当时毫不犹豫地在长安大街上掉头一口气跑出了长城，回到匈奴就投降了单于。

这里顺带讲一个关于卫律和李广利的故事，因为这个故事实在有意思。

李陵投降匈奴后九年，拖累李陵的贰师将军李广利也当了叛徒。由于李广利在汉朝的尊贵地位，当了叛徒的李广利在匈奴混得风生水起，一下子空降到了卫律头上。这让卫律很不高兴，但是一时之间也无可奈何。

诸子百家——兵家

卫律只能咬牙忍受等待机会,后来机会就悄悄地来了。

那一年,单于(此时的单于是狐鹿姑单于)他妈大阏氏突然得了重病,当时医学很不发达,大阏氏眼看就不行了。狐鹿姑单于是个很孝顺的孩子,为了给老妈治病着急上火,四处寻找偏方。卫律是个具有跳跃性思维的人,当他看见单于为了给老娘看病心急火燎、到处抓瞎,马上就想到了李广利的脑袋。于是,卫律买通了匈奴单于的巫师,让巫师提醒单于,"胡故时祠兵,常言得贰师以社,何故不用?(《汉书》)"当初李广利是汉朝的大将,曾经多次带兵征讨匈奴,死在李广利大军刀下的匈奴人数以万计。因此单于在拜祭战死的将士们的时候,可能说过如果抓住李广利就要用他的脑袋祭祀烈士的狠话。作为匈奴的单于,说过的狠话很多,后来李广利投降了,单于也就把这事淡忘了,但是具有跳跃思维能力的卫律没有忘。

狐鹿姑单于病急乱投医,于是下令把李广利抓起来做了祭品,把他的脑袋当成了给老娘救命的偏方。后来单于拜祭战死将士的供桌上就摆上了牛头、羊头、猪头和贰师将军李广利的头,这无疑是匈奴史上级别最高的祭品。大阏氏是否因为李广利的脑袋而起死回生书上没有交代,不过李广利到死也没想到自己遭了卫律的算计。他死前高呼口号"我死必灭匈奴(《汉书》)",把账都算到了匈奴头上。

李广利的死给后人两个教训:第一是封建迷信害死人,第二是人整人害死人。李广利死后,匈奴好像真的遭到了报应,连续几个月不是下大雪就是下大雨,"畜产死,人民疫病,谷稼不熟",单于怕了,于是给李广利盖了一座庙。

后来武帝刘彻驾崩,年仅八岁的昭帝即位。大将军霍光和左将军上官桀掌握了汉朝的大权,这两人当年曾经和李陵交情很好,于是派出使者出使匈奴试图争取李陵反正。期间汉使多次动之以情晓之以理,李陵已经颇为动心,后来卫律说了一番话打消了李陵回归汉朝的心思。卫律说:"李少卿贤者,不独居一国。范蠡遍游天下,由余去戎入秦,今何语之亲也。(《汉书》)"卫律知道李陵在汉朝已经没有亲人,他唯一不甘心的就是叛徒的名声。为了帮助李陵放下思想包袱,卫律提出了自己的观点:李陵这种人才应该属于全人类,而不是属于哪个朝代。他还把李陵比作范蠡和由余,范蠡当年协助越王勾践灭了吴国以后就游历四方,后来到齐国发家致富,成了春秋富豪榜排名第一的大款;而由余作为西戎的使者出使秦国,被秦穆王留下重用,帮助秦王称霸西戎。既然范蠡和由余都不算叛徒,那么李陵也不能算叛徒。卫律的理论相当超前,称得上史上最强的叛徒理论。李陵却被卫律点醒了,兵败无奈之下自己投降匈奴已经成了汉朝的叛徒,如果再次背叛匈奴回归汉朝自己岂不是再次当叛徒。况且,武帝刘彻已经代表汉朝把自己的家族全部斩杀,有一句老话说得好,某某的鲜血不会自流,李陵老母妻子的鲜血已经把李陵的历史问题定了性。

于是李陵说,"丈夫不能再辱",将自己的家族血脉永远留在了塞外的草原和大漠。

李陵在匈奴生活了二十多年,最后病死在匈奴,老李家的悲情故事到这里画上了句号,遗憾或者愤恨,同情或者诟病,留给了后人评说。据说后来有人考证南北朝时期的凉王李嵩,唐朝的皇族李渊、李世民家族以及著名的大诗人李白都是李陵在匈奴传播下来的种子。这事很难说得清楚,不管怎么说,从中国人传宗接代的角度考虑,李陵的结局比卫青、霍去病、霍光、公孙敖和公孙贺都要好得多。

第三节　兵家名言

一、《孙子兵法》的名言

　　《孙子兵法》,俗称《孙子》,《汉书·艺文志》著录为《吴孙子兵法》,共有 13 篇,是我国历史上现存最早的一部兵书,也是世界上最早的兵书。《孙子兵法》自问世以来,对中国古代军事学术的发展产生了巨大而深远的影响。北宋神宗元丰年间,《孙子兵法》被列为《武经七书》之首,被人们尊奉为"兵学圣典""兵经"和"百世谈兵之祖"。《孙子兵法》有一个非常全面而完整的体系,涵盖了战争与政治、经济、文化等各方面的关系。他提出诸如"不战而屈人之兵""致人而不致于人"等所揭示的战略和战术思想不仅为中国历代兵家所推崇,也为世界各国军事家所重视。

　　《孙子兵法》对战争问题的论述,包含了许多有价值的哲学思想。"知彼知己,百战不殆""不取于鬼神,必取于人"和"因敌而制胜"等用兵思想皆在告诉人们,战争胜负不取决于鬼神,而在于是否全面了解敌我双方包括政治、经济、外交、军事实力与自然条件等在内的各种情况,体现了朴素唯物论的倾向。《孙子兵法》还讨论了与战争有关的一系列矛盾概念,如主客、众寡、强弱、攻守、胜败、奇正、虚实、勇怯、劳逸、动静、迂直、利患等,强调在战争中要积极创造条件,发挥人的主观能动性,促成对立面的相互转化,蕴涵着丰富的辩证法思想。《孙子兵法》中的哲学思想不仅

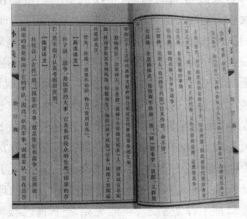

《孙子兵法》书影

适用于军事,也受到各方面的广泛注意,被普遍运用于其他领域。在经济管理领域,很多企业家都把《孙子兵法》中的辩证思想、军事谋略运用实践于企业经营和商战之中。《孙子兵法》一书的意义已经远远超出了兵书的范围。

　　关于《孙子兵法》的作者,历史上曾众说不一。1972 年山东临沂银雀山汉墓出土的

《孙子兵法》残简,使得自唐宋以来关于孙武其人其书真伪的争论得以彻底解决。孙武,亦称孙子,字长卿,人称孙武子、吴孙子,春秋末期齐国人,生卒年月尚不详,大约与孔子同时代人,是伟大的军事家、军事理论家和我国军事理论的奠基者。他受吴王阖闾重用,在吴国为将,辅助吴国治军强国,为吴王的霸业做出了贡献。著有《孙子兵法》传世,孙武也因此成为我国古代军事谋略学的鼻祖,被后世誉为"兵圣"。

1.兵者,国之大事

孙子曰:兵①者,国之大事。死生之地,存亡之道,不可不察也。(《计篇第一》)

【注释】

①兵:此处指战争。

【译文】

孙子说:战争是国家的大事,它关系到国家的生死存亡,不能不认真考察啊。

【鉴赏】

从某种意义上说,人类历史也是一部充满血与火的战争史。尽管人们都渴望和平,但战争往往总是不期而至。就一国而言,既不应主动发起战争,又不能惧怕被强加的战争,战争常常也正是消除战争、谋求和平的重要手段。

2.经之以五事 道天地将法

故经①之以五事,校②之以计,而索其情。一曰道,二曰天,三曰地,四曰将,五曰法。道者,令民与上同意也,故可以与之死,可以与之生,而不畏危也。天者,阴阳、寒暑、时制也。地者,远近、险易、广狭、死生也。将者,智、信、仁、勇、严也。法者,曲制③、官道④、主用⑤也。凡此五者,将莫不闻,知之者胜,不知之者不胜。(《计篇第一》)

【注释】

①经:衡量,此指分析研究。②校:通"较",比较。③曲制:指军队的编制制度等。④官道:指各级将吏的管理制度。⑤主用:指掌管军需物资等各种管理制度。

【译文】

所以,要从五个方面来分析研究,比较敌对双方的各种条件,探索决定战争胜负的各种情况。一是道(道义),二是天(天时),三是地(地利),四是将(将帅),五是法(制度、法规)。所谓"道",就是使民众与君主的意愿相同,这样才能使百姓在战争中为国君出生入死而不惧危险。所谓"天",就是指昼夜、寒暑和四季更替。所谓"地",就是指路程的远近、地势的险易、战场的宽窄、地形是否有利于攻守进退。所谓"将",是指将帅的智谋才能、赏罚有信、关爱士卒、英勇果敢和军纪严明。所谓"法",就是指军队的组织编制、将吏的统辖管理和职责划分以及军需物资供应管理等各项制度规定。对于以上五个方面,将帅们没有不听说过的;然而只有深刻了解、灵活运用才能取得胜利,否则就不能取胜。

【鉴赏】

世上没有无缘无故的胜利,也没有无缘无故的失败。要想成功必须具有上天之道、战地之宜和人间之法,也即孟子所言的天时、地利和人和。对交战双方来说,谁在"五事"中拥有更多的砝码,谁就取得了主动。战争如此,在政治、经济、文化和社会等各个领域也无不如此。

3.兵者,诡道也

兵者,诡道①也。故能而示②之不能,用而示之不用,近而示之远,远而示之近。利而诱之,乱而取之,实而备之,强而避之,怒而挠之。卑而骄之,佚③而劳之,亲而离之,攻其无备,出其不意。此兵家之胜,不可先传④也。(《计篇第一》)。

【注释】

①诡:诡诈。②示:此指伪装。③佚:通"逸",安逸。④传:此指规定。

【译文】

用兵打仗是一种诡诈之道。所以,能攻而装出不能攻,要打却装作不要打,计划在近处行动而装作要在远处行动,欲在远处攻打却又装作要在近处进攻。对于贪利的敌人,就用小利来引诱他;对于混乱之敌,就乘机攻取他;对于充实之敌,要加倍防范他;对于强大之敌,就设法躲避他;对于易怒之敌,用挑逗的办法去激怒他;对于自卑谨慎之敌,就设法使他骄傲自大;对于休整之敌,就要使他疲惫不堪;对于内部团结之敌,就要设法离间他。要在敌人没有防备的情况下实施攻击,在敌人意想不到之时采取行动。这些都是兵家克敌制胜的奥妙所在,是不可事先加以规定的。

【鉴赏】

战争形势变化多端,使用诡诈之术争胜不仅为战场所必需,也是有智谋的表现。同样,它还被应用于现代商战等各种竞争领域,运用诡道击败竞争对手。战争的最高目的是取胜,是你死我活的游戏。为了达到目的而不择手段,本是无可厚非,但它并不应该无限扩大到其他所有领域。例如,日常的人际交往就不是这种非此即彼的敌对关系,相反,以和为上、以和为责方是上上之策。

诸子百家
——
兵
家

4.多算胜,少算不胜

夫未战而庙算①胜者,得算多也;未战而庙算不胜者,得算少也。多算胜,少算不胜,而况于无算乎? 吾以此观之,胜负见矣。(《计篇第一》)

【注释】

①庙算:古时出兵之前,要到宗庙里举行祈祷仪式,谋划作战方案,称为"庙算"。

【译文】

尚未出兵作战而在"庙算"中取胜的,是因为他取胜的条件多;尚未出兵作战而"庙算"也没有取胜的,是因为他取胜的条件不够。得到"算筹"多的能胜,得到"算筹"少的不能胜,更何况没有进行"庙算"的呢? 我用"庙算"的结果来观察,战争的胜负就显而易见了。

【鉴赏】

用今天的话来说,"庙算"就是在发动战争前去论证赢得胜利的可行性,并做出最终的战争决策,或者说"庙算"就是为了"运筹于帷幄之中,决胜于千里之外"。所以,"庙算"就其普遍意义而言,也可称作"妙算"。将军用谋,神机妙算。当然,"庙算"毕竟只是一种预测和对战略的总体规划。战争一旦打起来,形势瞬息万变,各种变化绝不是任何人可以事先都设计好的,当然并不能因此就否定"庙算"的重要性。正如法国大军事家拿破仑所说:"没有任何一次战争是完全按军事计划打的,但任何一次战争都不能没有计划。"有意识的战争总是能打赢不自觉的战争。

其实,人生也是这样。有一种人总在规划自己的人生,自我设计、塑造自我,是一种自觉的人生;另一种人则从众附俗、随波逐流,缺乏自我意识,是一种放任的人生。相比之下,前者比后者更有创造性,也更能显示其生命的价值。

5.故兵贵胜,不贵久

故兵贵胜,不贵久。故知兵之将,生民①之司命②,国家安危之主也。(《作战篇第二》)

【注释】

①生民:民众。②司命:掌握命运。

【译文】

因此,用兵打仗贵在速战速决,不宜持久消耗。所以,知晓用兵之道的将帅,是百姓命运的掌握者。是国家安危的主宰者。

【鉴赏】

就战争的发动者而言,自然想要速战速决;而对处于不利局面的一方而言可能正好相反,他们总是试图与对方打持久战,从而拖延时间,寻找战机。所以。战争或长或短,各有其道理;其根据不在于理论,而在于实践。

6.不战而屈人之兵

是故百战百胜,非善之善者也;不战而屈①人之兵,善之善者也。(《谋攻篇第三》)

【注释】

①屈:使屈服。

【译文】

因此,百战百胜,不算是最好的;不战而使敌人屈服,才算是最好的。

【鉴赏】

战而胜,称之为可喜;不战而胜,堪称最高境界。当然,不战绝不意味着不备战,因为有备才能无患。当今世界仍不太平,我们既要有敢打敢拼、无坚不摧的胆量和实力,也要有不战而屈人之兵的谋略。孙子的慎战思想和不战而屈人之兵的用兵智慧为后人留下珍贵的精神遗产。

7.将者,国之辅也

夫将者,国之辅也。辅周①则国必强,辅隙②则国必弱。(《谋攻篇第三》)

【注释】

①周:周到。②隙:漏洞,缺陷。

【译文】

将帅是国君的助手。辅佐得周全,国家就会强盛;辅佐得有疏漏,国家就要衰弱。

【鉴赏】

千军易得。一将难求。将为国之栋梁。维系着一国之存亡:廉颇为将,秦军不敢越雷池一步;赵括为将,长平之战四十万赵军被坑杀。当然,我们也不能因为将帅之作用,而忽视士兵的存在。"一将功成万骨枯",没有士兵的流血牺牲,就不会有战争的胜利,也难以成就将领的名声。

8.知彼知己,百战不殆

故曰:知彼知己者,百战不殆①;不知彼而知己,一胜一负;不知彼,不知己,每战必殆。(《谋攻篇第三》)

【注释】

①殆:危险,失败。

【译文】

所以说:了解敌人又了解自己,每次战斗都不会失败;不了解敌人而了解自己,胜负就可能各占一半;既不了解敌人,又不了解自己,那就会每战必败。

【鉴赏】

此"知"不仅内含"知道"之意,更是闪耀"智慧"之光。在兵家看来,两军交战与其说是斗勇,还不如说是斗智。没有灵活的头脑、战略的眼光,如何能够取得战争的胜利?战场如此,社会万象和人生百态不也是如此吗?

9.胜可知,而不可为

孙子曰:昔之善战者,先为不可胜,以待敌之可胜。不可胜在己,可胜在敌。故善战者,能为不可胜,不能使敌之可胜。故曰:胜可知,而不可为。不可胜者,守也;可胜者,攻也。守则不足,攻则有余。善守者藏于九地①之下,善攻者动于九天②之上,故能自保而全胜也。(《形篇第四》)

【注释】

①九地:极言深不可测。②九天:极言高不可及。

【译文】

孙子说:过去善于用兵打仗的人,总是首先创造使自己不被敌人战胜的条件,然后等待战胜敌人的时机。使自己不被敌人战胜的主动权掌握在自己手中,而能否战胜敌人,在于敌人是否给了自己可乘之机。因此,善于用兵打仗的人能使自己不被战胜,而不能使敌人一定为我所胜。所以说:胜利可以预知,但在条件不成熟的情况下不能强力而为。当我不能战胜敌人时,就应进行防守;可以战胜敌人时,就采取攻势。防守是因为取胜条件不足,进攻是因为我方取胜条件充裕。善于防守的人,兵力隐藏于深不可测之地;善于进攻的人,兵力行动犹如从天而降,使敌人无从防备。因此,这样既能够保全自己,又能

諸子百家 ── 兵家

取得完全的胜利。

人人都渴望成功,但成功不会从天而降。付出与收获是成正比的,虽然这种收获或许不是立竿见影,但只要充分地准备,不懈地坚持,幸运之神终将会给你带来好运。

10.修道保法,胜败之政

故善战者,立于不败之地,而不失敌之败①也。是故胜兵先胜而后求战,败兵先战而后求胜。善用兵者,修道而保法,故能为胜败之政②。(《形篇第四》)

【注释】

①敌之败:此指打败敌人的时机。②政:此指决定,主宰。

【译文】

所以,善于打仗的人总是使自己立于不败之地,同时又不放过任何足以战胜敌人的机会。因此,打胜仗的军队总是先创造取胜的条件后才与敌方交战,而打败仗的军队总是先同敌方交战,而后企图侥幸取胜。善于用兵之人,总是从各方面修治求胜之道,确保制胜的各种"法度",所以能够成为战场胜败的决定者。

【鉴赏】

在孙子看来,道、法是决定战争胜负的两个重要因素。有道则君民同心,将卒合力,可谓是仁义之师;有法则军纪严明,令行禁止,可谓是威武之师。一个占领了战场与道德两个制高点的军队离胜利还会远吗?

11.奇正之变,不可胜穷

凡战者,以正合①,以奇胜。故善出奇者,无穷如天地,不竭如江河。终而复始,日月是也。死而复生,四时是也……战势②不过奇正,奇正之变,不可胜穷也。奇正相生,如循③环之无端。孰能穷之?(《势篇第五》)

【注释】

①合:会合,交战。②战势:此指战略和战术的态势。③循:顺着。

【译文】

大凡作战,一般都是以"正"兵迎敌,而用"奇"兵取胜。所以,善于运用奇兵的将帅,其战法仿佛天地般变化无穷,犹如江河似的滔滔不绝。终而复始,就像日月运行;死而复生,犹如四季更替……战争态势虽然不过"奇""正"两种,然而它们却是变化无穷。奇正

諸子百家

——兵家

之间相互转化,就好像顺着圆环旋转那样,没有终点,谁又能穷尽它呢?

【鉴赏】

两军交战正者合,勇者强,奇者胜。所谓出奇制胜,古有诸葛亮七擒孟获,今有红军四渡赤水,都是经典例证。生活犹如战场一样也处处充满着矛盾,诸如生死、强弱、贫富、荣辱、顺逆等,不一而足。人们需要生活的辩证法,给自己的思想放个假;少一些因循守旧,多一些奇思妙想。如此,我们生活将会多一点欢笑和趣味,工作将会多一些愉悦和成就。

12.择人而任势

故善战者,求之于势,不责①于人,故能择人而任势。任势者,其战人也如转木石。木石之性,安②则静,危③则动,方则止,圆则行。故善战人④之势,如转圆石于千仞之山者,势⑤也。(《势篇第五》)

【注释】

①责:此指苛求。②安:此指地势平坦。③危:此指地势陡峭。④战人:即指挥士卒作战。⑤势:一种利于取胜的态势。

【译文】

所以,善战之将善于创造一种有利态势,而不是一味苛求士卒,所以他就能挑选到有用之才,充分利用现有形势。善于"任势"的将领,指挥部队作战就像转动木头和石块一样。木头和石头的特性是放在平坦的地方比较稳定,而放在陡峭之地就容易移动;方形的木石比较稳固。而圆形的木石则容易滚动。所以,善于指挥作战的将帅所造成的有利态势,就好像从万丈高山上飞滚而下的圆石一般不可阻挡,这就是战争中所谓的"势"。

【鉴赏】

战场需要"势",个人的发展、社会的稳定和国家的繁荣也都如此。人才在任何时代都是第一位的财富。

一个成熟的社会需要营造一种人人成才、人尽其才的千帆竞渡、百舸争流的良好氛围。让失败者能够重新站起,让成功者走向更加辉煌。

13.致人而不致于人

故善战者,致①人而不致于人。能使敌人自至者,利之也;能使敌人不得至者,害②之也。故敌佚能劳之,饱能饥之,安能动之。(《虚实篇第六》)

【注释】

①致：牵制。②害：此指阻挠。

【译文】

所以，善于指挥作战的将领，总是牵制敌人而不被敌人牵制。能使敌人自动上钩的，是他们贪图小利被引诱；能使敌人不敢前来，是因我方主动阻挠的结果。所以，当敌人休整之时，要设法使他疲劳；当敌人给养充分时，要设法使他饥饿；当敌人安处不动时，就设法去调动他。

【鉴赏】

战争不仅是敌我双方实力的争胜，更是智慧的较量。善战者总会想方设法寻找"致人"之机，同样，善农者、善工者、善商者和善学者也大抵如此。成功者的共同特点就是走在时间前面，争取主动，抢占先机，从而使自己立于不败之地。

14.出其所不趋，趋其所不意

出其所不趋①，趋其所不意②。行千里而不劳者，行于无人之地也。攻而必取者，攻其所不守也。守而必固者，守其所必攻也。故善攻者，敌不知其所守；善守者，敌不知其所攻。微乎微乎，至于无形；神乎神乎，至于无声，故能为敌之司命。（《虚实篇第六》）

【注释】

①不趋：无法急救的地方。②不意：意料不到的地方。

【译文】

向敌人不设防的地方出兵，用兵于敌人意想不到的地方。行军千里而不疲劳，是因为他行进在没有敌人的地方。进攻必然获胜，是因为他攻击的是敌人未设防之地。防守必定坚固，是因为扼守住敌人不敢攻或不易攻破的地方。所以，善于进攻的，能使敌人不知道怎样防守；善于防守的，能使敌人不知道如何进攻。微妙呀，微妙到看不出一丝形迹；神奇呀，神奇至听不出一点声音。这样，就能主宰敌人的命运了。

【鉴赏】

出其不意是孙子"权诈之兵"的精髓，或攻或防都离不开一个"奇"字。奇计往往出乎常人所想，只有具有非凡勇气与才智的人才能运用好这样的奇谋。生活中，我们要时时提醒自己：实现目标的途径有多种，只有出奇招，才能见奇效。正所谓"以正治国，以奇用兵，以无事取天下"，这是值得我们汲取的人生智慧。

15.兵无常势,水无常形

夫兵形①像水,水之形,避高而趋下;兵之形,避实而击虚。水因地而制流。兵因敌而制胜。故兵无常势,水无常形;能因敌变化而取胜者,谓之神。故五行②无常胜,四时无常位,日有短长,月有死生。(《虚实篇第六》)

【注释】

①兵形:形,规律;即用兵的规律。②五行:即金、木、水、火、土。古人认为,这五种东西"相生相克",由此构成万物。所谓"相生",即木生火,火生土,土生金,金生水,水生木;所谓"相克",即金克木,木克土,土克水,水克火,火克金。

【译文】

用兵的规律就像流水一样,水流动的规律是避开高处而流向低处,用兵的规律也是避开敌人坚固之处而攻击他虚弱的地方。水根据地势而决定流向,用兵要根据敌情而制定取胜的策略。所以,用兵作战没有固定不变的方式,就如流水没有固定的形状一样;能根据敌情变化而取胜,可以称得上用兵如神了。所以,用兵的规律就像五行相生相克、四季交替、白天有短长和月亮有圆缺一样。

【鉴赏】

用兵如此,人生又何尝有固有的模式呢? 一个人来到世上,面临很多的挑战与选择。目标选择了,并不意味着就能取得成功;通往成功的道路可能异常曲折,甚至还要遭受无数次的失败。因此,学会变通和与时俱进是非常必要的,当然,变通并不意味着就要放弃进取和原则,我们要在变通中保持恒定,保持一份对人生与事业的坚韧与不舍。

16.以迂为直,以患为利

军争之难者,以迂为直,以患为利。故迂其途,而诱之以利,后人发,先人至,此知迂直之计也。(《军争篇第七》)

【译文】

两军争夺过程中最难的地方,在于如何通过迂远之途达到直接的目的,化不利为有利。故意迂回绕道,并用小利引诱而迟滞敌人,这样就能做到比敌人后出动而先到达目的地,这就叫懂得"以迂为直"的计谋了。

【鉴赏】

两军交战是武力与计谋的综合较量。"以迂为直,以患为利"已经明白地告诉我们,与对手争斗要注意采用迂回战略,而那种"兵来将挡、水来土掩"的直线思维往往难以奏效。生活中,我们经常面临很多两难选择,是固执己见还是灵活运用?结论当然是后者。商业谈判中,坚持"以迂为直"总会有意外收获。当然,迂回可能费时费力,但比起满意的结果来显然还是值得的。

17.兵以诈立

故兵以诈立,以利动,以分合为变者也。故其疾如风,其徐如林,侵掠如火,不动如山,难知如阴,动如雷震;掠乡分众,廓①地分利,悬权②而动。先知迂直之计者胜。此军争之法也。(《军争篇第七》)

【注释】

①廓:扩大。②悬权:悬挂秤锤,此指权衡利弊。

【译文】

所以,用兵打仗要善于用"诈",要根据是否有利来采取行动,或聚或散都要视具体情况而定。军队行动快速时要迅疾如风,舒缓时要严如山林,进攻时要猛似烈火,驻守时要稳如山岳,隐蔽时要遮如阴云,行动时如雷霆万钧;欲夺取敌人粮草物资,要分兵数路;要开拓疆土,需把守要地;一切均要权衡利弊,相机而动。谁先懂得以迂为直的计谋就能取得胜利。这就是军事战争要遵循的法则。

【鉴赏】

犹如"兵者,诡道也"一样,战场之"诈"不是受人鄙夷的不道德行为,相反却是令人称颂。因为战场上对敌人的仁慈就是对自己士兵的最大残忍,所以对敌用兵必须以"诡诈"待之,不可有一丝一毫的"宋襄公式的仁义"。

因为战争关系到国家的生死存亡,所以必须将诡诈之术视为克敌制胜的法宝。

18.三军可夺气,将军可夺心

故三军可夺气,将军可夺①心。是故朝气锐,昼气惰,暮气归。故善用兵者,避其锐气,击其惰归,此治气者也。以治待乱,以静待哗,此治心者也。以近待远,以逸待劳,以饱待饥,此治力者也。无邀②正正之旗,勿击堂堂之陈③,此治变者也。(《军争篇第七》)

【注释】

①夺:此指挫伤,动摇。②邀:迎击,截击。③陈:通"阵"。

【译文】

所以,可以挫伤其三军士卒的锐气,可以动摇其三军统帅的决心。军队初战时,士气旺盛;过了一段时间,士气就会懈怠;再到后期,士卒就会厌战思归。所以,善于用兵的人,总是避开敌人的锐气,等到他们士气低落时才发动进攻,这就是掌握军队士气的方法了。用自己的严整来对待敌人的混乱,以自己的镇静来对待敌人的躁动,这是正确掌握军心的方法了。用自己的靠近战场来等待长途跋涉的敌人,用自己的从容休整来等待疲惫不堪的敌人,用自己的粮草充裕来等待弹尽粮绝的敌人,这就是掌握敌人军力的方法了。不要去迎击旗帜整齐、部署周密的敌人,不要去攻击阵容严整、士气饱满的敌人,这就是掌握因敌而动、随机应变的方法了。

【鉴赏】

孙子认为,夺取战争胜利的关键因素是人。只有最大限度地调动士兵的身心两种最大潜能,才能激发士兵的战斗意志,提高他们的战斗能力,从而取得最后胜利。就个体而言,不管是读书还是经商,做任何事都离不开全身心的投入和锲而不舍的坚持。学会刚强、勤于尝试、勇于坚持,我们的人生可能会别有一番天地。

19.穷寇勿迫

故用兵之法,高陵勿向①,背丘勿逆②,佯北勿从,锐卒勿攻,饵兵勿食,归师勿遏,围师必阙③,穷寇④勿迫。此用兵之法也。(《军争篇第七》)

【注释】

①向:指从下向上进攻。②逆:指迎面进攻。③阙:通“缺”,留下缺口。④穷寇:陷入绝境的敌人。

【译文】

所以,用兵的方法是:对于占据高地的敌军不去仰面进攻,对于背靠高地的敌军不去正面攻击,对于假装败退的敌军不要去追击,对于精锐的敌军不要去进攻,对于用作诱饵的敌军不要去理睬,对于撤退回国的敌军不去阻拦,对于被包围的敌军要留有缺口,对于限于绝境的敌人不要过于逼迫。这些都是用兵应该掌握的原则。

【鉴赏】

任何事物都是包含着既相互排斥又相互联系的矛盾两个方面的对立统一体。孙子所论在于强调从事物的正反两面辩证地认识与把握事物。虽然其中也不乏过于绝对和以偏概全的一面,如“穷寇勿迫”并不具有必然性,但它仍然给我们留下了诸多启迪。

20.君命有所不受

孙子曰:凡用兵之法,将受命于君,合军聚众,泛地①无舍,衢②地交合,绝地无留,围地

则谋,死地则战。涂③有所不由,军有所不击,城有所不攻,地有所不争,君命有所不受。(《九变篇第八》)

【注释】

①泛地:指道路难行之地。②衢地:指四通八达之地。③涂:通"途"。

【译文】

孙子说:大凡用兵的方法,主将领受国君之命,征集兵员组建军队,在山林、险阻、沼泽之地不要驻军,在四通八达之地要与邻国结交,在与后方隔绝、难以生存之地不要驻留,在被包围的地方就要巧出计谋,在走投无路之地就要决一死战。有的道路不要行军,有的敌军不要攻击,有的城池不去攻占,有的地方不要争夺,国君的命令,有的可以不去执行。

【鉴赏】

战场形势千变万化,将领需要随时做出决断。决策的依据一切以"军情"为中心,以事实为根据,甚至可以超越君主命令。孙子所赋予将军这种至高无上权力的思想是非常了不起的,因为它确立了一切以战争为中心的原则。这种思想对于在现代社会中培养和提升公民的自主精神和创新意识也是大有好处的。

21.智者之虑,杂于利害

是故智者①之虑,必杂②于利害。杂于利而务③可信④也,杂于害而患可解⑤也。是故屈诸侯者以害,役诸侯者以业⑥,趋诸侯者以利。(《九变篇第八》)

【注释】

①智者:明智的将领。②杂:此指兼顾。③务:任务。④信:通"伸",发展。⑤解:解除。⑥业:此指实力。

【译文】

所以,明智的将领考虑问题总是兼顾利害两个方面。在有利的情况下考虑到不利的因素,事情就会顺利发展;在不利的情况下考虑到有利的因素,祸患就可以解除。因此,要用让诸侯最害怕的事使之屈服,通过自己的实力来役使诸侯,通过利益引诱使诸侯归附。

【鉴赏】

事物的"利"与"害"两面总是紧密相连。塞翁失马,焉知非福? 在顺利与成功时应多虑一些困难，少一些骄傲；在逆境与失败时应多一些自尊，少一点气馁。

面对"利"与"害"，正确的态度和做法应该是"两利相衡从其重，两害相权从其轻"。

22.覆军杀将，必以五危

故将有五危：必死，可杀也；必生，可虏也；忿①速，可侮也；廉洁，可辱也；爱民，可烦也。凡此五者，将之过也，用兵之灾也。覆军杀将，必以五危②，不可不察也。(《九变篇第八》)

【注释】

①忿速：愤怒急躁。②危：致命的弱点。

【译文】

将帅有五种致命弱点：如果勇而无谋，死打硬拼，就可能招致杀身之祸；如果临阵胆怯，贪生怕死，就可能被俘虏；如果易怒暴躁，就可能被敌人侮辱；如果廉洁好名，过于自尊，就可能不胜其辱而失去理智；如果过于溺爱士卒，就可能遭敌烦扰而陷于被动。以上五种情况，都是将领们易犯的过错，是用兵打仗的灾难。全军覆灭、将领被杀，都是由于上述五种致命弱点造成的。身为将帅之人务必认真考察啊。

【鉴赏】

尘世中的人们从来都不完全是为自己活着，尤其是那些掌握着别人生死的将领们。如何做到智勇双全、沉静稳重、恩威并重，已经不单纯是对他们内在品质的必然要求，也是关系到能否力避"覆军杀将"厄运的大问题。如此说来，"性格决定命运"，此言不差。

23.令之以文，齐之以武

卒未亲附而罚之则不服，不服则难用也。卒已亲附而罚不行，则不可用也。故令之以文①，齐之以武②，是谓必取。令素行以教其民，则民服；令素不行以教其民，则民不服。令素行者，与众相得③也。(《行军篇第九》)

【注释】

①文：政治与道义。②武：军纪与军法。③相得：相处融洽。

【译文】

将帅在士卒尚未亲近之时就处罚，他们就会不服从，不服从就难以使用。如果士卒已经真心依附受到处罚仍不能执行，也不能用来作战。所以，要用政治道义来教育士卒，用军纪军法来统一步调，这样的军队战无不胜。平时能认真执行命令和教育士卒，士卒

诸子百家

兵家

就会服从；平时不认真执行命令和教育士卒，士卒就不会服从。平时所以能认真执行命令，是因为将帅与士卒能够相处融洽，互相信任。

【鉴赏】

"文""武"可理解为"德"与"法"。一个英勇善战、百战百胜的军队必然推崇文武双全、德法兼治。通过内在道德信念的软熏陶（"文"）和外部军纪法规的硬约束（"武"），从而培养士卒一种勇往直前、视死如归的战斗精神。"令之以文，齐之以武"不仅仅有益于治军，对各行各业人才的培养与管理也同样具有指导意义。

24.骄兵不可用

视①卒如婴儿，故可与之赴深豁；视卒如爱子，故可与之俱死。厚而不能使，爱而不能令，乱而不能治，譬若骄子②，不可用也。（《地形篇第十》）

【注释】

①视：看作，对待。②骄子：娇生惯养的孩子。

【译文】

对待士卒像爱护婴儿一样，士卒就可以跟他共患难；对待士卒像对爱子一样，士卒就会与他共生死。但是，对士卒厚待而不使用，溺爱而不能指挥，违法而不惩治，士卒就会像惯坏的孩子一样，是不能用来作战的。

【鉴赏】

虽然"胜败乃兵家常事"，但也不能做无谓的失败。"骄兵必败，哀兵必胜"，领兵者不能不深思。

25.进不求名，退不避罪

夫地形者，兵之助也……故战道①必胜，主曰无战，必战可也；战道不胜，主曰必战，无战可也。故进不求名，退不避罪，唯人②是保，而利合于主③，国之宝也。（《地形篇第十》）

【注释】

①战道：战场上的实际情况。②人：民众与士卒。③主：国君。

【译文】

地形是用兵打仗的辅助条件……所以，如果根据战场情形确有必胜把握，即使国君命令不要打，也可以坚决去打；如果根据战场实情不能取胜，即使国君命令要打，也可以

诸子百家——兵家

不去打。所以,作为一个将帅,进不贪求战胜的名声,退不回避违抗君命的罪责,一切只求保全百姓与士卒,符合国君的根本利益。这样的将帅才是国家的宝贵之才。

【鉴赏】

一个真正的将军已经可以超越生死和名声,甚至可以违抗君命,原因在于他已完全做到"唯人是保"。战场是将军眼中最关的风景,取胜是将军心中最高的目标。

实现这个目标的背后动力就在于战争维系着国家、君王、百姓与士卒的生死。

可以说,是这种使命与责任让将军拥有"进不求名,退不避罪"的胸怀,也是这种使命与责任成就了将军无上的光荣。

26.知天知地,胜乃不穷

知吾卒之可以击,而不知敌之不可击,胜之半也;知敌之可击,而不知吾卒之不可以击,胜之半也;知敌之可击,知吾卒之可以击,而不知地形之不可以战,胜之半也。故知兵者[1],动而不迷,举[2]而不穷。故曰:知彼知己,胜乃不殆[3];知天知地,胜乃不穷。(《地形篇第十》)

【注释】

①知兵者:指懂得真正用兵的将帅。②举:战略战术。③殆:危险。

【译文】

只知道我军能出击,而不知道敌军不可以进攻,取胜的可能性只有一半;只知道敌军可以进攻,却不知道我军不能进攻,取胜的可能性也只有一半;知道敌军可以进攻,也知道我军可以进攻,然而不了解地形不利于作战,取胜的可能性仍然只有一半。所以,真正通晓用兵作战的将帅,他行动起来不会迷乱,各种战略战术也是变化无穷。所以说,了解敌方,又知晓我方,就能胜而不败;懂得天时,了解地利,胜利就会没有穷尽。

【鉴赏】

了解对手的全部信息是令战争双方绞尽脑汁的大事。谁拥有了天时、地利与人和,谁就能在取胜的道路上向前迈进一步。战争绝不是动物般的相互撕咬,而是双方知识与智慧的殊死较量。

27.乘人之不及,攻其所不戒

所谓古之善用兵者,能使敌人前后不相及,众寡不相恃,贵贱不相救,上下不相收,卒离而不集,兵合而不齐……兵之情[1]主速,乘人之不及。由不虞[2]之道,攻其所不戒也。(《九地篇第十一》)

诸子百家——兵家

【注释】

①情：规律，情理。②虞：猜测，预料。

【译文】

古代善于用兵之人，能使敌军前后无暇顾及，大小部队之间不能相互协调，官兵之间无法相互救援，上下级之间也不能统属，士卒溃散无法聚拢，聚集兵力不能整齐划一……用兵之道，贵在神速，要趁敌人措手不及之时，行进于敌人意料不到之路，去攻击敌人没有戒备之地。

【鉴赏】

时间就是生命，时间就是胜利。只有找准时机、快速行动，才能抢占先机，才能更好地保护自己、打击敌人。"兵贵神速""出奇制胜"，这是先人经过无数次血与火的考验总结出来的战场原则，它已经具有超越时空的真理意义。在商场，产品的研发、流通、投放和抢占市场需要快速反应，快速行动；在职场，高节奏和强竞争的工作环境也让人们夙兴夜寐，磨蹭不得。人们常说"商场如战场"，大概说的就是这个道理。

28.禁祥去疑，至死不渝

是故其兵不修①而戒，不求而得，不约而亲，不令而信。禁祥②去疑，至死无所之。（《九地篇第十一》）

【注释】

①修：整治。②祥：妖祥，此指占卜等迷信活动。

【译文】

因此，这样的军队无须整治就能加强戒备，不待要求就能完成任务，不需约束就能相互亲近，不用命令就能恪守军纪。禁止迷信，消除顾虑，他们至死也不会逃避。

【鉴赏】

"禁祥"意在杜绝迷信、突出心力，"去疑"旨在树立权威、激励士气，它体现了孙子"三治"（即"治气""治心"与"治力"）的治军思想。"三治"之间相辅相成，相得益彰。"三治"治军，则军威雄壮；"三治"立人，则身心和谐。

29.齐勇如一，刚柔皆得

是故方马①埋轮，未足恃②也；齐勇如一，政③之道也；刚柔皆得，地之理也。故善用兵

者,携手若使一人,不得已也。(《九地篇第十一》)

【译文】

因此,想要用拴住马匹、埋起车轮的办法来稳定军队,那是靠不住的;要想使军队同心协力如同一人,有赖于治军之道;要使部队刚柔相济,运用得当,在于他利用了地形之便。所以,善于用兵之人能使三军将士携手如同一人,这是由于把士卒置于不得已的境地造成的。

古代战马壁画

【鉴赏】

战争是两军战斗力的生死较量。战斗力不会凭空产生,它有赖于一种出生入死、赴汤蹈火的顽强品格,有赖于一种万众一心、众志成城的团队精神,有赖于一种置之死地而后生的战场洗礼。这种战斗力是战争所必需,也为各行各业所借鉴。例如,在如何提高市场竞争力、政府执行力、个人自制力等方面,人们也都可以从中得到启发。

30.不争天下之交,不养天下之权

是故不知诸侯之谋者,不能预交①;不知山林、险阻、沮泽之形者,不能行军;不用乡导②者,不能得地利。四五者,不知一,非霸王之兵也。夫霸王之兵,伐大国,则其众不得聚;威加于敌,则其交不得合。是故不争天下之交,不养天下之权,信己之私,威加于敌,则其城可拔,其国可隳③。(《九地篇第十一》)

诸子百家——兵家

①预交:与诸侯结交;预,通"与"。②乡导:即"向导"。③隳:通"毁"。

【译文】

因此,不了解诸侯国的计谋,就不要与他们结交;不熟悉山林、险阻、沮泽等地形,就不能行军;不使用向导,就不能熟知有利地形。如果"九地"的利害有一不知,都不能算是"霸王"的军队。"霸王之军"攻伐大国,能使他们的军民来不及聚集;给敌国施加压力,可以使他无法与别国结交。因此,不必争着同别的诸侯国建交,也不必在别国培植自己的势力,只要依靠自己的力量,施威于别国,那么敌国城池可破。国家可亡。

【鉴赏】

"霸兵"人人渴求,称霸之路各不相同。是否"争交"与"养权",孙子的否定和纵横家的肯定可谓泾渭分明。哪一个更具有合理性? 比较而言,后者应该更符合实际,因为任何一个霸权国家也不可能真正完全孤立自己。

31.投之亡地然后存,陷之死地然后生

施无法①之赏,悬无政②之令;犯三军之众,若使一人。犯之以事,勿告以言:犯③之以利,勿告以害。投之亡地然后存,陷之死地然后生。夫众陷于害,然后能为胜败。(《九地篇第十一》)

【注释】

①无法:指超出惯例。②无政:打破常规。③犯:驱使和使用。

【译文】

施行超出惯例的奖赏,颁发打破常规的命令;指挥三军士卒就如同使唤一个人一样。命令士卒执行任务,而不告诉他们其中意图;只告诉他们其中有利一面,不告诉他们危害一面。把士卒投入危地然后才能保存,把他们置于绝地然后才能死而复生。只有将士卒陷入绝境之中,然后才能力争胜利。

【鉴赏】

在孙子眼中,将帅是绝对的主宰和英雄,而士兵则处于一种被动和服从的地位。孙子这种"愚兵"思想自然不应提倡,但他对精神力量的肯定值得借鉴。

对于一个陷入绝境和孤立无援的人,一种求生的希望往往可以使其奋不顾身,绝处逢生。如此,毁灭,往往是重生的开始。

32.主不可以怒而兴师,将不可以愠而致战

非利不动,非得不用,非危不战。主不可以怒而兴师①,将不可以愠②而致战。合于利而动,不合于利而止。怒可以复喜,愠可以复悦,亡国不可以复存,死者不可以复生。故明君慎之,良将警之。此安国全军之道也。(《火攻篇第十二》)

【注释】

①兴师:用兵打仗。②愠:怨愤。

【译文】

不对国家有利,就不要采取军事行动;没有必胜把握。就不要随便用兵;不到危险紧迫之时,就不要轻易开战。君主不可凭一时之怒就兴兵打仗,将帅不可因一时之愤就与敌作战。符合国家利益就行动,不符合国家利益就停止。愤怒可以重新高兴,怨愤也可重新欣喜,但是国亡了就不能再存,士卒死了也不再复生。所以。明智的国君对战争一定要慎重,精明的将领对战争问题也一定要警惕,这些都是关系到安定国家、保全军队的根本原则。

【鉴赏】

战争是危险的行为,关系到国家之兴衰存亡。在孙子看来,战争的原则有三:利益原则、取胜原则和危急原则。三者归结为一点就是慎战,即不轻易言战。当然,慎战不是怯战,慎战与敢战并不矛盾。当今时代,国际形势波诡云谲、充满变数,战争威胁远未消除,战争准备一刻不能松懈。谁忘记了战争,战争就会不请自来。

33.不取于鬼神 必取于人

故明君贤将,所以动①而胜人,成功出于众者,先知②也。先知者,不可取于鬼神,不可象于事,不可验于度③,必取于人,知敌之情者也。(《用间篇第十三》)

【注释】

①动:出兵。②先知:事先掌握敌人的情况。③度:日月星辰运行的度数。

【译文】

所以,明君贤将之所以一出兵就能战胜敌人、成就伟业、出类拔萃,是因为他事先就已掌握了敌情。而要事先掌握敌情,不可用求神问鬼。不可用象数占卜,也不可用观察日月星辰运行的度数等来获得,一定要从了解敌情的人那里去获取。

诸子百家——兵家

【鉴赏】

先人很早就知道情报战、信息战的重要性了。两军交战首先是一种情报战,谁能在"知敌"与"反间"方面抢得先机,谁就能掌握主动。他们将信息战建立在求人而不求神、知彼知己、实事求是等基础上的远见卓识上,对我们很有启发意义。它告诫人们,遇到进退失据、难以决定的重大事情的时候,求神问卜、怨天尤人是没有用处的;人们只有立足自身、先谋而后动,才能逢凶化吉、决胜千里。

二、《吴子兵法》的名言

《吴子兵法》,又名《吴子》《吴起》,是中国古代一部著名的兵书。宋代颁定的《武经七书》之一,它与《孙子》齐名,向来有"孙吴兵法"之称,受到中外军事家和政治家的重视。唐初魏征曾将其内容收入《群书治要》,供治国安邦参考。现有日、英、法、俄等多种译本流传,被西方人士称为"箴言"和"无价的真理"。

《吴子》,《汉书·艺文志》著录为《吴起》四十八篇,早佚。《吴子》现存最早的刊本是南宋孝宗、光宗年间刻《武经七书》本,共三卷六篇,即图国、料敌、治兵、论将、应变、励士等,军事思想颇为丰富。概括起来主要有以下几点:1."内修文德、外治武备"的战略思想。他强调首先搞好国内政治,才可对外用兵,同时又强调必须加强国家的军事力量。2.随机应变的战术思想。他十分重视战争中各种事物的差别和变化,根据不同的情况采取不同的作战方法。3."以治为胜""教戒为先"的治军思想。他要求把军队训练成"居则有礼,动则有威,进不可挡,退不可追"的军队,发挥士卒各自的特点,使其"乐战""善战""乐死";要求将帅具备"理、备、果、戒、约"五种素质,懂得用兵"四机"。4.朴素的军事哲学思想。吴子从五个方面归纳出战争发生的原因,分析了战争的不同性质,朴素地认识到战争所具有的两重性,体现了朴素的唯物论与辩证法思想。

作者吴起,战国时卫国(今山东曹县北)人,生年不详,卒于公元前 381 年。吴起重名轻利,敢于改革,善于用兵,是战国时期卓越的军事家、政治家和兵法家。吴起青年赴鲁,跟从曾参学儒,因母丧不归被逐出师门,遂弃儒学武,研读兵法,被任为鲁将,以弱击强大破齐国,在军事上初露锋芒。继任魏将,为魏国屡立战功,开疆拓土,被魏文侯任为西河守,以拒秦、韩。文侯死,遭陷害,被免职,遂逃奔楚国,初为宛(今河南南阳)守,不久被任为令尹,辅佐楚悼王进行全面的变法,促进了楚国的富强。随后,吴起率楚军"南平百越,北并陈、蔡,却三晋,西伐秦",立下赫赫战功,名扬天下。楚悼王死后,吴起遂被旧贵族杀害。

1.内修文德,外治武备

……昔承桑氏之君,修德废武,以灭其国;有扈氏之君,恃众好勇,以丧其社稷。明主

鉴兹,必内修文德,外治武备。故当敌而不进,无^①于义矣;僵尸而哀之,无逮于仁矣。(《图国第一》)

【注释】

①逮:尽到。

【译文】

过去承桑氏的首领,只修行德政,却废弃武功,致使其部落灭亡;有扈氏的首领仗势欺人,逞强好勇,以致他社稷不保。所以贤明之君务必内修德政,外备武功。因此,面对敌人不敢进军,这算不上道义;等到士卒命丧疆场再去哀伤,这也称不上仁爱。

【鉴赏】

在可预见的人类历史进程中,战争仍是一个不可避免的社会现象。一个国家与民族要维护自己的根本利益,加强战备仍是一个安国保民的重要手段。没有武备,仁义就会变得虚幻;没有文德,武备最终成为暴虐。

2.将用其民,和造大事

吴子曰:"……是以有道之主,将用其民,先和而造大事。不敢信其私谋^①,必告于祖庙,启于元龟^②,参之天时,吉乃后举。民知君之爱其命,惜其死,若此之至,而与之临难,则士以进死为荣,退生为辱矣。"(《图国第一》)

【注释】

①私谋:个人的主张。②元龟:大龟。

【译文】

吴子说:"……所以贤明之君在使用他的民众之时,一定先使他们团结一致然后才可以办成大事。他不敢轻信自己一个人的谋略与主张,而是一定要到祖庙祷告。用大龟来占卜吉凶,同时参以天时,所有这些都显示吉利时才敢于出兵。当百姓都知道君主爱惜自己生命,怜惜自己死亡时,如果此刻真的到来,面对灾难,百姓就会以奋勇向前、尽忠赴死为荣,以胆小退却、苟且偷生为耻。"

【鉴赏】

一个数次征伐、屡立战功的将军极其强调"和"在治国、用兵、教民方面的重要性,听起来矛盾,实则不然。在"战"与"和""荣"与"辱"的关系上,吴子的"和"思想极富真知灼见。无数事实已经证明:只有精诚团结、万众一心,才能在国与民、将与卒之间激发和

诸子百家——兵 家

培养一种"进死为荣,退生为辱"的英雄气概,也才能在战场上所向无敌。

3.绥之以道,理之以义

吴子曰:"夫道者,所以反[①]本复始;义者,所以行事立功;谋者,所以违害就利;要[②]者,所以保业守成。若行不合道,举不合义。而处大居贵,患必及之。是以圣人绥[③]之以道,理之以义,动之以礼,抚之以仁。此四德者,修之则兴,废之则衰。"(《图国第一》)

【注释】

①反:通"返"。②要:紧要。③绥:安抚。

【译文】

吴子说:"'道'是用来让人们恢复本性,'义'是让人们建功立业,'谋'是用来趋利避害,'要'是为了保全家业。如果那些权重位高之人的行为不合于'道',举动不符合'义',祸患必定到来。所以,圣人用'道'安抚天下,用'义'治理国家,用'礼'动员兵民,用'仁'抚慰百姓。这四种品德,认真发扬则国家兴旺,弃而不用则国家衰微。"

【鉴赏】

作为兵家的吴子注重"四德"(道、义、礼、仁),与儒家推崇的"五常"(仁、义、礼、智、信)异曲同工。兵家与儒家在吴子身上实现了融合,一方面是因为他早年师从儒家的缘故,另一方面也反映了先秦诸子具有一种相互学习与借鉴的包容精神。这种"海纳百川、有容乃大"的祖国传统文化精髓对于我们今天参与国际竞争、迎接全球化挑战仍然具有很强的现实意义。

4.战胜易,守胜难

吴子曰:"凡制国治军,必教之以礼,励之以义,使有耻也。夫人有耻,在大足以战,在小足以守矣。然战胜易,守胜[①]难。"(《图国第一》)

【注释】

①守胜:守护胜利。

【译文】

吴子说:"大凡治理国家与军队,必须用'礼'来教导他们,用'义'来鼓励他们,使他们具有羞耻之心。当人们有了羞耻之心,对于大国来说足以对外作战,对于小国来说足以防守自己。然而,取得胜利比较容易,而巩固胜利却相对困难。"

【鉴赏】

　　吴子注重从思想上练兵，善于唤起士卒的羞耻感，使他们因知耻而视死如归、志在必胜；同时也告诫他们不因取胜而傲慢放纵、丢掉胜利。吴子不愧是与孙子齐名的兵之圣者，他的种种"励士"之法，眼光深邃且高远，值得今人学习借鉴。

5.民安其田,亲其有司

　　武侯问曰;"愿闻阵必定、守必固、战必胜之道。"起对曰:"立见且可,岂直①闻乎! 君能使贤者居上,不肖者处下,则阵已定矣;民安其田宅,亲其有司②,则守已固矣;百姓皆是吾君而非邻国,则战已胜矣。"（《图国第一》）

【注释】

　　①直:仅仅,只是。②有司:官吏。

【译文】

　　魏武侯问:"我希望听到稳定阵形、巩固防守以及战无不胜的方法。"吴起回答说:"这是马上可以见到的事情,岂止是听到呢? 君主能使贤能之人高居上位,使无德之人处在下位,那么部队的阵形就稳固了。使人民安居乐业,并能亲近他们的上司,那么防守就已牢固了。百姓都能认为自己的君主正确而邻国的君主错误,那么战斗必定会取胜。"

【鉴赏】

　　吴子不愧是一个深思熟虑的智者和经天纬地的政治家。"招贤纳士""置民田产""思想教化"三招,招招皆鲜。"三招"不仅功在治军,也利在立国;不仅功在历史,也利在当今。

6.世不绝圣,国不乏贤

　　武侯尝谋事①,群臣莫能及。罢朝②而有喜色。起进曰:"昔楚庄王尝谋事,群臣莫能及,罢朝而有忧色。申公问曰:'君有忧色,何也?'曰:'寡人闻之,世不绝圣,国不乏贤。能得其师者王,能得其友者霸。今寡人不才而群臣莫及者,楚国殆矣。'此楚庄王之所忧而君说③之,臣窃惧矣。"于是武侯有惭色。（《图国第一》）

【注释】

　　①谋事:商议国事。②罢朝:议政结束。③说:通"悦"。

【译文】

　　魏武侯曾经和群臣商议国事,可大臣们的见解都比不上他。武侯退朝后却面露喜色。吴起进谏说:"从前楚庄王曾经和大臣们商议国事,大臣们的见解也比不上他,可是他退朝后却面露忧色。申公问他说:'您面露忧色,是何原因呢?'楚庄王说:'我听说,世上不会没有圣贤之人,国家也不乏贤达之人,能得到他们做老师的就可以称王,能与他们交朋友就可以称霸。现在我没有才能,群臣还不如我,楚国将要危险了。'这是楚庄王担心之事,而您却心存喜悦,我内心感到忧虑。"于是,武侯露出惭愧之色。

【鉴赏】

楚庄王称霸离不开他那超出常人的忧患意识和礼贤下士的宽大胸怀。古往今来,人们总是感叹:千里马常有,而伯乐不常有,以致让多少千里马怀才不遇,抱憾终身。在当今知识爆炸时代,人才竞争更是激烈,可谓是得人才者得天下。然而,现实中湮没人才的现象并未因此而完全改变,但愿楚庄王之"忧"少些、再少些!

7.安国之道,先戒为宝

武侯谓吴起曰:"今秦胁吾西,楚带①吾南,赵冲②吾北,齐临吾东,燕绝吾后,韩据吾前。六国兵四守,势甚不便。忧此奈何?"起对曰:"夫安国家之道,先戒为宝。今君已戒,祸其远矣……"(《料敌第二》)

【注释】

①带:包围。②冲:面对。

【译文】

武侯对吴起说:"当今,秦国威胁着我国的西面,楚国包围着我国的南面,赵国直冲着我国的北面,齐国紧邻着我国的东面,燕国阻隔着我国的后面,韩国据守着我国的前面。六国军队包围着我们,形势于我国极为不利。对此我非常忧虑,不知如何是好?"吴起回答说:"保持国家安全的方法,应是以加强戒备最为重要。如今您已有了戒备,祸患就会远离您了……"

【鉴赏】

强国必先强民,强民必先强心。只有强化全民的国防意识,居安思危,才能防患于未然,克敌于无形。战争是残酷的,但它又不以人们的意志为转移。总会在不经意间找上门来。忘战必危,绝非危言耸听。加强战备不仅是一国当政者思考的大问题,而且还是每个公民应尽的共同义务。

8.见可而进,知难而退

……有不占而避之者六:一曰土地广大,人民富众。二曰上爱其下,惠施流布。三曰赏信刑察①,发必得时。四曰陈功居列,任贤使能。五曰师徒之众,兵甲之精。六曰四邻之助,大国之援。凡此不如敌人,避之勿疑。所谓见可而进,知难而退也。(《料敌第二》)

【注释】

①刑察:严明刑罚。

【译文】

……有六种情况是无须占卜吉凶就应避免与敌作战的:一是土地广大、人口众多而且富足的。二是上级爱护下级,施惠于兵民的。三是奖赏诚信,严明刑罚,且处理及时的。四是按功论赏,任用贤能的。五是军队兵力众多,装备精良的。六是有四邻相助和大国支援的。凡是在这些方面都不如敌人时,就应该设法躲避,不要有任何迟疑。这就是所谓的见可而进,知难而退。

【鉴赏】

战争注重进退与攻防,人生又何尝不是如此。是进一步柳暗花明,还是退一步海阔天空? 看来并无标准答案,一切只能从实际出发,相机行事了。

这是我们尤其要知道的。

9.行之以信

武侯问曰:"用兵之道,何先?"起对曰:"先明四轻①、二重、一信。"曰:"何谓也?"对曰:"使地轻马,马轻车,车轻人,人轻战。明知险易,则地轻马;刍秣②以时,则马轻车;膏铜③有余,则车轻人;锋锐甲坚,则人轻战。进有重赏,退有重刑。行之以信。审④能达此,胜之主也。"(《治兵第三》)

【注释】

①轻:使轻便。②刍秣:喂牲口的草料。③铜:镶在车轴上的铁,用以保护车轴。④审:确实,果真。

【译文】

魏武侯问道:"用兵的方法。哪个最为首要呢?"吴起回答说:"首先要弄清楚四轻、二重、一信。"魏武侯问道:"这是什么意思呢?"吴起回答说:"所谓'四轻'就是,使地形便于驱马,使马便于驾车,使车便于载人,使人便于战斗。知晓地形险易,则'地轻马';按时喂养战马,则'马轻车';经常保持车轴润滑,则'车轻人';兵器锋利,铠甲坚固,则'人轻战'。所谓'二重'就是前进有重赏,后退有重罚。所谓'一信'就是,执行军令必须言而有信。如果确实能做到这些,那么就可以成为胜利的主宰者。"

诸子百家 —— 兵家

孙子曾有"兵者诡道"之说,有人就因此认为孙子不讲诚信。实际上,不管孙子还是吴子都十分推崇"信",信是为将者"五德"(智、信、仁、勇、严)之一。言而有信、令行禁止,不仅是个人立足社会的基本道德要求,而且还是一支军队战无不胜的重要精神力量。

10.居则有礼,动则有威

武侯问曰:"兵何以为胜?"起对曰:"以治为胜。"又问曰:"不在众乎?"对曰:"若法令不明,赏罚不信,金①之不止,鼓②之不进,虽有百万,何益于用? 所谓治者,居则有礼,动则有威,进不可挡,退不可追,前却有节,左右应麾③,虽绝成陈④,虽散成行。与之安,与之危,其众可合而不可离,可用而不可疲。投之所往,天下莫当,名曰父子之兵。"(《治兵第三》)

【注释】

①金:用鸣金来指挥士卒停止打仗。②鼓:用击鼓来指挥士卒前进。③应麾:听从旗帜的指挥。④成陈:陈,通"阵";保持各自的阵形。

【译文】

魏武侯问道:"军队靠什么来打胜仗?"吴起回答说:"如能治理好军队就能打胜仗。"又问道:"不在于士卒众多吗?"吴起回答说:"如果法令不严明,赏罚不守信,鸣金不后退,擂鼓不冲锋,即使有百万士卒,又有何用呢? 所谓治理军队,就是平时恪守礼法,战时威猛无比,进军则锐不可当,后退时敌人无法追赶,进退皆有节制,左右移动听从旗帜指挥,即使军队被割断但仍能保持阵形,被冲散仍能恢复行列。与军队共安危,军队则团结一致不离散,勇敢善战而不疲惫。把军队投到所需要的地方,天下就无人能挡,这就叫父子兵。"

【鉴赏】

一支真正的军队必定是纪律严明、赏罚有信、作战勇敢的威武之师和仁义之师。在吴子看来,战斗力培养和取胜的关键不在于"众",而在于"治"。正是这种内修武德、外治军法的精兵思想成为吴子驰骋疆场、百战百胜的灵丹妙药,也因此为后人所推崇和借鉴。

11.必死则生,幸生则死

吴子曰:"凡兵战之场,立尸①之地,必死则生,幸生则死。其善将者,如坐漏船之中,

诸子百家——兵家

伏烧屋之下,使智者不及谋,勇者不及怒,受敌可也。故曰:用兵之害,犹豫最大;三军之灾,生于狐疑②。"(《治兵第三》)

【注释】

①立尸:战时牺牲,横尸战场。②狐疑:多疑,疑虑不定。

【译文】

吴子说:"凡是在敌我流血拼杀的战场,抱着必死的决心就能生存,试图侥幸存活反而可能死亡。那些善战之将,就好像与军队同坐在漏水之船,共趴在着火的屋檐下,使聪明的敌人来不及谋划,使勇敢之敌来不及发怒,如此就能让自己的军队勇敢应敌了。所以说:指挥军队的最大危害,是犹豫不决;统领三军的最大灾难,就是狐疑不定。"

【鉴赏】

战争是敌我双方你死我活的较量。战场上的生死往往出人意料。战场往往是勇敢者的乐园,是胆怯者的坟墓。求生者未必生,求死者未必死。用兵之道在于造成一种势如破竹、疾如流星的雷霆万钧之势,从而抢占先机、把握主动;相反,狐疑不决、优柔寡断常常会坐失良机、损兵折将。

12.死其所不能,败其所不便

吴子曰:"夫人常死其所不能,败其所不便。故用兵之法:教戒①为先。一人学战,教成十人;十人学战,教成百人;百人学战,教成千人;千人学战,教成万人;万人学战,教成三军。以近待远,以佚②待劳,以饱待饥……每变皆习③,乃授其兵。是为将事。"(《治兵第三》)

【注释】

①教戒:指教育和训练。②佚:通"逸",安逸。③习:熟悉。

【译文】

吴子说:"人们常常死于他所不具备的能力之下,败于他所不熟练的技艺之中。所以,用兵方法的首位在于教育和训练。一个人学会战斗本领,就可以教会十个人;十个人学会本领,就可以教会一百个人;一百个人学会战斗本领,就可以教会一千个人;一千个人学会战斗本领,就可以教会一万个人;一万个人学会战斗本领,就可以教会全军。以'近'待'远',以'逸'待'劳',以'饱'待'饥'……各种变化都熟悉了,才授予他们兵器。这些都是将领应该懂得的事情。"

诸子百家——兵家

人生旅途,有鲜花与掌声,更有荆棘与坎坷。当今社会是靠能力与技艺方能立足的社会,反之则可能是寸步难行。古人重视教育,尤其是"兵教"的思想意义深刻,也是对后人的谆谆告诫和有力鞭策。百年大计、教育为本不能仅仅成为空头口号,而是应该成为落实、落实、再落实的具体行动。

13.宁劳于人,慎无劳马

武侯问曰:"凡畜①车骑②,岂有方乎?"起对曰:"夫马,必安其处所,适其水草,节其饥饱……人马相亲,然后可使。车骑之具,鞍勒衔辔②,必令完坚。凡马不伤于末,必伤于始;不伤于饥,必伤于饱。日暮道远,必数上下,宁劳于人,慎无劳马,常令有余,备敌覆我④。能明此者,横行天下。"(《治兵第三》)

【注释】

①畜:饲养。②车骑:驾车的军马。③鞍勒衔辔:指马鞍、笼头、嚼子和缰绳。④覆:伏击,袭击。

【译文】

魏武侯问道:"驯养军马,有什么好的方法吗?"吴起答道:"饲养军马,一定要让它的住所舒适,喂养水草适当,饥饱也要有所节制……做到人马相亲,然后才能使用。所有驾驶军马的用具,如马鞍、笼头、嚼子和缰绳等物,必使其完整坚固。凡军马不是伤于使用完之时,就是伤于开始使用时;不是伤于过饥,就是伤于过饱。如果日落西山而且路途遥远,那么骑马之人就应该数次下来步行,宁可让人劳累,也不要使马太疲劳。必须让马时时保持旺盛的精力,用以防备敌人突袭于我。如果能明白此种道理,就可以无敌于天下。"

【鉴赏】

吴子"爱马"不能仅仅理解为"备敌覆我"功利的目的,而且还包含着将军对战马的真挚情感。战马是冷兵器时代最为重要的战略资源之一。在生死考验的战场上,人们对战马的感情远非普通人所能切身体会。与吴子说过"宁劳于人。慎无劳马"相似,孔子也有过"马厩失火,问人不问马"的经历;两种态度看似相反,实际上并不矛盾。孔子爱人,当然惜马;吴子爱马,必然惜人。两位先人可谓是心有灵犀一点通,尤其他们内心那种博大的仁爱精神在此实现了共鸣。

诸子百家

——

兵家

14.有死之荣,无生之辱

吴子曰:"夫总①文武者,军之将也;兼刚柔者,兵之事也……故将之所慎者五:一曰理,二曰备,三曰果,四曰戒,五曰约。理者,治众如治寡;备者,出门如见敌;果者,临敌不怀生;戒者,虽克如始战;约者,法令省②而不烦③。受命而不辞,敌破而后言返,将之礼也。故出师之日,有死之荣,无生之辱。"(《论将第四》)

【注释】

①总:兼备。②省:简单。③烦:繁杂。

【译文】

吴子说:"文武兼备的人,才可胜任一军之将;刚柔相济之人,才可以领兵作战……所以,将领在五个方面必须慎重:第一个是'理',第二个是'备',第三个是'果',第四个是'戒',第五个是'约'。所谓'理',就是治理众多军队犹如治理少数军队一样;所谓'备',就如同部队刚出营门就碰到敌人一样;所谓'果',就是说面临敌人就抱着必死的决心;所谓'戒',就是说虽然打了胜仗,也犹如初战那么慎重;所谓'约',就是说法令简明而不烦琐。接受作战命令而不推辞,打败敌人之后才有返回的念头,这是为将者的礼仪。所以,从出征的那一天起,将领就必须以战死沙场为荣,绝无苟且偷生之辱。"

【鉴赏】

任何常人都有一种求生拒死的本能,然而战场上的生死已经超越了它的本来意义,这是军人的职责使然。为了胜利,战死沙场,死得其所,虽死犹生;相反,贪生怕死,苟延残喘,虽生犹死。

15.三军服威,士卒用命

武侯问曰:"车坚马良,将勇兵强,卒①遇敌人,乱而失行②,则如之何?"起对曰:"凡战之法,昼以旌旗幡麾为节。夜以金鼓笳笛③为节。麾左而左,麾右而右。鼓之则进。金之则止。一吹而行,再吹而聚,不从令者诛。三军服威,士卒用命,则战无强敌,攻无坚陈矣。"(《应变第五》)

【注释】

①卒:通"猝",突然。②失行:部队失去行列。③笳笛:古代军队指挥作战的一种乐器。

【译文】

武侯问道："战车坚固,马匹优良,将领勇敢,士卒强壮,突然遭遇敌人,士卒惊慌失去阵形,该怎么办呢?"吴起回答说:"大凡作战方法,白天用旌旗幡麾来指挥,夜间则用金鼓箫笛来指挥。挥旗向左就向左移动,指向右就向右移动。擂鼓则进,鸣金则停。第一次吹箫笛就行动,第二次吹箫笛就会合,不听从号令者就处死。如果三军服从威严,士卒听从命令,这样就没有打不败的劲敌,没有攻不下的阵地。"

【鉴赏】

战争是双方软硬实力的综合较量,而军威是构成战斗力最重要的软实力之一。缺少威严的军队就会变成一盘散沙,绝不可能有强大的战斗力。现代社会,人们享有越来越多的自由,但不能以此便无视社会的各种法律与规范。因为只有它们得到切实的遵守,社会才能在和平的环境中有序发展,个人自由才能得到有效保证。

16.乐闻乐战乐死

武侯问曰:"严刑明赏,足以胜乎?"起对曰:"严明之事,臣不能悉,虽然,非所恃也。夫发号布令而人乐闻①,兴师动众而人乐战,交兵接刃而人乐死。此三者,人主之所恃也。"(《励士第六》)

【注释】

①乐闻:此指乐于服从。

【译文】

魏武侯问道:"严明赏罚就足以打胜仗吗?"吴起回答说:"严明赏罚的事情,我不熟悉,即使这样做了,也还不足以依靠它。发布号令则人们乐于听从,出兵打仗则士卒乐于参战。冲锋陷阵则人们乐于赴死。这三点才是君主所应依靠的。"

【鉴赏】

孔子有"知之者不如好之者、好之者不如乐之者"的"乐学"之说,吴子"三乐"则是将其对战争的认识提升到一个更高境界。吴子乐战绝不是好战,那么乐从何来? 它应该来自对战争内在本质的一种独特认识。当战争不再是残酷的杀人游戏和无休止的征伐戕害,而是维护和平、实现正义的伟大壮举,相信你也会从中找到一种"快乐"。